区鉷 著

# 味闲堂业稿

中山大学出版社
·广州·

版权所有　翻印必究

**图书在版编目（CIP）数据**

味闲堂丛稿/区鉷著. —广州：中山大学出版社，2016.1
ISBN 978-7-306-05547-7

Ⅰ.①味…　Ⅱ.①区…　Ⅲ.①社会科学—文集　Ⅳ.①C53

中国版本图书馆 CIP 数据核字（2015）第 289188 号

出 版 人：徐　劲
策划编辑：熊锡源
责任编辑：熊锡源
封面设计：林绵华
封面题字：陈永正
责任校对：刘学谦
责任技编：何雅涛
出版发行：中山大学出版社
电　　话：编辑部 020-84110283，84111996，84111997，84113349
　　　　　发行部 020-84111998，84111981，84111160
地　　址：广州市新港西路 135 号
邮　　编：510275　传真：020-84036565
网　　址：http://www.zsup.com.cn　E-mail：zdcbs@mail.sysu.edu.cn
印 刷 者：广州中大印刷有限公司
规　　格：787mm×1092mm　1/16　37.25 印张　953 千字
版次印次：2016 年 1 月第 1 版　2016 年 1 月第 1 次印刷
定　　价：200.00 元

**如发现本书因印装质量影响阅读，请与出版社发行部联系调换。**

区鉷

在妈妈怀抱中

戴镏龄先生与区鉷

与博士后导师蒲龄恩（J. H. Prynne）在英诗研究所

与赵萝蕤先生

# 自　序

　　这部《味闲堂丛稿》是我送给自己的 70 岁生日礼物。

　　编这样一部自选集已经远远不止于做文字工夫，而是在整理文字的过程中对自己的人生道路进行回顾——

　　两岁丧母，3 岁识字，5 岁能读报，6 岁插班读小学 3 年级下学期，8 岁因交不起学费辍学进粤剧团当学员（后被班主任劝回学校并恳请校方免了我的学费），10 岁利用假期到石湾镇为陶瓷厂从船上挑担卸载高岭土挣钱缴学费，13 岁为了减轻家庭经济负担未经家人同意报考可以免费提供食宿的广东省舞蹈学校（进入最后一轮面试被淘汰，这是我一生唯一一次失败的考试），16 岁入中山大学外语系读本科……

　　值得庆幸的是，我在学海苦航中遇到很多护航人——

　　用别人家孩子用过的课本在家里辅导我读书的姑姑区文傲、大力推荐我插班读书的不知姓名的佛山市安宁街派出所所长、使我免于中途辍学的佛山市季华小学梁日新老师、佛山一中的特级英语教师黄尚仪老师、中山大学外语系的戴镏龄教授和王宗炎教授、我国英语语言文学领域的前辈北京大学赵萝蕤先生和北京外国语大学许国璋先生、我在英国剑桥大学做博士后研究时的导师诗人蒲龄恩（J. H. Prynne）……至今我还保存着他们写给我的书信便笺，赵萝蕤先生的信就有 32 封。

　　在大学毕业到读研究生之间还有 11 年别样的生活——

　　下井挖煤，带知识青年到河南省王屋山下落户，吃过树皮，扛过每包 200 斤重的公粮，当过焦作矿务局王封矿职工子弟学校的教师，当过河南省外事办公室的翻译……

　　也就是在这个时期我和我的妻子相识相爱，结婚生子，她一直支持我重返大学读研读博留校做老师做研究，于是才有收入本书的文稿。我特别感谢她。

　　我也感谢中山大学外国语学院在我任教 30 多年来对我的培养和支持，包括给《味闲堂丛稿》的出版资助。

　　感谢挚友沚斋陈永正为本书题写书名，《味闲堂丛稿》也是攀附他的《沚斋丛稿》而起的书名。

　　感谢中山大学出版社编辑熊锡源博士，他为本书出版做了许多认真细致的工作。

　　感谢我的学生，特别是博士生，正是在和他们的教学互动中我获得了许多研究和创作的灵感，本书的许多文章都是这样写成的。

　　编撰本书时我对所收作品做了一些修改订正的工作，但用英文写成的文章的注释则保留原样。由于早年的资料工作不够细致，以致收入本书的一些作品未能注明出处，憾甚。一些当初发表过拙作的报章杂志已经停办，如《南风》《译海》《东方夜报》《文艺与你》，这又给编撰工作增添了困难。

　　总之，重读这些文字，五味杂陈，百感交集，甚至偶发唏嘘。好在如今人已退休，心似未老，但得"以闲为自在，将寿补蹉跎"（刘禹锡：《岁末咏怀》）就好。

2016 年 1 月

# 目 录

## 第1编　论文讲座

庄子：惠特曼对郭沫若的影响中介
　　——兼论借鉴外国文学过程中的本土意识 …………………………………… (2)
《女神》与《草叶集》的平行结构 ………………………………………………… (10)
《女神》与《草叶集》主题的平行结构 …………………………………………… (21)
外国文学与本土意识 ………………………………………………………………… (26)
好奇
　　——离格与文艺欣赏 ………………………………………………………… (28)
从《现代中国小说》看老舍文艺观的发展 ……………………………………… (33)
弗洛伊德性心理学与章永璘 ………………………………………………………… (45)
命运之神的纺车在鸣响
　　——读《荒山之恋》和《小城之恋》 ……………………………………… (48)
岭南文化的务实传统 ………………………………………………………………… (51)
大合唱中的不同音色
　　——欧洲文艺理论的本土意识 ……………………………………………… (55)
加里·斯奈德面面观 ………………………………………………………………… (64)
权威的淡化
　　——通俗化问题刍议 ………………………………………………………… (68)
宽广的历史襟怀
　　——评《岭南文学史》 ……………………………………………………… (71)
中国近代史人名地名的翻译 ………………………………………………………… (74)
赵萝蕤译惠特曼 ……………………………………………………………………… (77)
概念困惑、不可译性及弥补手段 …………………………………………………… (79)
英汉语际转换中概念的时空意蕴 …………………………………………………… (84)
透过莎士比亚棱镜的本土意识折光 ………………………………………………… (88)
十四行诗与本土意识 ………………………………………………………………… (92)
一本没有英雄的小说？
　　——兼论《名利场》中都宾的形象 ………………………………………… (95)
Gary Snyder's Sense of Nativeness ………………………………………………… (98)
Pantheistic Ideas in *The Goddesses* and *Leaves of Grass* …………………… (110)
Gary Snyder and Chinese Culture ………………………………………………… (119)

Snyder as a Social Visionary ……………………………………………… (142)
Zen Buddhism and Gary Snyder's Poetics ………………………………… (155)
Literature Teaching Overseas: A Culture-loaded Process ………………… (161)
漫谈研究（讲座提纲）……………………………………………………… (167)
从剑桥的草地谈起
　　——漫话剑桥学术传统（讲座提纲）………………………………… (180)
辨异：翻译的重心转移（讲座提纲）……………………………………… (185)
文化对话·文化身份·文化误读（讲座提纲）…………………………… (188)
关于外国文学史编撰的思考（讲座提纲）………………………………… (196)

## 第2编　译作赏析

寓刚于柔，以小见大
　　——惠特曼《雨话》诗漫议 ………………………………………… (202)
壮声歌罢亦低吟
　　——巴勃罗·聂鲁达《大地啊，等着我》赏析 …………………… (204)
美国现代诗译析（节选）…………………………………………………… (207)
Pretty Mommy（漂亮妈妈）……………………………………………… (244)
美丽的邻居 ………………………………………………………………… (254)
笨熊约尼（短篇小说）……………………………………………………… (257)
聂鲁达诗二首 ……………………………………………………………… (267)
文徵明诗一首 ……………………………………………………………… (272)
英国国家档案馆所藏鸦片战争时代中英外交文件提要简介 …………… (273)
在印垄断与在华开放（1830—1833）……………………………………… (284)
三位流亡的理想主义者：容闳、康有为及孙中山（1894—1911）……… (294)
《两广总督叶名琛》（节选）………………………………………………… (307)
《有志竟成——孙中山伦敦蒙难及影响》（节选）………………………… (311)

## 第3编　随笔博客

剑桥草 ……………………………………………………………………… (342)
不穿高跟鞋 ………………………………………………………………… (343)
夏娃的欣慰 ………………………………………………………………… (344)
我拥抱科学精灵 …………………………………………………………… (345)
翻译日 ……………………………………………………………………… (347)
患其不争 …………………………………………………………………… (349)
杀人游戏 …………………………………………………………………… (351)
品舞 ………………………………………………………………………… (353)
巫与舞 ……………………………………………………………………… (354)
武与舞 ……………………………………………………………………… (355)

# 目 录

| | |
|---|---|
| 舞之道 | (356) |
| 好风景 | (357) |
| 打了结的枪管 | (358) |
| 魔月 | (360) |
| 逐臭 | (362) |
| 嗜辣 | (363) |
| 大隐隐于市 | (364) |
| 食杀 | (366) |
| 人望高处走 | (367) |
| 鼓掌带来的烦恼、失望、骚乱和堕落 | (368) |
| 左撇子·"左撇脸"·歌唱家 | (370) |
| 漫说"公侯伯子男" | (371) |
| 祖宗的故事 | (373) |
| 守宫砂与贞操带 | (374) |
| 在老舍故居喝豆汁 | (376) |
| 从小羊圈胡同说到"京味" | |
| ——老舍学术讨论会归来漫笔之三 | (378) |
| 汉堡包中美国梦 | (380) |
| 武侠的一半是女人 | |
| ——兼谈西方"准武侠小说"不如中国武侠小说引人入胜 | (381) |
| 西洋书法 | (385) |
| 随俗 | (386) |
| 文人的第三只眼 | (388) |
| 喜得幽篁伴客眠 | (390) |
| 饮食的合与分 | (392) |
| 电梯感觉 | (393) |
| 家贫好读书 | (394) |
| 打开心扉 | (396) |
| 旧书明月伴吾师 | (398) |
| 吃豆腐 | (400) |
| "位"与"势"及足球狂想 | (401) |
| 厕所风流 | (403) |
| 1998 诺贝尔文学奖断想 | (405) |
| 上帝的推销员——格雷厄·格林 | (408) |
| 变化中的语言 | (410) |
| 吃树皮 | (412) |
| 爱尔兰人和酒 | (413) |
| 会调情的蚊子 | (414) |
| 声之囚牢 | (415) |
| 亦师亦友 | (416) |

| | |
|---|---|
| 中译英还是汉译英？ | (417) |
| 茶与禅 | (418) |
| 享受赤脚 | (419) |
| 慵懒 | (420) |
| "浅尝辄止"正解 | (421) |
| Wit & Judgement | (422) |
| 炼字与炼意 | (423) |
| 诗歌·宗教·科学 | (424) |
| 不结果的爱之花 | (425) |
| 梦的编织者与"胡诌文学" | |
| ——刘易斯·卡罗尔与《艾丽丝漫游奇境记》 | (428) |
| 莎士比亚剧本是谁写的 | (431) |
| 贫富悬殊是作家 | (433) |
| 词意童心入画图 | |
| ——读《麦克米兰英语入门辞典》 | (435) |
| 太阳雨·别离 | |
| ——2007年7月2日毕业典礼后在由ZH和SH做东的喝了破纪录的单桌6瓶红酒的EPSI聚餐会上有感 | (436) |
| A Satire on Love: Reconsidering *A Midsummer Night's Dream* | (437) |
| Copyleft | (439) |
| "近乡情更怯" | (440) |
| 从服务员沏茶添水谈起 | (441) |
| "以闲为自在，将寿补蹉跎" | (442) |
| Chinese·Cathayan·狡诈 | (443) |
| "今朝有酒今朝醉" | (444) |
| 三台散记 | (445) |
| 东疆小记 | (447) |
| 读书 | (448) |
| "重启"与"超负荷" | (450) |
| 当舞者沦为零配件 | (451) |
| 赠书 | (452) |
| 关于生态批评的思考：从"牛山濯濯"说起 | (454) |
| 南非世界杯随想 | (456) |
| 感动一回 | (457) |
| 一念解空 | (459) |
| 区罗月名字的由来 | (460) |
| 八月湘行杂忆 | (461) |
| 中秋望月遐想 | (464) |
| 尽信×则不如无× | (465) |
| 经与权 | (466) |

| 瞬间也是永恒 | (468) |
| 盲道踟蹰 | (469) |
| 在庆祝从教30周年学术研讨会上的讲话 | (470) |
| 书人书事 | |
| ——书信中的戴镏龄先生 | (471) |

## 第4编　序跋评语

| 《世界名言大辞典》编者的话 | (474) |
| 《美国现代诗》小引 | (477) |
| 《20世纪美国短篇小说面面观》序 | (478) |
| 《世界反法西斯战争与欧美文学》前言 | (479) |
| 《创新大学英语》序 | (481) |
| 自报家门（《西窗琐语》代前言） | (482) |
| 《西窗琐语》后记 | (483) |
| 白嘎·流星锤·"飞去来" | |
| ——陈永正新诗集《诗情如水》代序 | (484) |
| "中山大学英语语言文学博士文库"总序 | (487) |
| 《好易学英语》总序 | (488) |
| 点评"A Passport in the Global Village" | (489) |
| 徐特辉译文点评 | (490) |
| 关于汉诗英译书稿《华夏情怀》的复审意见 | (492) |
| 关于《揭开美神的面纱》的评审意见 | (496) |
| 关于《生日信札》汉译本的推荐意见 | (498) |
| 关于《西方翻译理论》书稿的评审意见 | (499) |
| 关于《〈资本论〉与莎剧本》一文的抄袭问题 | (500) |
| 《中华才俊与庞德——亦师亦友》申报国家社科后期资助项目推荐意见 | (501) |
| 蒲龄恩其人其诗（《蒲龄恩诗选》代序） | (502) |
| 某代表作鉴定意见 | (504) |
| 《今文选·译作卷》序言 | (507) |
| 《思华年》编者的话 | (510) |
| 《本土意识：文学的跨文化研究》"引言"与"结语" | (511) |

## 第5编　诗歌小说

| 火祭 | (518) |
| 旧体诗词 | (524) |
| 楹联 | (526) |
| 新诗 | (527) |
| 即兴 | (534) |

| | |
|---|---|
| 风影 | (535) |
| 动不动 | (536) |
| 知足 | (537) |
| 雨 | (538) |
| 这样 | (539) |
| 山城 | (540) |
| 文房四宝 | (541) |
| Dialogue | (543) |
| 长沙冥想 | (544) |
| 架起人类理解的桥梁 | (545) |
| 康乐园的紫荆花 | (547) |
| 月儿娇 | (548) |

# 第6编　政协提案

| | |
|---|---|
| 政协第十届全国委员会第一次会议提案：关于建立与社会主义市场经济相适应的教育体制的建议 | (550) |
| 政协第十届全国委员会第一次会议提案 | (552) |
| 政协第十届全国委员会第二次会议提案 | (553) |
| 政协第十届全国委员会第三次会议提案 | (554) |
| 政协第十届全国委员会第四次会议提案：关于大力发展我国民办高等教育的几点建议 | (557) |
| 政协第十届全国委员会第四次会议提案：关于尽快制定《义务教育法实施细则》的建议 | (560) |
| 政协第十届全国委员会第五次会议提案：进一步完善财政保障机制，积极解决农村地区实施免费义务教育后存在的问题 | (561) |
| 政协第十届全国委员会第五次会议提案：关于在清明、端午、中秋、除夕等传统节日放假的建议 | (563) |
| 政协第十届全国委员会第五次会议提案：关于民办学校应依法享受税收优惠的建议 | (564) |
| 政协第十一届全国委员会第一次会议提案：关于加快解决执行难的建议 | (565) |
| 政协第十一届全国委员会第一次会议提案：关于建立社保全国转移制度，切实保障农民工合法权益的建议 | (567) |
| 政协第十一届全国委员会第二次会议提案：完善与教育有关的法律法规，保障教育事业健康有序发展 | (568) |
| 政协第十一届全国委员会第三次会议提案：关于制定汽车内有害气体指标的建议 | (570) |

## 附 录

Chinese Dance ……………………………………………………（572）
已故戴镏龄先生谈外国文学和外语教育的一封信 ………………（575）
区鉷简介 …………………………………………………………（577）

# 第1编 论文讲座

# 庄子：惠特曼对郭沫若的影响中介
——兼论借鉴外国文学过程中的本土意识

郭沫若的《女神》至少在三个方面受惠特曼《草叶集》的影响。比较容易看出而且论者亦已普遍接受的是两本诗集里的民主思想和粗犷诗风；再就是两本诗集在诗歌形式、意象母题（image-motif，也叫意象契机）和主题这三方面所共有的平行结构；① 还有，就是充盈在两本诗集里的泛神论思想了。

泛神论是外来的哲学概念，它认为上帝不是人格化的神，而是独立存在的宇宙里所有的法则、力量和表现形态。换言之，上帝不是一尊神，上帝就是自然。

《女神》的泛神论思想可以归纳为以下四点：

## 一、蔑视并且反抗一切偶像和封建权威

如上所述，上帝不是人格化的神，上帝就是万物，万物就是上帝。再一推理，万物皆是上帝等于没有上帝。这种间接否定上帝的"渎神"理论就是当年斯宾诺莎为新兴的资产阶级张目，向17世纪神学和上帝的权威挑战所依赖的武器。郭沫若在他的诗篇里以同样勇敢的精神蔑视并且反抗一切偶像和封建权威，支持五四以后日益高涨的"个性解放"运动。他呐喊着：

> 我崇拜偶像破坏者，崇拜我！
> 我又是个偶像破坏者哟！②
> 一切的偶像都在我面前毁破！
> 破！破！破！
> 我要把我的声带唱破！③

他的《光海》《浴海》等诗篇细致地描写了从偶像崇拜中解脱出来的灵魂的欢乐。

## 二、歌颂创造力

泛神论者认为，组成宇宙的只有一种基本的"东西"，那就是本体。本体不依赖万物而存在，它就是万物。它是无限的，而且是自为因果的。宇宙万物形成一条因果的链条。比

---

① 见拙作《〈女神〉与〈草叶集〉的平行结构》，载《外国语》1985年第3期；《〈女神〉与〈草叶集〉主题的平行结构》，载《外国文学》1986年第3期。
② 《我是个偶像崇拜者》，《沫若文集》第1卷第86页。
③ 《梅花树下醉歌》，同上第82页。

如，我们肉眼看见的海的形成是由其他事物引起的，其他事物的形成又是由另一其他事物引起的，郭沫若正是基于这种思想而将世界描写成"不断的毁坏，不断的创造，不断的努力"的"力的绘画，力的舞蹈，力的音乐，力的诗歌"。① 在他看来，宇宙是无穷无尽的创造力的源泉。他周围的世界充满了生命、精气、动力和恢宏的气魄。而他本人则和世界融为一体。这种对大自然的创造力的爱在《立在地球边上放号》《晨安》和《金字塔》这几首诗里表现得淋漓尽致。

### 三、诗人与自然的合一

既然所有自然物都有神性，那么每一种自然物，如星星、树木、动物、水、风、石头乃至人等，都是神的一部分，或者可以说就是神。他们在本质上是平等的。郭沫若在日本留学时就把自然"当作朋友，当作爱人，当作母亲"，② 所以他渴望回到自然里，同自然物打成一片。就连一切的草木都是他的同胞。他唱道：

> 我们便是他，他们便是我。
> 我中也有你，你中也有我。
> 我便是你。
> 你便是我。
> ……
> 一切的一，和谐。
> 一的一切，和谐。③

### 四、向往扩张的"自我"

在《女神》这部诗集里，诗人觉得自己几乎就是全能的上帝。他站在地球边上放号，消耗着他那过盛的精力；他吞噬所有的星球和整个宇宙；他自认为是整个宇宙的力的总汇。世界这个空间对他来说是太小了，就连时间也束缚不了他，一眨眼的工夫他就邀游东西两半球，向各个国家和民族道"晨安"。他说："我自由创造，自由地表现我自己。我创造尊严的山岳、宏伟的海洋，我创造日月星辰，我驰骋风云雷雨，我萃之虽仅限于我一身，放之则可泛滥乎宇宙。"④《女神》发表一年后，郭沫若谈了他对泛神论的认识："泛神便是无神。一切的自然只是神的表现，自我也是神的表现。我即是神，一切自然都是自我的表现。"⑤ 这就为他在《女神》中表现的扩张的"自我"作了很好的注释。

1957年，郭沫若向青年人介绍自己的创作历程时说："因为喜欢泰戈尔，又喜欢歌德，便在哲学上和泛神论接近起来，或者说由于我有些泛神论的倾向，所以才特别喜欢有那些倾

---

① 《立在地球边上放号》，《沫若文集》第1卷第62页。
② 郭沫若：《我在日本的生活》，转引自王锦厚、伍加伦：《郭沫若是怎样走上文学道路的》，载《郭沫若研究论集》，四川人民出版社1980年版第106页。
③ 《凤凰涅槃》，《沫若文集》第1卷第41页。
④ 《湘累》，同上第21页。
⑤ 郭沫若：《〈少年维特之烦恼〉序引》，载《创造季刊》1922年第1期。

向的诗人。在我初期的作品中泛神论的思想是浓厚的。"① 在这里特别引起我们注意的是郭沫若提到他接受外国泛神论影响的方式——他自己有泛神论倾向，所以对具有相同倾向的外国诗人就特别喜欢。他自己的泛神论倾向又从哪儿来的呢？来自中国的传统文化。而在中华民族传统文化中最具有泛神论色彩的莫过于庄子的思想了。郭沫若的《十批判书》的"后记"中也承认这一点。他说："我和周秦诸子接近是在十三四岁的时候，最先接近的是庄子，起初是喜欢他那汪洋恣肆的文章，后来渐渐为他那形而上学的思想所陶醉。这嗜好支配了我一个相当长远的时期，我在二十年前曾经讴歌过泛神论，事实上是从这儿滥觞出来的。"② 他在《创造十年》中也说过："和国外的泛神论思想一接近，便又把少年时分所喜欢的《庄子》再发现了。"③ 岂止是"再发现"，其实是到了"一旦豁然而贯通"的程度。④

上面归纳出《女神》中泛神论思想有四点，它们都与庄子的以《齐物论》和《逍遥游》为代表的思想相通。

在庄子看来，"道"是一个整体性的存在，即所谓"道通为一"。他的"道"的概念近似外国泛神论的本体。"道"无处不在，连蝼蚁、屎溺都有道，所以万物是平等的。于是无所谓偶像和权威，人与自然也应该合一。而且，从"道通为一"的观点出发，事物并无质的差别，他们在运动中互相转化，"道"就是一个运动着的整体。⑤ "物之生也，若骤若驰，无动而不变，无时而不移。"⑥ 这就是郭沫若所歌颂的充满着创造力的宇宙。

比起《齐物论》来，《逍遥游》更加突出人与自然的合一："乘天地之正而御六气之辩，以游无穷。" 这就是一种追求解放和自由的精神。郭沫若在想象中立在地球边上放号，假托天狗去吞噬星辰，在电光石火之间飞越整个世界。他的扩张了的"自我"隐隐然就是《逍遥游》中的大鹏的形象。庄子曾哀叹"天下莫不以物易其性"。⑦ 他鄙视"井蛙之拘于墟"，"夏虫之笃于时"，"曲士之束于教"。⑧ 庄子是反对宗法、专制社会的。他讲的那个"伯乐治马"的寓言更是公开向权威挑战。当郭沫若发出"我是偶像的破坏者"的呼喊时，他正是表达了不当"曲士"，不受封建"伯乐"摆布的决心。

如果说《庄子》是郭沫若泛神论思想的根，那么惠特曼的《草叶集》则为它的开花结果提供了丰富的养分。几乎所有上面引述过的反映郭沫若泛神论思想的诗句，依稀都有惠特曼《草叶集》的影子。

惠特曼也蔑视偶像——

> 这两腋下的气味是比祈祷更美好的芳香，
> 这头颅胜似教堂、圣典和一切信条。⑨

---

① 《郭沫若答青年问》，载《文学知识》1959 年版第 5 期。
② 郭沫若：《十批判书·后记》，科学出版社 1956 年版第 408 页。
③ 《创造十年》，《沫若文集》第 7 卷第 58 页。
④ 同上。
⑤ 曹聚仁《中国学术思想史随笔》，三联书店 1986 年版第 54 页。
⑥ 《庄子·秋水》。
⑦ 《庄子·骈拇》。
⑧ 《庄子·秋水》。
⑨ 惠特曼：《我自己的歌》。本文所引惠特曼的诗句，若非特殊加注则统统引自此诗。汉译取自赵萝蕤译《我自己的歌》单行本，上海译文出版社 1987 年版。

惠特曼也歌颂创造力——

> 我听见了有关宇宙的各种议论，听了又听，已经有了几千年；
> 总的来说还过得去——但是仅只如此而已吗？
> 我的到来就是为了把它扩大而应用……
> 彼时此时乃至永远，我自己都在向前移动着，
> 一直在以高速度收集并展示着更多的东西，
> 无穷无尽，无所不包……

惠特曼同样陶醉在与自然合一之中，《我自己的歌》一开头就写道——

> 我赞美我自己，歌唱我自己，
> 我承担的你也将承担，
> 因为属于我的每一个原子也同样属于你。

惠特曼同样向往扩张的"自我"——

> 我歌颂"扩张"或"骄傲"，
> 我们已经低头求免得够了……
>
> ……对于一个人来说，没有什么，包括上帝，能够比一个人的自我更加伟大。

惠特曼"站在世界的屋脊上发出了粗野的喊叫声"，郭沫若则"立在地球边上放号"。

尽管郭沫若谈外国泛神论对他的影响时只提了泰戈尔和歌德，没有提惠特曼，但就上文对惠特曼和郭沫若的诗句所作的比较来看，惠特曼的泛神论思想对郭沫若还是有很大影响的，当然，影响的中介也是庄子，因为惠特曼《草叶集》中的许多思想同庄子吻合，而且引起郭沫若的共鸣。在这里我只从他的长诗《我自己的歌》里引一些例子来作证。

最突出的是惠特曼和庄子的相对主义思想。历来东西方持二分法的哲学几乎都认为二分的双方是对立的，但庄子（还有老子）和惠特曼却都认为二分的双方是和谐统一的，因为宇宙万物本是一个整体。庄子《齐物论》说："楚与楹，厉与西施，恢恑憰怪，道通为一。"横的梁和竖的柱，病丑的人和美丽的西施，都没有质的差别。惠特曼则说：

> 缺一即缺二，看不见的由看得见的证实，看得见成为看不见时，也会照样得到证实。

庄子说："彼出于是，是亦因彼。"[①] 惠特曼同庄子一样，认为美与丑、善与恶、是与非等一对对的价值观念都是相对的，都由周围的环境来决定：

---

① 《庄子·齐物论》。

> 我既年老又年轻，既愚昧无知又大贤大智，
> 既不关心别人，又永远关心别人，
> 既是慈母又是严父，既是孩子又是成人，
> 塞满了粗糙的东西，又塞满了精致的东西，
> 是许多民族组成的民族中的一员，最小的和最大的全部一样……

他的诗句使我们想起庄子《齐物论》中"天下莫大于秋毫之末，而大山为小；莫寿于殇子而彭祖为夭"的话。这些貌似诡辩的命题其实是从事物是互相联系和变化运动的基本观点出发而提出的。郭沫若是基于一个"变"字去歌颂蕴藏在宇宙中的无穷的创造力。惠特曼也感受到这种力的搏动：

> 努力推动，推动又推动，
> 永远顺着世界的繁殖力而向前推动！
> 从昏暗中出现的对立的对等物在前进，
> 永远是物质与增殖，永远是性的活动，
> 永远是同一性的牢结，永远有区别，永远是生命的繁殖。

既然万物都在变化之中，生与死也就不过是这变化链条中的两个环节。庄子指出："天地者万物之父母也，合则成体，散则成始。"① 所谓"合则成体"是指气合则生，"散则成始"的"始"是指未生的状态，庄子认为死即未生。他还说："虽有寿夭，相去几何？"② 长寿和早夭是差不多的。同样，对惠特曼来说，"生是耕耘，而死就是收获"。③ 死和生的价值是同等的，死和生又是不断转化的：

> 那最小的幼芽说明世上其实并无死亡，
> 即使有，也会导致生命，不会等着在最后把它扼死，
> 而且生命一出现，死亡就终止。

其实，《草叶集》的一个重要主题就是"再生"。草叶是惠特曼用来为他这部一生唯一的诗集命名的意象，这是象征再生的意象，即所谓"野火烧不尽，春风吹又生"。收在郭沫若《女神》中的《女神之再生》、《凤凰涅槃》等也都是以"再生"为题的诗篇。他还用过"脱壳的蝉虫""迸发成自由之花"的"鲜红的血液"等意象来象征再生。惠特曼曾经把自己比作埃及神话中的奥塞里斯。他是掌管大地和农作物的神，每年的干旱代表他的死，尼罗河的泛滥则代表他的再生。④ 郭沫若也把自己比作中国古代神话中的盘古，他死后化作日月星辰、山海草木，是再生的神。总之，郭沫若和惠特曼对于"再生"的认识同庄子的"生死自然"的思想是一致的。

---

① 《庄子·达生》。
② 《庄子·知北游》。
③ 惠特曼：《我看着农夫在犁田》，《草叶集》，阿文廷出版公司，纽约，1931年版第459页。
④ 贾斯汀·卡普兰：《惠特曼传》，纽约，1983年版第171页。

庄子《大宗师》里有一段借孔子之口来描述庄子的追随者的话：

> 彼，游方之外者也……彼方且与造物者为人而游乎天地之一气。彼以生为附赘悬疣，以死为决疴溃痈，夫若然者又恶知死生先后之所在！假于异物，托于同体……反复终始不知端倪，芒芒然彷徨乎尘垢之外，逍遥乎无为之业，彼又恶能愦愦然为世俗之礼，以观众人之耳目哉？

除了"彼以生为附赘悬疣，以死为决疴溃痈"一句对庄子的生死观的概括较为片面之外，这段话总的来说成功地给我们勾勒出庄子一派人的肖像。

惠特曼又何尝不是厌恶世俗之礼，不愿取悦他人之视听？想当年《草叶集》第一版印行时，美国舆论曾称他为"怪物"。他在书的扉页印上自己的照片，上身只穿衬衫，敞开领口，下身穿一条普通的长裤，右手叉腰，左手插在裤兜里，那嘲讽的目光，像是在对当时只知步英国文坛后尘的美国文学界绅士诸公挑战。只因在《我自己的歌》里将肉体和灵魂摆在平等的位置上来歌颂，他便被视为"诲淫"，连一份政府小职员的工作都保不住。美国诗人惠蒂埃把惠特曼好意寄给他的《草叶集》投入炉火，就连他的第一位知音爱默生也劝他删去《草叶集》中关于性的诗句。但惠特曼坚决不改，他不承认"造物者"是神，他说他照镜子时就看见上帝的形象。他的生死观、他的"反复始终不知端倪"的流变思想，上文已经论过。至于"假于异物，托于同体"，更是一件有趣的巧合。"庄生晓梦迷蝴蝶"的传说在中国是很有名的，他醒来之后，不知道是庄周梦蝶还是蝶梦庄周，惠特曼也有类似的感受。他写道：

> 我不可能是醒着的，因为在我看来一切都和过去不同，
> 或者也许我是头一回醒来，而所有从前的事只是一场梦。①

有趣的是，惠特曼也把蝴蝶看作是"灵魂、再生、变形和永恒生命的象征"。② 1860年《草叶集》第三版问世，书后的第一张附页上印着一只手，食指伸出，上面停着一只蝴蝶，这个图案很可能是惠特曼自己设计的。③ 1884年出版的《草叶集》的书脊上也印了一只蝴蝶。其实，在此之前一年，即1883年，惠特曼就去照相馆专门拍了一帧照片，他坐在椅子上，悠然自得地靠着椅背，左上臂搁在扶手上，右手举起与眼平，食指上也停着一只蝴蝶，可能是用硬纸板做的。④ 这幅照片后来做了1889年版《草叶集》的卷首插图。

惠特曼没有读过《庄子》，至少在写《我自己的歌》之前未读过《庄子》。他不懂汉语，又从未离开过美国，也不太可能同中国早期赴美留学生接触，其中自称为"第一中国留学生，毕业于美国第一等大学"的容闳到1854年才在耶鲁大学毕业。1877年英国作家爱德华·卡品特（Edward Carpenter）访问美国，惠特曼同他谈到中国人时说："我猜想他们跟德国人相像，只是更有教养……"⑤ 可见直到1877年惠特曼尚未同中国人交往过。《庄子》

---

① 贾斯汀·卡普兰：《惠特曼传》，纽约，1983年版第17页。
② 同上，第250页。
③ 同上，第250页脚注。
④ 同上，图版67页。
⑤ 转引自佳峻：《水晶项链》，载《文汇月刊》1982年第10期第44页。

最早的英译本在 1881 年出版。第二种，也是比较准确的译本是翟理斯（Herbert A. Giles）翻译的，于 1889 年出版。而收了《我自己的歌》的《草叶集》第一版是 1855 年出版的。在艾伦（Gay W. Allen）编的《惠特曼手册》和《惠特曼导读》这两本研究专著中，有大量篇幅论述惠特曼的思想，但都没有提到他读过《庄子》。1856 年美国作家梭罗拜访惠特曼，谈到惠特曼诗歌的东方色彩，并问惠特曼有否读过东方人的著作。惠特曼回答说："没有，请给我谈谈它们吧。"后来梭罗在同年 12 月 7 日写给哈里森·布莱克的信中提到过这件事。

由此可知，不是因为《庄子》先影响惠特曼，然后惠特曼才影响郭沫若，而是郭沫若通过民族文化的中介去感受并且接纳惠特曼的影响。产生这种接受外来影响的方式的原因是作为接受者的郭沫若的本土意识。

我提出"本土意识"这个概念，是就研究和借鉴外国文学而言。任何一国文学对于他国文学来说都是外国文学，所以这里所说的外国文学并没有专与中国文学对比的意思。我认为，外国文学的研究者和借鉴者自身有一种本土意识，影响着他们的研究和借鉴过程。本土意识的核心是民族文化意识，在不同时期和不同人的身上表现为不同的时代意识和主体意识。人们在研究和借鉴外国文学时都会自觉或不自觉地将本民族文化的特点作为参照项，或者作为接受外国文学影响的中介。本土意识是变化的，当作为其核心的民族文化意识同时代的发展不合拍，或者束缚了外国文学研究者和借鉴者的主体意识时，本土意识的内部平衡就会被打破。这时候，外国文学对于本国文学的影响表现为批判性的，常常还是对抗性的，用比较文学的术语来表达就是所谓"反影响"，比如作为新古典主义基地的法国开始接受以德国和英国为代表的浪漫主义影响的时候以及中国的五四新文学时期都属于这种情况。但是，即使是反影响也改变不了民族文化意识作为本土意识的核心的地位，因为要批判就得把批判对象研究透彻，何况经过合理的批判之后民族文化意识也会被改造，于是本土意识也发生了变化，达到新的平衡。

以郭沫若接受惠特曼影响为例。中国的旧文化传统到了五四时期已经成为当时"狂飚突进"的时代精神的桎梏。于是，旨在反帝反封建的五四新文学就从外国文学借用武器弹药，向落后于时代的旧文化传统开火。作为进步诗人的郭沫若，也接受惠特曼的民主思想、粗犷诗风和泛神论影响，向着他所诅咒的"脓血污秽着的屠场""悲哀充满着的囚牢""群鬼叫号着的坟墓"和"群魔跳梁着的地狱"①猛攻。这时，本土意识表现为时代意识，外国文学的影响是反影响。可是，如上所述，郭沫若是通过庄子为中介接受外国泛神论影响的，他的《女神》借鉴《草叶集》的平行结构，也伏有民族文化的诱因。因为中国古典文学早就有骈文和律诗等严格讲究平行的文学体裁，郭沫若从小就很熟悉它们，自然容易接受这方面的影响。可见民族文化意识或隐或现地仍在左右着他接受外国文学影响的方式。当然，五四时期以及 30 年代的许多诗人都读过惠特曼的诗，徐志摩还译过《草叶集》的某些章节，但惠特曼却几乎不对他产生任何影响，倒是徐志摩的贵族气质使他在英国浪漫派诗人那里得到了共同语言。艾青也喜欢惠特曼，他的《大堰河——我的保姆》依稀透露出惠特曼的风格，但他那画家的潜质以及由画入诗的独特的创作道路，终于使他更多地接受了象征主义和未来主义的影响。产生这种现象的原因可以归结到作为本土意识机制一个组成部分的影响接受者的主体意识。郭沫若和徐志摩、艾青不同。他的婚姻的不幸，他在日本生活的艰难，他

---

① 《凤凰涅槃》，《沫若文集》第 1 卷第 35 页。

从少年时代起就养成的狂狷之气，都使他更容易同"野蛮"诗人惠特曼产生共鸣。以往大凡评论郭沫若五四时期的诗作，几乎都要引用他的这段话："个人的郁积，民族的郁积，在这时找出了喷火口，也找出了喷火的方式。"① 评论家们多在"民族的郁积"上作文章，却往往忽略了他"个人的郁积"，而后者正是郭沫若的主体意识所在。

其实，除郭沫若外，中国现代文学史上其他有成就的文学家在借鉴外国文学时都表露出本土意识，就中只不过有自觉与不自觉之分罢了。任何借鉴都从阅读开始。借鉴者首先是读者，他身上的民族文化积淀、社会关系和时代风貌的影响，他的气质、个性等等，都融入他阅读外国文学作品时的审美心理结构。从接受美学的角度来看，他从前阅读本民族文学作品的经验也会构成思维定向，成为阅读外国文学作品时的"期待视野"的组成部分，左右着他对外国作品的理解的再创造。本土意识就是这种审美心理结构和期待视野中的一个特别的层面。

近年来，中国的外国文学研究已经逐步趋向于自觉地把握本土意识，有人主张比较文学研究者要具有中国文化血液，又有人主张编外国文学史要有中国特色和个性。相形之下，一些当代文学家在借鉴外国文学进行创作时就显得比较盲目。

强调自觉把握本土意识并不会导致中国文化本位主义，因为我们同时也承认外国人可以透过他们的本土意识来借鉴中国文学。比如郭沫若以庄子为中介接受惠特曼的影响，美国的加里·斯奈德（Gary Snyder）借鉴寒山诗以及其他中国古典文学作品时也是以美国传统文化为中介来实现的。如果认为是中国古典文学作品使斯奈德成名的，那才是真正的中国文化本位主义。

（《外国文学评论》1988 年第 2 期，收入《郭沫若研究文献汇要》卷八，上海书店出版社，2012）

---

① 《序我的诗》，《沫若文集》第 13 卷第 121 页。

# 《女神》与《草叶集》的平行结构

郭沫若在《创造十年》中把自己的早期诗歌创作分为三个阶段，并把第二阶段（即创作《女神》的时期）称为是惠特曼式的。尔后，几乎国内出版的每一种中国现代文学史都承认郭沫若创作《女神》时受美国诗人惠特曼（Walt Whitman，1819—1892）影响很深。然而，这种影响到底体现在哪里？我认为，除了《女神》的"粗犷"、"豪迈"的语言风格与惠特曼的《草叶集》（Leaves of Grass）相仿之外，还有更多内在的成分。《女神》受《草叶集》的影响，如同花草树木吸取养分，这些养分已经化入它们体内的脉管之中。必须把每株花、每棵树作为整体来研究，才能了解这些养分究竟起了什么样的作用。

当我们拿《女神》和《草叶集》作整体比较时，就会发现前者同后者一样，整部诗集贯穿着一个平行结构（parallel structure）。这个平行结构不仅是一种对称形式，而且是一个系统，在诗歌的形式，意象的铸炼，甚至主题的构成等方面都起支配作用。

## 一、诗歌形式的平行结构

诗歌形式上的平行结构包括对偶、排比、反复、枚举和层递。我们先分析《草叶集》的诗歌形式。

《草叶集》1855年第一版仅收十二首诗，当时，平行结构就是这些诗篇的主要形式。尽管惠特曼在以后八个版本中不断删改、充实《草叶集》，最后把诗集扩充到452首（包括他去世后收入该诗集的附诗一、附诗二），他始终坚持运用平行结构来创作诗歌，直至《草叶集》的最后一首诗——亦可看作惠特曼的绝唱——《别了，我的梦幻》（Good-bye My Fancy）[①]，仍然使用了他特有的一种封闭式平行结构（这一点下文另述）。

惠特曼诗歌形式的平行结构来源于《圣经》中的希伯来诗歌。

罗伯特·劳斯主教（Bishop Robert Lowth）把圣经诗歌的平行结构归纳为三种[②]：

（一）同义平行结构（Synonymous Parallelism）：下行以不同形式重复上行的意思，达到加深读者印象的目的。

（二）反义平行结构（Antithetic Parallelism）：下行与上行意思相对，类似中国律诗的对仗。

（三）合成平行结构（Synthetic Parallelism）：下行补足上行，合成一个句法完整的句子。

后来德莱沃（S. R. Driver）研究《旧约》时在以上三种平行结构外又加一种[③]：

---

[①] 《草叶集》中的诗歌并不按编年排列，但从这首诗的内容来看，自然有这层意思。
[②] 见G. W. 阿伦（Gay W. Allen）：《惠特曼研究手册》（Walt Whitman Handbook）389页。
[③] 同上，390页。

（四）递进平行结构（Climatic Parallelism）：下行重复上行的一些词语并继续发挥上行的意思，使之深化。

《草叶集》里符合上述（一）、（三）、（四）三种平行结构的诗句俯拾即是①。在这里各举一例：

1. What do you seek so pensive and silent?
    What do you need comrade?

（你这么苦思、这么沉默，所想的是什么呢？／伙伴哟！你需要什么呢？）②

——《从巴门诺克开始》

2. I have hardly gone and hardly wish'd to go any farther,
    But stop and loiter all the time to sing it in ecstatic songs.

（我几乎没有往前走，也不想往前走，／只一直停留着徘徊着，用欢乐的歌曲来歌唱这些东西。）

——《开始我的研究》

3. Stop this day and night with me and you shall possess the origin of all poems,
    You shall possess the good of the earth and sun…

（和我在一处呆过一日一夜，你就会有了一切诗歌的泉源，
你将会得到大地和太阳的一切美善……）

——《我自己的歌》

然而，假如惠特曼满足于模仿《圣经》中的希伯来诗歌，他的平行结构就会变成一种技巧，而不成为一个系统，更不能衍生出一套规律。事实恰恰相反，《草叶集》在创作上是有一套规律的，可以概括如下：

1. 用反复的手法，特别是行首反复（initial reiteration），造成一种雄辩的节奏③。
2. 通过枚举（enumeration），深化思想④。
3. 不写传统的以音步为基本单位的格律诗，不用跨行句（run-on lines），而以单词重音构成节奏群，每行当中留一顿（Caesura），行末都加标点，不押脚韵⑤。
4. 使用大量的动词不定式，行首和行末用很多分词。
5. 兼收并蓄各种俚语村言、古奥冷僻的词语，包括外国语⑥。

在这些规律后面起作用的就是成为系统主导精神的平行结构。反复是一种特别的平行结构，各行在内容和形式上或部分相同或整行相同；枚举则是词和短语的平行排列。既然各行

---

① 惠特曼极少采用第二种平行结构，因为他认为诗歌是一个整体，而反义平行结构使诗歌显得内部分裂，不够和谐。
② 本文所引惠特曼诗句的中译均摘自楚图南译《草叶集选》，所引该书没有收入的诗句的中译则出自笔者。本文所引惠特曼的英文诗句均出自纽约阿温坦出版社 1931 年版《草叶集》。
③ 据维利（A. N. Wiley）发表在《美国文学》杂志 1929 年 5 月号的文章《〈草叶集〉中的行首反复手法》，《草叶集》10,500 多行诗中，41% 用了行首反复。又约翰·贝利著《惠特曼》一书时曾计算过，《向全世界致敬》一诗的首节有 9 行以"谁"或"什么"开头，第三节有 18 行以"我听见"开头，随后各节有 80 多行以"我看见"开头。（《惠特曼》99 页）。
④ 《向全世界致敬》第三部分第三节就是一个很好的例子。
⑤ 维利，161 页。她说："《草叶集》总共 10,500 多行，其中只有 20 行是跨行句。"
⑥ 亨利·詹姆士（Henry James）谈到惠特曼时曾说："啊，是的，一位伟大的天才；毫无疑问是一位伟大的天才！不过人们又为他大量使用外国语感到惋惜。"见罗伯特·福克（Robert P. Falk）编，《美国文学中的游戏文学》，纽约，1955，127 页。

本身就是平行结构中的一个单位，每行结束时就必须有标点，不允许有跨行句。行内的小顿把一行又隔成平行的两部分，形成行内平行结构。平行结构中各组成部分是等立的，所以惠特曼使用许多分词，避免用主从复合句。平行结构体现一种不偏不颇的思想，所以惠特曼的语言雅俗兼收，而且他用了许多外语词句。

所有这些创作特点有机地融汇在一起，造成了脱出希伯来诗歌之外的惠特曼特有的两种平行结构，从而决定了他雄健的、吟诵式的诗风。这两种平行结构是：

（一）封闭式平行结构：第一行描画出一个意象或提出一个观点，随后各行以平行的形式发展或说明这一意象或观点，最后一行重复第一行或总结第一行提出的观点。上文说过，《别了，我的梦幻》开头一节就是一例。下面又是一例：

> Smile O voluptuous cool-breath'd earth!
> Earth of the slumbering and liquid trees!
> Earth of the departed sunset — earth of the mountains misty-topt!
> Earth of the vitreous pour of the full moon just tinged with blue!
> Earth of shine and dark mottling the tide of the rider!
> Earth of the limpid gray of clouds brighter and clearer for my sake!
> Far-swooping elbow'd earth — rich apple-blossom'd earth!
> Smile, for your lover comes.
> （啊，喷着清凉气息的妖娆的大地，
> 微笑吧！
> 长着沉睡的宁静的树林的大地呀！
> 夕阳已没的大地，——戴着云雾缭绕的山头的大地呀！
> 浮着刚染上淡蓝色的皎月的光辉的大地呀！
> 背负着闪着各种光彩的河川的大地呀！
> 带着因我而显得光辉明净的灰色云彩的大地呀！
> 无远弗届的大地——充满了苹果花的大地呀！
> 微笑吧，你的情人现在已来到了。）

——《我自己的歌》

（二）开放式平行结构：封闭式平行结构去掉总结的末行，就成为开放式平行结构。如：

> Good in all:
> In the satisfaction and aplomb of animals,
> In the annual return of the seasons,
> In the hilarity of youth,
> In the strength and flush of manhood,
> In the grandeur and exquisiteness of old age,
> In the superb vistas of death.
> （美好存在于万物之中，

在动物的悠然自得之中，
在四季的往复更替之中，
在青年的热烈欢乐之中，
在成年的健与力之中，
在老年的庄严高尚之中，
在死亡的美妙远景之中。）

——《日暮之歌》

以上谈了平行结构在《草叶集》中的作用，现在来看看郭沫若《女神》中的平行结构。郭沫若在《创造十年》中说，他的《凤凰涅槃》《晨安》《地球，我的母亲》《匪徒颂》等诗是在惠特曼的影响下创作的。其实，上面归纳出来的《草叶集》里由平行结构统率着的所有创作规律都被郭沫若吸收后化入整部《女神》了。试看，《女神》中不乏惠特曼式的封闭式和开放式平行结构——

封闭式平行结构：

我是个偶像崇拜者哟！
我崇拜太阳，崇拜山岳，崇拜海洋；
我崇拜水，崇拜火，崇拜火山，崇拜伟大的江河；
我崇拜生，崇拜死，崇拜光明，崇拜黑夜；
我崇拜苏彝士、巴拿马、万里长城、金字塔，
我崇拜创造精神，崇拜力，崇拜血，崇拜心脏；
我崇拜炸弹，崇拜悲哀，崇拜破坏；
我崇拜偶像破坏者，崇拜我！
我又是个偶像破坏者哟！

——《我是个偶像崇拜者》

开放式平行结构：

我飞跑，
我剥我的皮，
我食我的肉，
我吸我的血，
我啮我的心肝，
我在我神经上飞跑，
我在我脊髓上飞跑，我在我脑筋上飞跑。

——《天狗》

郭沫若同惠特曼一样，抛弃了传统的诗的格律，用白话写新诗。
郭沫若也经常列举一长串名词，《晨安》便是典型。
据笔者统计，《女神》有 36.8% 的诗行用了行首反复。

至于语言的运用，郭沫若的试验精神不亚于惠特曼。《女神》中除了引用歌德和康沫尔（Thomas Campbell）的原文诗句外，还有 32 处用了包括英、德、日三种外国语的单词。其他如科学名词出现 35 处，僻字怪字、方言词语都入了诗。他甚至尝试打破汉语的正常词序，写出了"还在海水中浴沐着在""我感谢你得深深"等怪诞的句子。

其实，《女神》总共 1724 行诗中，就有 528 行被纳入平行结构，占 30.6%，这还不包括以节为单位或几行一组的平行结构。《凤凰涅槃》全诗 240 行，竟有 120 行是平行的。这些数字仅指诗歌形式而言，尚未包括内容上的平行结构。

当然，《女神》的平行结构也有可能直接受《圣经》的启发。郭沫若曾对一名文学青年推荐过《圣经》，说它是一部文学名著①。不过，郭沫若本人更坦率地承认《女神》是在惠特曼影响之下写出来的。

影响终归是影响，郭沫若与惠特曼是属于不同国度、不同时代的两位诗人。他们的血管中渗透了迥然不同的文化。就惠特曼而言，以平行结构为主要表现手法确实是反传统的，但于郭沫若则不然。平行结构在许多中国文学体裁中都是主要的形式，比如赋、骈文以及律诗。因此，郭沫若有时为了摆脱这一传统的桎梏，在一组平行诗句之后再加上一行，打破整个平衡。

　　山右有枯槁了的梧桐，
　　山左有消歇了的醴泉，
　　山前有浩茫茫的大海，
　　山后有阴莽莽的平原，
　　山上是寒风凛冽的冰天。
　　……
　　昂首我问天，
　　天徒矜高，莫有点儿知识。
　　低头我问地，
　　地已死了，莫有点儿呼吸。
　　伸头我问海，
　　海正扬声而呜咽。

　　　　　　　　　　　　——《凤凰涅槃》

出于同样的原因，郭沫若写了不少跨行的诗句，来打破中国旧体诗一行即一句的规范。据笔者统计，《女神》有 168 处用了跨行句。惠特曼则刚好相反，他以行末有标点的诗句来对抗在英诗传统中占相当比重的跨行句。

郭沫若有时甚至用一连串的跨行句造成非常具体生动的意象去影响读者的感官：

　　火车
　　高笑
　　向……向……

---

① 傅立沪：《关于〈圣经〉》，载《读书》1981 年 7 期。

向……向……
向着黄……
向着黄……
向着黄金的太阳
飞……飞……飞……
飞跑,飞跑,飞跑。

——《新生》

上面几行诗成功地模仿了火车头加速时的节奏、喷气以及车轮撞击铁轨的声音。难怪郭沫若高喊:"我崇拜创造的精神","崇拜破坏"。他自己就敢于冲破旧体的规范,去创造新的表现形式。

## 二、意象契机(image-motif)的平行结构

"黄金的太阳"只不过是《女神》中反复出现的多姿多彩的太阳意象中的一个。我们知道,大多数诗人都有自己偏爱的意象或意象群,比如:马修·阿诺德(Mathew Arnold)的诗作里有很多月亮意象,象征圣洁和素净;济慈(Keats)的诗歌富于色彩感,但他最喜欢用红色的意象。

甚至在一部作品中也常常贯穿着一个意象契机,统率着大多数意象。以莎士比亚的几个悲剧为例:《哈姆雷特》充满了病恹恹的意象;《麦克佩斯》弥漫着血与黑暗;《奥赛罗》充斥着动物意象;《李尔王》则浸透了痛苦。读者了解了这些意象契机,就更容易抓住作品的主题。

可是,惠特曼《草叶集》与郭沫若《女神》的意象契机却很特别,各由平行的两个意象群组成,每个意象群中又有一个主导意象。

约翰·贝里(John Bailey)分析《在海上有船舱的船里》这首诗时接触到惠特曼的两个主导意象。他指出:惠特曼在这首诗中第一次倾吐了他对大海的热爱以及他想当一位内陆与大海的诗人的愿望①。锡尼·马斯格鲁夫(S. Musgrove)研究《从永久摇荡着的摇篮里》时发现了至少半打同陆与海有关的意象,它们以不同的语气,带着不同的修饰语反复出现在诗中②。这种情况其实贯穿了整部《草叶集》。惠特曼经常将陆与海摆在一道:

还有雇工的职业哟!我愿意把你们
在海上和陆上的英雄事业放进
我的诗篇,……

——《从巴门诺克开始》

我们按陆上和海上的美国同志的方式敬礼,……

——《请看这黝黑的脸孔》

你可曾注意到这风景从内容到形式都可入画?……

---

① 约翰·贝里:《惠特曼》,纽约,1926年版,第134-135页。
② 马斯格鲁夫(S. Musgrove):《托·史·艾略特与惠特曼》,威灵顿,新西兰,1952年版,第32页。

还有这褐色的陆地和蓝色的海都可画入地图?

——《职业之歌》

啊,海洋也正疯狂地,和陆地亲吻,
满怀着爱,满怀着爱。

——《从永久摇荡着的摇篮里》

陆与海似乎已成了惠特曼的孪生子,他一刻也不忍将它们分开。《从巴门诺克开始》的第十四段主要歌颂美国的陆地,但也出现"海滩""舟子和水手""渔人"的意象,而在《海流集》中最出名的《从永久摇荡着的摇篮里》这首诗中,也有整整一节是关于陆地的:

> 陆地哟!陆地哟!陆地哟!
> 无论我走到哪里去,啊,我总想着,
> 你能够把我的爱侣送回来,只要你愿意,
> 因为无论我向哪里看,我好像真的在朦胧中看见了我的爱侣。

在惠特曼眼中,陆与海的关系已经密切到陆中有海、海中有陆的地步,所以,陆上的人群被喻为动荡的大海,而在海底也有"森林""花朵和种子""岩石""草",甚至有"呼吸厚重的空气"。(《海底世界》)

陆与海只是《草叶集》的意象契机中平行的两个主导意象,在它们的周围各有一个意象群。长诗《巡礼之歌》中有相邻的两节,第一节描写陆,包括了田野和农场、森林和山峦等与陆有关联的意象,第二节描写海,包括了起伏的胸脯、船、白帆、海风、轮船等与海有关联的意象。这就是一个例证。

意象契机既然是契机,就不仅是一些有关联的意象的单纯的堆砌,它有象征意义。马斯格鲁夫注意到惠特曼诗中的"陆"象征物质,"海"则象征精神,在《自己之歌》中分别具体化为"肉体"与"灵魂"①。同样,《草叶集》中有大量例子证明惠特曼的"陆"象征生,"海"则象征死。惠特曼晚年写过两首短诗——《再见了,海岸》和《永远驶出海去,幻影游艇》。第一首诗有这么几句:

> 再见了,海岸,
> 再见了,陆地和生命,
> 远航的人儿出发了,
> ……
> 拥抱你的朋友吧,留下井井有条的一切,
> 不再亲近港口和缆绳,
> 老水手啊,出发去作永久的航行。

在第二首诗中,惠特曼把自己比作那条幻影游艇:

---

① 马斯格鲁夫,33 页。

(我不认为这是最后的航行,
这只是通往最真、最美、最成熟的世界的起点;)
离开,离开坚实的陆地——不再踏上这片海岸,
……
永远驶出海去,我这幻影游艇!

不难看出,惠特曼把死比作永远离开陆地的一次航行,把自己比作一条船,联系着陆与海、肉体与灵魂、生与死、时间与永恒。惠特曼有时亦化身为"空中的船",即以预言家身份出现的掠过陆与海上空的飞鸟(《从永久摇荡着的摇篮里》、《当紫丁香最近在庭园中开放的时候》),或者是一名孤独的游泳者,在陆与海之间穿梭来往(《傍晚时我听见》)。他还声称,《草叶集》不是一本书,"谁接触到它就是接触到一个人"①。所以他也把《草叶集》叫作"一条孤单的船",希望它能驶到每一片海域,为水手和他们的船只歌唱。②

总之,《草叶集》的由两个平行的基本意象群组成的意象契机可以用图说明如下:

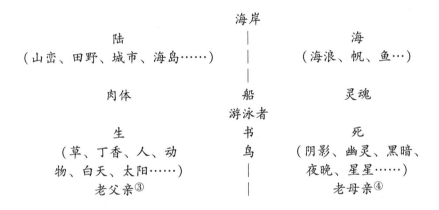

惠特曼把陆与海比作自己的双亲,郭沫若也声称自己是自然之子(《西湖纪游·沪杭车中》)。

惠特曼在《草叶集》开头对读者说:

读者你,全身奔突着生命与骄傲,
爱我之所爱,
所以,我将这些歌奉献给你。

——《读者你》

同样,郭沫若在《女神》的《序诗》里敦促自己的诗歌去寻找与诗人的振动数和燃烧点相等的读者。

---

① 《再见!》,《草叶集》507 页。
② 《在海上有船舱的船里》,《草叶集》3 页。
③ 《当我同生命的潮水一起退去》,《草叶集》264 页。
④ 《从永久摇荡着的摇篮里》。

郭沫若运用的意象有不少是与惠特曼相通的。下面列举数例,作一比较:

(一)啊,司机的欢乐呀!他和一辆火车头一齐前进!
听着蒸汽的嘘声,快乐的叫声,汽笛的啸声和火车头的欢笑呀!
不可抗拒地向前推进并飞快地消失到远方。

——惠特曼《欢乐之歌》

火车
高笑
……
向着黄金的太阳
……
飞跑。

——郭沫若《新生》

(二)因此,我要从自己发散出那威胁着要把我烧化的烈火,
我要把长久窒闷着这火焰的掩盖物揭开,
让它尽情地烧个痛快,……

——惠特曼《从巴门诺克开始》

我为我心爱的人儿
燃到了这般模样!

——郭沫若《炉中煤》

(三)我的脚在大地上践踏流露出一百种感情,
我尽最大努力也不能写出使他们满意的叙述。

——惠特曼《我自己的歌》

地球,我的母亲!
……
我只愿赤裸我的双脚,
永远和你相亲。

——郭沫若《地球,我的母亲!》

(四)我在世界的屋脊上发出我的粗野的呼声。

——惠特曼《自己之歌》

立在地球边上放号

——郭沫若《立在地球边上放号》

(五)大海给我回答,
不匆遽,也不迟延,
整夜向我低语,并且很分明地在黎明之前,
低声说出这美妙的"死"字,

——惠特曼《从永久摇荡着的摇篮里》

窗外的青青海水
不住声向我叫号。
……

>你快来投入我的怀儿
>
>我好替你除却许多烦恼。
>
>——郭沫若《死的诱惑·二》

（六）从永久摇荡着的摇篮里

——惠特曼《从永久摇荡着的摇篮里》

>晨安！常动不息的大海呀！
>
>——郭沫若《晨安》

然而，郭沫若在意象运用方面与惠特曼共通的地方并不在于上面列出的那一类零散的诗句，而在于整个意象契机的平行结构。

唐弢主编的《中国现代文学史》第一册已经注意到《女神》中光辉灿烂的太阳和波涛汹涌的大海这两个意象。据笔者统计，《女神》共57首诗中，有24首是以太阳和海作为平行的主导意象的。另有22首分别以太阳或海为主导意象。可见，太阳与海是《女神》里以平行结构出现的意象契机。

从象征的意义来看，郭沫若的海同惠特曼的海略有不同。惠特曼的海象征死亡和永恒，罩着一层神秘的轻纱。郭沫若的海则表现力和破坏（《立在地球边上放号》）。它有时也关联着死亡，比如在《湘累》中屈原把心中的哀愁比作深海，然后想到"破灭"，最后想跳水，到那"无底"世界去。这里"无底"世界是双关语，可以读作"无"的世界，即死亡。又比如在《死的诱惑》中，海水就是死的诱惑。尽管如此，从郭沫若的海的意象中，仍然可以听见新生命的胎动，新生的太阳就是在海水奏响的丧钟和晨钟声中升起的（《女神之再生》）。

与海平行的主导意象是太阳，它象征创造——创造新世界，也创造新人。在《女神之再生》中，太阳与创造几乎成了同义语，在《浴海》中，诗人呼吁太阳把全宇宙溶化了，把诗人身上的尘垢、秕糠全盘洗掉，创造出新人，新人又去参加改造出一个新社会。在《太阳礼赞》里，诗人要新生的太阳把自己照个通明。在《新阳关三叠》里，诗人要看太阳的"自我"的爆裂，开出血红的花朵。这其实已经是"物我两忘"的境界，诗人把自身与太阳合二而一了。太阳就是生命（《日出》），太阳就是新生（《新生》）。围绕着太阳这个主导意象的还有光、热、红色等有关联的意象，组成了一个以太阳为代表的基本意象群。值得一提的是，在诗人笔下，作为太阳的象征的金字塔又是创造力的象征。这种创造力甚至胜过神祇。由此也可看出，郭沫若的太阳主导意象虽然也同惠特曼的陆地主导意象一样，象征着生，但郭沫若的太阳更强调新生，比惠特曼的陆地意象更积极向上，更充满活力。

惠特曼的陆与海两个平行意象群相交于"海岸"；郭沫若的太阳与海的平行意象群则结合于地平线（《日暮的婚筵》）。本来，破坏与创造就是一个统一体的两个方面。

同惠特曼一样，郭沫若也化身为游泳者（《浴海》）、船（《岸上·其二》）以及在太阳与海之间翻飞的鸟儿（《光海》）。因此，郭沫若的太阳与海意象契机也可以用图表示如下：

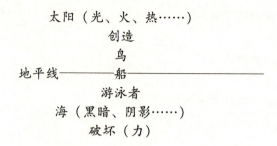

综上所述，可以看出《女神》除了众所周知的受《草叶集》的民主思想和雄健诗风影响之外，更受了《草叶集》的平行结构的潜移默化，以致诗集中几乎每一首诗都具有这个平行结构的踪迹。

本文探讨了《女神》和《草叶集》的诗歌形式和意象契机中的平行结构，至于主题构成方面的平行结构，因为篇幅所限，拟另写文章论述。

（《外国语》1985年第3期，获1985—1986广东省优秀社会科学研究成果三等奖）

# 《女神》与《草叶集》主题的平行结构

《女神》和《草叶集》不但主题相似,而且主题的构成同样是成对的平行结构。惠特曼在《草叶集》的第一首诗里开宗明义地宣称:

> 我歌唱人的自我,一个朴实、独立的人,
> 但又唱出民主这个词,总体这个词。
> 我歌唱由头到脚的生理机制,
> 在缪斯的眼里单是外貌或单是头脑都不会很有价值,
> 我说一个完整的形体要有价值得多,
> 女人和男人我都一样歌唱,
> 歌唱蕴含在激情、脉动和力量之中的无边的生命,
> 兴高采烈,为依照神圣的规律形成的最自由的行动歌唱,
> 我歌唱现代人。

这首诗几乎是全书的总纲,惠特曼已经告诉我们他的主题涉及哪些方面,又是如何构成。

他歌唱民主,但民主由"人的自我"和"总体"组成。一位评论家指出:"在赞美自己的同时惠特曼赞美全人类。"①于是《我自己的歌》引起《我听见美洲在歌唱》,这欢乐的歌声进而在诗人心中汇成一支《向全世界致敬》的雄壮的进行曲。

《我歌唱人的自我》这首诗的第二节表明,惠特曼把"完整的形体"看作是一个重要的主题。这形体既然是完整的,就不单是外表,也不单是内在,而是外表和内在的统一,肉体和灵魂的统一。所以惠特曼说"在缪斯的眼里单是外貌或单是头脑都不会很有价值"。他在自己的诗中并不回避描写肉体。他这个"完整的形体"的概念同柯尔律治的"有机形体"(the organic form)概念十分相似。

赞美人的时候,惠特曼以同等的热情歌唱女人和男人。难怪美国一位女权主义者竟称惠特曼为女权主义先驱。②约翰·巴罗兹曾在惠特曼本人通力合作下写过一本书,题目是《作为诗人和人的惠特曼》,书中引用了《阔斧之歌》描写的一个充满自由精神的年轻妇女形象,作为惠特曼的女权主义思想的例证。其实,惠特曼并不认为女人比男人优越。他根本不承认谁比谁优越,所以他说:"女人和男人我都一样歌唱。"不过,在妇女的社会地位还是相当低下的时候,惠特曼这种男女平等的思想反而显得偏向妇女了。

《我歌唱人的自我》这首诗列出的最后一个主题是"现代人"。关于"人"的主题,上

---

① 缪尔·西伦:《瓦尔特·惠特曼,美国民主的诗人》,纽约,1955。
② 伊莱沙南:《妇女和他的时代》,1964。

面已经谈过，包括男人和女人。下面谈谈"现代"的含义。惠特曼认为："过去、现在和将来不是相互割裂的，而是紧密联系着的。最伟大的诗人能顺理成章地从过去和现在造出将来。"（《〈草叶集〉初版序言》，以下简称《序言》）他自己就声言："我在过去之上培育起现在，／（就像多年生的树木出自它的根，现在出自过去，）"（《我为他歌唱》）。过去和现在不可分割，同样，现在与将来也不可分割，现在是将来的准备：

> 我歌唱信仰和准备；
> 因为生命和自然如果仅同现在有关就不伟大，
> 更伟大的还在将要到来的日子，
> ……
>
> ——《母亲你和你平等的子女》

由此可见，惠特曼所谓的"现代"其实包括了"过去——现在"和"现在——将来"两对平行的主题。

在本文开头所引的那首提纲挈领的诗里，惠特曼只提到生命，但这并不意味着他无视死亡。相反，惠特曼把生和死的价值看得同样重。他说："生是耕耘，死是收获。"（《当我看到农夫在犁田》）"那使生命充满活力的也使死亡充满活力，／死去的向前进如同活着的向前进。"（《阔斧之歌》）生和死也是《草叶集》的一对平行主题。这一对主题相互渗透，相互糅合，加上惠特曼的泛神论思想的酵母作用，酿造出一个非常重要的主题——再生。惠特曼用以为整部诗集命名的草叶意象就是再生的象征。郭沫若的《女神之再生》和《凤凰涅槃》的主题也是再生。（因为本文篇幅所限，关于《女神》和《草叶集》的再生主题将另行撰文论述。）再生意味着破坏旧的，创造新的。《女神》当中不乏破坏与创造的大声疾呼。惠特曼在《序言》中谈到最伟大的诗人的特点时也说："他挥洒自如地运用破坏和重造的力量。"

除了"生——死"、"破坏——创造"这两对主题之外，惠特曼在《草叶集》头一首诗中提到的其他主题在郭沫若的《女神》里也都有反映：

郭沫若在《女神》中歌唱自我，其强烈程度甚至引起一些评论家的非议，继而有人起而争辩，认为郭沫若的自我是大我（见孙席珍：《郭沫若——永远不灭的光辉》），用惠特曼的话来说就是既唱出自我也唱出总体了。

郭沫若同惠特曼一样主张男女平等。《女神》刻画了众多光辉的女性形象，如创造全新的太阳的女神，识大体、顾大局的聂嫈，还有地球母亲、祖国女郎等等。1941年11月16日，邓颖超同志曾在重庆《新华日报》发表为郭沫若祝寿的文章，赞扬他点燃了中国女性革命的光明火炬。她指出，郭沫若"能以科学的态度与医学的论据，对妇女问题作了精辟的发挥，揭斥了那重男轻女的谬见恶习。他举起锋锐的笔，真理的火，向着中国妇女大众指出光明之路。"

肉体与灵魂、过去与现在、现在与将来等三对平行主题似乎在《女神》中没有很明显的表露。但我们细想一下，《女神》的再生主题不是也包含了肉体和灵魂的二而一、一而二的关系么？郭沫若后来也曾称赞歌德"灵不偏枯，肉不凌辱"，[①] 由此看来，郭沫若和惠特

---

① 《我默·伽亚谟百〇一首》导言。

曼同样抱灵与肉平等的思想。至于应如何看待历史，郭沫若说："史剧家是发展历史的精神。"① 这同上面引用过的惠特曼关于最伟大的诗人能顺理成章地从过去和现在造出将来的主张何其一致！《棠棣之花》表达的让"鲜红的血液，迸发成自由之花，开遍中华"的理想，以及《湘累》中"创造日月星辰""驰骋风云雷雨"的气魄，不是代表着中国的未来吗？

除了《我歌唱人的自我》一诗中惠特曼公开宣称要表现的一些主题之外，在《草叶集》里还能找到其他一些也是成双成对相互平行的主题。

塞缪尔·西伦编的《瓦尔特·惠特曼，美国民主的诗人》一书按九个主题选了《草叶集》的诗：1. 诗人与人民；2. 我听见美洲在歌唱；3. 带电的肉体；4. 最底层的怒火；5. 美国内战；6. 伟大的救星；7. 劳动群众；8. 向全世界致敬；9. 讲给未来几代人的话。其中第3，5，9条可以归入上面讨论过的肉体——灵魂、生——死、自我——总体、过去——现在、现在——将来五对平行主题。余下的六条可以归纳成另外三对平行主题：祖国——世界、英雄——普通人、诗人——人民。

惠特曼爱祖国的热情是显而易见的。他想象的翅膀从巴门诺克起飞，掠过美国的陆与海，鼓舞着各行各业的人们，鼓励着西进运动的先驱者。他为由欧洲往美国移民叫好。在他眼里，美国就是民主的化身。在《为你，啊，民主哟》这首诗里，惠特曼把民主的美国称作"我的女人"（ma femme）。这使我们联想到，郭沫若在《炉中煤》一诗里也把五四之后的中国比作自己热恋的"我年青的女郎"。

对于一位声称"美国本身根本上就是一首最伟大的诗"（《序言》）的诗人来说，最危险的就是过分溺爱美国。惠特曼在19世纪40年代曾是扩张主义的忠实支持者。他错误地认为，美国的领土越扩张，民主的阳光就越能照耀到更广阔的天地。他高喊美国"总有一天会把加拿大和俄属美洲（阿拉斯加）装入它裤子上的小口袋"。② 到50年代《草叶集》出版的时候，惠特曼仍然不能完全摆脱扩张主义思想的影响，他歌唱坚决向西前进的开拓者，却忘记了印第安人被赶入美洲大陆最贫瘠的地区。到1871年发表《民主的远景》时，惠特曼对美国民主的认识就深刻多了。

郭沫若笔下的祖国却是另一种情况。《女神》中的爱国诗篇大部分都是在日本创作的。当时中国是个半封建半殖民地国家，郭沫若不可能像惠特曼那样给祖国以强有力的巨人形象，只能深切地表示对她的眷恋。从日本回国后，他看到的是"游闲的尸，／淫嚣的肉，／……满目是骷髅，／满街都是灵柩"（《上海印象》）。他从梦中惊醒了，失望了。这种失望几乎充斥了《女神》之后的另一本诗集《星空》，直到"二七"大罢工后郭沫若才感受到中国人民的力量而振作起来。

尽管惠特曼和郭沫若的爱国思想都有不足的地方，但他们对世界的热爱却无疑是诚挚健康的。惠特曼把自己对外国的关切写入一首首专门的诗篇，如《法国》《欧洲》《给一个遭到挫败的欧洲革命者》《啊，法兰西的星》《西班牙》等，充分表达了他对争取自由的人民的支持和对巴黎公社以及其他欧洲革命的同情。值得注意的是，中国人民为了摆脱腐朽的清皇朝和侵略成性的帝国主义的压迫奴役而进行的斗争同样引起惠特曼的关注。他甚至记录了一位去中国旅行归来的朋友的谈话，了解了太平天国起义时期中国的政治、经济情况以及风

---

① 《沸羹集·历史·史剧·现实》，《沫若文集》第13卷，人民文学出版社，1958年。
② 《力量的聚合》，转引自艾伦：《瓦尔特·惠特曼手册》，芝加哥，1946，第330页。

土人情。① 他在《向全世界致敬》一诗中，代表个人和美洲向中国的喜马拉雅山，四大河流，北京、广州的人群，中国的男人和女人问好。

65 年后，郭沫若回答了惠特曼的问候：

> 晨安！大西洋呀！
> 晨安！大西洋畔的新大陆呀！
> 晨安！华盛顿的墓呀！林肯的墓呀！惠特曼的墓呀！
> 啊啊！惠特曼呀！惠特曼呀！太平洋一样的惠特曼呀！
> ——《晨安》

除了新大陆外，郭沫若还问候了十月革命后的俄罗斯，关心着战斗中的爱尔兰人民。他对于走在时代前列的国家和民族从不吝惜自己的歌喉。

现在我们再来看看《草叶集》和《女神》中的"英雄——普通人"这对平行主题。惠特曼有两首有名的悼念林肯的诗——《当紫丁香最近在庭园中开放的时候》和《啊，船长，我的船长哟！》。林肯是惠特曼心目中的英雄。《当紫丁香最近在庭园中开放的时候》的倒数第二行突出了该诗的三个主要意象——丁香、星星、鸟。星星陨落，象征林肯去世；丁香会伴着春天重开，象征再生；而那只啼血的鸟，就是诗人自己。他对英雄的崇敬和哀悼是多么深切！第二首诗将美国比作船，林肯是船长，内战是一段险恶的航程。航船到达目的地了，船长却浑身冰凉，停止了呼吸。尽管惠特曼集中写了林肯总统，但他并没有忽略老百姓。《当紫丁香最近在庭园中开放的时候》用整整一节描写为林肯送葬的群众。《啊，船长，我的船长哟！》更是用几乎一半的篇幅来描写海岸上准备迎接船长的人群。

惠特曼不仅尊敬"伟大英明的人"，也尊敬劳动群众。他在工厂和田野的劳动者身上找到"永恒的意义"（《职业之歌》），看见人民受苦，他心痛（《我坐而眺望》），看到人民破旧立新的力量，他由衷地高兴（《阔斧之歌》）。尽管评论家认为惠特曼用"列举法"写诗太松散，太笼统，但他们也不得不承认惠特曼创造了一些非常具体生动的劳动大众的形象，比如黑人逃奴、驾着四匹马的黑人驭手、带着儿孙去渔猎的老农人等。

郭沫若对于英雄的价值的看法要比惠特曼深刻一些。在《匪徒颂》里他列举了包括马克思、恩格斯、列宁和惠特曼在内的十八名"革命的匪徒"。虽然郭沫若在《女神》的《序诗》中自称是个"无产阶级者"并"愿意成个共产主义者"，其实正如他后来承认，当时他实在还不了解共产主义，所以他把无产阶级革命导师同一些改良主义者相提并论。但不管怎样，作为一位民主诗人，他对那些为人类进步事业出过力的改革者和先驱者是极为敬佩的。

郭沫若把自己看作是无产阶级的一分子，广大劳动群众自然是他讴歌的对象。他称田地里的农人是全人类的保姆，炭坑里的工人是全人类的普罗米修士。（《地球，我的母亲》）他甚至愿意跪在锄地老人的面前，"叫他一声：'我的爹！'／把他脚上的黄泥舔个干净"。（《西湖纪游·雷峰塔下》）

至于诗人——人民的平等关系，惠特曼讲得很清楚："伟大的诗篇传给每个男人和女人的信息是：平等地待我们，只有那样你们才理解我们。我们并不比你们强，我们包容的你们也包容了，我们欣赏的你们也可以欣赏。"（《序言》）郭沫若则干脆说："我们便是他，他们便是我。／我中也有你，你中也有我。／我便是你。／你便是我。"（《凤凰涅槃》）

---

① 贾思汀·卡普兰：《惠特曼传》，纽约，1980，第 230 页。

诗人歌唱人民，歌唱人民的创造力，并不仅仅停留在像郭沫若歌唱金字塔那一类诗篇上，惠特曼和郭沫若还赞美了作为人民智慧结晶的科学技术，但同时他们会流露出略带神秘色彩的诗情。科学——神秘感，这又是一对平行主题。

惠特曼认为诗与科学并不对立。曾有一位法国评论家哀叹，科学的潮流将吞没一切。惠特曼反驳他，认为科学会给诗歌创作开辟更坚实、更广阔的天地。(《回顾走过的道路》) 他那首歌颂苏伊士运河，歌颂北太平洋铁路，歌颂横贯太平洋和大西洋的海底电缆的长诗《通向印度之路》，是早有定评的佳作。《草叶集》中还有一首《雨话》诗，以雨水在自然界循环往返的科学常识暗喻诗歌创作源流及社会功能。《致冬天里的火车头》也是名篇，郭沫若的《新生》就有这首诗影响的痕迹。后来美国"垮掉的一代"诗人艾伦·金斯堡为了表示反对扼杀人性的现代物质文明，竟针对惠特曼这首火车头诗写了《向日葵经文》(Sunflower Sutra) 一诗，这也可以从反面证明《致冬天里的火车头》是一曲科学技术的赞歌。

《女神》也有一首歌颂科学精神和物质文明的诗——《笔立山头展望》。闻一多先生曾称赞这首诗写出了20世纪的时代精神。(《〈女神〉之时代精神》)可是长期以来有人认为这是一首劣诗，歌颂了资本主义，因为诗是在日本写的，称赞的是日本的物质文明。持此异议的人对《女神》主题的平行结构缺乏了解。诗人一方面歌唱祖国，另一方面又歌唱整个世界。科学技术的成就是人类的共同财富，为什么不应该歌颂？郭沫若在《女神》中还以科技词汇入诗，至少有35处，这在五四时代可谓令人耳目一新。

与科学精神同时存在于《草叶集》和《女神》之中的有一种神秘色彩，大概这是因为两位诗人都有泛神论思想，经常在物与我之间游离飘忽，时合时分的缘故。比如郭沫若的《蜜桑索罗普之夜歌》的前半首，写的完全是一种带神秘气氛的幻象，但这种神秘气氛反而使诗歌增加了流动和朦胧的美。至于惠特曼的神秘主义就更为引人注目。艾伦在《瓦尔特·惠特曼手册》里指出，"几乎所有批评家都认为惠特曼是神秘主义者"。说惠特曼是神秘主义者恐怕有点夸大，但毋庸讳言，《草叶集》的不少诗句的确有神秘色彩。有趣的是，惠特曼会用科学名词来形容某些神秘的感受。他用"带电的（electric）"这个词来形容极度兴奋的状态（《当他们了结的时候》），用"充电（charge）"这个词形容灵魂充满肉体（《我歌唱带电的肉体》），还用"磁性的（magnetic）"这个词形容结合（unity）这一神秘主义的重要概念（《为你，啊，民主哟！》）。

至此，本文找出了《女神》和《草叶集》里的11对主要的平行主题（自我——总体、肉体——灵魂、女人——男人、过去——现在、现在——将来、生——死、破坏——创造、祖国——世界、英雄——普通人、诗人——人民、科学——神秘感），但我们的用意并不在详细研究这些主题的思想内容，而只是想说明，郭沫若《女神》的整个结构都受惠特曼《草叶集》影响，无论诗歌形式、意象契机以及主题都以平行结构出现。

(《外国文学研究》1986年第1期)

# 外国文学与本土意识

之所以说社会主义初级阶段的理论是具有中国特色的社会主义理论，是因为它摆脱了早年设想的未来社会模式和尔后风行的实际社会主义模式的束缚，发展了马克思主义。它是严格根据今天在中国的社会主义实践的实际情况提出来的。从理论研究的角度来看，它具有鲜明的本土性和当代性。

在对外国文学研究、翻译和借鉴的过程中，坚持这一点尤其重要。我把上述过程中表现出来的本土性和当代性概括为"本土意识"。由于篇幅所限，在这里只谈谈借鉴外国文学过程中的本土意识。本土意识的核心是民族文化意识，在不同的时期和不同的个人身上表现为不同的时代意识和主体意识。人们在借鉴外国文学时自觉或不自觉地会将本民族文化的特点作为参照项，或者作为接受外国文学影响的中介。比如郭沫若接受外国泛神论的影响，就以庄子为中介。他的《女神》受惠特曼《草叶集》影响很深，无论在诗的形式、意象母题或是主题等方面都与《草叶集》相同，都有一个平行结构。但是，平行结构正是中国古典文学的一些体裁，如律诗、骈文所特有的。他从小就对它们非常熟悉。茅盾写了《子夜》，有人称他为"中国的辛克莱"。瞿秋白不同意，认为辛克莱是排山倒海的宣传家，茅盾则是娓娓动人的叙述者。"娓娓动人的叙述"其实就是中国传统话本小说的表达方式，采取的是作者全知全能视角。所以老舍1946年去美国讲学时所作的《现代中国小说》讲演就从《三国演义》和《水浒传》谈起。鲁迅虽然特别强调冲破一切传统思想和手法，但他自己却写旧诗，这至少在手法上是传统的。其实，除了那些过激的言词之外，他还是主张在尽量输入的同时尽量地消化、吸收。"可用的传下去了，渣滓就叫他剩落在过去里。"他也认为输入的东西里有渣滓。至于所谓"可用"，自然是当时对本民族、本国家有用。还有曹禺，他和老舍一道去美国讲学时作过题为《现代中国戏剧》的讲演，几乎彻底否定中国传统戏剧。但是，他自己的剧作也具有中国传统戏剧要故事、要穿插、要紧张场面的特点。他主张"平淡的人生的铺叙"，正是我们中国文学的人本主义同西方文学的神本主义的一个重要区别。近年来在中国播放的几部冗长的外国电视连续剧，如《女奴》《诽谤》《坎坷》等，也是由于适合中国观众关心剧中人命运的欣赏趣味才获得那么高的收视率的。其实，在前些年为纪念南开演剧活动而写的文章中，曹禺已经明显地改变了对传统戏剧的否定看法。

任何一国文学对于他国文学而言都是外国文学。外国人借鉴中国文学同样表露出他们的本土意识。例如，庞德借鉴中国古典诗歌，其实只吸收了蕴含老庄思想和禅境的诗画相通理论作为他的意象派诗歌的营养。细分析起来，他的意象与中国古典诗歌的诗中之画并不相同。庞德强调的是意象迭加，不是一个个孤立的意象。在他看来，意象已经成为一种符号，叠加在一起成为一种特殊的语言。至于他本人则不通汉语，连《落叶哀蝉曲》是后人伪托汉武帝所作也不清楚，反而津津有味地用英文把它改写成意象派诗。尽管如此，这并不妨碍他奉行"拿来主义"。20世纪五六十年代,美国出现"寒山热"。受寒山影响最突出的是诗人加里·斯奈德。他至少在隐士风、山野魂、俗语创作和禅宗思想四个方面借鉴寒山。但我们仍然可以从梭罗的"瓦尔登湖"精神、王红公(Kenneth Rexroth)的山林诗和印第安人的山峦崇拜、爱默生的超验主义哲学观点等美国文化传统中找到本土意识的根。

本土意识是变化的。当作为其核心的民族文化意识同时代发展不合拍,或者束缚了人们的主体意识时,本土意识的内部平衡就会被打破,这时候,外国文学对于本国文学的影响表现为批判性的,常常还是对抗性的,用比较文学研究的术语表达就是所谓"反影响"(negative influence)。但是,即使是反影响也改变不了民族文化意识作为本土意识核心的地位,因为要批判就得有批判对象,不把批判对象研究透彻怎么可能深入地批判它?更何况经受过合理的批判之后民族文化意识也会被改造,于是本土意识达到新的平衡。这不是自我封闭,而是在交流中发展。只要看看当年法国浪漫主义者如何从德国和英国浪漫主义者那里借取思想武器来批判本国的新古典主义传统以及中国五四新文化运动的"狂飙突进"精神,就可以明白这个道理。但是,当史达尔夫人表示偏向北方文学时,她也不是"全盘北化"的,她主张"在法国诗人的因袭和北方作家趣味的缺乏之间探索一条中间的道路"(《论文学》)。司汤达则认为在精神上他们要比莎士比亚时代的英国人站得高些。至于五四新文化,现在也已被称为"传统"了。

台湾大学教授颜元叔先生谈到中国人研究西洋文学时深有感触地说:"我们中国人治西洋文学,若是没有自己的立场与见解,这研读的结果可能是无益于中国文学或中国文化,更不可能建立起中国人的独立批判或独立学术。"(《英国文学·中古时期》)在这个问题上,真是海峡两岸,人同此心。

总之,"中国特色"这四个字不能忘。引进外国文化要消化、吸收。作为第一步的翻译、介绍要全面。比如介绍了弗洛伊德,还应该介绍弗洛姆的《弗洛伊德的贡献和局限》;介绍法兰克福学派,不能光讲马尔库塞。最近,一位青年评论家批评了一些青年作家忽视意识流的有限性和局限性,使意识流溃疡化,他认为意识流应该丰润小说的故事性。还有不少研究中国现代文学的青年学者注意到五四新文化运动的一些代表性作家后来陆续多有向民族文化传统回归的现象。也许,在不久的将来,由于提出社会主义初级阶段理论而振奋起来的民族精神将使当代文学创作和现当代文学研究更深地感受到本土意识的厚重分量。

(《当代文坛报》1988年第1期,又作为"代前言"收入《本土意识与文学研究》,高文平、黎志敏主编,中山大学出版社,2012年)

# 好 奇
## ——离格与文艺欣赏

"奇",这里取"异乎寻常"的意思,中医经络说有所谓"奇经八脉",因其"别道奇行",不受十二经拘制,且无脏腑配偶系关,故名"奇经"(《辞海》)。可见,奇就是不受规范(norm)约束。从文体学(stylistics)的角度来看,奇即离格(deviation)。汉语的"离奇"一词,确实道出了奇的实质。的确,人是好奇的,古今中外的文艺作品中,凡是令读者击节叹赏的地方,很多是离格。陶渊明说过"奇文共欣赏","奇"同文艺欣赏还有不浅的缘分呢!

## 一、文学语言的离格

最近,有位搞戏剧的朋友来信说,读关汉卿、白朴或马致远的作品,比较容易体会到什么是"本色"、什么是"飘逸",但读莎士比亚剧本就不容易欣赏。她举《仲夏夜之梦》里莱珊德(Lysander)同赫米亚(Hermia)吵架的一段台词为例,只觉得莱珊德的两行写得妙,有顿挫,但就说不清妙在哪里:

L: Hang off, thou cat, thou burr! Vile thing, let loose!
　　Or I will shake thee from me like a serpent!
H: Why are you grown so rude? What change is this?
(莱珊德:放手,你这只猫,你这芒刺!该死的,放手!若不然我就要像抖掉一条蛇似地把你摔掉!
赫米亚:你为什么变得这样粗暴?这是怎么回事?)

其实,这两行至少有两种离格现象。一是句法的离格。第一行中 Hang off 和 let loose 没有形式主语,但因为是祈使句,所以合乎规范,不是离格。但 thou cat, thou burr 却是不完整的句子,缺少了谓语,因此是句法的离格。这样一来,句子缩短了。正是这一连串的短句造成了顿挫感觉。二是选择规则的离格。莱珊德台词第一行就打破了这一规则,把人与植物直截了当地并列,从结构上暗示了一种类同关系。同样的离格现象在蒲伯(Alexander Pope)的《夺发记》(*The Rape of the Lock*)中也出现过:

Here files of pins extend their shining row,
Puffs, powders, patches, bibles, billet-doux.
(在这儿成匣的饰针排成闪光的长行,
　还有粉扑、粉、美人斑、圣经、情书。)

韦多逊（H. G. Widdowson）曾引用此例，指出《圣经》（bibles）同其他化妆品并列，暗示它仅是爱虚荣的女子的一种装饰。[①]

除了句法和选择规则的离格之外，还有词法的离格。英国作家奥威尔（George Orwell）在小说 Animal Farm（《兽园》）里有一句妙语——All animals are equal, but some animals are more equal than others（所有动物都是平等的，但有些动物要比其他动物更平等），就是打破了 equal（平等的）这个形容词没有比较级的规范。

尽管离格这个术语是如今的进口货，实际上中国古典文学作品里已经存在许多可以让我们共欣赏的离格现象。马致远就写过一首《落梅风》小令：

云笼月，风弄铁，两般儿助人凄切。别银灯欲将心事写，长吁气一声吹灭。

28个字就把一位怨女的心情刻画得入木三分。"笼"字和"弄"字用得轻灵，但不是离格，何况前人已有"烟笼寒水月笼沙"以及"云破月来花弄影"的名句。"铁"字却是离格，它原是物质名词，是一种材料，在这里却代表具体的物件——檐前的铁马。这是词法的离格，可以比较苏轼的"左牵黄，右擎苍"，以猎犬和猎鹰的毛色来替代具体的动物。"助"字本来要求同向搭配的宾语，如"助人为乐""天助我也"，甚至"助纣为虐"也是因为"纣"喜欢"虐"。可是现在偏偏用不受"人"欢迎的"凄切"与之搭配，打破了选择规则。"长吁气一声吹灭"一句，"吹灭"本应要求宾语，这里宾语的位置却空着，打破了句法的规范，成了开放性的结构，余味无穷。本来将心事写下来是人之常情，这位姑娘经历一阵感情的风暴之后，决定不写心事，但这样反而怨得更深。

## 二、音乐、绘画、舞蹈的离格

以上举的都是文学语言的例子。文体学是应用语言学的一个分支，离格本来专指语言上不受规范约束的现象，但是，我们可以推而广之，去研究、欣赏其他艺术领域的离格现象，因为任何艺术都有自己的"艺术语言"，都有多年来形成的为大多数人接受的艺术语言规范，因而也就可能有打破这种艺术语言规范的离格现象。

先说音乐。交响乐向来只奏不唱，但贝多芬的《欢乐颂》作为交响乐中的人声伴唱，大大增强了乐曲的气势。中国唐代大曲结尾都是急停（"煞衮"），正合《乐记》要求的"止如槁木"，但《霓裳羽衣曲》近尾声时却将节奏放慢，以悠扬的拖腔作结。[②] 隋唐时期在音乐创作中出现离格——犯调。犯调有两种，一是句法相犯，把分属几个曲牌的乐句连成一个新曲牌；二是转调或转换调式。北宋词人周邦彦撰《六丑》曲，六调（用六个曲牌由名伎联成新曲牌），"皆声之美者"（都是很动听的乐句）。[③] 这首离格的曲子由名伎李师师唱给宋徽宗听，连精通音律的徽宗陛下也觉得耳目一新，妙不可言，但不知其名。（这很可能是今天的"歌曲串烧"的前身。）

---

[①] 《应用语言学的方法：爱丁堡应用语言学教程》第三册，J. P. B. 艾伦，S. P. 科德编，牛津大学出版社，1974年版，第207页。

[②] 白居易《卧听法曲〈霓裳〉》诗自注："凡曲将毕，皆声拍促速，惟《霓裳》之末，长引一声也。"

[③] 周密：《浩然斋雅谈》。一说犯六调即犯六宫调，但这样就无法解释下面"皆声之美者"一句。

再说绘画。历来画鸟兽，眼睛都是圆的，明清之交的八大山人却把鸟兽眼睛画成方形。中国画用散点透视，不拘阴阳向背，但清代吴历却吸收西洋画法，画山石用"阳面皴"。中国画的题款都有定式，扬州八怪之一的李鱓画兰轴，却在画面中间题"李鱓留名于兰蕙之间，时乾隆五年腊月"，把散布上下的两丛兰花连成一气。中国画册页格式都是由右向左，扬州八怪的另一怪李方膺的《富贵本色图》却从左边起首。画中国画用毛笔，清代高其佩、近人潘天寿却用指头画画。

现在谈谈舞蹈。中国古典舞的主要运动规律是画圆，这从八个手位的基本训练组合可以看得很清楚。可是甘肃歌舞团编出了舞剧《丝路花雨》，以S曲线为舞蹈的运动规律，起舞时手臂、腰胯沿S曲线运动，亮相时作S曲线造型，有名的反弹琵琶造型便是一例。古典舞中只有商羊腿动作稍微与之类似，但肢体都没有绕中心轴扭转。还有一个例子。常人走路都是出左臂迈右腿，出右臂迈左腿，这反映了人体自然运动的一条叫作反胴运动的法则，舞蹈基本身体训练十分强调明显的反胴运动。可是广东民族歌舞团陈翘女士编导的黎族舞蹈《摸螺》中，黎族小姑娘出场过小桥的基本步伐却是一种顺拐，打破了反胴运动的法则，但看起来别有风味。相比之下，小姑娘俯身摸螺的动作符合反胴运动法则，却太拘泥于写实，像哑剧，逊色多了。

## 三、离格的美

文学艺术是要表现美的。文艺作品中合乎规范的地方可以表现规范的美，离格的地方也可以表现离格的美，离格的美甚至常常有比规范的美更令人动心的地方。事实上，我们生活中已经领略过不少性质不同的离格美。

首先有对比的美。俗话说："物以类聚，人以群分。"这酷似语言规范中的选择规则。一旦这个规则被打破，比如动物园里狮狗同笼，和睦相处，就蔚为奇观。马戏团里女郎驯虎，人兽同台，至柔与至刚相得映衬，要比一个莽汉去表演驯虎更有韵味。法国诗人保罗·克洛代尔说过，各种事物的同时性就能构成诗的艺术。他所说的很大程度上就是对比的美。杜甫的名句"朱门酒肉臭，路有冻死骨"是个典型的例子。这种对比的美在潘鹤的雕塑《艰苦岁月》中表现得特别突出。两个红军战士，一老一少，一杆枪一根笛，小战士矮小的身材与过分宽大的军衣，艰苦的环境与乐观的精神，这一切通过对比同时存在于一件艺术品之中，产生了极强烈的感染力。

其次是变形的美。画家为了突出人体的某一部分常常故意打破正常的比例，这种情形即使在传统的宣传画中亦早已存在。文学家亦如此。北宋词人王观填《卜算子》词为朋友鲍浩然送行，头两句"水是眼波横，山是眉峰聚"把山、水缩小了，把眉、眼放大了，如果绘出词意，将会是一幅很有现代派风格的画。现代派是很讲究变形的。英国诗人狄伦·托马斯把阳光描写成从太阳踢出来的足球，连对西方现代派文学颇有研究的袁可嘉先生也认为"离奇怪癖"[①]。离奇是说对了，怪癖倒不一定。光有波粒二象性，光子在诗人想象中变形放大成了"足球"，一束阳光就像足球飞过来的运动轨迹。中国有一部马拉松式的老派武侠小说《蜀山剑侠传》，尽管内容荒诞不经，但描写四川的山水却很传神，且想象奇诡。作者还珠楼主（李寿民）承认，他的本事就是把一只蚂蚁放大一万倍来描写。难怪当代台湾小说

---

① 《西方现代派文学的边界线》，《读书》1984年第11期。

家白先勇认为《蜀山剑侠传》是对他走上文学道路影响最大的书之一,据说牛眼睛把人看得特别大,所以牛在人面前不敢乱动;鹅眼睛把人看得特别小,所以小小的鹅竟敢追着啄人。艺术家的眼睛有时也会像牛和鹅一样。

说到眼睛视物,还要提一提改变视点(point of view)造成的美。人的身材高矮差别不大,一般情况下视物的角度几乎没有什么变化。一旦视点升高或降低,对同一物体就能产生新奇的视角。深圳特区一位摄影师的作品《升》,拍的是一位建筑工人指挥吊车起重,视点几乎同画面主人公的脚在同一高度上,由下往上仰拍,顿时使工人的形象像山岳般高大、稳健。相反,如果视点升高,又有另一番感受,试读"会当凌绝顶,一览众山小",你仿佛一伸手就能撕下一片云彩,脚边层层叠叠的山峦像滔滔绿浪,跃动着,但又是那么服帖地舔着你的脚。视点在小说创作中被称为叙事角度。现代小说早已摆脱了古典小说的作者全能叙事角度的规范。作者可以深入主人公的内心,以主人公的眼光看世界,也可以化身为小说中更次要的人物,以事件参加者的眼光去看别人,甚至可以变为小说中更次要的人物,一个观察者,让其他人物之间的关系折射到观察者的眼里,然后叙述出来。由于故事情节的发展约束了人物之间的接触,用最后一种叙事角度写成的小说犹如神龙见首不见尾,需要读者细细品味,斯坦贝克的《笨熊约尼》即是一例。总之,视点的离格可以带来新的艺术表现角度。

检查一个人的视力,要看他能否准确辨认视力表上的符号,如有模糊不清,就说明他的眼睛不正常。物像要清晰,这是常规。但为什么漓江烟雨、黄山云海这一类看起来并不清晰的自然景色又那么迷人呢?这就要谈到另一种离格的美——朦胧的美。人的审美能力是不断发展提高的,单纯地接触美已经不适应审美能力的发展,人渴望去发现美,而作为一种离格的具有朦胧美的作品正好为人的纵横驰骋的审美想象力提供了新天地。在这方面,李商隐的"锦瑟"诗早已脍炙人口。还有白居易的那首词:"花非花,雾非雾,夜半来,天明去。来如春梦几多时,去似朝云无觅处。"有人认为是写月亮,有人认为是写前来幽会的情人。但不管写什么,这首词比起那些直写月亮或情人的诗词来却有独特的美。美国诗人理查德·威尔伯(Richard Wilbur)也写过一首题为"The Beautiful Changes"(《美的变换》或《美在变化》)的诗,短短18行里至少有六个地方是朦胧的,比如诗的题目就既可以理解为"主语+谓语",也可以理解为"形容词修饰名词"。正是这种朦胧不清的感觉为该诗所描绘的自然界流动变换的美增添了神秘的色彩。

人发现美的能力到了炉火纯青的地步,便可以丑中见美。丑的美也是离格的美。艺术大师罗丹以自己创作的老妓女欧米哀尔像为例力赞丑的美。他在《艺术论》中说:"平常的人总以为凡是在现实中认为丑的,就不是艺术的材料……这是他们的大错误,在自然中一般人所谓'丑',在艺术中转变为非常的美。"他还说:"一位伟大的艺术家,或作家,取得了这个'丑'或那个'丑',能当时使他变形,……只要用魔杖触一下,'丑'便化为美了——这是点金术,这是仙法!"中国传统的以钟馗和铁拐李等丑的形象为题材的作品有不少亦不同程度上做到丑中见美。我们作为文艺鉴赏者,如果懂得了罗丹所说的"点金术"和"仙法",就可以同化腐朽为神奇的文艺创作者心意相通,得其作品的三昧。

### 四、离格与规范的关系

《孙子兵法》道:"战势不过奇正,奇正之变,不可胜穷也。"又道:"奇正相生。如循环之无端,孰能穷之?"可见,奇与正、离格与规范的关系包括两个方面,一是相互依存,二是相互转化。

语言的离格无论离得再厉害，也离不开语言规范中的基本单词。一部文学作品也不能全由离格成分组成，即使詹姆士·乔伊斯的《尤利西斯》亦不能例外。而且，规范美与离格美在作品里是可以并存的，仍然以本文开头所引《仲夏夜之梦》的两行台词为例。除了已经讨论过的值得欣赏的离格现象之外，这两行台词里也有同样传神的合乎规范的地方。莱珊德讨厌赫米亚到了极点，这种心情集中通过两个不是离格的词表露出来。第一个是 cat（猫），英国民间传说巫婆经常幻化为猫去作恶（见《麦克白》中的三个妖婆）。第二个词是 serpent（蛇），在亚当、夏娃被逐出伊甸园的故事里，魔鬼就是以蛇的形象出现的，而且是夏娃先受了诱惑。用 serpent 骂女人，无异于揭她的疮疤。因此，要能欣赏奇，首先要了解什么是不奇。如果不知道什么是规范，就不可能知道什么是离格。所谓"操千曲然后晓声，观千剑然后识器"，大概就是这个道理。

离格与规范有时可以互相转化。比如诗歌语言要用韵、有格律，对日常语言来说是离格，但就诗歌这一文学题材内部来说，用韵、有格律反而成了规范，而不押韵、无格律的自由体诗歌才是离格。离格和规范还会因时间推移而互相转化。比如自由体诗歌，倒回去惠特曼的时代，它是离格，《草叶集》初版时，惠特曼就被报纸称为"怪物"。但时至今日，在英语国家写格律诗的人反而寥寥无几，自由体诗歌大有取代格律诗而成为当代英语诗歌规范的势头。离格与规范也因民族文化传统不同而发生转化。一个民族的文艺作品的规范往往会成为另一个民族作品中的离格。利玛窦曾批评中国人不懂得焦点透视原理，因此中国画似乎是死的，而不像是活的。[①] 可是，当代美国诗人加里·斯奈德却将中国画的散点透视规范引入诗歌创作，写出了山水长卷式的长诗《山水无穷尽》（Mountains and Rivers Without End），以及立轴式的短诗《进城劳作去》（Work to Do Toward Town），为美国诗歌创作增添了一种离格的创作角度。

然而，好奇不等于一味猎奇。我们要欣赏的是表现出美的离格。什么才算美的离格呢？我认为，最能恰到好处地传达作者的思想感情的离格就是美的离格。比如《霓裳羽衣曲》的结尾不同于一般大曲，是因为这首乐曲描写的是虚无缥缈的仙境，不宜像一般大曲一样急煞而止。八大山人画鸟兽眼为方形，是要表达怒目向天的意思，暗示他对清朝统治者的鄙恨。李鱓题款于兰轴正中，是要显出自己清高。《丝路花雨》打破现行古典舞的规范，是因为按这个规范无法再现唐代西域舞的丰姿。这些离格都事出有因，而那些毫无目的、毫无因由的乱出格则是没有生命力的。试看武则天自制的十九字，到如今不是只剩下一个"曌"字，因为是她给自己改的大名才得以收入词典么？

在欣赏文艺作品的离格的同时，我对各个领域里敢于打破常规的人们的敬佩油然而生。离格代表了开拓的精神、大无畏的精神。没有离格的尝试，事物就不能发展，世界就不能进步。愿文艺作品的离格现象多给我们一些启迪。

（《广东社会科学》1986 年第 2 期）

---

[①] 《利玛窦中国札记》，（意）利玛窦、（比）金尼阁著，何高济等译，中华书局，1983 年版，第 22 页。

# 从《现代中国小说》看老舍文艺观的发展

《现代中国小说》（英文）一文是老舍先生20世纪40年代赴美初期所作，发表于留美中国学生战时学术计划委员会出版的《学术建国丛刊》（*National Reconstruction*）第7卷第1期，1946年7月。

抗战期间，留美中国学生深感责任倍增，"学术建国工作，实属重要"，于是，由纽约的中国留美学生率先举行学术建国讨论会，决定"编行学术建国刊物，以便荟集旅美文化界之研究精粹，备祖国建设之参考"。随后，哈佛大学、普渡大学、明尼苏达大学等校的中国留学生纷纷响应，举行学术建国讨论会。1942年8月，《学术建国丛刊》创刊，主编孟治在《发刊辞》中说："抗战五载，国事日急，吾人既不能流血疆场，则唯有运用智力，作有永久性之建国准备。"该刊物原是不定期出版，后改为季刊。头两期中、英文稿子都发，后因中文印刷出版困难，从第3期起改为英文版。该刊所载文章多是有关中国工业、农业、铁路运输、国家计划、教育、医学、化学等方面的。老舍的《现代中国小说》是这一刊物发表过的极少量关于中国文学的文章中的一篇。

《现代中国小说》至今未被翻译转载过。从各方面情况看，很可能是老舍抵达美国最初几个月某次公开讲演的讲稿。文章勾画了现代中国小说发展的轮廓，描绘出它在吸收民间营养、摆脱传统束缚、接受外来影响中走向现代、走向世界的进程，对现代中国文学界的新气象、现代中国作家与人民群众的关系，中国现代文学语言的发展和成熟作了较为具体的介绍和阐述，其中不乏发人深思的精辟见解。它是我们研究老舍思想，特别是老舍的文艺思想的难得素材。

老舍40年代赴美期间为我们写出了《饥荒》（《四世同堂》第三部）、《鼓书艺人》这样有价值、有分量的长篇小说。但该时期老舍有关论文尤其是文艺方面论文的发现，这还是第一次。从这篇文章中，我们看到，随着国内外政治形势的迅速发展，随着作家社会实践和文艺创作实践的积累和加深，在抗战胜利后身居异国的数年中，老舍不仅经历着社会历史观的革命变革，而且文艺观也面临着发展和更新。尽管文章对一些问题的阐述未尽透彻，不无偏颇，但其中的真知灼见却露出老舍对中国文学历史与现状的独到认识，表现了这位来自人民怀抱的杰出艺术家对于人民艺术的执着追求。

## 一

《现代中国小说》的前六节从一个全新的角度分析了现代中国小说的发展进程，揭示出它植根于民间这一重要特点，并强调西方文学尤其是俄罗斯文学叛逆力量对现代中国小说的深刻影响，反映了老舍文艺思想中人民性和革命性因素的增长。

什么是现代中国小说？老舍在文章开头就明确指出，"所谓'现代'中国小说，是指用白话（即普遍人的语言）写成的小说。""然而，早在唐、宋之时，甚至可能更早，已经有白话小说出现。从这点看来，'现代'中国小说也并不是那么新的。"这样，老舍就打破了按年代划分文学史的传统做法，以现代中国小说的重要内在特征为尺度，将"现代"的时间上限推到唐、宋。即使在今天，把《三国演义》和《水浒传》归入现代中国小说也会引起许多文学史家的异议。但是我们不要忘记，老舍这篇文章是写给美国读者看的，而西方的文学评论家早就把与莎士比亚同时的西班牙作家塞万提斯的《堂吉诃德》誉为西方现代小说的鼻祖，因为这部小说的表现手法是"现代"的。

在老舍看来，现代中国小说的重要特点就是植根于民间。文言文"对于普遍人来说，简直是一门外国语"，只有白话才是民间的语言，因此，即使是远在唐、宋之时的白话小说，也算作现代中国小说。

正是从这点出发，老舍在文章第一节介绍《三国演义》时，几乎用了全部篇幅来讲述《三国演义》的成书过程。他追述了民间说书艺人如何将史书《三国志》生发开来，用"人民群众听得懂的语言来讲述这场长达半个多世纪、把中国分成三个互相攻伐的国家的内战中天不怕地不怕的英雄人物的故事"。他还描绘了人民群众喜爱说书人讲白话小说的生动场面，大概这时老舍心中已经隐隐活动着后来在美国写成的《鼓书艺人》的影子了。

在"明清小说"这一节里老舍介绍了《金瓶梅》和《红楼梦》。值得注意的是，他对《金瓶梅》的评价看来要比《红楼梦》高一些。他认为：《金瓶梅》是自有中国小说以来最伟大的作品之一。"《金瓶梅》用山东方言写成，是一部十分严肃的作品，是大手笔（Writing of very high order）。" "明清版本插图很漂亮，但极难寻得，市价亦昂贵。" 至于《红楼梦》，他只说，"这是中国白话小说中最出名、最流行的作品，写的是一个以悲剧结束的爱情故事"，"这部小说篇幅相当长，可以说有点儿像中国的《飘》"。在此之前，老舍于1941年对于《红楼梦》曾发表过一些议论，认为《红楼梦》的确是一部伟大的作品，但它并不能像《战争与和平》那样启发我们，就是哥哥妹妹的那一点上有极大的成功。① 在此之后，老舍于1954年写过《〈红楼梦〉并不是梦》，指出"这是一部伟大的现实主义作品"。在这里，我们并不想分析老舍对《红楼梦》的评价，也不想对《金瓶梅》和《红楼梦》两部小说作出褒贬，我们只想探讨老舍在介绍现代中国小说时为何目光更多地放在《金瓶梅》上。

上文讲过，老舍认为植根于民间是现代中国小说的重要特点。他自己一向强调写小说坚持"俗"与"白"。从这个角度看，《金瓶梅》用的是山东方言，描画的又是市井俚俗的众生相，同纯用京白写成、铺叙一个官僚贵族大家庭的盛衰的《红楼梦》相比，自然是《金瓶梅》更"俗"一点，更"白"一点，平民性也更强一点，所以，老舍对《金瓶梅》稍有侧重也是顺理成章的。据我们所知，老舍在伦敦大学东方学院任教时，就协助克里门特·艾支顿（Clement Edgerton）将《金瓶梅》译成了英语。1935年《金瓶梅》英文版出版时，艾支顿就在第一面上印下了"献给我的朋友——舒庆春"的字样。香港有位老舍研究者认为。老舍从未提起自己译《金瓶梅》的事，是因为"觉得翻译这类'淫'书有点'不好意思'"。② 其实，他协助译书时说不定还为自己能帮着把这么一部伟大的中国小说介绍给英语读者而感到自豪呢！从这一件事也可以看出老舍对于小说的民间性的高度推崇。

现代中国小说植根于民间，但随着历史的前进、西方民主思想的东渐、欧美文学作品的

---

① 老舍：《如何接受文学遗产》，《文学月刊》第1卷第5期，1941年9月15日。
② 胡金铨：《老舍和他的作品》，香港文化生活出版社1977年版。

传入，它又吸收了外来的营养，逐渐向外国小说学步，从而除了民间性之外，初步具备了世界性的因素。这种变化老舍看得十分清楚。他简述了庚子赔款后中国留学生回国时带回来的"危险思想"以及后来的新文化运动（他称之为"中国的文艺复兴"）的情况之后说："三十年前中国出现试图按西方模式来创作的小说就不足为怪了。"

老舍指出，在现代中国小说的早期探索过程中，"无论小说的形式或内容都从根本上背离了公式化的死板的古典模式"。在这里，老舍只是客观地总结了现代中国小说在早期探索过程中的特点，并不等于说西方模式就比中国古典模式高明。老舍介绍现代中国小说先要追溯到《三国演义》和《水浒传》，正是他不否定中国传统中的精华的明证。

不过，老舍对于整个西方文学在思想上对现代中国小说的影响是评价很高的。他引人注目地强调："从新文化运动的发轫起，就可以看出现代中国小说深受整个西方文学，特别是俄罗斯文学的叛逆力量的影响。其结果是，中国现代作家选择题材的态度都相当严肃。"老舍的这一观点，标志着他战后文艺思想的一个重要进步。在此之前，老舍在他的多篇创作经验谈中，更多的是推崇英法文学的巨大影响和典范作用。抗战后期。他在《写与读》一文中提到"俄国的小说是世界文艺中的"最"伟大的"，但又表示自己的"才力不够去学它们"，而反映出某种程度的距离。如果说在写作《写与读》时俄罗斯文学在老舍心目中仍然近乎可望而不可即的山峰，那么到他写《现代中国小说》一文时，对俄罗斯文学以及它给予现代中国小说的影响已经有了深刻的了解和切身的感受。老舍对这种"叛逆力量"即批判精神的强调，同老舍本身创作思想和创作实践的发展是一致的。作家早期那种"笑骂，而又不赶尽杀绝"的人生态度，已为30年代中期《骆驼祥子》《月牙儿》等篇中血泪交流的控诉、不可抑止的义愤所取代，抗战及战后，随着老舍现实主义创作的深化，其作品的时代感和倾向性也在不断增强，在《四世同堂》《鼓书艺人》里，我们不但看到了对苦难和屈辱的描写，而且看到了对革命力量的颂扬，对反抗和新生的讴歌。老舍作品在选择题材和表现生活方面的深刻变化，显然是与西方文学尤其是俄苏文学的熏染分不开的，这正是老舍文艺观点中革命性和人民性因素增长的反映。只有在这样的联系和考察中，我们对作者所说的"必须感谢俄国的影响"这一段话，才会有更深一层的理解。

二

《现代中国小说》关于中国现代作家的评述中最为重要的部分，也许是对作家与人民大众关系的分析了。在文章的末两节，作者满腔热情地介绍了"第二次世界大战期间以至战后"，中国作家与人民群众关系的崭新变化，他说：

> 战火弥漫的时候，来自全国各地的作家，离乡别井，不但与所在地区的普通民众，而且与同样是漂流在外的普通民众相结合。恐怕从未有过什么力量能比向内地大迁徙、大逃难更能使人们团结在一道。于是，过去不熟悉群众、不太关心群众的许多作家也了解到了他们的同胞的诚笃、勤奋、耐心、慈和等可贵的品质。正是这些同胞站在战争的最前列，并且最终帮助赢得了这场战争，在此期间，作家们同木匠、短工、人力车夫、农夫、摊贩等各业的人们交谈，向他们学到许多东西。……

在现代中国作家群中，老舍是以对普通群众的熟悉和关怀著称的，他对社会罪恶和人民苦难的表现每每达到了震撼人心的地步。然而在抗战以前，由于社会历史条件的限制，作为一位民主主义的作家，老舍的创作还只能停留在对人民疾苦的同情上面，用他自己的话说，是"只代他们申冤诉苦"。① 客观地讲，老舍对中国和中国人，那时还怀着比较悲观的看法，因此，在作家与人民的关系问题上，尚不可能达到自觉的认识，是民族革命战争的伟力把他推向了斗争的漩涡。在前所未有的动乱和漂泊中，老舍与大批中国作家一道，同人民群众接近了，同时代的洪流汇合了。在共赴国难的艰难岁月里，老舍真正认识了人民群众的本质力量，了解了他们身上种种"可贵的品质"。他终于认定，这些普通的群众才是民族革命战争的主体，正是他们"站在战争的最前列，并且最终帮助赢得了这场战争"。

在老舍的生活和创作道路上，这是一个意义重大的转折。作家社会历史观的巨大变化不能不对他的文艺观产生深远的影响。老舍在《现代中国小说》中关于作家与人民关系的大段评述，无疑是对老舍本人（当然同时也是对整个中国进步文化界）抗战阶段思想实践和艺术实践的经验总结。这里，老舍起码提出了这样几个问题：一、作家"同普通民众相结合"，引起了文学创作的深刻变化；二、作家在接近人民、了解人民的过程中，向人民"学到许多东西"；三、作家为自己规定了唤起民众、教育人民的任务，创作出为人民大众所欢迎的作品。在此基础上，老舍更进一步指出：

这种到人民中去的做法，当然是获得创作素材的最好办法。……可以更充分地表达中国广大普通人民群众内心深处的思想、感情、希望和忧虑，而过去这些一直不被认为是有价值的文学题材。

提出作家"到人民中去"，同人民大众相结合，了解群众，向群众学习，努力反映人民的思想、感情和愿望，用人民的语言创作为人民大众喜闻乐见的作品……这一切，显然已成了该时期老舍文艺观的重要组成部分，而用如此旗帜鲜明的方式加以表述，这在老舍来说，恐怕还是第一次。尽管老舍对上述一系列观点未曾作出系统、周密的阐发，但它们却像一串耀眼的明珠，使老舍战后文艺思想呈现出前所未有的光彩。可以毫不夸张地说，老舍在这篇文章中关于作家同人民群众关系的表达，已经非常接近于历史唯物主义的文艺观，他已经从生活实感和艺术感受逐步上升到这样的理性认识：文学艺术是属于人民的，作家艺术家必须选择同人民结合的道路，写出使人民大众得到真实利益的作品。30年代初，鲁迅在介绍墨西哥画家理惠拉的创作时，赞扬理惠拉的艺术"与民众同在"，并激烈抨击脱离人民的沙龙艺术是"现代艺术中的最坏的倾向"。② 为了争取把艺术还给人民，鲁迅付出了毕生战斗的代价，这里面包含了对人民大众最为深厚的爱。在这一点上，老舍的心是和鲁迅相通的。在《现代中国作家的态度》一节里，老舍对鲁迅在现代中国文学史上的地位给予高度赞誉，并把鲁迅精神和鲁迅的战斗同整个中华民族的盛衰联系起来考察，他还大力推崇反映被压迫阶级生活、"具有强烈的无产阶级感情"的作品，对站在人民大众的立场上，为人民代言的革命作家和革命文学创作，予以充分肯定。

老舍关于作家与人民关系的观点，可以在他赴美期间最后一部长篇《鼓书艺人》中找到有力的印证，该书重要角色之一——剧作家孟良，就是老舍这一观点的形象化的体现。孟

---

① 《老舍选集·自序》，开明书店1951年版。
② 鲁迅：《集外集拾遗·墨西哥理惠拉壁画之一——〈贫人之夜〉》（1927）。

良，这位站在时代前列的革命作家，为了抗战的胜利，为了人民大众的解放，始终不停息地奋斗。从孟良与大鼓艺人方宝庆一家那种情同手足的关系，以及他对宝庆父女的真挚友情的艺术刻画中，我们看到了革命的、进步的作家与普通群众的那种全新的关系。孟良第一次见到宝庆就诚恳地对他说："您还得先当我的老师呢，完了，我才能当您的老师"，并热情地鼓励秀莲"唱人民需要的东西"，就是一定会受到人民的欢迎。以孟良为代表的进步作家，不再是那种高踞于老百姓头上的贵族，而是同人民群众站在一起，为了人民的利益忘我奋斗的战士。——这，显然就是当时老舍心目中真正属于人民自己的文学艺术家的形象。

同样值得注意的是，老舍在文中还透露了抗战期间作家艺术家同人民群众结合过程中所遇到的麻烦。他提到战时众多作家创作新戏、新歌曲以鼓舞民众士气，"但到战争快结束时就少多了。作家们组织起来的演剧队在战争中间也缩小了活动规模，因为政府不提倡这类活动。"与此同时，作家"到人民中去"的良好势头也受到阻遏："战争开始时有许多作家直接到士兵中间去，到战壕和兵营里访问他们，但政府也不主张这样，于是作家们逐渐返回大城市……"从以上陈述中，读者可以明白无误地领会到：作家与人民结合的阻力来自国民党政府当局。老舍是作家而不是政治家，在美国这样一个特定的政治环境中，我们不可能要求他像冯玉祥先生那样大声疾呼，同蒋政权作公开的、激烈的抗衡，但他却以自己特有的表达思想的方式，对反动统治者阻挠文艺为抗战服务，把作家艺术家同工人、农民、兵士分离开来的阴谋，作出了有力的揭露和批判。这种批判是"老舍式"的：在看似轻描淡写的语句背后，蕴蓄着愤怒的力量。从这里，我们不仅看到了老舍鲜明的政治倾向性，而且看到了老舍文艺思想中所包含的强烈的人民性。

## 三

《现代中国小说》概述了中国现代文学语言发展、成熟的三个阶段——来自民间以及从欧化到大众化的整个过程，论证了文学语言大众化的必然趋势，以及"回到人民的语言"这一发展方向的正确性。

作者首先回顾了几个世纪以前，由说书人"用人民群众听得懂的语言"讲述的白话小说故事在民间广泛流传、家喻户晓的状况，以及说书受到中国古代城乡普通群众欢迎的热烈情景——这，就是"现代"式的中国文学语言发展的第一阶段。它最早出现于民间，来自平民百姓之中。

中国现代文学语言发展的第二阶段是以新文化运动为开端的，老舍称之为"一场真正的革命"，它"大大促进了人们使用白话作为文学表达工具"。此后，"现代中国作家开始使用关系从句和副词修饰语，还按照欧化的语法做句"。这样做，弥补了汉语语法简单、只适于"表达一般化的概念"的弱点。与此同时，"新的欧洲语言中的词汇不断进入汉语的口语和书面语，从而使得状物可以更加细致，遣词用字更加准确、贴切，这是以往从未做到过的"。老舍充分肯定了吸收欧美语法词汇在改进汉语表情达意方面的功用，指出这种变化是完全"必要"的。

第二次世界大战期间及战后，是中国现代文学语言发展的第三阶段——走向成熟的阶段。此时"出现了丢开本世纪初以来创作上最突出的使用欧化语法结构的趋向，转而使用地道普通民众的日常口语"。作为同人民群众有着血肉联系的艺术家，老舍对于欧化语词和句式脱离人民的弊病是深有体会的，他一针见血地说："城市和农村里的普通人根本不懂混入现代作家语言里的关系从句以及其他'西方'玩艺儿。其实,这一套对他们来说就像文言文一样莫名其妙。"与此相联系,作家们的创作也日渐走入死胡同。他们发现,自己的语言"变得生硬,涩滞,辞不达意,作品死气沉沉,毫无生命力"。老舍站在人民的立场上正确地指出,正是人民群众的新鲜活泼的语言给现代中国文学注入了活力,赋予了它新的生命。从此,一种令人耳目一新的变化出现了:"来自中国各地和社会各界的男男女女所用的机智而富有活力的村言俗语逐渐渗入作家所写的书中","使作家的语言比较丰富起来",更便于表达普通群众的情感和愿望。他把这种"引入方言口语"的变革,形象地比喻为"使文学作品从天上回到地下"。老舍清醒地看到,这种变化对于中国新文学的前途,对于发挥文学为人民、为社会服务的作用具有无法估量的意义,他从自己及其他中国作家的写作实践中欣喜地发现,"为了唤起民众的爱国主义精神和抗战热情而写作时,这种简单明了,直截了当的语言非常奏效"。

老舍深深懂得,要使艺术真正属于人民,而不是成为少数人的专利品,就必须让大众能懂,能理解,能接受。他在文中强调:"想打动人民,就必须使自己的语言明白易懂。"这里,他所阐明的正是文学语言大众化的一条重要原则。在大众语讨论的过程中,鲁迅曾提出"为了大众,力求易懂"① 和"将文字交给一切人"② 的要求,并看作是前进的艺术家努力的方向。在人民的艺术必须回到人民怀抱这样一个重大问题上,这两位杰出的人民艺术家、语言巨匠又走到一起来了。

老舍满怀信心地指出,经过民族战争的考验,大众化已成了中国现代文学语言的主流和不可逆转的趋势:"今天的作家在他的短篇小说、长篇小说和剧本中越来越多地使用简单明了,直截了当的人民的语言,他们正在努力创造一种'纯'汉语,它大体上不受外国语法结构、外国词语和西方写作技巧的影响。"这样一个"以普通人的语言创造一种新文学的运动",就是老舍在最后一节标题中所点明的"回到人民的语言"的方向。老舍对文学语言大众化的道路抱有坚定信念,他从"回到人民的语言"的运动中看到了中国新文学发展的美好前景,感到乐观和欣慰。文章结尾处,老舍精神振奋地预言:

> 似乎有一点是可以肯定的,战后中国各个文学领域都会涌现大量作品,这种文学将是严肃的,反映的是普通老百姓经过长期的为了国家的生存而斗争的艰苦岁月之后重返家园开始新生活时的斗争、矛盾和深刻的变化。

老舍的预言已为战后中国新文学繁荣兴旺的历史所验证。老舍关于文学艺术植根于人民,必须"回到人民",以及文学艺术家必须到人民中去,同人民结合的正确观点,在整整40年后的今天,仍然闪烁着真理的光芒,老舍和他在文艺理论方面所作的建树,都是属于人民的!

(《中国现代文学研究丛刊》1986年第3期,与王家声合著)

---

① 鲁迅:《且介亭杂文·论"旧形式的采用"》。
② 鲁迅:《且介亭杂文·门外文谈》。

## 附录：

### 现代中国小说

老舍著　区鉷译

所谓"现代"中国小说，是指用白话（即普通人的语言）写成的小说。中国历来有两种语言：文言与白话。过去的文学作品，除极少数之外，都是用文言写的，这种语言对于普通人来说，简直是一门外国语。因此，能够直接阅读中国伟大的文学作品的只限于被称为"士"的人（即学者），普通人根本不可能掌握这门难懂的书面语。然而，早在唐、宋之时，甚至可能更早，已经有白话小说出现。从这点看来，"现代"中国小说也并不是那么新的。

### 《三国演义》

早在17世纪，一些源于书本的故事就十分流行，几乎家喻户晓。这些故事构成了史志和小说的题材，但因为是由说书人口述，这些故事的内容甚至形式都与书上的原文有所不同。比如在宋朝，无论城乡，无论大街小巷，常有大群人群的听众，眼睛瞪得大大的，聚精会神地倾听说书人讲述中国过去真实的或传说中的人物的英雄事迹或冒险传奇。说书人特别喜欢讲《三国志》里多姿多彩的人物的故事。这部史书讲的是公元3世纪这个中国历史上动荡的年代里的人和事。虽然《三国志》纯用文言文写成，但由《三国志》生发开来的《三国志演义》却是白话小说。说书人正是用这种人民群众听得懂的语言来讲述这场长达半个多世纪、把中国分成三个互相攻伐的国家的内战中天不怕地不怕的英雄人物的故事。顺便提一句，时至今日，街头说书人在中国仍然存在，人们可以在中国各地看到他们在兴致勃勃的听众的包围中讲故事。

尽管职业说书人所讲的"三国"故事大体上依循原来历史事件的脉络，但每个说书人又都喜欢添加一些纯粹由他们自己想象出来的情节，于是，年复一年，这些故事便得到"铺排"。但是，老百姓对这一战乱时期的人物和事件还是非常熟悉的。最早的《三国志演义》见于元朝末年，据说是一个名叫罗贯中的人写的，以后不断有充实扩大的版本出现，直到17世纪。

### 《水浒传》

《水浒传》的人物情节也是中国人民大众熟悉的。同《三国志演义》一样，《水浒传》的故事也发生在中国历史上某个朝代衰微的时期（这一次是北宋，900—1126），贪污腐化、徇私枉法，一句话，王朝没落时常见的腐朽罪恶的特点都表露出来了。这是一个忠良被谪、小人得志的时期。以这样的历史事实为背景的《水浒传》讲的是13世纪山东省一个山区里发生的故事。书中有好汉一百〇八人，其中三十六人是主要人物，其余七十二人是次要人物。一百〇八人中有一部分曾是朝廷命官，但在官府的眼里他们都是盘踞在险要山头的"反贼"。他们或者是因为逃避仇家的迫害，或者是因为不能容忍令人发指的社会罪恶，才逃到这座山上。他们组织起来，有严格的纪律约束，像罗宾汉一伙绿林好汉一样，向中原地带压迫贫苦百姓的官府发动猛攻，同时又在山寨抗击不时来犯的官军。因为他们反对贪官污吏、豪强恶霸，所以被官府视为贼寇，而老百姓却认为他们是英雄。多年来，他们的故事代代相传，他们的英名远播。《水浒传》的英雄们既勇敢又善良，其中历史上实有其人者甚众。他们对被压迫者无限同情，对巧取豪夺的贪官以及见死不救的富豪十分痛恨。他们从不否认自己是谋反者、草寇，甚至还承认是盗党。不过必须指出，他们的行为情有可原，因为他们劫富济贫。即使是现在，当年水浒英雄啸聚的山东省梁山泊仍然是绿林好汉出没的地区。尽管老百姓认为《水浒传》里的"草寇"是英雄，当时的官府（其实历来的官府都一样）对他们的所作所为都大为不满，极不希望人民大众美化他们。该书自问世至清朝末年，都被官府归入禁书之列。直到1799年，仍有谕令对传阅或出售此书者加以严惩。

但是，《三国志演义》和《水浒传》这两部有名的通俗小说却不能说是某一个人的作品，因为它们其实是多年来形成的故事和传说的集合体，最后刊印成书而已，就像人们搜集了荷马的作品，最后编成一部连贯的叙事诗一样。

## 明清小说

明、清两代都有白话小说。明代最杰出的白话小说是《金瓶梅》，由英国人克里门特·艾支顿（Clement Edgerton）译成英语，译本书名是 *The Golden Lotus*。在我看来，《金瓶梅》是自有中国小说以来最伟大的作品之一。书名集书中三个人物的名字而成，故事也围绕三个人物展开。这三个青年女子是一位巨富的小妾，她们的行事以及其他家庭成员的所作所为构成了该书的题材。书中所叙之事、所用之语言向来被认为是淫秽的。青年男女向来禁读此书。在中国，目前仍可购到此书的洁本，不过要费些周折。在香港、上海或其他一些大城市的书店就比较容易买到。明清版本的插图很漂亮，但极难寻得，市价亦昂贵。《金瓶梅》用山东方言写成，是一部十分严肃的作品，是大手笔。奇怪的是，英译本竟将其中的所谓淫秽的章节译成拉丁文，看来是有意让一般读者读不懂。

清代流行小说中最著名的是纯用京白写成的《红楼梦》，同上面谈过的小说一样，《红楼梦》的人物、情节亦为人所熟知。毋庸置疑，这是中国白话小说中最出名、最流行的作品，写的是一个以悲剧结束的爱情故事。女主人公患了我们今天所说的肺结核，病死了，没能同所爱的人结合。《红楼梦》的主角是一对男女青年，他们虽然是很远的表兄妹，但都是北京一个很富有的官僚大家庭的成员。这对恋人的悲剧是全书的主线，同时又穿插许多其他故事，其中有一些也是讲爱情的。这部小说篇幅相当长，可以说有点儿像中国的《飘》，书中有许多关于那座大宅子的描写，里面的园林、亭台楼阁等等，还描写了生活在这个大宅院里的为数众多的人物。自这部长篇小说问世以来，里面写到的许多事件就被单独改编成戏剧。相当长一段时间内，人们连这本书的作者是谁都不清楚，不过现在都认为是曹雪芹写的。他之所以不署名，可能是因为这种用白话写成的书，从语言到形式都不遵循传统的严格规范，所以在那个时候无论怎么说都不能称之为文学。不幸的是，如今所有用白话写成的小说，不管水准如何，都一概当成是文学了。五六十年前，年轻人是不准阅读白话小说的，因为白话小说被认为是下流货色。今天，不管好坏，不管下流与否，人人都读用大众的语言写成的小说，因为人们认为读这种小说是很摩登的事，也就成了不下流了。

早在清末民初，古典式的小说创作同其他许多传统的东西一道受到批评和重新评价。一场对千百年来在中国占统治地位的旧的价值观念和全面怀疑早就开始了。这种变化有好几个原因。1900年义和团运动之后，许多中国学生被派出国留学，回国后带回来不少"危险思想",如个性自由、女权主义等等,所有这些思想都与传统思想大相径庭。后来,全国又建立起现代型的学校,在这些学校里就读的学生接触到个性自由和民主等西方思想,并受到影响。人们对旧的儒家理想进行批判分析,发现它在某些方面不适应现代世界的变化。在个性自由和普及教育等思想的鼓舞下,一群受过西方教育的人大约于1917年发起了中国的文艺复兴运动,这个运动还试图将白话作为通用的文学语言,以取代多年来文学创作所用的唯一语言——文言。

## 西方的影响

由上所述,30年前中国出现试图按西方模式来创作的小说就不足为怪了。在早期探索新的合适的文学形式的过程中,无论小说的形式或内容都从根本上背离了公式化的死板的古典模式。首先,新小说不管直接地或间接地都不表现修身、齐家、治国的儒家思想,也不因袭在传统小说中特别突出的神怪成分。相反,新小说努力摆脱多年来儒家道德的束缚,去反映国家面临的亟待解决的社会问题,甚至包括政治问题——这些问题是旧小说毫不理会的。古典小说常写的是鬼怪、神龙、狐仙,以及一些想象奇诡的故事,一言而蔽之,这些小说毫无社会意义。相反,现代中国小说从一开始出现就几乎无一例外地反映人们在日常生活中遇到的问题以及由此引起的冲突,特别是当家庭束缚个人时产生的冲突,因为人们已经开始同旧思想决裂,接受新思想。

## 中国的文艺复兴

胡适、蔡元培、陈独秀、钱玄同等杰出的先行者发起并倡导的中国文艺复兴运动大大促进了人们使用白话作为文学表达工具。这个运动从一开始就得到几乎所有青年作家的支持,自此以后,中国所有的文学创作实际上都用白话了。逐渐地,连科学和哲学著作都用白话写作或者翻译成白话了。如今所有课本都是用语体文写的,这确实是一场真正的革命。因为就在不到50年前,在白话仍未推广之前,一切有文学抱负的人都被迫用文言写作。然而,即使在中国帝制被推翻之前,作家们就开始在作品里使用口语,以便使作品生动一些。

第一次世界大战后至第二次世界大战前,现代中国作家开始使用关系从句和副词修饰语,还按照欧化的语法造句。他们希望这样做会使文气流畅。如果按西方的标准来衡量,汉语语法是十分简单的,它唯一的目的就是表达一般化的概念。在原先的口语中句子很短,稍有顿挫,什么关系从句、副词修饰语之类的东西从未见过。这样一来,汉语当然显得简单、直接。但是,现在使用了修饰性短语等句法成分,就有可能把过去要用两三个句子才能表达的内容纳入一个较长的句子来表达。这样做大家都很满意,因为文气通顺多了,思想也连贯多了。本世纪初至第二次世界大战这一段时间内,现代文学创作的另一新发展就是使用了一些意义更为确切的新字。比如表示第三人称单数的"他"字,过去根据上下文可以指男人、女人或没有生命的东西。现在,"他"字可以改变偏旁以表示不同性别。这些变化给现代作家带来了某些难题,这个留待以后讨论。

除了汉语自身的这些变化之外,新的欧洲语言中的词汇不断进入汉语的口语和书面语,从而使得状物更加细致,遣词用字更加准确、贴切,这是以往从未做到过的。传统的文言文词汇有限,内容太狭窄,不足以表达意义上的细微差别,因此,有必要在新创作由引入我在上面谈到的变化，改变一下过去所用的文言文的句子结构。

## 欧洲作家的影响

欧化短语、关系从句、副词修饰语等的引进，也给外国文学作品的翻译带来很大方便。欧洲作家对当今一代学生和作家影响很深，无论在创作的形式和内容方面都是如此。影响特别大的是19、20世纪的俄国作家，较突出的有托尔斯泰、契诃夫、陀思妥耶夫斯基、高尔基、屠格涅夫等，不过，就中托尔斯泰的影响又居首位。从中国文艺复兴运动的发轫起，就可以看出现代中国小说深受整个西方文学，特别是俄罗斯文学的叛逆力量的影响。其结果是，中国现代作家选择题材的态度都相当严肃。例如，他们也许不同意托尔斯泰或者其他曾经生动、深刻地描写过普通人身受的艰难困苦以及遭到的不公正待遇的作家们的哲学和社会理想，但单是托尔斯泰的伟大以及他创作时的那份真诚就已经鼓舞了许多新的中国作家也努力遵循严肃认真的路子去创作。这就是为什么过去30年内中国作家没有写过一部侦探小说的原因之一，在这方面我们必须感谢俄国的影响。

兴许有人会想，既然翻译了那么多现代外国长篇小说和短篇小说，一定也会有人把西方的侦探小说译成汉语。然而，除了福尔摩斯探案之外，就没有译过其他同类的小说了。虽然翻译外国侦探小说对一些敢于冒险的作家和出版商来说确实非常有利可图，但仍然不见有这一类翻译小说出版。侦探小说当然不能算严肃的作品，正是由于这一原因，中国作家一直都不耽于此道，中国读者连爱德加·华莱士（Edgar Wallace）或者多洛茜·西尔斯（Dorothy Sayers）的名字都未听说过，也不知道有艾莱里·奎恩（Ellery Queen）的"疑案"小说，倒是爱伦·坡的小说有许多中国读者，不过他小说严格来说不能算是侦探小说。

## 现代中国作家的态度

当今思想深刻的中国作家认为他的作品不是供人们消遣和娱乐的，相反，他把自己的作品看成是唤起人民对生活的各方面以及现代世界的各种问题进行严肃思考的手段，特别是他自己的国家、故乡，甚至他自己的家庭，还有他与上述各项的关系等问题。这也是中国文学界的新气象。

大概从中国文艺复兴运动起到第二次世界大战开始为止，中国作家创作的作品不多，尽管这段时期也产生过一些很好的长篇小说和为数不少的很好的短篇小说，流传甚广，在读者中享有盛名。这个时期最突出的作家应推鲁迅。他是浙江人，大约九年前去世了。1945年哥伦比亚大学出版社出了一册由该校王际真教授（C. C. Wang）译成英语的当代短篇小说选，收入鲁迅的几个短篇。它们讲的是普通中国人的事，所有现代中国作家都给予这些短篇极高的评价。事实上，鲁迅在现代中国文学的地位，等于高尔基在俄国文学的地位。除了写短篇之外，他还是个有名的杂文家。多年来他在报上发表短小精悍的杂文，抨击各种陈旧的社会习俗、官场的腐败、社会和经济的不公平。总之，中国如果要步入世界文明强国之林就必须改变的各个方面他都涉及了，西方读者不太知道鲁迅，因为他没写过长篇小说，但他是一位学者、哲学家和写作技巧大师。他的《中国小说史略》早有定评。

这个时期的另一著名中国作家是沈雁冰，笔名茅盾。他作为长篇和短篇小说作家，素负盛名，他的小说都有英文译本。最出名的小说有《蚀》，1927年发表后一举成名，还有

《虹》（1929年）和《子夜》（1933年），他的小说试图引起人们注意迫在眉睫的社会问题。例如，《蚀》讲了1926—1927年国民革命以及中国学生在革命中所起的作用；《虹》讲的是这个历史时期中一位青年女革命者的故事；《子夜》则描写了上海的大企业界。

郭沫若是仍然在世的较有名的诗人和作家之一，他的剧本也很出色。他还是世界上杰出的考古学家。以我之见，他是鲁迅之后中国现代文学界最伟大的人物。受了一段医学教育之后，他的耳朵失聪，只好放弃当医生的打算，就在这时他爱上了文学创作和翻译，他将歌德的作品和托尔斯泰的《战争与和平》译成中文。

当然还可以举出其他一些拥有广大读者的作家，但篇幅有限，不能详述。他们的作品几乎无一例外都是反映今天中国人民，主要是中层、中下层和被压迫阶级的生活的，相当多的作品具有强烈的无产阶级感情。

第二次世界大战前一些作家曾尝试创作西方式的心理小说，曾有过一些写得不错的挺有意思的作品。但是在抗战时期，这一类作品销声匿迹了，因为作家全力以赴去创作宣传剧、短篇小说、进行曲等等，目的是要唤起人民的爱国热情，支持抗战。虽然西方所谓真正的心理小说在中国没有多大发展，但在某种意义上说，所有现代小说或多或少都带有心理色彩，因为从总体来看，它们都触及现代中国出现的问题，触及时代的变化和新的思想对个人和团体的影响。上面已经指出，旧式的、古典派的小说只不过是一连串事件的平铺直叙，其中迷信的成分经常很突出，而现代小说则反映了国家在社会、政治、经济结构上所起的变化，以及随之而来的人们在适应这些变化时产生的迷乱，甚至常常是困惑。与此有关的还有一个情况值得注意，过去15到20年间，受过现代精神病学训练的中国医生遇到了中国以前未见过的行为精神病问题，这些问题在感情上引起了极深的反应，致使人们真的有病了。

## 小说与第二次世界大战

第二次世界大战期间以至战后，出现了丢开本世纪初以来创作上最突出的使用欧化语法结构的趋向，转而使用地道的普通民众的日常口语。战火弥漫的时候，来自全国各地的作家，离乡别井，不但与所在地区的普通民众，而且与同样是漂流在外的普通民众相结合，恐怕从未有过什么力量能比向内地大迁徙、大逃难更能使人们团结一道。于是，过去不熟悉群众、不太关心群众的许多作家也了解到了他们的同胞的诚笃、勤奋、耐心、慈和等可贵的品质。正是这些同胞站在战争的最前列，并且最终帮助赢得了这场战争。在此期间，作家们同木匠、短工、人力车夫、农民、摊贩等各行各业的人们交谈，向他们学到许多东西。这些来自中国各地和社会各界的男男女女所用的机智而富有活力的村言俗语逐渐渗入作家所写的书中，又因为作家在战时为自己规定了唤起民众、坚持抗战的任务，所以他们就着手创作受广大民众和士兵欢迎的作品，对民歌、进行曲、地方民间文学等做了很多研究，研究结果用来创作新歌、新戏或其他作品，以吸引人民的兴趣，鼓舞他们的士气。为人民写宣传歌曲和宣传剧时，所有关于民主的说教都回避了，一切都是为了帮助人民认识到在中国进行的这场战争的意义以及同侵略者战斗，把他们赶出中国领土的必要性。战争初期有许多这一类的活动，但到战争快结束时就少多了，作家们组织起来的演剧队在战争中间也缩小了活动规模，因为政府不提倡这类活动。

## 回到人民的语言

战争开始时有许多作家直接到士兵中间去,到战壕和兵营里访问他们,但政府也不主张这样,于是作家们逐渐返回大城市。这种到人民中去的做法,当然是获得创作素材的最好办法,它也使作家的语言比较丰富起来,可以更充分地表达中国广大普通人民群众内心深处的思想、感情、希望和忧虑,而这些在过去一直不被认为是有价值的文学题材,即使是懂国语(中国的官方语言)的南方作家也发现,他们动手写作时,语言就变得生硬、涩滞,辞不达意,作品死气沉沉,毫无生命力。只有在他们把中国各地人民所用的词语或者将他们接触到的不同阶级的人的对话和经历引入作品中之后,才改变了这种情况。因此,战争开始以来,引入方言口语,实际上就使文学作品从天上回到地下。本世纪初一段时间流行过的使用欧化语法结构和关系从句的风气逐渐低落,今天的作家在他们的短篇小说、长篇小说和剧本中越来越多地使用了简单明了,直截了当的人民的语言。他们正在努力创造一种"纯"汉语,它大体上不受外国语法结构、外国词语和西方写作技巧的影响。他们发现,在战争期间,当他们为了唤起民众的爱国主义精神和抗战热情而写作时,这种简单明了、直截了当的语言非常奏效。他们还发现,城市和农村里的普通人根本不懂混入现代作家语言里的关系从句以及其他"西方"玩艺儿。其实,这一套对他们来说就像文言文一样莫名其妙。因此作家们明白了,如果他们想打动人民,就必须使自己的语言明白易懂。于是出现了抛弃复杂的语法结构,以普通人的语言创造一种新文学的运动。这一运动到底能有多大程度的发展,目前仍难预料,不过,似乎有一点是可以肯定的,战后中国各个文学领域都会涌现大量作品,这种文学将是严肃的,反映的是普通老百姓经过长期的为了国家的生存而斗争的艰苦岁月之后重返家园开始新生活时的斗争、矛盾和深刻的变化。

(原文载《学术建国丛刊》第 7 卷第 1 期,1946 年 7 月;译文载《中国现代文学研究丛刊》1986 年第 3 期)

# 弗洛伊德性心理学与章永璘

有人说《男人的一半是女人》反映的是婚姻恋爱问题。我认为不然，试看这部中篇小说的锋芒所指，几乎涉及全部"文化大革命"中特有的社会现象。从"大批判"到"各取所需"地用语录，从"批宋江"到批"天命论"，从"全国学习解放军"到走"五七"道路，从广播喇叭说大话到大唱"革命样板戏"，从歌颂伟大领袖的《浏阳河》到"东风吹，战鼓擂"一类的歌曲，还有，最时髦的颜色是军绿色，带荣誉性质的褒扬词是"傻子"……这一切，要么通过主人公章永璘的内心独白，要么通过其他一些人物粗鲁的语言，都议论到了。但是，正因为包罗太广，这些议论就缺乏深度，许多只是牢骚话。章永璘那些关于中国命运的思考，用他的话来说就是"参与制定船的航向"的思考，也仅仅是另一种形式的说教。

还有些评论文章说："这部小说以中国当代文学前所未有的深度，正面地展开'灵与肉'的搏斗及自我搏斗。"的确，小说是写了性饥渴，写了理性与情欲的矛盾，但是说到深度，充其量也只是弗洛伊德性心理学的简单化图解。

## 性欲——创造力

章永璘起初是性无能者，"半个人""废人"，是黄香久"使他变成真正男人"，所以有小说的名字——《男人的一半是女人》。当章永璘未发现自己是性无能者的时候，虽然被关在劳改队，也还是不停地读书、思考，觉得自己"似乎是一个悲剧式的英雄"，有"精神上的优越感"。但自从他发现自己性无能之后，就不止一次想到自杀，因为他再不能享受正常人的生活，并且失去了正常人的创造力。可是，当他恢复了性机能后，一股火同时就在他胸中燃烧起来，他要到广阔天地中去，寻求自己哲学思想的发展。这个变化过程说明，性欲代表创造力。书中还有"生产力已经被阉割"，"怀疑你们整个的知识界都被阉掉了"的话，同样是基于这种思想。这种思想正是弗洛伊德"本能论"的重要组成部分。弗洛伊德认为，"本能"的主要内容是性欲，"本能"是一切人的一切心理活动的基础。这种思想同柏克森的"生命力"论和尼采的"意志"论有共通之处，柏克森和尼采各自都把"生命力"和"意志"看成是高踞于意识之上的、主导人们一切活动的原动力。弗洛伊德"本能论"的这种非理性主义倾向正是他的整个潜意识理论中最薄弱的一环。《男人的一半是女人》却将这份糟粕当成了精华。

在这个问题上，我们自然会联想到英国作家劳伦斯的《查泰莱夫人的情人》。劳伦斯也把性欲看成是生命力和创造力。就连章永璘和黄香久在林中空地上发生性关系的场面也与查泰莱夫人同守林人在林子里冒雨交欢的场面酷似，不同的是查泰莱夫人同守林人达到了和谐，而章永璘对黄香久却产生了离异的念头。但是我们不要忘记，《查泰莱夫人的情人》早在1928年就出版了。

## 精神性性无能与性虐待狂

　　章永璘是一个精神性性无能者。他把自己的无能归咎于"压抑"——在劳改队里，其他犯人讲下流话，他捂着耳朵看书、想问题，"憋"，"憋来憋去，这种能力便失去了"。可是，黄香久有力地反驳他："人家也有想的，也有念书的，也没像你这样！"黄香久说得对。有章永璘这种经历的人何止千万，难道一个个都是性无能？章永璘应该有他自己独特的原因，这原因就在他同黄香久的初遇之中。

　　当时，章永璘无意中偷看到黄香久赤身裸体地在排水沟里洗澡。他觉得："那整幅画面上仿佛升华出了一种什么东西打动了我。这里有一种超脱了令人厌恶的生活，甚至超脱了整个尘世的神话般的气氛。"黄香久发现章永璘在偷看，她"眼神里有几分忿怒，几分挑战，几分游移"，后来就大胆地正面向着章永璘。双方就这样"僵持"着，最后，章永璘败下阵来了，他跌跌撞撞地跑出了芦苇丛。他自然又找到冠冕堂皇的借口："看到了笼罩在我们头上的凄惨的命运"，"心中涌起一阵温柔的怜悯"。其实，章永璘的男性能力已经被黄香久对自己肉体的自豪感和自恋感所抑制。八年后他再遇黄香久，回忆起芦苇荡邂逅的时候，他觉得像是被黄香久奸污了似的，这正合弗洛伊德对于精神性性无能的解释。黄香久的自恋感，发展到了极端就是将自己作为性对象，产生了性被虐狂的倾向，所以她对章永璘说："你要是个真正的男人，哪怕你成天打我、踢我哩！"

　　章永璘发现黄香久同曹学义有过私情之后，认为黄香久的肉体已经不是那么圣洁，这就为他以后恢复性能力打下了基础。在抗山洪、护渠坝、同大自然搏斗的过程中，章永璘这个劳改释放犯竟敢"居高临下"地指挥党支部书记，他还冒着生命危险抢救了大坝，成了英雄。此长彼消，他恢复性机能是顺理成章的。一旦恢复了性能力，他就以近乎于性虐待狂的姿态出现，"爱的行为变成了粗暴的报复"。值得注意的是，黄香久对章永璘的"恶狠狠"的、粗暴的性行为并无怨言，相反，她是感到满足的，这更说明她身上潜在着性被虐狂的因素。

## 梦与幻觉

　　无论是睡着的梦还是白日梦（即幻觉），在弗洛伊德看来都是"愿望的达成"。章永璘的许多梦与幻觉就是弗洛伊德关于梦的解释的注脚。他在劳改队田管组的土坯房里同女吊死鬼亲热的幻觉，就是他的性要求的表达。大青马以及宋江、庄子、马克思的幽灵同他的对话，各自反映了他不同的愿望。章永璘也做过"焦虑的梦（这是弗洛伊德的概念），他梦见枪口对准自己、绞索要套上自己，这是他的求生的愿望经过伪装的表现。

　　梦是象征化的。在章永璘的梦中，"一条不成形的、如蚯蚓般蠕动着的软体，一片毕加索晚期风格的色彩，一团流动不定的白云或轻烟"就象征女人。在他的幻觉中，"她是一支窈窕的、富有曲线美的香烟，一个酸得恰到好处的、具有弹性的白暄暄的馒头，……"

　　通过上面的类比，我们就可以明白，《男人的一半是女人》是弗洛伊德性心理学的图解，而且是简单化的图解。弗洛伊德的性心理学是他在对具有西方文化背景的精神病患者和性变态者的治疗和研究的基础上总结出来的理论，而"人类性行为绝不仅是生理本能的反应，而更是包括思维、语言、情感、意识形态影响在内的社会心理因素与生物学因素的相互作用；性生活是行为、情欲、态度和品质的综合表现"。（吴阶平编译：《性医学》）所以，弗洛伊德的性心理学——即使是对西方人说来是正确的部分——也不一定能正确解释在中国文化背景下，在中国社会里的中国人的性行为。

　　文学作品不应把写性爱列为禁区。恩格斯就曾经认为，德国无产阶级第一个和最有才华的诗人格奥尔格·维尔特在作品中"表现自然的、健康的肉感和肉欲"是他的长处。但是，如果按照弗洛伊德性心理学的模式来描写中国人的性行为，那就像章永璘在劳改、管制近20年后，连架半导体收音机都没有的情况下竟能用出"系统""信息"等新学科术语一样，显得不伦不类了。依我看，《男人的一半是女人》的致命弱点就在于此，而不是一些人所非难的书中那些性描写。其实，那些描写大都沿袭《西厢记》的"软玉温香抱满怀，春至人间花弄色，露滴牡丹开"的手法，把性行为掩藏在一些优美的意象里，如月光、湖水、海、珊瑚、彩蝶等。应该说，作者这样就为读者制造了一段心理上的距离，有意削弱了淫秽的色彩。他的目的并不在感官刺激。

（《文艺与你》1986 年第 3 期）

# 命运之神的纺车在鸣响
——读《荒山之恋》和《小城之恋》

　　王安忆的近作《荒山之恋》和《小城之恋》集中写了性意识和性心理,和《男人的一半是女人》以及当代文学中其他一些写性爱的作品不同,这两篇作品把性爱的社会内容淡化到只剩下一层朦胧的轻纱,因此有人认为王安忆在小说中以性作为思考的对象。从狭义来看,这是中肯的。然而,正因为性爱被"提纯"了来写,它就不能不具有了抽象的、象征的意义,所以连主要人物都无名无姓,只剩下了一个"他"和"她"。联系起在此之前发表的《小鲍庄》便不难看出,《荒山之恋》和《小城之恋》其实是两部命运的悲剧。

　　《荒山之恋》并不是一个殉情的故事。他与她在五月认识,第二年春节后不久就双双自杀了。自杀前男方毫无准备,"就像一棵没根的枯草,自己也没了意志,随风而去",连他的妻子也认为,"如果不是她,他是下不了这样的狠心"。因此,他们俩的自杀,并不在同一思想基础上。

　　"他"是有妇之夫,但他妻子"心中洋溢的那股激情,是爱情还是母爱,永远也分不清",而他实际上是接受了她的母爱,因为他从小就很依赖母亲,当他同未来的妻子开始接近时,他觉得她可以倚靠,是他的"休栖地"。可是,母爱不等于爱情。"他"的性爱之火被金谷巷姑娘(即书中的"她")点燃之后,他就带着变态的心理同小女儿亲热,这种行为似乎很荒唐,但在他的心目中,他和女儿其实属于同一辈分,在他妻子的母爱面前都是孩子,他有时甚至是淘气的孩子。金谷巷姑娘同丈夫的关系却又不同。打路上碰到"他"的时候起,姑娘就立了同南京路上的摩登女人较量的决心,要征服这个男人。在征服与被征服的问题上,他们俩几乎是平分秋色,连抽嘴巴子也是你抽我一个,我回敬你一个。结婚之后,丈夫千方百计策划如何拴住这个女人,而女人就把丈夫当作"几十个观众和对手"。终于,有一天,"他"和"她"这两艘在爱情的海洋上迷失了方向的航船相遇了。他心中升起了一种"陌生的感觉"。所谓陌生,就是因为从她身上得到的性爱不同于来自妻子的母爱;而"她只觉得那男人身上的那一股清静的气息很有力量,足够使沸腾的她静谧下来。这一种静谧是她从未体验过的,因此这种静谧比任何激情都更感动她"。这就是爱情的互补作用,他们的结合,使双方得到了快乐,这快乐是各自在自己的婚姻中从未得到过的。

　　然而,假如"他"和"她"不曾相遇,不就互补不起来了吗?相遇是互补的先决条件,正是在这个问题上我们感到一股超自然的力量在森然地起作用。小说前三分之二的篇幅分别写他和她各自的成长和遭遇。男的在长江边上一座不大不小的城里长大,女的却降生在黄海一个湾口旁的小城里。这毫不相干的两个人,却由于种种普通的原因(其实是受了命运的摆布),一步一步地贴近,邂逅在人生的旅途上,又酿成一出悲剧。悲剧发生后,他的大哥就隐约觉得这是"天意"。他的妻子心里后悔,"如若不来此地,或许什么都不会发生"。她不恨金谷巷的姑娘,也不恨丈夫。至于他的母亲,本来耳聋得厉害,可是有一天却听见汽笛声撕心裂肺,她就像得到了暗示。金谷巷姑娘的妈是最坦然地迎接命运的打击的,因为她早就承认了命运的力量:"一个人一辈子只会真正爱一个人,也只叫一个人真正爱……这个唯一的人也许一辈子也碰不到，也许一辈子里仅只照个面，谁都不认识谁的，就过去了。也许是找到了，认识了，两下里却到不了一起，连个面都不能碰，就算了。"

如果说在《荒山之恋》中命运的力量先把他与她的爱的频率同步化，然后使他们俩经过剧烈的共振而碎毁，则《小城之恋》中的"他"与"她"却被命运之神折磨得死去活来。

《小城之恋》中的"他"与"她"有着畸形的体型，生活在畸形的时代，长期以来两人之间只有肉体接触，从无情感交流。与其说他们之间有爱情，倒不如说只有爱情的动物性部分。因为缺乏感情的浇灌，爱的饥渴只能通过不断寻求花样翻新的肉体刺激来满足，于是形成了性变态心理，双方同时是性虐待狂和被虐待狂。在这里，命运的力量通过肉欲来体现。他们像仇人一样对骂；他们像男鬼和女鬼一样撕打，撕打后感到莫名其妙的痛快；他们在连日腹泻后仍然不顾身子虚弱而去野合……当然，困扰他们的还有一种负罪感，认为干了这等下作的事，已经是不清洁的人。但是，这种负罪感不是中华民族传统文化意识中特有的，以《圣经·新约》为代表的基督教禁欲主义也推崇"贞洁"，所以不能说《小城之恋》是对中华民族传统文化意识的反思。何况他们在发现她怀了小生命之后本可以赶快结婚，这样至少可以减轻负罪感。但是命运绝不放过他们。她担心他会伤害这个小生命，而"他以为他们是被这生命隔离了，而丝毫没有想到这本是最紧密的连接"。于是，他们注定要悲剧性地分手。

在《小城之恋》中，命运之神高擎着性欲的皮鞭，驱赶着他和她去相互折磨，而在《荒山之恋》中，命运之神却撒出去一张宿命的网，到处都有命运的影子笼罩着他与她。金谷巷的女孩在荒山上第一次吻了一个异性，她的归宿也选在这座荒山。其实，那无花又无果的荒山不早就预示了她的爱情的结局了么？她与他相识时，手里打着毛线，后来，也是隔着毛线衣的洞孔窥探出他对她的真情。当他们要自杀时，她又用毛线拧成的绳子把两个人的身子缠到一起。这毛线使我联想到希腊神话中命运女神所纺的线。她们的纺车在鸣响！还有像杂树林里的二胡的哭声等细节，也使我想起了汤玛斯·哈代作品里那种神秘的气氛和宿命的色彩。

在王安忆这两部中篇小说里，人在命运面前简直无能为力。《荒山之恋》中的他和她只能以死来解脱，他们死了之后，那里本来一直是枯黄的草，到第二年就变得一片葱绿了。《小城之恋》中的她是通过生来超脱的。她生下了一对双生儿女，"听见孩子此起彼落的哭声，谁也不忍将她开除"，她艰难地抚养孩子，就像在炼狱中苦炼，终于得到超脱。而他呢，却因为不能认识生也不能认识死，所以沉沦下去，结婚后继续干性虐待狂的勾当，致使老婆每次来探亲都说受不了，住不满日子就要回去，而他只是阴沉沉地笑笑。

王安忆对于超自然的力量的暗示，在《小鲍庄》里早已出现。小鲍庄的村民一代一代受苦受难，原来是因为他们的祖先治水无方，害了许多百姓，于是命运似乎老和他们作对。直到捞渣为救鲍五爷而死，在命运之神的祭坛上献上了一份牺牲，赎了罪，小鲍庄人才逐步摆脱了困境。（关于这个问题，陈思和有《双重迭影，深层象征》一文论及。）

看来，王安忆在探索人生时产生了困惑。如何对待这种困惑呢？她在《〈异乡异闻〉读后》中作了回答："《异乡异闻》中的人们，对于人的存在的困惑，似已解决了，却又似是更深了。总之，在自然面前认可了，人的存在就是这样，也许永远需要寻找着理由，寻找着更好的方式，寻找着意义，而永远没有结果，有了结果也不会满足，从结果再重新出发去寻找，于是就需永远不休息地寻下去，这是永恒的困惑，承认了这，也就不必为疑惧困惑了。"

她的这段话同英国诗人济慈关于"天然接受力"(negative capability)的论述十分相似。济慈在 1817 年底写给弟弟们的信中说:"在思想上我弄清楚了一些问题,使我忽然感到是什么品质能使人,特别是在文学上,有所成就,而莎士比亚又怎样高度具有这种品质。我指的是'天然接受力',也就是说有能力禁得起不安、迷惘、怀疑而不是烦躁地要去弄清事实,找出道理。"但是,有一点我们应该注意,济慈推崇"天然接受力",是为他的"美感超过其他一切考虑"的创作主张服务。而王安忆承认"永恒的困惑",该不会让命运之神的纺车的鸣响淹没了"自我"的声音吧?

(《当代文坛报》1987 年第 1 期)

# 岭南文化的务实传统

## 引言：多元的文化

以岭南指代广东，古已有之，本文遵循这一习惯，故岭南文化即广东文化。

要谈论某种文化的特质，先决条件是这种文化必须存在。如果现在有人想考察月球文化，恐怕就不可能，因为月球文化还未形成。但是，在地球上则不同，凡是有人类群体存在的地方就有文化。从大处着眼，它是人类所学习和共同享有的一切；从小处来看，它是人类群体为达到生活的目的所采取的手段，其形式各异，但功能相同，并无高低优劣之分。它的影响一直渗透进精神生活和物质生活的深处。对于这一点，西方具有民主思想的学者早有认识。在欧洲，英国人向来被自命为古罗马文化的嫡亲继承者的一些意大利和法国学者所轻视。然而，被誉为16世纪文艺批评最后一颗明星的英国的菲利普·锡德尼在他的名篇《为诗一辩》中自豪地提到，在威尔士的古代不列颠人中早就有了诗人，他们称之为歌手。"虽然经过罗马人、撒克逊人、丹麦人、诺曼人的征服，其中有人是想方设法来毁灭他们之间的全部学术记忆的，然而其诗人至今还存在。"[①] 他还认为，即使是在学术不发达的国家里，仍然有诗的意趣。他举了土耳其、爱尔兰和"最不开化的、最质朴的、没有文学的"印第安人为例，指出了他们仍然有诗人的事实。尽管文学仅仅是文化的一部分，但这些话也反映出锡德尼的文化多元化态度。现代功能派人类学的建立，更是以反对"欧洲文化中心主义"为缘起，承认文化的差异和不同文化的起因，至有马林诺夫斯基对蛮荒文化的探索。因此，断言某省或某地区是"文化沙漠"，褒扬某种文化而贬低另一种文化等等都是有悖于理的。遗憾的是人们往往缺少一点宽容大度，多了一点"自我中心"，于是很容易染上"文化本位主义"病毒，甚至发展成为"文化沙文主义"的恶症。特别是在中央大一统文化传统熏陶中成长起来的中国文化人（包括我自己），更要学会赞赏多样化的选择。美国教育家拉尔夫·泰勒曾经指出，如果你的选择在增加，这说明你受教育的程度在提高。相反，如果你的选择样数很少，这说明你受教育的程度低。他的话确实可以引以为戒。本文选择自古被看作蛮夷之地的岭南的文化而不是什么别的强势文化为题材，其意亦在于此。下面以几位岭南历史人物为经，以他们对待一些重要问题的态度为纬，去探讨岭南文化的务实传统。我之所以采取这种方式，是因为我相信任何一种文化的特质都体现在其杰出人物的思想之中。

---

[①] 菲利普·锡德尼：《为诗一辩》，见伍蠡甫主编《西方文论选》上卷，第229页。

## 禅宗寓理想于现实

身为岭南人而对华夏文化甚至西洋文化都产生极大影响的当首推六祖惠能。[①]

他创立的禅宗在中国佛教史上占有最重要的地位。关于禅宗与中国文化这个题材已有不少专著论及，我在这里只想指出，禅宗的哲学、禅宗的宗教实践及其传法方式都是务实的。

禅宗哲学的世界观是真心一元论，真心是永恒的、绝对的、灵明不昧无所不在的世界本原。传说的风幡故事中，惠能解释幡动的原因是"人者心自动"，[②]这就是真心一元论世界观的表现。如今流行的惠能那首获得五祖弘忍赏识的法偈中关键的一句常作"本来无一物"，其实，在《坛经》最早的版本法海本（敦煌写本）里，这一句却是"佛性常清静"。这才是真正的惠能的哲学。"本来无一物"是"性空本无"说，属般若宗的思想。"佛性"说则承认有一物，即"佛性"，而且人人心中皆有佛性。对于信佛的人来说，有一物到底比"本来无一物"实在多了。有佛性不等于就是佛，而成佛是信徒们梦寐以求的境界。原先印度小乘佛教认为凡人最多只能修习成阿罗汉，至于成佛是不可能的。大乘佛教则树立起成佛的理想，认为人是可以修成佛的。为了鼓励那些一时不敢奢望自己能成佛的人，大乘佛教设立了菩萨这个名称，即"候补佛"。正是因为大乘佛教结合了信徒的思想实际，终于压倒了小乘佛教而成为佛教的主流派。

以南宗为代表的禅宗的宗教实践强调"顿悟"，自性自发，见性成佛。做了坏事的人，只要放下屠刀，就能立地成佛。至于出身微贱、备受歧视的人，一样可以成佛。当初惠能往黄梅县冯茂山礼拜五祖弘忍和尚时，弘忍责惠能说："汝本岭南人，又是獦獠，若为堪作佛！"惠能理直气壮地回答："人即有南北，佛性即无南北；獦獠身与和尚不同，佛性有何差别！"[③]惠能承受了弘忍的衣钵后，在说法时也常说，自性能含万法，万法在诸人性中。这样就把成佛的遥远的理想拉近到现实当中，同时使禅宗淡化了宗教色彩而回归到人生。

禅宗的另一特色是不立文字，教外别传。这种与其他佛教支派截然不同的传法方式是由惠能本人没有文化的实际情况决定的。祖师不会写字，怎么可能拘泥于文字来传法呢？

如今所谓广东人"会生孩子不会起名字"的现象以及他们强调把握现在的人生态度，其实和禅宗一起滋生于同一块文化土壤。

## "拜上帝会"的本土色彩

另一位与宗教有密切关系的岭南历史人物是洪秀全。他创立"拜上帝会"，给西洋宗教涂上中国本土色彩，使之易为广大群众接受，从而成为农民革命的武器。岭南文化的立足于本土吸收外来文化的特色充分体现在洪秀全这一机智的革命策略之中。

首先，他根据中国人的宗族观念臆造出一个上帝的家族，有天父（上帝）、天兄（耶稣），洪秀全自己是上帝次子，南王为上帝第三子，东王是老四，北王是老五，洪宣娇是上

---

[①] 据法海本《坛经》，"惠能慈父，本官范阳，左降迁流岭南，作新州百姓。"按说惠能祖籍应为北京大兴、宛平一带。但他已作新州百姓，所以弘忍又称之为"岭南人"。

[②] 见《曹溪大师别传》。

[③] 法海本《坛经》。

帝第六女，她的丈夫是"帝婿"，翼王是上帝第七子。给这些革命领袖以上帝的权威就可以更好地宣传群众、组织群众。《圣经》中凡上帝（God）都大写，洪秀全便比照中国的避讳，讳"上"为"尚"，讳"华"为"花"（耶和华是上帝的名字）。太平天国曾经颁布过一部《钦定敬避字样》，把要避讳的字和要改写的字明明白白列出来。又《圣经·旧约》严禁制作和膜拜偶像，太平天国便连壁画里也不准绘人物。不仅不准画神怪之像，而且一切人物都不准画，害得我们今天连一幅真正的太平天国革命领袖的肖像画都看不到。这一点罗尔纲先生在《太平天国史迹调查集》（三联书店1958年5月版）有很详细的考证。

洪秀全一方面吸收了原始基督教的平等思想，提倡兄弟姐妹平等，另一方面他除了臆造一个上帝的家族之外，还利用中国农民盼明君的心理，把天国的范围从天上扩展到地上，而地上的天国的天王就是他自己。他甚至自比作太阳（太平天日），在《圣经·马太福音》第4章作眉批道："上帝是炎，太阳亦是炎，故上帝与太阳俱来也。"这样就把自己提高到与上帝两位一体的地位。但是，当太平军需要吸收那些不信仰上帝的力量时，洪秀全也灵活地团结他们，比如对待广东天地会就是如此。虽然在吸收他们时明确规定要改信上帝，并且要接受改编，但实际上还让他们保留原来的旗号，也不深究他们的佛道迷信。

从洪秀全创立具有中国特色的上帝教的过程可以看出，为了达到进步的目的，有时利用一下落后的思想形态也在所不惜。这也是岭南文化的务实精神的体现。

洪秀全虽然利用基督教为革命手段，并且尽量结识洋朋友，但在政治上却决不向西方列强屈服。在接受外来影响时决不忘记自己是中国人，这才是真正的岭南人本色，所以在清代与中国打交道的西洋人大都认为广东民风强悍。今天诸如"广东文化殖民地化"之类的责难，其实只是看到手段而忽视了改革开放、解放生产力的大目标。

## "知难行易"重实践

太平天国起义虽然失败，但洪秀全的影响在广东是磨灭不了的。到了清皇朝行将崩溃的时候，广东的革命志士又以洪秀全为榜样来激励士气。1909年退思在《广东人对于光复前途的责任》一文中振臂高呼："我广东人瑰杰子弟，若洪秀全杨秀清，均能振大汉之声名，故吾广东人必相继而兴，始不愧为神明之胄。"[①] 但是，在此之前，有一个自小仰慕洪秀全而且以洪秀全为绰号的岭南人已经登上了中国历史舞台，他就是孙中山。

孙中山无论在政治上或是思想上都是行动派，他认为"改造中国之第一步只有革命"。[②] 对于他的"知难行易"说，过去有人认为是割裂"知"与"行"，重知轻行，重理论轻实践。其实，孙中山认为先有实事然后才发生言论，而不是先有言论然后才发生实事，这已经是唯物主义的认识论了。他已经认识到"以行而求知，因知而进行"。

从"知难行易"说出发，他不拘泥于既定之规，也不强求理论的绝对完善，连自己提出的三民主义也可加以新的解释。他早年想利用日本的力量来帮助革命，不惜同泛亚主义者结交，尽管他本人并非思想狭隘到像南方熊楠那样"希望我们亚洲人终有一日会永久地把

---

① 《天讨》，《民报》合订本第2卷。
② 孙中山：《改造中国之第一步只有革命》，《孙中山选集》上卷，人民出版社，1956年版。

所有西方人赶走"。① 1911年辛亥革命爆发，孙中山当时在美国。为了尝试取得英国的支持，他宁可不取捷径横渡太平洋回国而取道伦敦。抵达伦敦时，康德黎太太给他一份中国革命党人发给他的电报，请他就任总统。他在1911年11月13日签署了一份声明送给英国外交部，答应把中国海军交由服从他本人命令的英国军官指挥。② 在此之前，早在1897年，为了引起维多利亚女王对他的注意，孙中山把自己翻译的英国医生柯士宾的急救法著作送给了女王。③

这些例子都说明孙中山重见识多于理论。这正是岭南文化的务实精神的又一表现形式。今天广东人在改革开放中实行的所谓"红绿灯哲学"也是倚重见识办事。河南省某领导接受香港某电视台记者采访时说，咱们好比在赛球，广东人老犯规，但裁判就不吹哨，起初觉得不可理解，后来明白了，他那个规则也不是不能改的，一切要从实际出发。这位领导干部可谓领会了岭南文化的精髓。

## 结语：岭南文化的盛大节日

上文以三个岭南人物为例从理想与现实、外国文化与本土意识以及理论与实践三个方面探讨了岭南文化的务实精神。这种精神在历史上曾经遭到攻击和压抑。禅宗自惠能之后几经篡改，逐渐增加了蒙昧主义的成分。晚唐、五代标榜"机锋""棒喝"；宋代以后从不立文字变成不离文字；元、明、清由禅入净。至今许多自奉为禅宗寺庙的地方悬挂的惠能法偈第三句已改成"本来无一物"了。至于太平天国则被曾国藩力倡儒学所击倒，孔夫子打败了上帝。孙中山固然是个英雄形象，但他的"知难行易"哲学相当长一段时间里在中国大陆被指为唯心主义。

到了我们国家改革开放的时期，岭南文化终于迎来了自己盛大的节日，因为它的务实传统十分适合改革开放的需要。试看关于改革的各种各样形象生动的说法，例如"不管白猫黑猫，逮住老鼠就是好猫"以及"摸着石头过河"等，无一不与岭南文化的务实传统合拍。"实践是检验真理的标准"的论断更是高度概括了这种务实精神。由此可知，经济特区的新芽能够率先在广东健康成长并非偶然，除了地理条件有利之外，岭南文化的务实传统实在是一种极其有益的养分。当然，岭南文化还具有非常深厚的市场经济底蕴，这是广东改革开放做得如此出色的另一个原因，不过这已经超出本文的论述范围了。

(《中国典籍与文化》，全国高校古籍整理研究工作委员会编，1993年第4期)

---

① 黄宇和著：《有志竟成：孙中山伦敦蒙难及影响》，区鉷、麦志强译，国际展望出版社，1991年版，第214－218页。
② 同上，第191页。
③ 同上，第186－187页。

# 大合唱中的不同音色
## ——欧洲文艺理论的本土意识

一般说来，东方人研究西方文学，或者反过来由西方人研究东方文学，由于地域和文化的反差，其本土意识会表现得很突出。可是，我在这一节里却把目光投向欧洲的几个主要国家，约略探讨它们在欧洲文学史上一些主要的文艺思潮的"大同"中各自保留着的"小异"，目的是想说明，即使是地理位置比较接近、文化传统同属古希腊罗马文化和基督教文化的这些国家，研究别国的文艺思想时也还是带有本土意识的。

### 罗马古典主义

著名的英国史学家汤因比以波的传送方式来比喻文明的远播，即文明有一个中心，然后向四面八方辐射其影响。波在传送过程中，每遇到一些障碍物，其能量就减弱一些，直到最后完全消失。文明影响也像波一样，经过的地域越广，经历的时间越长，其影响就越弱，最后完全消失。从这种理论出发，他认为，在某种微妙的意义上，全部罗马文学，包括维吉尔的杰出诗作，在本质上都是希腊文学的拉丁文翻版，因为罗马离作为文明中心的希腊太近了，离中心越近，感受到的影响就越强烈。拉丁语和希腊语虽然不同，但这种区别不足以建树新的文风，也没有在文学上造成一条分界。在他看来，罗马文学于希腊文学的关系，就像现在英国文学与意大利文学和法国文学的关系一样。现代西方文学也有不同的语言载体，如意大利语、西班牙语、英语、德语等等，但这些语言载体之间的区别都是不重要的，可以说，但丁、莎士比亚、歌德以及其他西方文学巨匠都是同一种不可分割的文学的阐述者（exponent）。[1] 虽然汤因比在另一篇文章里也谈到希腊文明遭受其他文明的反击，[2] 但那都是跨越了相当长远的时空之后的事，就罗马文学而言，毫无疑问汤因比认为它是全盘摹仿希腊文学的。

然而，事实并非如此。

在不少人心目中，希腊罗马文学几乎是一回事，就像不少中国人一提春秋战国总觉得这两个时期就是一个时期，就像前天和昨天一样，接得紧紧的。其实，春秋历时303年，战国246年，总共550年，这中间的历史文化该有多大的变化啊！希腊和罗马是两个不同的国家，在相当长的时间里是并存的，后来罗马灭了希腊。罗马文学的黄金时代至少有100年。共和时代主要是散文的时代，文艺理论的主要研究对象是修辞学和雄辩术，因为那时候为了政治斗争，要经常发表演说，要讲演得煽动人心就得研究修辞学和雄辩术。罗马成了帝国之后，特别是奥古斯都在位的时候，是诗的时代。这是罗马文学最兴盛、最有代表性的时代。以后就开始走下坡路。经历100年，分成三个阶段的罗马文学，怎么可能是希腊文学的简单

---

[1] Arnold Toynbee, "Graeco-Roman Civilization", *Civilization on Trial*, New American Library, Inc., 1976, p.52.
[2] Arnold Toynbee, "Encounters between Civilizations", Ibid., p.195.

的重复？

  且不说罗马第一位有影响的拉丁语作家、史学家和演说家加图（Cato the Censor）如何积极弘扬罗马民族原始的简朴特色，抨击希腊的奢华，也不说尤里乌斯·恺撒那简炼实用的文体如何同希腊文学后期华饰精巧的文风形成鲜明的对照，就是被学者们称为继承了亚里士多德的《诗学》观点的罗马文艺理论家贺拉斯，以及那位以《论崇高》遗泽后人但本人的身世却像谜一样的朗吉努斯，也都在论著中表现出他们的本土意识。

  的确，贺拉斯把亚里士多德的理论制成规则，要文学家在创作时严格遵守。但是，他同时满怀信心地指出，罗马诗人"敢于不落希腊人的窠臼，并且（在作品中）歌颂本国的事迹，以本国的题材写成悲剧或喜剧，赢得了很大的荣誉。此外，我们罗马在文学方面（的成就）也决不会落在我们的光辉的军威和武功之后，只要我们的每一个诗人都肯花工夫、花劳力去琢磨他的作品"。① 表面看来，他的"合式"（decorum）原则同罗马贵族的生活、宫廷中的繁文缛礼以及一切都要有章可循的倾向固然有密切的联系，② 但从更深一层去考虑，则罗马人求简约、重实际的民族性格亦对这一原则的提出起了推动作用，因为有了既定之规，评价鉴别作品的高下就无形中省力得多，简单得多，这是由简而至僵的变化过程。贺拉斯主张文学作品要"甘美"和"有用"（sweet and useful），这个观点被后来人阐发为文学的"娱乐与教益"的两重功用。③ 其实，虽然在贺拉斯的时代罗马已经是一个帝国，文学不必再像共和时代那样为宣传不同政治派别的主张出那么大的力，但共和时代的雄辩术和修辞学的影响仍未完全消失，所谓"有用"就是要达到某个目的，"甘美"则只是手段。文学作品如果不能俘虏读者的心，作家的目的怎么可能实现呢？所以，贺拉斯说："一首诗仅仅具有美是不够的，还必须有魅力，必须能按作者愿望，左右读者的心灵。"④ 考虑到罗马文学的传统，贺拉斯显然主张的是"寓教于乐"，而不是教与学并重。当然，贺拉斯有时乍看起来似乎把本民族贬得很低，他曾说："诗神把天才，把完美的表达能力，赐给了希腊人；他们别无所求，只求获得荣誉。而我们罗马人从幼就长期学习算术，学会怎样把一斤分成一百份。'阿尔比努斯的儿子，你回答：从五两里减去一两，还剩多少？你现在该回答了。''还剩三分之一斤。''好！你将来会管理你的产业了。五两加一两，得多少？''半斤。'当这种铜锈和贪得的愿望腐蚀了人的心灵，我们怎能希望创作出来的诗歌还值得涂上杉脂，保存在光洁的柏木匣里呢？"⑤ 这简直有点像丑陋的罗马人的写照了。但是，我们不要忘记，希腊是被罗马征服的，贺拉斯作为罗马奥古斯都大帝所宠爱的诗人和文艺理论家，正是为了维护征服者的政权稳固而反思本民族的弱点，他的"寓教于乐"主张也是为同一个目的服务的。这也是本书开头《引言》中所说的在研究外国文学时以本民族文化特点为参照项的一个例子。

  继贺拉斯《诗艺》之后的另一部杰出的罗马古典主义文艺理论著作是《论崇高》。关于《论崇高》与《诗艺》的共同之点，朱光潜先生在《西方美学史》中已经作过介绍，两部著作同属古典主义无疑。但是，贺拉斯的《诗艺》处处散发出罗马贵族的气息，而《论崇高》却不时透出悲怆怨愤的亡国之音。尽管对于这部残缺不全的论著的作者我们知之甚少，

---

  ① 伍蠡甫主编：《西方文论选》上卷，上海译文出版社1979年版，第111页。
  ② 缪朗山：《西方文艺理论史纲》，中国人民大学出版社1985年版，第132页。
  ③ 朱光潜：《西方美学史》上卷，人民文学出版社1980年版，第102页。
  ④ 伍蠡甫主编：《西方文论选》上卷，第102页。
  ⑤ 同上，第113页。罗马1斤为12两。

但从现存的篇什可以看出，作者如果不是一位沦为奴隶的希腊人，也是站在被奴役者立场上的社会地位低微的希腊文化人。我们姑且称他为朗吉努斯。

朗吉努斯根本没有像贺拉斯那样称颂罗马的军威和武功，相反，他引用柏拉图来鞭挞那些靠军威和武功骑在平民和奴隶头上的罗马贵族："那些缺乏智慧和善良，而终日游宴作乐的人看来是在往下走，就这样终身彷徨下去。他们从不翘首展望真理，也不抬起头来高瞻远瞩，他们享受不到纯洁持久的快乐，只是像畜生一样，两眼永远朝下，看着土地，看着他们的食槽；它们吃饲料，长肥肉，繁殖下代；为了追求欢乐，满足自己无厌的欲望，它们用铁角和铁蹄互相踢撞，以至于互相残杀。"① 他认为，"崇高就是伟大心灵的回声"，并以荷马史诗中希腊英雄阿雅克斯在冥界的沉默为例来说明"一个毫无装饰、简单朴素的崇高思想，即使没有明说出来，也每每会单凭它那崇高的力量而使人叹服"。② 阿雅克斯的沉默是因为他在竞争中失败，朗吉努斯举这个例子是很自然的，因为失败者的心情是相通的。他在《论崇高》里处处争取平等的权利，只有失去了这种权利的人才会表现得如此迫切。他说："在不少真理之中，有这么一条真理：作庸俗卑陋的生物并不是大自然为我们人类所订定的计划；它生了我们，把我们生在这宇宙间，犹如将我们放在某种伟大的竞赛场中，要我们既做它的丰功伟绩的观众，又做它的雄心勃勃、力争上游的竞赛者；它一开始就在我们的灵魂中植有一种所向无敌的，对于一切伟大事物、一切比我们自己更神圣的事物的热爱。"③ 甚至在如何评价文学作品这个问题上，他也表现出这种强烈的平等思想。他认为，只有职业、习惯、理想、时代、语言不同的人都称赞某一作品的时候，这部作品才能算是好作品。他还借用一位哲学家之口来为奴隶鸣不平——"奴隶中从来没有演说家，虽然奴隶也会有其他的才能，因为奴隶有拴着锁链的言论自由，他是一个惯吃耳光的人。因为，正如荷马所说的，'一旦为奴，就成了半死不值钱的人'。犹如（假使所闻是实）那种豢养所谓侏儒的笼子，不但阻止了囚人的成长，而且由于压缩着身体的某一部分，确实使他们更瘦小起来了。专制政治，无论怎样正派，可以确定为灵魂的笼子，公众的监牢。"④

如果没有切身的体会，他不可能写得这么痛切。朗吉努斯认为崇高的文体来自崇高的思想、崇高的感情和崇高的想象，希腊民族正是感情恣肆、想象丰富的民族，朗吉努斯虽然生活在罗马帝国，他的《论崇高》一向被归入罗马古典主义文艺理论，但它实在是希腊民族精神的反映。可怜当了亡国奴之后，就连精神产品也要冠之以征服者的牌号，真是可悲可叹！

文艺复兴运动

文艺复兴是资产阶级的新文化运动，它的变革和进步不仅仅表现在文艺领域，我们至少可以用四个"新"字来概括它：一是"新学"，即希腊罗马古典学术著作的再生并经过人文主义者的改造后用作反对中世纪神学统治的武器。从中国传去的印刷术使得这些古典著作和新的思想可以印成许多书本广为传播。二是"新教"，即宗教改革，代表人物是德国的马

---

① 伍蠡甫主编：《西方文论选》上卷，第126页。
② 同上，第125页。
③ 同上，第129页。
④ 同上，第130页。

丁·路德。他认为个人通过对《圣经》的字句的理解形成信仰就可以得救。救赎灵魂不必依赖教会和神父，个人在自己灵魂的殿堂里同上帝直接打交道就可以做到这一点。第三是"新世界"。哥伦布在希腊人关于世界是圆的这一思想指导下出发环游地球，无意中发现了新大陆。这块陌生、神秘的土地为文艺复兴时期的作家的想象力提供了广阔的驰骋天地，比如莎士比亚的剧本《暴风雨》就是以当时一次关于百慕大地区沉船事件的报道为素材而创作的。更重要的是，英国通过对北美新大陆的殖民统治，变成了海上贸易中心，而过去它只是一个边缘国家。第四是"新宇宙"。中世纪神学和星相学持地心说，认为地球是静止的，月亮和其他行星围绕地球旋转，天堂在这些行星运行轨道的上方，地狱则在地球的中心，也有人认为地狱在行星运行轨道的下方，如弥尔顿的《失乐园》就采用这一说法。可是到了1543年，哥白尼发表了他的"日心说"理论，于是宇宙获得了一个新的构架。

当然，对文艺复兴运动分析得最透辟的当推恩格斯。他说：

> 拜占庭灭亡时抢救出来的手抄本，罗马废墟中发掘出来的古代雕像，在惊讶的西方面前展示了一个新世界——希腊的古代；在它的光辉的形象面前，中世纪的幽灵消逝了；意大利出现了前所未见的艺术繁荣，这种艺术繁荣好像是古典古代的反照，以后就再也不能达到了。在意大利、法国、德国都产生了新的文学，即最初的现代文学；英国和西班牙跟着很快达到了自己的古典文学时代。旧的 orbis terrarum（地环）的界限被打破了；只是在这个时候才真正发现了地球，奠定了以后的世界贸易以及从手工业过渡到工场手工业的基础，而工场手工业又是现代大工业的出发点。教会的精神独裁被摧毁了，德意志诸民族大部分都直截了当地抛弃了它，接受了新教，同时，在罗曼语诸民族那里，一种从阿拉伯人那里吸收过来并重新发现的希腊哲学那里得到营养的明快的自由思想，越来越根深蒂固，为18世纪的唯物主义作了准备。[①]

在这里，恩格斯指出了文艺复兴的经济基础和文化上的根，那就是"希腊的古代"，同时，他也指出了文艺复兴运动的进攻目标——"中世纪的幽灵"。然而，新文化是在旧文化的基础上产生的。中世纪的宗教至上、神学统治一切领域（包括自然科学）的空气确实令人窒息，但是，中世纪也为人文主义文学的胎儿输送了养分，那就是中世纪的民间文学。"中世纪民间文学是西方文学遗产的丰富宝藏，有传奇诗、抒情民歌、叙事民歌、教诲民歌、短篇故事、讽刺小品、谐剧、圣迹剧、隐语、寓言、谐谈、谜语、诗与散文杂糅的传奇等等。"[②] 卜迦丘的《十日谈》中有不少故事取材于这些民间诙谐故事。民间的抒情民歌形式经过脱离了经院或修道院的流浪僧侣的改造，逐渐变成了文艺复兴时代的抒情诗。

中世纪的民间文学除了为文艺复兴时期的文学提供创作素材和文学形式之外，更重要的是促进了各民族文学的形成，达到这一目标的重要途径是语言的民族化。当时，拉丁语是教会和官方的用语。老百姓却不懂拉丁语，他们用俗语创作了民间文学。随着使用俗语的人越来越多，俗语的声望在某种意义上来说也就越来越高。另外，由于平民百姓和人文主义文人对神学和教会的厌恶，作为它们的正式语言的拉丁语就逐渐遭到冷落。语言是文学的载体和不可分割的一部分，很难想象用不是本民族语言的拉丁语创作的某一民族的文学可以称为该

---

① 恩格斯：《自然辩证法》，《马克思恩格斯选集》第3卷，人民出版社1972年版，第444页。
② 缪朗山：《西方文艺理论史纲》，中国人民大学出版社1985年版，第250页。

民族的真正的文学。因此，文艺复兴时期的文艺理论著作，有相当一部分着重论述用民族语言进行创作的重要性。只要我们想想都德写的那篇有名的短篇小说《最后一课》和中国贺知章的"乡音无改鬓毛衰"的有名诗句，就会明白语言与民族文化和乡土感情的关系是何等密切。毋庸置疑，这些论述用民族语言进行创作的重要性的文艺理论著作具有极其浓厚的本土意识。其中最有代表性的是但丁的《飨宴》和《论俗语》。

但丁是中世纪的最后一个诗人，同时又是新时代的第一个诗人，他还是西方第一位试图建立民族语言理论的学者。他的《飨宴》主要是为俗语，即意大利语辩护。他引用亚里士多德在《伦理学》中写下的名言"一只燕子不能带来春天"，以此证明只为少数人掌握的拉丁语不能像"人人的朋友"的俗语那样广泛地向人民大众馈赠知识。他坦白地承认，他使用俗语是出于对祖国语言的天然的爱。值得注意的是，但丁所说的祖国语言，即俗语或者家乡话，都是指统一的意大利语，这反映了他对当时意大利的城邦割据局面的不满和渴望祖国统一的政治理想。在《论俗语》中，他进一步提出建立民族语言的理论。他认为意大利各地区的方言都不够理想，因此需要集其所长来建立统一的民族语言。他还强调民族语言应该是口头语言和文学语言的统一，不能像拉丁语那样变成了"文言"，同人民大众的口头语言割裂开来。意大利民族是罗马人的后代，按说他们应该十分推崇罗马文化，事实也是如此，但是在语言问题上，他们果断地抛弃了落后于时代的、僵死的、只为少数人服务的拉丁语，改用意大利语来进行文学创作。这也是一个说明本土意识在不同时代有不同表现形式的例子。

意大利是文艺复兴的发祥地，对欧洲其他国家的影响不言而喻。最早在创作上摹仿但丁的外国人里就有英国的乔叟。他在《坎特伯雷故事集》中的"僧侣的故事"里复述了 Ugolino 的情节。他的《声誉之宫》(*House of Fame*) 同但丁的《神曲》有明显的相似之处；他最早把《神曲》的三韵句诗体介绍到英国。[①] 他的《特罗伊拉斯和克莱西德》同但丁《神曲·炼狱篇》第五章同样表达了诗人对文学作品的社会效果的看法，尽管二者稍有不同。[②] 由于乔叟的创作明显受到但丁的影响，人们自然会联想到他之所以不用拉丁语和法语而用伦敦方言来创作是否也因为受了《论俗语》等著作的影响。影响也许是有的，但是，事实上英国在亨利三世在位期间（1216—1272）就因为国家几乎被外国人瓜分而激起民族感情高涨，连大法官赫伯特·德布勒（Herbert de Burgh）也提出了"英国人的英国"这个口号。进入 13 世纪时，英国人讲法语只不过是沿袭过去传下来的社会习惯和贸易、行政管理等方面的常规。到了该世纪中叶，英语已经逐渐为上层人士普遍使用，到了该世纪末，一些上层人士的子女已经以英语为母语，而法语则要作为外国语来学习了。[③] 由此看来，以伦敦方言进行文学创作早已有了潜在的原因。乔叟这样做主要是受本土意识的推动，外来影响不是决定的因素。假如乔叟不以伦敦方言进行文学创作，迟早也会有另外的英国作家以英国的某种方言来写作的。

文艺复兴时期是个本土意识勃兴的时期，但又是一个兼容并蓄的时期，因为文艺复兴本来就反对中世纪神学的定于一尊。自己有本土意识，同时也尊重别人的本土意识，这种精神

---

① Werner P. Friederich & David Henry Malone, *Outline of Comparative Literature: From Dante Alighieri to Eugene O'Neill*, Chapel Hill, North Carolina, 1962, p. 54.

② Karla Taylor, "A Text and Its Afterlife: Dante and Chaucer," *Comparative Literature*, Vol. 35, No. 1, (Winter) 1983, pp. 1 – 20.

③ Albert C. Baugh, *A History of the English Language*, (3rd edition), London, 1980, pp. 132 – 134.

在16世纪文艺批评的最后一颗明星、英国的菲利普·锡德尼的《为诗一辩》中表现得最为突出。他在宣传诗的教化作用时自豪地提到，在威尔士的古代不列颠人中早就有了诗人，他们称之为歌手。"虽然经过罗马人、撒克逊人、丹麦人、诺曼人的征服，其中有人是想方设法来毁灭他们之间的全部学术记忆的，然而其诗人至今还存在"。① 他钦佩斯宾塞（Edward Spencer）的《牧人日历》，称赞乔叟的《特罗伊拉斯和克莱西德》。但是，他同时认为，即使是在学术不发达的国家里，仍然有诗的意趣。他举了土耳其、爱尔兰和"最不开化的、最质朴的、没有文学的"印第安人为例，指出他们仍然有诗人的事实。锡德尼有英国本土意识，但没有英国文化本位主义思想，尽管他认为英语比意大利语、法语和西班牙语都更适宜用来写古代形式的（即长短律的）和现代形式的（即押韵的）诗篇。

文艺复兴是需要巨人而且产生了巨人的时代。这些巨人并不是从天上掉下来的。他们有自己民族文化的根，有自己的本土意识。他们奉献给新时代的著述中残留着旧时代的痕迹，比如，但丁的《论俗语》却是用拉丁语写的，卜迦丘认为"诗是神学，而神学也就是诗"。② 可见即使是巨人也离不开生他养他的那块土地，抹不掉历史给他打上的印记。

## 新古典主义

如果说文艺复兴运动再生了希腊罗马古典学术中激情的和自由的因素，那么17世纪的新古典主义则弘扬了古典学术中的理性和规范的一面，而且甚至有点走极端，变得僵化了。

新古典主义的基地在法国，因为17世纪的法国是一个典型的君主专制的国家。路易十四即位之后就立刻宣布："自今之后，我就是我自己的首相。"同时，笛卡儿推崇理性主义哲学，他也有一句名言："我思故我在。"于是，法国在政治上、理论思想上都为新古典主义的萌芽准备了适宜的土壤和气候。法国新古典主义的代表人是布瓦洛，代表著作是他的《论诗艺》。关于他的文艺理论我在这里不赘述，无非是要歌颂永恒至上的理性，摒弃感情和想象，处处要以希腊罗马作品为楷模，写戏剧要遵循"三一律"，语言要典雅，文风要严谨，至于民间的文艺和民间的语言则不能登大雅之堂，等等。

在斯图亚特王朝复辟时期，法国新古典主义的影响渡过英吉利海峡，渗入英国。但是，英国新古典主义到底比法国新古典主义开明，它带有浓郁的英国本土意识。其代表人物之一德莱顿③论戏剧时就认为法国喜剧具有雕塑美，但不是真人的美。他赞扬莎士比亚，认为他的剧作比起大力效法古人的法国戏剧来具有更伟大的精神和更雄健的气魄。④ 这无形中是向法国新古典主义的僵化思想发微词了。当然，他这些观点是在法国布瓦洛的《论诗艺》问世之前发表的，1674年布瓦洛发表《论诗艺》之后，法国新古典主义势头日盛，德莱顿也就不再坚持原先对英国戏剧的评价了。但是，他在关于性格的理论方面仍然同以布瓦洛为代表的法国新古典主义有分歧。对此，后来托·史·艾略特（T. S. Eliot）给予很高的评价。他说："我认为，德莱顿在文学批评中的伟大业绩是，在适当的时候意识到断然肯定文学中

---

① 菲利普·锡德尼：《为诗一辩》，见伍蠡甫主编《西方文论选》上卷，第229页。
② 卜迦丘：《但丁传》，见《西方文论选》上卷，第176页。
③ 伍蠡甫先生著《欧洲文论简史》，介绍英国新古典主义时根本不提德莱顿，这是个怪现象。大概因为德氏在政治上反复无常，所以引起伍先生反感。虽是因人废论，但也反映出伍先生对风派人物的厌恶，这也是本土意识中的个体意识。
④ Dryden, *An Essay of Dramatic Poesy*, ll. 1157–64, 1469–73.

的本土质素的必要性。"① 另一位英国新古典主义的代表人物蒲伯尽管提出"荷马就是自然","摹仿自然就是摹仿古人"② 的主张,但又说规则是为了达到目的而制订的,当规则无能为力的时候,就可以破格（licence）,只要打破规则的人自己清楚为什么要打破它就行了。③

总之,新古典主义的生面团从法国运到英国后就变得松软了一点,促成这种变化的就是英国新古典主义者的本土意识酵母。在一些人的印象里,英国人是思想保守、心胸狭窄的,所谓"岛国本色"是也。但是,我们也不能不看到,包围着岛屿的恰恰是气魄宏大的海洋,英国正是从海洋出发建立起那名噪一时的"日不落帝国"的。英国文学传统中也有一种不甘心囿于各种藩篱围出的弹丸之地,不断向新的地平线进发的探索基因。最有代表性的范例就是大胆打破古典传统规范的莎士比亚,关于他在这里就不多说了。

如果说像戏剧"三一律"这样的规则在具体运用时还可以有点弹性的话,那么已经成为固定形式的诗歌格律就应该毫无保留地遵守了。可是英国人却不以为然。就拿十四行诗这种诗格来说,它于 13 世纪已趋于定型,中世纪著名意大利诗人但丁就写过十四行诗。意大利式的十四行诗把全诗分成两部分,第一部分 8 行,韵脚是 abba abba,第二部分 6 行,韵脚有不同的形式,如 cde cde 或 cdc dcd 等。第一部分和第二部分中间有空行隔开。到了 16 世纪,十四行诗由托马斯·怀尔特（Thomas Wyatt）引进英国,但是他的朋友亨利·霍华德（Henry Howard,即 Earl of Surrey）把诗改分为四部分。第一、第二、第三部分都是 4 行,隔行押韵,最后两行自成一部分并押韵,即 abab cdcd efef gg 。全诗是连着写下来的,不分小节。这就是说,尽管英语和意大利语同属印欧语系,但英国人引进十四行诗时仍要作变动,改革了押韵方式。为什么要这样做呢? 因为英语同意大利语比起来,同韵词少得多。④ 假如按意大利式十四行诗的格律去分节和押韵,前 8 行就只能用两个韵脚,这意味着每个韵要找 4 个合适的词,很不容易做到。其实,从 14 世纪起至 16 世纪十四行诗传入英国时,英国人写诗并不遵循太严谨的形式,包括英国诗歌之父——乔叟也是这样。他的力作《坎特伯雷故事集》共 23 篇,其中 21 篇是诗体,有两篇却是散文。用诗体写的故事大部分用英雄联句体（Heroic Couplet）,但有 4 个故事却用 7 行一节的"君王诗体"（Rhyme-royal）,有一个故事用的是 8 行一节的诗体。

归根结底,还是蒲伯说得明白,"布瓦洛总是凭贺拉斯发号施令。可我们,勇敢的不列颠人,蔑视洋框条/我们独立自主,用不着文明那一套。"⑤ 如此激烈的措辞,充分说明英国新古典主义者的本土意识是非常强烈而且自觉的。

## 浪漫主义

鲁卡斯（F. L. Lucas）在《浪漫主义理想的没落》中作过统计,所谓"浪漫主义"竟有 11396 种定义。定义太多就几乎等于没有定义。不过,从根本上看,浪漫主义作为一个文

---

① T. S. Eliot, "The Use of Poetry and the Use of Criticism," *Studies in the Relation of Criticism to Poetry in England*, Harvard University Press, 1933, p. 14.

② Alexander Pope, *An Essay on Criticism*, l. 135, 140.

③ Ibid., ll. 146 – 49.

④ "Poetic form since 1350," *Longman Companion to English Literature*, Longman Group Ltd., 1980, p. 287.

⑤ Alexander Pope, *An Essay on Criticism*, ll. 155 – 57.

学流派是同新古典主义相对而言的，它以新古典主义为批判对象。前浪漫主义的领袖是英国，到了浪漫主义鼎盛的时期，却正好是德国文学的黄金时代，因此，可以视德国为浪漫主义的中坚。

上文说过，新古典主义是同法国的名字连在一起的。法国文化在欧洲的主导地位在一定程度上又借其武功得以巩固。1648—1659 年，德国、西班牙和意大利先后被法国打败。1660 年，斯图亚特王朝结束了在法国的流亡返回英国，实行皇政复辟，法国国王路易十四多了一个心甘情愿的追随者。于是，除了荷兰的奥兰治亲王威廉不肯屈服之外，在欧洲没有其他力量可以阻挡胜利者法国推行它的意志。但正是这位奥兰治亲王后来在 1688 年当了英国国王，从而正式扮演起建筑师的角色，构筑一个欧洲联盟来对付法国。

然而，在法国内部，新兴资产阶级不满君主专制统治，故此对在文化领域与君主制相适应的新古典主义也产生了反感。于是出现了新旧之争，新派取得胜利；又有以伏尔泰、狄德罗和卢梭为代表的启蒙运动，要求文艺更多地表现资产阶级的理想。启蒙运动的思想无形中为强调主观，重视情感和想象的浪漫主义提供了批判新古典主义的武器，尽管启蒙主义者对浪漫主义者推崇的作家（如莎士比亚）评价并不高。由于这些原因，在 1778 年伏尔泰去世之前，法国在欧洲文化领域里的统治地位已经衰落，而它在政治和军事上的衰落却要再过 35 年，其标志是拿破仑从莫斯科城下败退。后来，爆发了 1794 年法国资产阶级革命。革命虽然失败了，但它提出的"自由、平等、博爱"的口号对浪漫主义运动起了相当大的推动作用。甚至有评论家认为，德国的"狂飚突进"（Sturm und Drang）运动就是法国革命在德国的反响，不同的是前者伴着血与火而战斗，后者则以笔杆和墨水来作战。①

了解了这些历史背景，我们就知道，浪漫主义的兴起有民族的原因和时代的原因，总的来说也是本土意识起推动作用。英国和德国不甘心受法国左右，逐渐增强了民族自信。所以，浪漫主义文学都以收集本民族的民间文学作品为发端，因为民间文学蕴涵了深厚的民族文化意识。在这方面，英国的艾迪生在他办的《旁观者》杂志上首先赞扬中世纪英国边境地区的古老民歌感情真挚、语言简朴。但真正掀起民间抒情歌谣热的却是珀西（Thomas Percy）收集编辑的《英诗辑古》。这种本土意识一直渗透进华兹华斯那篇被誉为英国浪漫主义运动宣言的《抒情歌谣集序言》。华兹华斯主张诗的题材要选择田园生活，诗的语言要用"接近中下层社会人们的语言"，不要那些被劣等诗人愚蠢地滥用了的辞藻。② 在德国，除了翻译出版珀西的《英诗辑古》之外，"狂飚突进"运动的代表人物赫德（Johann Gottfried Herder）还写了关于民歌的论著《论鄂西安和古代民族歌谣》。

浪漫主义者非常尊重他民族的本土意识。过去，英国新古典主义者德莱顿和蒲伯在吸收法国新古典主义文艺理论时保持了自己的本土意识，对莎士比亚作过有保留的肯定，但总的来说评价并不太高。现在，英国浪漫主义者大力推崇莎士比亚，还有弥尔顿。然而，英国人并没有将莎士比亚和弥尔顿强加给其他国家。相反，他们只是鼓励其他国家的作家去学习本民族的文学巨匠，挖掘本民族的文化遗产。德国人也一样。赫德一方面写出了《论鄂西安和古代民族歌谣》这样本土意识强烈的著作，另一方面又编了外国民歌选《民歌中各族人民的声音》。他认为各民族的文学都有独创性，各民族是平等的。

---

① Werner P. Friederich & David Henry Malone, *Outline of Comparative Literature*: *From Dante Alighieri to Eugene O'Neill*, Chapel Hill, North Carolina, 1962, p. 54.

② 华兹华斯：《抒情歌谣集序言》第 85 – 107 行。

英国和德国之所以分别成为前浪漫主义和浪漫主义极盛时期的旗手，是有原因的。上一小节引述过蒲伯关于英国人不愿意向"洋框条"屈服的话，德国人则更少思想上的负担。他们甚少意大利文艺复兴的那种纯美学兴趣，也达不到法国资产阶级革命的那种政治上的成熟程度，同时又缺乏希腊罗马古典主义时代流传下来的典雅庄重的语言和注重形式的风气。所以，浪漫主义时期的德国文学家，除了歌德之外，基本上是保持个性，不追随宫廷时尚的。

法国的情况就比较复杂。它是浪漫主义所反抗的新古典主义的基地，但是，世界已经发展到了资产阶级要同封建君主争短长的时候，新古典主义显然与时代精神不合拍，于是先有法国启蒙主义者起来批评新古典主义，然后有法国浪漫主义者以英国和德国为榜样来批判新古典主义。比如史达尔夫人在《德意志论》中就批评当时的法国诗歌"是现代诗中最古典的诗，所以是唯一不能在广大人民中普及的诗"。她推崇英国的莎士比亚，德国的歌德和布尔瑞（Burger）。她说："在英国，莎士比亚受到广大人民和上层阶级同样的欣赏。歌德和布尔瑞的诗篇被谱成歌曲，你可以从莱茵河畔直到波罗的海都听到人们在反复歌唱。"① 司汤达也在《拉辛与莎士比亚》一书中大力赞扬莎士比亚。法国浪漫主义者在向英国和德国学习时表露的民族文化意识主要是以时代意识的形式出现的。似乎一切民族的文学在它的传统阻碍了时代前进的步伐时，作为本土意识核心的民族文化意识都以时代意识的形式曲折地表现出来，向外国文学借取力量来改造本民族的旧文学。中国五四新文学对外国文学的借鉴也是一个典型的例子，这一点下面再论述。但是，由于民族文化意识是本土意识的核心，所以在改造传统以适应时代发展的努力当中也会直接流露出来。史达尔夫人虽然认为"浪漫主义的文学是唯一还有可能充实完美的文学"，但她提出这个论点的根据却是"因为它生根于我们自己的土壤"，"它表现我们自己的宗教"。② 她在《论文学》中分别将德国和法国视为北方文学和南方文学的核心，并表示偏向于北方文学，但她又主张"应该在法国诗人的因袭和北方作家趣味的缺乏之间探索一条中间的道路"。③ 她并不主张"全盘北化"。同样，司汤达提出不要走拉辛的道路，要走莎士比亚的道路，但他又认为"在精神上，我们比那个时代的英国人要站得高些"。④ 同时，他认为拜伦"根本不是浪漫主义者的领袖"，因为他写的悲剧"极为沉闷"。⑤ 在这些地方，司汤达流露出从法国新古典主义传统中冲出来的浪漫主义者的本土意识。他还是尊重理智的，所以他在创作上逐渐转变成现实主义者。

总之，浪漫主义作为一个新兴的文艺运动是与新古典主义对抗的，但它也从文艺复兴时期的人文主义中继承了信仰人的尊严的思想；从路德新教主义那里继承了个人必须由自己直接同上帝交流的思想；从笛卡儿那里找到了为个体主义辩护的哲学根据，但笛卡儿的名言"我思故我在"已经被浪漫主义者改为"我感觉故我在"。他们还从启蒙主义者那里继承了理想主义以及对于世界会变得更美好的信心。同时，不同国家的浪漫主义运动又各具本土意识。

（《中山大学学报社会科学版》1994年第2期，国家教委"八五"项目"本土意识论"的阶段性研究成果之一）

---

① 史达尔夫人：《德意志论》第2卷第11章，见马奇主编《西方美学史资料选编》下卷第249页。
② 同上，第250页。
③ 史达尔夫人：《论文学》第2部分第5章，见马奇主编《西方美学史资料选编》下卷第241页。
④ 司汤达：《拉辛与莎士比亚》，上海译文出版社1979年版，第32页。
⑤ 同上，第27-28页。

# 加里·斯奈德面面观

《外国文学评论》1991年第3期刊登了屈夫和张子清合写的题为《论中美诗歌的交叉影响》的文章,认为"在庞德和艾米·洛厄尔之后,介绍中国诗最得力的美国名诗人当推垮掉派的父字辈雷克思罗斯和垮掉派诗人加里·斯奈德(1930— )"。该文并称斯奈德是雷克思罗斯的"直接传人"。在这里我想接着这个话题谈谈我所了解的斯奈德。

雷克思罗斯(Kenneth Rexroth)的汉语名字是王红公,他于1982年谢世。50年代早期,斯奈德刚刚步入诗坛时就认识了王红公。他和其他一些年轻诗人一道,常常在星期五晚上去王红公的寓所聚会,或朗诵诗歌,或讨论诗歌创作问题。

斯奈德的诗,特别是山野题材的诗,确实受王红公的影响很深。他对于东方文化的初步认识,除了通过庞德翻译的中国诗之外,就是王红公翻译的《日本诗100首》。斯奈德怀着崇敬的心情称王红公为"伟大的教化者"(A great reclaimer)。王红公也很赏识斯奈德,在他所著的《二十世纪美国诗歌》一书中称斯奈德为"同辈诗人中最博学、最有思想、写诗最游刃有余的人"。

然而,尽管斯奈德与王红公有一段文学因缘,他却从未承认过是王红公的传人。事实上,两人的诗作只是形似,在本质上却是大不相同的。比如同是写大自然,王红公强调写自己最贴近的东西,在美国西部就是山野(wilderness),而斯奈德着重表现的是蕴藏在山野里的"野性"(the wild),因为斯奈德不是基督徒,他信奉的是禅宗五家之一的临济宗,讲究的是机锋峻烈,直指人心。当然,禅宗的"万物皆有佛性"的思想也不可避免地体现在他的诗作里。斯奈德的诗有禅意,所以叶维廉教授在他的《藏起宇宙:王维的诗》一书的"绪论"中称斯奈德在当代美国诗人中无论哲学、气韵、风格都最接近唐代诗人王维。也许斯奈德也意识到自己的诗歌的独特之处,所以尽管人们把他归入垮掉派诗人之列,但他在自己亲自撰写的小传里却只是说:"因为与金斯堡(Allen Ginsberg)和克洛厄(Jack Kerouac)有来往,斯奈德有时也被划入垮掉的一代。"

斯奈德向美国读者介绍中国诗的主要成就是把寒山的24首诗译成英语。寒山到底留下多少首诗?台湾陈慧剑根据扬州藏经院版《天台三圣二和诗集》和北宋汲古阁藏本《寒山诗》校勘考证,得出结论:"寒山子应该有三百十四首诗流传在人间。"在1954年,英国翻译家阿瑟·威利(Arthur Waley)就已经在杂志上发表了27首英译寒山诗。斯奈德的24首译诗是1958年刊登在《常青》(Evergreen)杂志上的。到了1962年,华特生(Burton Watson)也出版了寒山诗100首英译本。就中斯奈德的译诗数量最少,但影响最深远。这恐怕是因为斯奈德本人当时的作为及思想活脱就是一个美国的寒山。克洛厄在自传体小说《法丐》(The Dharma Bums)中就把斯奈德(名字换成Japhy Ryder)和寒山当成同一个人来描写。《时代》杂志的一位评论员贝克(A. T. Baker)认为斯奈德是一位"偶像派诗人"(the Cult Poets),"他的生活方式比他的诗歌给人印象更深"。就五六十年代的斯奈德而言,我认为他的评价是公允的。正因为斯奈德其人的影响压倒了其诗的影响,所以直到1976年才有第一本评论他的诗歌的专著问世，那就是波普·斯图丁的《加里·斯奈德》。

斯奈德不但翻译寒山诗，他本人的创作也深受寒山的影响。关于这一方面笔者拟另外著文专门论述。在这里要特别提一提的是，斯奈德不仅接受像寒山这样的隐士的影响，他也接受儒家的"入世"思想的影响。1981年，他在一个学术讨论会上作过题为《中国诗歌与美国想象》的发言，认为中国诗人集儒、道于一身，有时戴上儒家帽子，有时又戴上道家帽子。其实他本人也一样，既是一位隐逸诗人，又是一位社会活动家兼理想主义者。他致力于环境保护工作，曾出席1972年在斯德哥尔摩举行的联合国人类环境大会，并以《地球母亲》一诗作为大会发言。他获得普利策诗歌奖的诗集《龟岛》中有一首题为《事实》的诗。说是诗，其实是十条包含统计数字的资料。其中第2条是："美国人口占世界人口6%，但每年的能源消耗占世界能源消耗总量的三分之一。"第4条是："占美国人口五分之一的上层人士的收入是全国工资收入总额的45%，他们拥有全国财产的77%。最高层的1%的人拥有美国私人财产总额的20%～30%。"斯奈德如果一味效法寒山，逃避社会，不关心人类和国家的命运，就不会把这种虽然一语中的但失之枯燥的散文（prose）句子也收入诗集。

到1986年为止，斯奈德共出版了9部诗集和5本文集。综观这些作品，我发现斯奈德受中国文化的影响几乎是全方位的。除了中国古典诗歌、儒家和道家思想、禅宗哲学之外，中国画也对他的创作产生影响。比如他的一首短诗《进城劳作去》就十足是一幅中国画立轴。据斯奈德回忆，他最早接触中国文化不是读英译中国诗，而是看中国画。他第一次读到英译中国诗是19岁，但他11或12岁时就在西雅图艺术博物馆的中国厅里见到中国山水画。他说："它们使我的心都融化了。"

斯奈德对中国文化确实非常了解，十分热爱。他回答《当代美国作家词典》编者的问卷时，把杜甫放在他最欣赏的诗人的头一位。司马迁是他最喜欢的作家之一。《红楼梦》里的女性形象则列入他所喜爱的作品人物之中。据我统计，斯奈德的诗作里直接引用中国典籍的就有51处。

既然斯奈德受中国文化影响那么深，于是有人认为，是东方诗，尤其是中国诗歌的影响使得斯奈德在垮掉派诗人中一枝独秀。从短期效果来看也许是这样，但如果我们追根溯源，就会发现斯奈德所接受的中国文化影响都可以在美国文化传统中找到相似的或者对应的因子。斯奈德本人绝对不会同意是中国文化或日本文化造就了他这个美国诗人。相反，他十分强调"本土意识"（the sense of nativeness）。"本土意识，归属于一个地方的意识……是非常重要和必要的。"他那本获普利策奖的诗集名为《龟岛》，那正是印第安人对北美大陆所作的一个古老的比喻。由于篇幅所限，本土意识问题不能在此详细论述。为了使大家更深入了解加里·斯奈德，我把斯奈德于1987年11月28日给我的信附在文后，供参考。如果我们细致研究他所说的那些"美国斧子"（其实里边也有不是美国的）和斯奈德的作品的关系，就会发现斯奈德的美国根。

## 附录：

加里·斯奈德给区鉷的信

区　鉷：

我只能简单地回复你那很有意思的来信。眼下我正忙着写一本书。另外，应加州大学戴维斯分校之聘，我每年春天都去教书。因此，在去教书之前，我要先争取完成这本书。时间不多了。

我很乐意回答你的询问。

1. 中国文学的影响

我最早是通过读庞德、阿瑟·威利、Witter Bynner 以及其他一些人翻译的中国诗歌而受到中国文学影响的。我很欣赏隐逸的、历史的、宴饮唱和的以及学识渊博的中国诗。特别能感动我的是一些写自然的诗，比如王维的诗，还有一些诗中的静的意境。后来我开始在老师陈世骧先生指导下读原文的中国诗，并且越来越喜欢中国诗的严谨的形式、精炼的语言和复杂的意蕴。所有这些都对我的诗歌创作产生影响。

2. 美国斧子

首先我要谈谈现实生活中的斧子。我在华盛顿州长大，那里有许多林业工人，我的叔叔们，还有我父亲都是。我从小就和森林打交道，斧子和斧柄对我来说不是抽象的概念。什么伐树斧、整形斧、修枝斧等等，种类多极了。我现在仍然保存着一整套很好的斧子，以备时常取用。另一方面的斧子有罗宾逊·杰弗斯（Robinson Jeffers）、惠特曼、D. H. 劳伦斯、威廉·卡洛斯·威廉斯（William Carlos Williams）、G. M. 霍普金斯（Gerard Manley Hopkins）、威廉·布莱克、罗伯特·弗罗斯特、华莱士·斯蒂文斯（Wallace Stevens）、T. S. 艾略特，以及英国和苏格兰传统民歌，还有古希腊的诗歌集、印度的梵文诗歌和美洲印第安人诗歌。

3. 写关于中国的书

目前仅仅是些笔记，我还不知道能不能动手写它。至于环境保护史的研究，我随信寄给你几份复印件，是从已经写完的那部分里挑选出来的。这一本书的写作也不知道什么时候才能继续，因为手头还有更急迫的东西要做。

4. 更急迫的工作似乎是写《山水无穷尽》。我已经写了一些新的章节，这里也寄给你一部分。

不过，今年冬天我会先集中精力写一本暂定名为《野性的实现》的书。这本书从庄子、老子和禅宗得益不少。

5. 本人生平大事记

我不记得波普·斯图丁写到哪一年了。大概自 1976 年起我就住在现在这个地方，即西艾拉·内华达山。我们在房子周围又栽了些果树，把谷仓油漆了，安装了一套光电系统，利用太阳光发电供室内照明用。取暖和做饭还是烧木头，所以一年到头都要劈柴。另外，和邻居们一道修建了一座禅堂。我的妻子阿政（Masa）和我在 1970 年组织了一个地方性的佛学小团体，禅堂就是我们定期举行佛学活动的地点，比如坐禅、讲经等，有时则由长者和新入门者进行道法交流。这个团体也和"地球第一""西艾拉协会"以及其他一些组织一起参加反战活动和保护生态活动。

在过去的 12 年里，我到过许多地方。作讲演、朗诵诗歌、主持学术讨论会和诗社活动。我应邀去过几乎所有美国的主要大学搞诗歌朗诵。还去过几趟阿拉斯加，和当地的美国人（爱斯基摩人和阿萨巴斯干印第安人）一起工作，同时进行生态政治学研究。阿拉斯加的野色美极了。动物多得不得了，都很健康，仍然生育繁衍旺盛。在这段时间里我到过瑞典、英国、日本、澳大利亚，还去过夏威夷多次。

我继续探索山峦和沙漠，还有城市的纵深之处。因此，我有时会过过野外生活。随信附上一份我的著作目录，包括了我的近期作品。

我在加州大学戴维斯分校的职位是终身的。我又享受到教书的快乐，又能使用图书馆的藏书了。我所有的个人档案收藏在该校图书馆的特藏部。那些对我的创作感兴趣的学者可以来这所学校搞研究。一位名叫山里和则（Katsunori Yamazato）的日本学者在该校英文系完成了他的博士论文，内容是关于我的创作如何受日本文化影响的。他将回到冲绳琉球大学任美国文学教授。巧得很，我的大儿子也得到冲绳提供的奖学金，去那霸学一年日语，并且研究冲绳和日本文化。我妻子有一半冲绳血统。也许你也了解，琉球群岛有很强烈的文化自治要求。

明年九月我会去中国稍作停留。按计划我会率领一支探险队，从拉萨出发穿过西藏，由巴基斯坦出境。此行的活动之一是漫游凯列士峰，旨在对萨满教和西藏佛教中"神山"这一概念的实质有更深的认识。显然，对我来说，这也是写《山水无穷尽》这部长诗的一部分工作。随信附上12世纪日本禅宗大师道元论"山水"的文章，我觉得很有用。

该打住了。至于说我像寒山一样"醉于山"（mountain-drunk），可以说是，也可以说不是。正如钟玲所说，我有点把西艾拉·内华达山当成寒山了。约翰·缪尔（John Muir）的著作也表现出一种美国寒山精神，这真叫人惊叹。也许我与其说仅仅"醉于山"，不如说是"醉于野"（drunk with the wild），这种情形很奇怪。我越观察得多就越发现"野性"也蕴藏在城市和政府、大学和公司里，特别是在艺术和高级文化之中。老实说，我自己也不知道这种思路和感觉会把我引向何方。"野性"成了谈论现实、现实的边界以及事物内部的动力的一种方式。我觉得有益的另一种研究是华严宗的哲学。很奇怪，它与各民族的古代自然宗教以及这些宗教的无处不在的精神很相近……

希望我讲的这些对你有用。原说简单回复，但一下子写了这么长。有用得着我的地方，请别客气。

加里·斯奈德（签字）
1987年11月28日

（《外国文学评论》1994年第1期）

# 权威的淡化
## ——通俗化问题刍议

"如今的学生真不容易教。""如今的孩子真不听话。"诸如此类的感慨反映出一种社会现象——权威正在淡化。近年来出现文学通俗化的迅猛势头，其主要原因也在于权威的淡化。

在人类的孩提时代，知识总是垄断在少数人手里，形成权威。比如巫师，或懂得鸟语兽言（也许这是假的，但在当时的普通人心目中却是真的），或懂得星相占卜，或懂得驱邪行医，更重要的是他们懂得怎样和神交流。在各种创世神话里，人和神是不混杂的。中国古代神话把世界分成很多层次，最主要的层次就是天和地。能沟通天地、接触神明的只有那些具备特殊能力的人。据《国语·楚语》记载，楚昭王问大臣观射父：《周书》说重和黎断绝天地的交通，这是怎么回事？如果不隔绝，老百姓是否能登天？观射父说不是这样（"非此之谓也"）。古时候能通天地的人都是"民之精爽不携贰者"。这些巫者知道许多通天地的手段：他们可以顺着神山爬到天上，所以《山海经》有"灵山……十巫从此升降"的说法。可以利用一些特殊的树木上天，比如长在都广之野的那棵建木就是有名的天梯。（西方学者称之为通天柱。）又可以通过占卜去领会神的旨意。也可以通过歌舞、饮酒和服药进入迷狂状态而见到神。还可以召唤动物作为交通工具把自己带到神的居所。这些通天地的手段都不是普通人所了解的，它们是少数人的专利。天神又是知识的源泉，能和天神交流就是先知先觉。于是知识造就了权威。

到了文明稍为发达的时代，对知识的垄断表现为对书本的垄断。在中国，发明纸张之前书是写在竹简上的。不但成本高，而且费时费力，成书慢，书的数量自然有限。那时交通不发达，那么笨重的书要流通确实困难。在中古时期的欧洲，书本靠教堂里的书记员用手抄在羊皮纸上，保存在教堂里。这些书都不是老百姓能看到的。我国西藏农奴社会的情况也是如此，只有寺庙里的有一定身份的喇嘛才能学习藏文，知书识字。这样一来，知识就被禁锢在少数人拥有的书本里。只有在印刷术发明之后，传播知识的书本不再那么难得，知识的权威才开始削弱。

除了垄断书本之外，少数人连语言也试图垄断。中国有文言和白话之分，普通人很难掌握文言。在中世纪的欧洲则使用只有学者才懂的拉丁语。（这是已经死去的语言，不是今天医学上使用的拉丁语。）各个欧洲国家里为广大人民群众使用的本族语在文艺复兴运动之前都不登大雅之堂，作家认为要用拉丁语写作才有学术地位，这样写成的作品才能传世。（这种观念直到17世纪仍然影响着一些作家，比如弗兰西斯·培根于1620年出版的《新工具论》以及他在此之前发表的许多哲学著作都是用拉丁语写的。）作为中世纪最后一位诗人同时是文艺复兴运动的第一位诗人的但丁不满这种现状，他盼望统一的意大利语出现，于是发表《论俗语》一书。这是一篇民族语言独立运动的战斗檄文。英国的乔叟率先用伦敦方言写作，被誉为"英国诗歌之父"。意大利人则用俗语（即他们的白话）代替拉丁语。我们千万不要小看这种语言的更迭，它会使人解放思想。例如中世纪的《圣经》只有拉丁文本，非懂得拉丁文的教士不能解释它,这样就卡死了普通人与上帝对话的渠道。从14世纪起,像威廉·廷代尔这样的英国改革派就把《圣经》翻译成英语,使广大不懂拉丁语的人民群众能直接聆听上帝的声音。这些不安分的行为激怒了教会,廷代尔被处以火刑。但即使是烈焰也阻挡不住权威淡化的发展趋势,终于产生了德国马丁·路德倡导的宗教改革。

文学通俗化的表现之一是以文字为表达工具的作品给以口语和图像为载体的作品,如连环漫画和广播电视,让出地盘。文字的权威也淡化了。

从人类社会发展的过程来看,文字的产生是文明出现的一个重要标志。技术和商业的发达使人与人之间的关系变得复杂起来。关系太复杂了,需要有工具来记录,文字就应运而生,满足人类交际的要求。最早的文字是劳动人民创造的,鲁迅说有许多个仓颉就是这个意思。中国的文字经过"巫"和"史"的整理,逐渐显出凌驾于口语之上的权威。巫者整理文字是要用来占卜,以了解神的旨意。请看《水浒传》"梁山泊英雄排座次"那一回,天上掉下来的石碑上刻着的蝌蚪篆文连文化人智多星吴用和术士入云龙公孙胜都不认识,天意的权威和文字的权威结合在一起了。后来的术士还赋予文字以神力,那就是符箓。至于史官整理文字,则为了博古通今,积累知识,以史为鉴,帮助统治者避免重犯错误。(传说中造字的仓颉就是黄帝的史官。)这样文字兼有了知识的和政治的权威。

文字的产生还可以帮助统一语言。文字出现之前,语言倾向于分化,方言越来越多;文字出现之后,产生了统一的书面语,方言的差异就停留在口语上,比如由汉字组成的书面语只有一种,而方言却有许多。语言统一又于中央一统政治有帮助,

文字的权威更借政治权威而增强。

在西方,法国结构主义语言学家费迪南·德·索绪尔曾经指出文字凌驾于口语形式之上的四个原因:①词的书写形象使人突出地感到它是永恒的和稳固的,比语音更适宜于经久地构成语言的统一性。这一条与上面所述文字帮助统一语言是相符的。②在大多数人的脑子里,视觉印象比音响印象更为明晰和持久,因此他们更重视前者。结果书写形象就专横起来,贬低了语音的价值。③文学语言更增强了文字不应有的重要性。这一条是说人们学习语言时总是使用文学作品做教材,用文字记录下的文学语言又是那么凝炼、精彩,使得人们不恰当地认为文字表达形式要比口语形式高超得多。④语言和正字法不一致时,语言学家总是以书面语为标准。这四个原因收入了他的学生们根据听课笔记整理成的《普通语言学教程》一书之中。正是这位索绪尔强调语言有一种不依赖于文字的口耳相传的稳固的传统。他的共时语言学理论还明确提出,"语言是组织在声音物质中的思想"。文字的权威开始动摇了。现代有声传播技术的发达更加削弱了人类依赖文字进行交际的观念,文字的权威更加淡化。

如果说造纸术和印刷术的发明打破了由知识垄断造成的权威,那么电脑的发明和普及则使领导的权威也淡化了。过去,各种信息都分别储存在各别的人的资料库里,这个资料库也许是人脑,也许是档案库。为了掌握和综合使用这些信息,就产生了一个人追踪几个人,追踪人的人又由更上一层的数量较少的人来追踪的现象,这样就形成了金字塔式的结构。自从电脑普及并且联网之后,金字塔式的结构很大程度上就被网络式的结构所代替。美国社会预测学家约翰·奈斯比特在《大趋势:改变我们生活的十个方向》一书的"结束语"中指出:"新出现的世界要求有自己的结构,我们开始放弃在集权的工业时代中盛行一时的等级制度。取而代之的是组织与沟通方面的网络模式,其基础在于意气相投的人们之间组成自然、平等的自发团体。网络组织使一个组织内部的权力与沟通流程重新改组,由垂直变成平行……电脑本身将彻底粉碎等级制度的金字塔。电脑可以记录人员和商业信息,各类组织不再

需要将自己组成等级形式。"

等级形式的削弱等于领导的权威被削弱。文学的教化作用向来作为体现这种权威的手段之一,现在也淡化了。过去文学的地位很高,高得不恰当,一打比方就把文学比成"圣殿""象牙之塔"。后来"文艺为工农兵服务"的口号把它的权威打掉了,但随之而来的是树起了文学的教化作用的权威,"服务"成了单一的教育,一本书可以培育一代人。文学的其他功能,包括认识功能、审美功能和娱乐功能都被忽视了。可是现在知识的权威、文学的权威和领导的权威都淡化了,文学的教化功能也只能跟着淡化。今天,读者欢迎的不是导师式的文学,而是朋友式的文学。

上述这些权威的淡化直接促进了读者群的增大,这也是通俗化的又一种表现。买得起书的人越来越多。认字的人越来越多。认字不多的人也可以看漫画、看电视、听广播。虽然这越来越大的读者群的文化水平起点比较低,但其素质总是不断在提高。量变引起质变,举足轻重的庞大的读者群体在西方早已为文艺理论家所瞩目,西方文艺理论的重点已经作出了相应的偏移。西方文艺理论从柏拉图和亚里士多德开始一直以创作为研究中心。到了19世纪,实证主义文学批评则围绕着作者进行。最有代表性的人物是写《艺术哲学》的法国人泰纳。他认为一部作品就像一块化石,考古学家要从化石看出古生物的形状和特点,文学批评家则要通过作品研究作者的生平和当时所处的社会历史背景。进入20世纪之后,西方文论逐渐摆脱纯理论的束缚,加强了实践性。文学理论家宁可把他们的理论称为文学批评。他们研究的中心也从作者转移到作品,进而转移到读者。接受美学甚至认为,作家创作出来的文本不等于作品,文本必须被读者阅读才能算作品,也即是说离开了读者就无所谓作品。显然,这是因为读者的地位在当代文学生活中已经大大提高,而相对来说作者和作品的权威有所削弱的缘故。文学理论重点的转移恰当地顺应了这一潮流。

综上所述,通俗化其实是由有关的各种权威的淡化引起的。权威淡化正是当前时代转型期的一个特征。话又说回来,权威淡化不等于消解。从事物发展的规律来看,这只是推陈出新。往日的权威不再辉煌,但它可以通过变革和发展来改善自身,从而获得新的更容易为大众接受的权威。比如文学的教化作用的权威淡化了,但它可以溶入文学的认识、审美和娱乐作用里面,通过后三种功能在潜移默化中达到教育读者的目的。又比如领导的权威由于网络结构的兴起而削弱,但它可以转换成一种新的无形的领导权威——传播媒介的权威,无孔不入地给大众以导向。需要特别指出的是,传播媒介的权威必须十分通俗,否则不能影响深远。既然连权威本身都通俗化了,文学艺术的通俗化又有什么值得大惊小怪的呢?

(《羊城晚报》1994年1月14日,"文艺评论"版)

# 宽广的历史襟怀
## ——评《岭南文学史》

治史当才、学、识兼备，其中尤以史识最为难得。治史者之所以就同一题材写出观点截然不同的史著，就是因为各人从不同的角度、以不同的理论评述历史。假如埋头铺陈史实而缺乏理论经纬，写出来的书肯定是千人一面，千部一腔。

相反，高明的史家甚至可以借编史来弘扬自己的学术主张，如法国人丹纳编撰《英国文学史》，自始至终宣传他的"种族""环境"和"时代"三因素决定论。

还有些史家寓自己的观点于取舍之中，如苏联学者阿尼克斯特也编过《英国文学史》，书中不收入女小说家简·奥斯汀，因为阿尼克斯特认为文学应该反映重大题材，而奥斯汀的小说做不到这一点。

的确，编写通史性质的书时，其选材角度在相当程度上反映出编者的学养和识力。《岭南文学史》（广东高等教育出版社1993年版）选材兼收并蓄，以一部区域性文学史而表现出宽广的历史襟怀，实在难能可贵。

只要翻开该书目录，就会发现有专章评介岭南俗文学，在其他章节也有介绍歌谣之类民间俚俗作品的文字。这是还文学以本来面目的第一步，因为无论一个民族或一个地区的文学也罢，文化也罢，最高的境界都是一个平衡、和谐的整体。雅与俗是互相补充、互相依存的。一味俗固然会俗不可耐，一味雅又何尝不会雅不可耐。只有统一才产生和谐，"一阴一阳之谓道"，这本来是地道的中国哲学。如果把雅与俗对立起来，就同那些抓不住中国文化神髓的西方人一样，以二元世界观来解释中国的一对对相反的概念。美国普林斯顿大学蒲安迪教授（Prof. Andrew H. Plaks）就持此观点。《岭南文学史》专辟一章介绍清代的妇女作家，也许连编者自己也只是朦朦胧胧地觉得有必要，但联系起他们对俗文学的公允态度，可以看出他们的潜意识中实在有一种对"道"的追求。尽管写女作家的分量与全书相比仍嫌单薄，但已经比其他中国文学史强多了，宽广的历史襟怀反映到知人论事上就是豁达大度。老实说，这一点西方学者要比我们做得好。就连第二次世界大战时在意大利发表过广播讲话支持法西斯的诗人庞德（Ezra Pound）战后被起诉时也有许多美国文人学者联名上书恳求宽恕他。至今，庞德作为意象派诗歌的奠基人和一代文坛泰斗的地位一直没有动摇过。反之，在中国则常常是一失足成千古恨，有时甚至只是涉嫌失足就成了千古恨，对女作家张爱玲的贬抑就是一例。当然，随着政权的稳固、中心的转移，目前对张爱玲，甚至周作人都有了比较实事求是的认识。但是，要在文学史上给臭名昭著的大汉奸汪精卫留一席之地并给以公正的评价，那是需要超乎寻常的勇气的，而《岭南文学史》的编者就有这股勇气，不但肯定他早年因暗杀摄政王载沣被捕下狱时期所作的颇为豪迈慷慨的诗歌，而且对他后来多谈风月、少谈国事的作品也称许其"时有新意"。介绍朱执信的文字中亦不讳言汪精卫拟入京行刺载沣时朱执信给他的赠别诗作。其实，汪精卫的《双照楼诗词稿》中确有不少佳句，如"一死心期殊未了，此头须向国门悬"就与后来陈毅《梅岭三章》中的某句相同，也许这是文学创作中的"契合"现象，但也可能是后者脱胎于前者。

《岭南文学史》论人有湖海度量,论文亦如此。就拿小说《蜃楼志》来说吧,清同治七年它曾被江苏巡抚丁日昌定为禁书,属于"淫词小说"之列。新中国成立后所出的版本也都是"洁本"。该书确有不少露骨的性描写,但这是中国小说史里仅有的一部以早期买办阶层和海关官员为题材的作品,而且对晚清谴责小说有相当大的影响。对于这部瑕瑜互见的书,《岭南文学史》做到褒贬分明,而不是一棍子打死。笔者曾在英国剑桥大学图书馆借阅过《蜃楼志》全本,发觉该书对于我们研究岭南文化颇有帮助。广东能成为中国大陆开放改革的成功样板,除了因为岭南文化传统中有突出的务实精神之外,另一个重要原因就是这个地区有深厚的市场经济底蕴。从这个角度来看《蜃楼志》,将会起到以小说证史的作用。《岭南文学史》把《蜃楼志》介绍给各界读者,是做了一件好事。

作为一部区域文学史,《岭南文学史》确实具有浓郁的地方特色,这一点不必赘述。值得指出的是,该书编者的目光并不囿于岭南,而是把岭南文学放在全国甚至世界的坐标系来考察,这也是宽广的历史襟怀的具体表现。

首先,该书不但评介岭南近代文学中大量的国际题材作品,而且点明一些作家在表现手法上所受的西方影响。比如评述苏曼殊的小说时,指出他的"这种新、旧、中、西杂糅的表现形式,对于丰富我国小说的表现手段,对于促进'五四'以来新小说的形成,是起过积极的过渡作用的"。又比如介绍黄小配时,指出他的《五日风声》其实是目前所知中国最早的报告文学。

其次,在介绍创作的同时,《岭南文学史》还介绍了一些译作,如苏曼殊、陈树人的译诗,虽然着墨不多,但我认为这是编撰中国文学史的一种值得称道的新尝试。如今,人们生活在信息传递极为迅速、信息储存高度集中的这样一个世界里,同外国文化的接触势必与日俱增。作家在创作之余,也会搞翻译。不管是创作还是翻译,都是文学生涯不可分割的部分,所以要全面评价一位作家,一定要连他的译作都研究。译笔也能反映作家的创作特色。比如苏曼殊和陈树人都译过英国诗人豪易特的《去燕》。曼殊译来潇洒超脱,不太拘泥原文,难怪郁达夫在《杂评苏曼殊的作品》一文中说曼殊的译诗比他自作的诗还好。相比之下,陈树人的译诗明白晓畅胜过曼殊,但汪洋恣肆则不及。这都与各自的创作特点相一致。至于选什么译材,也常常反映出作家的思想观点。

岭南虽然是远僻之地,岭南人亦曾被称为"獦獠",但岭南文化从未脱离过华夏文化的怀抱。《岭南文学史》的编者深深明白这一点。他们十分重视中原文化对岭南文化的影响。在"岭南诗派"一章中有一节专论这个问题。纵观岭南文学的发展过程,有一点很特别,就是每每在国家多变的时候,如宋末、元末、明末、清末,岭南文学就出乎意料地繁荣,这大概是因为中原多故,岭南成为避乱之地,文人学士南来,对岭南的文坛便起了很大的推动作用。在这种历史时期产生的文学,多慷慨悲歌之作。即使不在动乱之秋,亦时有官场失意的文人贬谪岭南,如韩愈、苏轼,他们胸中涌动着的一股不平之气,自然反映到作品里。岭南僻远的地理位置刚好使岭南文人避开了中原文坛时有流行的不良习气,保存了古风。了解了上述原因,对于岭南诗之雄直、岭南词之雅健、岭南文之真朴,就不难理解了。

至于《岭南文学史》的缺点,已发表的书评都偶有提及。在我看来,该书最大的不足是和它的优点紧密关联的。比如设专章评介岭南俗文学值得赞许,但这一章的内容不够全面,没有介绍潮州方言和客家方言的俗文学;再如介绍作家的翻译活动,我认为是编撰中国文学史的一种新角度,但在中国翻译史上占有重要地位的一些岭南学者文人的译作没有提到;又比如论述中原文学对岭南文学的影响,虽有专节,但具体到一位作家或一篇作品的分析，则甚少指出他或它受中原文学哪一流派或者哪一位文人的影响。造成这种不足的原因很可能是篇幅有限，因为就我所知，该书主编发表过论韩愈对岭南诗派影响的文章，分析过不少岭南诗人的作品，指出它们与韩诗的共通之处，而在《岭南文学史》中，反而减少了类似的内容。另外，关于外国文学对岭南文学的影响以及从译作研究作家等问题，则牵涉到编者运用外语搞研究的能力，或许真是力有未逮。

由此而想起，如今舆论界经常提到要培养跨世纪的人才，为什么不提倡培养可以进行跨文化沟通的人才呢？须知"跨世纪"只是一个时间概念，到 2001 年是 45 岁的人才不一定就比 50 岁、55 岁的人才冒尖，何况从现在到 21 世纪初至少还有 7 年，7 年内一个人也会发生很大的变化。而跨文化沟通则是一种能力和修养，具备了它，人的文化素质就会提高到一个新的水平，至少眼界和胸怀都更开阔，对异质文化更理解、更宽容，更能适应我们国家开放改革的需要。这是民族与世界的对话，在世界变得越来越小的今天，更是刻不容缓。谈完对《岭南文学史》的一些看法，最后写上这几句题外话，与该书编者共勉。

(《学术研究》1995 年第 1 期)

# 中国近代史人名地名的翻译

我们都知道，老舍《鼓书艺人》的中文版是从英文版回译的，中文原稿已佚。这种情况在文学史上并不多见。然而，在研究中国近代史的过程中，由于种种原因，常常要从国外所藏的外文档案里把本来用中文行文的史料回译过来。比如1936年8月5日出版的《逸经》第11期就登载了曹墅居由《英国政府蓝皮书》回译的太平天国将领罗大纲、吴如孝致英国公使文翰的照会。其中提及罗、吴与英国人白莱谟、伊理、王金在广州"共同建立教堂，崇拜天兄耶稣"的往事，还对白莱谟遭遇不幸"至为痛惜"。因为该照会的中文原件佚亡，历来研究太平天国的学者都把回译件看作是太平天国"和中惠外"政策的有力佐证。

可是到了1979年，照会的中文原件找到了，刊登在当年的《文物》杂志第8期。罗大纲、吴如孝耿耿难忘的白莱谟和翘企之至的伊理却原来就是伯麦和义律。两人都是第一次鸦片战争时期中国人民恨之入骨的英国侵略者头目。联系起照会认为鸦片战争是"贵帮〔英国〕创义入境""而清妖抗之"的错误看法，这份照会反而说明太平天国的对外政策曾一度建立在宗教信仰之上而忽视了国家主权。

上面的例子表明，翻译历史文献时，人名的译法至关重要，真可谓失之毫厘，谬之千里。在中国近代史研究中，这个问题尤为突出，因为自第一次鸦片战争起，清王朝同帝国主义列强的外交换文频繁，涉及的人名地名极多。

中国近代史人名地名的翻译有三难。

第一，相同的人名地名难译。近代来华的外国人中，有些一家几口都颇有影响。比如姓 Morrison 的英国人就有英国伦敦会传教士 Robert Morrison（1782—1834），他的儿子 John Robert Morrison（1814—1843）和 Martin C. Morrison（1826—1870）。后两个 Morrison 都当过汉文正使和英国驻华外交官。此外，还有一个与上述一家并无关系的铁路工程师 Gabriel James Morrison（1840—1905），他于1876年负责修建上海至吴淞的铁路，通车不到半年，有一名行人被火车头压死，清政府竟然因噎废食，出资收买了该铁路，然后拆毁。又比如姓 Elliot 的有一对堂兄弟。驻华商务监督 Charles Elliot（义律）就是罗大纲、吴如孝提到的伊理，另一个 George Elliot（懿律）则是第一次鸦片战争时的英国水师提督。更麻烦的是这一对堂兄弟还曾经同乘战舰封锁宁波和长江口，并且北上炮击大沽。类似的还有 Meadows 兄弟、Medhurst 父子等。假如所译文件写明这些人物的全名，事情还好办一点，可以从中国社科院近代史研究所编的《近代来华外国人名辞典》查到中译名。但如果只有姓没有名，或者碰上同姓同名的人物，如同名 Walter Henry 的 Medhurst 父子，就只能根据生卒年月和已知史实来确定他们的身份。我在翻译澳大利亚黄宇和博士编的《鸦片战争时代中英外交文件提要》一书时，有一处 W. H. Medhurst 的名字就是请教中国近代史专家丁名楠先生后才定译为儿子麦华陀的。

有时一些身份截然不同的人物却偏偏是同一个人。第一次鸦片战争时期出了一个臭名昭著的英国商人颠地（Lancelot Dent）。到了1851年，葡萄牙驻广州领事也名叫颠地。这两者其实是一人。为什么英国商人竟当了葡萄牙外交官？原来清政府对前来做生意的外国商人防范甚严，他们来往极不自由。一些英商便谋得另一国的外交官职位，以便随时来广州照料商务。当时葡萄牙海盗猖獗，经常劫掠中国海面的商船，颠地便假帮助约束葡萄牙人之名当上了葡国驻广州领事。同时还有一英商皮尔（Beale）当了葡萄牙驻上海领事。

地名翻译也有同样问题。香港与澳门之间有一海岛名叫长洲，是海盗出没的地方。广州黄埔地区有一村庄亦名长洲，那里的村民曾与英国水手发生摩擦。中国有一个河南省，广州市河以南地区亦叫河南。1852年6月广东布政使柏贵擢任河南巡抚，这是指河南省。同年9月1日，英国驻华公使包令照会柏贵，要求逮捕逃至河南的盗匪亚保，这里的河南却是指广州的河南，并非河南省。原来柏贵虽然升任河南巡抚，但仍留在广州处理外交事务。

第二，不能按音直译的人名地名难译。Davis这个姓，一般按音译为戴维斯，可是英国驻华公使John Davis在史学界通称"德庇时"。原因是汉语没有[v]音①而[v]与[p]是可以转化的，如法语的avril（四月）到了英语就成了April。我国开封市附近有一座繁塔，"繁"却念pó，于是Davis就变成了"德庇时"。同样，另一英国驻华公使Bonham通译为"文翰"。曹墅居译罗大纲、吴如孝照会时将Bonham译为"濮亨"，这不符合我国史学界的习惯。

上面一类译名可以在《近代来华外国人名辞典》查到。但是，第二次鸦片战争时期广州有一很出名的富商伍崇曜，外国人称他为Howqua。粤海关监督称作Hoppo。虎门叫做Boque，广东十三行称为factory area，十三行附近的新豆栏叫作Hog Lane，怡和洋行是Jardine, Matheson & Co.，广州大新路是Jade Street，香港赤柱是Stanley等等。这些不能按音直译的人名地名都是字典里查不到的。

第三，国外从事中国近代史研究的学者的名字难译。除了历史人物之外，还有不少研究中国近代史的国外学者，他们用外文（主要是英文）发表文章，用外文署名。把这些文章译成中文时，作者的名字常常只能音译，但事实上他们中间不少是华裔，有中文名字。一些非华裔学者也有专门取一中文名的，较出名的如费正清（Fairbank），如按音直译为"费厄邦克"，就鲜为史学界所知了。

在这里笔者把搜集到的这一类学者的名字按姓氏字母顺序列出，希望对专搞中国近代史翻译工作的同志有用。

| | |
|---|---|
| Banno, M. | 坂野正高 |
| Chang, Carsun | 张嘉森 |
| Chang, Chung-li | 张仲礼 |
| Chang, Hsin-pao | 张馨保 |
| Chang, Tien-tse | 张天泽 |
| Chen, Han-seng | 陈翰笙 |
| Chiang, Pei-huan | 蒋百幻（即蒋孟引） |
| Chiang, T'ing-fu | 蒋廷黻 |
| Chien, Yu-wen | 简又文 |
| Chu, Shih-chia | 朱士嘉 |
| Ch'ü, T'ung-tsu | 瞿同祖 |

---

① 美国加州大学伯克利分校王士元教授根据统计资料认为，北京人现在有用[v]代替[w]的趋势。

| | |
|---|---|
| Fairbank, J. K. | 费正清 |
| Hao, Yen-p'ing | 郝延平 |
| Ho, A. K. L | 何国梁 |
| Ho, P'ing-ti | 何炳棣 |
| Hsiao, Kung-ch'üan | 肖公权 |
| Hsieh, Kuo-ching | 谢国桢 |
| Hsieh, Ting-yu | 谢廷玉 |
| Hsü, I. C. Y. | 徐中约 |
| Hu, Ch'ang-tu | 胡长度 |
| Hu, Hsien-chin | 胡先晋 |
| Huang, Yen-yü | 黄延毓 |
| Iwao, Seiichi | 岩生成一 |
| Kaoy, Shiaw-chian | 郭孝基 |
| Lang, O. | 梁奥嘉 |
| Li, Chien-nung | 李剑农 |
| Liu, Yat-wing | 廖日荣 |
| Meng, S. M. | 孟思明 |
| Pong, D. | 庞百腾 |
| Sasaki, Masaya | 佐佐木正哉 |
| Shih, V. Y. C. | 施友忠 |
| Sun, E-tu Zen | 任以都 |
| Tan, Chung | 谭冲 |
| Teng, Ssu-yü | 邓嗣禹 |
| Wang, S. T. | 王绳祖 |
| Wang, Y. C. | 王业键 |
| Wong, J. Y. | 黄宇和 |
| Yang, C. K. | 杨庆堃 |

总之，要克服上述三难，除了借助有关辞典外，更主要的是要靠译者自己努力，熟悉史实，积累人名地名资料。同时，已译出的史学著作应附汉英对照的索引和参考书目，方便读者和翻译界同行。

在文学翻译界，中国社科院美国研究所董乐山先生已将自己多年搜集到的不见于辞典的引喻、掌故编书出版，但愿史学界亦有有心人做类似工作，编一本英汉对照中国近代史人名、地名、术语手册。

(《中国翻译》1986年第2期)

# 赵萝蕤译惠特曼

他与宇宙同体，超越时空，可于电光石火之间遨游天上人寰，然而却萦绕北京的一座小院近十年之久，因为这里有一个心灵的磁场同他产生了极强烈的感应。一个多世纪之前他自称是在世界屋脊上吼出来的男性的壮歌，如今却由小院里那位纤小的女性铸炼成方块汉字，重新唱出，但也一般的神完气足。——赵萝蕤翻译惠特曼，这件事本身就是一首诗。

诗无处不在。诗人充其量不过是一个翻译家，他把宇宙万物中深藏不露的诗魂呼唤出来，并把它们的诗思明白地翻译给普通读者。只此而已，岂有他哉！在这种意义上，翻译家，特别是译诗者，应该也是诗人，至少要有些个灵气，才能感受到原作语言下面紧闭着的花苞里的那点诗的神髓。

就拿小小的一条标题的翻译来说吧。Song of Myself，赵不循旧译"自己之歌"，因为这不明确是谁的歌，也不译"自我之歌"，因为人人皆有自我，"自我之歌"太空泛。她译"我自己的歌"，因为惠特曼本意是要突出他自己，以区别于其他人。何以见得？《草叶集》第一首诗说得明白，惠特曼要歌唱"一个单一脱离的人"。《草叶集》的诗并不严格按创作年代编排，惠特曼把这首题为《我歌唱自己》的诗放在第一位，显然有意以它来统领整部诗集。从他对《我自己的歌》的修改也可以看出他要突出自己。第一版第24节有一句："华尔特·惠特曼，一个美国人，一个老粗，一个宇宙。"第四版改为"我是华尔特·惠特曼，强大的曼哈顿的儿子"，以后又改为"我是华尔特·惠特曼，一个宇宙，强大的曼哈顿的儿子。"最后定稿时改成"华尔特·惠特曼，一个宇宙，曼哈顿的儿子。"这样几经修改，特别是将"美国人"改成"曼哈顿的儿子"，诗的个人色彩越来越浓。将 Song of Myself 译为"我自己的歌"，正是在总览惠特曼全部作品的基础上领会了这一个别诗篇的意蕴，尽管赵在《我自己的歌》"译后记"中认为惠特曼这样改不见得好。其实，惠特曼的"个人"也就是"全体"，所以，无论怎么修改，他都保留了"一个宇宙"这个词组。

惠特曼向来不把语言的表达能力看得太重，他说，"文字和言谈不足以证明我"。这有点庄子的"大道离言"的味道，尽管他在梭罗询问之下否认自己读过任何东方人的著作。然而，译诗必得依仗语言，道不可道仍须道。不少"大家"在翻译时对于语言和诗歌形式的处理都比较自由，有所谓"再现"（visualization）之说，即阅读原作，眼前出现原作的意象、气氛，甚至情绪，然后用母语将之重写出来。这样的翻译在形式上自然离原作较远。也有些译者为了某种特殊的需要，不惜改动原作的内容。比如庞德译汉诗，很大程度上是想支持他提出的意象派诗歌原则，于是后人伪托汉武帝所作的《落叶哀蝉曲》他也译上一译，并且砍掉原诗最后两行，将结句造成一个意象派特别欣赏的叠加意象：A wet leaf that clings to the threshold.（落叶依于重扃。）庞德不谙汉语，也许他的翻译只能算是根据费诺罗萨的笔记来改写汉诗。而另一位美国诗人，曾跟陈世骧教授习中国文学且汉语功底较深的加里·斯奈德译唐代寒山诗时，将"寄语钟鼎家，虚名定无益"故意译成"Go tell families with silverware and cars / 'What's the use of all that noise and money?'"唐代中国竟然出现私人小汽车！当然，斯奈德这样做是为了表达他对美国社会中物质享受至上思想的强烈鄙视，亦无可厚非。但作为翻译则多少有点不伦不类了。

赵萝蕤却不然。她公开亮出自己的旗帜：忠实于原作的"形"与"神"，不只是"神似"，而且努力做到"形似"。于是，惠特曼诗中的散文化句子她也译成散文风格，比如《我自己的歌》第35节的一句："一架抽水机被打掉了，大家都认为我们就要沉没了。"她在注释中特别强调这是模仿原文的风格。另外，惠特曼强调诗的声音效果，他喜欢朗诵自己的诗。他还说："现在我除了倾听以外不作别的，/把听到的注入这首歌，让声音为它做出贡献。"赵的译文同样朗朗上口。就连诗句内的词序，她在译文中也千方百计安排得尽量与原文相符。说到底，形式是有内容的，它载有作者加上去的信息。至于大师手中的形式，则更加凝炼地贯注了他的思想。惠特曼政治上追求民主，思想上是个泛神论者，认为万物无所谓质的区别，生与死、灵魂与肉体、诗人自己与上帝，从根本上是一样的。为了体现这种观点，他在《草叶集》中采用了平行结构，表现在诗歌形式方面，一是句首重复；二是列举法；三是诗句中间留一小顿，使前半句和后半句组成一个句内平行结构；四是不用主从复合句，偶尔用并列句，多用动词不定式和分词，以体现无所谓主次的思想。这一切形式的因素赵译都照顾到了。因此，即使是单纯分析她的译文，也基本上可以把握惠特曼的诗歌形式特点。不过，有个别动词不定式和分词译来有点不够自然。

赵译惠特曼诗附了不少注释，单是《我自己的歌》就有70条，涉及天文、历史、地理、宗教、神话、民俗等方面以及有关惠特曼研究的成果。这是她的一大特色。为了帮助读者读懂惠特曼，她可谓用心良苦。同时，这也说明了一个真理：没有深入细致的研究作基础的翻译，其实算不得真正的翻译。

然而，这条路并不容易走，走上了这条路也难以为人理解。记得美国的惠特曼研究专家基·威尔逊·艾伦曾在《惠特曼在国外》一书中列出214种外国人研究惠特曼的著述，唯独没有中国人的著作。直到1971年，国外知道中国对惠特曼的研究还仅仅是在《草叶集》出版100周年时发行过一枚纪念邮票。后来他们总算知道中国有个研究惠特曼的赵萝蕤，于是她终于在这个领域里"走向世界"。如今《草叶集》全集她已译完，完稿日期是今年3月31日。第二天，她写信给一个同是喜欢惠特曼的后辈："报告你一个好消息，我翻译的《草叶集》昨天已全部脱稿，并送出去抄写。"接下来却是一通出书难的感慨。幸好在此之前，她译的《我自己的歌》单行本已在1987年9月由上海译文出版社出版，对这位年过75的老人，总算是一点及时的安慰。另外，今年2月16日，《纽约时报》在第一版以《惠特曼重新歌唱，唱的是中国音调》为题发表了一篇对她的访问记，附了照片，还把《我自己的歌》的开头五行英文原文和她的译文的汉语拼音作了对比，似乎是让美国读者也领略一下她的汉译的中国音调。一时间好几份报刊马上转载此文，她在美国的亲友纷纷寄来剪报。除了感谢《纽约时报》对她的热忱之外，她脑子里还惦念着今后修订《草叶集》译本的事。"只要活着就要修订下去，"她这样说。

1988年5月18日于中山大学

(《外国文学评论》1988年第4期)

# 概念困惑、不可译性及弥补手段

概念者，"名"也。老子《道德经》说："有名，万物之母。"这句话道出了人类在其文明发展过程中从具体的事物和各种现象里抽象出概念来的重要性。概念的翻译自然是译事中非常重要的一项。

概念困惑指由于原文概念的意思与译文语言中被认为是对应的概念的意思有差异而在理解和翻译过程中引起的困惑。两者的意思距离越远，其难译度越高。

概念困惑可用下列图例分别表示。实线代表原文概念的边界，虚线代表译文概念的边界。

1. 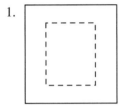 原文概念的意义范围比译文概念的意义范围大。例如《文心雕龙》中的"神思"大于通常的译名"imagination"，因为"神思"不但指"想象"，而且包含了"思考"，甚至"构思"的意思。而"imagination"恰恰是英国浪漫主义文艺理论家柯尔律治为对抗新古典主义的理性传统而提出的概念。它不是推理，不是判断，也不是诗人内在的接受并且重新组合形象的能力，而是指一种把从感官获得的形象消化了之后的创造。又如李渔戏剧理论中的"结构"大于其英译名"structure"，因为李渔的"结构"包含"构思"的意思，不光指一个戏的"起承转合"或"凤头、猪肚、豹尾"等结构。

2. 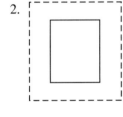 原文概念的意义范围小于译文概念的意义范围。例如"ballad"小于其汉译名"民歌"。"ballad"最大的特点是叙事性，像中国北方的鼓书和广州地区的木鱼书，也有点像古乐府。而汉语的"民歌"则主要是抒情性的，但也可以包括叙事性的作品，如汉乐府的《公无渡河》、建安末年的民歌《孔雀东南飞》、北朝民歌《木兰诗》等。"ballad"经汉译后含义扩大了，所以容易引起误解。

3. 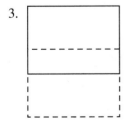 原文概念与译文概念有相同之处，亦有相异之处。例如《毛诗序》提出的赋、比、兴的"兴"，有人根据郑玄和朱熹的注释，强调"兴"的联想意义，用形容词把它译为"associative"。这种译法显然忽略了"兴"从联想激发起灵感的作用。于是又有人译为"inspiration"。

但是比较一下"兴"与"inspiration"的意义范围就可以看出，二者属于有同又有异的一对对应概念。它们都强调灵感，但"兴"的灵感来自对客观事物的寓意与寄托，而"inspiration"在西方却强调灵感是神赐的。另外如"individualism"译作"个人主义"，则是常被引用的原名与译名的意义既有重合又有区别的一对概念。

4. 原文概念在译文中找不到对应的概念。如：

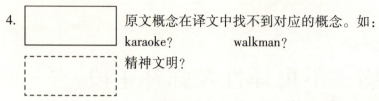

karaoke？　　walkman？

精神文明？

由概念困惑产生了不可译性。J. C. Catford 把不可译性分为两种：语言不可译性和文化不可译性。前者指译文语言中不存在与原文对应的词义和句法等语言成分；后者指译文语言所处的文化传统中缺乏原文隐含的历史、文化和情景因素。（*A Linguistic Theory of Translation*: *An Essay in Applied Linguistics*, London: Oxford University Press, 1965）不过，在我看来，不可译性并非完全不可译。它又可以分为相对不可译性和绝对不可译性。前者只要获得所需条件就可以转化为可译性；后者则只能通过各种弥补手段进行规避。

在讨论那些用来克服或规避不可译性的弥补手段之前，让我们重温一下翻译过程的模式。因为各种翻译学说所总结出的翻译过程大同小异，所以我在这里不加辨析，仅以尤金·奈达（Eugene Nida）的一个图例来说明。

（尤金·奈达：《翻译科学探索》）

克服不可译性要从翻译的最初阶段（即分析阶段）开始。有时在这一阶段就可以直接找到克服不可译性的条件。分析可以从以下四方面进行：

（1）功能（Function）。根据交际学说，语言是有交际功能的。假如在译文语言中能找到与原文概念的交际功能一致的对应概念或其他语言因素，如短语，那就可以顺利地把这个概念译出来。例如"证明信"译作"To Whom It May Concern"，译文并不是一个概念，但交际功能相同，也是很贴切的翻译。又从结构主义语言学的角度来看，语言分为能指（signifier）与所指（signified），索绪尔（Ferdenand Saussure）在下面这个有名的图例中是把所指和概念（concept）看作同类项的。

由此可见，如果不同的语言因素在人们的思想里能唤起相同的概念，这些语言因素就可以看作是对等的能指符号。通过分析原文概念的功能，译者可以在译文语言中寻找对等的能指符号——译名。

（2）语境（Context）。一门语言就是一个系统。表达概念的词可以看作系统中的实体，这些实体只有在系统中才能有意义。这是符号学的观点。社会语言学则认为有社会方言（social dialect），即人们因身份、教养、地位等不同会使用不同的语言变体。文体学也认为人们在不同的场合对不同的对象说话和写文章会使用不同风格的语言。总之，语言的意义是要在一个语境中才能清晰地表达出来的。即使撇开这些理论不谈，只要看看我们查字典后判断词义的过程就可以明白这个道理。字典中词条下常常有好几种释义，我们要把这些意思放入上下文去推敲，才能判定所查的这个词在眼前的篇章中的真正含义。故此翻译概念时除了分析功能之外也要分析语境。比如我们常见的"materialism"这个概念，通常译为"唯物主

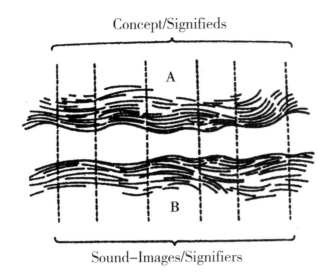

义",而且带褒义。但它也可以指追求物质享受的思想,那就带贬义了。只有细心研究它所在的语境才能作出正确的判断。

(3) 文化背景（Cultural Background）。语言本身就是文化的一部分，而且是非常重要的一部分。概念带有文化负载是常见的现象，如果不认真分析这种文化负载，就会造成误解。这一点许多前辈、同行都已撰文论述过，在这里不多谈了。

(4) 历史背景（Historical Background）。语言同其他社会文化现象一样，是不断变化的。语言所表达的概念也会起变化。只有首先分析原文概念的历史背景，判断它的准确含义，然后才能找到恰当的译名。例如"羹"这个词，在现代汉语中意为蒸煮成糊状的食物。可是《史记》写楚汉相争，项羽威胁说要把刘邦的父亲煮熟吃掉，但刘邦不怕，还说如果要煮，就"分我一杯羹"。这里的"羹"却不是糊状食物，而是带汤汁的烧肉块，所以译作"stew"较恰当。又如"Epicureanism"，大陆和台湾出的英汉词典大都把它译为"享乐主义"，明显带贬义。其实，按马克思的评价，伊壁鸠鲁"是古代真正激进的启蒙者，他公开地攻击古代的宗教，如果说罗马人有过无神论，那么这种无神论就是由伊壁鸠鲁奠定的"。(《马克思恩格斯全集》第 3 卷第 147 页）所谓"享乐主义"只涉及他的伦理观，因为他认为快乐是人生的目的。但是，他所说的快乐是指身体无痛苦和灵魂无纷扰。他其实是反对大奴隶主的腐化生活的。把他的名字同"享乐主义"等同起来实在太冤枉，不如把"Epicureanism"直译为"伊壁鸠鲁主义"，然后把他的主要思想加以介绍，这样才符合历史事实。

经过分析阶段，就要进行转换（transfer）。其实在上述分析过程中已经进行了转换，可见转换是非常微妙的思维活动，它渗透到整个翻译过程之中。原文语言是如何转换成译文语言的呢？这是目前心理语言学家和翻译理论家努力研究的问题。笔者倾向于用耗散结构理论来解释翻译过程中语言材料从无序到有序的变化，当然这是题外话。本节主要讨论用来克服或规避不可译性的弥补手段，因此重点放在重构阶段。

在重构阶段用以克服或规避不可译性的弥补手段至少有六种：

(1) 对等（Equivalence）。经过上述一种或几种分析过程后，如果能在译文中找到对应的概念，这就是对等转换。上面提到的"证明信"译成"To Whom It May Concern"是一例。还有一个典型例子是"revolution"译作"革命"，这也是对等的。当初提出取《易·

革》中"汤武革命,顺乎天而应乎人"的"革命"一词来译"revolution"的人,也许已经考虑到"revolution"的词根恰好有"天道转换"的意思。

(2) 释义性翻译(Interpretation)。假如找不到对等的概念,则可以退一步,把原文概念的意义扼要地解释出来,但这种解释仍然接近一个名词,它不同于注释和补充说明。后两种方法将要在下面第6种弥补手段里谈到。为了说明什么是释义性译法,最好还是举例子。在本文开头辨析原文概念和译文概念的各种异同时提到"精神文明"在英语中没有对等概念。的确,西方报刊使用我们这个概念时大都要给我们的译名"spiritual civilization"打上引号,表示这是中国人自己的译法。然而,"civilization"是与"barbarism"相对的,我们提倡社会主义精神文明,恐怕不是因为有"社会主义野蛮"存在吧?因此,笔者以为另一种译法——"socialist culture and ethic"——就比较恰当,属于释义性翻译,连"社会主义"都有了。当然,在不同的语境中译法又会有变化,比如"精神文明运动队"就只好译作"teams of good sportsmanship"。

(3) 让步(Concession)。有时在译文语言中虽然找不到对等的概念,但可以找到近似的概念,而且由于历史原因,用这些近似概念译出的原文概念经受了时间的考验,已经被讲译文语言的人接受了。在这种情况下,译者可以作出让步,借用已经被接受的译文语言中的近似概念。例如,老一辈西方汉学家把中国的北方官话称为"mandarin"(原先指说这种话的"满大人")。现在大多数英语国家的人也把我们的"普通话"叫做"mandarin"。既然他们已经在脑子里把"mandarin"同"普通话"联系起来,我们何必一定要割断它们的联系,把"普通话"译成"common spoken Chinese"呢?还有一例是"馒头"译作"steamed bread",有中国人认为不伦不类,理由是"bread"是烤出来的,不是蒸出来的。但是,偏偏这个译法已经被以英语为本族语的人们所接受,因为它属于带释义性的让步翻译。用"steamed"来强调这种像面包一样的东面不是烤出来的,而是蒸出来的。另外,把"metaphysics"译作"形而上学"也是一个典型的让步译法的例子。从词源来看,这两个概念几乎对等:"metaphysics"原先是亚里士多德的著作集,他在这些著作里研究哲学的对象和范围,分析批判前人的哲学思想。列宁称赞这些著作"显露出辩证法的活的萌芽和探索"。(《列宁全集》第38卷第416页,人民出版社1959年版)而"形而上学"来自《易·系辞》:"形而上者谓之道,形而下者谓之器。"它同样指哲学原理,二者非常一致。但自马克思主义哲学揭露了"形而上学"与辩证法的对立之后,汉语的"形而上学"便有了贬义。不过,目前西方学者尚不认为"metaphysics"是贬义的,所以我们今天沿用"形而上学"来译"metaphysics",实际上也是一种让步。

(4) 直译(Literal Translation)。上文提过,经受住时间考验的新名词会被接受,因为语言是"约定俗成"的。根据这种理论,翻译某些特别重要的概念时可以直译,然后加以说明,逐渐让讲译文语言的人们接受。不过,这种译法一般都只用于译非常有影响的概念,如"纸老虎"译作"paper tiger","四人帮"译作"the Gang of Four"。

(5) 音译(Transliteration)。一些无法在译文语言中找到对应项的概念常常可以用音译。但和直译一样,音译也是要经受时间考验的。本文开头谈原文概念与译文概念异同时讲到"karaoke"和"walkman"在汉语里没有对应项。现在"karaoke"已经按音译为"卡拉OK";"walkman"在广州地区则直接读其英语发音,而在北京有人采用释义性译法译为"随身听",既贴切,又俏皮,令人联想起那用来在自己脊梁上挠痒的像只手一样的工具——"不求人"。

（6）修饰（Modification）。以上五种手段都不适用的时候，只好通过加注释（Annotation）或在文内作补充说明（Intratextual Supplement）来规避不可译性。本文开头提到"神思"译为"imagination"，译者 Siu-kit Wong 就加了注，声明不考虑柯尔律治及其他浪漫主义文论家所指的"imagination"。（*Early Chinese Literary Criticism*, p.115, Joint Publishing Co., Hong Kong, 1983）又英国白安娜博士（Dr. Anne Birrell）译《玉台新咏》（*New Songs from a Jade Terrace*, Penguin Books, 1986），在所写"前言"里提到中国诗歌专门概念时多采用这一办法。比如提到咏物诗（Yung-wu poem），便在后面以"composition on an object"来说明；"赋"则以"the descriptive prose poem genre"来说明。（恐怕有人又会说这是不伦不类，"poem"怎么可能又是"prose"呢？但这一译法却与"steamed bread"一样被接受了。）书中举凡"乐府""绝句""曲"等，都在行文中做了说明。其实，许多论翻译的文章都谈及加注和补充说明这两种修饰方法，在这里就不赘述了。

即使了解了这些弥补手段，在翻译过程中还会碰到究竟选择哪一种或哪几种弥补手段的难题。研究中国绘画的美国学者 James Cahill 在他介绍中国元代绘画的一本书的"前言"里谈到他如何冒着被误解的危险借用西方艺术史里现成的名词来表达中国绘画的概念。他用"archaism"译"复古"，这是上文提过的让步译法。但他遭到某著名西方中国艺术史家的非议。Cahill 于是说那么只好创造一个叫"Fukuism"的词来表示"复古主义"。（"复古"是音译，"ism"是对等。）相比之下，他认为还是前一种方式比后一种通俗易懂，所以还是坚持用"archaism"，但他强调要加说明。（见 James Cahill, "Preface", *Hills Beyond a River*: *Chinese Painting of the Yuan Dynasty*, 1279–1368, p. xiv, Weatherhill, New York, 1976）这个事例既表明选择弥补手段的难处，又说明各种弥补手段是可以综合运用的。

翻译过程要受文化制约。译者的文化遗传（Cultural Inheritance）会影响他的分析、转换、重构活动。这种影响有时成为障碍和干扰，这也是生成概念困惑和不可译性的原因之一。尤金·奈达写过一本名叫 *Meaning Across Cultures* 的书，以《圣经》翻译为例专门讨论这个问题。当然，这种影响有时也可以引起再创造。不过，在翻译概念时这种再创造很难体现出来，因为一个概念为再创造提供的空间实在太小了。但是在文学作品的语篇翻译中，再创造倒是很常见。

（《中国翻译》1992 年第 4 期）

# 英汉语际转换中概念的时空意蕴

概念是在实践基础上人的头脑对客观对象的反映形式。任何一种概念的产生和形成都是人脑对客观对象和现象的感性认识材料进行加工制作的结果。加工制作的主要手段就是在思维中进行抽象，即撇开对象的那些偶然的非本质的属性，而把对象的那些本质的、必然的、稳定的属性抽取出来。① 概念是推理、判断的基础。理论体系根本上就是概念体系。语言体系根本上也是概念体系，因为概念由语词来表达。

但是，上述概念形成的过程严格来说只是用母语表达的概念的形成过程，它仅适用于在母语环境中成长的人。而对于学习第二语言的人，由于环境的限制，多数人不能经历那些把这门语言作为母语的人的概念形成过程，而只进行语际的概念转换。例如以英语为母语的小孩吃过 apple, peach 和 pear 之后经过母亲引导他进行思维："Apples, peaches and pears are all fruit."他逐渐就会把苹果、桃子和梨子共有的属性和特征综合起来，构成一个"fruit"的概念。可是，中国学生接触"fruit"这个词时，通常经过老师或者英汉词典的引导，就直接把它转换成汉语的"水果"这一概念。

因为没有经用第二语言表达的概念的形成过程，所以第二语言学习者对与这门语言的概念相对应的客观事物和现象的属性了解得不透彻，常常会出现概念困惑。② 比如 orphan 这一概念，中国人往往认为它与汉语的"孤儿"完全对等。其实，汉语的"孤儿"除了在"孤儿寡妇"这一词组中指失去了父亲的孩子之外，③ 几乎在所有场合都是指父母双亡的孩子。而英语的 orphan 不仅指父母双亡的孩子，而且可以指丧父或丧母的孩子。④

在概念转换中比较容易忽略的是那些隐含的时间和空间属性。因为它们往往以附加信息或联想的形式出现，所以我称之为"时空意蕴"。为了测试中国学生在英汉概念转换中对时空意蕴的敏感程度，我选了以下 10 个概念分别向英语专业 98 名本科生和 10 名硕士研究生共 108 人进行了调查。调查采取问卷方式，每题都有一项"／"，表示无法作答，还有一项空白，允许测试对象填上自己的意见。经过统计，意见最集中的答案如下：

| 概念（语词） | 时空意蕴 | 人数（％） |
| --- | --- | --- |
| （1）ball | 至少有乒乓球那么大 | 91（84.3） |
| （2）farm | 不少于3间课室的面积 | 85（78.7） |
| （3）can | 直径约10厘米 | 78（72.2） |
| （4）carriage | 不可能只容纳8个人 | 93（86.1） |

---

① 彭漪涟主编：《概念论：辩证逻辑的概念理论》，学林出版社1991年版，第26-29页。
② 区鉷：《概念困惑、不可译性及弥补手段》，《中国翻译》，1992年第4期，第17-20页。
③ 见中国社会科学院语言研究所编：《现代汉语词典》，商务印书馆1988年版。
④ 见 The Concise Oxford Dictionary 和 Merriam Webster's Collegiate Dictionary（10th edition）。

续上表

| 概念（语词） | 时空意蕴 | 人数（%） |
|---|---|---|
| （5）pit | 不可能在地面 | 100（92.6） |
| （6）nugget | 至少有绿豆那么大 | 101（93.5） |
| （7）the lazy man's load | 比一般人的负载轻 | 103（95.4） |
| （8）woman | 已婚，21岁以上 | 69（63.9） |
| （9）little woman | 未婚，16-20岁 | 86（79.6） |
| （10）spring tides | 春潮 | 108（100） |

从测试结果来看，大部分测试对象在转换概念时出现了时空属性的偏差。事实是：

（1）ball 可以是自行车的轴承（ball bearing）里的滚珠那么小。

（2）farm 如果养鸡可以是3间课室那么小。

（3）litter can 的直径肯定大于10厘米。[1]

（4）英国火车的 carriage 可以只容纳8个人。[2]

（5）剧院里的 pit 是在地面上的。

（6）全部测试对象都不认识这个单词，查英汉词典知道该词释义是"金块"后有101人作了"至少有绿豆那么大"的选择。其实按淘金者的惯例，打在淘金托盘上能发出声音的金砂就可以称为"nugget"。因为金子很重，所以芝麻大的金砂也能打出声音来，亦即可以称为"nugget"。

（7）the lazy man's load 其实比不偷懒的人的担子重，因为这里所谓"懒人"，无非是想在搬运东西时少跑几趟，为此他宁可每趟多搬一点。

（8）超过21岁是对的，各种词典都说"woman"是"adult female"，但不一定已婚。

（9）little woman 其实就是 wife。[3]

（10）spring tides 是每月朔望之日出现的特别高的潮水，并非一定是春天的潮水。[4]

有些概念的时空意蕴更加隐晦。比如《圣经》中以"牧羊人"比喻牧师，"牧羊人"这一概念在英国人和中东一带的居民头脑中会引起不同的空间联想。在《圣经》的老家，牧羊人是走在羊群前面带领羊群前进的。而在英国，羊一般都圈在草场里喂养，要迁移时，牧羊人是在羊群后面赶羊的，有时甚至让牧羊犬帮忙。英国人对这个概念的空间属性的不同理解，削弱了他们对牧师的敬仰，因为被他人驱赶并不好受。

产生以上有偏差的时空意蕴的主要原因是以外国语的语词所表达的概念不正确地摹写本族语世界的现实。概念摹写现实的特点是"以类行杂"，"以一行万"，即以事物的一般特征去把握大千世界。但当这个"一"不能概括"万"的时候，就会出现概念困惑。尤其是用外语语词表达的概念，往往不能概括学外语者所处的本土的现实。如果问题出在时空属性上，就会产生语际转换中的时空意蕴的错位。除了上面列出的10个概念之外，我还就英语"western wind"这一概念在相同范围内作过调查，结果是绝大多数调查对象联想起萧瑟的秋

---

[1] 杨立民、徐克蓉等：*College English*（Book 3, Part II），外语教学与研究出版社1985年版，第346页。

[2] 同上，第376页。

[3] 见 *Merriam Webster's Collegiate Dictionary*（10th edition）。

[4] 见 *Merriam Webster's Collegiate Dictionary*（10th edition）。

天。当然,当我让他们分析英国中世纪短诗"Western Wind"① 的时候,不少对英国文化和地理有一定了解的学生马上省悟过来,知道英语中的 Western Wind 相当于中国人心目中化雨的春风。

语际转换中对第二语言概念的不正确理解,或者可以说对表达概念的语词的意义的不正确理解,是因为不能全面掌握语词的用法,即不懂得语言游戏规则。② 假如懂得语言游戏规则,就可以做得好些。下面是韦应物《滁州西涧》诗后两行的英译:

> 春潮带雨晚来急,野渡无人舟自横。
> With spring showers at dusk the river overflows.
> A lonely boat athwart the ferry floats at ease.

译者没有用"spring tide"来译"春潮",显然对英语中"spring tide"的含义和用法(包括它的时空意蕴)很清楚,所以回避了它,以免英语读者误解。

本来汉语是一门很有弹性的语言,有人甚至认为汉语的词性必须在句子里才能辨别出来。假如我们把"望文生义"这个成语的贬义成分去掉,就在某种程度上响应了维特根斯坦的语言游戏说。然而,上文列出的不准确的时空联想表明,中国人学英语时往往丢掉了自己的母语特点,在概念转换时显得相当僵化。在这一点上,我认为中国的中小学英语教学中的看图识字教材和教学方法容易产生误导。在英语作为母语的国家,小孩子学说话同样从看图识字开始,但他们头脑中的概念的形成并不倚重看图识字,因为他们有中国的英语学习者所无法得到的大量来自以英语为交际工具的社会实践活动的直观表象,而概念正是从这些直观表象概括出来的。与此相反,大部分中国人学英语主要靠概念的语际转换。正如本文开头提到的,这种转换主要由教师、教材和词典帮助完成,其中教师是关键,因为教材和词典如何使用是由他们决定的。就拿看图识字课本来说吧。假设 ball 这个单词旁边画了一个篮球,如果老师只是单纯地带读,让中国学生自己去转换 ball 这个概念,学生很自然会认为 ball 就是篮球那么大。会打乒乓球的孩子也许会联想到那小小的银球,但他们不太可能想到自行车的轴承里的滚珠那么小的球状物,于是对 ball 的时空意蕴了解得不全面。在这方面,《麦克米兰英语入门词典》(*MacMillan Very First Dictionary*) 就考虑得比较周详。这部为初学英语的儿童编撰的词典图文并茂,插图全部按例句的内容而不是孤立的单词画成。通过这些例句解释的单词几乎没有具体名词,而是更抽象、更灵活的动词、副词、形容词甚至介词。这样就避免了像 ball 旁边画个篮球这种限制儿童对概念的时空意蕴作进一步了解的失误。当然,读看图识字课本的学生可能连什么是轴承都不懂,但如果老师能向他们强调一下 ball 是球状物体,大小差别可以很大,这样留下了伏笔,到了中学阶段,老师再向他们讲自行车轴承里的滚珠也叫 ball 的时候,学生就容易接受。到了大学就不会像我的调查对象那样一口认定 ball 不可能比乒乓球小。因此,我认为教师教外语时应该适当有点规定性(prescription)。事实上,只要是牵涉到抽象思维占比较大比重的课程,例如英语写作,根据

---

① Western wind when will thou blow
The small rain down can rain?
Christ, if my love were in my arms
And I in my bed again!

② Ludwig Wittgenstein, *Philosophical Investigations*, Blackwell, 1963, Sections 65, 71.

我的了解，相当多中国学生都认为外籍教师不如中国教师教得好。其原因我看就是因为外国教师很难了解中国学生想表达些什么，于是无法帮助中国学生有效地进行英语和汉语之间的概念转换。

当然，要把握外语概念的准确的时空意蕴，除了通过教师的传授和工具书的帮助等间接经验之外，最好是取得直接经验，因为概念形成的基础是实践。在实践中会产生直觉，直觉在概念形成过程中有时起很重要的作用。清代袁枚的《子不语·沙弥思老虎》就是一个很有趣的例子。原文不长，引用如下：

  五台山某禅师收一沙弥，年甫三岁。师徒山顶修行，从不下山。
  居十余年，禅师同弟子下山。见牛马鸡犬皆不识也。师因指之曰："此牛也，可以耕田；此马也，可以骑；此鸡犬也，可以报晓、守门。"沙弥唯唯。少顷，一少年女子走过，沙弥惊问："此又是何物？"师虑其心动，正色告之曰："此名老虎！人近之者，必遭咬死，尸骨无存。"沙弥唯唯。
  晚间上山。师问："汝今日在山下所见之物可有心上思想他的否？"曰："一切物我都不想，只想那吃人的老虎，心上总觉舍他不得。"

小沙弥从来没有下过山，就像中国的学习英语者没有接触过英语社会实践，全靠老师以看图识字的方式来教导。可是，当老师把概念与实际割裂开的时候，小沙弥的直觉告诉他自己，这是不正确的。由此看来，学外语、搞翻译或搞比较研究的人最好到母语国家或地区去生活一段时间，以取得直接经验。据我所知，英国主要的大学里的语言系都规定学某种语言的学生必须到该语言的母语国家或地区留学半年才有资格获得毕业证书。这是一种很好的措施，值得我们借鉴。

（《中国翻译》1996 年第 6 期）

# 透过莎士比亚棱镜的本土意识折光

本文以莎士比亚评论为例比较同一位作家在不同民族和国家的批评家眼里的不同形象，并且探寻形成这种现象的本土意识因素。①

在斯图亚特王朝复辟时期，法国新古典主义的影响渗入英国。但是，英国新古典主义不是照搬法国，而是带有强烈的英国本土意识。其代表人物之一德莱顿论戏剧时就认为法国喜剧具有雕塑美，但不是真人的美。他赞扬莎士比亚，认为他的剧作比起大力效法古人的法国戏剧来具有更伟大的精神和更雄健的气魄。② 德莱顿对于莎士比亚的肯定和赞赏，是专为反驳法国人索比尔（Samuel Sorbiere）攻击英国戏剧的言论而作的。索比尔 1663 年访问英国，第二年在巴黎出版了一本游记性质的书，③ 谈及英国的科学、宗教以及其他奇闻轶事。关于英国戏剧，他写道："他们的这些喜剧在法国是不会这样受欢迎的。他们的诗人不顾地点与时间（24 小时）的统一。他们的喜剧情节拉长到 25 年。第一幕演王子结婚，紧接着他的儿子就外出漫游，建功立业了。"④ 其实，不仅法国新古典主义者贬抑莎士比亚，就连启蒙主义者伏尔泰也曾认为莎士比亚野蛮粗俗，是"烂醉的野蛮人"，⑤ 甚至连一条戏剧规律都不懂。另一启蒙主义者狄德罗对莎翁的看法和伏尔泰类似。英国的启蒙主义者约翰生博士则反驳了伏尔泰的观点，这也是本土意识引起观点分歧的例证。总的说来，作为拉丁民族的法国人，自以为是古罗马帝国的后裔，在文学上也效法拉丁古典主义。而且，古罗马帝国当年赫赫的威势使他们滋生了一种不健康的民族优越感，他们认为，"英国人不可能有真正的文采，也不会有真正值得赞赏的诗；他们的语言不是从拉丁文发展而来，这种语言在本质上就不可避免地与文学和诗背道而驰。"⑥ 有人会说，这段话引自司汤达的《拉辛与莎士比亚》，司汤达作为法国人却十分推崇莎士比亚，这怎么解释？这似乎牵涉到本土意识的变化问题。我认为，本土意识始终处于一种动态平衡之中。在不同情况下，本土意识所包括的时代意识、主体意识和民族文化意识会分别起主导作用。司汤达，还有雨果，他们推崇莎士比亚，恐怕是时代意识和主体意识占了主导地位。司汤达是尊重理智又具有浪漫主义激情的作者，

---

① 关于"本土意识"的概念，可参考笔者发表过的论文《庄子——惠特曼对郭沫若的影响中介：兼论借鉴外国文学过程中的本土意识》，载《外国文学评论》，1988 年第 2 期；《外国文学与本土意识》，载《当代文坛报》1988 年第 1 期；《大合唱中的不同音色：欧洲文艺理论的本土意识》，载《中山大学学报（社会科学版）》，1994 年第 2 期；《加里·斯奈德面面观》，载《外国文学评论》，1994 年第 1 期。

② Dryden, *An Essay of Dramatic Poesy*, ll. 1157-64, 1469-73, *Essays*, ed. W. P. Ker, 2 vols., Oxford: Clarendon Press, 1900, I, p. 79-83.

③ 该书法文全名是 Relation d'un Voyage en Angleterre ou sont touchees plusieurs choses qui regardent l'etat des Sciences, et de la Religion, et autres matieres curieuses. 颜元叔译 Wimsatt & Brooks 著《西洋文学批评史》时，将此书名译为《航行》，不确。应为《旅英纪闻》之类。

④ 《旅英纪闻》第 129 页，转引自 Wimsatt Jr. & Brooks, *Literary Criticism: A Short History*, Alfred A. Knope, Inc., 1957, p. 184.

⑤ 《塞米拉米斯·序》，见《莎士比亚评论汇编》上册，中国社会科学出版社 1979 年版，第 352 页。

⑥ 司汤达：《拉辛与莎士比亚》，上海译文出版社 1982 年版，第 63 页。

《拉辛与莎士比亚》即是将浪漫主义和古典主义相对比的论述。再则,比起伏尔泰,他虽然寿命短些,生活却更丰富多彩些。雨果是19世纪法国浪漫主义主帅,戏剧革新是他一生中的大事,他对莎翁一瓣心香,自不足为奇。但即使是钦佩莎士比亚的司汤达,也认为"在精神上,我们比那个时代的英国人要站得高些"。①

强烈否定莎士比亚的还有另一位十分知名的文学巨匠——俄国的托尔斯泰。他认为莎士比亚对刻画人物性格漠不关心,最显著的例子就是汉姆雷特,这个主要人物没有任何性格,只不过是莎士比亚的传声筒。②有学者断定托尔斯泰是以批判现实主义的美学观苛求莎士比亚,同时也反映了批判现实主义时代比文艺复兴时代对人的认识深化了一层。③但是,批判现实主义不是俄国特有的流派,别的批判现实主义作家也不像托尔斯泰那样对莎士比亚采取如此严峻的态度。其实,托尔斯泰对莎士比亚的指责来源于他的宗教艺术观和道德原则。他认为,"只有依靠阐扬宗教意识(能够确保人们互相团结的唯一原则),人类生活才会渐趋完善。人的宗教意识是通过人的各方面精神活动得以阐扬的。这种活动的一个方面是艺术。"④而莎士比亚却是"一个内心没有形成与其时代相适应的宗教观念,甚至根本没有什么信念,只是在自己的剧本里堆满了各色各样的事件、恐怖、蠢话、议论、描写手法的作家"。⑤托尔斯泰主张"勿以暴力抗恶"和"道德自我完善",当然不能容忍莎士比亚笔下的复仇行动和流血事件。托尔斯泰的身份是贵族,思想深处却是一个俄罗斯农民。他的宗教艺术观和道德原则是俄罗斯农民的弱点的体现。这种弱点被沙皇政府利用,变成了所谓"官定的民族性",即俄罗斯人民笃信宗教,和平顺从,温良谦让。⑥这才是托尔斯泰评价莎士比亚时的本土意识所在。

真正从自己的美学观出发去看莎士比亚的是另一位俄国人——别林斯基。他认为文学要真实,莎士比亚就"具有天才的客观性"。"在莎士比亚看来,没有善,也没有恶:在他看来只存在着生活,他无所迷恋,也无所偏爱,冷静地观察这生活,并在作品中感觉到这生活。"⑦别林斯基对莎士比亚的看法之所以同托尔斯泰大相径庭,还因为他对文学的民族性的看法不同,他认为,各民族文学的特征"就在于那特殊的、只属于它们所有的思想方式和对事物的看法,就在于宗教、语言,尤其是习俗"。⑧而莎士比亚描写英国的风土人情、社会习俗是非常逼真的。约翰生说过:"他(莎士比亚——笔者注)是一位向他的读者举起风俗习惯和生活的真实镜子的诗人。"⑨莎士比亚这个成功的例子,无疑是对别林斯基关于文学民族化理论的有力支持。

对莎士比亚评价较为一致的是德国人。他们研究莎士比亚,在某种程度上甚至比英国人

---

① 司汤达:《拉辛与莎士比亚》,上海译文出版社1982年版,第32页。
② 列·托尔斯泰:《论莎士比亚及其戏剧》,见杨周翰编选《莎士比亚评论汇编》上册,中国社会科学出版社,1979,第514-515页。
③ 刘再复:《性格组合论》,上海文艺出版社1986年版,第13页。
④ 托尔斯泰:《论莎士比亚及其戏剧》,转引自陈燊编选《欧美作家论列夫·托尔斯泰》,中国社会科学出版社,1983年版,第255页。
⑤ 同上,第254页。
⑥ 见张春吉:《别林斯基的文学民族化理论》,载《厦门大学学报·哲社版》1986年第1期第139页。
⑦ 《莎士比亚的剧本〈汉姆雷特〉——莫恰洛夫扮演汉姆雷特的角色》,载《莎士比亚评论汇编》上册,第430页。
⑧ 《别林斯基选集》第1卷,上海译文出版社,第26页。
⑨ 《莎士比亚戏剧集·序言》,载《莎士比亚评论汇编》上册,第39页。

还要深入，所抱的基本上是赞赏和钦佩的态度。有些德国人甚至认为莎士比亚本应降生在德国。然而，无论德国人对莎士比亚如何交口赞誉，他们的立足点仍然是德国。莱辛说："要是人们过去曾把莎士比亚的杰作略加某些小小的改变，翻译给我们德国人的话，我确信，它所带来的后果会要比介绍高乃依和拉辛所带来的后果好得多。"① 他说的是"略加某些小小的改变"，这反映了他的本土意识，他的目的是呼吁建立德国自己的悲剧。歌德虽然也说过："我们德国的小说和悲剧不是从英国哥尔斯密、斐尔丁和莎士比亚那里来的吗？"② 但他同时又为赫尔德收集德国古代民歌叫好，因为这些民歌体现了德意志民族的文化传统。德国人研究莎士比亚的人物形象时，几乎把自己的形象也投射上去了。比如汉姆雷特要重整那个乱糟糟的世界但又力不从心的慨叹，他的耽于思辨以及最终造成行动上的犹豫不决，都很容易引起德国民族的理解和共鸣。

即使是几乎与英国人同文同种的早期美国人，当他们要摆脱前宗主国的文化羁绊时，也发出了"靠学莎士比亚，永远也培养不出一个莎士比亚"③ 的呼喊。这豪迈有力的声音表达了一个血气方刚、勇于进取的年轻国家要跻身于世界文化巨人之列的决心。不过，当他们要弘扬个体意识和话语自主时，就又打起莎士比亚的旗号。比如说过"靠学莎士比亚，永远也培养不出一个莎士比亚"的爱默生也将莎士比亚描写为"美国人的父亲"（the father of the man in America）。④ 直到 1994 年，著名的美国文学批评家哈罗德·布鲁姆（Harold Bloom）在他的《西方经典》（*The Western Canon*）一书中仍然把莎士比亚看作西方经典的中心。该书第 2 章的标题就是 "Shakespeare, Center of the Canon"。这些美国学者看重的是莎士比亚的创新精神（originality）。爱默生说："他［莎士比亚］写下了现代生活的文本"。⑤ 布鲁姆说，莎士比亚和但丁一样"在认知的敏锐程度、语言的张力以及发明能力等方面超越了所有其他西方作家"。⑥ 创新精神和发明能力正是美利坚民族最突出的特点。正因为美国人在这方面认同了莎士比亚，莎士比亚才得以成为一种美国定式（American institution）。有意思的是，莎士比亚进入美国文化主流并非得力于美国的文化精英，而是通过社会底层。这一点阿里斯特·库克（Alistair Cooke）在《莎士比亚在美国》一文中论及。在这里我不赘述。

说来也巧，莎士比亚的名字是伴随着第二次鸦片战争的炮声传入中国的。清咸丰六年（1856 年），亦即是英法联军攻陷广州的那一年，上海墨海书馆（London Missionary Society Mission Press）出版了英国传教士慕维廉（William Muirhead）在中国人蒋敦复协助下编写的《大英国志》，这是在中国出版的第一部英国通史和地理书。该书在介绍伊丽莎白女皇时代英国文化时就提到"舌克斯毕"，即莎士比亚。

卞之琳先生在《了与不了：莎士比亚悲剧研究纪程》一文中说："我这个评论小摊子，

---

① 《关于当代文学的通讯》，载伍蠡甫主编《西方文论选》上卷，上海译文出版社 1979 年版，第 418 页。
② 《歌德谈话录》，（1824 年 12 月 5 日），朱光潜译，人民文学出版社 1979 年版。
③ Ralph Waldo Emerson, "Self-reliance," *American Literature Survey: the American Romantics* (1800—1860), Penguin Books, 1975, p. 305.
④ Ralph Waldo Emerson, "Shakespeare: or the poet", in *Representative Men: Seven Essays*, cited in Michael D. Bristol, *Shakespeare's America, America's Shakespeare*, Routledge, 1990, p. 3.
⑤ Ralph Waldo Emerson, "Shakespeare: or the poet", in *Representative Men: Seven Essays*, cited in Michael D. Bristol, *Shakespeare's America, America's Shakespeare*, Routledge, 1990, p. 124.
⑥ Harold Bloom, *The Western Canon*, Harcourt Brace, 1994, p. 46.

在性质不同的社会大变动中，前后断续摆了三十多年，也自不免打上了时代的印记。"① 这段话其实也可以用来总结中国的莎氏评论。五四时期梁实秋评莎士比亚以及鲁迅对学衡派的驳斥，本质上都是为各自的阵营说话。50 年代卞之琳"论莎士比亚，做还照做，'人民性'这个名词却不再搬用，以免徒给当时日益升级的一种极端倾向提供靶子"。② 杨周翰先生回顾过去评论界分析《李尔王》的情况，也有"有时我们由于急于联系政治，反而打偏了"的感慨。方平先生的《论夏洛克》是在"文化大革命"之中写成的。到了 1982 年，他沉痛地自省："在那篇扭曲了莎士比亚戏剧面貌的论文里，我看到了在沉重的政治压力下，自己的被扭曲了的精神面貌（尽管当时还自以为在暗暗地跟它顶呢），和被扭曲了的写作'才能'（假如真有那么一点'才能'可言的话）。"③ 这个时期中国莎氏评论表现出来的本土意识是以时代意识为主导的。"文化大革命"的噩梦过去之后，中国莎评家的民族文化意识和主体意识逐渐成为本土意识中的突出部分。曹禺 1982 年为《莎士比亚研究》创刊号写的《发刊词》就指出，中国有一个比较悠久的文化传统，我们是以一个处在历史新时期的中国人的眼睛来研究莎士比亚的。"这个学刊上的文章，似乎是有这样意图的。"④ 的确，杨周翰先生就以中国古典文论的"诗言志"说来研究莎士比亚，又借《文心雕龙》的文字来分析莎翁的语言艺术，这使我们想起他不愧是中国比较文学学会会长。九叶诗人之一的郑敏，以诗人的直觉和女性的细腻分析《李尔王》的象征意义，同时就文学作品内容和形式的关系等文艺理论问题坦率地发表了自己的见解。同是文采斐然的几位莎评家又有个人的特色。王佐良胸有全局，纳须弥于芥子。许国璋冷峭精警。戴镏龄严谨缜密。方平则明白流畅，而且十分注意结合舞台演出来作评论。他始终没有忘记那些求知若渴，靠自学来奋斗的人们，因为他原来就是他们中的一员。另外，年轻的中国莎学学者也已经崛起。现任教英国里兹大学的李如茹的博士学位论文写的就是莎士比亚在中国，连莎剧改编为中国地方戏曲上演的现象都研究到了。其实，她在 1985 年于上海戏剧学院戏文系完成的硕士学位论文《论莎士比亚中期戏剧的民间性》早已把莎士比亚研究同中国民间故事和中国戏曲联系起来。上面摆出来的以及还未摆出来的例子，都说明了在世界莎氏评论的大花园中确实有一角生长着许多中国品种的花朵。

与莎士比亚同时的英国剧作家本·琼生说过：莎士比亚"不属于一个时代而属于所有的世纪"。人们对这句话的理解总是局限于认为莎士比亚充分写出了人性的各个方面，而我认为，这句话可以说明，莎士比亚，同所有文学巨人一样，是一块棱镜，研究者一旦把各自带有本土意识色彩的理论光束投射入这块棱镜，就会看到彩虹般丰富的折光。

(《外国文学评论》1999 年第 4 期)

---

① 《外国文学评论》，1987 年第 1 期第 106 页。
② 同上，第 107 页。
③ 《和莎士比亚交个朋友吧·后记》，四川人民出版社 1983 年版，第 354 页。
④ 《莎士比亚研究》创刊号，中国莎士比亚研究会编，第 3 页。

# 十四行诗与本土意识[①]

素未谋面的××××：

首先，原谅我这个陌生人未经作者亲自允许就读了这几首十四行诗，而且是写一个十分微妙的题材的诗。既然读了，就得说点什么。不过，在具体谈论这几首诗之前，我想先简单介绍一下十四行诗这种诗歌形式，然后谈谈向外国学习和保持民族特色的关系。

十四行诗的起源不详，但我们知道，13世纪时十四行诗已经趋于定型，中世纪时著名的意大利诗人但丁就写过十四行诗。意大利式的十四行诗把全诗分成两部分：第1部分8行，韵脚是abbaabba，即第1、4、5、8行押同一个韵，2、3、6、7行押同一个韵；第2部分6行，韵脚有几种不同形式，如cdecde，或cdcdcd。后一种押韵形式类似但丁《神曲》的押韵形式。第1部分与第2部分隔开。

到了16世纪，十四行诗由托玛斯·威尔特（Sir Thomas Wyatt）引进英国。但是，他和他的朋友亨利·霍华德一道把全诗改为四部分。第1、2、3部分都是4行，隔行押韵，最后两行自成一部分并押韵，其格律为ababcdcdefefgg。这时候全诗是连着写下来的，不分小节。在英国文艺复兴时期，十四行诗到了莎士比亚手中，达到全盛，以后就逐渐不受重视。莎士比亚写了154首十四行诗（其中有一首实际上只剩下12行），他的贡献就在于精心雕琢十四行诗的最后两行，使其成为画龙点睛之笔，而前十二行则一直作铺垫，最后引向高潮。

西方有人认为十四行诗是很高雅的诗格，但亦有人认为是雕虫小技，原因是西方文化艺术的传统来自古希腊、罗马，诗的祖宗就是荷马的史诗《奥德赛》和《伊利亚特》，都是鸿篇巨制。即使是英国本土上产生的民谣，也极少有14行那么短的。

从十四行诗引入英国的例子可以看出，不同文化之间的相互影响是存在的，特别是在交通如此发达和信息传播如此迅速的今日世界，这种影响尤为突出，但也仅是影响而已，任何民族吸收异质文化时都要保持自己的特色的。

就拿十四行诗这种诗格来说吧。尽管英国同意大利同属印欧语族，但英国人引进十四行诗时仍然要做变动，改革了押韵和分节方式。为什么会这样呢？因为英语同意大利语比起来，同韵词少得多，如果按意大利式十四行诗去分节和押韵，前8行就只能用两个韵脚，每一韵要找4个合适的词，这不容易做到。另外，从14世纪起到16世纪十四行诗传入英国时，英国人写诗都不遵循太严谨的形式，包括英国诗歌之父乔叟亦是这样。他的力作《坎特伯雷故事》共31篇，有29篇是诗体，有两篇却是散文。29篇诗体故事中，大多数用的是英雄联句体，即上下两行押韵，自成一联，另两行又换一韵另成一联，照此类推，有点像中国陕北汉族的"信天游"，但不是两句一节，而是一气写下来。然而，29篇中也有5篇用

---

[①] 友人格勒（新中国培养的第一位藏族博士）把一位藏族姑娘用汉语所写的几首十四行诗给我看，说作者希望请搞外国文学的人给提提意见，于是便有了这篇书信体的文章，后来经过删改收入笔者承担的国家教委"八五"人文社科研究项目《本土意识论》书稿，成为其中一小节。

的是别的诗格。

不愿意受过分严格的形式的束缚，这已经成为英国文学的传统。比如莎士比亚，他就不理会与他几乎同时的所谓"大学才子"剧作家提出的戏剧要效法古希腊、罗马的信条，自己闯一条路子，打破悲、喜剧的分界，打破所谓戏剧中的时间同一律，一出戏可以描写几年内发生的事。历史证明，还是莎士比亚的作品更有生命力。时至今日，"大学才子"中除了马罗之外，其他人已鲜为人知。到了18世纪，法国新古典主义者又擎起"法古"的大旗，甚至把亚里士多德提出的戏剧的情节要一致的原则僵化为"三一律"。布瓦洛竟提出一个戏只能有5幕，每一场只能有3个角色开口说话等极为荒谬的戏剧创作原则。新古典主义传到英国，代表人物是德莱顿和稍后的蒲伯，但这两人的新古典主义仍然是有英国特色的。德莱顿高度赞赏莎士比亚，认为他的剧作比起大力效法古人的法国戏剧来具有更伟大的精神和更雄健的气魄。他说，法国戏剧具有雕塑美，但不是真人的美。① 这无形中已经在批判法国新古典主义的僵化思想了。蒲伯尽管提出"效法自然就是效法古人"② 的典型的新古典主义文学主张，但他又说，规则是可以打破的，只要打破它的人自己清楚为什么要打破它就行了。③ 可见，英国文艺批评界接受法国新古典主义思想时，已经融入了英国民族自己的传统。

再看看东方。中国之于日本，影响可谓大矣。然而，日本现存最古老的和歌集《万叶集》恰恰就是在相当于中国文化极为繁荣的唐代时候编纂的。公元794年，日本京城迁到京都。上层贵族文人一味醉心于中国灿烂的文化，争相以写汉诗为荣，日本民族自己的和歌一度受压抑，但这些汉诗表达的不是日本民族的思想感情，只是中国诗的东洋版，所以日渐衰落，和歌又抬头。至905年，纪友则等4人奉诏编《续万叶集》，两年后成书，为和歌成为日本的正统文学奠定了基础。

中国文化亦曾在欧洲风靡一时。18世纪中叶，《老子》以拉丁文译稿传入欧洲，以至出现敬仰"东方老人"的狂热。启蒙主义者则对孔子大加赞赏，伏尔泰改编了中国戏曲《赵氏孤儿》，目的就是要宣传孔子的道德哲学，故有"儒家道德五幕剧"之称。④ 然而，专心研究过中国的歌德却明智地指出，法国在50年前就效法中国的建筑和绘画，但不成功。他认为，西方文化的基础，也许永远是希腊、罗马文学的研究。其实不止法国，英国也如此。英国桂冠诗人威廉·怀特海（William Whitehead）曾在《世界报》写道："几年前，一切都是哥特式的；……如今又有一种奇怪的主义占了上风，弄得样样东西都是中国式的，或者是按中国情趣设计的；若用较为委婉的说法，便是'半中国式的'。桌子、椅子、壁炉架、镜框，甚至最平常的家庭用具都得屈从这一新奇的标准；中国热真可谓风靡一时。"⑤ 注意，是"半中国式的"，那另一半自然是英国本土风格的了，而且只是"风靡一时"，并不持久。外国人对中国文化尚且抱适者取之的态度，反之又何尝不是如此。

即使是美国，使用的是英语，祖先又是英国移民，独立后头一件事却是要摆脱英国的文化桎梏。所以才有诺亚·韦伯斯特之编纂《美国语言词典》；爱默生热切盼望出现美国自己

---

① Dryden, "An Essay of Dramatic Poesy", ll. 1157 – 64, 1469 – 73.
② Alexander Pope, "An Essay on Criticism", l. 135, 140.
③ Ibid., ll. 146 – 49.
④ 《伏尔泰全集》，第38卷，第114页。
⑤ 转引自范存忠：《中国文化在启蒙时期的英国》，上海外语教育出版社1991年版，第92页。

的诗人；惠特曼则大声疾呼"美国本身就是一首最伟大的诗",① 并在他的长诗《巡礼之歌》中敦请诗神缪斯移民到美国去。

总之，吸收外来文化，特别是某种文学形式，都要立足于本国。

下面具体谈谈你写的诗。以上面所述十四行诗的格式去检验这几首诗，可以看出它们都不符合应有的格律。可能你赖以为蓝本的是十四行诗的汉语译本。经过译者的手，诗的格律已不能正确地反映出来。就翻译诗歌而言，更改格律，甚至不管原诗的格律，都是无可非议的，但创作有格律的诗歌时，就要符合格律，至少要大体合律。

另外，格式的最后两行都没有起到提纲挈领的作用，而这两行正是十四行诗的精华所在。

关于诗的内容，我在这里不置评论，因为各人有自己的思想感情要表达。

附带说一句，五四时期新文化运动中有人尝试用汉语写十四行诗，但都不能流传。连主张新诗格律化的闻一多先生，也不采用十四行诗这种格式，而是另外创造了他特有的所谓"豆腐干式"。

啰唆了这么多，供参考。

（《中山大学学报社科版》1999 年第 4 期下册）

---

① 惠特曼：《草叶集·序》，1855 年版。

# 一本没有英雄的小说?
## ——兼论《名利场》中都宾的形象

《名利场》发表后,不少评论家攻击萨克雷是"犬儒主义"者。① 他们认为:在萨克雷眼中,好人都是傻瓜,聪明人都是坏蛋。《名利场》的副标题——"一本没有英雄的小说"——更是确凿的证据,说明萨克雷没有,也不愿意描写一位英雄。

维多利亚时代的一位女评论家伊丽莎白·里格比就曾不满地说,《名利场》里的人物"都太像我们自己和周围的人,所以无法从他们身上找出什么确切的道德形态"。②

事实果真如此吗?

要回答这个问题,必须弄清楚什么是英雄,当时世俗人津津乐道的英雄又是什么样的。关于第一个问题,塞缪尔·约翰逊评论莎士比亚的一段话可以给我们启发。他说:"莎士比亚笔下没有英雄,占据他描写的场景的只有人,这些人的一言一笑、一举一动都如读者所料,即使换了读者本人,在那种场合中,他自己的谈吐举止也不会两样。"③ 可见,英雄是与普通人相对的概念。伊丽莎白·里格比说萨克雷的人物都像我们自己和周围的人,这一点她倒是没有看错。至于世俗的英雄形象,英国小说家安东尼·特洛勒普论萨克雷时就概括过,无非是高贵、体面、具有骑士风度、完美无缺的绅士。④ 对于"翩翩美男与窈窕淑女在最浪漫的环境中以最浪漫的方式谈情说爱"⑤ 那些陈规俗套,萨克雷在《名利场》"Vauxhall"一章中已经以作者发议论的形式嘲讽过。他自己绝不会以批判现实主义文学家的良心为代价去换取廉价的喝彩声。

萨克雷在一篇评论英国幽默大师斯威夫特的演说中道出了他的文学主张:"幽默作家的职责就是唤起并引导你们对虚伪、欺诈的鄙视——你们对弱者、穷人、被压迫者和不幸的人的抚慰。幽默作家竭尽全力去写最普通的事件和生活中最强烈的情感。"⑥ 在这里他同样强调要写普通的人和事。他写信给母亲,谈及《名利场》的创作时,也承认"想写一群与上帝无关的世上人"。⑦ 由此可知,萨克雷的所谓"没有英雄的小说"其实是"写普通人的小说"的同义语。"没有英雄"是反话(irony)。萨克雷在讽刺当时英国上流社会的虚伪、堕落、腐朽的同时,把笔锋也指向了小说界的低级庸俗之风。

普通人中就没有真正的英雄吗?有的,都宾就是一位。然而,基于对"一本没有英雄的小说"这条副标题的误解,许多西方评论家认为萨克雷有意把都宾写得很可笑。事实恰恰相反,萨克雷对都宾是有所偏爱的。他写信给母亲说:"您没看到吗?书中所有的人都散

---

① Lewis Melville, *William Makepeace Thackeray*, p. 240.
② See Arthur Pollard, *Vanity Fair, a Selection of Critical Essays*.
③ Samuel Johnson, "Preface to Shakespeare", ll. 160 – 163.
④ Anthony Trollope, *Thackeray*, p. 93.
⑤ Lewis Meville, p. 249.
⑥ Ibid. p. 245.
⑦ Thackeray's letter to his mother, dated July 2, 1847. See "Introduction" to the biographical edition of *Vanity Fair*.

发出臭味（都宾是例外）。"又说："都宾和可怜的布立葛斯是到目前为止仅有的两个具有谦逊美德的人物。"①

都宾是个杂货商的儿子，但他的形象比上流社会的贵族和纨绔子弟都要高大、光彩得多。他对爱情的专一，使淫猥的斯丹恩勋爵和见异思迁的乔治·奥斯本相形之下显得更加卑鄙和猥琐。他慷慨解囊帮助爱米利亚，等于给了以"金钱至上"为信条的老奥斯本一记响亮的耳光。他虽然身处于赌博、酗酒、决斗成风的行伍之中，却出污泥而不染，不像罗登·克劳莱那样放荡。都宾其貌不扬，举止笨拙，但在战场上却勇敢无畏，为朋友抚孤又尽心尽力。他对爱情始终如一，尽管苦等了15年才得到爱米利亚的回报。奇怪的是，最后一点竟成了一些评论家攻击都宾愚蠢和用情过度的理由。其实，他们应该知道，文学史上在处理爱情问题时还有比都宾更"愚蠢"，更"用情过度"的人物。比如奥赛罗，竟愚蠢到听信谗言，扼死了无辜的妻子，然后自尽。还有罗密欧，竟愚蠢到在爱人的墓前自鸩而死。倘若他不是那么"用情过度"，等上一两天，待朱丽叶服下的麻醉药药力消失，醒过来后，不是可以同偕比翼了吗？然而，对于这一类殉情人物，恐怕只有为他们落泪的断肠客，没有指摘他们愚蠢和用情过度的硬心人。细观都宾对爱米利亚的爱，不见得比奥赛罗对苔丝泰蒙娜或罗密欧对朱丽叶的爱稍有浅薄，因为奥赛罗与罗密欧一死便万事皆休，而活着受单相思的煎熬长达15年却并非易事。这一点都宾却做到了。

诚然，都宾有缺点。他腼腆、木讷，一点也不风流倜傥，甚至有时使人觉得索然无味。可是，我们不要忘记，萨克雷要写的是普通人。人怎么可能没有缺点？即使英雄也有缺点。高大完美、头顶显出一圈灵光的，已经不是人，而是神了。英国小说家中，大概安东尼·特洛勒普是最了解萨克雷的，他说："都宾确实成了英雄，有缺点的英雄。"②

萨克雷把都宾写得品格如此高尚，自有其历史的原因。《名利场》以连载形式于1848年全部登完。1837—1851年正是维多利亚时代初期，英国统治阶层的组成起了变化。工业革命之后爆发的工业资本主义已经同贵族和商业金融资产阶级一道执掌政权。工人阶级同统治集团的矛盾日趋尖锐，终于爆发了宪章运动和反对谷物法的斗争。作为资产阶级激进派的萨克雷也反对封建特权和等级观念，反对"金钱崇拜"，反对伪善的宗教，体现在《名利场》中就是对斯丹恩勋爵、老奥斯本以及毕脱·克劳莱的鞭挞。但他不像同代人狄更斯那样对社会底层有较深的了解，所以写不出一个形象丰满的下层人物。于是，在"人类灵魂需要美比需要面包还要迫切"③的这个时候，萨克雷捧出了一个同统治阶级无缘的杂货商的儿子，作为美德的化身。联系起当时哲学上奉行的边沁的利己主义和穆勒的以利己主义为重要内涵的功利主义，我们便更清楚萨克雷刻画都宾的苦心。曾经有两位颇有名气的法国评论家在他们合编的《英国文学史》中奚落都宾，说他是"一条保护和拯救别人的忠实的狗，但得到的回报却是忘恩负义"。④ 这从反面证明了都宾不是利己而是利他的。

对都宾的不公正的评价恰恰反映了暴发户的自私的道德观——忠厚老实的人常常被嗤之为"傻瓜"，而通过卑鄙无耻的手段去达到个人目的则被认为是天公地道。

不但都宾所处的时代如此，时至今日仍然如此。1977年美国出版了一本名叫《成功》

---

① Thackeray's letter to his mother, dated July 2, 1847. See "Introduction" to the biographical edition of *Vanity Fair*.
② Anthony Trollope, p. 93.
③ D. H. Lawrence, see G. D. Kingopulos, "Notes on the Victorian Scene," *Pelican Guide to English Literature*.
④ Emile Legouis & Louis Cazamian, *History of English Literature*, 1930, p. 1243.

的书，作者声称，为了成功。

> "贪婪是无可非议的；
> 野心是无可非议的；
> 欺骗是无可非议的；
> 诚实并不总是最好的处世之道，持这个观点也是无可非议的；
> （不过你不要到处去宣扬）。"①

这简直是公开地颠倒黑白了！看来，伊丽莎白·里格比归根结底还是错了，在都宾身上是可以找出确切的道德形态来的。至少，在尔虞我诈的社会里，多几个都宾，就少一份罪恶！

---

① Michael Korda, *Success*! 1977. See *Book Digest*, August, 1978, p. 155.

# Gary Snyder's Sense of Nativeness

The influence of Chinese culture on Gary Snyder may be mainly viewed from three aspects: the poems of Han Shan, the philosophy of Zen Buddhism, and the social-mindedness of Confucianism. But how do we assess the impact of this influence on Snyder's poetic career in particular? A Chinese critic claims that it is the influence of Chinese classical poetry that has made Snyder an eminent poet (Zhao 128). Is this assertion true to fact?

To answer the question, we must first examine how the influence worked.

It is notable that Snyder, in claiming to be a stern critic of modern civilization, always sets great store by tradition. He says, "If you have a grasp of the future and on your historical roots simultaneously, you can't lose." (Snyder 1980: 10) He mocks at people "[w]ho want to write poetry who don't want to read anything in the tradition. That's like wanting to be a builder but not finding out what different kinds of wood you use." (61)

If tradition involves "the historical sense", then, for Snyder, it is equally important to have "a sense of place, of roots," which "means more than just settling down in some small town and getting a post office box." (138) It is a matter of how the poet relates to the land, which, for Snyder, is North America. The sense "of roots" covers the idea not only of one's native soil but also of the historical past identifiable with tradition. Snyder explains, "So to speak of a sense of place is only to speak of what has been common and natural to human living patterns everywhere up until very recently." (138) To make it more explicit, he has invented the term "sense of nativeness" (86), which takes on spatial-temporal connotations.

Having gained sight of the great qualities of the national past, he is in a position to survey with impartiality what is good and useful in culture. He seems to consider the *genius loci* the handle to an axe with which to cut open the coffer of another culture. He illustrates the point by quoting profusely from Chinese sources.

## I. "American Axes"

> How do you shape an axe handle?
> Without an axe it can't be done.
> How do you take a wife?
> Without a go-between you can't get one.
> Shape a handle, shape a handle,
> the pattern is not far off.
> And here's a girl I know,

The wine and food in rows.

(Snyder 1983: title page)

These lines are translated from a lyric in the *Book of Songs* and printed right after the page of Contents of Snyder's *Axe Handles*. In the title poem of this book Snyder again uses the allusion, this time citing Lu Ji's *Wen Fu*:

It's in Lu Ji's *Wen Fu*, fourth century
A. D. "Essay on Literature" —in the
Preface: "In making the handle
Of an axe
By cutting wood with an axe
The model is indeed near at hand."
My teacher Shih-hsiang Chen
Translated that and taught it years ago
And I see: Pound was an axe,
Chen was an axe, I am an axe
And my son a handle... (6)

Here the meaning of the axe handle metaphor is enriched through reference to definite per-sons. The sense of nativeness is important to Snyder as sort of cultural ballast necessary on a voyage to the enchanting land of exotic culture. But people reared in the culture of a given nation often find another culture a sealed book. They have to be properly initiated. Here the instrument is simplified to a mere axe, an axe with the handle already fitted on. It is interesting to note that Snyder hailed Pound as "an axe." Allen Ginsberg also says "Snyder furthered Ezra Pound's ideogrammatic lineage" (Halper 203). His debt to Pound is twofold.

Pound set forth three principles for poetic production in 'A Few Don'ts for an Imagist' in 1913:

Direct treatment of the "thing," whether subjective or objective.
To use absolutely no word that does not contribute to the presentation.
As regarding rhythm: to compose in the sequence of the musical phrase, not in the sequence of a metronome. (Ellmann & O'Clair 331)

The chief Imagist principles outlined by Pound, such as immediacy of effect through using the exact word so as to produce concrete pictures and through resorting to new rhythms, have greatly benefited Snyder. As evidence it is enough to call our attention to the title poem in *Riprap*:

Lay down these words
Before your mind like rocks.
  placed solid, by hands

> In choice of place, set
> Before the body of the mind
>     in space and time:
> Solidity of bark, leaf, or wall
>     riprap of things...
>         (Snyder 1958: 30)

Thus, like Pound, he seeks the "real" in his poetry of nature. And although he knows that no description could be completely objective, and that what is the "real" is only the poet's own interpretation of it, he realizes that poets can, by using the language of common speech and creating association of word and object with a new rhythmic flow, get closer to a realistic depiction or to a recreation of nature than is thought possible.

The Imagist principles, it is claimed, are partly suggested by the practice of the oriental poetry since Chinese ideographic poetry and the Japanese Haiku both use the exact word to give clear pictures. In this respect, Snyder is again indebted to Pound. Although Pound did not quite understand Chinese, he could with zeal translate classical Chinese poetry with the help of the notes made by Ernest Fenollosa. He tried to advocate his Imagist poetic theory by means of the translated, or rather re-written Chinese poems. Here is an example:

>         Liu Ch'e
> The rustling of the silk is discontinued,
> Dust drifts over the court-yard,
> There is no sound of foot-fall, and the leaves
> Scurry into heaps and lie still,
> And she the rejoicer of the heart is beneath them:
>
> A wet leaf that clings to the threshold.
>         (Hayden Carruth 82)

The Chinese original is

> 罗袂兮无声,
> 玉墀兮尘生。
> 虚房冷而寂寞,
> 落叶依于重扃。
> 望彼美之女兮安得,
> 感余心之未宁。

The poem, attributed to Emperor Wu of the Han Dynasty, is a forgery of a much later period, translated into English by Giles, Waley, Amy Lowell as well as by Pound. The poem received effective treatment at the hands of Waley and Pound, but Pound alone has had the insight of discarding the flagging last couplet and has the merit of adding a new conclusion. In so doing he preserves the scene and mood of the original and at the same time achieves exactness and clarity in keeping with the Imagist principle.

That is precisely the way Snyder rendered Han Shan's poems. Having a much better command of classical Chinese than Pound had had, he deliberately changed the wording in the original text to suit his particular purpose. One telling example is as follows:

> Go tell families with silverware and cars
> "What's the use of all that noise and money?"
> (Snyder 1958: 30)

We do not find "silverware and cars" in Han Shan, yet who can blame Snyder for the alteration? It is obvious that, in order to address the modern age and to highlight his contempt for materialism, Snyder smuggles his own concept into Han Shan's poem. Avoiding archaic allusions, he used plain English to convey to the reader precise visual images. This secret of transmutation is traceable to Pound at heart, if not to earlier examples of Chapman and Dryden. The sense of nativeness is in any case the heart of the matter. Furthermore, to the three Imagist principles mentioned above Pound added another three in 1915, the first of which is: "To use the language of common speech, but always the exact word—not the almost exact word." (Ellmann & O'Clair 331) Enlightened by this principle of Pound's, Snyder evidently finds the vernacularism of Han Shan having much appeal for him. Therefore, we might consider Pound as the intermediary between Snyder and Han Shan as far as language of everyday speech is concerned.

Pound is important as one of those intermediaries who helped Snyder get a first understanding of Chinese culture. Next to Pound, we must mention Kenneth Rexroth, to whom Snyder dedicated his collection of poems, *The Back Country*. In the early 1950s Snyder and other young poets spent many Friday evenings reading and discussing poetry in Rexroth's apartment. Later he made explicit his respect for Rexroth, calling him "a great reclaimer" (Tarn 112). Such admiration was reciprocated in Rexroth's *American Poetry in the Twentieth Century* with the remark: "Snyder is the best informed, most thoughtful, and most articulate of his colleagues." A striking characteristic of Rexroth is his sensuous response to the wilderness. He is generally considered the creator of the nature poetry that is Chinese in aesthetic quality but also indigenous to the American West. (Steuding 112) Here are some sample lines from his poem, "The Wheel Revolves," which calls up the Tang poet Bai Juyi:

> The earth turns towards the sun.
> Summer comes to the mountains.
> Blue grouse drum in the red fir woods
> All the bright long days.
> You put blue jay and flicker feathers

In your hair.
Two and two violet green swallows
play over the lake.
The blue birds have come back
To nest on the little island.
The swallows sip water on the wing
And play at love and dodge and swoop
Just like the swallows that swirl
Under and over the Ponte Vecchio.
Light rain crosses the lake
hissing faintly. After the rain
There are giant puffballs with tortoise shell backs
　　At the edge of the meadow.
　　　　　(Ellmann & O'Clair 705)

As one of the first American poets in the twentieth century to develop the guideline of "mountain poetry" and the "great reclaimer" of Snyder, Kenneth Rexroth certainly paved the way for Snyder to get to the essence of the Cold Mountain poems—the mountain is the mind.

Another "American axe" Snyder mentioned was Walt Whitman. "He is inspiring," Snyder wrote. "I love to read 'The Song of the Open Road,' or 'By Blue Ontario's Shores,' or 'Passage to India'." (Snyder 1980: 75) Not dissimilar to these pieces in *Leaves of Grass* is *Mountains and Rivers Without End*, a long poem Snyder is still working at, in which the poet identifies himself with all things. Like Whitman, Snyder sees the unity behind all seemingly separate life forms and affirms them. This reminds us of the way Han Shan identified himself with the Cold Mountain. But for Whitman, such affirmation is conveyed by enumeration, and for Snyder, by ripraping of words.

Whitman's principle of identity of all things is substantially on the common wavelength with the Chinese philosopher Chuang Tzu, though he rejected the assumption that he had read any Orientals. (Ou 1988: 120) Chuang Tzu says, "A beam and a pillar are identical," "so are ugliness and beauty, greatness, wickedness, perverseness, and strangeness. Separation is the same as construction; construction is the same as destruction... only the truly intelligent understand this principle of identity of all things." (*Chuang Tzu* Ch. 2) Likewise, to Whitman all contraries blend indistinguishably into one, all things are one:

　　Lack one lacks both, and the unseen is proved by the seen,
　　Till that becomes unseen and receives proof in its return.

　　　　　　　　　　　　　　　　　　　(Whitman 60)

But how can all things, even the contraries, become the same? According to Chuang Tzu, all things in the universe originate from *Tao*, a totality which is unnamable. This is somewhat like Whitman's "untranslatable" self:

> There is that in me—I do not know it is—
> 　but I know it is in me...
> I do not know it—it is without name—
> 　it is a word unsaid,
> It is not in any dictionary, utterance, symbol. (92)

　　It should be remembered that the *Tao* of Chuang Tzu is, to all intents and purposes, is very much the same as the Buddha nature in Zen Buddhism, which exists in everybody's mind and at the same time flows everywhere. As a father-figure of modern American poetry and one of Snyder's "poetic mentors," (Bly 27 – 8) Whitman, with his principle of identity of all things and the idea of the "untranslatable" self, has in a way prepared Snyder for his conversion to Zen Buddhism.

　　Moreover, Whitman's efforts to make America perfect as seen in *Leaves of Grass* and *Democratic Vistas* were a good example for Snyder and urged him to put on the "Confucian hat" as a social visionary.

　　Besides Pound, Rexroth and Whitman, on Snyder's list of "American axes" is Henry David Thoreau, who largely moulded his life and thought and helped to usher him into a hermit habitat like the Cold Mountain.

　　Snyder first read Thoreau at the age of about nineteen. He studied *Walden* carefully during this formative period of his life (Steuding 115), but what impressed him most was "Walking," published in *Atlantic Monthly* in 1862. In this article, Thoreau wished to "speak a word for Nature, for absolute freedom and wildness, as contrasted with a freedom and culture merely civil, —to regard man as an inhabitant, or a part and parcel of Nature, rather than a member of society" (Thoreau 157). He believed that without a connection to wilderness, a people became weak and dull. Following Thoreau's line of thoughts, Snyder has lived a secluded life in Sierra Nevada, "drunk with the wild," just as Han Shan was in the Cold Mountain.

　　The "wild" for Snyder is more or less like the *Tao* in *Chuang Tzu* or the Buddha nature in Zen Buddhism (Ou 1994: 36), but his use of the term "wild" may be traced back to Thoreau.

　　In view of what has been stated above, one can understand the function of intermediary the American tradition has performed in Snyder's acceptance of Chinese culture. After all Snyder is an American poet. He strikes roots deep in the Turtle Island, but finds Chinese culture conductive to their healthful growth. If Pound and Rexroth are moderners, too recent to be traditional forces, Thoreau and Whitman of the last century must be counted as names to conjure with as representing the American tradition.

## II. American Indian Lore

　　We have already touched on Snyder's view on tradition and historical roots and shown how, apart from this, he attaches equal importance to the sense of place. His place is the Sierra Nevada, the "good, wild, sacred" land as he calls it, and the far West where the American Indians have lived for many thousand years. The beliefs and stories handed down from generation to generation among the unsophisticated Indians have a peculiar charm for Snyder.

As an anthropology-literature major at Reed College, Snyder began to take an interest in American Indian lore at an early age. His bachelor's thesis "The Dimensions of a Haida Myth" was insightful and comprehensive and later became part of the sources for his poems in *Myths and Texts*. His earliest poetic education, apart from reading American poets, consisted in "a deep and living listening to American folk songs" (Snyder 1980: 47). He can sing about 200 folk songs by heart, and considers this part of the foundation laid for his career as a poet (47).

One of the prominent elements of the American Indian lore that crops up here and there in Snyder's poetry is the image of the Coyote, which Snyder regards as a very powerful heritage the American Indians have bequeathed to modern poetry (Snyder 1977: 68).

The Coyote, sometimes called Coyote Man to distinguish him from coyote the animal, is a sort of a trickster in the American Indian lore. He is well known for his mischief. Legend has it that it is Coyote's fault that there is death in the world. Long, long ago, Earthmaker made the world so that people would not get old, and would not die. He created a lake so that if people began to feel as if they were getting old, they could go and take a dip in the lake and get rejuvenated. People did not need to worry about how to earn a living. Every morning when they went outside their lodge, there was a bowl of cooked food standing there. Coyote, however, thought that this kind of life was dull, and he kept telling people there ought to be something happening. "Maybe you ought to die. If you die, then you really have to take life seriously. You have to think about things more." He went around agitating people in this way, and soon something did happen. Coyote's son took part in a foot race and stepped on a rattle-snake, which gave him a bite. He fell over and lay on the ground. Everybody thought he was asleep, and Coyote kept shouting "Wake up, come on now, run." Finally Earthmaker looked at him and said, "You know what happened? He is dead. You asked for it." Coyote was overcome with regret and begged Earthmaker to let him come to life again, but the latter said, "It is too late now." From then on people had to die (69–70).

Nevertheless, in other stories the Coyote Man is presented as a good fellow. Like Prometheus, he obtained fire for people. He found the place where fire was kept by a bunch of flies in a circle. He could not get into it, but was able to stick his tail in there and get it burning; and then off he scampered and managed to start some forest fire with his tail. From then on people could pick up fire for their own use. He also taught people how to catch salmon and to distinguish edible plants (69).

It is this positive side in Coyote that Snyder emphasises. He considers Coyote as the "guardian, and protecting spirit' of the far West. The Coyote's howl is the call of the wild, and Snyder is worried that the coming generations will be denied this music" (Snyder 1974: 21), as Coyote is pressed hard by modern civilization—He "shot from the car" (1968: 4). Maybe "there'll be no place / A coyote could hide" (1974: 23). Of course Coyote in Snyder's poems retained his mischievous personality. He sang "Fuck you" to the intruding people and ran away (1968: 5).

Another impact of the American Indian lore on Snyder is the quality of the oral literature. As Snyder says, he can sing about 200 American folk songs. When he is conceiving a poem, he often tries to sing or chant it, until the rhythm and the tone can properly agree with what he wants to describe. For example, he once tried to sing the range of a mountain:

> I tried it on the mountain up above Death Valley, the Panamint range, one time. I tried it many times until I got it right. You know, until I got to know that skyline so well that I knew when I was following the melody that the mountains were making. At first it was hit or miss kind of. And then you get closer. Then you begin to feel it. Then you get so that it's a kind of a source of form... (1980: 48)

Besides the verse form, the oral literary tradition of the American Indians has also influenced Snyder's poetic theory.

The American Indian lore possesses a shamanistic feature. Coyote, for example, is like a shaman, who can "weave medicine songs / dream nets—spirit baskets— / milky way music" (1974: 27). And the way the American Indians sing their lore makes it sound like charms the shaman chants. When Snyder reads his poems to an audience, he does the same. For instance, the ending lines of "Magpie's Song" and "Tomorrow's Song" are purposely repeated to achieve a trance-like effect (1980: 46). And he admits that in "Smokey the Bear Sutra" and in "Spel against Demon" there is a mantra, and that the long poem "The Circumambulation of Mt. Tamalpais" is a "pure mantric poem" (46). To Snyder, "Poetry is Shamanism" (Steuding 105). "The Shaman-poet is simply the man whose mind reaches easily out into all manners of shapes and other lives, and gives song to dreams." (Snyder 1969: 122) That is to say, the poet and Shaman are of knowledge and thus of power. They see what others do not, but more importantly, because they articulate their knowledge, they animate others and restore them to psychic life. That is why Snyder emphasizes the "healing effect" of poetry (1980: 175), and takes an interest in holding readings of poems. "A reading is a kind of communion," he said. "I think the poet articulates the semiknown to the tribe. This is close to the ancient function of the Shaman." (5) He adores communal poets like Whitman (75).

It is not surprising that Snyder later came to be attracted by Eastern culture, for although direct connections between American Indian lore and Chinese culture are not to be found, yet archaeologists tend to regard Chinese culture and American Indian culture as fitting into the Shamanistic pattern (Chang *op. cit.*).

The major feature of Shamanistic culture is the division of the world into several levels, which can be linked up only by Shamans with a variety of special tools. Since the Zhou Dynasty, the main levels of the world have been regarded as heaven and earth. In the early historical work *Remarks Concerning the States*, is included a dialogue between King Zhao of Chu and the official Guan She Fu, in which the King asked the latter about the consequence of cutting off contact between Heaven and Earth, recorded in an even earlier historical work, *The Book of Zhou*. Guan She Fu answered: In ancient times human beings and gods did not mix. Only those men and women with special talents [Shamans] could link up Heaven and Earth. Later, this order was upset by the people of the Nine Li's. Then Zhuan Xu, head of the tribe, ordered Chong to take charge of the ceremony for offering sacrifices to the gods and Li to administrate the people, thus separating human beings and gods again. This is regarded by archaeologists as an important evidence pointing to the Shamanistic feature of Chinese culture.

Although in Chinese there is not the word "Shaman," yet we have *Wu* (巫) and *Xu* (觋) meaning witch' and "wizard" respectively. The tools with which they linked up Heaven and Earth were much the same as those used by the Shamans in other parts of the world—

1. Sacred mountains.

Scholars who study Shamanism call this kind of mountains *axis mundi*, meaning a pillar standing erect on Earth and reaching Heaven. *Shan Hai Jing*, a book of ancient Chinese myths gives a special description of a mountain called Deng Bao, where the witches climbed up and down on their way to and back from Heaven.

2. Certain mystical trees.

*Huai Nan Zi* says, "In Du Guang there is a tree called Jian Mu, which the wizards climbed up and down." And there are the myths about Fu Sang and Ro Mu, two mystical trees.

3. Animals.

As the primitive man got into very close touch with animals while fishing and hunting, animals became the most important means in Shamanistic culture for travelling between Heaven and Earth. In ancient China, the designs of animals on bronze objects used at ceremonies for worshipping gods and ancestors are an indication of such a Shamanistic feature. As *The Tso Commentaries* says, the animal images cast on the *Ding*, a three-legged cauldron, established connections between earth and heaven.

Other things instrumental are music and dance, drug and wine. These help to bring the Shamans into trance.

These things also turn up in American Indian culture. Instead of trees, they have the spider's web by which the Coyote Man, or the Shaman, can climb up to the world above (Snyder 1977: 71). The Coyote, in other tribes the Raven, the Eagle or the Bear, are animals incorporating the Shamanistic spirit. Some archaeologists believe that about 20 or 30 thousand years ago the Indians went to North America by crossing the Bering Strait and carried with them a rich culture from Asia; therefore, Chinese and American cultures should be seen as offspring of the same cultural ancestor, and that this common cultural background may be named the Maya-Chinese Cultural Continuum (Chang 21). This might by way of general background accounts for Snyder's ready internationalization of Chinese culture.

## III. Personal Factor

As pointed out at the beginning of this article, the sense of nativeness includes the personal factor. Snyder's living patterns and experiences serve him as a monitor in determining what to accept from Chinese culture.

Snyder's father had a small dairy farm surrounded by woods. When he was young, Snyder had an immediate, intuitive, deep sympathy with the natural world, a sentiment which he cultivated independently. Nature itself was his teacher:

> As early as I was allowed, at age nine or ten, I went off and slept in the woods at night alone. I had a secret camp back in the woods that nobody knew about; I had hidden the trail to it. As soon as my father figured I knew how to put out a campfire, he let me go off and cook for myself and stay a day or two.... from the time I was thirteen, I went into the Cascade Mountains, the high country, and got into real wilderness. At that age, I found very little in the civilised human realm that interested me.
>
> (Snyder 1980: 92)

That sense of the authenticity, completeness and reality of the natural world itself made him, though just a child, aware of the contradictions he could see around him, in the way of relentless logging resulting in pollution on the one hand and exploitation on the other. "I lived on the edge of logging country, and trees were rolling by on the tops of trucks, just as they are still," Snyder recalled about forty years later (93). He recalled that he had then no idea of European culture or of politics. The realities were his mind, his self and his place.

He perceived, also as a teenager, that there were such things as native people who were still around. In particular, there was an old man who came by about once a month to the Snyder's farm to sell salmon that his people had smoked (93). They were American Indians, Salish people, to be exact, who lived just a few miles from Snyder's family.

So Snyder's childhood perception of the world consisted of white people, a few American Indians and the whole natural world that was half-intact and half-destroyed before his eyes. Such experience made him susceptible to wilderness poetry and American Indian lore. This in the long run helped to insinuate into his mind Han Shan's poetry and other elements of Chinese culture, which, like American Indian culture, belongs to the Maya-Chinese Cultural Continuum.

When Snyder became a college student, he was bewildered by the contradictions of living in a society and supposedly being a member of it that was destroying its own ground. This led him into "a long process of political thought, analysis and study, and—of course—the discovery of Marxist thought" (94). In *Myths and Texts* he wrote:

> a big picture of K. Marx with an axe,
> "Where I cut off one it will never grow again."
> O Karl would it were true
> I'd put my saw to work for you
> & the wicked social tree would fall right down.
>
> (1960: 7)

Obviously Marxism is one of the factors that aroused Snyder's concern for social problems and led to his resolution to work for the benefit of mankind. Considering the fact that Snyder studied Marxism and Chinese literature almost concurrently, it is not impossible that the social-mindedness of Marxism would synchronise with the Confucian idea of "taking the improvement of the society as one's own duty. " And the ideal of Marx for a classless society later was incorporated by Snyder with Zen Buddhism, which holds that all creatures are equal and everything has Buddha nature, in spite of the Marxist principle that regards class struggle and revolution as the necessary way of changing the social order.

Snyder's communion with the natural world, which began when he was still a child and his conversion to Zen Buddhism in his young adulthood almost, determined the reclusive way of living in the latter part of his life. Unlike such Beat poets as Allen Ginsberg, who indulges himself in drugs and homosexuality, Snyder maintains mental quietude, which brings him closer to Chinese culture and makes the latter more appealing to him. While talking about the sane poet and the crazy poet at an interview, Snyder spoke for the former:

> We have sense that great artists and geniuses have to be crazy, or that genius and creativity are functions somehow of a certain kind of brilliant craziness, alienation, disorder, disassociation... The model of a romantic, self-destructive, crazy genius that they and others provide us is understandable as part of the alienation of people from the cancerous and explosive growth of Western nations during the last one hundred and fifty years. Zen and Chinese poetry demonstrate that a truly creative person is more truly sane; that this romantic view of crazy genius is just another reflection of the craziness of our times. In a utopian, hoped-for, postrevolutionary world, obviously, poets are not going to have to be crazy and everybody, if they like, can get along with their parents; that would be the way it is.
>
> (Snyder 1980: 123)

To conclude, Snyder's assimilation of Chinese culture is controlled by his sense of nativeness. As Snyder defines it, the essence of a writer's sense of nativeness is the historical roots, or in other words, the cultural tradition, which begins to be insinuated into his mind along with the acculturation from his childhood. When confronted with a foreign culture, his sense of nativeness sets out to react. Sometimes it serves as a monitoring device determining what the congenial exotic elements for his acceptance are. Often it turns out to be the intermediary that smoothes the way for the incorporation of the foreign culture with his own tradition.

This I conceive to be a law governing cultural contact, which is verified by the present case study of the influence of Chinese culture on Gary Snyder.

## Works Cited

Bly, Robert. "The Work of Gary Snyder". *The Sixties.* 1962 (6): 27 – 8.

Carruth, Hayden. ed. *The Voice That Is Great Within Us.* Bantam Books, 1979.

Chang, K. C. *Six Lectures Concerning Archaeology.* Beijing: Wenwu Publishing House, 1986.

*Chuang Tzu*, Ch. 2. *Sibu Congkan Chubian.* Shanghai: Commercial Press, 1919.

Ellmann, Richard & Robert O'Clair. eds. *The Norton Anthology of Modern Poetry.* New York: Norton & Company Inc, 1973.

Ginsberg, Allen. "My Mythic Thumbnail Biography of Gary Snyder" in Jon Halper ed. 2003.

Halper, Jon. ed. *Gary Snyder: Dimensions of a Life*. San Francisco: Sierra Club Books, 1991.

Ou, Hong. "Chuang Tzu: the Intermediary Between Walt Whitman and Kuo Mo-jo". *Foreign Literature Review*. 1988 (2): 116 – 121.

—— "Aspects of Gary Snyder." *Foreign Literature Review*. 1994 (1): 32 – 36.

Snyder. *The Old Ways*. San Francisco: City Lights, 1977.

—. *Turtle Island*. New York: New Directions, 1974.

—. *The Back Country*. New York: New Directions, 1968.

—. *Earth House Hold*. New York: New Directions, 1969.

—. *The Real Work*. New York: New Directions, 1980.

—. *Axe Handles*. San Francisco: North Point Press, 1983.

—. *Riprap and Cold Mountain Poems*. San Francisco: Grey Fox Press, 1958.

—. *Myths and Texts*, New York: New Directions, 1960.

Steuding, Bob. *Gary Snyder*. Boston: Twayne Publishers, 1976.

Tarn, Nathaniel. "From Anthropologist to Informant: A Field Record of Gary Snyder". *Alcheringa: Journal of Ethno-Poetics*. 1972 (4): 112.

Thoreau, H. D. "Walking" in *Walden and Other Writings*. Ed. Joseph Wood Krutch. Bantam Books: 1983.

Whitman, Walt. "Song of Myself" in *Leaves of Grass: Complete Edition*. New York: Aventine Press, 1931.

Zhao, Yiheng. "Gary Snyder Looks to the East". *Dushu*. 1982 (8): 128 – 133.

(《中山人文学报》,台湾高雄中山大学文学院,第 10 期,2000 年 4 月)

# Pantheistic Ideas in *The Goddesses* and *Leaves of Grass*

To use a dictionary definition, pantheism is "a doctrine that equates God with the forces and laws of the universe."[①] The pantheistic ideas derived from such a doctrine and imbibed into Guo Moruo's *The Goddesses* may be roughly summed up as follows:

1. Contempt of and opposition to idols and feudal authority

Since God is not a personality, but the forces and laws of the universe, then God is all, and all is God. Hence the inference comes up: all is God means no God. Such "sacrilegious" point of view was once held by Spinoza, who is usually regarded as the father of modern pantheism, and a brave challenger of seventeenth-century theology and the authority of God. Spinoza spoke for the rising bourgeoisie in his days and rammed the castle of God with the apparatus of pantheism. Guo Moruo in a similar manner expresses in his verse his contempt of and opposition to all idols and feudal authority in support of the surging movement of emancipation of the mind after the May Fourth Movement. He exclaims:

> I worship iconoclasts, worship myself,
> For I am also an iconoclast![②]
>
> Every idol has been struck down before me!
> Down! Down! Down!
> I would snap my vocal chords in song![③]

The joys of a soul freed from idolatry minutely described in such poems as "Sea of Light" and "Bathing at Sea", contrast sharply with his aversion when idolatry is rampant.

2. Praise of creative forces

The pantheist holds that there is only one substance, one basic "stuff", which constitutes the entire universe. Substance is absolutely independent of everything, for it is everything. It is infinite, and what is more, self-caused and self-determined. All the bodies in the universe form a chain of causes. For example, the sea we see is caused by something else, which in turn is caused by still another something and so on *ad infinitum*. That is why Guo Moruo describes the Pacific as

---

[①] *Merriam Webster's Collegiate Dictionary* (Tenth Edition).
[②] "I am an Idolater," *Wenji*, Vol. 1, p. 86.
[③] "Drunken Song under a Flowering Plum Tree," *Wenji*, Vol. 1, p. 62.

"unending creation, unending effort" and also a "picture of power". ① For him the universe is an everlasting source of creative forces. He discovers all round a world full of life, vigour, dynamism, and grandeur, himself holding communion with it. Hence the overwhelming affection for nature in "Shouting on the Rim of the World," "The Good Morning" and "Pyramids."

3. Identification of the poet's self with nature

For Spinoza, all the bodies in the universe and all the ideas grouped together form a totality, which is God or substance. Every object in the universe—star, tree, animal, water, wind, stone, even man—is a part of God, is God. While studying in Japan, Guo Moruo was already given to pantheism and considered nature his "friend, lover and mother."② Out of such a belief, Guo Moruo desires to return to and be identified with nature, with objects in the universe. For him every blade or twig is his brother.③ He sings:

> The one that is all is born again,
> the all that is one is born again.
> We are he, they are me,
> You are in me and I in you:
> I am therefore you,
> You are therefore me.
> …
> Fire are you,
> fire am I,
> fire is he,
> fire is fire. ④

4. Advocacy of the power of an expanding ego, and the emancipation of individualism

In *The Goddesses*, the poet feels almost as omnipotent as God. He stands on the rim of the world, consuming his overflowing energy in wild shouts. He swallows all the stars and the whole universe and assumes to be the totality of the universe. The world is too small for him. Time cannot bind him. In a twinkle of an eye he sweeps over both hemispheres, saying "good morning" to various countries and peoples. "I create the dignified mountains and the majestic oceans," he says, "I create the sun, the moon and the stars and ride the winds, the clouds and the thunderstorms. I may withdraw into just my body, but I may expand and flood the whole universe, too."⑤ Such is apparently not the image of the poet, but the image of God. Guo Moruo's remarks made one year after the publication of *The Goddesses* confirmed this point, "Pantheism is atheism. Everything in

---

① "Shouting on the Rim of the world," *Wenji*, Vol. 1, p. 62.
② Guo Moruo, "My Life in Japan", cited by Wang Zhinhou and Wu Jialun, "How Guo Moruo Became a Writer," KMJC, p. 106.
③ "O Earth, My Mother," *Wenji*, Vol. 1, p. 69.
④ "The Nirvana of the Feng and Huang," *Wenji*, Vol. 1, p. 41.
⑤ "*Xianglei*," *Wenji*, Vol. 1, p. 21.

nature is just the expression of God. So is one's self. I am God, therefore, nature is the expression of myself."①

It was Tagore and Goethe, Guo Moruo recalled in 1959, that had ushered him into the temple of pantheism. "At that time, I was not quite clear about the nature of the universe and the life, and believed in pantheism for a certain period of time. I was fond of Tagore, and Goethe as well. As a result, I came into touch with the philosophy of pantheism, or perhaps it was because I myself had a particular slant on pantheism that the poets with the same slant were specially to my liking. My early works, I must say, were heavily tinged with pantheism."② On another occasion, Guo Moruo admitted that after reading Tagore he became interested in ancient Indian pantheism, and that it was Goethe who led him to read Spinoza.③ This sufficiently accounts for the Spinoza-oriented ideas in *The Goddesses*.

Although Whitman's name does not turn up on the list of Guo Moruo's initiators into pantheism, the part he played in shaping Guo Moruo's pantheistic thinking is so evident as not to be underestimated.

Unlike Tagore and Goethe, Whitman exercises his pantheistic influence on Guo Moruo through an intermediary, the Chinese philosopher Chuang-tzu, whose writing counted among Guo Moruo's favourite books in his adolescence.④ In other words, Whitman has elicited and energized Guo Moruo's latent, vague comprehension of Chuang-tzu's pantheistic ideas. This process Guo Moruo was well aware of. He said, "While getting to know overseas pantheism, I rediscovered *Chuang-Tzu*, which I liked so much in my young days."⑤ As a schoolboy he was carried away by the charming and witty style of *Chuang-Tzu*, though the essence was as good as lost on him. Only after a comparative study of overseas and Chinese pantheism did he "suddenly see the whole thing in a clear light."⑥

But how can Whitman wake up Chuang-tzu's pantheistic ideas lying dormant in Guo Moruo's mind? Are *Leaves of Grass* and *Chuang-Tzu* on a common wavelength? The answer is "Yes".

At this point, I must mention another Chinese literary work, *Lao-Tzu*, commonly known as *Tao Te Ching*. Both *Lao-Tzu* and *Chuang-Tzu* are considered the oldest and most important writings of Taoism, namely, the Lao-Chuang philosophy. Since these two classical works are ideologically inseparable, it behooves us not to omit mentioning *Lao-Tzu* in the comparative study of Whitman and Chuang-tzu.

In including *Lao-Tzu* in the following discussion, our attention mainly centers on "Song of Myself", which is said, though in a somehow disparaging sense, to make up half of his best poetry.

The nineteenth-century America witnessed an undeclared movement towards Orientalism—Emerson's gnomic wisdom and transcendental insight, Thoreau's rural ideal and practical individualism, and, last but not least, Whitman's democratic chant and cosmic vision. The Indian

---

① "Introduction to the Chinese Translation of *Die Leiden des jungen Werthers*", *Chuangzao Jikan*, 1922, No. 1.
② "Reply to Some Young People," *Wenxue Zhishi*, May, 1959.
③④⑤⑥ "Chuangzao Shinian," *Wenji*, Vol. 7, p. 58.

poet Tagore once even commented that "no American has caught the Oriental spirit so well as Whitman."① Yet Whitman himself rejected the assumption that he had read any Orientals.②

We know indeed he had read neither *Lao-Tzu* nor *Chuang-Tzu*, at least he had not done so by the time the first edition of *Leaves of Grass* was published.③ Therefore, to trace Whitman's pantheistic influence on Guo Moruo, we have to go deeper than merely try to find apparently similar passages and lines between Whitman and the intermediary Lao-Chuang in philosophical thought.

First of all, we must make clear the meaning of Taoism as a basis for any further discussion. The underlying principle in Taoism is *Tao* (we are dealing here with the Taoist philosophy, not the later version of the Taoist religion). But what is *Tao*? To try to define it is to contradict the opening words of *Lao-Tzu*:

> The Tao that can be comprised in words is not the eternal Tao;
> The name that can be named is not the abiding name.
> The unnamable is the beginning of Heaven and Earth;
> The namable is the mother of all things.④

*Tao* is unnamable; at the same time it is a "name" with which all things in the universe are identified. It is like Whitman's "untranslatable" self:

> There is that in me—I do not know it is—but I know it is in me...
> I do not know it—it is without name—it is a word unsaid,
> It is not in any dictionary, utterance, symbol.
>
> Something it swings on more than the earth I swing on,
> To it the creation is the friend whose embracing awakes me.⑤

Since it is unnamable and yet we wish to speak about it, we have to give it some kind of designation and call it *Tao*, which is not a name at all. It stands for the totality of all things. It flows everywhere: "The myriad things derive their life from it, and it does not deny them."⑥ Like Whitman's fluid principle of life, it is an omnipresent clue to the mystery of the universe

---

① EA, p. 250.

② During his visit to Brooklyn in 1856, Thoreau remarked on the Oriental qualities of Whitman's poetry, and asked him if he had ever read any Orientals. Whitman answered, "No: Tell me about them." Henry David Thoreau, "A Letter to Harrison Blake, December 7, 1856," AL—— p. 149.

③ Whitman could not read Chinese. He never traveled out of America, and perhaps never came in direct contact with Chinese scholars in the United States, the first of whom graduated from Yale in 1854. See YW. The first English translation of *Chuang-Tzu* appeared in 1881, and a second more accurate version was published in 1889 by Herbert A. Giles. And in *Handbook* and RG, an important part of which deals with Whitman's ideas, no evidence of his reading *Lao-Tzu* is shown.

④ TTC ch. 1.

⑤ "Song of Myself," sec. 50, LG p. 92.

⑥ TTC ch. 34.

metaphysically, and the basic stuff out of which all things are made.

*Tao* is the invariable law underlying the ever-changing phenomena of the universe, inexhaustible and all-pervading:

> Out of Tao, one is born;
> Out of One, Two;
> Out of Two, three;
> Out of three, the myriad things.
> The myriad things bear the Male and embrace the Female,
> And attain harmony through the union of immaterial breaths. ①

Who are the Taoists, then, who believe in the natural laws of the universe rather than the artificial laws of man? Ironically enough, no better answer is ever made than the one given by their rival, Confucius:

> These men travel beyond the rule of life… they consider themselves as one with God, recognizing no distinction between human and divine. They look on life as a huge tumor from which death sets them free. All the same they know not where they were before birth, nor where they will be after death. Though admitting different elements, they take their stand upon the unity of all things… backward and forward through all eternity, they do not admit a beginning or end. They stroll beyond the dust and dirt of mortality, to wander in the realms of inaction. How should such men trouble themselves with the conventionalities of the world, or care what people may think of them?②

The above passage may also be taken as a description of Whitman, who also does not speak of beginning or end, for in temperament, personality, and spirit, he is congenial to both Lao-tzu and Chuang-tzu, and perhaps much more so to the latter.

In Chuang-tzu, Whitman could have easily found his ideal comradeship. Both of them are individualistic, democratic, and sympathetic. The works of both are tinged with unconventionality and humour. They have a dislike of authority and great concern for the freedom of the individual. For Chuang-tzu *Tao* is the only authority in life, and a man's sense of it is his only priest and prophet. Seldom resorting to argument or moralization as his strategy, he is in agreement with what Whitman says: "I have no mockings or arguments, I witness and wait," and "logic and sermon never convince."③

When we come to examine some of the basic concepts of Whitman, we are not surprised to find that they echo those of Lao-Chuang.

---

① TTC ch. 42.

② CT ch. 6.

③ "Song of Myself," LG p. 60.

The first that comes to mind is the principle of identity, or "the Identity of Contraries". In many philosophies and dualism, the dichotomies of contraries, that is, good and evil, right and wrong, beauty and ugliness, light and dark, body and soul, male and female, life and death, etc., are in constant conflict, whereas in Whitman and Lao-Chuang they are in eternal harmony. That is why Whitman seldom uses antithetic parallel structure, in which the second part contradicts or denies the first. To Whitman all contraries blend indistinguishably into one, all things are one:

> Lack one lacks both, and the unseen is proved by the seen,
> Till that becomes unseen and receives proof in its turn. ①

Likewise, Chuang-tzu says, "A beam and a pillar are identical," "so are ugliness and beauty, greatness, wickedness, perverseness, and strangeness. Separation is the same as construction; construction is the same as destruction…only the truly intelligent understand this principle of identity of all things."②

Whitman speaks of the progress of time, of the idea of movement in transition, with focus on change. All terms and conditions are relative:

> Urge and urge and urge,
> Always the procreant urge of the world.
>
> Out of the dimness opposite equals advance, always substance and increase,
> always sex,
> Always a knit of identity, always distinction, always a breed of life. ③

The first chapter of *Chuang-Tzu* also points out that both time and space are relative, just as great and small are relative. This emphasis upon relativity on the nature of things and the identification of man with nature runs through the main thought of *Chuang-Tzu*. The gigantic roc at the height of 30,000 miles is a mere mote in the sunbeam. For size is relative. The cicada, which can fly only from tree to tree, laughs with the dove at the roc's high flight. For space is relative. Compared with the ephemeral puffballs, Peng Tsu's 800 years on earth is longevity indeed; but what is his age to that of the legendary tree whose spring and autumn span 16,000 years? Time, then, is also relative.

Whitman, like Lao-Chuang, believes that good and evil, right and wrong, beauty and ugliness, should be seen from a relative point of view, for they vary with individuals and environments:

---

① "Song of Myself," sec. 16, LG p. 30
② CT ch. 2.
③ "Song of Myself," sec. 3, LG p. 30.

> I am of old and young, of the foolish as much as the wise,
> Regardless of others, ever regardful of others,
> Maternal as well as paternal, a child as well as a man,
> Stuff'd with the stuff that is coarse and stuff'd with the stuff that is fine,
> One of the Nation of many nations, the smallest the same and the largest the same...①

Whitman believes that beauty and other values are functions of relationship, and that truth and beauty are attributes of the whole experience of man, not isolated items, so in the "1855 Preface" he says that "nothing out of its place is good and nothing in its place is bad," which agrees with *Lao-Tzu's* statement—

> It is because every one under Heaven recognizes beauty as beauty that idea of ugliness exists.
> And equally if every one recognized virtue as virtue, this would create fresh conceptions of wickedness.②

In the question of life and death, Whitman's opinion is that "it is just as lucky to die" as to be born. He believes that both death and birth are merely stages in the never-ending transmutation of body and soul, being parts of the great process of evolution like the alternation of day and night or the succession of spring and autumn. Death is not to be feared since it opens the door of our confined world to infinity. It is important to note that death as a stage of the life — death — rebirth pattern also forms one of the most significant themes of Guo Moruo's poetry. Similarly, *Chuang-Tzu* observes, "When we come into this world, it is because we have the occasion to be born; when we go, we simply follow what is natural."③ Bearing this principle in mind, he refrained from wailing over his wife's death. When he himself was to die, he refused a splendid funeral offered by his disciple. For Whitman and Chuang-tzu, they never depart from the universe even though after their death:

> The last scud of day holds back for me,
> It flings my likeness after the rest and true as any on the shadow'd wilds,
> It coaxes me to vapor and the dusk.
>
> I depart as air, I shake my white locks at the runaway sun,
> I effuse my flesh in eddies, and drift it in lacy jags.
> I bequeath myself to the dirt to grow from the grass I love,

---

① "Song of Myself," sec. 16, LG p. 45.
② TTC ch. 2.
③ CT ch. 32.

If you want me again look for me under your boot-soles. ①

It is in the sense that nothing is ever lost from the universe that both Whitman and Chuang-tzu find pleasure in identifying themselves with the vast cosmic process just as Guo Moruo does. Exalted by the beauty of nature, then lulled by its harmony, the poets are able to comprehend truths beyond ordinary perceptions and to lapse into mystical reverie and revelation. Once Chuang-tzu dreamed that he was a butterfly. After he awoke, he did not know whether it was the man dreaming or the butterfly. Whitman had the same experience:

I cannot be awake, for nothing looks to me as it did before,
Or else I am awake for the first time, and all before has been a mean sleep. ②

This perhaps can help to explain how Whitman's "I" in "Song of Myself", while loafing and inviting his robust soul, can turn out to become the Earth, or the grass, or Nature itself speaking "Without check with original energy."③

It is very interesting to notice that Whitman also considers the butterfly as "symbol of the soul, resurrection, metamorphosis, and eternal life."④ On the first of the emblematical tail pieces of the third edition (1860) of *Leaves of Grass*, probably designed by Whitman himself, is a pointing hand with a butterfly poised on the fore-finger. The same symbolic butterfly appears on the back strip of *Leaves of Grass* in 1884, a year after Whitman had sat for a studio photograph (used as frontispiece in 1889), which showed him with a butterfly perched on his index finger. ⑤

The parallels between Whitman and Lao-Chuang, as shown above, reveal a kinship in insight and experience greatly conductive to the study of Whitman's poetry and to the explanation of his pantheistic ideas influencing Guo Moruo through *Chuang-Tzu*. Since the poetic souls of Whitman and Guo Moruo converge on pantheism, it is clear to us that the parallel structure used by both poets, which always maintains harmony and admits no subordination, has certainly a pantheistic nature.

## Abbreviations for the Sources in the Notes

ALC—Rahv, Philip, *Literature in America: An Anthology of Literary Criticism*, Meridian Books, 1973.

CT—Chuang-tzu, *Chuang-Tzu, Sibu Congkan Chubian*, Commercial Press, Shanghai. 1919.

EA—Carpenter, Frederic Ives, *Emerson and Asia*, Cambridge Mass., 1930.

KMJC—*An Anthology of Guo Moruo Criticism*, Sichuan People's Publishing House, Chengdu, 1980.

Handbook—Allen, Gay W., *Walt Whitman Handbook*, Chicago, 1946.

RG— Allen, Gay W., *A Reader's Guide to Walt Whitman*, New York, 1975.

---

① "Song of Myself," sec. 52, LG p. 93.
② WWL p. 17.
③ "Song of Myself," sec. 1, LG p. 28
④ WWL p. 250.
⑤ Ibid.

TTC—*Tao Te Ching*, *Sibu Congkan Chubian*, Commercial Press, Shanghai. 1919.
Wenji—*Moruo Wenji*, People's Literature Publishing House, Beijing, 1958
WWL—Kaplan, Justin, *Walt Whitman, a Life*, New York, 1980.
YW—Yung Wing, *My Life in China and America*, New York, 1909.

(*Whitman East and West*: *New Context for Reading Walt Whitman*, University of Iowa Press, October 2002)

# Gary Snyder and Chinese Culture

## Introduction

Gary Snyder is the author of nine books of poetry and five collections of prose, including *Riprap and Cold Mountain Poems*, which earned him a high literary reputation in the world of scholarship and, of course profound respect from the Beat Generation. Another important work is his Pulitzer Prize-winning *Turtle Island*, of which over 100,000 copies have come into print, rather phenomenal for a serious poet in the United States.

Since the publication of Jack Kerouac's *The Dharma Bums* (1958), in which Snyder is portrayed as the American Han Shan under the name of "Japhy Ryder," his personality and lifestyle have been greatly appreciated. A reviewer for *Time*, A. T. Baker, refers Snyder to "THE CULT POETS...more cherished for their life-styles than their verse."[1] Snyder participates a lot in public events. He attended the "United Nations Conference on Human Environment" in Stockholm, Sweden in 1972.[2] When Jerry Brown was governor of California, he served as head of the California Arts Council and was instrumental in reorganizing it. He is a member of the Sierra Club, which Snyder says is "possibly the most effective environmental organization in the world,"[3] and is involved in an effort called the back-to-the-land movement.

It is perhaps because Snyder the public figure somewhat overshadows Snyder the poet that no full-length study of his mind and art had been written until 1976, even in the United States,[4] although there had been many scrappy comments and some articles on his works. Snyder became known to mainland China only in the 1980s, and in Taiwan there have appeared some tangential studies of him affiliated to the research on Han Shan.

It is true that Snyder is greatly influenced by the Tang poet Han Shan, but Han Shan is not the sole Chinese writer Snyder is interested in. As a matter of fact, while extolling Han Shan as a bard speaking entirely from the hermit's habitat, he pays almost equal tribute to Han Yu, the Tang poet, essayist, and philosopher. In answering a questionnaire sent by the editors of *The Dictionary of Contemporary American Writers*, Snyder revealed his cheek-by-jawl relations with Chinese culture: Du Fu is placed on the top of the list of poets he adores; Sima Qian is included in the group of his

---

[1] A. T. Baker, "Poetry Today: Low Profile, Flatted Voice", *Time*, July 12, 1971.
[2] See Appendix 4, "Chronology of Gary Snyder".
[3] Geeta Dardick, "When Life Starts Getting Interesting", *Sierra*, Vol. 70, No. 5, September/October, 1985, p. 70.
[4] Bob Steuding, *Gary Snyder*, Twayne Publishers, 1976, p. 9.

favourite prose writers; the women of *A Dream of the Red Mansions* are among his preferred female fictional characters; and the heroic figure for whom Snyder entertains greatest respect is Mao Zedong, whom he once advised to quit smoking, write poems and swim the river.① Snyder is also a practising Zen (Chan) Buddhist of the *Rinzai* (Linji) school, though his teacher Oda Sesso Roshi is Japanese.

In spite of his admiration and assimilation of certain aspects of Chinese culture, Gary Snyder holds that "the sense of 'nativeness,' of belonging to the place...is critical and necessary."② He is American. His Pulitzer Prize-winning book *Turtle Island* is named after the American Indian's ancient metaphorical designation of the continent of North America. The poems collected in this book, whether they are lyrical, mystical or political, share a common vision—a rediscovery of the American land and the ways by which the American people might identify themselves with the aboriginals of the place, and cease to think and act, after all these centuries, as newcomers and invaders. The fact that he left the Turtle Island for Japan to study Zen Buddhism and went back to it to promote the back-to-the-land movement typifies his way of looking at and making use of exotic cultures, that is, how he selects and sometimes even reshapes, out of his sense of nativeness, what he thinks is helpful for the adjustment of the American tradition—things from which he draws cultural nourishments.

In the published writings on Snyder in China, however, the influence of Chinese culture on him is superficially dealt with, so that its importance is overemphasized to a degree that betrays their authors' ignorance of his strong sense of nativeness. "What makes Snyder rank above the other Beat poets? It is the influence of oriental poetry, especially that of Chinese poetry."③ An assertion like this does not say much. It only caters cheaply to the national pride of a small section of the Chinese reading public. The present dissertation attempts, as far as possible, an unbiased evaluation of the influence of Chinese culture on Snyder by analysing the way he incorporated it with what was inherent in him, his sense of nativeness. Chapter 1 examines the affinities between Snyder and Han Shan, namely, their hermit life style, the wilderness as depicted in their poetry, their Zen conception, and their commitment to the use of the language of the common folk; Chapter 2 focuses on Snyder's poetic theory and its relations to the doctrines of Zen Buddhism; Chapter 3 is a study of Snyder's social vision and the influence of Confucianism on him as a social visionary; Chapter 4 tackles Snyder's sense of nativeness, which mainly consists in his country's historical roots, that is, the American tradition as revealed in Ezra Pound, Kenneth Rexroth, Walt Whitman and Henry David Thoreau, and the American Indian folklore in the West of America. Such a sense of nativeness forms the background to his receptivity to Chinese culture.

In this connection, it is worth pointing out that Gary Snyder's poetry is a typical example of cultural fusion. When asked in an interview about what poets he had read that had an influence on him, he said, "The only poets outside the English tradition that I make fine distinctions in my

---

① Snyder, "To the Chinese Comrades", *The Back Country*, New Directions, 1971, p. 86.
② Snyder, *The Real Work*, New Directions, 1980, p. 86.
③ Zhao Yiheng, "Gary Snyder Looks to the East", *Dushu*, No. 8, Beijing, 1982, p. 128.

choices about are in Chinese, Japanese, and to some extent in the East Indian languages."① Therefore, to make a case study of Snyder and Chinese culture might help to clarify a universal law governing culture contact. This issue will naturally come up in the course of the discussion and will be fully dealt with in the concluding part of this dissertation.

## Chapter 1    Affinities Between Snyder and Han Shan

Snyder got into touch with Chinese culture at an early age. He recalls, "When I was eleven or twelve, I went into the Chinese room at the Seattle art museum and saw Chinese landscape paintings; they blew my mind. My shock of recognition was very simple: 'It looks just like the Cascades.' The waterfalls, the pines, the clouds, the mist looked a lot like the northwest United States. The Chinese had an eye for the world that I saw as real. In the next room were the English and European landscapes, and they meant nothing. It was no great lesson except for an instantaneous, deep respect for something in Chinese culture that always stuck in my mind and that I would come back to it again years later."② At the age of nineteen he read an English translation of Chinese poetry for the first time, and was at once enchanted by the outstanding poetics of the Chinese poets capable of making the extreme wilderness human and unmistakably shows that nature is the best place for man to live in. Four years later he enrolled at University of California at Berkeley and majored in oriental languages. Under the guidance of Prof. Chen Shixiang (Shih-hsiang Ch'en) he studied Chinese language, and literature and eventually, with Prof. Chen's help, Snyder translated 24 Han Shan (Cold Mountain) poems.

In his short introduction to the translation Snyder writes:

> His [Han Shan's] poems, of which three hundred survive, are written in T'ang colloquial: rough and fresh. The ideas are Taoist, Buddhist, Zen. He and his sidekick Shih-te (Jittoku in Japanese) became great favorites with Zen painters of later days—the scroll, the broom, the wild hair and laughter. They became immortals and you sometimes run onto them today in the skidrows, orchards, hobo jungles, and logging camps of America.③

These few lines may be considered the guide to the affinities between Snyder and Han Shan, which are summed up in the following four aspects.

### I. A Hermit's Life Style

Biographical information on Han Shan is sparse, yet the Preface to the Poems of Han Shan by Lü Qiuyin, which Snyder translated as well and placed before the translations of the 24 Han Shan's

---

① Snyder, *The Real Work*, p. 66.
② Snyder, *The Real Work*, p. 93.
③ Snyder, *Riprap and Cold Mountain Poems*, Grey Fox Press, 1958, p. 33.

poems, gives a vivid description of the recluse:

> No one knows just what sort of man Han-shan was. There are old people who knew him: they say he was a poor man, a crazy character. He lived alone seventy *li* west of the T'ang-hsing district of T'ien-t'ai at a place called Cold Mountain. He often went down to the Kuo-ch'ing Temple. At the temple lived Shih-te, who ran the dining hall. He sometimes saved leftovers for Han-shan, hiding them in a bamboo tube. Han-shan would come and carry it away: walking the long veranda, calling and shouting happily, talking and laughing to himself ... He looked like a tramp. His body and face were old and beat... His hat was made of birch bark, his clothes were ragged and worn out, and his shoes were wood... Sometimes at the villages and farms he laughed and sang with cowherds. Sometimes intractable, sometimes agreeable, his nature was happy of itself. ①

By using the word "beat" Snyder identifies Han Shan with the beatniks "in the skidrows, orchards, hobo jungles, and logging camps of America," ② just as he himself is referred to by his beat friends. ③

As early as in his high school years Snyder developed his attachment to nature. He became the youngest member of the noted Mazamas Mountain Climbers. During vacations he worked at a camp in Washington and on ships at sea. After graduation from Reed College he worked as summer forest-fire lookout at Crater Mountain, where he wrote his first wilderness poems, among which is "Mid-August at Sourdough Mountain Lookout," the leading poem of *Riprap and Cold Mountain Poems*:

> Down valley a smoke haze
> Three days heat, after five days rain
> Pitch glows on the fir-cones
> Across rocks and meadows
> Swarms of new flies.
> I cannot remember things I once read
> A few friends, but they are in cities
> Drinking cold snow-water from a tin cup
> Looking down for miles
> Through high still air. ④

The images of the mist, the pine trees, the rocks, the meadows and the description of the cold are evocative of Han Shan's poems about his life on Cold Mountain, such as

---

① Snyder, *Riprap and Cold Mountain Poems*, Grey Fox Press, 1958, p. 33 – 34.
② Ibid., p. 33.
③ Jack Keroruac, *The Dharma Bums*, the New American Library, New York, 1959, pp. 190 – 191.
④ Snyder, *Riprap and Cold Mountain Poems*, p. 1.

> Rough and dark—the Cold Mountain trail,
> Sharp cobbles—the icy creek bank.
> Yammering, chirping—always birds
> Bleak, alone, not even a lone hiker.
> Whip, whip—the wind slaps my face
> Whirled and tumbled—snow piles on my back.
> Morning after morning I don't see the sun
> Year after year, not a sign of spring. ①

Here we see that Han Shan and Snyder use similar images. Besides, tranquility of mind, loneliness and communion with nature, as expressed in Han Shan's poem, especially towards its end, are characteristic of the writings of both poets.

Before Snyder settled down in the Sierra mountains he used to hitchhike to places which he regarded as his short-term habitats. He wore a green hat so that the drivers passing by could easily catch sight of him. Once he turned away from the highway and went hiking into the mountains, he soon saw Han Shan in his mind's eye and became one with the Tang recluse. He wrote about such feelings in one of his journals:

> Cold mountain, Cold mountain…
> Going along the trail traveling HIGH. Step, step,
> flying paces like Tibetans—strangely familiar
> massive vistas—the trail is *Right*. All the different figures one becomes—old Japanese woodcutter;
> exiled traveler in a Chinese scroll… ②

As to the long hair, the ragged clothes and the laughter, Snyder attributed all these beatnik fetishes to Han Shan. He once even compared Mao Zedong to Han Shan, and the only thing that triggered his imagination was Mao's long hair, which was characteristic of his Yanan days. ③

Since the building of his home in the Sierras in 1971, Snyder has been leading a life similar to that of Han Shan in his earlier days as a hermit in the Tiantai Mountains. From the following poem Han Shan seems to have had a family with him before he went to live alone in seclusion in Cold Mountain—

> A thatched hut is home for a country man;
> Horse or carriage seldom pass my gate;
> Forests so still all the birds come to roost,

---

① Snyder, *Riprap and Cold Mountain Poems*, p. 45.
② Snyder, *Earth House Hold*, New Directions, 1969, p. 96.
③ Snyder, *The Back Country*, p. 11.

Broad valley streams always full of fish.
I pick wild fruit in hand with my child,
Till the hillside fields with my wife.
And in my house what do I have?
Only a bed piled high with books. ①

Snyder writes poems about his life in an almost equally peaceful tone as Han Shan. Here is an example.

All in the Family
For the first time in memory
heavy rain in August
tuning up the chainsaw
begin to cut oak
Boletus by the dozen
fruiting in the woods
Full moon, warm nights
the boys learn to float
Masa gone off dancing
for another thirty days
Queen Anne's Lace in the meadow
a Flicker's single call②

Although Snyder lives a more civilized life (he uses the chainsaw to cut oak) than Han Shan, his life style is still in line with the hermit's, far removed from the highly industrialized society. In an interview in 1973 Snyder told about the way he lived:

...in the spring I go out in the desert for a while, and I give a few readings, and then when I get back it's time to turn the ground over and start spring planting, and then right after that's done, it's time to do the building that has to be done, and then when that's done, it's time to start cutting firewood, and then when the firewood's done, it's just about time to start picking apples and drying them, and that takes a couple of weeks to get as many apples as possible and dry them, and then at the end of the apple season I begin to harvest the garden, and a lot of canning and drying is done maybe, and then when that season passes, to chestnuts and picking up the wild grapes, and then I've got to put the firewood in, and as soon as I get the firewood in, hunting season starts—and winds up about the end of October with Halloween festivities, and then I go East for a month to read. So December, January and February is my

---

① Burton Watson, translated, *Cold Mountain*, Columbia University Press, 1970, p. 20.
② Snyder, *Axe Handles*, North Point Press, 1985, p. 23.

time of total isolation, writing; and I don't see anybody in those months...It's also during those months that we're most cut off, no electricity anywhere, no phone; the roads get snowed in...①

Now even in the 80's Snyder sticks to the way of living he has chosen. He and his family keep bees, grow vegetables and raise chickens. They enlarge the size of their orchard a little bit at a time and do controlled burns in the forest whenever possible. His wife Masa is an accomplished dancer and teaches a south Indian classical form of dance to women in the San Juan Ridge community. Each year Snyder travels only eight or ten weeks doing lectures and readings at universities and community centres around the United States. Even though he is one of the few American poets who make their living from poetry, his annual income is on a par with what a typical school teacher in Nevada Country makes.②

Snyder's translation of Han Shan's poems in the late 50's and his adoption of a life style similar to that embraced by Han Shan are tokens of his reaction against American politics and social order. He poured out his discontent in an essay entitled "Buddhism and the Coming Revolution" —

> The "free world" has become economically dependent on a fantastic system of stimulation of greed which cannot be fulfilled, sexual desire which cannot be satiated and hatred which has no outlet except against oneself...The conditions of the Cold War have turned all modern societies...into vicious distorters of man's true potential.③

A hermit's isolation and gadfly criticism seems a very likely response to the Cold War ideology and social conservatism of the immediate postwar era. The last of the twenty-four Han Shan's poems translated by Snyder well expresses such attitude:

> When men see Han Shan
> They all say he's crazy
> And not much to look at—
> Dressed in rags and hides.
> They don't get what I say
> and I don't talk their language.
> All I can say to those I meet:
> "Try and make it to Cold Mountain."④

The statement, "I don't talk their language," is a refusal to locate oneself in the other's

---

① Snyder, *The Real Work*, p. 42.
② Michael Helm, "A Conversation at Home with Gary Snyder," *Utne Reader*, Feb/March, 1985, p. 112.
③ Snyder, "Buddhism and the Coming Revolution," *Earth House Hold*, p. 91.
④ Snyder, *Riprap and Cold Mountain Poems*, p. 60.

context, and a criticism of that context as well. In Snyder's own words, that is, "I no longer feel the necessity to identify myself as a member of the whole society."①

If the young Snyder was at first mainly critical of the politics and social orders of his own country, he has become increasingly discontented, since his mellow years, with the whole industrialized world, which he thinks is cruelly exploiting nature. "The soil, the forests and all animal life are being consumed by these cancerous collectivities; the air and water of the planet is being fouled by them."② Therefore his hermit life style has become the significant gesture of profound respect and great concern for nature of a champion for environmental protection. This is to be further discussed in Chapter 3, in which Snyder is studied as a social visionary.

## II  "Drunk with the Wild"③

Thus what Snyder craves after is nature in its pure, unsullied state. It is in terms of this that Gary Snyder understands Han Shan.

"When he talks about Cold Mountain he means himself, his home, his state of mind."④ Such is Snyder's comment, which is strongly exemplified in the following poem by Han Shan:

> Men ask the way to Cold Mountain
> Cold Mountain: there's no through trail.
> In summer, ice doesn't melt
> The rising sun blurs in swirling fog.
> How did I make it?
> My heart's not the same as yours.
> If your heart was like mine
> You'd get it and be right here.⑤

The "Cold Mountain" in the first line seems to refer to Han Shan's home, and the first half of the poem to the mountain scene. The fifth line, however, tells something more. The poet raises a question and, in answering it, begins talking about the "heart", thus implying that Cold Mountain is not different from what he feels or thinks. No wonder the path to the Cold Mountain is barred to those never feeling or thinking the same way. To achieve such calmness and harmony with nature he himself has had to overcome a lot of barriers in his spiritual experience. The ice and the fog mentioned by the poet actually symbolize the net of doubt and the lure of desire that prevent people from attaining Enlightenment, which, according to Zen Buddhism, means one's clearly knowing one's own mind.

---

① Snyder, *The Real Work*, p. 125.
② Ibid.
③ Letter by Gary Syder to Ou Hong, dated November 28, 1987.
④ Snyder, *Riprap and Cold Mountain Poems*, p. 33.
⑤ Ibid., p. 42.

The way to enlightenment is compared to the Cold Mountain trail in another of Han Shan's poems.

> Clambering up the Cold Mountain path,
> The Cold Mountain trail goes on and on:
> The long gorge choked with scree and boulders,
> The wide creek, the mist-blurred grass.
> The moss is slippery, though there's been no rain
> The pine sings, but there's no wind.
> Who can leap the world's ties
> And sit with me among the white clouds①

This reminds us of the feeling of Snyder when he trod up the hilly timberland:

> trail a thin line through willow
> up backbrush meadows,
> creekbed for twenty yards
> winding in boulders
> zigzags the hill
> into timber, white pine.
>
> gooseberry bush on the turns.
> hooves clang on the riprap
> dust, brush, branches.
> a stone
> cairn at the pass—②

While Han Shan attains enlightenment by reposing among the clouds, Snyder pursues the purification of his mind by going through a pass, which, in Chinese being the character "关", usually refers to some sort of obstacles. And Snyder no doubt knows this meaning.

Both Han Shan and Snyder look at the solitude in seclusion from the standpoint of the Mind-Only theory, which is the essence of Buddhism. Han Shan invites people to join him only to share the experience of sudden Enlightenment— "Who can leap the world's ties/And sit with me among the white clouds?"③ And Snyder, after seeing off a friend who has come for a visit, goes back to his little cabin "walled in glass/Meadows and snowfields, hundreds of peaks" in composedness—

---

① Snyder, *Riprap and Cold Mountain Poems*, p. 44.
② Snyder, *The Back Country*, p. 14.
③ Snyder, *Riprap and Cold Mountain Poems*. p. 44.

> You down the snowfield
> flapping in the wind
> Waving a last goodbye half hidden in the clouds
> To go on hitching
> clear to New York;
> Me back to my mountain and far, far, west. ①

But where is his mountain? As Zhong Ling says, Snyder sort of adapts the Cold Mountain to the Sierra Nevada,② where he builds his home. Yes, his love and respect for the Sierra Nevada is profound. The extract from *Good Wild Sacred* serves to testify to this fact.

> To return to my own situation: the land my family and I live on in the Sierra Nevada of California is "barely good" from an economic standpoint. With soil amendments, much labor, and the development of ponds for watering, it is producing a few vegetables and some good apples. As forest soils go it is better: through the millennia it has excelled at growing oak and pine trees. I guess I should admit that it's better left wild. It's being "managed for wild" right now—the pines are getting large again and some of the oaks were growing here before a white man set foot anywhere in California. The deer and all the other animals move through with the exception of grizzly bear; grizzlies are now extinct in California. We dream sometimes of trying to bring them back.
>
> These foothill ridges are not striking in any special way, no great scenery or rocks — but the deer are so at home here, I think it might be a "deer field". And the fact that my neighbors and I and all of our children have learned so much by taking our place in the Sierra foothills — not striking wilderness, but logged-over land, burned-over land, considered worthless for decades — begins to make it a teacher to us. ③

The word "teacher" here is significant. For a Buddhist, "teacher" is the one who initiates a person into the Dharma. Snyder finds the teacher in the wild to which he holds that one must listen: "One must learn to listen. Then the voice can be heard. The nature spirits are never dead, they are alive under our feet, over our heads, all around us, ready to speak when we are silent and centred."④ Indeed, the greater part of Snyder's first collection of poems, *Riprap*, and the first part, "Far West," of *The Back Country*, are about the Sierra Nevada, about the voice of nature spirits — the cry of a flicker, or coyote, or jay, or wind in a tree, or a corn whack on a roof. And in his Pulitzer Prize-winning book, *Turtle Island*, a tentative crossfertilization of ecological thought with Buddhist ideas of all creatures being equal is also suggested, reflecting his own life with his

---

① Snyder, *The Back Country*, p. 19.
② Zhong Ling. "Han Shan's Position in Oriental and Western Literature," collected in Zhao Zifan, *Literature and Aesthetics*, Daosheng Press, 1978, p. 248.
③ Snyder, *Good, Wild, Sacred*, Five Seasons Press, 1984, p. 27.
④ Ibid., p. 28.

family and comrades in the foothills of the California Sierras.

Although the mountain seems also the theme of his poetry, yet it does so only' partin, "I am perhaps more 'drunk with the wild' than just with mountains." he says, ① His wilderness poetry is attributed to the Western literary imagination emerging from a tradition rooted in westward expansion and in the frontier experience of the 19th century. ② Wilderness for Snyder is the "landscape of the imagination." ③ Nevertheless, if we make a comprehensive study of Snyder's poems, we will find that he sees the wild often in experience other than life in the wilderness. He sees the wild in the city —

> City of buds and flowers
> Where are your fruits?
> Where are your roots? ④

He sees the wild in the engine room of a steam ship —

> Changing colors
> Like seasons in the woods
> One week the rails and catwalks all turned red
> Valve wheels grow green
> Fade with soot and oil
> And bloom again bright yellow after weeks ⑤

He sees the wild even in the human body. In the poem "Beneath My Hand and Eye the Distant Hills, Your Body," his lover's body is turned into "the snowy Uintah mountains" ⑥in his vision. Snyder himself is a bit puzzled about this, calling it a "curious situation." ⑦ "The more I look," he writes, "the more I find the wild in cities and governments, in universities and businesses, and especially in the arts and in high culture! I honestly don't know where this line of thinking / feeling is takin me! The 'wild' becomes a way of talking about reality, limit-of — reality, the inside dynamic of matter itself."⑧ But since the "wild" for Snyder seems to be everywhere, yet without form, we may well suggest that it is similar to the "way" for Lao-tzu and Chuang-tzu, which exists every where, and to the Buddha nature for Zen, which is said to be in every thing.

In other words, the "wild" is the way, and the "wild" is the mind. From this we may draw a

---

① Letter by Gary Snyder to Ou Hong dated November 28, 1987.
② Bob Steuding, *Gary Snyder*, p. 110.
③ Ibid., p. 120.
④ Snyder, "For Berkeley," *Left Out in the Rain*, p. 158.
⑤ Ibid., p. 77.
⑥ Snyder, *The Back Country*, p. 123.
⑦ Letter by Gary Snyder to Ou Hong dated November 28, 1987.
⑧ Ibid.

fair inference that the "wild" for Snyder is corresponding to the Cold Mountain for Han Shan. Both are selfreflexive. The fact that Snyder has been working on a prose book which he is calling *The Practice of the Wild* and that he owes a great deal to *Chuang Tzu* and *Lao Tzu*, in his writing, as well as to Zen, ①might help to support this argument. As to the relation between Lao-Chang & Zen, I will discuss it in the next chapter.

### Ⅲ   The Zen Conception

In harmony with the wild, Snyder finds silence both around him and in his mind, which he also experiences while practising meditation — the Zen Buddhists' daily exercise of the mind. Such silence is described in almost all of Snyder's wilderness poems. Here is an example:

> Pine Tree Tops
> in the blue night
> frost haze, the sky glows
> with the moon
> pine tree tops
> bend snow-blue, fade
> into sky, frost, starlight.
> the creak of boots.
> rabbit tracks, deer tracks,
> what do we know. ②

The silence is set off by "the creak of boots," only to enhance the effect of stillness. And in a similar poem of Han Shan, it is highlighted by the chirping of birds:

> Rough and dark — the Cold Mountain trail,
> Sharp cobbles — the icy creek bank.
> Yammering, chirping — always birds
> Bleak, alone, not even a lone hiker.
> Whip, whip — the wind slaps my face.
> Whirled and tumbled — snow piles on my back.
> Morning after morning I don't see the sun
> Year after year, not a sign of spring. ③

To achieve a contemplative calm is important for Zen Buddhism in a state of selflessness leading

---

① Letter by Gary Snyder to Ou Hong dated November 28, 1987.
② Snyder, *Turtle Island*, New Directions, 1974, p. 33.
③ Snyder, *Riprap and Cold Mountain Poems*, p. 45.

to enlightenment. That is why Hui Neng, the Sixth Zen Patriarch, "remained silent, concentrated in mind and tranquil in spirit" before preaching.① It is said that the Law was transmitted to him by the Fifth Patriarch simply because he made the following verse and asked someone else to write it down on the wall of the western corridor of the temple, which was greatly admired by the Fifth Patriarch:

> Fundamentally perfect wisdom has no tree.
> Nor has the bright mirror any stand.
> Buddha-nature is forever clear and pure.
> Where is there any dust?②

Clear and pure Buddha-nature consists in spiritual quietude. When the mind keeps still, everything in the outside world becomes still. To know one's own mind is to get enlightened, without reliance on any other knowledge. So in concluding their poems, both Snyder and Han Shan were contented with not knowing what was going around — how the seasons change, and where the tracks lead to. That is why Han Shan writes: "Taciturn perception illuminates the mind / Contemplating the void deepens solitude."③ And Snyder, in recalling the influence of Chinese literature on him in his early years, says, "I was moved especially by some of the nature poems ... and a certain kind of silence that pervades some Chinese poems."④

Since Zen Buddhism holds that to achieve Buddhahood one needs only to know one's mind, it is possible for anyone to get enlightened any time and anywhere. Such a conception is embodied in this poem by Snyder:

> Work to Do Toward Town
> Venus glows in the east,
> mars hangs in the twins.
> Frost on the logs and bare ground
> free of house and tree.
> Kites come down from the mountains
> And glide quavering over the rooftops;
> frost melts in the sun.
> A low haze hangs on the houses
> — firewood smoke and mist —
> Slanting far to the Kamo river
> and the distant Uji hills.
> Farm women lead down carts

---

① *The Platform Scripture*, translated by Wing-tsit Chan, St. John's University Press, New York, 1963.
② Ibid.
③ Snyder, *Riprap and Cold Mountain Poems*, p. 47.
④ Letter by Gary Snyder to Ou Hong dated November 28, 1987.

loaded with long white radish;
I pack my bike with books —
all roads descend toward town. ①

The first eleven lines read very much like Han Shan's recluse poems, but the rest deals with worldly concerns. Yet whatever the theme, reclusive or worldly life, the poet can attain enlightenment as long as he knows his own mind. This principle of Zen Buddhism is suggested in the last line — "all roads descend toward town." The image of the "white radish" is purposely employed, for it alludes to an anecdote about the koan — questioning and defending by the Zen Buddhists in the course of discussing the Law: Once a monk asked Sheng Nian the Head Monk what Buddha-nature was; Sheng Nian answered, "It is the white radish produced in Zhenzhou, which weighs three *jin*." ② This illustrates the same truth that Buddha-nature exists everywhere, even in an object as common as the radish.

Han Shan is generally considered "a monk-poet", though we find no-evidence to show that he ever entered Buddhist priesthood. ③ A regular in recluse, he seldom mentions worldly affairs in his poems except when he recalls days before his withdrawal from society. Nevertheless, he also expresses his faith in the embodiment of Buddha-nature in all objects, worldly or otherwise: "Now I know the pearl of the Buddha-nature / Know its use: a boundless perfect sphere." ④

Han Shan was a Zen Buddhist. As the Chinese poet Yuan Haowen pointed out, "Poetry helps the Zen Buddhist to meditate and purify his mind/While Zen always whets the Poet's imagination."

This explains the appeal of Han Shan, notwithstanding the fact that his poems were mainly of didactic nature. He was perhaps therefore not ranked among the most popular of Tang poets. With Snyder it is different. He merely seasons his poems with Zen ideas. He creates a new kind of poetry hitherto unknown to the Western world and justly earns the admiration of his countrymen. Snyder owes a lot to Han Shan, yet fares better with his contemporary reading public.

IV  The Language of the Common Man

Apart from the above, what relates the modern American to the Tang poet is their common predilection for colloqialism.

Han Shan was praised by Hu Shi as one of the few great Tang poets writing in *Baihua* (everyday language) instead of *Wenyan* (literary Chinese). ⑤ A casual examination of Han Shan's poems is enough to show the colloquiality of his diction and style. The following characteristics are especially noteworthy.

---

① Snyder, *The Back Country*, p. 52.
② See Fan Wenlan, *Buddhism in the Tang Dynasty*, Beijing, People's Publishing House, 1979, p. 77.
③ He was sometimes called Han Shan Zi, which is a Taoist name, and in his 314 poems there is no mentioning of his attaining full status as a monk.
④ Snyder, *Riprap and Cold Mountain Poems*, p. 59.
⑤ Hu Shi, *A History of Vernacular Literature*, reprinted in 1985, Yue Lu Shushe, Chapters 10 & 11.

## 1. The use of a great number of disyllables.

According to one theory, the vocabulary of the Chinese language has gone through an evolution from monosyllabic to disyllabic formation. Before the Qin Dynasty, disyllabic words were mostly formed by alliteration and rhyming-compounds. After the Wei and Jin Dynasties, however, there appeared many disyllabic words which were formed in a syntagmatic manner. In Han Shan's poems, such disyllabic words constitute a very high percentage and contribute greatly to the vernacularism of his language.

According to statistics, in the 13,000 odd characters of Han Shan's 311 poems,[①] there are about 570 disyllabic words which appear over 970 word-times. As one disyllabic word consists of two characters, 970 disyllabic words result in 1,940 characters, amounting approximately to 15 percent of the total number of characters. The ways of word formation of the simple and compound disyllabic words are shown in Table 1.[②]

Table 1

| Type | Word Total | Word-time Total | Word Formation | Word Number | Word-time Number | Sample Words |
| --- | --- | --- | --- | --- | --- | --- |
| Simple Words | 122 | 183 | Sound Repetition | 16 | 26 | 飕飕、沥沥、啾啾 喧喧、喃喃 |
| | | | Alliteration | 26 | 41 | 迢递、留连、取次 喽啰 |
| | | | Rhyming Compound | 46 | 60 | 贪婪、混沌、叮咛 傀儡、膨脖 |
| | | | Neither Alliteration Nor Rhyming Compound | 9 | 13 | 鹦鹉、珊瑚、蓬莱 狡猾、喧呐 |
| | | | Translation | 25 | 43 | 菩萨、弥勒、罗汉 如来、摩尼、金刚 |
| Compounds | 89 | 126 | Word Repetition A + A | 63 | 95 | 急急、茫茫、蠢蠢 缓缓、寂寂、惺惺 |
| | | | Word Repetition A + B + B | 26 | 31 | 冷飕飕、乱纷纷 闹喧喧、惧慑慑 |

Han Shan also makes frequent use of prefixes and suffixes to build compound nouns. (See Table 2.)

Table 2

---

① Han Shan's poems referred to in this dissertation are all taken from *Quan Tang Shi*, Vol. 23, Zhong Hua Shuju, Beijing, pp. 9063 – 9102.

② The research of Han Shan's language is based on "A Tentative Study of the Grammar in Han Shan's Poems" by Qian Xuelie, *Yuyan Jiaoxue yu Yanjiu*, No. 2, 1983.

| Prefix | 阿 | 阿爷、阿娘 |
|---|---|---|
| | 老 | 老鼠 |
| Suffix | 子 | 蚊子、狮子、蚁子、黄鹂子、帽子、虫子、珠子 |
| | 儿 | 猫儿、雀儿、鸳鸯儿 |
| | 头 | 木头、骨头、日头<br>前头、后头、外头<br>歇头 |

Even more significant would seem the great variety of such word-formation. (See Table 3.) Most of them are still in active use in modern Chinese.

Table 3

| Word Total | Word-time Total | Word Formation | Sample Words |
|---|---|---|---|
| 147 | 266 | N + N→N | 宝贝、骨肉、道理、凤凰、春秋 |
| | | Adj + Adj→Adj | 富贵、浩荡、快活、庄严、便宜 |
| | | V + V→V | 思量、觉悟、经营、保护、忘记 |
| | | V + V→N | 被盖、障碍、消息 |
| 121 | 258 | N + N→N | 灵床、云梯、地狱、心田、道士 |
| | | Adj + N→N | 少年、秀才、红尘、黄泉、甘蔗 |
| | | V + N→N | 隐士、学士、生命、动物、扫帚 |
| | | N + Adj→Adj | 火急、天真、绯红、鹅黄 |
| | | Adj + N→Adj | 暂时、痴心、徐步 |
| | | V/Adj + V→N | 借问、徒劳、恳求、隐居、恰似 |
| | | Adj + V→N | 先生、后生、众生、中流 |
| 31 | 78 | V + N→N | 知音、屏风、无常、弄璋 |
| | | V + N→Adj | 称心、伤心、可怜、及时、未央 |
| | | V + N→V | 出家、努力、修行、寄语、失意 |
| 5 | 7 | V + Adj/V→V | 摧残、注定、忘却 |
| | | V + Adj/V→Adj | 分明 |
| 1 | 1 | N + Adj→N | 年少 |

## 2. The adoption of colloquial pronouns.

In the Tang Dynasty, such personal pronouns in classical Chinese, as 吾, 余 for the first person, 尔 for the second person and 其, 之 for the third person, enjoyed little currency in speech communication. Instead, there appeared a new system of personal pronouns —— 我 for the first person, 你 for the second person, and 渠, 伊, 他 for the third person. 我 had been used in classical Chinese, and 你 came into being as the result of mutation of the ancient pronoun 尔. But 他 first appeared in the Tang Dynasty, ① and 渠, 伊 first appeared in the Wei and Jin Dynasties and were popularly used in the Tang Dynasty ②. These typical colloquial personal pronouns of the Tang Dynasty often appear in Han Shan's poems. (See Table 4.)

Table 4

| Person | | Word-time Total | Sentence Element | Word-times | Examples |
|---|---|---|---|---|---|
| First Person | 我 | 100 | Subject | 54 | (1) 我今有一襦，非罗复非绮。<br>(2) 我见世间人，茫茫走路尘。 |
| | | | Attribute | 20 | (1) 有人笑我诗，我诗合典雅。<br>(2) 莫能造我家，谓言最幽野。 |
| | | | Object | 26 | (1) 昔日贫于我，今笑我无钱。<br>(2) 有身与无身，是我复非我。 |
| Second Person | 汝 | 33 | Subject | 11 | (1) 汝今既饱暖，见我不分张。<br>(2) 汝受我调伏，我共汝觅活。 |
| | | | Attribute | 2 | (1) 渠命既不惜，汝命有何辜。<br>(2) 更得出头日，换却汝衣服。 |
| | | | Object | 20 | (1) 教汝百胜术，不贪为上谋。<br>(2) 报汝修道者，进求虚劳神。 |
| | 你 | 18 | Subject | 3 | (1) 你若不信受，相逢不相识。<br>(2) 纵你居犀角，饶君带虎睛。 |
| | | | Object | 15 | (1) 勉你信余言，识取衣中宝。<br>(2) 劝你三界子，莫作勿道理。 |
| Third Person | 渠 | 13 | Subject | 8 | (1) 渠若向西行，我便东边走。<br>(2) 夫死渠便嫁，他人谁敢遏？ |
| | | | Attribute | 2 | (1) 渠命既不惜，汝命有何辜。<br>(2) 城北仲家翁，渠家多酒肉。 |
| | | | Object | 13 | (1) 渠笑我在后，我笑渠在前。<br>(2) 余即报渠言，此珠无价数。 |
| | 伊 | 7 | Subject | 1 | 我尚自不识，是伊争得失。 |
| | | | Object | 6 | (1) 打伊又不得，骂伊又不著。<br>(2) 阿爷恶见伊，阿娘嫌不悦。 |
| | 他 | 2 | Object | 2 | (1) 觅他不可见，出入无门户。<br>(2) 谓言世无双，魂影随他去。 |

---

① Wang Li, *Hanyu Shigao*, ZhongHua Shuju, 1980. p. 270, 274.
② Guo Xiliang, "The Origin and Development of the Third Person Pronoun in Chinese", *Yuyanxue Luncong*, No. 6, 1980.

Han Shan also availed himself of the new demonstrative pronoun 这, which first made its appearance in the Tang Dynasty, ① e. g.

(1) 冬夏逆互用，长年只这是。

(2) 不省这个意，修行徒苦辛。

Another special demonstrative pronoun of the Tang Dynasty, 箇, meaning "this" or "that", was used seven times in Han Shan's poems, e. g.

(1) 但看北邙山，箇是蓬莱岛。

(2) 若得箇中意，纵横处处通。

Among his interrogative pronouns, 争 and 什么 belong especially to the Tang vernacular. People in the Song Dynasty simply used 怎 where people in the Tang Dynasty would have used 争 to mean the same thing ②.

(1) 自古多如此，君今争奈何？

(2) 手中无寸刃，争不惧慞慞？

### 3. The great number of varied classifiers.

In classical Chinese, the noun was put right after the numeral, yet in the period of the Southern and Northern Dynasties, there began to emerge a great variety of classifiers in daily speech; they were inserted between the numeral and the noun. This linguistic change is reflected in Han Shan's poems. (See Table 5.) Most of these classifiers are still being used in contemporary Chinese. The action classifiers in Han Shan's poems discredit the supposition that action classifiers appeared only after the Tang Dynasty. ③

Table 5

| | | |
|---|---|---|
| Individual Classifier | 个 | (1) 有个王秀才，笑我诗多失。<br>(2) 我见百拾狗，个个毛狰狞。 |
| | 条 | 不学白云岩下客，一条寒衲是生涯。 |
| | 粒 | 饥餐一粒伽陀药，心地调和倚石头。 |
| | 颗 | 方知摩尼一颗珠，解用无方处处圆。 |
| | 块 | 投之一块骨，相与噌嗾争。 |
| | 株 | 临危一株树，风摆两枝开。 |
| | 轮 | 师亲指归路，月挂一轮灯。 |
| | 首 | 三字二十一，都来六百首。 |
| | 曲 | 吟此一曲歌，歌终不是禅。 |

---

① Lu Shuxiang, "Zhe Na Yuankao", *Hanyu Yufa Lunwenji*, Kexue Chubanshe, 1955, pp. 179 – 80.

② Zhang Xiang, *Shi Ci Qu Yuci Huishi*, Zhong Hua Shuju, Beijing, 1979, p. 248.

③ Wang Li, p. 245.

| | | |
|---|---|---|
| Collective Classifier | 群 | 独见一群女,端正容貌美。 |
| | 种 | 天下几种人,论时色数有。 |
| | 般、样 | 泣露千般草,吟风一样松。 |
| | 束 | 唯斋一束草,并带五升麸。 |
| | 札 | 能射穿七札,读经览五行。 |
| | 部 | 人生一百年,佛说十二部。 |
| Partial Classifier | 卷 | 仙书一两卷,树下读喃喃。 |
| | 篇 | 五言五百篇,七字七十九。 |
| | 片 | 一朝忽然死,只得一片地。 |
| | 层 | 闲自访高僧,烟山万万层。 |
| | 面 | 绿水千场咽,黄云四面平。 |
| | 段 | 直待折首作两段,方知自身奴贼物。 |
| | 点 | 千年石上古人踪,万丈岩前一点空。 |
| | 滴 | 大海一滴水,吸入其心田。 |
| Measure Classifier | 里 | 出生三十年,尝游千万里。 |
| | 仞 | 乐山登万仞,爱水泛千舟。 |
| | 尺、寸 | 贫驴欠一尺,富狗剩三寸。 |
| | 寻 | 一道清溪冷,千寻碧嶂头。 |
| | 丈 | 瀑布千丈流,何铺练一条。 |
| | 斤 | 纵有千斤金,不如林下贫。 |
| | 斗 | 谁能借斗水,活取辙中鱼。 |
| | 升 | 唯斋一束草,并带五升麸。 |
| Action Classifier | 场 | 仔细推寻著,茫然一场愁。 |
| | 劫 | 轮回几许劫,只为造迷盲。 |
| | 遍 | 书放屏风上,时时看一遍。 |
| | 缠 | 语汝慕道者,慎莫绕十缠。 |
| | 擣 | 失脚入三途,粉骨遭千擣。 |

4. The appearance of new functional words.

a) Prepositions.

Most of the prepositions used by Han Shan derived from verbs and have survived in Modern Chinese. For instance, 在 as a preposition, appears 31 times in Han Shan's poems in place of the classical 于 and 於. Other prepositions, such as 为, 替, 向, 对, 当, are also of frequent occurrence, e. g.

(1) 为他作保见，替他说道理。
(2) 迥心即是佛，莫向外头看。
(3) 有事对面说，所以足人怨。
(4) 一朝如破床，两个当头脱。

b) Auxiliaries.

了 indicating the perfect aspect of the verb is seen in a number of examples of which two are very important:

(1) 死了万事休，谁人承后嗣？
(2) 但看木傀儡，弄了一场困。

Example (1) shows 了 in the "Verb *int.* + 了" pattern; example (2) shows 了 in the "Verb *trans.* + 了 + Object" pattern. It is held by a Chinese linguist that the former pattern began to take shape only in the Southern Tang Dynasty, ① while according to another, the latter pattern first appeared between the Tang and Song Dynasties. ② The above-mentioned two examples in Han Shan's poems are positive proof that the initial appearance of the two 了 patterns should be dated at least a century earlier than it is generally assumed.

The word 着 written as 著 in Han Shan's poems to indicate the progressive aspect, was thoroughly functionalized as seen in the following example:

仔细推寻著，茫然一场愁。

It does not take an object, nor an adverbial of place.

c) Conjunctions.

Some of the conjunctions in Han Shan's poems, such as disyllabic compounds 所以, 虽然, 假使, belong to today's speech as much as ever, e. g.

(1) 未能舍流俗，所以相追访。
(2) 虽然身畅逸，却念世间人。
(3) 假使非非想，盖缘多福力。

The above shows in the language of Han Shan the main features of the Tang vernacular. (As a matter of fact, some sentence patterns Han Shan used also help to verify this point, but since the present dissertation is not specially dealing with Han Shan's poems, I should only focus on the vocabulary of his poetic diction.)

---

① Wang Li, p. 306.
② Mei Zulin, "The Origins of the Suffixes and Sentence Patterns of the Perfect Aspect in the Chinese Language", *Linguistic Studies*. No. 1, 1981.

All this has relevance to my discussion of Gary Snyder, for there is also a touch of colloquialism in his language, though in a way not so distinct as in that of Han Shan's.

First, Snyder sometimes tends to adopt a more or less phonetic-spelling method in his writings. The following are some examples:

(1) til — till

e. g. *Til* men go mad and trees have died [1]

(2) thru — through

e. g. rain *thru* the broken shakes

gorge a low roar, [2]

(3) could've — could have

e. g. We *could've* had us children,

We *could've* had a home —[3]

(4) standin — standing

e. g. always been *standin* there [4]

(5) yr — your

(6) freckld — freckled

e. g. I like *yr*

*freckld* breast [5]

(7) cd —— could

e. g. I *cd* write you [6]

In the poems of the first three parts of his book *Regarding Wave*, almost all the past tense forms of the verbs he uses are spelt in the manner as indicated below:

(1) streakt — streaked

(2) forkt — forked

(3) rippld — rippled

(4) archt — arched

(5) colord — colored

(6) weavd — weaved

(7) staind — stained

(8) kisst — kissed

(9) pisst — pissed

(10) wrappt — wrapped

(11) walkt — walked

Second, in his quest for actual sound effect, Snyder leaves spaces of varying length in the

---

[1] Snyder, *Left Out in the Rain*, p. 22.
[2] Ibid., p. 29.
[3] Ibid., p. 30.
[4] Ibid., p. 72.
[5] Ibid., p. 93.
[6] Ibid.

arrangement of the lines to indicate the way they should be read and timed. As a result, most of his poems are grouped sometimes right and sometimes left, e. g.

    Burning the small dead
      branches
    broke from beneath
    thick spreading
    whitebark pine.
    a hundred summers
    snowmelt    rock    and air

    hiss in a twisted bough.

    sierra granite;
    mt. Ritter —
    black rock twice as old.
    Deneb, Altair

    windy fire [1]

This poem is a description of Snyder's calm state of mind. His thoughts travel from the death of the branches to the changes of the world caused by time, yet his mind remains unperturbed. The fire in the darkness symbolizes his Enlightenment. Put at the end of the first line, the word "dead" is emphasized because the whole poem is triggered by it. The indentation of the second line gives added emphasis to the word "branches", for "branches" is the second link in the chain of Snyder's thoughts. What is more, the initial spaces compel the reader to take a deep breath before uttering the word "branches" so that the emphasis is achieved in the stress. The indentation of the first line of the second stanza indicates that the poet ponders over the power of time before he puts down the line. When interviewed by the *New York Quarterly* in 1973, Snyder explained why he dealt with the placement of the line in this way:

    The placement of the line on the page, the horizontal white spaces and the vertical white spaces are all scoring for how it is to be read and how it is to be timed. Space means time. The marginal indentation are more an indication of voice emphasis, breath emphasis — and, as Pound might have called it, *logopoeia*, some of the dances of the ideas that are working within your syntactic structures. [2]

Third, Snyder's poems are terse, the lines short and the words simple. Only a small number of

---

[1] Snyder, *The Back Country*, p. 13.
[2] Snyder, *The Real Work*, p. 31.

his lines go over seven words. This is due to the influence of the classical Chinese poetry, the Japanese *Haiku* and the Indian vernacular poetry.①

Both Snyder and Han Shan write vernacular poetry or the poetry in the language of the common folk in opposition to academic style and language. Having been laughed at for his vernacular poetry, Han Shan writes in retort:

> A certain scholar named Mr. Wang
> Was laughing at my poems for being so clumsy.
> "Don't you know you can't have two accents here?
> And this line has too many beats.
> You don't seem to understand meter at all
> But toss in any word that comes in mind!"
> I laugh too, Mr. Wang, when *you* make a poem,
> Like a blind man trying to sing of the sun.②

Snyder simply says mockingly, "You don't have to write like an Oxford don to be poet."③

(本文节选自同题博士学位论文,为该论文的引言及第 1 章,原载《中国人文社会科学博士硕士文库·文学卷》,浙江教育出版社,1998,第 1805—1838 页。)

---

① Snyder, *The Back Country*, p. 38.
② This poem is translated by Burton Watson, *Cold Mountain*, Columbia University Press, 1970, p. 46.
③ Donald Allen ed., *On Bread & Poetry*, a paniel discussion with Gary Snyder, Lew Welch and Philip Whalen, Grey Fox Press, 1977, p. 9.

# Snyder as a Social Visionary

What is the place for the poet in modern society? Can he fulfill the role of prophet or social commentator, without damaging his art? It is said that since the rise of Formalism, poetry has gradually been separated into two schools: social poetry and poetry for "literary" audiences. Yet Gary Snyder transcends these boundaries. At one moment he writes of his home in seclusion, and at another he addresses the world of industrialization.

We can see part of this alternation in his description of the twin poles of classical Chinese poetry made in a symposium on "Chinese Poetry and the American Imagination." Here is what he says:

> In a simple way, I think, our first Anglo-American received view of the Chinese poets was that they were civil servants. And in a simplified way, there is some truth in this. There were extremes as great perhaps as Han Yu on the one side as a rigorous, benevolent, socially-minded poet, Confucianist all his life; and at the other end, perhaps a poet like Han Shan who speaks entirely from the hermit's habitat. Yet in actual fact, these two kinds of poetry which I am artificially separating for the moment, were generally produced by the same people. Now to add to the complexity, we have no real models in Occidental poetry of poets who either were staunch, quiet, solid civil-servants involved in responsible positions in society for a whole lifetime as a regular type of poet, nor do we have on the other hand a real tradition of hermit's poetry in the Occident. So it's all the more interesting to see that these two types of roles of poetry were both in China coming from the same individuals, often at different stages within one lifetime, or in some cases, it was just a matter of literally changing hats—Confucian hat to Taoist hat while on a trip to the country. [1]

Snyder has a profound understanding of Chinese culture, so much so that he has internalized the public-spiritedness of Confucianism, which enables him, though an Occidental, to follow the Chinese poets' way of "literally changing hats", of now being a poet in hermitlike isolation, and now a social visionary. As a result, it is not amazing to hear Snyder talking about the role of a poet in the following way:

> Actually poetry in a healthy, stable society (in which poets are not forced willy-nilly to all be revolutionaries) does influence the behavior of lovers, and it does make one think of one's

---

[1] *Ironwood*, 17, 1981.

parents, and put importance on friendship, and give meaning to history and culture, and improve public manners...yes, poetry should do that. ①

Contrary to Snyder the hermit poet, here is before us Snyder the socially-minded poet. To have a real grasp of his social vision, one cannot do better than to study his major poetical works in chronological sequence. I shall attempt to do this accordingly.

## I. *Riprap*

As generally accepted by Snyder critics, Snyder's poetry shares many characteristics with Han Shan's, especially the awareness that the need for solidity and harmony can only be satisfied away from city life, in the processes of natural forces and cycles. One telling example is *Riprap*, which Snyder later purposely published together with his translations of Han Shan to imply their literary kinship. The following lines might serve as an emblem for the thematic focus of *Riprap*:

> A million
> Summers, night air still and the rocks
> Warm. Sky over endless mountains.
> All the junk that goes with being human
> Drops away, hard rock wavers
> Even the heavy present seems to fail
> This bubble of a heart.
> Words and books
> Like a small creek off a high ledge
> Gone in the dry air. ②

At first sight it seems that not only the products of civilization dematerialize in the harmoniously intensified nature, but also the poet himself is borne to the edge of nonexistence. Yet, paradoxically, it is no real nonexistence. The poet exists and has to manage to exist. All this means he has to do with society. Although the majority of the poems in *Riprap* deal with natural objects, social actuality can be seen throughout and in some cases becomes the center of attention. In "The Late Snow and Lumber Strike of the Summer of Fifty-Four," for example, Snyder appears as a drifting job-hunter.

> Hitched north all of Washington
> Crossing and re-crossing the passes
> Blown like dust, no place to work.

---

① *Ironwood*, 17, 1981.
② Snyder, *Riprap and Cold Mountain Poems*, Grey Fox Press, San Francisco, 1958, p. 6.

> Climbing the steep ridge below Shuksan
> 
> >     clumps of pine
> > 
> >     float out the fog
> 
> No place to think or work
> 
> >     drifting.
> 
> …… ……
> 
> I must turn and go back:
> 
> >     caught on a snowpeak
> > 
> >     between heaven and earth
> 
> And stands in lines in Seattle.
> 
> Looking for work. ①

However, when he does get a job, the world of wage-labor is for him without the pleasures of the mountains and creates alienation in him:

> Mind swarming with pictures, cheap magazines, drunk
> 
> >     brawls, low books and days at sea; hatred of machinery
> > 
> >     and money & whoring my hands and back to move this
> 
> military oil—②

These lines were written when Snyder worked as a seaman on a tanker. The title of this poem, "T-2 Tanker Blues", suggests his frustration, and the "military oil" is the symbol of Cold War, which Snyder strongly opposed. ③ His attack on the U. S. government and its policies led to his being fired from the Forest Service in 1954 for supposed but unfounded Communist affiliation. ④ His attempts to accept the social order for what it was broke down, and one way out of this spiritual crisis was to seek another culture.

Consequently Snyder decided to go to study Zen Buddhism in Japan. He stated his purpose in an essay entitled "Buddhism and the Coming Revolution":

> Buddhism holds that the universe and all creatures in it are intrinsically in a state of complete wisdom, love and compassion; acting in natural response and mutual interdependence …
> 
> The mercy of the West has been social revolution; the mercy of the East has been individual insight into basic self/void. We need both. They are both contained in the traditional three aspects of the Dharma path: wisdom (prajña), meditaton (dhyāna), and

---

① Snyder, *Riprap and Cold Mountain Poems*, Grey Fox Press, San Francisco, 1958, p. 2.
② Ibid., p. 27.
③ Snyder, *Riprap and Cold Mountain Poems*, p. 60.
④ Bob Steuding, *Gary Snyder*, Twayne Publishers, Boston, 1976, p. 29.

morality (śīla). Wisdom is intuitive knowledge of the mind of love and charity that lies beneath one's ego-driven anxieties and aggressions. Meditation is going into the mind to see this for yourself—over and over again, until it becomes the mind you live in. Morality is bringing it back out in the way you live, through personal example and responsible action, ultimately toward the true community (saṅgha) of "all beings". This last aspect means, for me, supporting any cultural and economic revolution that moves clearly toward a free, international, classless world. ①

Snyder seems to look upon the Zen Buddhist philosophy as something of utopianism. Wild nature as he finds in Japan becomes the embodiment of the most positive aspects of his political vision. He almost pastoralizes this country:

> Seeing in open doors and screens
> The thousand postures of all human fond
> Touches and gestures, glidings, nude,
> The oldest and nakedest women more the sweet,
> And saw there first old withered breasts
> Without an inward wail of sorrow and dismay
> Because impermanence and destructiveness of time
> In truth means only, lovely women age—
> But with the noble glance of I Am Loved
> From children and from crones, time is destroyed.
> The cities rise and fall and rise again
> From storm and quake and fire and bomb,
> The glittering smelly ricefields bloom,
> And all that growing up and burning down
> Hangs in the void a little knot of sound. ②

The atmosphere resembles that of his nature poems set in the Sierra Nevada back in the United States. In an ecstasy of delight he calls Japan "a great stone garden in the sea". ③

However, Snyder projects a very idealized pastoral view of Japan merely to address problems in America that he otherwise cannot solve. He cannot tear himself off from the land where he was brought up. As a matter of fact, during his ten-year stay in Japan (1956 – 66), Snyder paid at least three back-home visits to the United States. The longest one lasted almost two years (1964 – 65), during which he taught English at the University of California, Berkeley.

---

① Snyder, *Earth House Hold*, New Directions, New York, 1969, p. 90, 92.
② Snyder, *Riprap and cold Mountain Poems*, p. 21.
③ Ibid.

It was then that Snyder and two other poets had on one occasion a panel discussion on TV. The moderator raised two questions to him: Do you conceive of the poet as necessarily an outlaw in society? How do you see your role? Snyder answered:

> I don't see my role as being any outlaw in society, but I rather look at the society and see what we have—modern Western civilization and the way that it's spreading around the world—as being an aberrant thing, an outlaw of its own sort on the planet. And so I feel more that I am trying to play a middle way—sane kind of role, holding to some balance and some measure, against what seems to me to be extreme and aberrant tendencies in the society.
>
> I am willing to make a living as a poet in the society, and it's up to the society whether I am an outsider or not an outsider, that isn't my concern—I just have my work to do. ①

That sounds much more moderate than his countercultural attitude nine years before. Nevertheless, his scope of concern began to be broadened, from the Western world to the whole planet. This change can be noticed in his later books.

## II. *The Back Country*

This book has four sections: 1) "Far West", a recollection of his experience in the western mountains of the United States where he once worked; 2) "Far East", poems written between 1956 and 1964 in Japan; 3) "Kali", poems whose imagery and incidents are drawn from Snyder's visit to India in 1962; 4) "Back", poems written on his return to the United States in 1964.

In "Far West," Snyder still holds to his socially unacceptable values, and in the first poem of this section, "A Berry Feast," he uses the image of the Coyote, a figure from the American Indian lore that stands for "the guardian, the protector spirit" of the West, ② to celebrate the wilderness. The Coyote observes the city on the one hand and the wilderness on the other. In the wilderness he sees "People gone, no disaster", but when looking to the social realm he observes a "Dead City in dry summer."

His dislike for city life, however, is no longer due to political cause but to his concern for the relations between man and nature. In Snyder's terminology, that is the change from "global consciousness" to "planetary thinking". ③ "Global consciousness," he said, "is world-engineering-technocratic — utopian-centralization men in business suite who play world games in systems theory... 'Planetary thinking' is decentralist, seeks biological rather than technological solutions, and finds its teachers for its alternative possibilities as much in the transmitted skills of natural peoples of Papua and the headwaters of the Amazon as in the libraries of the high Occidental

---

① Donald Allen ed. *On Bread & Poetry*, Grey Fox Press, San Francisco, 1977, p. 5.
② Snyder, "The Incredible Survival of Coyote", *The Old Ways*, City Lights, San Francisco, 1977, p. 84.
③ Snyder, *The Real Work*, New Directions, New York, 1980, p. 126.

civilizations. It's useful to make this distinction between a planetary and a global mind. 'Planetary mind' is old-ways internationalism which recognizes the possibility of one earth with all of its diversity; 'global consciousness' ultimately would impose a not-so-benevolent technocracy on everything via a centralized system."[①]

Snyder's opinion is perhaps idealistic rather than practical. His planetary thinking somewhat reminds one of Emerson's advice: "Hitch your wagon to a star." But how? Despite the rapid advance in space science, man is still earth bound and will be so for many years to come. But the poet's rejection of modern urbanization is genuine and wholesome. His visions are certainly those of a great poet. Snyder formulated his planetary thinking only after his painful experience as culturally rootless drifter revealed in *The Back Country*.

He believes that Buddhism can help create a classless society, but in India, the home of Buddhism, he sees how the caste system cuts off normal human contact—

> a girl thirteen
>     gave pice in change
> to an old woman bought some sweets;
> the man of Bundelkhand
> wear elf-tongued
> flowery leather shoes.
>
> she must have been low caste.
> the girl stood off
>     little coins
> crosst [sic] from hand to hand[②]

He made a comparison between India and Japan. "India in any case is not a comfortable country, the way Japan is. The contrasts are very sharp. Japanese culture is basically hedonistic, and even at its poorest, provides comforts...To understand the problem in part just picture the consequence of having various groups of people who will not dine together, bathe together, or even use the same water supply. How can you have a public life with castes?"[③]

In spite of his praise for Japan, Snyder himself did not find as much comfort there as he had expected. For example, in a poem about the highly appreciated public bath, he stirred up the association of the war, "the dead men naked/tumbled on beaches."[④] He was upset by his inept physical skills when he realized an old Japanese woman could harvest "more in two hours" than he

---

① Snyder, *The Real Work*, New Directions, New York, 1980, p. 126.
② Snyder, *The Back Country*, New Directions, New York, 1968, p. 94.
③ Snyder, *Passage Through India*, Grey Fox Press, San Francisco, 1984. pp. 95 – 6.
④ Snyder, *The Back County*, p. 42.

could manage in a day.① What is more, he was haunted by the painful memories of the relationship he had with his first wife, Alison, whose nickname is Robin. Though he wanted to achieve a Zen-like sense of calm, the demons of self-doubt and ego could not be easily banished:

> Only in dream, like this dawn,
> Does the grave, awed intensity
> Of our young love
> Return to my mind, to my flesh.
>
> We had what the others
> All crave and seek for;
> We left it behind at nineteen.
>
> I feel ancient, as though I had
> Lived many lives.
> And may never now know
> If I am a fool
> Or have done what my
>       karma demands.②

Besides India and Japan, *The Back Country* includes poems about China. This birthplace of Zen Buddhism occupies a very important place in Snyder's social vision, though it was as late as in 1985 that he first set foot on it.

On his way to India from Japan and on his return, he dropped by in Hong Kong for a short time. Each time he went to the border and looked at the People's Republic of China:

> From the Hongkong [sic] N. T. on a pine rise
> See the other side: stub fields.
> Geese, ducks, and children
>       far off cries.
> Down the river, tiny men
> Walk a plank—maybe loading
>       little river boat.
> Is that China
> Flat, brown, and wide?③

---

① Snyder, *The Back Country*, p. 35.
② Ibid., p. 49.
③ Ibid., p. 112.

In the above-cited poem, "To the Chinese Comrades", Snyder reviewed rather scrappily the major events in modern Chinese history—the Long March, the Yanan days, the revolt of the Tibetan splittists, and the crisis in Sino-Soviet relations in the 60s. On the whole he sympathized with the Chinese revolution, and he had a positive attitude towards People's China.[①] Anyway, Snyder holds "People's China has many inspiring examples,"[②] and addresses Chairman Mao like a friend:

> *Chairman Mao, you should quit smoking.*
>   Don't bother those philosophers
> Build dams, plant trees,
>   don't kill flies by hand.
> Marx was another westerner.
>   It's all in the head.
> You don't need the bomb.
>   Stick to farming.
> Write some poems. Swim the river.
>   those blue overalls are great.
> Don't shoot me, let's go drinking.
>   just
> Wait.[③]

In these casual remarks, Snyder mildly criticized the deforestation and failure in water and soil conservation in China. He also suggested that the Chinese people should take their cultural background and the present situation into consideration while accepting Marxism, since "Marx was another westerner". (Kai Snyder, his son, recalls many years later their "long discussions around the kitchen table about the history of China, the differences between capitalism and communism and so on."[④]

As the three kinds of social orders—India, Japan and China—failed to fit into his vision, Snyder was somewhat lost. That is why *The Back Country* is considered the traces of Snyder's life through some of the darkest hours. It is after such a mental ordeal that Snyder shifted his main concern from the world to the earth, that is, from social order to nature. "My poems," he said, "on one level, call the society's attention to its ecological relationships in nature, and to its relationships in the individual consciousness. Some of the poems show how society doesn't see its position in nature. What are we going to do with this planet? It's a problem of love; not the humanistic love of the West—but a love that extends to animals, rocks, dirt, all of it. Without this love, we can end,

---

① Snyder, *The Back Country*, p. 128.
② Snyder, *The Real Work*, p. 127.
③ Snyder, *The Back Country*, p. 114.
④ Kai Snyder, "Having a Poet as a Dad Is Kind of like Having a Fireman as a Dad", *Gary Snyder: Dimensions of a Life*, Jon Halper ed., Sierra Club Books, San Francisco, 1991, p. 141.

even without war, with an uninhabitable place."①

## III. *Turtle Island*

To end his cultural self-exile, Snyder returned to the United States in 1966, as he later put it, to "hark again to those roots, to see our ancient solidarity, and then to the work of being together on Turtle Island."②

"Turtle Island" is the name for North America based on the creation myths of the people who have lived on the continent for millennia.③ To emphasize his "planetary thinking" as mentioned in the last section, Snyder adopted it, instead of the official U. S. A., as the title of this book. "The 'U. S. A.' and its states and counties are arbitrary and inaccurate impositions on what is really here," he said.④

He criticized the United States for exploiting the land:

> Then came the white men: tossed up trees and
>   boulders with big hoses,
>    going after that old gravel and the gold.
> horses, apple-orchards, card-games,
>   pistol-shooting, churches, county jail.⑤

That refers to the Gold Rush in 1848, and other cases of large-scale abuse of virgin soil and their consequent town evils. It is a pity that the country fares no better now. Snyder complains:

> The USA slowly lost its mandate
> in the middle and later twentieth century
> it never gave the mountains and rivers,
>   trees and animals,
>    a vote.
> all the people turned away from it
>   myths die; even continents are impermanent.⑥

Since "Turtle Island" has much to do with the world-wide myth that the earth is sustained by a great turtle or serpent-of-eternity, this Pulitzer-Prize book of Snyder not only concerns the United States but also addresses the whole world: "The U. S. has 6% of the world's population; consumes

---

① Snyder, *The Real Work*, p. 4.
② Snyder, "Introductory Note" of *Turtle Island*, New Directions, New York, 1974.
③ Ibid.
④ Ibid.
⑤ Snyder, *Turtle Island*, p. 79.
⑥ Ibid., p. 77.

1/3 the energy annually consumed in the world. " "The U. S. consumes 1/3 of the world's annual meat. " "A modern nation needs 13 basic industrial raw materials. By AD 2000 the U. S. government will be import-dependent on all but phosphorus. "① Even when he condemns the U. S. government for waging the Vietnam War, he doesn't accuse it of injustice but points out that it is a war against earth:

>So they bomb and they bomb
>Day after day, across the planet
>>blinding sparrows
>>breaking the ear-drums of owls
>>splintering trunks of cherries
>>twining and looping
>>deer intestines
>>in the shaken, dusty rocks,
>All these Americans up in special cities in the sky
>Dumping poisons and explosives
>Across Asia first,
>And next North America.
>
>A war against earth. ②

Therefore, up to now we might say that Snyder's social vision is a planetary vision as called up by him. What he cares for is the destiny of mankind as a whole. He senses the danger of man being submerged by wastes:

>>Aluminum beer cans, plastic spoons,
>plywood veneer, PVC pipe, vinyl seat covers,
>>>don't exactly burn, don't quite rot,
>>>flood over us...③

He is especially indignant at the wanton destruction of wildlife:

>A friend in a tipi in the
>Northern Rockies went out
>hunting white tail with a
>.22 and creeped up on a few

---

① Snyder, *Turtle Island*, p. 31.
② Ibid., pp. 22–3.
③ Ibid., p. 67.

day-bedded, sleeping, shot
what he thought was a buck.
"It was a doe, and she was
carrying a fawn."
He cured the meat without
salt; sliced it following the grain. ①

Snyder's feeling for "Mother Earth" is powerfully expressed in the poem he read at the United Nations Conference on the Human Environment, Stockholm, Sweden, 1972:

And Japan quibbles for words on
  what kinds of whales they can kill?
A once-great Buddhist nation
  dribbles methyl mercury
  like gonorrhea
   in the sea.

Pére David's Deer, the Elaphure,
Lived in the tule marshes of the Yellow River
Two thousand years ago—and lost its home to rice—
The forests of Lo-yang were logged and all the silt &
Sand flowed down, and gone, by 1200 AD—
Wild Geese hatched out in Siberia
  head south over basins of the Yang, the Huang,
  what we call "China"
On flyways they have used a million years.
Ah China, where are the tigers, the wild boars,
 the monkeys.
  like the snows of yesteryear
Gone in a mist, a flash, and the dry hard ground
Is parking space for fifty thousand trucks.
IS man most precious of all things?
—then let us love him, and his brothers, all those
Fading living beings—

North America, Turtle Island, taken by invaders
 who wage war around the world.
May ants, may abalone, otters, wolves and elk

---

① Snyder, *Turtle Island*, p. 58.

Rise! and pull away their giving
    from the robot nations.

*Solidarity*, The People.
Standing Tree People!
Flying Bird People!
Swimming Sea People!
Four-legged, two-legged, people!

How can the head-heavy power-hungry politic scientist
Government    two-world    Capitalist — Imperialist
Third-world    Communist   paper-shuffling male
non-farmer    jet-set    bureaucrats
Speak for the green of the leaf? Speak for the soil?[①]

Snyder voiced effectively before a large audience his discontent with the governments for their incompetence in environmental protection. Out of as much anxiety and indignation, he wrote an essay entitled "Four Changes," which is included in *Turtle Island*, stressing the need for practical and visionary suggestions. Snyder holds that the major problems endangering mankind are: the overgrowth of the population, pollution and extravagant consumption. And to combat these three dangers and carry out changes for natural regeneration, man has first of all to reassess what modern civilization has been doing and undoing.

If man is to remain on earth he must transform the five-millennia-long urbanizing civilization tradition into a new ecologically-sensitive harmony-oriented wild-minded scientific-spiritual culture…Civilization, which has made us so successful a species, has overshot itself and now threatens us with its inertia. There also is some evidence that civilized life isn't good for the human gene pool. To achieve the Changes we must change the very foundations of our society and our minds.[②]

So far we can see how Snyder's social vision has evolved into a planetary one. But to appreciate fully his viewpoint we must be clear about what the latter exactly means. According to Snyder, it has its own aim and requirement for realizing the aim.

What we envision is a planet on which the human population lives harmoniously and dynamically by employing various sophisticated and unobtrusive technologies in a world environment which is "left natural." Specific points in this vision:

---

① Snyder, *Turtle Island*, p. 47.
② Ibid., p. 99.

—A healthy and spare population of all races, much less in number than today.

—Cultural and individual pluralism, unified by a type of world tribal council. Division by natural and cultural boundaries rather than arbitrary political boundaries.

—A technology of communication, education, and quiet transportation, land-use being sensitive to the properties of each region. Allowing, thus, the Bison to return to much of the high plains. Careful but intensive agriculture in the great alluvial valleys; deserts left wild for those who would live there by skill. Computer technicians who run the plant part of the year and walk along with the Elk in their migrations during the rest.

—A basic cultural outlook and social organization that inhibits power and property-seeking while encouraging exploration and challenge in things like music, meditation, mathematics, mountaineering, magic, and all other ways of authentic being-in-the-world. Women totally free and equal. A new kind of family—responsible, but more festive and relaxed—is implicit. ①

His statement is explicit. The vision is a beautiful picture of our habitable planet. It has, besides, poetic truth. In this way Snyder performs the double role of poet and social commentator. For him, it is, in his own words, "a matter of literally changing hats"② like the classical Chinese poets. When he composes wilderness poems he is a Zen Buddhist, and when he preaches as a social visionary, he is not unlike a Chinese poet and civil servant with the hat of Confucianism adorning his head. Regarding the function of literature and art, he does not forget to quote Confucius: "When you change the modes of music, the society changes."③

(*Beat Meets East*, William T. Lawdor & Wen Chu-an ed., Sichuan University Press, 2006)

---

① Snyder, *Turtle Island.*, p. 99 – 100. Later in the information age, Snyder begins to be concerned with "getting high up the information chain". He maintains that "The job of the poet is to take the work of information hunters such as linguists and anthropologists and digest it for human consumption". Suzie Scollon, "Genuine Culture", *Gary Snyder: Dimensions of a Life*, Jon Halper ed., San Francisco, Sierra Club Books, 1991, p. 424.

② See, p. 142 of this book, Note 1.

③ Donald Allen ed., *On Bread & Poetry*, p. 37.

# Zen Buddhism and Gary Snyder's Poetics

It is generally accepted that many poems of both Han Shan and Snyder have a strong Zen tone. This is not at all surprising, for Snyder, like Han Shan, is a Zen Buddhist. The Zen Buddhist ideas are reflected not only in Snyder's poems but also in his poetic theory put forth mainly in his prose works, talks and interviews.

Nevertheless, before discussing Snyder's poetic theory and its relations with Zen Buddhism, it is necessary to give a thumbnail sketch of the essential principles of the doctrines of Indian Buddhism and the way it was sinicized and ultimately embraced by the Chinese tradition.

Buddhism was founded in India about 500 B. C. by Buddha, whose real name was Siddhartha Gautama. The title Buddha means the Enlightened One. Buddha learned from his enlightenment that people could find release from the sufferings of life in nirvana, a state of complete happiness and peace. To achieve nirvana people had to free themselves of all desires and worldly possessions. For Buddha, the world is an illusion. Life, resulting from our attachment to this unreal world, cannot be anything but a series of painful disappointment. Birth, old age, illness and death are all nothing but sufferings, for Buddha held that man was put into a continuing death — rebirth cycle. Each person's position and well-being in life was determined by his or her behaviour in previous lives. In Buddha's opinion, one can break out of the cycle by avoiding both the uncontrolled satisfaction of human desires and the extreme forms of self-denial and self-torture. According to Buddha's teachings, a Buddhist should live a life of poverty, meditation and study.

Indian Buddhism was introduced to China in the Eastern Han Dynasty (25—220 A. D.). Historical records in *Hou Han Shu* show that Liu Ying, Prince of Chu and son of the Emperor Guang Wu, liked to read *Lao Tzu* and favoured Buddhism. This is indicative of the close ties between Buddhism and Taoism at the very beginning. Later Chinese scholars compared Buddha to the God's Man in *Chuang Tzu*, who "is not wet in water, nor burned in fire". In the Period of Wei-Jin and the Dynasties of South and North, Neo-Taoism or *Xuan Xue* began to flourish as Confucianism, which had been prevailing, was proved to be weak and incompetent in tackling the question of life and death in the face of the chaotic society. It was then (520 A. D.) that Zen Buddhism was brought to China, as tradition asserts, by Bodhidharma. The essential principle of Zen Buddhism, the identification of Buddha-nature with all things, very much resembles Chuang Tzu's explanation of Tao: Tao has reality and evidence but no action or physical form. It may be transmitted but cannot be received. It may be obtained but cannot be seen. It is based on itself, rooted in itself. Before heaven and earth came into being, Tao existed by itself from all time. In view of this, Chinese scholars accepted Zen Buddhism readily. In the Tang Dynasty, Hui Neng, the Sixth Patriarch of Zen Buddhism, upheld that one could become Buddha by sudden Enlightenment, which means simply to know one's own mind, and he stressed that the Dharma could never be transmitted by words. These tenets remind us of the famous saying of Chuang Tzu: "Words are a means for catching ideas, but when the idea has been grasped, the words are forgotten." Tao is unnamed. So is the Buddha nature. Thus up to Hui Neng's time Zen Buddhism might be considered to be in the process of growing into Sinicized maturity. In the Song Dynasty Zen Buddhism was introduced to Japan. The most influential is the *Rinzai* sect, to which Snyder belongs.

Zen is a Japanese word derived through Chinese from the Sanskrit Dhyana which means Meditation. Notwithstanding the source of the term, Zen Buddhism is of purely Chinese origin. However, meditation still constitutes a very important part of Zen Buddhism. It is a way of banishing ignorance from the mind and achieving enlightenment. While meditating, one tries to cut off all *one's* ties with the outer world and to concentrate on the inner self. Only in complete relaxation and tranquility can a person gain contact with the spiritual workings of his being.

As a practising Zen Buddhist, Snyder does *zazen* every day.[1] He compares this process to still hunting:

> Still hunting is when you take a stand in the bush or some place and then stay motionless, and then things begin to become alive, and pretty soon you begin to see the squirrels and the sparrows and raccoons and rabbits that were there all the time but just, you know, duck out of the way when you look at them too closely. Meditation is like that. You sit down and shut up and don't move, and then the things in your mind begin to come out of their holes and start doing their running around and singing and so forth, and if you just let that happen, you make contact with it.[2]

As Snyder claims, however, he never uses meditation deliberately as a means of creative writing. The inception of the poem generally seems to take its beginnings while he is working, rather than meditating. "But the exercise, the practice, of sitting," he admits, "gives me unquestionably an ease of access to the territories of my mind — and a capacity for reexperience — for recalling and revisualizing things with almost living accuracy; and I attribute that to a lot of practice of meditation; although, strictly speaking, that is not the best use of meditation."[3] Through meditation Snyder reaches the state of erasure of the self. His conscious mind temporarily relinquishes its self-importance, its sense of self-importance, of direct focus and decision making and lets peripheral and lower and in some sense deeper aspects of the mind begin to manifest themselves. He describes this as being "common to the creative process of all kinds of people, and all kinds of arts."[4] When talking about his making of a poem, he says, "I listen to my own interior mind-music closely, and most of the time there's nothing particularly interesting happening. But once in a while I hear

---

[1] Snyder, *The Real Work*, p. 33.
[2] Ibid., p. 34.
[3] Ibid., p. 33.
[4] Ibid., p. 34.

something which I recognize as belonging to the sphere of poetry. I listen very closely to that." ①
Since he links meditation to the process of art creation, he finds congenial to his *zazen* state of mind "the underlying tone in good Chinese poetry, or what is glimmering behind the surface in a Chinese Sung Dynasty landscape painting." ②

The erasure of the self in meditation is in fact sole concentration on one thing to the exclusion of all else. Eugen Herrigel says in his book, *Zen in the Art of Archery*, that through a kind of disciplined inattention the archer and the target become one.

The truth is that the archer controls his attention so well that he does it with extreme ease. This is a case of freedom born of discipline. As true art is art concealed, so exclusive attention becomes lack of attention. Thus is it that a Zen writer in his contemplation can often successfully get to the heart of the object. His perception of the external world is immediate, and even intuitive, in which he finds his own identity. Evidently Snyder takes this Zen approach to nature. By intuition he becomes one with the object and endows it with life. "The trees, grasses, and winds were dancing with me; I could understand the songs of the birds." ③ And he puts this experience into his poems.

Nature is here one organic whole. All things are interrelated and interdependent. For Snyder, "the life of a stone or a weed is as completely beautiful and authentic, wise and valuable as the life of, say, an Einstein." ④ This partly explains why he dedicates so much of his time and energy to the cause of environmental protection and ecological equilibrium. When he writes a poem to denounce deforestation, he incarnates his vision in a tree and becomes a tree himself. This must also be attributed to the Buddhist idea that all creatures are equal. This idea sparkles here and there in his wilderness poetry. Snyder's Muse is nature, though he treats nature differently from Cowper or Wordsworth. He states clearly his position:

> The voice that speaks to me as a poet, what Westerners have called the Muse, is the voice of nature herself, whom the ancient poets called the great goddess, the Magna Mater. I regard that voice as a very real entity. At the root of the problem where our civilization goes wrong is the mistaken belief that nature is something less than authentic, that nature is not as alive as man is, or as intelligent, that in a sense it is dead, and that animals are of so low an order of intelligence and feeling, we need not take their feelings into account. ⑤

For the same reason, according to Snyder, poetry is not self-expression, but the expression of all our selves. In an interview he aired his opinion —

> We all know that the power of a great poem is not that we felt that person expressed himself well. We don't think that. What we think is, "How deeply *I* am touched." That's our

---

① Snyder, *The Real Work*, p. 58.
② Ibid., p. 97.
③ Snyder, *Earth House Hold*, p. 123.
④ Snyder, *The Real Work*, p. 17.
⑤ Snyder, *Turtle Island*, p. 107.

level of response. And so a great poet does not express his or her self, he expresses *all* of our selves. And to express *all* of our selves you have to go beyond your own self. Like Dogen, the Zen master, said, "We study the self to forget the self. And when you forget the self, you become *one* with all things." And that's why poetry is not self-expression in those small self terms."[10]

The kind of poet who writes this way Snyder calls the Mind Poet:

> A Mind Poet
> Stays in the house.
> The house is empty
> And it has no walls.
> The poem
> Is seen from all sides,
> Everywhere,
> At once.①

The "house" is both the cosmos and the poet's imagination, and the poem, with its pan-optic and omnipresent perspective, should be understood as a cosmic hymn. This echoes one of the three main teachings of the Rinzai sect of Zen — mind is without form and follows the ten directions, that is, the sense and bodily movements. The impact of this tenet on Snyder's poetry is obvious.

However that may be, he is a Work Poet as well. As mentioned before, poems come to him oftener while he is working than when merely meditating. Work provides very important thematic matter for his poetry. He sums up: "Whatever work I've done, whatever job I've had, has fed right into my poetry, and it's all in there."② "I talk more about horses and mountains and mules and axes and things in my poetry than anybody in New York would."③ Sometimes even the rhythm of his poetry derived from the rhythm he experiences during work while the poem is being conceived. This is made clear from his essay contributed to Donald Allen's anthology, *The New American Poetry*: 1945—1960: "I've just recently come to realize that the rhythms of my poems follow the rhythm of physical work I'm doing and life I'm leading at any given time — which makes the music in my head which creates the line." The following is a good example poem of the work rhythm.

> **On Top**
> All this new stuff goes on top
> turn it over　　turn it over
> wait　　and water down.

---

① Snyder, *Turtle Island*, p. 88.
② Donald Allen ed., *On Bread & Poetry*, p. 9.
③ Ibid., p. 39.

> From the dark bottom
> turn it inside out
> let it spread through, sift down,
> even.
> Watch it sprout.
>
> A mind like compost. ①

Perhaps the poet tries to liken the compost in the making to the agitated state of his mind. The metaphor gains effect partly through the use of the above said rhythm. Nearly all the verbs are stressed and put at the beginning of the breath group, suggesting regular repeated movements of the spade, and many of the lines sound like work chants. This rhythm is important especially for a group of people working together and concertedly. It was not in vain that he dedicated his first book, *Riprap*, to those people from whom he learned the way of handling his tools; of working together with other men and women; of working as hard as he can when it is time for him to work, and of playing together afterwards. ②

But we must remember that Zen Buddhism is different from Indian Buddhism in that everybody must work. This rule applies: no work, no food. The Zen Master Bo-zhang Huai-hai, in his monastic rules framed during the Tang Dynasty, makes clear that the Zen Buddhists' way of self-support is to grow their own food and build their own houses. Even the teacher, as long as he is physically able, must go out and do manual labor along with his disciples. ③ It is reasonable to believe that Snyder's attitude towards work somewhat betrays his training in Zen Buddhism.

At this point we must turn to another aspect of Zen Buddhism, which emphasizes the transmission of enlightenment by, or even not by, oral instruction. What counts chiefly is the awakening mind which in the disciple directly responds to a paradoxical saying or a suggestive act of the master. Hence the legend goes, when Buddha was preaching to a congregation, he happened to pick up a flower and show it around. All remained silent except one disciple named Mahakasyapa, who smiled in response. At this Buddha declared, "I possess the supreme estoteric wisdom… without relying on any scripture thou shalt get initiated into it." Such was said to be the beginning of Zen.

This must be, it seems, almost a revelation to Snyder. Poetic truth, like Buddhist wisdom, is inexpressible. In essence, both are wordless, more easily felt as part of the inner being than externalized in language. Snyder confirms this point from his own experiences:

> Because the universe is empty, and infinite, and eternal. Because of that, weeds are

---

① Snyder, *Axe Handles*, p. 11.
② Snyder, *The Real Work*, p. 135.
③ See *Jingde Chuandenglu*, Ch. VI. Snyder translated into English the record of the life of Bo-zhang, The translation is included in *Earth House Hold*, pp. 69 – 82.

precious, mice are precious. And the other hearts of Buddhist experience is something that can't be talked about. Sometimes it can be hinted at or approached in some poems. ①

It's an inner order of experience that is not available to language. Language has no words to talk about it. When you put it into words you lose it; so it's better not to talk about it. ②

The true poem is walking that edge between what can be said and that which cannot be said. That's the real razor's edge. The poem that falls all the way over into what can be said can still be very exciting, but the farther it is from the razor's edge the less it has of the real magic. It can be very well done but the ones that make your hair stand on edge are the ones that are right on the line. And then some of them fall too much in the realm of what can't be said. ③

Those that "fall too much in the realm of what can't be said" are, in a sense, no longer poems. They are meditation themes like the koans, or magical incantations, or mantras, that is, not the language but the sound or the way you read it that matters.

Zen Buddhism is Indian Buddhism sinicized. The legend about the beginning of Zen, in which Buddha transmits his wisdom "from mind to mind," reminds us of the Taoist saying: "The true way is beyond language." The principle of Zen Buddhism that Buddha-nature exists in everybody's mind is another expression of Chuang-tze's pantheism which holds that even in an ant or in the dung the Way can be found. Therefore, although Snyder studied Zen Buddhism in Japan, the influence of Zen Buddhism on him should be traced back to Chinese culture. The fact that Snyder has a special liking for classical Chinese poets such as Han Shan, Wang Wei and Su Shi, whose poetry is Zen-oriented, explains amply how much he owes to this cultural contact.

---

① Snyder, *The Real Work*, p. 21.
② Ibid.
③ Ibid.

# Literature Teaching Overseas:
# A Culture-loaded Process

"Literature teaching overseas" is meant to highlight its distinct difference from the teaching of the same literature in its native land, hence referring to the teaching of literature to students of an alien cultural background and in a different social context. Generally speaking, the teacher also shares that alien cultural background and lives in the same social context as the student. For instance, a Chinese teacher teaches English literature to Chinese students. To use the terminology of the aesthetics of reception, they both belong to an interpretative community other than the native one, and their interpretation, analysis and evaluation of the literary text are under the influence of the shared values and social mores and other cultural factors of their own community. The cultural and social values of a literature in its native context may be generally quite close to the different world of the foreign student, as in the countries of Europe, which share common frontiers and have similar language systems. But the two different worlds may be very remote from each other, having widely separate historical evolutions, geographical situations and forms of basic language structure. Such remoteness is certainly the case in the teaching of a European literature to students from a Far Eastern background.

What is more, the linguistic medium of literature teaching overseas is a foreign language which the student is still striving to master, and therefore the literary text is, to a great extent, the source and instrument of second language learning. More often than not the teaching of the literary text tends to take on some features of TESL. However, as the student, usually a language major of the university, has already gone through elementary training courses in the second language—at least that is the case in China—the linguistic approach to literature teaching is accordingly directed to an advanced level, such as stylistic appreciation and discourse analysis, which often evoke comparative and contrastive studies on the part of the teacher with reference to the mother tongue and the cultural heritage he shares with the student. By such means the student can be helped to gain a deeper understanding of the literary text and, at the same time, a better command of the second language.

In this short speech, I shall try to look more carefully into the three major aspects of the culture-loaded process of literature teaching overseas, namely the selection of texts, treatment of cultural elements and appreciation of style. My own experience as a teacher of English literature will also be referred to in due course.

### *A Modified Canon*

What on earth to teach? This is the first question every teacher has to answer when he begins preparing for his lectures. This question will be active for the individual teacher even if a prevailing curriculum has been imposed by higher authority or has become established by consensus. Only in the most rigidly controlled environment will all elements of choice by the teacher be completely eliminated. As a matter of fact, by finding their way into the making of the canon the alien cultural factors always begin to work even before the process of teaching starts. So far as the Chinese literary tradition is concerned, literary writing should have morality as its real substance. Thus one can hardly imagine that *Lady Chatterley's Lover* could be smuggled into the classroom in a country such as China where sexual explicitness is considered altogether filthy and anti-social, in spite of the fact that it did witness the creation of such an erotic novel as *The Golden Lotus*.

Apart from the predictable and routine censorship by social mores and public opinion, there is the censorship based on religious doctrines or political ideology: George Orwell's *Nineteen Eighty-four* was banned in several overseas countries; and there is the damnation of Salman Rushdie and his book *The Satanic Verses* by the religious leader of Iran. How could these censored books possibly be used as teaching materials in such countries?

What is even more deplorable and shocking is that the ideological dominance over a country by another state also affects literature teaching there. Such was the case with the teaching of English literature in China during the fifties. The senior professors in my department at Sun Yat-sen University still remember how they were summoned by the Chinese Ministry of Higher Education to a training class in Beijing and lectured patronisingly by the Soviet expert on how to teach English literature, and our course for the university students of English was designed under his supervision, too. Consequently, Jane Austen was expelled from the classroom since the Soviet scholars had produced a sneering verdict on her as a writer on minor themes and trivial subject matters. In contrast, a novel called *The Gadfly*, written by another English woman writer, Ethel Lilian Voynich, whose very existence was and still is almost totally unknown within literary circles and the academic world of Britain, was placed high at the top of the reading list for Chinese students of English because it tells of an Italian revolutionary's devotion to his cause at the cost of his love and a peaceful life, and for this reason it had also been highly recommended to the young people of the Soviet Union.

In view of the above-mentioned facts and the causes that bring them about, a distinctively modified canon is inevitable in literature teaching overseas.

## *Meaning Across Cultures*

Modification, however, is not finally substitution. The modified canon taught in the overseas country is primarily based on that of the homeland. Yet different ways of treatment of even the same text are conspicuous from time to time. The most striking divergence is the shift in the focus of attention. The native students as a whole have a much better knowledge of their home culture than the overseas students. If we just take a look at BBC TV competitions such as *Mastermind* and *Every Minute Counts* etc., we are ready to be convinced of this point. Unfortunately, what is considered common sense and inherited as collective social consciousness by the native student appears to be most difficult, if not totally impossible, for the overseas students to comprehend, and often to his great disappointment even the dictionaries and encyclopaedias leave much to be desired. Now it is the teacher who can do something for him. Being better informed and perhaps having personal experience of life in the home country of the literature in question, the teacher can help the student get the meaning across cultures. For example, the evil omen represented by Hilda and Mr. Cannon as they each use one end of the same towel at the same time to dry their hands in *Hilda Lessways* must be explained, and the habitual relation of witches with their familiar cats should be pointed out in *Macbeth*. Even trickier are the culturally exclusive words and phrases, many of them being proper names, such as Oxfam Shop, NatWest Bank and sportsmen with Blues, to mention just a few. The overseas student's dictionaries are immediately stripped of their omnipotence when confronted with these hard nuts to crack. Of course, to help him out becomes once again the teacher's strenuous task.

Such bewilderment on the part of the overseas student reading a foreign literary work may be likened to the culture shock awaiting the newcomer, especially an immigrant, to a foreign country. A vivid portrayal of this kind of perplexity mixed with curiosity is rendered in the second chapter of Kafka's *America*. Karl, the hero of the novel, was told by his uncle that the first days of a European in America might be like a rebirth. One very interesting episode is particularly worthy of our attention. When admiring the cleverly designed American writing desk, Karl could not help thinking of the enthralling traditional Christmas panorama he had seen in the market-place at home when he was a child, and he even went so far as to assure himself that in the history of the invention of the American writing desk there must have existed some vague connection similar to that of his memory. This shows how eager the newcomer can be to try to compare the culture he has just stepped into with that at home. A similar psychology often grips the overseas student while he is making efforts to familiarise himself with the cultural elements of the foreign literary text. At this crucial moment, some proper analogies or contrasts to the home culture, that is, the culture of the overseas country, can serve as the intermediary that helps to usher the student into the cultural depth of the foreign literary text. For instance, when Chaucer's "Nun's Priest's Tale" is being taught, the discussion about dreams between Chanticleer and Pertelote will be more impressive if the student is reminded of the similar sayings in the Chinese classic *Lie Zi*, and the astrological description foretelling the storm in *Sir Patrick Spens* can be compared with that in *The Book of Songs* of China. In this sense, I may venture to say literature teaching overseas has to be a bit prescriptive.

The shift in the focus of attention is reflected in an interesting phenomenon. Certain viewpoints held by a minority of native literary critics, often highly controversial, are readily accepted by the overseas teacher if he can find a cultural correspondence in his own country. When I was a student, *A Midsummer Night's Dream* was chosen as the text for our Shakespeare course. In the play, when Lysander asks Hermia, "Why is your cheek so pale? /How chance the roses there do fade so fast?" She answers, "Belike for want of rain." Our teacher told us that Hermia's reply had some sexual connotation. Since the word "rain" in Chinese is symbolic of man's life force and to have rain is a euphemism for a woman having sex with a man, Chinese students naturally do not bother to question the credibility of the statement. It is only after I went to

England that I found out this is considered a very shaky interpretation and not at all generally accepted by the English scholars, in spite of the fact that one book on Shakespeare's bawdy language does interpret Hermia's words in that way. So there it is an example of how a specific cultural influence can lead literature teaching overseas slightly astray. Yet such slanting of perspective should be tolerated because it is not altogether the spinning of tall tales.

Even tall tales sometimes do no harm to the student. Literary gossip like claims that Shakespeare's plays were written by Marlowe, that the author of *Alice in Wonderland* was probably Queen Victoria, and the allegation that Rudyard Kipling was homosexual, which are often laughed off by the native scholars, might whet the overseas student's curiosity and make him more inquisitive when dealing with the text. Therefore to use those unconventional and subcultural viewpoints in literature teaching can be helpful rather than misleading so long as the teacher handles them properly as mere literary anecdotes.

## Norm and Deviation

As stated at the beginning of this paper, in literature teaching overseas the text is a source of second language learning as well. The overseas student, not being as lucky as the native speaker, is deprived of the privilege of picking up the norm of the language through lifelong communication and cultural immersion. What he mostly relies on is the grammar book and some dictionaries. Due to the obsession with marked rules, overgeneralization becomes one of the major errors in his interlanguage. I have seen Chinese students using "more excellent" and "more parallel" in their English compositions, without any deliberate intention to achieve a stylistic effect. When an explanation was demanded, some of them cited George Orwell's well-known sarcastic remark in *Animal Farm* for support— "All animals are equal, but some are more equal than others." This is a typical case of confusing the deviation with the norm. As a means of prevention or cure of such errors, the teacher must help the student to distinguish between the norm and the deviation and to build up a working sense of style.

Besides marked rules, the norm consists of unmarked rules, which are even more difficult for a second-language learner to grasp. While the overseas student is trying his best to get the feel of the norm, the teacher's timely briefing on unmarked rules is extremely important. Take the question of syntactic structure for example. Both English and Chinese sentences have an SVO word order, but the adverbial of the English sentence is usually put after the object, whereas that of the Chinese sentence generally appears either before the verb or the subject. Chinese students are thus very likely to produce left-weighted sentences as a result of the influence of the sentence structure of their mother tongue, in this way contradicting the underlying principles of end-focus and end-weight in characteristic English syntax. Without the teacher's help, it will take a long time for the student even to sense the existence of these principles, let alone to master them.

The more the student knows about the norm, the more he is capable of appreciating aspects of style, including deviations. In the process of stylistic appreciation, however, the cultural inheritance of the overseas student again plays the role of selector and monitor, letting in what is on the same wavelength and finding it hard to synchronise with what is culturally divergent. Hence Chinese students can admire profoundly the majestic parallel structure in Winston Churchill's powerful speech calling on the British people to defend their country, for parallelism, as seen in *Lu Shi* and *Pian Wen*, has been a traditional form of their literature. They can also easily grasp what is implied in Alexander Pope's juxtaposition of the Bible with the cosmetics on a lady's dressing table in *The Rape of the Lock*, because the Chinese often hint at an analogy in the same way. However, when they come across the stylistic features of modernism, such as the overlapping appositions of T. S. Eliot and the anaphoric indeterminacy of Wallace Stevens, their response is at first not so instinctive because they cannot find a pigeonhole for them in their own culture.

As we can see, literature teaching overseas is a culture-loaded process. When the cultural inheritance of the overseas teacher and student is in harmony with the cultural elements carried by the literary text, the teaching as well as the learning gain momentum; whereas when the two kinds of cultural factors are in discord, the teaching process is likely to be jammed and obstructed by inertia. To solve this problem both the teacher and the student must take pains to understand the new culture, instead of keeping it at arm's length indiscriminately. Then as a next step more efforts should be made to explore the features of cultural divergence. Here contrastive analysis is often very useful. As to the making of the canon of texts, social mores should be taken into consideration, since otherwise the teaching of the literature cannot survive.

In short, literature teaching overseas is not quite the same as the teaching of the literature in its homeland. Allowances should be made for the modification of the canon and the shift of emphasis in teaching, because only in this way can the overseas study of a literature both communicate knowledge and contribute to the personal education of the student.

### Appendix: Examples

Churchill: We shall fight in France. We shall fight on the seas and the oceans. We shall fight with growing confidence and growing strength in the air. We shall defend our island whatever the cost may be. We shall fight on the beaches. We shall fight on the landing grounds. WE shall fight in the fields and in the streets. WE shall fight in the hills.

T. S. Eliot: I Tiresias, though blind, throbbing between two lives,
    Old man with wrinkled female breasts, can see
    At the violet hour, the evening hour that strives
    Homeward, and brings the sailor home from sea, 【This can be parallel with either "strives" or "can see"】
    The typist 【object of "can see"】 home at teatime, clears her breakfast, lights
    Her stove, and lays out food in tins.
    (*The Waste Land*)

Wallace Stevens: The bed, the books, the chair, the moving nuns,
    The candle as it evades the sight, these are 【"These" = "it"】
    The sources of happiness in the shape of Rome,
    A shape within the circles ancient of shapes, 【circles ancient = ancient circles】
    And these beneath the shadow of a shape 【"these" = "portent" in the next stanza】

In a confusion on bed and books, a portent
On the chair, a moving transparence on the nuns,
A light on the candle tearing against the wick
To join a hovering excellence, to escape
From fire and be part only of that of which
Fire is the symbol: the celestial possible.

(To an Old Philosopher in Rome)

(1989 年 4 月在英国牛津大学"海外英国文学教学国际研讨会"上宣读,后载于 *Epsians* 杂志总第 2 期)

# 漫谈研究（讲座提纲）

什么是"研究"？

"研"者"磨"也。"磨"就要下功夫，只要功夫深，铁棒磨成绣花针。贾岛："十年磨一剑，霜刃未曾试。今日把示君，谁有不平事？"不要浮躁。

"究"者"穷"也。"上穷碧落下黄泉"的"穷"。我们还可以看看英语的"研究"——"research"。【search—circum—（MF）cerchier—go about，re—"重新"。】① 另一个表示"研究"的词是"study"—（F）etudier—（OldF）estude—devote oneself。投入很重要。最后我会讲到。

无论"穷"也好，"go about"也好，总之要思路开阔，挖掘得深。现在常说"全球化"（globalization），我们搞人文、社科研究的人最重要的倒还是要有"全球意识"（globalism）。【J. Y. Wong 研究两次鸦片战争的例子】：

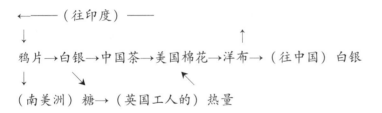

"全球意识"虽然似乎是从空间的角度去考虑问题，但是我认为没有不和时间相连的空间。（同样也没有不和空间相连的时间。）所以也要从时间的角度去考虑问题。【T. S. Eliot："No poet, no artist of any art, has his complete meaning alone. His significance, his appreciation is the appreciation of his relation to the dead poets and artists. You cannot value him alone; you must set him, for contrast and comparison, among the dead. I mean this as a principle of aesthetic, not merely historical, criticism."——"Tradition and the Individual Talent"】【Intertextuality—a term popularized especially by Julia Kristeva, which is used to signify the multiple ways in which any one literary text is made up of other texts, by means of its open or covert citations and allusions, its repetitions and transformations of the formal and substantive features of earlier texts…Any text is in fact an intertext.】【Fredric Jameson："Always historicize."】

这种大时空背景意识也包括跨学科意识。【但丁被放逐与国库中丝绸藏量减少有关。】

还要有实事求是的态度。季羡林先生在《自传》里说，做学问要"有德"，自己都不相信的东西写出来让别人相信，那是"缺德"。【陈毅《梅岭三章》中的一句"此头须向国门

---

① 在本篇以及以下几篇"讲座提纲"中，"【】"内标记的是讲座时提及的相关内容，收录本书时保留"提纲"原貌，未予以充分展开论述。

悬"其实来自汪精卫《双照楼诗词稿》中的"一死心期殊未了,此头须向国门悬"。】

在具体的人文、社科研究中,要处理好以下十种关系:

## 一、发散与收敛的思维方式

搞研究首先要思考问题。思考问题会有不同的思维方式。发散性的思维方式主要依靠联想,有时还要想象,天马行空。钱钟书先生写《管锥编》,其思维方式主要是发散性的。他基本上以《全上古秦汉三国六朝文》为纲,加上《周易》《毛诗》《左传》《史记》《老子》《列子》《楚辞》和《太平广记》,然后把他所联想到的国外的东西挂上去。(本来他还要搞《全唐文》,但因病未能如愿。)《管锥编》其实是点评式的读书札记。(中国特点的批评——宋人谢枋得《文章轨范》、金圣叹点评古典小说。)发散性的思维方式很适合这种相对随意的文体。但是,如果写论文,仅仅有发散性的思维是不够的,还得能够归纳、抽象,也就是收敛性的思维。有的学者以学术论文的要求来衡量《管锥编》,所以得出博大有余而精深不足的评价。钱钟书也写过论文,有一篇论文的题目是《诗可以怨》,开始也是列举了古今中外许多哀怨的诗歌的相似之处,然后归纳出一个观点,即哀怨的文学作品更能打动读者。这就是发散性的和收敛性的思维方式相结合的例子了。

如果考察发散性的和收敛性的思维的关系,我看发散性思维是基础,活跃的思路和丰富的联想有如"大珠小珠落玉盘"。收敛性思维则是把这些珠子串编在一起的丝线,有了它,活跃的思路和丰富的联想就会统一在一个深层的结构里,从而更有意义。没有发散性思维,搞研究根本就是无米之炊;没有收敛性思维,研究永远不能达到高屋建瓴的境界。

## 二、材料与观点

发散性的和收敛性的思维方式反映在搞研究的具体运作中就是处理材料和提出观点。在80年代初期和中期,中国的比较文学研究在相当程度上就是只有材料,缺少观点。连论文题目都是"《×××与×××》"模式。老实说,只要多读点书,在具体的中西文学作品之间找出一点可比性来是不难的。【比如陶潜与Thomas Moore;陶潜与Thoreau(草盛豆苗稀);"窈窕淑女,君子好逑"与古希腊的"丫叉句法"(Chiasmus,如Never trouble trouble, until trouble troubles you.);《红嫂》里少妇用乳汁喂伤员,在《愤怒的葡萄》里也有类似的情节。】但是,像这样比较以后又怎么样?说明了什么问题?最多是说明了文学创作中有两位作家或诗人的思路是相似的。别的就没有了。这显然很肤浅。所以,已故许国璋教授对比较文学抱怀疑态度,他说,他不知道比较文学的寿命能比红茶菌长多少。【许先生对翻译理论研究也取怀疑态度,他曾对李赋宁先生说,你那位高足刘宓庆(现香港中文大学翻译系教授,提倡翻译美学)搞什么翻译理论,还是劝他不要搞了吧。】后来随着西方学者把文化研究引入了比较文学研究领域,中国学者也从作品比较研究转向文论、文化的比较研究【北大的比较文学研究所也更名为"比较文学与比较文化研究所"】,比较文学这个学科的领域得到了开拓。然而,由于近年来相当多的研究者热衷于各种形式主义文论之间的对话,比较文学研究出现了文学文本的失落。中国的情况也一样。不过,在20世纪快要结束的时候,在文化多元化的格局越来越明显的时候,比较文学学者又找到新的视角——从跨文化的角度重新审视文学。【Bernheimer, *Comparative Literature in the Age of Multiculturalism*, Hopkins

University Press，1995。今天不详谈。】我的硕士论文和博士论文都属于比较文学研究。【硕士论文是：《惠特曼〈草叶集〉与郭沫若〈女神〉之比较研究》。博士论文是《加里·斯奈德与中国文化》。……在研究文学作品的过程中，理论只是工具，研究者可以根据他对某一作品的体会选择某一种理论作工具，有时也可以尝试用不同的理论去研究同一部作品，比如有介绍西方现代文论的书就以 The Awakening by Kate Chopin 为例，用各种理论去分析它。】

其实，不仅比较文学研究容易犯只见材料不见观点的毛病，其他方面的研究也一样。有些文章把收集到的材料分类后贴上标签，就认为已经做了归纳工作。尽管表面看来层次分明，1234、ABCD，其实那只是把材料摆得有条理一点，并没有说明什么问题。比如一位本科生写毕业论文。【黄河写关于英语电影片名的汉译的学士论文……最后只好把论文题目改成"Catch the Audience by the Name: A General Introduction to the Skills in the Translation of Movie Names"（英文电影片名翻译技巧简介）。】

严格来说，天下没有没用的材料，只有不适用的材料。材料适用不适用就看你如何用它来为观点服务。

如何处理材料和观点，王宗炎先生以前对我们讲过三种方式：一是自己的材料，自己的观点；二是人家的材料自己的观点；三是人家的观点，自己的材料。【北大周一良教授也写过题为《怎样使观点和材料相结合》的文章，收入《怎样写学术论文》一书。】

搞语言学研究常常先提出自己的假设，再设计实验，取得数据（材料）加以证明。这就是"自己的材料，自己的观点"。文学研究要做到这一点很不容易，因为在研究中依据的无论是作品还是二手评论，都是人家的材料。不过偶然也能碰到机会。我曾经在美国找到一篇老舍的英文轶文"Modern Chinese Novel"。主要根据这份材料，与人合作写成了论文《从〈现代中国小说〉（英文）看老舍文艺观的发展》。【引起轰动，因为在那之前评论界认为老舍的成就主要在创作，并不长于理论，但在这篇文章中，老舍从中西文学比较的角度谈论中国小说的发展，有些地方见解很精辟……】

至于"人家的材料，自己的观点"，这是最常见的研究方式。【"History and Historians"，College English，第 4 册第 1 分册……perspective……】我写《欧洲文艺理论：大合唱中的不同音色》，实际上是从我的"本土意识"论的角度重新观照从罗马古典主义到浪漫主义的欧洲文艺理论。【这篇论文在《人民大学复印资料·文艺理论》1994 年 7 月号全文转载。】

第三种情况是"人家的观点，自己的材料"，其实是根据某种理论演绎出文章来。【王一川：《中国现代克里斯马典型》，（Charisma），克里斯马出自《圣经·新约·哥林多后书》，本义为神圣的天赋，指有神助的人物。德国社会学家 Max Weber，1864-1960，全面扩展了它的含义，用它指在社会各行业中具有原创性、富于神圣感召力的人物的特殊品质。王一川用这个模式去衡量自晚清到 80 年代后期中国小说里的人物形象，认为《狂人日记》里的"狂人"是"五四"时代的克里斯马典型、《创业史》的梁生宝、《青春之歌》的林道静、《红旗谱》的朱老忠、《红色娘子军》的吴琼花，还有李双双、高大泉、李铁梅，80 年代则有《人生》的高加林、《黑骏马》的白音宝力格等，都是不同时代、不同阶层的克里斯马典型。可是，假如我们用人们熟悉的"英雄"这个概念替换了进口的"克里斯马"，这项研究不也照样可以进行吗？事实上王一川不止一次引用马克思的话："每一个时代都需要有自己的伟大人物，如果没有这样的人物，它就要创造出这样的人物来。"】不仅搞研究有这种情况，就是文艺创作也有类似现象。【《男人的一半是女人》是弗洛伊德性心理学的图解。……】

如果观点是别人的，材料也是别人的，那只是一种综述，在介绍某个新学科时起一定的引导作用。不过，假如这种综述相当全面，就变成"state-of-the-field（art）" article，有利于读者了解该学科在某个特定时期的状况，也是很有价值的。

### 三、"小题大做"与"大题小做"

搞研究时，这两种方法都是可取的。

所谓"小题大做"，就是从个别上升到一般。我们研究的对象，比如某种语言现象、某位作家、某部作品等，都是个别的、具体的。如果仅仅分析这些个别的、具体的材料，就事论事，研究的深度就不够。如果能从个别的、具体的材料出发，总结出规律性的东西来，这样立意就高。【叶李枚文章：《从〈哈克贝利·费恩历险记〉谈起》，尽管比较粗糙，但试图从小说看出美国国民性，有可取之处……】然而，"小题大做"容易产生偏差——overgeneralization。搞语言学研究在这方面稍微好些，因为尽管实验结果不能证明假设，这项研究仍然有价值。其价值就在于证明了此路不通。搞文学研究，因为往往以定性分析为主要手段，所以随意性较大（random criticism），overgeneralisation 不时会发生。不过，低级的定量分析手段是可以引进文学研究之中的。【《〈女神〉与〈草叶集〉的平行结构》对于平行结构的统计；《加里·斯奈德与中国文化》中对于斯奈德直接引用中国典故的统计，寒山使用叠词的统计等等。】

至于"大题小做"，意思是不要指望用一篇文章讲完所有想讲的事，宁可把一个大题目分成几个小题目去做。这样研究才能深入。【关于概念翻译的文章……】有人会说，我不写文章，我写书，那不就可以"大题大做"了吗？我认为，连论文都写不好，写书也好不到哪里去。写书容易取巧，往里掺水。现在书店里的许多学术书的精华部分恐怕用一篇论文来写就都足够了。【尼采说过，我的愿望是用十句话把别人用一本书所讲的内容讲出来。（大意）】而且现在可以用钱买书号自费出书，所以专著的总体水平下降。

### 四、有心与有力

有人会说，不管"小题大做"也好，"大题小做"也好，总得有"题"。这题从何来？我说有心就有题。"有心"是指必须时刻处在一种学术上的"在线搜索"（online search）状态，或者说是保持高度灵敏的学术嗅觉。有人写不出东西来就抱怨教学任务太重，其实教学也能得到灵感。我教过9年本科生三年级的英语写作、4年本科生四年级的翻译、在夜大学一直教毕业班的精读课。我发表过一篇题为《好奇：离格与文艺欣赏》的论文。写这篇文章的契机是改学生的作文时发现有人使用"more excellent"这样的不合词法的表达方式。（当然，Sir Philip Sydney 在 The Apologie for Poetrie 里用过"more excellent"，但那是 16 世纪末的英语了。）快要讲评时我突然想起 George Orwell 在 Animal Farm 里写过"All animals are equal, but some animals are more equal than others."这样的句子。按理 excellent 和 equal 都不应该有比较级，为什么 Orwell 的句子却能成为名句？从文体学来看，这属于离格（deviation）。于是，我一方面在讲评时给学生讲 deviation 和 norm，另方面从语法出发，进一步收集词法和句法离格的例子。后来又从研究文学语言的离格现象扩展到音乐、舞蹈、绘画的离格现象，进而研究离格的美、离格与规范的关系，最后归结到一个观点：离格美之所以得到欣赏是因为人有好奇心。又比如我在夜大学教 College English 第3册第2分册的 "The Odour of Cheese" 一课时,学生对课文提到的火车车厢(carriage)只容纳8个乘客感到奇怪。我说,你们认为火车车厢应该多大?大部分同学说至少要有100个座位。这使我联想起教 "Farewell, My Unlovely" 那一课时,学生碰到 "litter can" 这个词组就问:"'can' 不是罐头吗?"这些问题牵涉到不同文化背景的人对概念的空间属性的不同理解,引起我的注意,于是挑选了一些概念对学生进行问卷调查,在此基础上写成了论文《语际转换中概念的时空意蕴》。在此之前我的另一篇论文《概念困惑、不可译性及弥补手段》里的一个例子也是从 College English 第4册第1分册第1课 "Three Days to See" 里选出来的。【Epicurianism & hedonism,前者不是"享乐主义"。】

俗话说,"凡事留心皆学问"。【在河南下乡时吃饭的学问。】只要做个科研有心人,总能在教学和研究活动中有所收获。胡适先生说:"做学问要在不疑处有疑",就是这个道理。当然,收获多少就要看各人自身的学力深浅了。这好比古董鉴赏,不识货的人以为是普通的破烂,在鉴赏家的眼里却是价值连城的宝贝。古语道,"观千剑而后识器","观千剑"是积累学力的过程,"识器"是深厚的学力的流露。必须对自己的研究领域有比较深刻、全面的了解,才能对自己发现的材料和问题的价值作出比较正确的判断。【北京大学王瑶教授关于坐标的话。老舍《现代中国小说》的发现过程。老舍研究的空白点……老舍在美国。老舍受 Joseph Conrad 的影响。(指导硕士生张敏写这个题目。)曹禺的演讲的价值就不敢肯定。】因此,有心还需有力。

现在信息传播很快,可以弥补学力的不足,比如可以通过检索有关学科的研究目录光盘来确定自己的选题是否前人做过,角度如何。但是,学力不仅仅等于知识。唐代史学家刘知几说过,治史当才、学、识兼具,而以史识至为重要。按我的理解,"才"是指分析、思考问题和表达学术观点的能力;"学"就是知识,包括理论;"识"是识见,指价值判断,伦理的考虑。什么该做,什么不该做,要心中明白。【克隆人】【季羡林先生谈研究时也引用了刘知几的这句话。他认为"学"是知识面,"识"是理论,"才"是汉语和外语。】

总之,"学力"应该包括才、学、识三方面。【印度民间故事:《使狮子复活的婆罗门》(Brahman)"The Lion Makers". 诗曰;Scholarship is less than sense;/ Therefore seek intelligence;/ Senseless scholars in their pride / Made a lion, then they died. 】其实,咱们中国也有所谓"读有字书,却要识没字理"的说法。(明朝鹿善继:《四书说约》)

## 五、广博与专精

学力是可以培养和积累的。当然,每个人的天赋、环境和勤奋程度不同,学力也会有深浅之分。另外,治学方法不同,使各人的学力又各有特点。

中国传统的治学方法是文史哲不分家。【《庄子》《史记》】近代一些著名学者也是如此。【陈寅恪以诗证史……《元白诗中俸料钱问题》、《元白诗笺证稿》中的《长恨歌》论文……白居易《长恨歌》与陈鸿所撰《长恨歌传》其实是一个整体,《传》就是《歌》的结尾,前人称赞《长恨歌》"戛然而止,全势已足,不必另作收束",是"赞美乐天,而不得其道",因为当时的文体特点是"文备众体",要有"诗笔"与"史才",前者指韵文,后者指叙事的散文,《歌》就是"诗笔",而《传》就是"史才",李绅作《莺莺歌》、元稹作《莺莺传》也是这种文体;郭沫若从古文字看古代社会。】

我比较倾向于这种广博的治学方法。我们学外语的，西方的文史哲固然要学，比如古希腊罗马神话和《圣经》，它们是西方文化的两大支柱。中国文化修养尤其要加深。陈寅恪先生指出："窃疑中国自今日以后……真能于思想上自成系统，有所创获者，必须一方面吸收输入外来之学说，一方面不忘本来民族之地位。"（陈寅恪：《冯友兰中国哲学史下册审查报告》，载刘梦溪：《中国现代学术经典·陈寅恪卷》，河北教育出版社，2002年，第843页）许国璋先生也说过："学习外语，从事语言学研究的人不要把自己圈在只读洋文的狭小天地里，一定要具备良好的国学基础。"否则就会像颜元叔所批判的那样：研究英美文学时拾西方人的牙慧。我提出对文学进行跨文化研究的"本土意识"论，部分也是出自这种考虑。

我们搞外国语言文学的人其实是在搞文化交流。英国的约翰逊博士（Dr. Samuel Johnson）说："In traveling, a man must carry knowledge with him, if he would bring home knowledge."【翻译、搞比较文学和比较文化研究都是如此。】

不仅搞研究，就是文艺创作也有许多中西合璧取得成功的例子。【曹禺、白先勇。】

另外，搞人文、社会科学的人也要懂点自然科学。【季羡林先生也持这一观点。】首先，时至今日，自然科学常常反映到人文、社会科学里来。【英国诗人 Dylan Thomas 把阳光描写成从太阳踢出来的足球，暗示了光的波粒二象性。T. S. Eliot 曾用催化剂来比喻诗人的心灵，他说，氧气和二氧化硫混合在一起，加上一条白金丝，它们就化合成硫酸。这个化合作用只有在加上白金丝的时候才会发生。然而新化合物中却一点儿白金都不含。白金呢，显然未受影响，还是不动，依旧保持中性，毫无变化。诗人的心灵就是一根白金丝。还有我们今天常说的这个工程那个工程，211 工程。】

再者，学会使用计算机和信息高速公路才能有更开阔的视野，从而更博学。胡适曾说过，学问要博大，因为这样才能左得一个启示，右得一个启示，才会不断有新见产生。【季羡林先生主张同时注意几个问题，这样在发现和使用材料时会灵活得多。】【如何把这些"新见"记录下来，在没有计算机的年代最普遍的方法是做卡片，但也有很个性化的做法，比如陈寅恪喜欢在书上做眉批，季羡林喜欢用大张的纸分门别类地记录资料和心得。】

但是，广义的中西文化和自然科学只是基础，在此之上是与自己的研究方向有密切联系的学科。【比如英美诗歌和诗论这个研究方向，与之有关的语言学、文体学、翻译研究、西方古典文论和现代文论等都要有较深的修养。】这是第二级。

至于第三级，那就是自己的主要研究方向。这一级一定尽可能做到专精，至少在某一方面要称得起是专家。【别的不敢说，但惠特曼、斯奈德研究我可以说是专家。】

博学不仅是学得博，而且要博着学，即通过多种多样的途径去学。读书不是唯一的途径。还可以向朋友学。【与不同领域的学者交朋友。谈吐之中获益良多。】可以向师长学。【牛津、剑桥的 tutor，如沐春风；向刘逸生学平仄；向身边的老师就学得更多了：向王宗炎老师学科研与教学相结合；从戴镏龄老师那里得到中西文化的熏陶；向陈永培老师和已故方淑珍老师学语音学知识……当然向师长学的不仅仅是知识学养，还有做人的道理。【向已故周光耀老师学到超脱的人生态度；向已故许国璋老师学到如何关怀后辈的成长，（给考生复信、为王克非争取读博机会、当年对我的关怀）。老师对学生的影响有时是意料不到的【如刘清华毕业后读比较文学硕士】。还要向学生学。【79 届学生黄傲霜的学士学位论文研究弗洛伊德；93 届研究生王彦平的硕士论文，启发我认识到海明威的 code hero 是个 image-motif，不局限于男人。】

治学应该在广博的基础上专精。【professionalism，像三级火箭。】

## 六、普及与提高

刚才说过，要在广博的基础上专精。但是专精不等于让别人看不懂。任何高深的学问都可以用很浅显的语言讲得很清楚。假如别人（只要不是白痴）不懂，要么就是自己的表达有问题，要么就是连自己都还没完全搞懂。【季羡林先生说，自己都还不懂的东西就写文章推销给别人，也是"缺德"。】"曲高和寡"不是理由，因为"和"是要有同等功力才能办到的，而听得懂一首曲子并不一定需要唱出同样高的音域。真正的学者不是精神贵族，不是救世主，而是真理的探求者和传播者。

当然，普及和提高要看不同的对象。如果给学术性很强的刊物写论文，就要学术性强。给一般的报刊写文章，就要通俗，好让广大读者读懂。所谓"俗"，只不过是形式上（语言、表达手段）的通俗，内容基本上还是雅的，可以俗事雅谈，也可以雅事俗谈。【我为《羊城晚报》写《西窗琐语》专栏的指导思想就是这样。比如厕所可谓俗矣，但周作人写过《入厕读书》，日本文人谷崎润一郎写过《阴翳礼赞：日本和西洋文化随笔·关于厕所》。以前还为文艺杂志写过《武侠的一半是女人》《〈圣经〉不是经》《梦的编织者与"胡诌文学"》等，都收入《西窗琐语》里。写普及性的文章一可以练笔（不能长，文笔要精炼），二可以锻炼思维能力，千万不可以为是雕虫小技而不屑为之。【王力就著过《龙虫并雕斋文集》】。所以我开了个博客，就是为了练笔。

## 七、单干与合作

搞研究可以独立进行，也可以与人合作。如果有能力，最好当然是独立完成，但有些大项目，比如编词典、教材，恐怕还得靠各方面的人才合作，才能在较短的时间里拿出成果来。合作有两种形式：一是以别人为主；二是以自己为主。我参加过三部词典的编撰工作，都是当副主编或第二编者。第一部是《英汉应用语言学词典》，主编是王宗炎教授；第二部是《世界名言大辞典》，主编是戴镏龄教授，顾问是巴金、陈原；第三部是《英汉计算机网络技术词典》，公开写出来的第一编者是华南理工大学的张凌教授。在合作过程中，我学到许多东西。王宗炎先生当主编总是亲力亲为，每条词条都细细斟酌，词典编成，同时就有一篇关于该词典的论文发表。戴镏龄先生却是放手让我们干，遇到疑难问题才去请教他，每次请教都受益匪浅。至于第三部词典，那是我为研究生开数码文化导论课所做的准备工作的一部分。将来成熟了就写成书。合作首先不要争排名先后。【《英汉计算机网络技术词典》本来打算安排两位主编，我是其中之一。后来出版社考虑到张凌是中国教育科研网华南网的主任，突出他可以增加书的销路，就和我商量，请我退到副主编的位置。我答应了。到出版前，又有了变动。干脆不设主编副主编了，因为张凌实际上没做什么工作，定他为主编不公平。于是设一个编委会，不过他还是排名第一，我第二。我也没意见。】

以我为主的则有《剑桥商务英语证书考试 BEC1 备考系列》（4 册）和《广东省专业技术资格外语考试阅读文选》（以下简称《文选》）（13 册）【这套书的挂名主编是广东省人事厅厅长。】前一套书大家合作很好，我也学王宗炎先生一样从策划到最后校改清样，每个环节都严格把关。后一套书是我去美国前搞的，策划是我，但审稿我只负责其中 4 册。我出国后，另外两位副主编主持搞了每册的汉语译文。由于时间紧迫，匆忙之中没把好质量关，致使个别专业的《文选》的汉译错漏百出,后来赶快出了修订本。这是个教训。【我们就收到过批评《文选》中的《理工科公共英语·参考译文》的文章。不过作者评论的是未经修订的本子。《英汉计算机网络技术词典》也有问题。编辑在定稿前没有让我看过全部稿子。印出来后我发现辞典没有目录。以张凌的名义写的《序》(其实是责任编辑起草的)说acronym这个词在旧一些的英语词典中找不到,是个新词。其实这个词1943年就有人用,1986年出版的 The Collins English Dictionary 就收入了这个词。这些错误和不足之处只有等再版时修订了。所以每做成一件事,其实是多一份遗憾。】

不管怎样,合作搞科研有利于建立梯队,培养新生力量。【读硕士时我翻译了《两广总督叶名琛》(北京中华书局出版),获得硕士学位后王宗炎先生就让我参加重写《英语语法入门》和《英语动词》两本书。后来又让我当《英汉应用语言学词典》的副主编,负责通读全稿并撰写有关语音学的词条。这样我就逐渐取得了组织科研活动的经验。又比如参加《剑桥商务英语证书考试BEC1备考系列》编写工作的袁哲,她是我指导的硕士,现在已经独立编书了。】

## 八、宽厚与严谨

刚才谈到合作,那是很自然的,因为我们不是生活在真空里,无论做学问还是做人,都有一个处理人与人之间的关系问题。

先说做学问。在剑桥做博士后的时候,我的导师谈到剑桥的学术传统,非常强调要容忍不同观点。【关于supervision。英国人阿雷斯特·克罗利(Aleister Crowley)的那句话:"不宽容就是无能。"(Intolerance is impotence.)】

在这方面有好的例子。【杨宪益先生和夫人戴乃迭女士(Gladys Young)翻译了屈原的《九歌》,David Hawkes说他们的译作像"复活节蛋"(没有生气,是巧克力蛋。)互相都宽容对方的观点。】即使是由于学术观点有分歧而导致肢体冲突,也有最终互相宽容的例子。【罗念生:"1935年我和宗岱在北京第二次见面,两人就新诗的节奏问题进行过一场辩论,因各不相让竟打了起来,他把我按在地上,我又翻过来压倒他,终使他动弹不得。"】【熊十力和冯文炳(笔名"废名")也打过架。熊写《新唯识论》,批评了佛教,冯文炳信佛,两人在原沙滩北京大学校办松公府后院住对门,经常辩论,声音之大令前院的人也听到。有一天也是辩论起来,也是声音越来越大,可忽然一点声音都没有了。前院人很奇怪,就去后院察看,发现两人互相卡住对方的脖子,都发不出声了。但他们始终是朋友。】也有不好的例子,由学术之争演变为意气之争。【孙大雨和卞之琳;江枫和许渊冲。】

对于别人的研究中的明显错误,要实事求是地指出,但切切不可得理不让人。更不能居高临下,摆出权威的架势,那样会使人反感,达不到帮他改正错误的目的。更何况知也有涯而学也无涯,谁能担保自己永远不犯一点错误呢?对别人评头品足是容易的,甚至推翻一个定论,或者颠覆一种既定的关系,也不是特别难。尤其是推翻一些从否定的角度立论的观点,更容易。【赵元任先生对王力先生的论文的评语:"言有易,言无难。"王力1926年起跟随赵元任先生读研究生,写了一篇题为《中国古文法》的论文,谈到了"反照句"和"纲目句",并加了一个附言:"反照句、纲目句,在西文罕见。"赵元任批道:"删附言,未熟读某文,断不可定其无某文法。言有易,言无难。"当时王力对这条批语体会并不深。同年,王力又写了一篇题为《两粤言说》的语言学论文,其中有一个论点是两粤没有"撮口呼"。赵元任先生为了鼓励学生，就将王力这篇论文介绍给《清华学报》发表出来了。但是对于两粤没有"撮口呼"的论断心里始终不踏实。1928年，赵元任先生到广州调查中国方言，发现有"撮口呼"的现象。这时王力已去巴黎留学。赵元任先生专门给王力写信，指正此事，并举了广州话的"雪"字为例证明两粤有"撮口呼"。王力深感惭愧。后来他分析自己犯错误的原因，认为有两点：第一，论文的选题本身就是错误的。一个地方有多种方言，应该一个一个地点去调查研究，决不能把方言极多而且复杂的"两粤"作为一个整体去研究。第二，王力是广西博白人，博白方言中没有"撮口呼"，于是就推断两粤地区没有"撮口呼"。这种逻辑推理是错误的。于是，王力在巴黎大学写博士论文就严格收束到一个地区的方言研究，论文题目是《博白方音试验录》，他就是以这篇论文获得巴黎大学博士学位。1943年，王力先生写成《中国现代语法》一书，在"自序"里他谈道：元任先生在我的研究生论文上所批的"言有易，言无难"六个字至今成为我的座右铭。（我们做研究时千万要警惕这种否定式的立论思路。）但这些都是破坏，不是建设。建设要比破坏难得多。【《百喻经》徒弟买驴的故事。】另外，有时建设性的研究成果中夹有小错误，如果我们揪住这些小错误不放，就会像倒洗澡水时把澡盆里的婴孩也倒掉一样，太可惜了。

有时有些错误还不是小错误。比如翻译家严复和中国中古文学专家刘师培，都曾经是袁世凯计划称帝时所组织的"筹安会"的发起人。【"筹安"者筹一国之治安也。由杨度串联孙毓筠、李燮和、胡瑛、刘师培及严复，联名发起成立。】筹安会为袁世凯篡国称帝制造舆论，袁世凯倒台后，此6人成了反动派。【其实辛亥革命前刘师培是革命党，但1908年他向清政府出卖光复会领袖陶成章和同盟会的王金发、张恭。后来投靠两江总督端方。】但是，当时的北大校长蔡元培聘刘师培为中国文学教授，开的课就是"中国中古文学史"。蔡元培认为："人才难得，若求全责备，则学校殆难成立。"至于严复，我们今天搞翻译理论与实践的人也承认他在中国翻译史上的大家身份。国外也有类似的例子。如庞德，在第二次世界大战期间在罗马电台发表演说支持墨索里尼法西斯政权，反对美国的罗斯福总统。美国参战后他仍然发表类似的讲话。1943年庞德被判犯有叛国罪，第二年美国军队逮捕了他。但是很多美国著名诗人为他奔走活动，直至1958年才撤销对他的判决。尽管庞德有政治污点，在文学界一代宗师的地位一直都没有动摇。这是不因人废文的典型例子。

当然，做学问越严谨，就越少犯错误。对那些没把握的地方，要查参考书，找到确切答案。【有人老把《归去来兮辞》说成《归去来辞》。中央电视台主持人把舞蹈《秦王破阵乐》解释为描写秦始皇打仗的舞蹈。刘心武把宋人黄庭坚的"江湖夜雨十年灯"说成是自己的诗句，被批评后还辩解说自己不是宋诗专家，查过手边的资料也查不到出处，所以以为是自己写的。其实，《宋诗鉴赏辞典》里就有。】文章写好了，最好冷藏一段时间，反复修改，如果有机会，可以在不同场合讲几遍，听听反映。【许国璋先生曾经半开玩笑地对我讲过做名教授的秘诀。他说，名教授口袋里必须揣着两三篇文稿，是没有发表过的。因为经常有人请你去作讲座，发表过的东西再讲就不好了。过一段时间，写出了新文章，就可以原先揣在口袋里的现在修改好的文章拿去发表。而新文章又要经历这个冷藏、修改的过程。】【启功先生的老师史学家陈垣先生也说："一篇论文或专著，做完了不要忙着发表，要给三类人看：一是水平高于自己的人，二是和自己平行的人，三是水平不如自己的人。"这样可以从不同角度得到反馈，以便修改。】总之，发表了的白纸黑字的东西，不但当代人读得到，后来人也能读得到。想到这一点，不由得不兢兢业业。【现在不少报考研究生的人都会通过各种渠道查找、阅读导师的科研成果，了解导师的学术水平。太原的一名考生连我

1985年在《译海》杂志发表的赏析智利诗人巴勃罗·聂鲁达的一首诗的文章都查了出来读。】

做人和做学问一样要严谨。写论文引用材料，每条都要有出处。与人相处，说话也要有根据。【比如现在介绍我是新中国培养的第一位英语语言文学博士，有《中国博士学位论文提要·社会科学部分，1981—1990》为证；说我在剑桥大学做博士后，有国家教委文件为证。】填报科研成果，还未正式出版的不填，不在规定时间范围内的不填。把学术界当成娱乐圈，三分学术，七分公关，进行自我包装，这不能干。【其实当传媒宣传自己的时候，很可能自己也受人利用。（格勒的例子，记者要升职称。）】

当然，"树欲静而风不止"，办公室有"办公室政治"，校园有"校园政治"。在这里，"政治"这个词是贬义的，指错综复杂、钩心斗角的人际关系。有些人把学术界当成"江湖"，采取攻击名人的办法来扬名立万。有些人出于妒忌，无中生有，散播流言，用放暗箭的方式中伤他人。假如遇到这种情况，大可一笑置之，大而化之。千万不可生气，动气则伤身。古人把"酒、色、财、气"并列，是有道理的。【"妒忌是最高层次的尊敬。"】

## 九、传承与创新

这个问题不仅学术研究者需要面对，从事其他领域工作的人，只要是认真的，都要面对。整个人类文化都要面对。

文化是"人类学习和共享的一切"。"学习"就是一代一代往下传的过程。《诗经·豳风》有一句"伐柯伐柯，其则不远"。【意思是……】美国诗人加里·斯奈德有一本诗集就叫 Axe Handles。他说他的老师陈世骧就是斧子，他自己是斧头把；他是斧子，他的儿子就是斧头把。我给斯奈德写信，想了解他的美国文化传承。我问他有什么"美国斧子"影响过他。他回信介绍了很多。【我把这封信译成汉语，和我的论文《加里·斯奈德面面观》一起发表在《外国文学评论》1994年第1期。】【2007年6月9日温家宝总理在中华世纪坛观看中国非物质文化遗产专题展时与中国非物质文化遗产传人谈话也引用了这句诗，强调一脉相传。（《温文尔雅》，汪龙麟、何长江编，中国画报出版社，2010年9月）】

我们做学术研究的人，首先是做传承的工作。季羡林先生说："研究者是'后死者'。研究者和研究对象的关系是'后死者'和'先行者'的关系。尤其当研究对象是一个大家时。因为'先行者'对'后死者'是有托付的。'后死者'对'先行者'有责任，有承担，就像'托孤'。"（《朝闻道——中国近代史上最后的100位名士珍闻录》，玉槐堂著，天津人民出版社，2009年6月）主持上海商务印书馆达半个世纪之久的张元济先生编《百衲本二十四史》，成稿不久碰上"一·二八"事变，即淞沪抗战。在上海的日本浪人把张元济一手办起的东方图书馆焚毁，该书手稿也化为灰烬。商务印书馆重新开业第一天，张元济马上去上班，并重新开始编书。他说编这部书是"为古人续命"。后来他又一次完成书稿并出版了这部《百衲本二十四史》。（CCTV有专题片介绍张元济编《百衲本二十四史》。）

有了传承，才能更好地创新。所谓"站在巨人的肩膀上"，又比如剑桥大学提倡的做学问要"接着说"等等，都强调传承的重要。咱们写学位论文都要有"Literature Review"这一部分，其实就是传承。要有创新首先要了解前人都做过什么。【"Literature Review"汉译为"文献综述"其实不准确。因为不能局限于罗列已有研究成果，应该有"review"的内容，译为"文献述评"更贴切。】即使是批判前人也先要透彻了解他们才能着手。【"五四"

时期的先锋人物，如鲁迅，其国学功底都是一流的。】传承就是历史，试问谁能割断历史呢？

我刚才一直强调传承的重要，但也不能忽视创新。没有创新咱们人类今天还不知道是什么样子。研究生填答辩申请表也有一栏关于论文的创新点要填写。我想说的是：创新必须有传承为基础。【Milton 写 *Paradise Lost*】即使是对前人非议甚多的创新者也是有传承的。【Modernist Poets and Victorian Poetics】极端到要解构一切的后现代主义在哲学上的基础就是之前的怀疑主义和虚无主义。

总之，作为后来人，有才华还要有法度。孔子说，从心所欲不逾矩。【美国动物行为学家对 3 岁小孩和黑猩猩所做的比较实验。】

作为"先行者"，则要有一个"化作春泥更护花"的态度。一些学术前辈在这方面是我们的表率。

宋史专家邓广铭（1907—1998，北京大学教授、北京大学古史研究中心主任）在抗日战争初期从北平经越南的河内去昆明，特意到杭州拜见夏承焘先生。夏承焘是宋词研究专家。邓广铭带了自己为《辛稼轩年谱》和《稼轩词编年笺注》两部书稿所准备的材料向夏承焘请教。邓广铭研究辛弃疾仅仅两年。（他以前研究陈亮，在北京大学史学系读本科，1936 年毕业，毕业论文是《陈龙川传》。他的老师胡适对论文评价很高，同时指出，"陈同甫与辛稼轩交情甚笃，过从亦多，文中很少说及，应予补述。"此后邓才认真研究辛弃疾。）夏承焘看了邓的材料，不仅称赞有加，而且将自己多年积累的研究稼轩词的材料全部交给了邓，还说，有了你邓广铭研究稼轩词，我就可以不往下做了。到邓广铭的《稼轩词编年笺注》出版时，夏承焘还为之作序。（1939 年 12 月作的。）【邓广铭是史学家，可他也研究辛弃疾的词，这也是文史不分家的一个例子。】

还有一件关于《鲁迅批判》的文坛轶事。北京师范大学李长之教授（1910—1978）早年在清华大学哲学系读本科时就出版了《鲁迅批判》一书。（李长之、吴组缃、林庚、季羡林被称为"清华四剑客"。）为写这本书，李长之和鲁迅通信，鲁迅读过书稿，亲自订正书中一些不准确的日期，提供照片做书的封面。【20 世纪 40 年代李长之在重庆办了一份《书评副刊》（月刊）杂志。不少学者不写书评，李长之却乐意做这份"吃力不讨好"的工作。】

我们做老师的，和学生之间多少有点先后关系。斯奈德就说他的老师陈世骧是斧子，他这个学生是斧柄。这是传承，但传承与各人的禀赋没有必然的联系。禅宗甚至认为"智过其师，方堪传授"。成语谓"青出于蓝而胜于蓝"。不过，不少"胜于蓝"的学生并不是在老师的领域里胜过老师，而是有创新，是"新于蓝"。【熊十力传授唐君毅和牟宗三。唐后来研究黑格尔，牟则研究康德，都没有跟着熊十力讲《新唯识论》。】

上面谈到"先行者"对"后死者"的"化作春泥更护花"的态度，老师对学生也应如此。启功先生回忆他的老师、史学家陈垣对他讲过的做老师的 9 条体会。其中第 1、2、4 条尤为重要。【1. 一个人站在讲台上要有一个样子，和学生的脸是对立的，但感情不可对立。2. 万不可有偏爱、偏恶，万不可讥诮学生，以鼓励夸奖为主。3. 淘气或成绩不好的，都要尽力找他们一小点好处，加以夸奖。4. 不要发脾气。站在讲台上既是师表，要取得学生的佩服。教一课书要把这一课的方方面面都预备到，设想学生会问什么。5. 研究几个月的结果，有时并不够一堂课讲的。6. 批改作文，不要多改，多改了不如你替他作一篇，要改关键处。7. 要有教课日记。自己的学生有哪些优缺点都记下来，包括作文中的问题，记下以备比较。8. 评点作文时，好的在堂上表扬，不好的，堂下个别谈。9. 要懂得疏通课堂空气，常到学生座位间走走，远处看看板书如何，近处瞧瞧学生笔记。看看学生是否掌握了你讲的内容。】【说到夸奖学生，孔子毫不吝惜："同则无好也，化则无常也。而果其贤乎！丘也请从其后也。"（不过这是《庄子·大宗师》里的记载。）】

## 十、劳与逸

刚才提到身体健康问题。劳与逸的关系也要处理好。【夏承焘对王起说的话：做学问不是靠拼命，而是靠长命的。】

## 结语：难得投入

搞人文、社会科学研究有四种基本态度：一曰混饭，二曰求名，三曰猎奇，四曰投入。混饭和求名是功利主义。猎奇虽然从兴趣出发，但走了偏门。只有投入才称得上是对自己的事业执着和热爱。（古人云："知之者不如好之者，好之者不如乐之者。""兴于诗，立于礼，成于乐。"——《论语·泰伯》）比如英国李约瑟博士（Dr Joseph Needham），他从事中国研究的最大特点就是投入。

他在40年代开始对中国科学技术史感兴趣，此后近半个世纪全心全意主编《剑桥中国科学技术史》。可以说他建立的李约瑟研究所的主要工作就是编这部书。他还对该书的汉译十分关心。1993年初，刘逸生老人把他阅读《剑桥中国科学技术史》中译本时发现的与中国古籍有关的错误辑录下来，托我转给李约瑟博士。同年4月30日他作了答复："我们的书的中译本1975年版有许多错误，来信指出的那些问题都是翻译不当引起的。目前中国科学院科学史所的潘吉星先生正在重译。他的译笔忠实得多。"

在时间和精力上的投入也许不少学者都能做到，但李约瑟还在感情上投入，这就不容易了。李约瑟曾任剑桥大学甘维尔-基思学院院长，以后又是该学院的名誉院长。按照剑桥大学的惯例，学院饭厅里要挂上本学院在学术上有突出成就的人物的画像。画像中的李约瑟竟然穿着中式长袍而不是西装，手握滑动计算尺而不是电子计数器。李约瑟研究所则设计成中国道观的样子，不过对掩门上没有画太极图而印了一个放大的骑缝印鉴。这方印是李约瑟和他的搭档鲁桂珍博士（两人于1989年9月15日举行了婚礼）1958年访问北京时请傅琴先生刻的，用的是乾隆年间的旧印，把原印文切去后刻上"为剑桥中国科学技术史用"11个字。印冠雕的是琴棋书画，还有"不可一日无此君"7个字。研究所里几乎所有的门都漆了这个十一字印鉴。研究所的公文、信笺以及简报上也盖了这个印。除了创造一个富有中国风味的学术环境之外，李约瑟在生活细节上也非常中国化，比如他曾让我在剑桥大学的导师来中国访问时帮他买熊胆治疗风湿性关节炎。在这方面恐怕只有荷兰汉学家高罗佩（Robert Van Gulik）可以与李约瑟相提并论。高罗佩和李约瑟一样都曾是外交官，他不管到哪个国家任职都要在住处布置一间典型的中国式书房。和李约瑟不同的是，高罗佩研究中国古代社会的性生活、研究中国的长臂猿、写系列侦探小说《大唐狄公全传》，多少带有猎奇性质。

投入容易引发激情，但有时感情太投入会使研究者的头脑不够清醒。中国"文化大革命"的反复曾使李约瑟无所适从，他和当时大多数的中国人一样，颇有当局者迷的味道。看来搞人文、社会科学研究也像演戏一样，演到凄惨处，太投入则泣不成声，演不下去；太超脱又显得冷若冰霜，不能打动观众。好演员却能把握适当的距离，做到声情并茂。

【如今李约瑟博士已经去世了。他未能完成全部《剑桥中国科学技术史》的主编工作，也未能写完他负责编写的该书中国医学卷。这是汉学界的一桩憾事。回想起1991年他90岁诞辰时接受记者采访，这位英国学者公开宣称自己是终身社会主义者、"基督教加道家哲学的信奉者"（a Christian Taoist），深受"无为"思想影响。也许他知道自己时日无多，于是来个未盖棺先定论吧。】

*有一群从剑桥大学游学归来的人文学者,组织了一个剑桥中国学者同学会。我是顾问。2003年8月5日晚上,利用在青岛参加"跨文化视野中的外国文学研究"学术研讨会的机会,这个同学会开了个小型讨论会,议题是"剑桥的学术传统"。以下所谈就是我们这一群从剑桥归来的人们的共识,即使是我个人的感受也是通过和大伙儿交流思想得到响应的。我们是中国学者,在剑桥度过的时间都不长,即使是七年八年拿到博士学位也不能算长,妄谈剑桥的学术思想似乎有点不自量力。但我们又确实有些感受,所以就起一个题目,叫做:

## 从剑桥的草地谈起
——漫话剑桥学术传统(讲座提纲)

细草垂杨绿未深,剑河风露压衣沉。
客愁侵眼春光冷,最怯英伦杜宇吟。

(《诗词报》1990年第22期)

在剑桥时我写了上面这首旧体诗。之所以提到"细草",是因为剑桥的草地给我的印象太深了。英国的草不怕严寒,只怕干旱,而剑桥有被徐志摩誉为"全世界最秀丽的一条水"的剑河,所以把每一块草地滋养得生机勃发。【剑河里也有草,是水草。徐志摩《再别康桥》里就有"我愿意做康河里的一条水草"的句子。】

剑桥草繁茂但不杂乱。草地的每一条边、每一个角都线条清晰。我一直纳闷何以这些草坪如此中规中矩,直到有一天偶然同一位剪草工攀谈过后才豁然开朗。当时他已经剪完草,但还用一把特制的长柄小铲把那些长到路边来的小草一片片地连根带土切掉铲走。他说他的父亲当年就是负责修剪这块草地的工人,他父亲的工作则是从他爷爷手里接过来的。他们都是这样把草地整得棱角分明。也许这只是巧合,但有一点可以肯定,这里的历史首先靠人来延续,然后才靠文字。

这就是剑桥学术传统的第一个特点:重视传统。我1988年去剑桥做博士后,当时剑桥英文系有一门名叫"Cambridge English"的课……每个学院的饭厅里都挂着从学院出身的知名学者的画像。英文系图书馆的墙上挂着在系里教过书的知名学者的照片,T. S. Eliot, F. R. Leavis…正是 Eliot 写出了有名的《传统与个人才能》,充分阐述了传统的重要性 ("No poet, no artist of any art, has his complete meaning alone. His significance, his appreciation is the appreciation of his relation to the dead poets and artists. You cannot value him alone; you must set him, for contrast and comparison, among the dead. I mean this as a principle of aesthetic, not merely historical criticism.") 为了发扬传统,剑桥大学采取了一些措施。比如对于即将做 tutor 的人,都要进行培训,我到现在还保存着当时发给我的一本题为 *Essays and Exams* 的小册子,是让 tutor 指导本科生平时如何写课程论文和考试时如何回答 essay questions 的。指导研究生做学位论文时更是有意识地向他们强调剑桥的学术思想。(这一点我等一下会比较详细地谈。)这种重视传统的思想甚至影响到大学之外的人群,即所谓的 town people。

【V-Day】。【乒乓球比赛的资料工作……】这种资料的积累其实就是传统的积累,是为了使将来的人能够比较容易了解成为了传统的现在。

过去,我们常常听到所谓"与传统彻底决裂"的说法。我认为这是不可能的。试问谁能割断历史呢?我是研究英美诗歌的,就举个诗歌的例子吧。华中师范大学王忠祥先生指出维多利亚时代小说对美国小说的好的影响。其实,维多利亚诗歌对现代主义诗歌也有很深的影响,尽管现代主义的代表人物如庞德、艾略特和叶芝对维多利亚诗歌的评价都很低。(Pound:"…a rather blurry, messy sort of a period, a rather sentimentalistic, mannerish sort of a period." Yeats also criticizes the "psychology, science, moral fervour" of Victorian poetry.)准确点说就是,现代主义诗歌从维多利亚诗歌那里继承了不少有益的成分。比如,现代主义诗歌的重要形式 dramatic monologue 其实源于布朗宁和丁尼生,其目的是强调诗歌的客观性,将诗人与诗区分开来。艾略特的著名的"客观对应物(objective correlative)"理论、庞德和叶芝的"面具说"都是明证。庞德用"persona",叶芝用"mask"来表达这一意思。"persona"在古拉丁语中其实也是指演戏时戴的面具。其次,现代主义关于"意象"的理论在丁尼生的作品中早有体现。现代主义诗人猛烈抨击维多利亚诗歌割裂思想和感情。庞德甚至讽刺维多利亚诗歌,称之为运载思想的"牛车"。他们认为诗歌只应创造意象,意象就是思想。可是,他们的这一主张其实只是发展了丁尼生早期诗歌创作的特色。一位名叫阿瑟·哈拉姆(Arthur Hallam)的评论家在1943年评论丁尼生的诗歌时就指出:有些诗人要寻找意象来表达自己的感受,而另一些诗人则不需要寻找,因为他们就生活在意象的世界之中。因此,他们的诗不是描写性的,而是"形象性"的。丁尼生早期诗歌就具有"形象性"的特色。有趣的是,现代主义诗人叶芝声称他的创作是基于哈拉姆提出的原则的,那就是走丁尼生走过的路子了。再者,现代主义长诗的结构与维多利亚时期长诗的结构有相似之处:都从神话或历史中寻找一种诗歌创作的原则,而不仅仅把神话和历史作为题材。(Carol T. Christ. *Victorian and Modernist Poetics*. The University of Chicago Press, 1984)

这种近似于数典忘祖的现象可以用尼采的话来解释。尼采说:"…the men or the times that serve in this way, by judging and annihilating the past, are always dangerous to themselves and others. For as we are merely the resultant of previous generations, we are also the resultant of their errors, passions, and crimes: it is impossible to shake off this chain. Though we condemn the errors and think we have escaped them, we cannot escape the fact that we spring from them. (Nietzsche, *The Use and Abuse of History*), (Carol T. Christ. *Victorian and Modernist Poetics*. The University of Chicago Press, 1984)

剑桥学术传统的第二个特点是:学有根基。【某中国知名大学的一位教师在剑桥大学写博士论文……因为先挑选一个理论框架然后找例子证明它的正确这种做法非常容易导致"随机批评"(random criticism)。比如 fragment, parody 是后现代写作的特征,于是在作品中找出这些特征就说这是后现代作品了,可是难道后现代理论之前的作品就不能有这些特征了吗?】这种首先要扎稳根基的做学问的路子对于从事外国文学研究的中国学者来说尤其重要。有学者认为做中外比较文学研究要落脚在中国文学这一边,要做到使国内研究中国文学的学者自愧不如。但是这样做不等于是因为落脚在外国文学那一边就肯定比不过外国学者。能提出外国学者没想到的问题就是比得过他们。我做过一个国家教委"八五"规划的项目,叫作"本土意识论:文学的跨文化研究",就是论述在外国文学研究中要有"本土意识"。我所说的"外国文学"是一个宽泛的概念,指的是非本土文学,而不是相对于中国文学的外国文学。我认为外国文学的研究、翻译和借鉴都受到本土意识的影响。我把"本土意识"这个概念用英语表达为"Sense of Nativeness"。本土意识的核心是民族文化意识，在不同的时期和不同的个人身上又会表现为不同的时代意识和个体意识，包括体现在个体意识（特殊）中的阶级意识（一般）。人们在研究、翻译、借鉴和教授外国文学时会自觉或不自觉地将本民族文化的特点作为参照项，或者作为接受外国文学影响的中介，或者作为一个选择器以决定取舍。（不详谈了，要展开将是另一个讲座的内容了。）因为中国文学对于美国学者而言是外国文学，所以我在这里举一个美国人研究中国文学提问题提得好的例子。我们知道，女性主义强调男女"差异"，认为女性是"他者"。在文学史中，著作权完全由男性主宰。中国的女性主义者也把西方女性主义的"差异"论奉为圭臬，寻找"受害的"中国女性形象，以证实西方女性主义理论的正确。（这就是先有理论框架，再寻找例子去证明这一理论的正确。）但是，研究 17 世纪和 18 世纪中国文学的美国学者通过细致的资料收集工作发现，当时受过教育的中国上层社会女性群体形成了一种文学的"女性文化"。（高音颐，Dorothy Ko，《房内的老师：17 世纪中国的妇女与文化》，斯坦福大学出版社，1994 年）他们指出，18 世纪清代文人文化中"闺秀"占有中心地位。（苏珊·曼，《珍贵的纪录：18 世纪的中国妇女》，斯坦福大学出版社，1997 年）明清时代的男性编者和出版者运用各种策略来使女性作品"经典化"，反复地把女性选集和《诗经》《楚辞》相提并论。中国还存在"女性语言"（女书），那正是法国女性主义者所追求的。于是，他们认为，对中国人而言，女性的性别从来就不是"他者"，而是阴阳互补关系在单个个人身上形成的和谐统一，可以称为文化上的"双性同体"（cultural androgyny）（孙康宜：《明清女诗人和文化的双性同体》，《淡江评论》1999 年第 2 期）。要提得出有独特视角的问题就必须做细致的资料工作（明清女诗人的选集总数超过 3000 种）。这样做研究是不能急功近利的。

所谓"学有根基"就是要有 professionalism……有了它，做学问就会老老实实，知之为知之，不知为不知。在剑桥，如果向老师问问题，经常会听到"对不起，坦白地说，我不懂这个"。然后老师会向你推荐一位有关方面的专家。当然，professionalism 不等于知识面狭窄，正相反，专精是要建立在广博的基础上的。

从表面上看，大多数研究文学的剑桥学者都很少谈理论，Frank Kermode 还发表过质疑理论的功用的文章，有些批评理论和研究领域在剑桥发端，却在美国发扬光大，比如新批评，比如 Ranold Williams 的关键词研究。用中国古人的话来表述就是"但开风气不为师"。但是，剑桥学者不是不懂理论。只要和他们交往深一些，就会发现，他们其实十分关注和了解当代批评理论，至于是否运用这些理论那是另外的问题。对于理论他们有自己的态度，就是把理论修养化入对文本和作者的研究之中。

说到新批评，剑桥的文学教学完全是建立在细读文本的基础上的。有时甚至细到要朗读，这在诗歌教学中尤其突出。【……黎志敏《走进剑桥》……我们中山大学外语学院英诗研究所计划在这方面多做些工作。（顺便说一句，我认为搞研究的人也要搞点创作……）】

剑桥学术传统的第三个特点是：中华情结。Thomas Wade, Herbert Allen Gilles, F. R. Leavis, William Empson, 李约瑟, Ann Birrel, J. H. Prynne, Prof. Perkin 的传说。其实，中华情结反映出一种国际胸怀，不但关注本民族的传统，而且关注它民族的传统。换句话说，就是以全球意识（globalism）来做区域研究。这个说法有两种含义：一是动用全世界的资源来研究一个局部，比如中国【李约瑟研究所里的现存最早的中国星象图复制件……《剑桥中国科学技术史》的各卷由不同国家的学者来编撰】这样做起研究来更加得心应手。二是把局部纳入世界的坐标体系中考察,从纵向和横向的联系考察研究对象的各个侧面,挖掘所研究的问题的意义。

大学里的这种国际胸怀同样影响着校园之外的人(town people)【……剑河边上的两位地毯商人……International club】。

剑桥学术传统的第四个特点是:学术平等自由。老师和学生在图书馆里借书待遇完全一样……没有硕士学位可以攻读博士……剑桥的 mister。尽量营造宁静平和的学术环境……散步。【维特根斯坦小径……苏格拉底和弟子们,逍遥派……】喝茶(tea-pot spirit)……seminar 喝葡萄酒……high table 晚餐后回到 common room 之后的闲谈。受这种风气的影响,我现在和我指导的博士生相处也无拘无束……这种学术自由和平等特别体现在教学制度上。在剑桥大学,按课程表去上的课(lectures)是不太重要的,要么很简单,要么很深奥……最重要的是 supervision(老师与学生一对一,或一个老师两三个学生的小范围的授课)和 seminar(小型讨论会),统称为 the tutorial system。说是授课,其实并非由老师单向地给学生传授知识,而是学生和老师平等地进行学术交流。(在剑桥师生之间有不少不平等的地方……穿越草坪……high table 吃饭……,唯独学术上师生是平等的。)这种教学方式可以激发学生的创造性思维,例如文论家 William Empson(燕卜逊)的名著 *Seven Types of Ambiguity* 的初稿就是为了"应付"supervision 而写的一些小文章的集成。同时,导师又可以深入了解学生的长处和短处,因材施教。考试的题目量多,可以选答……

剑桥学术思想的第五个特点是:育人重于教书。我们中国人常说:"教书育人。"但剑桥大学却说:"We teach students, not books."tutorial system 培养学生很好地表达自己的意见……学生不太考虑专业与就业对口。Tutor 对学生的关怀……上面讲到的学有根基也是育人的一个方面,因为在深入了解有关资料的过程中,研究者其实是在自我完善,不断加深文化底蕴。这和那些功利性的、冷漠的、两张皮式的研究完全不同。

当然,剑桥的学术思想也有缺点。过分厚重的历史感成了剑桥人的思想包袱。比如你走到三一学院门口,他们会告诉你,角落里其貌不扬的小苹果树就是当年启发牛顿发现万有引力定律的那棵苹果树的后代。那真诚的目光使你感到哪怕脑子里闪过一点怀疑那是假古董的念头都是对历史的亵渎。但是,假的还是假的。对传统的过分偏爱导致对新思潮的排斥,所以在剑桥大学搞后现代的人感到在小环境里处于边缘状态。也许这就是传统的双刃剑特征吧!另外,由重视传统发展到重视家世,进而产生不平等,有点像中国"文革"期间的"血统论"和"唯成分论"……剑桥录取新生的面试问家里有没有人在剑桥读过书,有没有出国旅游过,各人的分数要求不一样……我的导师接了一位家长的电话后对我说:"刚才他如果不是自报是某某博士的话我都不想和他谈。"(其实他自己出身贫寒……常说他母亲打鸡蛋做菜时一定要用手指头把蛋壳里残留的蛋清抹出来,充分利用。)当然,相对而言他们更重视的是学术和知识方面的家世。

另外,剑桥的学术民主还不够充分,比如种族偏见仍然存在,有色人种的教师难以得到晋升。(英国的种族歧视其实挺厉害。黑人或黄种人开部好车,警察就会想办法查一查,怀疑是偷来的。)

谈剑桥的学术传统不能不涉及牛津。剑桥和牛津不同于英国其他大学。首先,这两所大学的管理实行学院制(college system),教学上实行刚才谈到的 tutorial system。在这两所大学毕业的本科生不用继续读书都能取得硕士学位。在第一次入学 7 年之后缴纳规定的费用就可以自动获得 M. A. degree。既然这两所大学有那么多相同之处,他们的学术传统是否一样呢？我们专门谈剑桥的学术传统是否有意义呢？我认为，两所大学的学术传统有相同之处，也有不同之处。相同的是教学制度和做学问的路子，不同的是剑桥和中国的渊源比牛津和中国的渊源要深。（牛津只有理雅各 James Legg... Michael Sullivan... Dubridge）另外，在学术自由方面，有人认为牛津比剑桥更宽松，思想更活跃。"Oxford is more tolerant and skeptical than Cambridge…"（Peter Bromhead. *Life in Modern Britain*. Longman 1971，p. 171）但剑桥人却不这样看。

# 辨异：翻译的重心转移（讲座提纲）

翻译是一种语言活动，翻译理论自然也受语言学理论的影响。特别是第二次世界大战以后，翻译理论和其他学科一样出现了语言学转向，西欧和美国主要的翻译理论流派后面都有与其对应的语言学派的观点支撑。比如写过《论翻译与语言学问题》的雅可布森本人就是布拉格语言学派的创始人之一，卡特福德（John Catford）的翻译理论的依据是伦敦语言学派的韩礼德（M. A. K. Halliday）的"阶与范畴语法"（Scale and Category Grammar）等等。

因为语言学主要研究语言的共性，所以在它的影响下，翻译理论也强调对等。比如，雅可布森认为，翻译的准确与否视乎传达的信息是否对等。卡特福德甚至认为翻译是把一种语言的文字替换成另一种语言的对等的文字材料，翻译实践的中心问题在于寻找对等语，翻译理论的中心任务就是确定对等语的性质和条件。最典型的是奈达的功能对等理论，与乔姆斯基的深层结构理论异曲同工，即从源语言的表层结构进入普遍意义上的深层结构（功能），然后转换成目的语的表层结构。当然，因为奈达在乔姆斯基提出深层结构的概念之前已经注意到语言差异只是语言的共同本质的不同表现，所以不能说奈达的翻译理论基于乔姆斯基的转换生成语法。

中国大陆翻译教学的重点与上述翻译理论一致，都是求同。中国原教育部委托有关高等院校编写的两本翻译教材（张培基等编的《英汉翻译教程》和吕瑞昌等编的《汉英翻译教程》）都把翻译标准定为"忠实、通顺"和"信与顺"，这"忠实"和"信"其实就是求同。但是，在教学内容上，这两本教材甚至还未能从信息传递对等的高度去审视翻译实践，而仅仅停留在词和句的翻译技巧上。《英汉翻译教程》用了六分之五的篇幅归纳、介绍英译汉常用的方法和技巧，《汉英翻译教程》共 20 章，其中有 19 章是通过译例介绍汉译英常用的方法和技巧的。反倒是另一本由柯平编著的《英汉与汉英翻译教程》（北京大学出版社，1991 年版）提出了翻译应"尽可能多和正确地传递原语信息的多重意义，以争取原文和译文最大限度的等值"。柯平的观点更贴近欧美现代翻译理论。

无论是上文提及的主要的翻译理论还是以吉地昂·图里（Gideon Toury）所著的《寻找翻译理论》（*In Search of a Translation Theory*, Tel Aviv, 1980）一书为发端的"多系统"（polysystem theory）翻译理论，都以对等为根本。甚至更早的语文学翻译理论，也追求译文读者与原文读者的审美体验一致。然而，如果不以词、句为单位而从翻译的篇章来看，绝对的对等是不可能的。况且衡量对等的标准本身就非常不确定。谁能知道伊丽莎白时代的英国读者读莎士比亚剧本的准确的审美体验呢？如果连这一点都无法确定，那么又如何通过翻译使今天的中国读者读莎士比亚的中译本时取得和伊丽莎白时代的英国读者一致的审美体验呢？即使是共时的翻译，也难以做到完全的功能对等。比如中国人和法国人一起吃饭，法国主人说"Bon appetit"，在座的法国客人听了之后的感受和在座的中国客人听到这句话的汉语翻译的感受显然是不同的，如果翻译成"祝您胃口好"，中国人听起来觉得古怪，因为在这种情境中汉语就没有对等的功能。

由于有上述的弱点，传统翻译理论的求同趋向随着解构风靡西方而受到挑战。福柯认为谁说话并不重要，人在语言书写过程中已经消失了，由此可以推理出在翻译中原文作者的意思已经不重要，原文的权威已经消失。甚至可以说原文离了译文就不复存在。保罗·德·曼甚至说翻译杀死了原文。

解构论者认为，翻译时对原文的疏漏、版本的不同之处、言外之意等等的研究其实就是一个解构的过程，因为他们解构文本时也是这样做的。德里达说，翻译者的任务——他的疯狂、他的痛苦、他面对的疑惑——始于某种原发的陌生感以及早已存在于原文文本结构特质（idiom）之中的鸿沟。也就是说，这种在原文里固有的意义上的鸿沟决定了翻译过程中必会产生疑惑。译文只能是一种折衷，是翻译行为和译者的独特个性的复杂关系的反映，是语言之间语义、语音不对应的标志。小约翰·李维（John P. Leavey Jr.）用一个新造词来概括翻译的困境，就是"标误"（destinerrance），意思是"谬误就是目标"（errancy as destination），也可以解释为"目标的谬误"（errancy of destination）。"标误"这个词指在两种语言之间寻找第三种意义的过程，这第三种意义却像沃尔特·本杰明所说的在两个海之间超脱地（indifferently）漂游的那条船，最后还是不知所终。所以无论如何努力，目标只能是谬误。这正应了"译者逆也"（The translator is a traitor.）那句话。但是，这不意味着解构论者贬低翻译，相反，他们非常重视对翻译的研究，因为他们认为一切阅读通常都是误读，理解则是例外，所以翻译的"标误"是正常的。

解构的策略是把传统哲学的二元对立命题中的主从关系颠倒过来。比如对因果关系的解构，就把因作为了本源。既然"从"可以变成"主"，它就是一个旧系统无法把握的概念，这就证明这种主从关系无必要存在，旧系统就被消解了。但是，解构用的仍然是旧系统的话语，美其名曰从内部攻破这一系统，其实这是致命的弱点，因为话语存在，系统就仍然存在。而且解构无法阻止第二次解构，即对解构的解构。

尽管解构只破坏不建设，但解构的翻译理论对翻译活动还是很有启发的。那就是提醒我们要辨异。其实解构就是立足于差异，德里达提出的"异延"概念首先是"异"。语言之间的"同"（对等）是显的，而"异"（不对等）则是隐的。只要对两门语言都有很深的了解，对等之处总可以找到。不对等则属于话语中没有说出的或说不出的部分（the unuttered of the utterance）在语际转换中最难处理又最重要的才是这些地方。何况机器翻译中的术语库（termbase）已经存储了许多对等的语料，人工编辑时要处理的主要是不对等的成分。有鉴于此，我认为翻译活动应该把重心转移到辨异。

当然，我所说的辨异不等于解构原文文本，也不是强调不可译性。解构论者针对的是西方传统哲学的二元对立命题，二元的差异被消解之后成了混沌一片。但是在中国哲学家看来，二元对立是处于一元的统一体之内的。辨异不是否定求同。无论求同还是辨异，都统一在求通这一大目标之内，即达到沟通。中国习惯称翻译为"通译"，确实十分恰当。

基于上述思想，我在翻译活动和翻译教学中强调辨异，一些体会已经写成论文《概念困惑、不可译性及弥补手段》（《中国翻译》，1992年第4期）和《英汉语际转换中概念的时空意蕴》（《中国翻译》，1996年第6期）。

**主要参考书：**

1. Bassnett-McGuire, Susan. *Translation Studies*. London: Methuen, 1980.
2. Culler, Jonathan. *On Deconstruction*. London: Routledge & Kegan Paul, 1985.

3. Derrida, Jacques. "Desistance", introduction to *Typography: Mimesis, Philosophy, Politics*. Ed. Philippe Lacoue-Labarthe. London: Harvard UP, 1989.

4. Gentzler, Edwin. *Contemporary Translation Theories*. London: Routledge, 1993.

5. Leavey, Jr., John P. "Destinerrance" in *Deconstruction and Philosophy*, edited by John Sallis. Chicago: University of Chicago Press, 1987.

6. Steiner, George. *After Babel*. Oxford: Oxford University Press, 1975.

# 文化对话·文化身份·文化误读（讲座提纲）

当前的世界越来越小，恐怕大家都体会到了。首先，交通发达了。【过去——马拉松跑；南朝陆凯："折花逢驿使，寄予陇头人。江南无所有，聊赠一枝春。"杨贵妃吃荔枝；惠特曼"Orange Buds by Mail from Florida"。现在——空中巴士；十几个小时飞行就到美国。】再就是信息传递的手段经历了革命性的变化。【1969年7月20日美国东部夏令时间晚上10时56分，美国宇航员 Neil A. Armstrong 离开阿波罗11号登月器，用左脚印下了来到月球的第一个地球人的足迹。在这具有历史意义的时刻，他的心跳达到每分钟156次，而他平时的心跳每分钟只有77次。他讲话了："这是一个人迈出的小小一步，但却是人类迈出的一大步。"他的话和他的心跳数据随即传回地面中心。】1991年美国总统布什签署了一项法案（High-Performance Computing and Communications Initiative），计划在以后的5年内拨款30亿美元发展计算机网络技术。到克林顿上任时更是明确提出"国家信息基础建设"计划，（National Information Infrastructure），目的是使拥有个人电脑的用户都能通过网络发送和取得信息。

信息传递方式的革命性的变化是从以原子形式传递变为以比特形式传递。【从 atoms 到 bits。】

## 文化对话及其主要特点

世界变小以后，文化对话自然容易得多，也频繁起来。（我这里说的"对话"是广义的。接触异质文化时，包括阅读，所引起的思维活动和文化交流我都称之为文化对话。不一定是人与人之间的对话）文化对话至少包括以下五个层面和五种文化流：

（1）族裔层面（ethnoscapes）。主要由人流组成，如旅游者、移民、流亡者、被放逐者和外来劳工。【中国饮食和功夫在国外；美国加州的墨西哥风味食品；电影 Born in L. A.】（2）技术层面（technoscapes）。主要由跨国公司、国有企业和政府机构促成的机器、工厂和技术流组成。【电脑技术；网络技术；"伊妹儿"；汉字书写受影响，没那么动情】（3）金融层面（finanscapes）。主要由外汇期货、股票市场和大量的跨国借贷和投资造成的大量金钱流组成。【"二战"时期美国参战的理由；战争也是文化对话，不过是对抗性的对话。】（4）传媒层面（mediascapes）。由报刊影视传播的图像信息流组成。（5）思想层面（ideoscapes）。由官方的和反官方的意识形态树立的形象流组成，主要包括西方启蒙世界观，包括民主、自由、福利、人权等观念。

从上述五个方面来看，文化似乎无所不包。事实正是如此。关于文化的含义有许多解释，比如中国的庞朴认为文化分为三个层次：物质文化、制度文化和思想文化。我认为比较全面的是美国社会学家米尔斯·亨利（Mills Henry，1904—1969）对"文化"所下的定义："文化是人类所学习和共享的一切。"它不仅仅是关于艺术和社会美德的知识。它包括平凡的东西，也包括高尚的东西；包括世俗的东西，也包括神圣的东西。这个概念之所以深奥就是因为它可以应用于人类行为的无数领域。【厕所文化：谷崎润一郎《阴翳礼赞：日本和西洋文化随笔·关于厕所》】

现在中国许多人研究的文化其实只是思想文化，而且是见诸文字的思想文化。这主要是因为中国人对文字的权威特别崇拜。【《权威的淡化》】

当然，解构论者又要重新树立文字的权威，在这里就不多谈了。

西方的文化研究就不一样，电影、舞蹈、建筑、摄影、民俗甚至性，都是研究对象，这是大文化的概念。

文化是学来的，不是与生俱来的。文化是人类面对自然世界加工创造出来的为满足人类继续生活和繁衍后代的人文世界。【解释 culture, cultivation, cult—care, adoration。子夏问曰："'巧笑倩兮，美目盼兮，素以为绚兮。'何谓也？"子曰："绘事后素。"曰："礼后乎？"子曰："起予者商也！始可与言《诗》已矣。"费孝通的解释《传承与创造》，《中国书评》第 7 期，1995 年 9 月。中国有重视人文世界的根子。和马林诺夫斯基齐名的社会学大师 Radcliff-Brown 1936 年来燕京大学讲学时说过，社会学的祖师应该是中国的荀子。】一代又一代的人向先辈学习，向共享一个人文世界的人学习，文化就一代一代地传下去。尽管一代有一代的创新，一代有一代的风气，但文化具有世代传承的特点，这是不能否认的。【查尔斯王子的名言。加里·斯奈德的"斧子"】

## 文化身份与文化形象

既然文化是学来的，又具有世代传承的特点，它就来自社会环境，而不是来自遗传基因。文化不等于人性（human nature）。人会感受到恐惧、愤怒、爱情、欢乐、悲哀等，所有这些感情属于人性范畴，而它们的表达方式却由文化来决定。因此，文化不仅是人文世界，它还好比人脑中的一个软件，负责处理和发送信息。1994 年，Geert Hofstede 提出了文化的另一重更深刻的含义："（文化）是使某个群体的成员或某类人区别于另一群体的成员或另一类人的集体思想编程（collective programming of the mind）。"文化总是一种集体现象（collective phenominon），因为它至少在一定程度上要由目前生活在、或过去生活在同一社会环境里的人共有。这种由社会环境和集体现象在人们头脑里编制的有别于另一群人的"程序"就是文化身份（cultural identity）。一个人常常会意识到自己具有不止一种文化身份。因为他（她）所处的社会环境和集体通常都可以划分为许多层面，比如他（她）知道自己是某国人，这是从民族层面去认同；又比如他（她）知道自己是南方人，这是从区域的层面去认同。如此类推，种族、宗教、语言、性别、阶级都是划分文化身份的不同层面。对雇员来说，所在的企业也是划分文化身份的一个层面【"南大"人】。甚至时间也成了划分文化身份的层面。【69、70 届，"我们是 80 年代新一辈"】虽然"文化身份"这个概念最近才从英语引进来，但是我国的文化人早就接触到这个问题。明末清初顾炎武就指出过《南北学者之病》："'饱食终日，无所用心，难矣哉'，今日北方之学者是也。'群居终日，言不及义，好行小慧，难矣哉'，今日南方之学者是也。"（《日知录》卷十三《南北学者之病》）最近出了一本书，名叫《南人与北人：各地中国人的性格与文化》，还有一套《闲话中国人》系列，已出第一辑 5 本：《"剖析"上海人》（商）、《"品评"广东人》（财）、《"说道"山东人》（义）、《"放谈"东北人》（虎）、《"批判"北京人》（官）。我看过前三种，文化身份是一种认同感、一种意识，由此出发，会构成文化形象。在这里不敢妄加评论。

【文化身份在欧美十分敏感、英国当初不愿意加入欧盟、辛普森案、美军在冲绳强奸日本女学生案、The Mind of the South、Identity politics】

　　文化身份是一种认同感、一种意识，由此出发，会构成文化形象。刚才引用的顾炎武的文字就勾勒出两种文化形象。当前两个世界经济大国——美国和日本——也互相给对方画像。在美国有一个笑话：一个美国工程师和一个日本工程师在纽约订家旅馆首次会面，他们互相自我介绍。美国人先说："Hello, my name is John, John Smith. Nice to meet you. I am an electrical engineer and by the way, at this moment I am working for Kodak."日本人停了一会儿，然后说："Hello, I am Toyota and my name is nobody."这个笑话表明美国人给自己描画的是有个性的、自信的、成功的形象，同时暗示日本的从业人员没有个体意识，既不自信，也不成功。然而，在美国的日本人有另一个笑话：一个美国人和一个日本人去非洲进行狩猎旅行，他们散步的时候走出了安全区，遇到一只饥饿的狮子。美国人拔腿就跑。日本人却没有动，他打开旅行包，取出一双运动鞋。美国人回头一看，就对日本人说："快逃命吧！别管那鞋子了。迟了你就更跑不过那狮子了。"日本人想了想，然后有礼貌地说："跑不过狮子不打紧，只要跑得过你就行了。"这个笑话里的日本人的形象却是聪明、有教养，竞争观念很强；美国人则显得冲动、不关心别人，喜欢强加于人。同样，在另一些文化身份的人眼中，广东人也有特别的形象。以前漫画家华君武画过题为《老广出游》的漫画，那只是一般的调侃，而前些年在中央电视台春节联欢晚会的小品表演中，操广州口音普通话的角色大都是浅薄、油滑、好卖弄个小聪明，甚至是贪财的人。不管这些笑话和漫画式的文化形象是褒是贬，我们至少从中看出，它们都牵涉到"圈内人"和"圈外人"，即具有某种文化身份的人和具有其他文化身份的人。两者之间的对话就是一种文化对话。当然，刚才讲了，文化对话有五个层面，更多的是具有某一文化身份的人与异质文化的对话。表面看来，属于异质文化的思想、技术等并不会说话，但当人们阅读和接受它们的时候就会受它们的影响。这实际上也是对话。

## 文化误读

　　既然是对话，就会有难以沟通甚至产生误解的时候。但是文化研究者不把这种现象叫作"误解"（misunderstanding），而把它称为"误读"（misreading）。为什么呢？因为"误解"是无意的，而"误读"却可以是有意的。下面分别举些例子说明误读的类型。

### 1. 常识性误读（factual misreading）

　　在美国的时候，我发现《韦氏大学词典》（*Merriam-Webster Collegiate Dictionary*）第10版有两条关于中国人名、地名的词条根据的不是标准的汉语拼音，就写信告诉了编委会。回国后收到编委会Daniel J. Hopkins先生来信，承认搞错了，表示再印词典时一定改正。同样，中国出版的介绍外国的书也有这种误读。有一本名叫《二十世纪社会思潮》（*20th Century Social Thought*）的翻译著作，里边不止一处提到一个叫马尔科姆第十的人，这个名字很古怪，原来译者不知道美国有个宗教领袖叫Malcolm X，他把字母X当成罗马数字X来翻译了。（Malcolm X把姓改为X是为了表明他献身全人类。）还有电子工业出版社出的一本关于国际计算机互联网（Internet）的译著，里边说互联网用户可以在网上看到珍贵的美国国会图书馆所藏的"死海胶卷"的图片。其实,"死海胶卷"的原文是 Dead Sea Scrolls,是 1947 年在死海西北角的约旦境内的一些洞穴里出土的希伯来文《圣经》抄本,当然珍贵了。汉译应为"死海古卷"。

我自己也经历过这一类误读。比如雀巢咖啡的英文名,我以前按照词典的音标去读,可是到了美国,发现人家在电视广告里念 /nestli/,不是 /nesl/。还有 puma,不念 /pju:ma/,念 /pu:ma/。像这类误读常常只是弄错一些事实,而且属于常识范围,只要多查参考书或请教一下专家就能避免,所以我称之为常识性误读。表面看来,这种误读似乎和文化身份关系不大。不要说读外国名称了,中国人自己不也读错很多地名吗?【番禺、繁塔、吐蕃。英国的地名:Reading】然而,仔细追究产生误读的这些原因,归根结底还是因为误读者没有在有关的社会环境里生活,因此还是个文化身份问题。

### 2. 理解性误读(interpretive misreading)

如果我们从自己的文化身份出发,以自己的文化传统和思维模式去观照异质文化,很容易会产生理解性误读。比如美国黑人流行歌手 Michael Jackson 在表演时常把手放在两腿之间做象征性的抚摸动作。很多白人和中国人都认为这是色情、下流的,起码是不了解他为什么要这样做。可是大部分黑人却觉得这没什么。有些黑人学者还对此作出解释。美国杜克大学的英国文学和美国黑人文学教授 Karla F. C. Holloway 认为这是 MJ 对舆论界的一个答复,因为多年来报刊上刊登了许多关于 MJ 的性别问题的无聊文字(gossips),他故意以这个动作(crotch-grabbing)来强调他不是女性。而且他要显示的男性的阳刚之气(masculinity)并不是他个人的,而是整个黑人种族的,比如在 Black or White 这部 MTV 中,MJ 在序幕里攻击一辆写上侮辱黑人的口号的小汽车,然后开始唱歌并做这个动作。联系起非洲黑人祖辈的生殖崇拜,这个动作就有了种族层面的文化意义。后来 MJ 特把这部 MTV 放在他的 VCD Dangerous: The Short Films 的开头,用意更加明显。(Codes of Conduct,1995)读了 Holloway 教授的书之后,我也觉得 MJ 的这个动作可以理解了。

同样,外国人对中国文化的理解性误读也很多,下面举两个例子。

例子 1:以美人为喻

曾将《红楼梦》译成英语的大卫·霍克斯(David Hawkes)在译注《离骚》时遇到难题,因为诗中的"美人"一词显不出性别。他先是认为"美人"喻君王,后来发现解释不通,因为"美人"受到别的女人妒忌,这又似乎是诗人自喻,无奈只好在注释中存疑。当然,他没有忘记搬出欧美文学研究中的同性恋法宝来猜度诗人与君王的关系。这真是你不说还清楚,你越说我越糊涂了。

霍克斯之所以会想到"美人"喻君王,是因为英国文学已有先例。当初把十四行诗体从意大利引进英国的托马斯·怀亚特爵士(Sir Thomas Wyatt)写过有名的抒情短诗《毋相忘》(Forget Not Yet),表面上恳求女子不要忘记他,实际上是希望亨利八世体察他的一片忠心,尽管他曾多次被监禁,其中一次据说是因为他和亨利八世的第二任王后有私情。这一类有寄托的诗还可以举出曹植的《美女篇》,说的是采桑女貌极美但一直没有如意郎君,只好"盛年处房室,中夜起长叹"。还有唐代朱庆馀的《近试上张水部》:"洞房昨夜停红烛,待晓堂前拜舅姑,妆罢低声问夫婿:画眉深浅入时无?"这是赴考前拉关系,以女子自喻以图博得权贵(夫婿)好感的俗劣之作。

同以"美人"为喻,为什么怀亚特喻君王,而朱庆馀则自喻呢?答案恐怕要到各自的文化传统里去寻找。

从本质来看，无论中外，妇女在历史上都被看作男人的附庸。《圣经》就把妇女的祖宗说成是用男人祖宗的肋骨刻出来的。欧洲中世纪时，妇女一旦结婚，财产全归丈夫名下，妻子到临死时也不能逆丈夫的意志来处理原属自己的财产。在英国，妇女直到20世纪20年代才有选举权。同样，在中国，奴隶社会时妇女就被看作男人的私有财产。《列子·汤问篇》记载，一个名叫来丹的人为报仇去借剑，"先纳妻子，后言所欲"，拿老婆送起人情来。到了封建社会，女子也没有财产继承权，出嫁了就等于和自己的家族脱离关系，所以"嫁女之家，三夜不熄烛"，为的是与家人互相多看几眼。那时男人想休妻十分容易。汉人韩婴著《韩诗外传》，说孟子看见妻子蹲在地上，就去对母亲说："这个女人没礼貌，让她走吧。"于是便出了妻。故此《仪礼》一书要求妻子平时对丈夫就像臣事君、子敬父一样，只有寝席之交才有夫妇之情。怪不得朱庆馀把自己比作新媳妇，把达官贵人比作夫婿了，因为夫为妻之天嘛。所以《乐府诗集》道："美人者，以喻君子。言君子有美行，愿得明君而事之。"

尽管西方也轻视妇女，但由于一些特殊原因，妇女在西方的地位有时却不算太低。古希腊时柏拉图把人分成九等，第一等就是爱智慧者（即哲学家）、爱美者或是诗神和爱神的顶礼者（即诗人、艺术家和献身爱情的人）。未皈依基督教时，妇女是生育繁衍的象征。部落之间争斗，先前被掳去并且已为另一部落生育后代的女人甚至可以站出来成功地化解争端。后来教会推崇圣母玛利亚，女子又成了圣洁的化身，这也导致妇女形象的理想化。于是骑士们会为自己仰慕的女子去行侠仗义，即使是梦中情人也无妨，致使"骑士式的爱"成为精神恋爱的代名词。而怀亚特也就以美人喻君王了。

可惜华夏民族的先民们对女娲的崇拜没有成为气候，连"非主流文化"都进入不了，否则就会多几个贾宝玉站出来说女儿是水做的骨肉了。

例子2：同性恋困惑

李白与杜甫交谊甚笃。他有两首专门为杜甫而写的诗《沙丘城下寄杜甫》和《鲁郡东石门送杜甫》。其中第一首有名句"思君若汶水，浩荡寄南征"。杜甫也写了好几首思念李白的诗。李白流放夜郎，途中遇赦，杜甫不知挚友已被赦还，为之忧思成梦，写下《梦李白二首》，有"故人入我梦，明我长相忆"之感叹。在别处他还描写过和李白相处的情景："醉眠秋共被，携手日同行。"

在中国人看来很值得赞赏的诚挚友爱，落到西方人眼里却成了同性恋嫌疑。又是思君入梦，又是携手同床，这不是同性恋是什么？所以曾把杜甫的诗译成英文的美国诗人卡罗琳·凯泽（Carolyn Kizer）就以《杜甫致李白》（To Li Po from Tu Fu）为题写诗，根据她的臆测来描述李杜同性恋。该诗第1节写道："大人，您写的诗篇多美妙！/今晚我能否和您睡觉？/直到你我力竭又精疲，/沉醉共裹一床锦被。"这恐怕是中国的李白、杜甫专家们做梦也想不出的研究角度。当然，凯泽主要还是想借李杜来反映美国嬉皮士同性恋者的思想感情，故此她还写到长头发、卫生纸和酒吧以及在城里游逛高歌的情景。

其实，西方人不仅在对中国文学的理解上患了同性恋过敏症，当他们来到中国之后，还有许多现象使他们陷入同性恋困惑：姑娘们动辄勾肩搭背、亲热非凡，有时还会看到士兵们手拉手走在大街上。广东顺德过去的"自梳女"现象也被他们看作同性恋。至于北方的澡堂更令他们大吃一惊，同性的人们竟然可以一丝不挂地互相帮忙搓背。按照西方的性学理论，大面积的皮肤接触也会产生快感。澡堂简直成了同性恋俱乐部！

的确，古罗马时代的澡堂是有同性恋活动的。不少欧美文学家也确有同性恋癖。古希腊莱斯博斯岛（Lesbos）的女诗人萨福（Sappho）就是一个典型，至今英语中"女同性恋者"（Lesbian）一词就源于该岛名。美国还有人专门研究这种现象，写出了名为《美国文学中的同性恋传统》的书。在现代西方社会，同性恋问题又闹得沸沸扬扬。美国的同性恋者多次游行示威，争取社会承认。克林顿总统上台后也不得不批准同性恋者参军，以示尊重人权。1989年，英国有一所小教堂还为一对女同性恋者祝福，等于变相地允许她们建立"家庭"。正是因为西方人以他们的文化传统和社会标准为尺度不恰当地衡量中国的社会，所以很容易踏入同性恋误区。他们不清楚朋友是中国的"五伦"之一。朋友的关系和君臣、父子、兄弟、夫妻的关系同样重要，同样亲密，有时甚至比夫妻还过之。不是有所谓"兄弟如手足，妻子如衣服"的说法吗？这个"兄弟"包括了结拜兄弟，也就是知交。

至于同性的亲热举动，其实是由于社会道德观念不容许异性公开以身体示爱而造成的一种补偿。英国《泰晤士报》派驻北京的第一位记者大卫·邦纳维耶（David Bonavia）在谈论中国同性恋问题时就指出："姑娘们，特别是年轻妇女，在肉体上的互相吸引常常表现为自然地手牵手，顽皮地打闹，或者帮忙梳理头发。这也是西方在19世纪那个过分守礼的时代所常见的，现在就不是这样了。"（*The Chinese*，1982）西方19世纪的"守礼"过分到连女子的脚踝都不能让男人瞧见，所以总是长裙曳地。更夸张一点的还有贵妇人听见一句脏话就受刺激过度以致晕倒的事件。这些都与中国宋代"存天理，灭人欲"的情况相仿。西方后来改变了，中国则正相反，文化传统中对性爱的偏见依然存在，因此异性公开亲热是有伤风化，而同性之间哪怕多一点身体接触也被视为正常。

### 3. 功利性误读（utilitarian misreading）

上面讲过的两种误读都是无意的，而功利性误读却是有意的，即同异质文化对话时，为了某种目的而蓄意误读。比如美国当代诗人加里·斯奈德把中国唐代诗人寒山的诗翻译成英语时，碰到"寄语钟鼎家，虚名定无益"这两句。斯奈德的译文是：

> Go tell families with silverware and cars
> "What" is the use of all that noise and money?"
> (*Riprap and Cold Mountain Poems*, p. 30)

他当时是个嬉皮士、垮掉派诗人，被称为"美国的寒山"。为了利用寒山诗来宣传他们这帮人玩世不恭的思想，他明知"钟鼎"不等于"银餐具和小汽车"也故意这样翻译。

另一个例子是关于中国人向同胞们介绍外国思想文化过程中的功利性误读。这个中国人是严复。他于1894年开始翻译Thomas Henry Huxley（1825—1895）的《进化论与伦理学》（*Evolution and Ethnics*，1893），初稿译成后取名《天演论》，1895年，修改稿在《国闻报》陆续发表。严复翻译《天演论》的方法很独特。他只选取原书的"序论"和"本论"两篇，即仅介绍进化论而不提伦理学。另外，严复在译文中加了29条按语，通过按语分析、补充、阐发、引申原书的观点。这样，严复通过翻译《天演论》，强调了进化论的普遍意义，把它从生物科学的理论提高为自然界和人类社会的普遍规律来介绍给中国人。我们都知道，严复提出了"信、达、雅"的翻译原则，可是他自己在译《进化论与伦理学》时并没有遵循"信"的原则。这显然是功利性的误读，因为严复希望在西方列强准备瓜分中国的危急关头以进化论作为思想武器唤醒国民救亡图存。

## 宽容与沟通

对于无意的误读，我的态度是宽容。一个人在同异质文化对话时，由于外部条件和文化身份的局限，出点错是难免的，也是很自然的，就像我们学习外国语的过程中有过渡性语言（interlanguage）一样，只要不断改进，我们的文化视野就会不断开阔。至于功利性误读，只要没有恶意，我觉得也应该宽容。

在宽容别人误读我们的文化的同时，我们也要尽量使自己被别人真正理解，达到文化沟通。从大的方面说，弘扬中国传统文化，不能偏废，现在大讲儒家，其实道家思想也博大精深。从小的方面说，在日常对外文化交流中，要避免被异质文化圈的人误读。

例子："同性恋"商标

尽管在医学界有人认为艾滋病不一定来自同性恋，但人们大都认为艾滋病是上帝对同性恋的惩罚。假如您需要添置内裤，我想绝对不会买"同性恋"牌的。没有买家，倒有卖家。有一种国产男士内裤的英文商标是 Pansy，意思是三色紫罗兰，充满温馨浪漫，但在口语中这个词却指满身脂粉气的男同性恋者。在英语国家里恐怕也只有少数这种人才对这种商品感兴趣。这一例子曾被来中国从事审校译稿工作多年的英语专家艾泼斯坦引用，以提醒翻译界注意：忽视文化差异可能引起不良后果。

其实，商标应该是非常讲究的。厂家的全部努力，包括提高产品质量和进行广告宣传，无非是要树立一个在国内外市场都站得住脚的商标。假如因为不了解异邦顾客的接受心理而丧失了海外市场，岂不可惜之极？

商标之于商品，犹如名之于人。常言道："雁过留声，人过留名。"古希腊罗马时期，工匠们为了对产品负责，都在上面留下自己的名字，有人还加上一小幅图画。这种习惯类似咱们的北京王麻子和杭州张小泉。时至今日，宜兴紫砂壶的底部也还留下制作技师的印记。这些就是原始的商标。不过古时候的市场不大，顾客几乎都认识制造商，商标的作用并不突出。

随着生产发展，外贸繁荣，商标就越来越重要。好的商标至少要符合三个条件：一有寄托，二易流传，三要尽量让不同文化背景的顾客都能接受。比如小提琴以"鹦鹉"为商标，寓意就不佳，因为奏琴这样的艺术活动讲究创造，不能像鹦鹉学舌，一味模仿，换成"云雀"牌会好得多。又如"白象"牌快食面，更是自污声名。又比如 Nike 运动鞋，这个商标本来有很深的西方文化内涵。Nike 是希腊神话中的胜利女神，她身生双翼，御风而行，穿上以她命名的鞋子自然每走一步都充满弹性，迅捷轻灵。据说这个牌子还是该公司的两位创始人之一在梦中得到启示而选定的，可惜来到中国后了解它的人不多了。正如"杜康"酒去到西洋国，老外们也不知所云一样。似乎"愈是民族的，愈是世界的"这句话也不见得放之四海而皆准，首先还是要有世界的眼光和胸襟。

古语说："君子和而不流。"（《中庸·第十章》）意思是在外交上要建立一种和谐的格局，但又不示弱。后来又有"和而不同"的说法，用到文化接触中就是在保持各自独立的文化身份的基础上和睦相处，加深了解，并有适度的文化融合。【乐黛云教授以"和而不同"为题写了一篇论文，认为这个提法其实是中国版的"文化相对主义"。这是有道理的。】

其实，和谐是中国传统哲学的精髓。

道家哲学认为"万物负阴而抱阳，充气以为和。"（《老子》第42段）"和曰常。知常曰明；益生曰祥。"(《老子》第 55 段）意思是说和是万物的本质属性（常），了解了这一点就是明白了和生规律，"益生"是指清除"和"的障碍，造成"生"的有利条件，推动发展就获得吉祥。"益生"就是"和其光，同其尘，挫其锐而解其纷。是为玄同。"(《老子》第 56 段）意思是，和合智慧的光芒，走上共同的轨道，化解失序的纠纷，就可以达成玄妙的协同。

儒家哲学力主中庸，提出"天人之际"，又说"和为贵"。

无论儒道，都强调一元中的两个平衡的方面。这与西方哲学认为世界是二元的对立截然不同。【即使是后现代理论也只是颠覆二元对立中的主从位置，对世界的基本认识仍然是二元的。】

融合才能推动文化发展。

# 关于外国文学史编撰的思考（讲座提纲）

外国文学史首先是"史"，编撰外国文学史和编撰外国政治、经济甚至宗教史一样，要有史学理论的修养。

首先要回答什么是历史这个问题。西方传统的史学观认为治史就是要还历史以本来面目，所谓 Laying out the matter as it is.（Lucian of Samosata）。Truth…is the Soul of History.（Pierre Le Moyne）中国传统史学也要"重建信史"。

但是，进入了 20 世纪之后，这种传统的史学观受到了来自历史学科内部和外部的挑战。来自内部的挑战源于马克思主义、女性主义和后殖民主义。

马克思批评在他之前的历史学家，说他们过度强调个人对历史的推动作用，过高估计抽象的思想观点，包括宗教的力量。马克思还批评他们忽视了物质生产在历史发展进程中所起的作用。马克思要用无产阶级的历史取代以往的资产阶级的历史。

女性主义的思路同马克思主义差不多。弗吉尼亚·沃尔夫认为以往的历史是女性缺席的历史。女性主义者要用全面的、丰富多彩的、完整的人类的历史来取代过去的"男人写男人"的历史。

后殖民主义抨击殖民者妖魔化土著人，把土著人视为"他者"。后殖民主义质问：我们要站在什么立场看世界？他们和马克思主义和女性主义一样，要摧毁以往的殖民历史的根基。

来自外部的挑战源于心理学、哲学和语言学。

心理学怀疑史学家对史料的选择、理解和阐释以及"重现"史实的有效性，因为史学家是人，所以很难真正客观地处理史料。

哲学上的怀疑主义认为所有的历史评判都由人从不同的角度做出，所以公说公有理婆说婆有理是很正常的。没有客观的历史真相。怀疑主义成了 20 世纪后现代主义理论的重要哲学基础。

因为历史是用语言表达的，而且原始的历史资料，无论口头的还是书面的，都用语言来记录，这就不可避免地受到来自语言学的对所有基于语言的事物的挑战。也就是说，人们对"事实"或者"现实"的理解受语言所左右，甚至受语言所决定。这种语言观也导致"没有历史真相"这一结论。

我认为，历史有两种。第一种是遵循传统史学观编写的，尽量努力去贴近真相的历史。这种历史以研究对象，即历史资料本身为中心。另一种是有个性的、研究型的历史。这种历史以研究者为中心，包括他或她的各种文化身份、世界观、思想意识、伦理道德标准、甚至个人喜恶，凡此种种，我用"本土意识"这个概念来概括，都会反映在所编撰的历史之中。（本土意识的核心是民族文化意识，在不同的时期和不同的个人身上又会表现为不同的时代意识和个体意识，包括体现在个体意识中的阶级意识。这是一个把时间、空间和人结合起来的概念。）

根据我粗浅的知识，能够经得起时间考验，流传后世的往往是第二种历史，因为他们避免了雷同化。千人一面，像芭蕾舞里的群舞演员，是不会给观众/读者留下多少印象的。

下面举一些非英国人编的英国文学史——也就是外国文学史——的例子来说明这个论点。

丹麦的勃兰兑斯说过："文学史，就其最深刻的意义来说，是一种心理学，研究人的灵魂，是灵魂的历史。"其实，文学史本身也反映出编撰者的心理和观点，外国文学史更加反映着包括编者主体意识在内的本土意识。

就拿勃兰兑斯十分敬重的法国的丹纳来说，他编《英国文学史》就是为了阐述他的文学创作和发展决定于种族、环境、时代三要素的理论。尽管他在书中贬抑古典主义，颂扬浪漫主义，但他的研究方法却仍然保持法国人崇尚理性的传统，甚至根据"自然科学的原则"去探讨文学。

法国人 Emile Legouis 和 Louis Cazamian 在 1930 年出版的另一部《英国文学史，650—1914》，除了表现出法国文论惯有的典雅文风之外，还散发出一股法国"学院派"的气味，流露出"上等人"的傲劲。他们认为民歌不是人民群众长期集体创作的产物，而是某个人的作品，还将《名利场》里的都宾喻为一条忠心耿耿为主人服务但得不到回报的狗。不过，此书文字简练，优于英国同类著作的枝蔓唠叨，是其所长。两人分写，下半部由 Cazamian 执笔，抽象议论过多，不如某些英国文学史论著的亲切有味，乃其所短。对外来（尤其拉丁民族的）文学对英国文学的影响，论述上十分出色，亦显示了法国学者治英国文学史手笔的烙印。

再看一部我们熟悉的苏联学者阿尼克斯特编的《英国文学史纲》，关于它已经有人写过文章加以批评。我在这里只想指出，这本文学史没有介绍简·奥斯汀，明显反映了当时苏联文学界以"现实主义"作为唯一标准衡量作家的绝对化倾向。

还可以看看中国人编的英国文学史。

已故陈嘉先生主编了一套 4 卷本《英国文学史》。其《序言》开宗明义提出要对西方传统的或现代的一些有关英国文学的评论观点有足够的尊重并进行严肃的思考，但有时又持保留态度，并偶尔从历史唯物主义的观点出发提出新的、完全相反的评判。这套书初版在 1982 年，对于中国人来说，这个年份同开放、宽松是联系在一起的，就像提起 1957 年就会给中国大多数中、老年知识分子的心头罩上一重阴影一样。这里边时代意识和主体意识不是很浓吗？

已故王佐良先生曾主编多卷本的《英国文学史》。从已发表的《20 世纪卷》的《序论》来看，区域文学比以往更受重视，增加了"英国文学与世界文学"的内容，并将电影文学、广播电视文学亦包括在文学史内。编者的本土意识已经在这三个方面露出端倪。写《序论》的王佐良先生自己就发表过不少关于英国区域文学的评论文章，他认为"地方性区域性的文学里有很多好作品"。① 至于后两个方面，则反映了比较文学研究在中国的复兴以及中国走向现代化过程中文学观念的改变。编写这部五卷本英国文学史的研究组的主要负责人是主张写"具有中国观点和中国风格的外国文学史"的。② 他在评论董衡巽等编写的《美国文学简史》（上册）时也很赞赏地提到该书引了一些能给读者以启发的中国作家对于美国文学作

---

① 《谈谈西方现代派文学》，《照澜集》，外国文学出版社，1986，第 256 页。
② 王佐良：《英国文学论文集》，外国文学出版社，1980 年，第 3 页。

品的反应,并且还偶尔介绍一些美国作家的作品在中国的翻译情况,认为这样做增加了该书的中国色彩。① 尽管他已经不在人世,我们相信编写组一定会实施他的上述主张的。

我还有机会读到台湾大学外文系颜元叔教授编写的中文版《英国文学史》。他提出的编纂理由有三个:一是要编一部适合中国学生的《英国文学史》;二是中国学生要尽可能接触所有重要作品,所以他的文学史还带有文选性质;第三是我们对于西洋或英国文学,应该有自己的看法。这几条都表露出很强的中国本土意识,第三条同上面所引王佐良先生的主张几乎是同样旗帜鲜明。颜元叔认为:英美人对于英美文学的看法,有些我们应该同意,但有些却只属于他们。"比如说吧,读到文艺复兴的时候,他们对于人本主义的强调是不够的——而我们的文化传统是人本主义的,应该多多强调。读到弥尔顿的《失乐园》,他们把《失乐园》只看成基督教的史诗,而抹杀了《失乐园》超越基督教的纯文学层面……我们中国人治西洋文学,若是没有自己的立场与见解,这研读的结果可能无益于中国文学或中国文化,更不可能建立起中国人的独立批评或独立学术。数十年来中国人搞西洋文学,以了解、认同、接受西洋观点为治学的最高境界。一篇谈西洋文学的论文,以累积编排西洋各家论点为职志。许多国人写西洋文学论文,只是重复西洋专家的牙慧而已。"②

前年,北京大学编撰出版了李赋宁先生主编的三卷四册的《欧洲文学史》。《序言》里提出了四点编撰原则:

Firstly, the authors examine the history of European literature in the Marxist perspective. They try to follow the line of developments of material production and social evolution while making comments on writers and their works. Class and class struggle are mentioned from time to time (Li Funing 1999: 1. 2000: 7 – 11, 204 – 207, 463 – 467)

Secondly, the new Bei Da *History of European Literature* emphasizes the didactic function of literature. Hence most of the discussion of literary works is focused on morality. (Li Funing 1999, 2001 *op. cit.*)

Thirdly, the authors try to encompass into the book the latest research results in the Western scholarship they can have access to (Li Funing 2001: 84, 542, 551). Some of them even present their own academic findings in the part they are assigned to write (Li Funing 2001: 54).

Fourthly, the new Bei Da *History of European Literature* tends to introduce to the reader, when necessary, some information about the life of the writer, which is something new in the compiling of histories of foreign literature in China mainland (Li Funing 2001: 532).

以上这四点也可以算是《欧洲文学史》编者的思想观点。

但是,在读过更多的外国文学史之后,我发现,当前中国的外国文学史编撰存在很严重的缺陷。

第一,已经出版的中国大陆学者编撰的外国文学史虽然都力图以马克思主义为指导思想,但他们仅仅强调了马克思的阶级分析理论和唯物主义哲学。于是一部文学史变成了政治史或社会史的附庸。这一点可以从外国文学史的分期看出来。【……】另外,文学的发展变化似乎都是重大政治历史事件的结果。【法国大革命对英国浪漫主义运动的影响……】当然,政治、历史、社会的变动的确是推动文学发展变化的因素,甚至可以说是主要的因素,

---

① 王佐良:《中国第一本美国文学史》,《照澜集》第234页。
② 颜元叔:《英国文学·中古时期》,台北:尧水出版社1983年版,第iii-iv页。

但是，他们不是全部的因素。马克思主义十分强调的物质生产，包括科学技术的发达，也是影响文学的另一种因素。就拿刚才提到的英国浪漫主义运动来说吧，它受到19世纪英国的科学技术的影响是很深刻的。【达尔文的《物种起源》发表于1859年。19世纪英国的自然科学以天体物理最为突出。】英国诗人雪莱在长诗《云》和《西风颂》里对于云的描写与后来出版的一本题为《伦敦的气候》的书中对云的分类完全符合。雪莱从小对电十分感兴趣。据他的妹妹回忆，雪莱常常会找来一帮小孩，包括他的兄弟姐妹，要他们手牵着手体会过电的滋味，所以描写云总不忘强调雷电的生成。身为浪漫主义诗人的雪莱在科学新发现的启发下找到了"雷电"这一新的象征来表现人的力量。（德国的浪漫主义运动也称为"狂飙突进"运动。）【Coleridge 描写声音和光，p. 25】其实，许多欧美文人对科学技术有浓厚的兴趣。【《文人的第三只眼》】网络技术的产生使非线性写作成为可能。【超文本与批评理论】

第二，刚才我提到文学史变成了政治史或社会史的附庸的又一种表现是忽视了文学自身的发展变化。政治也好，社会也好，物质生产也好，科学技术也好，对于文学来说都是外部的因素。而文学作为一个学科，作为文化的一个领域，也有自己的发展轨迹。文学史应该去追寻这种发展轨迹。遗憾的是，现有的中国大陆学者编撰的外国文学史，与外国人编写的讲述他们本国文学的历史一样，都把文学，主要是作家、作品的历时的和共时的关系割裂开来。所谓"历时的"关系是指传承。【比如密尔顿的《失乐园》向古拉丁语史诗学习。】所谓"共时的"关系是指同时代的作家之间的互相影响。【比如论争：英国文艺复兴初期 Thomas Campion 和 Samuel Daniel 关于诗歌押韵的论争；比如在大的流派的同之下的异：Coleridge 对 Wordsworth 关于诗歌语言的批评。比如作家之间互相推崇、互相学习：W. B. Yeats 公开承认自己早期的诗歌创作基于 Arthur Hallam 关于诗人的心理活动的原则。】现有的中国大陆学者编撰的外国文学史基本上是孤立地介绍作家、作品，并没有把一个国家、一个民族的文学的发展看成有机的整体，更没有考虑这一国别文学与其他国别文学的关系。【新古典主义从法国传到英国之后的变化。】

第三，中国人编的外国文学史与他们本国人编的本国文学史没有多少区别。

这里有两种情况：一是这些中国人编的外国文学史本来就是根据外国人编的文学史编译过来的。二是有一个认识误区，总认为中国人研究外国文学肯定搞不过外国人。【关于比较文学的成效。】其实，中国人可以有中国人的角度。这里至少有两方面的事情可以做。首先，如果我们提出了他们料想不到的问题，这就是创新。【比如惠特曼诗歌中反映出的移民问题。反过来，外国人研究中国文学有成就的也往往能提出中国人料想不到的问题，如文化双性同体问题。】其次，中国人编的外国文学史要关注外国文学和中国文学的关系。【惠特曼关心过中国的太平天国起义；马克·吐温关心过鸦片战争；英国的 William Empson 在燕京大学教过书；美国新诗运动深受中国古汉诗的影响。】

既然指出了现有的中国大陆学者编撰的外国文学史的不足之处，那么，我所认为应该要做的也就不言而喻了。

# 第 2 编 译作赏析

# 寓刚于柔，以小见大
## ——惠特曼《雨话》诗漫议

虽说科学技术会妨碍以形象思维和情感见长的诗歌，但诗人中的高手也可以以科学知识入诗，下面引美国诗人惠特曼的一首诗为证。

**The Voice of the Rain**

And who art thou? said I to the soft-falling shower,
Which, strange to tell, gave me an answer, as here translated:
I am the Poem of Earth, said the voice of the rain,
Eternal I rise impalpable out of the land and the bottomless sea,
Upward to heaven, whence, vaguely form'd, altogether changed,
and yet the same,
I descend to lave the drouths, atomies, dust-layers of the globe,
And all that in them without me were seeds only, latent, unborn;
And forever, by day and night, I give back life to my own origin,
And make pure and beautify it;
(For song, issuing from its birth-place, after fulfilment, wandering,
Reck'd or unreck'd, duly with love returns.)

(*Walt Whitman*)

### 雨 话

哈，你是谁？我问那轻柔的阵雨，
她竟然答了腔，下面译出她的话语：
我是大地的诗，雨声淅沥，
无影无形，从内陆和深海升起，
上苍穹，凝小滴，身虽易，神如一，
为润泽旱尘干土，重入人世，
离了我，万物仅是种子，混沌一片；
我来了，催发无限生机，使故园洁美，日夜绵延；
（像支歌，孕育于故里，漂泊到他方，
不论知音多与少，满怀挚爱总还乡。）

惠特曼以写长诗著称，但有些小诗，比如《雨话》，信手拈来，也颇有韵味。

这一首诗写细雨，短短十行，叙述角度却换了三个。先是诗人问雨，然后是雨的答话，最后括号中的两行很妙，既是诗人加的按语，也可看作雨的潜台词。诗人问雨，口气轻松活泼——本想开个玩笑,没料到雨真个答了腔(which, *strange to tell*, gave me an answer...)。雨的形象庄严、雄浑,其话语充满哲理。但是,雨到底不是人,雨的话凡人听不懂。这位公冶长式的诗人只好屈尊当译员了。于是原文用了"translate"这个词。其实,"translate"来源于拉丁语的"translatus",是动词"transferre"的过去分词,原意为"转移",用在此处,一语双关:雨话译成了人话,同时暗示轻松的调子转换成庄严的调子。

雨一向是文学作品的热门题材,特别是温柔轻曼的细雨,更能牵动诗思。杜甫的名句"好雨知时节,当春乃发生,随风潜入夜,润物细无声",用"随"、"潜"、"润"、"无声"四个词来发挥一个"细"字,仿佛一幅工笔画,把细雨真写细了。

然而,细雨本来就是细的,写出其细处虽不易,但亦不奇。惠特曼则不同,大概因为是个"野蛮诗人"吧,连细雨到了他手上也写得气魄非常宏大。劈头一句"我是大地的诗",然后插入不重读的"雨声淅沥"(said the voice of the rain),给读者回味的时间。紧接着,内陆、深海、苍穹、人世,雄伟的意象一个接一个扑面而来。这些都是雨活动的空间,正所谓纵横驰骋,意到形到。但是,雨的力量远在此之上。你看,世间万物的生命都蛰伏着,可以生,也可以永远被禁锢在种子里。是雨打破了这种混沌状态,解放了生命,使家乡地球更加美丽、纯洁。在惠特曼笔下,细雨竟成了力量的象征,简直可以同中国古代神话中开天辟地的盘古媲美。

惠特曼这首诗并非纯是写雨。诗中的雨以诗自喻(the Poem of Earth),而诗人实是以雨喻诗。他通过这首小诗发表对诗歌创作的见解呢。

惠特曼是个泛神论者,创作上持的是诗歌整体理论(organic theory of poetry)。他认为诗不是造出来的,她的生成宛如一棵树、一枝花,纯属天然;而一棵树、一枝花自身就是一首诗。他为毕生唯一的诗集起名《草叶集》,这大概也是原因之一吧。惠特曼在别的诗作里也曾称美国本身就是一首诗。

雨同花草树木一样,是大自然的产物,在惠特曼眼里,即是"大地的诗"。一首诗在孕育之初,虽有深厚的生活基础,但是无影无形。诗思经过升华,逐渐才有了词句、节奏、韵脚这一类诗的外形,但其精神不变,仍是自然的一分子。诗成熟后,会启迪人的心灵(give him a good heart),使人充满活力,心地纯洁,更加人化(fill him with vigorous and clean manlinesss)。(《回顾走过的路》,"A Backward Glance O'er Travel'd Roads",1888)《雨话》的最后两行稍嫌外露,但很好地点明了诗人的创作意图。附带说一句,在惠特曼的诗文中,"诗"与"歌"几乎是同义的。以雨喻诗,在他的长诗《欢乐之歌》里也曾出现过,但仅有一行:"O for the dropping of raindrops in a song!"不如这首《雨话》发挥得淋漓尽致。

惠特曼认为诗与科学并不对立。一位持悲观主义态度的法国评论家哀叹,科学的潮流吞没一切,五十年后将没有人读诗。惠特曼反驳他,认为科学会给诗歌创作开辟更坚实、更广阔的新天地。(《回顾走过的路》)果然,他巧妙地把雨水在自然界循环往复的科学常识写入诗中,暗喻诗的创作及其社会功能。这一点就连状物写景细致入微的老杜也做不到,只能以"当春乃发生"一言以蔽之。时代局限如此,倒也不必苛求。到了五四运动后,郭沫若就在《晨安》中写下了诗句"晨安!平匀明直的丝雨呀!诗语呀!"以四川方言谐音将雨比诗。不过这个时期的郭沫若受惠特曼影响很深,他这诗句是否受惠特曼启发而成,就有待进一步研究了。

(《译海》1984 年第 3 期)

# 壮声歌罢亦低吟
## ——巴勃罗·聂鲁达《大地啊，等着我》赏析

假如只有急流飞瀑，没有平湖幽涧，世上的水景就不完美；假如只有铁板铜琶，没有轻弦慢管，音乐就显得单调。七情六欲，发而为诗，也离不开这一刚一柔、一张一弛的规律。

智利诗人巴勃罗·聂鲁达（Pablo Neruda，1904—1973）是 1971 年诺贝尔文学奖得主。他的诗歌高亢激越，已为人所共知。在一首 134 行的长诗里，他喊出了民主的最强音：

> 面包师不该饿饭！
> 矿工理应得到光明！
> 铁索郎当的囚徒应该自由！
> 悲观失望的人们应该振兴！
> 世上的男人都做君主。
> 所有的妇女都是女皇。
> 每双手都戴上金手套。
> 再卑微的人也能享受阳光。
> ……
>
> ——《人民》（1962 年）

难怪中国著名诗人艾青称赞他："从你的声音里，可以听见美洲的希望。这种声音是属于新大陆的、大瀑布的声音，大河流的声音。高原上的大风暴的声音。"（《和平书简》）然而，就在他创作《人民》之后两年，聂鲁达写了一首短诗——《大地啊，等着我》。那平静的心境、回归自然的愿望、恬淡的生死观，同《人民》慷慨激昂的调子又大不相同。如果说聂鲁达诗歌创作的主流像一条奔腾汹涌的大河，那么，这首短诗就是大河边上的一湾秋水。现在，我们就来领略一下这湾秋水的风光吧。

### 大地啊，等着我

> 送我走吧，太阳，
>
> 回到命运的蛮荒，
> 古森林里的雨滴啊，
> 请还给我芬芳的气息，
> 连同从天而降的宝剑，
> 孤寂平和的岩石、草原。
> 给我河边的湿润，
> 给我松林的香醇，

请还给我生气勃勃的风,
它鼓荡在高耸的杉树丛,
像心脏不停搏动。

大地啊,把你纯洁的赠礼还给我,
那沉默之塔一座座,
根基坚固,肃穆巍峨。
我要归去,换一副从未现出的形象,
我要归去,离开这深不可测的海洋。
但得生死随心,存亡在意,
万物与我,浑然一体,
此身何妨化作陋石,
任滚滚洪波翻卷拍击。

  诗的标题是一个祈使句,整首诗就是一个祈求。第一节第一句起得突兀。人们都爱太阳,视之为光明、温暖、生命的象征,诗人却要太阳送他走,其实就是同太阳分手。上哪儿去呢?"回到命运的蛮荒"。"命运"这里不是指生来注定的生死、贫富等遭遇,而是指能左右人类一切的一种精神力量。希腊神话中有命运三女神,以纺线形式司生死,只要剪断纱线,人的生命就要结束。"蛮荒"使人联想起远古时代,同时又指未被人类触动过的大自然,在这种环境里,命运的力量更加强大。诗人要离开太阳,把自己交到命运手里,说明他已经不再留恋这个世界。第一节其余各行都是描写蛮荒的景色,但用占突出地位的"还给我"三个字引出,说明诗人认为他本来就从这个地方出来,这同下边的"我要归去"相呼应。

  描写蛮荒的景象用的是以动衬静的手法。写闪电——"从天而降的宝剑",偏不提雷声。闪电有形,风无形,写风便借助杉树的晃动来表现。诗人别出心裁,以心脏搏动来形容风入树丛,一方面同"生气勃勃"呼应,另一方面又创造了静的意境,因为只有万籁俱寂之时,才容易听见心脏的搏动,这与陶渊明的"狗吠深巷中,鸡鸣桑树颠"异曲同工。这一节调动了作用于人的各种感官的意象,如:"芬芳的气息"、"松林的香醇"——嗅觉,"河边的温润"——触觉,"心脏的搏动"——听觉,用工笔刻画了诗人与大自然水乳交融的情景,为下一节的"万物与我,浑然一体"先做铺垫。

  第二节直抒胸臆。第一行仍用"还给我"三字承上启下。"纯洁的赠礼"就是"沉默之塔",这是印度拜火教教徒举行天葬仪式时放置尸体的塔。聂鲁达1927年曾任智利驻缅甸的外交官,随后在科伦坡、爪哇、印度等地生活了五年,受到东方文化的熏陶。"沉默之塔"同第一节"蛮荒"、"古森林"一道,渲染出神秘的气氛。到这里我们已经十分清楚,诗人要离开太阳,把自己交到命运手中,又要大地等着自己,无非是祈求一死。可是他为什么要死呢?是蒙受打击,痛不欲生?是悲观厌世,自寻解脱?不!在诗人心目中,死只不过是"换一副从未现出的形象"。聂鲁达虽然用西班牙文创作,但诗风与美国诗人惠特曼一脉相承,他曾在一首诗中恳求惠特曼在天之灵把声音和力量传给他。在生死问题上,聂鲁达同惠特曼一样,持泛神论观点,认为万物都是神,我也是神。他在一首题为《喷火宝剑》的诗中大胆地把《圣经·创世纪》改写成一个神话故事,并让上帝死去,让男人和女人成为上帝。正是从泛神论思想出发,他才去追求"生死随心,存亡在意,万物与我,浑然一体"的境界。聂鲁达对于死亡的看法是超脱的,所以我们说《大地啊,等着我》这首诗是一湾秋水,并非一潭死水。

  这首诗选自1964年发表的自传性诗集《内格拉岛的回忆》。当时聂鲁达已在内格拉岛定居。他度过多年的外交官生涯,1945年加入智利共产党,后因政局变动而被独裁政府通缉,不得不转入地下,随后流亡国外,1952年才返回祖国。经过长时期颠沛流离之后,聂鲁达终于有了个家,但已是人到暮年,身心都疲乏了,需要静静地休息。壮声歌罢亦低吟,他这个时期的诗歌主要写大海,他的房子、智利的鸟儿、智利的石头,贯穿其中的红线是人与自然的融合。然而,他的歌喉并没有委顿,1970年又写了一首歌颂人类进步的长诗,同年被提名为智利共产党总统竞选候选人。后来经过协商,智利共产党决定转而支持阿连德。阿连德任总统后,派聂鲁达任驻法大使,他又离开内格拉岛赴巴黎。1971年在巴黎接受诺贝尔文学奖,尔后一直为病魔所缠。1973年9月11日,聂鲁达病笃,智利发生军事政变,阿连德总统被害。9月23日,聂鲁达逝世。他的葬礼成了智利人民反对军政府的第一次示威游行。聂鲁达的诗歌,无论是壮歌还是低吟,音色各异,主题不同,都在人民心中回荡。

(《译海》,1985年第3期)

# 美国现代诗译析（节选）

（《花城袖珍诗丛·美国现代诗》，花城出版社，1998年2月）

## One's-self I Sing
*Walt Whitman*

One's-self I sing, a simple, separate person,
Yet utter the word Democratic, the word En – Masse.
Of physiology from top to toe I sing,
Not physiognomy alone nor brain alone is worthy for the Muse,
I say the Form complete is worthier far,
The Female equally with the Male I sing.
Of life immense in passion, pulse, and power,
Cheerful, for freest action form'd under the laws divine,
The Modern Man I sing.

## 我歌唱人的自我
瓦尔特·惠特曼

我歌唱人的自我，一个朴实、独立的人，
但又唱出民主这个词，总体这个词。

我歌唱由头到脚的生理机制，
在缪斯的眼里单是外貌或单是头脑都不会很有价值，
我说一个完整的形体要有价值得多，
女人和男人我都一样歌唱。
歌唱蕴含在激情、脉动和力量之中的无边的生命，
兴高采烈，为依照神圣的规律形成的最自由的行动歌唱，
我歌唱现代人。

　　一个半世纪之前，大部分美国文人仍然匍匐在欧洲的缪斯脚下，英国散文家、《爱丁堡评论》创始人之一西德尼·史密斯高高在上地说："试问，在整个地球上，有谁会去读一本美国书？"然而，他那狂傲的断言被一个敞开衬衫领口，双手随随便便插在裤袋里的美国人击破了。这个以藐视传统礼仪的形象出现的美国人就是惠特曼。他在1819年出生于一个农民家庭，做过听差、学徒、排字工人，1834年开始业余写作。1855年，他亲自排版印出了

他的诗集——《草叶集》。

　　这本薄薄的小书引起了轩然大波。美国舆论界说，书的作者是个"怪物"。美国诗人惠蒂埃收到惠特曼寄给他的《草叶集》后，随手把它扔进了火炉。可是，当时美国思想界的先驱者爱默生一眼就看出这是一部划时代的诗作，他多年期待着的美国自己的诗人终于出现了。于是，他亲自写信向惠特曼表示祝贺。更使保守的美国人感到惊讶的是，《草叶集》第一版印出几个月后，英国就有了热烈的反响，它的第一个国外选本就是在英国出版的。在惠特曼生活窘迫不堪的时候，包括桂冠诗人丁尼生在内的英国文坛还给了他经济上的支持。

　　尽管《草叶集》曾被列为禁书，惠特曼在政府部门工作时还因为是《草叶集》的作者而被解职，但他毫不退缩，不断把自己的新作收入《草叶集》，直至他去世时出到第9版，已经有383首诗，加上他去世后收入去的《附诗一》和《附诗二》，共有452首诗。这是惠特曼一生唯一的一本诗集。

　　《我歌唱人的自我》是《草叶集》的第一首诗。从创作年份来说它并不是最早的、但惠特曼临终前审定《草叶集》，将它放在卷首，这表明，惠特曼认为这是一首提纲挈领的诗。

　　多少年来欧洲文学一直受宗教左右，诗人作家笔下的人或自然背后，都隐约现出上帝的影子，只有少数叛逆者，如弥尔顿、拜伦、雪莱，敢于向上帝的权威挑战。而惠特曼干脆不承认上帝的权威。他说：我在街上走着，空中飘落一片叶子，那就是上帝给我的信。他甚至认为自己就是上帝——"当我照镜子的时候，我看见上帝的面孔。"上帝的价值既然降低，人的价值就会升高，于是惠特曼喊出了"我歌唱人的自我"的口号。

　　但是，惠特曼要歌唱的"自我"，其实是"大我"，因为他同时也要歌唱人的总体。一位评论家指出："在赞美自己的同时，惠特曼赞美全人类。"他还要歌唱"完整的形体"，即肉体和灵魂的结合，把他认为的现代人的人生价值观念几乎都写入了这首短诗。

　　惠特曼打破了以往诗歌必须有格律、要押韵的传统，用句子中单词的重音代替了死板的"音步"。今天，这种"自由体"诗已经成了欧美诗歌的主流，写格律诗的人反而成为少数派了。他以后的美国诗歌，无论有了多大的发展变化，无论是主题还是形式，或多或少都留下了他的影响。1971年诺贝尔文学奖获得者、智利诗人巴勃罗·聂鲁达说，惠特曼是"历史上第一个以真正的美洲大陆的声音讲话的人，无愧于一个真正的美国名字的人"。

## Orange Buds by Mail from Florida
### *Walt Whitman*

—Voltaire closed a famous argument by claiming that a ship
of war and the grand opera were proofs enough of
civilization's and France's progress, in his day

A lesser proof than old Voltaire's, yet greater,
Proof of this present time, and thee, thy broad expanse,
America,
To my plain Northern hut, in outside clouds and snow,
Brought safely for a thousand miles o'er land and tide,
Some three days since on their own soil live-sprouting,
Now here their sweetness through my room unfolding,

A bunch of orange buds by mail from Florida.

## 从佛罗里达寄来的含苞欲放的橙花

瓦尔特·惠特曼

——伏尔泰在一篇有名的论文的结尾声言，一艘军舰和一出大歌剧就是他那个时代的文明和法兰西的进步的充分证明——

> 比老伏尔泰的证物纤小，但更伟大，
> 是目前这个时代的证明，是你，美国，这片广袤的空间的证明，
> 来到我其貌不扬的北国茅舍，在云和雪包围中，
> 千里路，千里潮，平平安安地来到了，
> 三天前还长在生育它们的泥土上，
> 如今给我的房间注满甜香，
> 从佛罗里达寄来的一束含苞欲放的橙花。

这一首诗的题目是《从佛罗里达寄来的含苞欲放的橙花》，但中心却是气魄雄伟的"目前这个时代"和"美国，这片广袤的空间"。那束纤小的橙花只不过是这两者的证明罢了。

诗的小序是一个参照量，但第一行诗就把这个参照量比下去了。一个"老"字，一方面流露出对伏尔泰这位法国启蒙思想家善意的揶揄，另一方面暗示，伏尔泰引以为骄傲的那个时代的文明的产物已经成为历史的陈迹，"更伟大"的是"目前这个时代"和"美国，这片广袤的空间"。接着，诗人在"广袤"二字上作铺排——南方的佛罗里达的花枝已经绽蕾，北国却仍然是冰雪的天下，中间相隔"千里路，千里潮"。可是，在这么广阔的土地上，信息的传播却十分快捷妥当。只需三天，春天的信息就由一束橙花"平平安安地"带来了。这就是"目前这个时代"的特点。惠特曼虽然生活在一百多年前，但他从寄橙花这件小事已经敏感地觉察到，未来将是信息的时代。

中国古代也有写寄花的诗，如南朝陆凯的《赠范晔诗》："折花逢驿使，寄与陇头人。江南无所有，聊赠一枝春。"这是从寄花人的角度写的，表露了一种悠悠的思念。各自面对着祖国宽广的土地，惠特曼感到自豪，陆凯心中却认为山高水长阻隔了情感交流。同样是寄赠春天的消息，惠特曼收到的是实实在在的花，而陆凯寄去的仅仅是一片心意。他很明白，以中国那时候驿站传书的速度，把花从江南带到陕西、甘肃交界的地面，恐怕在路上早成了枯枝了。

相同的题材写出了截然不同的作品，除了作者选取的角度不同，写作时的心境不同等原因之外，我们不能不承认，一个时代的自然科学发达与否直接影响到文化人的视野和胸襟。同时，两种不同的文化传统又给作品打上不同的民族烙印。美国人的务实精神，中国魏晋南北朝时期文人喜清淡、尚飘逸的风气，都分别在两首诗中反映了出来。相比之下，陆凯的诗虽然比较有韵味，但失之纤弱。

《从佛罗里达寄来的含苞欲放的橙花》的表现手法很像中国画家作画——先抹上几片互不相干的叶子，然后三勾两勒，把它们连在一起便是一株葛藤。惠特曼先从伏尔泰说起，然后又是"时代"，又是"空间"，又是"云"，又是"雪"，海阔天空，扯到最后才带出橙

花，点了题。其实，要想读懂这首诗并不难，从最后一句起，一句一句倒着往前读，意思就十分清楚，不过也就索然寡味了。

## Cassius Hueffer
*Edgar Lee Masters*

They have chiseled on my stone the words:
"His life was gentle, and the elements so mixed in him
That nature might stand up and say to all the world,
This was a man."
Those who knew me smile
As they read this empty rhetoric.

My epitaph should have been:
"Life was not gentle to him,
And the elements so mixed in him
That he made warfare on life,
In the which he was slain."
While I lived I could not cope with slanderous tongues,
Now that I am dead I must submit to an epitaph
Graven by a fool!

### 卡什尔斯·休弗
埃德加·李·马斯特斯

他们在我的墓碑上凿了字：
"他一生温文尔雅，他内在的素质
使大自然也会站起来向全世界宣布，
这是一位好样的人物。"
读到这空洞的词藻，
了解我的人都微微发笑。

我的墓志铭应该是这样：
"生活对他并不温文尔雅，
他内在的素质决定了
他要向生活开战，
在拼搏中他被刺杀。"
活着我抵挡不了谣言的舌剑，
死了还要被傻瓜
所刻的墓志铭糟蹋。

这首诗选自马斯特斯的《匙子河诗选》。

人活着，难免有时会掩饰自己的真情实感，有时又会对未来抱着不切实际的幻想。人一旦死去，就像一杯浑水澄清下来，一生的本来面目比较清晰可辨。假如能为某个小镇的死人写出符合事实的墓志铭，就可以真实地反映这个小镇的风貌。基于这种想法，同时又受到一本内容大部分是墓志铭的《希腊短诗选》的启发，马斯特斯以他度过童年生活的两个小镇——伊利诺伊州的刘易斯顿和彼特斯堡为素材，想象出一个匙子河镇（匙子河是芝加哥附近的一条河，但匙子河镇却是杜撰的）。他用墓志铭的形式，画出镇上已死的二百四十四个人物的素描，并反映了他们生前的关系，其中包含了十九个故事。这些墓志铭式的短诗有一些先在刊物上发表，1915年结集出版，就是《匙子河诗选》。马斯特斯在1933年谈到这部诗作时说："除了理发师、磨工、皮匠、裁缝、车库工人之外，几乎所有普通的职业都在《匙子河诗选》里写到了。没写到的后来在《匙子河诗选续集》里也写了。"他按地狱、炼狱、天堂的顺序来安排人物的出场；先写傻瓜、醉鬼、潦倒的人、恶棍等，然后是一般的人，最后才是英雄和有文化教养、思想开明的人。他把《匙子河诗选》称作是"《神曲》式的"作品。

马斯特斯出生在一个穷律师的家庭，对下层人民的生活深有体会。成年后也当过八年律师，而且是当时美国最有名的刑事诉讼律师和辩护人克拉伦斯·达洛的合作者。这一段经历使他有机会更深入地了解到社会的阴暗面。马斯特斯属于芝加哥诗派，与卡尔·桑德堡和伐切尔·林赛号称"芝加哥三人团"，诗风继承惠特曼。同其他几位芝加哥诗派的诗人以及小说家德莱塞和海明威一样，马斯特斯的作品充满了"痛苦的现实主义"。

卡什尔斯·休弗是匙子河镇上一位玩世不恭的人物，敢于"向生活开战"。可是，他生前得不到人们的理解，还遭到谣言的攻击。他是被杀死的。是被谣言所杀还是真的在争斗中挨了刀子，诗里没有讲明白。但不管怎样，他至死也没有向命运妥协。可是，在他死后，一些"傻瓜"，却按照墓志铭都要溢美死者的习惯，借用莎士比亚的悲剧《裘力斯·恺撒》中安东尼称赞布鲁特斯的台词来为休弗刻墓志铭，这就是诗的第一节第二至四行。休弗在坟墓中忍无可忍，于是出来申辩。他不想冒充高尚的人，只希望后世人能了解他生前的真面目。全诗结尾的三行是充满痛苦的呼喊。人与人之间的相互了解是多么重要啊！

马斯特斯1868年8月23日生于堪萨斯州，1950年3月5日于费城一疗养院去世。继《匙子河诗选》之后他发表过三十九部著作，有小说、剧本、人物传记，但传世的只有《匙子河诗选》。他非常同情中国的五四运动，1931年出版的诗集《荔枝》就收入一首题为《圣地》的诗，谴责帝国主义列强瓜分中国，指出"日本偷走了胶州"。

## In a Station of the Metro

*Ezra Pound*

The apparition of these faces in the crowd;
Petals on a wet, black bough.

## 在地铁站台

艾兹拉·庞德

人群中这些面孔突然出现；

湿漉漉的黑树枝上的花瓣。

　　这首诗虽然只有两行，却是名篇，几乎所有的诗选在收庞德诗作时都将它收进去，因为它体现了以庞德为主帅的意象派所提倡的一种表现手法——叠加法。

　　1916年庞德谈到这首诗："三年前，在巴黎，我在拉贡科德地铁车站下车，突然看见一张漂亮的面孔，然后又看见一张，跟着又是一张，一张漂亮的孩子的面孔，一张漂亮的姑娘的面孔，那天我一直努力想表达我看到这些面孔后的心情，但我找不到合适的，或者说是像我当时突然萌生的那种心情那样可爱的词语。那天晚上，我仍然冥思苦想，突然，我找到了表达的方式。我不是指找到了词语，我脑海中浮现出的是一个等式……不是用言语表达的，而是一连串的小色点……'单意象诗'是一种叠加形式，即一个意念加在另一个意念之上。我发现这种形式帮助我摆脱了困境，我可以表达出在地铁站台产生的感情了。我写了一首三十行的诗，后来作废了。过了六个月，我又写了一首十五行的诗；又过了一年，我写成了这一个俳句式的句子。"

　　庞德的叠加法同电影的蒙太奇衔接十分相似。举例来说，如果电影画面上是一条刚刚解冻的小溪，水声潺潺，不时夹着小冰块流去，接着镜头出现一枝红艳艳的桃花，观众就明白，这是说春天来了。如果画面上是一位姑娘的背影，接着还是那枝红艳艳的桃花，观众就知道，导演想告诉他们，这位姑娘漂亮而且朝气蓬勃。如果画面上先出现一对鸳鸯窗花，然后还是那枝红艳艳的桃花，观众就清楚，这是"桃之夭夭，灼灼其华"，一对恋人要结婚了。如果再加上上面提到的小溪解冻的镜头，观众又会想到，可能这一对有情人是经历了一番坎坷才成为眷属的。英国作家和翻译家 T. E. 休姆解释叠加法时指出："两个视觉意象形成一个可称之为视觉和弦的东西，它们联合起来暗示一个不同于两者的新意象。"这正好说明，意象派的叠加法和电影的蒙太奇衔接都以视觉形象作为表达思想的基本符号。不同的是，蒙太奇衔接是直接用画面组成电影语言，而意象派的叠加法则先用语言创造出意象，再以一个一个的意象去表达思想。叠加法不是比喻，而是一种特别的叙述方式。

　　《在地铁站台》这首诗并不是用"花瓣"比喻人的"面孔"，而是"湿漉漉的黑树枝上的花瓣"叠加在"人群中这些面孔突然出现"的画面上，表达了诗人在阴暗、潮湿的地铁站台上见到一张张漂亮的面孔时的惊喜之情。人虽然常有不如意的时候，但生活归根结底还是美好的，正如一句英语成语所说的那样："每一片乌云后边都镶着银色的衬里。"

## Liu Ch'e
*Ezra Pound*

　　The rustling of the silk is discontinued,
　　Dust drifts over the court-yard,
　　There is no sound of foot-fall, and the leaves
　　Scurry into heaps and lie still,
　　And she the rejoicer of the heart is beneath them:

　　A wet leaf that clings to the threshold.

## 刘彻

艾兹拉·庞德

丝绸的窸窣已不复闻，
尘土在宫院里飘飞，
听不到脚步声，而树叶
卷成堆，静止不动，
她，我心中的欢乐，长眠在下面：

一张潮湿的叶子粘在门槛上。

[赵毅衡译]

  1908 年，庞德二十三岁时就认为除了叶芝以外，所有的英国诗人路子都走错了。他写信给《诗刊》主编哈丽特·蒙罗说："写诗应该像写散文一样。诗歌的语言必须精炼，除了高度凝炼（即简洁）之外，同口语没什么区别。必须杜绝文绉绉的书面语，不必拐弯抹角，不必用倒装句。诗歌的语言必须像莫泊桑的最漂亮的文字一样简朴，又像司汤达那样凝重……客观，再客观，然后是表现客观。"

  1912 年，庞德同希尔达·杜立图尔、理查德·奥丁顿和 F. S. 弗林特发起成立意象派。1913 年 3 月，庞德在《诗刊》发表文章，宣告了意象派的三条原则：（1）直接处理"题材"，不论其是主观的或是客观的都要如此。（2）绝对不用无助于表述的词。（3）在节奏方面，按乐句的节奏来创作，而不是按节拍机的节奏来创作。到了 1915 年，庞德在《意象派诗选》"序言"中又增加了三条原则：（1）使用普通口语的语言，但总是用准确的词——不是差不多准确的词。（2）创造新的节奏。提倡写自由体诗，但并非一定要这样做。（3）选择题材要绝对自由。

  庞德在创作中不仅从雕塑、绘画、音乐得到启迪，而且还从日本和中国文化传统汲取营养。旅居伦敦期间，他认识了汉学家费诺罗萨的遗孀，得到了费诺罗萨的笔记。庞德利用其中的几本笔记将一些中国古典诗歌译成英语，取名《神州集》，于 1905 年出版。这本书对美国诗坛影响很深，但是，说是翻译，其实大部分诗是改写，因为庞德并不太懂得汉语。这一首《刘彻》就是庞德根据意象派的创作原则改写的。诗的原文来自传说是汉武帝刘彻所作哀悼已故李夫人的《落叶哀蝉曲》："罗袂兮无声，玉墀兮尘生。虚房冷而寂寞，落叶依于重扃。望彼美之女兮安得，感余心之未宁。"第一、二行基本上依照原文，只是"尘生"变成了尘土飘飞，由静态变成了动态，后面的"树叶卷成堆"为原文未有，同尘土飘飞呼应，表现了在寂寞的宫院中一阵风吹过之后出现的荒凉景象。原文"虚房冷而寂寞"及"望彼美之女兮安得"两行是抽象的，但庞德把它们处理成具象的。"听不到脚步声"就是"虚房"；既然"我心中的欢乐，长眠在下面"，自然是得不到的了。最受美国诗歌界赞赏的是最后一句，这是典型的意象派的叠加法。一加上这个"空镜头"，凄清的气氛陡然增加，难怪后来一些美国诗人也写出仿效这一句的诗行来。《刘彻》是美国诗史上的名篇，但从翻译的角度来看，却极不忠实于原文，比如"扃"就是门，不是"门槛"。

  庞德主要的作品是《诗章》，共 109 首，其中第 52 首至 61 首写的是古代中国的历史。

  庞德可以称得起是美国诗坛的一代宗师。艾略特创作《荒原》时请求过他帮助筛选素材。罗伯特·弗洛斯特承认，庞德曾为他的一首诗作过两三处有益的改动。英国诗人叶芝也从庞德处得益不少,还有人说,连著名的意识流小说家乔伊斯也是庞德发现的。

但是,这样一位诗坛泰斗在政治上却一度走入歧途。第二次世界大战期间,庞德竟在罗马电台发表演说,反对罗斯福总统。支持墨索里尼法西斯政权。美国参战后他仍然发表类似的讲话,1943年被判犯有叛国罪。第二年,美国军队逮捕了他。经过其他著名美国诗人的奔走,直至1958年才撤销对他的判决。1972年庞德在威尼斯去世。美国文学界对待他的态度,体现了不因人废诗的思想。

## "Time Has an End, They Say"
### H. D.

Time has an end, they say,
sea-walls are worn away
by wind and the sea-spray,
not the herb,
   rosemary.
Queens have died, I am told,
faded the cloth-of-gold,
no Caesar half so bold,
as the herb,
   rosemary.
Rotted within the grave,
spreading to heaven, save
us by the grace He gave
to the herb,
   rosemary.

## "时光有尽头,他们说"
### H. D. (希尔达·杜立图尔)

时光有尽头,他们说,
防波堤被蚀损
由于风和浪花,
不会蚀损的是那药草,
   迷迭香。

女王一个个死去,我听说,
金线织成的布失去了光泽,
恺撒式的人物,胆量
远比不上那药草,
   迷迭香。

在坟茔里扎根,
直长上天堂,拯救我们
靠的是上帝的恩惠,
赐给那药草,
    迷迭香。

  全诗的主导意象是迷迭香。这是原产地中海沿岸的一种小灌木,开一簇簇的浅蓝色小花,叶呈线形,对生,有香气;茎、叶、花都可以提取芳香油,供制皂和合成化妆香精用。英语里的"药草"不一定指可以治病的草药,芳香型的或者可用来调味的草本植物都叫作"药草"。迷迭香是爱情的象征。古时欧洲女子结婚时簪插迷迭香同披白色婚纱同等重要。传说爱神维纳斯是从大海的泡沫中升出来的,迷迭香就是她带起的浪花所化。

  "时光"是与"永恒"相对的。"永恒"无尽头,"时光"却有尽头,防波堤由岩石砌成,但会被海浪蚀损;英雄和帝王虽然干了一番事业,但最终也只得到一抔黄土。"金线织成的布"指国王宝座上的罩布,象征荣耀,但也会失去光泽。恺撒是古罗马有名的元帅,被政敌刺死后已不能复生。只有象征爱情的迷迭香生生不息。爱情比防波堤的岩石坚强,比帝王的荣耀宝贵,它可以滋润人们饥渴的灵魂。

  杜立图尔写诗时很喜欢用牧师的口吻,所以这首诗也提到上帝赐给迷迭香的恩惠。不过,她实际上不是在讲道,而是揭示隐藏在大自然事物中的奥秘。著名诗人惠特曼认为,一草一木都是诗,诗人的责任就是要把这些无声的诗翻译出来。在这一点上,杜立图尔同惠特曼是一致的。

  希尔达·杜立图尔1886年出生于宾夕法尼亚州伯利恒,1911年她去欧洲,本来只打算去避避暑,没想到却从此以后没回过美国。她在英国期间受到庞德的鼓励写了一些诗。庞德十分赞赏,推荐给《诗刊》主编哈丽特·蒙罗发表。庞德还替杜立图尔署名"H. D. 意象主义者"(H. D. 是希尔达·杜立图尔的首字母的缩写)。

  到英国不久,杜立图尔认识了英国诗人理查德·奥丁顿,后来同他结了婚。第二次世界大战后没过几年,离了婚。1961年在瑞士苏黎世去世。

  杜立图尔1924年出版了诗集,后来还写过几部长诗。在意象派诗人当中,她是最接近古典主义的。

## Preludes I

*T. S. Eliot*

The winter evening settles down
With smell of steaks in passageways.
Six o'clock.
The burnt-out ends of smoky days.
And now a gusty shower wraps
The grimy scraps
Of withered leaves about your feet
And newspapers from vacant lots;
The showers beat

On broken blinds and chimney-pots,
And at the corner of the street
A lonely cab-horse steams and stamps.
And then the lighting of the lamps.

序曲之一
T. S. 艾略特

冬天的黄昏带着牛排气味
停留在过道里。
六点钟。
烟气弥漫的白天的烧剩的烟蒂。
一阵骤雨裹起
枯叶污秽的渣滓
在你脚底
还有从空地上吹来的旧报纸；
阵雨敲击
破烂的百叶窗和烟囱，
街道拐角
一匹寂寞的马喷着热气刨着蹄。
然后灯光亮起。

  音乐有"无标题音乐"，舞蹈有"情绪舞"，都只表达人的某种感情和印象，思想内容并不明显。诗歌中这一类作品更不在少数。艾略特的《序曲之一》就是非常出色的一首。
  "黄昏"能够停留在过道里，其沉重可想而知。伦敦当时是有名的雾都，空气污染十分严重，如果将伦敦的白天比作一支烟雾腾腾的香烟，黄昏就像是烧剩的烟蒂，因为白天快要结束了。从骤雨裹起枯叶到寂寞的马刨着蹄，一连串凄清的意象表达出诗人在伦敦的冬日黄昏所产生的郁闷心情。这里的马是伦敦街头拉车载客的马。"灯光"是指街灯和街道两旁房子里的灯光。灯光亮起，一扫那沉闷、凄凉的气氛，给人们带来光明和温暖。诗人终于从阴郁的心境中解脱出来了。
  原诗是自由体，没有韵脚，但整首诗却针线细密。黄昏，具体说就是"六点钟"，正是做晚饭的时候，所以有"牛排气味"。骤雨裹起枯叶，敲击百叶窗，是因为有风，这是暗写，而"从空地上吹来的旧报纸"则是明写风了。诗写的是冬天，故此马喷着热气。说马寂寞，其实是人寂寞。艾略特虽然也像庞德一样，使用一些零碎的意象来表达感情，但庞德是从心底里认为世界就是破碎的，而艾略特却不这样看，他要追求一个天衣无缝的世界，所以他的意象表面看来是零碎的，但实际上是统一的。
  艾略特1888年生于圣路易斯，1965年死于英国伦敦。他曾半开玩笑地称自己"在文学上是古典主义者，政治上是保皇派，宗教上是英国天主教徒"。他的成名作是《荒原》，1948年以《四个四重奏》获诺贝尔文学奖。他又是一位文艺理论家，在《传统与个人才能》一文中他提出，作家不能脱离传统创作，但能像催化剂那样使传统起变化，这就是作家个人才能之所在。他在创作上推崇但丁以及英国文艺复兴后期的剧作家和玄学派诗人。艾略特对于20世纪西方文坛的影响是很大的。

## "Cars Once Steel and Green, Now Old"
*Louis Zukofsky*

Cars once steel and green, now old,
Find their grave at Cedar Manor.
They rust in a wind
The sky alone can hold.
For the wind
Flows heavily thru the mind like cold,
Drums in the ears
Till one knows its being which soon is not.

## "一度绿油油的钢铁汽车,如今旧了"
路易斯·祖可夫斯基

一度绿油油的钢铁汽车,如今旧了,
在杉树庄园找到自己的墓冢。
它们在风中锈蚀,
只有天空才能包容的风。
因为这风
像寒潮沉重地流过心坎,
在耳边轰鸣
等你知道它来了,它却已经不存在。

柳无忌先生在20世纪30年代说过,促进西洋文学进展的原动力有三种:希腊艺术、耶稣教圣经以及促进工业文化的科学。的确,科学带来了更精确的写实手法,科学还使作家得以从心理学的角度去描写人。然而,时至今日,科学发达虽然导致物质文明高度发展,但也造成了各种公害。自然与物质文明的矛盾成了现代诗歌创作的一大题材。

你瞧,杉树庄园里堆了一堆废汽车,过去曾经风驰电掣地纵横驰骋的机器,如今变成了一堆垃圾。汽车有许多颜色,诗人突出绿色,是强调它们曾经有过生气勃勃的时候。本来汽车是用钢铁制成,不必赘述,但诗中的"钢铁"却是名词作形容词用,形容汽车坚固,反衬后面的"锈蚀"。"风"是自然力的象征,它无处不在,"只有天空才能包容"。汽车在风中锈蚀,象征物质文明在自然力的作用下终归要消亡。看到这种景象,诗人不由得严肃地思考起来,于是,仿佛吹过来的风也显得沉重了。最后一行非常细腻,写尽了风的飘忽溯漭,增添了自然力的神秘感。

祖可夫斯基不赞同叶芝和艾略特的象征主义诗歌主张,他创造了一个名词,叫作"客观主义",声称要学莎士比亚那样,"宁可要明察秋毫的肉眼,也不要谬误的头脑"。他的理由是,诗人生活在客观事物之中,感觉到客观事物,思考客观事物,这就是诗人的真诚。诗人对于客观世界要有异乎寻常的敏锐的感知。祖可夫斯基自己写诗确实是从感知出发,所以才有"等你知道它来了,它却已经不存在"这样真切的诗句。但他认为,一旦诗写成了,也就变成客观事物的一种,具有它本身独立的价值。表面看来,他的理论似乎很有道理,但是,眼睛怎么可能同头脑截然分开?作品完全脱离作者而独立,也是不可能的。这首诗不也反映了祖可夫斯基对于物质文明的态度吗?

祖可夫斯基1904年生于纽约市,1978年去世。他的诗作原先并不为人重视,直到黑山派诗人尊他为"现代主义"诗歌的发起人之后才逐渐引人注意。

## A Grave
### *Marianne Moore*

Man looking into the sea,
taking the view from those who have as much right to it as you have to yourself,
it is human nature to stand in the middle of a thing,
but you cannot stand in the middle of this;
the sea has nothing to give but a well excavated grave.
The firs stand in a procession, each with an emerald turkey-foot at the top,
reserved as their contours, saying nothing;
repression, however, is not the most obvious characteristic of the sea;
the sea is a collector, quick to return a rapacious look.
There are others besides you who have worn that look—
whose expression is no longer a protest; the fish no longer investigate them
for their bones have not lasted:
men lower nets, unconscious of the fact that they are desecrating a grave,
and row quickly away—the blades of the oars
moving together like the feet of water-spiders as if there were no such thing as death.
The wrinkles progress among themselves in a phalanx — beautiful under networks of foam,
and fade breathlessly while the sea rustles in and out of the seaweed;
the birds swim through the air at top speed, emitting catcalls as heretofore—
the tortoise-shell scourges about the feet of the cliffs, in motion beneath them;
and the ocean, under the pulsation of lighthouses and noise of bell-buoys,
advances as usual, looking as if it were not that ocean in which dropped things are bound to sink—
in which if they turn and twist, it is neither with volition nor consciousness.

## 坟
### 玛丽安·莫尔

人注视大海,
那些人和你一样有权看海,你用他们的眼光看,
想站在事物中心本是人情之常,
但你没法站在海的中心;

海什么都没法赐予,除了一座挖空的坟。
杉树成行,每棵树顶都有一只翡翠的火鸡脚,
像它们的轮廓一样冷漠,不发一言;
然而克制不是海的脾气;
海是收藏家,遇到贪婪的目光立即回报——
除了你,还有别人的脸上有这种目光——
他们已无法用表情表示抗议;鱼也不来调查,
因为连他们的骨头都不耐久!
人下网,没意识到他们在冒渎坟墓,
迅速划走,桨齐举
好像水蜘蛛的脚,似乎不把死当回事。
波纹前行,队形密集——在浪花的网下显得真美,
悄悄地消失,而海水在海草间飕飕地流,
鸟以最高速度游过长空,一如既往地唳鸣——
龟在崖岸脚下痛苦地转侧,
而海,在灯塔的脉动下,在警铃浮标的闹声中,
照常前进,看不出那就是大海,东西落下必沉——
而在海里那东西转着身翻个儿,也决非自愿,
决非有心。

[赵毅衡译]

在欧美文学中,海的意象有时代表孕育生命的母体,但有时也象征死亡。从这首诗的标题可以看出,玛丽安·莫尔把海看成是后者。

在诗中许多地方,海是拟人化了的。人贪婪,海更贪婪,人有占有欲,海更是占有得厉害,它有收藏癖,人会压抑感情。海却有脾气就发。

人"有权看海",这口气相当自傲,可是海却不晓得人的权利为何物。人的威严、人想以自己为中心的欲望,在大海面前化为泡影,因为"你没法站在海的中心"。人贪婪,但海除了水面覆盖着的一座大坟墓之外,"什么都无法赐予"。人在海面下网、划船,海毫不理会;人一旦落水,海对人的命运也绝不关心。人在海上设灯塔,目的是为了航行安全,也就是说把海看成是一种危险。警铃浮标的作用同灯塔一样,但它只能对人发出闹声,海却"照常前进"。本来嘛,海是冷漠的,人干吗要去冒渎这座坟呢?假如你真要去站在海中心,你就会下沉,你必须顺着海的意志转身、翻个儿,尽管这绝非你的自愿。玛丽安·莫尔以人的眼光来观照海,暴露了人的弱点,但同时反映了一种消极的情绪,似乎人在自然面前是无能为力的。

玛丽安·莫尔擅长写动物诗,她常到动物园观察动物。这一首诗虽然不以动物为题材,但其中的动物意象都十分传神,比如鱼的调查、龟的转侧,还有水蜘蛛的脚等。至于鸟的"唳鸣",原文所用的词是剧院里观众对演员不满时发出的尖叫,以表示鸟也在嘲笑人。

莫尔1887年生于圣路易斯,1972年死于纽约。她属于庞德、威廉·卡洛斯·威廉斯那一代的诗人。她的诗自然隽永,信手拈来,别具一格,长句很多,一句分成几行,但又不流于散文化。T. S. 艾略特在为莫尔的《诗选》所写的"序言"中,称她为用"轻韵"的大

师。莫尔之后的罗伯特·罗厄尔、伊丽莎白·毕肖普以及英国的达德·休斯等一批诗人都承认受她影响。

**Sunset**
*e. e. cummings*

stinging
gold swarms
upon the spires
silver
chants the litanies
the great bells are ringing with rose
the lewd fat bells and a tall
wind
is dragging
the
sea
with
dream
–S

日落
e. e. 肯明斯

螫人的
金色蜂群
停在教堂尖顶上
银色
唱诵晚祷文
大钟带着玫瑰色敲响
淫猥肥胖的钟声　　长
风
拖着
大
海
进入
梦
乡

　　日落时金色的霞光照在教堂尖顶上，有点刺眼，像螫人的马蜂。银光使诗人联想起唱晚祷文的声音。教堂的大钟在玫瑰色的落日中敲响，这钟声沉滞迟钝得像个臃肿的汉子，预告着黑夜即将降临。风拂过海面，撒下一袭梦的轻纱。

这首诗不直接写日落。而用金色、银色、玫瑰色三种逐渐变淡的颜色来暗示日落直至天黑的过程。由"银光"想到唱晚祷的声音，还有"肥胖"的钟声，从心理学的角度去解释就是通感——听觉与视觉互相沟通了。平常我们形容某位歌唱家的嗓子"甜润"，某人说话声音"响亮"，都是通感的表现，正所谓"声音感动于人，令人心想其形状如此"（孔颖达：《礼记正义》）。

e. e. 肯明斯有"美国诗坛罗宾汉"之称。他蔑视诗歌创作的陈规，大胆地摒弃标点符号和大写字母，连自己的名字他都不用大写。他有意拆开一些单词，把字母重新排列，所以翻译他的诗是不容易的事，比如他有一首题为《寂寞》的小诗，把"寂寞"和"一片树叶落了"其中的单词拆开，排成几行，这里勉强译出如下：

```
寂
（一
片
树
叶
落
了）
寞
```

直观的图形表示树叶慢慢飘落的过程。在《日落》这首诗里，肯明斯用类似的手法，从"长风"起，每行只摆一个词，朗诵起来，速度自然放慢，仿佛逐渐坠入黑暗中，到最后的"梦乡"两个字，越来越轻，好像真的睡着了。

在这首诗里，自然与宗教像是一部交响乐中的两个主题，互相冲突。最后第一主题获得胜利，矛盾解决，乐曲达到和谐。肯明斯是厌恶宗教的，在他眼中，日落的景色只要沾上宗教的边就变得令人难受，成了"螫人的蜂群"。教堂的钟声本来显得十分庄严，但诗人认为它只不过是预告黑夜来临、人们可以做爱的信号罢了，因此用"淫猥"这个词形容它。只有当钟声停歇，黑夜到来，再也看不见教堂的尖顶，听不到晚祷的声音时，大自然才恢复她美丽纯洁的面貌。"长风拖着大海进入梦乡"，多么惬意啊！

肯明斯 1894 年生于麻省坎布里奇，1923 年出版第一部诗集《郁金香与烟囱》，以后陆续出版了 12 部诗集，1955 年获全国图书奖，1957 年获博林根诗歌奖和波士顿艺术节诗歌奖。1962 年逝世。他是美国大、中学生特别欢迎的诗人之一，但也有人攻击他是"打字机键盘上的小丑"。

## The Harlem Dancer
### Claude McKay

Applauding youths laughed with young prostitutes
And watched her perfect, half-clothed body sway;
Her voice was like the sound of blended flutes
Blown by black players on a picnic day.

She sang and danced on gracefully and calm,
The light gauzed hanging loose about her form;
To me she seemed a proudly-swaying palm
Grown lovelier for passing through a storm.
Upon her swarthy neck black shiny curls
Luxuriant fell; and tossing coins in praise,
The wine-flushed, bold-eyed boys, and even the girls,
Devoured her shape with eager, passionate gaze;
But looking at her falsely-smiling face,
I knew her self was not in that strange place.

## 哈莱姆舞女

克劳德·麦开

年青人边鼓掌边和妓女们笑做一堆
观看她完全的，半裸的躯体扭动；
她的嗓子像套笛的乐音
由黑人乐手在野餐时奏出。
她优美地歌舞不停，十分平静，
轻纱宽松地罩着她的身形；
我觉得她像一株高傲地摇摆着的棕榈
经历过风暴之后长得更加可爱。
在她黑色的脖子上发亮的黑色发鬈
茂密地下垂；赞赏地抛着硬币，
被酒灌得通红，眼神大胆的小伙子，甚至姑娘，
用饥渴、冲动的凝视，吞噬着她的身段，
但是，看到她强装的笑脸，
我知道她的"自我"并不在这陌生的地方。

哈莱姆是纽约的黑人聚居区，诗中的舞女是一位黑人姑娘。

这首诗全用对比手法写成。舞女献艺的地方热闹非凡，有娼妓和青年男女，有掌声和笑声，还有酒，大概是个夜总会吧。可是，在这种场合，舞女却"十分平静"。小伙子们，甚至姑娘们都贪婪地欣赏舞女的身段，而舞女却像一株高傲的棕榈。别人看到的是舞女的外表，她的"躯体"她的"身形"，而诗人却看到她的内心。最后两行极有分量。别看舞女歌喉婉转，舞姿优美，但她的笑脸是勉强装出来的。虽然她的身体在表演，但她的心却留在另一个地方，可能是她的家乡，也可能是她眷恋的亲人身旁。总之，她同眼下的灯红酒绿有相当深的隔阂，所以诗人用了"陌生的"这个词。其实，诗人自己又何尝没有这种疏隔感呢？最后一行"我知道"三个字就把诗人同舞女的思想沟通了。

克劳德·麦开是20世纪20年代哈莱姆文艺复兴运动中最老的也是最早发表作品的诗人。他是黑人，写出了美国黑人的苦难、忿怒和反抗，在内容上有所开拓，至于技巧，他只

是沿袭英国浪漫主义诗人的风格,并无多大突破。然而,正因为他在形式上不标新立异,他的诗就比较易懂,拥有较多的读者。1919年,哈莱姆区黑人骚乱,反抗种族歧视。克劳德·麦开为了表示同情和支持,写了有名的《假如我们必死》一诗,发出了"假如我们必死,也别死得像猪","假如我们必死,也要死得高贵","我们必须共同对敌!""尽管众寡悬殊,也要显出勇气"的呼喊。第二次世界大战时,英国首相邱吉尔为作战斗动员向英国人民朗诵了这首诗,美国参议员洛奇在议会发言时也读了这首诗。它成了世界人民反对法西斯的号角。从这件事也可以看出克劳德·麦开的诗歌的人民性和战斗性。

克劳德·麦开1890年生于牙买加,还是个小孩子时就开始写诗,并获得一笔奖金。他靠这笔钱去了美国。后来他在堪萨斯州立学院学习了两年。为了谋生,他曾去打零工,当饭馆跑堂。《哈莱姆舞女》是第一次世界大战时期以"艾里·爱德华兹"的假名发表的。他曾经当过美国进步刊物《解放者》和《群众》的编辑,1922年去莫斯科旅行,会见了列宁和托洛茨基,并出任美国工人党驻第三国际代表,但到了晚年他放弃了共产主义信仰,皈依了天主教,1948年在芝加哥去世。他的主要作品有《哈莱姆的影子》《牙买加之歌》《新罕布什尔的春天及其他》等。

## Blue Girls

*John Crowe Ransom*

Twirling your blue skirts, traveling the sward
Under the towers of your seminary,
Go listen to your teachers old and contrary
Without believing a word.

Tie the white fillets then about your hair
And think no more of what will come to pass
Than bluebirds that go walking on the grass
And chattering on the air.

Practise your beauty, blue girls, before it fail;
And I will cry with my loud lips and publish
Beauty which all our power shall never establish,
It is so frail.

For I could tell you a story which is true;
Which I know a lady with a terrible tongue,
Blear eyes fallen from blue,
All her perfections tarnished—yet it is not long
Since she was lovelier than any of you.

## 蓝姑娘
### 约翰·克劳·兰生姆

扭摆你们的蓝裙,穿越草坪

在女校的塔楼下面,
去听不对劲的老教师讲课
一个字也不信。

在你们的头发上系一条白缎
不必考虑会发生什么事
只想想蓝鸟在草地上散步
空中细语。

操练你们的美吧,蓝姑娘,不要迟缓,
我要张开双唇高声宣布
尽我们的力量也不能使美色长驻,
美实在太脆。

我可以给你们讲一个真实的故事,
我认识一位可怕的长舌女士,
天蓝的眼睛如今红烂模糊,
她的完善全都失色——但是
不久前她比你们更可爱。

  几乎每个诗人都有惯用的一系列意象,即所谓"意象母题"。英国的马修·阿诺德常用月光意象,济慈则喜欢红色的意象。兰生姆在这首诗里主要运用了蓝色的意象——蓝姑娘、蓝裙、蓝鸟、蓝眼睛。在欧美人看来,蓝色象征着希望和圣洁,天使的袍子是蓝色的,圣母玛丽亚的衣裳也是蓝色的。诗中的一群女校学生,天真无邪,自由自在,看见她们就仿佛看到未来,看到希望。第二节第一行的白缎带有点像中国古诗的"兴",引出描写蓝姑娘们思想单纯的诗句。

  兰生姆在遣词造句上往往出奇制胜。第三节的"操练你们的美吧"就是一例。人们常说保持美,珍惜美,可没听说过操练美的。然而,这里"操练你们的美"同第一节的"扭摆你们的蓝裙"却暗相呼应。假如看过时装模特儿的表演,对于扭摆蓝裙和操练美就有体会了。"操练"又同第四节的"完善"相对。英语有一句成语:"多练就能完善。"(汉译为"熟能生巧",其实并不准确。)女孩们操练美,说明还未成熟。可是一旦成熟了,达到完善的境地,也就离年老不远了。

  美国社会不是一个敬老的社会。青春可爱,老年可怕,这是美国人的心理。老太婆都尽量打扮得年轻漂亮一点,老头子要设法显得仍然充满活力。见了女士们千万不要询问她们的年龄,以免陷她们于窘境。由于种种原因,青年人和老年人之间横着一条"代沟",第一节关于老教师的两行就如实反映了这个问题。不过,诗人认为这是正常的,所以他并没有责备女校学生的意思。

这首诗赞赏了青春的美,尽管有少许"红颜易老"的感慨,但整个调子仍然是积极向上的,诗人劝告蓝姑娘们要珍惜美。

约翰·克劳·兰生姆是他那一代最杰出的南方诗人。他 1888 年生于田纳西州普拉斯基市,1974 年逝世。1919 年发表第一部诗集《没有上帝的诗》。他一生仅出版了三本诗集,另两本是《发冷与发烧》(1924)和《被拘留的两绅士》(1927)。

同 T. S. 艾略特一样,兰生姆也用三句话概括了自己的立场观点:"待人接物有贵族风范,宗教上恪守礼仪,艺术上推崇传统。"他的这个"传统"带有美国南方的保守思想,意味着中规中矩,注重形式。的确,兰生姆是一位诚笃的形式主义者。他认为,注重形式可以克制野蛮的冲动。如果不注重形式,诗人就会强奸或谋杀了他的题材,又好像情侣们没有经过追求和恋爱一样,不能发现彼此的个性特征。在这一点上,他走的倒像中国古典诗歌中温柔敦厚,怨而不怒的路子。

## To My Infant Daughter(Ⅱ)
### *Yvor Winters*

Alas, that I should be
So old, and you so small!
You will think naught of me
When your dire hours befall.

Take few men to your heart!
Unstable, fierce, unkind,
The ways that men impart.
True love is slow to find.

True art is slow to grow.
Like a belated friend,
It comes to let one know
Of what has had an end.

## 致襁褓中的女儿之二
### 伊沃·温特斯

啊,我怎么会这么老,
而你这么小!
当你决定性的时刻降临
你将置我于不顾。

别让男人闯进你的心!
易变、凶狠、不怀好意,

男人都是这个样子。
真正的爱要慢慢才能找到。

真正的艺术要慢慢才长成。
像一位迟迟结识的朋友，
它的到来使你明白
过去的已经结束。

　　好诗不是平面的，而应该是立体的，经得起人们不同角度的鉴赏。我们剖析诗篇时，手里也要多准备几种"工具"，这些"工具"就是多样化的批评方法。
　　以温特斯这首诗为例，至少可以从三个层面去挖掘其中的含意。
　　第一。社会学的层面。这首诗同兰生姆的《蓝姑娘》有一点共同之处，都反映了美国社会对老年人的菲薄。《蓝姑娘》是从少女的角度去考虑，劝她们珍惜青春的美，不然到老就可怕了。这首诗则从老人的立场表达了一种不安全感，甚至可以说是恐惧心理。女儿还是一个婴儿，父亲就已经想到，她将来会置自己于不顾。所谓"决定性的时刻"，就是恋爱结婚的时候；她一结婚就意味着要离开。为了让女儿多留在身边几年，诗人竟不近人情地要她在男人面前封闭心扉，同时把男人的负心行为渲染得令人发指。其实，诗的开头两行就活画出一个气急败坏又束手无策的老人形象。
　　第二，弗洛伊德精神分析的层面。根据弗洛伊德的伊底帕斯情结理论，儿童都把父母作为性对象，女儿偏向父亲，儿子则偏向母亲。反过来，父母对于孩子的宠爱也作性别的选择，母亲溺爱儿子，父亲溺爱女儿。姑勿论弗洛伊德这一观点的科学性如何，但它在欧美曾经大行其道。这首诗中的老父亲对于小女儿的钟情，远远超出了溺爱的范畴。他一开头就感叹自己太老，女儿太小，显然是埋怨命运这种不妥当的安排。接着，他担心女儿将来别有所爱，于是尽量贬低男人，把他们说成都是情场恶棍，满腔妒火仿佛就要裂胸而出。他说"真正的爱要慢慢才能找到"，这是釜底抽薪的策略，因为他希望女儿未找到真正的爱之前会厮守在自己身边。他还拉出自己所理解的艺术发展规律来支持这个观点。真正的艺术不也是慢慢才长成的吗？奇怪的是，他在攻击男人的时候，忘了自己也是男人，那副情急的样子，令人不禁喷饭。
　　第三，文艺批评的层面。在这首诗里，表面上诗人劝告小女儿将来不要盲目相信男人，要让爱情经受时间的考验，实际上是宣告了自己的诗歌创作主张——时间是作品价值的试金石，"真正的艺术要慢慢才长成"，那些花样翻新的名词、风靡一时的流派，如同男人易变的爱情表白，是对艺术女神粗暴的亵渎。温特斯在关于诗歌创作和批评的论著中明确表达了这一思想。他鄙弃20世纪的诗歌风尚，指责叶芝迎合外国口味，批评T. S. 艾略特是精神上的懒汉。他自己犹如一名孤独的保守主义遗老，生活在一个格格不入的世界之中。这样做的结果是，他的诗在将近20年内没有被选入过任何选集。
　　对这首诗，不同的读者还可以有不同的阅读欣赏角度。总之，中国那句古话——"诗无达诂"——是千真万确的。
　　伊沃·温特斯1900年生于芝加哥，1925年在科罗拉多大学取得文学硕士学位，专业是拉丁系语言，后去斯坦福大学教书直到1966年退休，1968年去世。

## Epigrams XII
*J. V. Cunningham*

Life flows to death as rivers to the sea,
And life is fresh and death is salt to me.

## 短诗之十二
J. V. 垦宁翰

生流向死就像河流向海，
生是新鲜的而死对于我却是盐。

垦宁翰1911年生于马里兰州肯堡兰，在斯坦福大学获学士和硕士学位，学的是古希腊罗马经典著作和数学，学成后先后在斯坦福大学、夏威夷大学、弗吉尼亚大学和勃兰兑斯大学任教。

垦宁翰是在伊沃·温特斯一手提携下进入斯坦福大学读书的，后来又成为同温特斯关系密切的诗人。但温特斯矢口否认是垦宁翰诗歌创作的导师，他认为垦宁翰是他那个时代用英语写诗的最杰出的诗人，但他不赞同垦宁翰举起左手反对浪漫主义诗歌，举起右手反对现代诗的立场。

垦宁翰的短诗在美国现代诗坛中独步一时。讽刺诗辛辣幽默，哲理诗言简意赅。这一首仅有两行，却谈论生与死的大问题。第一行以河喻生，以海喻死。海的意象在西方文学中常象征死，这只是一个极普通的比喻，但以河喻生，并用一个"流"字将两者联系起来，含义就丰富了很多。河有源头，生生不息，但百川归海，总以海为归宿，死是不可抗拒的；海浩瀚而深沉，蕴藏着无尽的力量，相比之下，河流就显得纤弱多了，死神能征服一切生命。第二行的"新鲜"，一方面形容生的欢欣，另方面又同第一行的"河"隐隐照应，因为英语中"淡水"的"淡"同"新鲜"是同一个词。河水是淡水，而"盐"自然使人联想起海，因为海水是咸水。"盐"同时也比喻活力和激情，莎士比亚的《温莎的风流娘儿们》的台词里就有"青春的盐"的说法。诗人在这里道出了他的生死观：生固然快乐，死亦充满活力，因为死之中蕴含着再生。只消想一想水在大自然中的循环运动，我们就明白他的意思了。

垦宁翰曾经说过，他特别喜欢自己写的一首题为《墓志铭》的短诗，"因为它只有字面意义，没有联想意义，因为它只有一层意思；因为它没有反讽，没有标新立异，不复杂，也不微妙；连它的格律也是单一的"。这套衡量好诗的标准有点偏颇。比如词"只有字面意义，没有联想意义"，诗"只有一层意思"等等，都是诗家大忌；但他刻意追求以常人的语言、平凡的意象来传达诗思却是值得赞赏的。从这首《短诗之十二》也可以看出他的苦心。

## The Beautiful Changes
*Richard Wilbur*

One wading a Fall meadow finds on all sides
The Queen Anne's Lace lying like lilies
On water; it glides

So from the walker, it turns
Dry grass to a lake, as the slightest shade of you
Vallys my mind in fabulous blue Lucernes.

The beautiful changes as a forest is changed
By a chameleon's tuning his skin to it;
As a mantis, arranged
On a green leaf, grows
Into it, makes the leaf leafier, and proves
Any greenness is deeper than anyone knows.

Your hands hold roses always in a way that says
They are not only yours; the beautiful changes
In such kind ways,
Wishing ever to sunder
Things and things' selves for a second finding, to lose
For a moment all that it touches back to wonder.

### 美的变化
理查德·威尔伯

人涉入秋天的草地，发现
四周的野胡萝卜像百合花
卧在水面；它从走路人身边
滑开去，它把干草变成湖，
就像你最微小的一点影子
使我的心变成奇异的紫苜蓿的山谷。

美的变化犹如一片森林起变化
因为一条变色龙将皮肤变成了它的颜色；
又像一只螳螂，静静地趴
在一片绿叶上，化入其中，
使树叶更加树叶，并且证实
任何绿色都比任何人知道的更浓。

你的手捧着玫瑰花，那样子
好像在说它们不仅仅属于你；
这就是美的变化方式，
总希望剖开物和物的内在
去探寻新的发现，暂时失去一切，

然后点化它成神奇。

　　这是一首有名的朦胧诗。首先标题就有两种解释：可以解释成"美的东西在变化"（主语加谓语），也可以解释为"美丽的变化"（形容词修饰名词）。第一节第五行的"你"不知是谁；第三节第一行的"你"也不知是谁；手捧着玫瑰花不知是什么样子；第三节第二行的"它们"可能指手，也可能指玫瑰。据美国诗评家说，短短 18 行诗至少有 6 处是朦胧不清的。

　　这又是一首为朦胧诗辩护的诗。人的审美能力发展到高级阶段，就不满足于一目了然的美，而希望亲自去发现美。正如诗中所说，"剖开物与物的内在去探寻新的发现"，"这就是美的变化方式"。具有朦胧美的诗，就如诗中提到的"绿色"，暗藏着人们从未发现过的更浓的色调，为人们提供了广阔的审美想象空间。

　　这首诗的表现手法是切入——放射式，一点小小的外来因素引起整个事物的变化，像一颗石子投入平静的湖水，涟漪向四面八方扩散。人一"涉入"草地，野胡萝卜就从身边滑开去（其实是人离开野胡萝卜），草地也变成了湖。"你"，投下一点影子，就使我的心变成"奇异的紫苜蓿的山谷"。即使是一条小小的变色龙的变色，也使一片森林起变化。螳螂歇息在树叶上，使树叶更绿。手一捧起玫瑰花，玫瑰花就具有更深的含义。可是，到了诗的结尾，诗人的角度突然来了 180 度改变，原来前面的一切意象变化都是为了从反面说明：要发现真正的美，就要剖开事物的内在，找到引起美的变化的因子，否则，你就只能浅尝辄止，无法领略更浓的"绿色"。

　　这首诗虽然讲的是如何发现美、欣赏美，但并非干巴巴的说教，除了生动的意象之外，还渗透了浓浓的情意。"你"的一点影子就使我心花怒放；"你"的手捧起玫瑰花，我就觉得你好像要同我分享爱的芳香。淡淡几笔带出了绵绵眷恋，威尔伯还是写情的高手呢。

　　至于用词方面的出奇制胜，如"涉入"草地、"使树叶更加树叶"等，反而不太引人注意了。

　　理查德·威尔伯 1921 年出生于纽约市，两岁时全家迁往新泽西州，住在乡下。他后来回忆说，这个地方培养了他对乡村生活的兴趣和对大自然的热爱。从《美的变化》这首诗可以看出他对自然界的观察细致入微。他出过 5 本篇幅不大的诗集。他是典型的学院派诗人，认为诗不是为广大读者写的，而是写给诗神缪斯的。与他同时的美国著名诗人罗伯特·罗厄尔在 1960 年获全国图书奖后发表讲话时，称诗有两种，一种是生的诗，另一种是煮熟的诗。像他那一类非学院派诗人的诗就是生的诗，而所谓"煮熟"的诗，则指以威尔伯为代表的学院派诗人的诗。他们两人代表当时美国诗坛的两极。

## The Sparrow in the Zoo
*Howard Nemerov*

No bars are set too close, no mesh too fine
To keep me from the eagle and the lion,
Whom keepers feed that I may freely dine.
This goes to show that if you have the wit
To be small, common, cute, and live on shit,

Though the cage fret kings, you may make free with it.

## 动物园里的麻雀
### 霍华德·奈美洛夫

铁栅栏再密,网眼再细
挡不住我接近老鹰和狮子,
管理员喂它们,我随便和它们共食。
这说明只要你是个聪明人,
不起眼,普通,讨人喜欢,而且吃的是粪,
哪怕牢笼困倒君主,你却可以自由出进。

诗中的"我"系麻雀自称,并非真是诗人自己。读外国诗时,特别要弄清楚说话者是谁,否则便难以理解全诗。另外,诗的语气也要准确把握。有的诗大声疾呼,有的诗一唱三叹,有的反讽,有的自嘲。这一首诗就是动物园里的麻雀带自嘲口气的独白。

诗原来的标题是"关于政治的思考"。像麻雀这样细小、卑微的人物,可以在各派政治势力的缝隙之中安全地生活,不像老鹰和狮子这些君临同类的强者,一旦霸业不成,就被困于牢笼。不过,麻雀的品格并不高,靠吃粪过日子;它的所谓聪明,其实是苟且偷生。

考察一篇文学作品同理解一种"主义"一样,不能离开它产生的时代,否则很容易走上歧途。这首诗发表于1958年,在此之前三年出现了著名的黑色幽默小说《第二十二条军规》。动物园里的麻雀亦颇有几分黑色幽默作家笔下的"反英雄"人物的气味。它弱小,猥琐,只求生存,不讲气节。但是上面说过,它用的是自嘲的口吻,自嘲的同时也嘲笑了一向欺压弱小的豪强,如老鹰、狮子、君主之流。这种情形有点像力量悬殊的两方在搏斗,弱小一方采取两败俱伤的打法。黑色幽默之所以又称为"绞架下的幽默",原因就在于此。

诗人将标题从《关于政治的思考》改为《动物园里的麻雀》,诗的内涵就从政治深化为人生。我们不妨认为诗人是在宣扬一种处世哲学,它近似中国的"人怕出名猪怕壮"以及"枪打出头鸟"。在道家"无为"思想影响甚大的中国,出现这种处世哲学是可以理解的,而在素以竞争为本的西方社会,这种想法就成为竞争失败者自我安慰的药方了。

奈美洛夫1920年生于纽约市,1947年发表第一本诗集《意象与规律》。1963年至1964年任美国国会图书馆诗歌顾问。

奈美洛夫认为诗首先要浅显易懂,要将想表达的思想确切地写出来,不要搞得模棱两可。今天,我们中间有些人总认为现代诗就是朦胧、晦涩的,这其实是一种误解。现代诗的现代意识就在于诗的个性得以充分表现,绝对不会定于一尊。

## Some Knots
*Edwin Honig*

Like eyes coming out the wood,
out for an airing,
a look at

```
what's been lying around
all these years—

then not
being able to make it back,
leaving those holes, a never
before known emptiness,
behind.
```

## 树节
### 爱德文·韩尼格

```
像木头上冒出的眼睛，
出来透透气，
看一看
多年来就存在的
周围的一切——

可是没法子
退回去，
留下这些洞孔，一种
从来无人知晓的虚空，
在后面。
```

韩尼格1919年生于纽约市，曾获文学学士、文学硕士学位。

他的诗自成一家，诗材多选自普通人平凡的经历，但赋予了很深的寓意。他的笔下出现过手拿扫帚柄吓唬老鼠的人，也出现过一页一页地翻旧书的语法学家。诗中的场景和事件表面看来似乎是随意点染，其实都有象征意义。他的意象常常是超现实的，但语气却十分淡静。他与同时代的美国诗人相去甚远，却非常喜欢西班牙和葡萄牙诗歌。《树节》这首诗把他的风格发挥得淋漓尽致。

几乎人人都见过树身上的节，但诗一开头就将树节比作树干上冒出来的眼睛，起得奇特，造成一种怪异的气氛。这些眼睛看过了周围的一切之后却无法退回树木内部，更显得冥冥之中有一股神秘的力量在起作用，约束着树木的精灵，使它们多年来得不到自由，连周围的世界都无法了解。一旦精灵不守约束，便受到惩罚。那些空空的洞孔，像盲人干瘪的眼窝，里面该包藏着多深的痛苦啊！一个人的个性受到过分的压抑，一个国家不能同外部世界交流，天长日久，就会像树木长了累累树节，变得畸形了。

## In Back of the Real
### *Allen Ginsberg*

```
railroad yard in San Jose
```

  I wandered desolate
in front of a tank factory
  and sat on a bench
near the switchman's shock.

A flower lay on the hay on
  the asphalt highway
—the dread hay follower
  I thought— It had a
brittle black stem and
  corolla of yellowish dirty
spikes like Jesus' inchlong
  crown, and a soiled
dry center cotton tuft
  like a used shaving brush
that's been lying under
  the garage for a year.

Yellow, yellow follower, and
  flower of industry,
tough spikey ugly flower,
  flower nonetheless,
with the form of the great yellow
  Rose in your brain!
This is the flower of the World.

在现实的背后
艾伦·金斯堡

圣荷塞铁路车场的后面
  我独自在荒凉中徘徊
在油槽车厂前
  坐在长凳上
靠近扳道员的小棚。

柏油高速公路
  一朵花卧在干草上
——可怕的干草花
  我想——它有
脆弱的黑色的茎

和黄黄的肮脏的花冠
　　　　尖刺像耶稣的一寸长的
　　　　　　皇冠，还有泥污的
　　干枯的花中心的茸毛
　　　　像用旧的刮胡刷
　　在车库地上
　　　　躺了足有一年。

　　黄的、黄的花，
　　　　工业的花，
　　难以对付的带尖刺的丑陋的花，
　　　　然而那是花，
　　它的外形像你脑海中的
　　　　硕大的黄玫瑰！
　　这是世界的花。

　　美国文学评论界有人称艾伦·金斯堡为"活着的惠特曼"。的确，他的诗风同惠特曼颇为相似，都喜欢用长句，多反复，句型以并列结构为主。诗篇吟诵起来有长江大河的气势，但是在思想内容方面缺乏惠特曼那种乐观向上的精神。相反，有的只是悲观、痛苦的思考和呼喊。大概是时代不同了。在惠特曼的时代，美国是民主的象征。美国内战期间，连马克思都写信给林肯总统，认为世界工人阶级将希望寄托在星条旗上。那时的科学技术也是刚刚发达起来，人性尚未遭到工业化社会的压迫。所以，惠特曼写过一首名叫《致冬天里的火车头》的诗，乐观地歌颂机器的力量。而到了金斯堡的时代，社会在异化，人性在异化，工业文明破坏了自然生态平衡，并且造成了人的精神空虚。《在现实的背后》这首诗抒发了金斯堡对工业社会的厌恶，同时表达了他对失去的美好世界的痛惜。

　　诗行很短，一反金斯堡的风格。第一节交代了钢铁的背景，关键是"荒凉"二字，这就是现实世界的气氛。第二节描写枯萎的干草花。这种花很可怕，因为它会使人染上过敏性的"干草热"病。患者经常打喷嚏，气喘不已，十分难受。用旧了的刮胡刷的比喻表达了诗人对它的憎恶。耶稣的皇冠的比喻来自《圣经》。耶稣被钉上十字架之前受尽凌辱，其中一项就是给他戴上用荆棘编的皇冠，以讽刺他自认是犹太人的王。这个棘冠的意象使读者想到受苦。终于，诗人在第三节诗中直呼这朵干枯的黄花为"工业的花"，因为它象征了痛苦、死亡，它丑陋，令人生厌，它在工业的环境中滋生。诗人向往的有活力的美好的世界，只能存在于现实的背后，在脑子里，在想象中。它的象征就是那朵硕大的黄玫瑰。

　　金斯堡1926年生于新泽西州纽瓦克。父亲是诗人，母亲是共产党员。他读中学时就结识了诗人威廉·卡洛斯·威廉斯。威廉斯按照自己的诗歌主张指导金斯堡写诗，要他"倾听你自己的声音的节奏，顺着耳朵的本能去写作"。1948年夏天，金斯堡自称有过一次奇遇。当时他孤身一人住在纽约，拿不定主意从事何种职业。一天，他听见一个声音在背诵19世纪英诗人威廉·布莱克的《啊！向日葵》以及其他一些抒情诗。他认定那就是他自己身上潜在的那个诗人的声音。他觉得自己置身于宇宙的和谐之中。他透过窗户眺望天空，突然仿佛看到了宇宙深处。天空是那么古老，它就是布莱克所指的那个古老的地方，甜蜜的、金色的地方。从此之后，金斯堡深信自己已经获得了创作第一流诗篇的能力。

金斯堡的第一首长诗《嚎叫》是在英国印刷，1956年运回美国由"城市之光"书店发行的。这首诗可以看作是"垮掉的一代"的史诗以及50年代美国"反文化"潮流的实录。1957年，美国海关禁止《嚎叫》进口。经过长时间的诉讼，法官认为该诗具有"可以补偿其缺陷的社会意义"，准许发行。一时《嚎叫》销路大增，1967年就印了146000册。金斯堡感到自豪的是，人们过去认为《嚎叫》有许多淫秽之处，但如今它却被选为教材。

金斯堡有同性恋癖，也曾吸过毒，后来戒了毒瘾，但坚持同性恋。他认为吸毒是向非人的力量屈服，而同性恋却是人与人之间的一种正常关系。

### Pine Tree Tops
#### Gary Snyder

In the blue night
Frost haze, the sky glows
With the moon.
Pine tree tops
Bend snow-blue, fade
Into sky, frost, starlight.
The creak of boots.
Rabbit tracks, deer tracks,
What do we know.

### 松 浪
#### 加里·斯奈德

夜蓝冷雾生，
天清皓月悬。
松涌青霜浪，
化入星空寒。
靴踏地，
声高低。
鹿蹄痕，
兔足迹。
万事万物孰能知？

我之所以用中国古典诗歌的三五七言形式来翻译斯奈德这首诗，大方面的考虑是因为斯奈德承认他的诗受中国古典诗歌的影响颇深，但更重要的是因为他曾声称这首诗直接以苏轼的《春夜》为模式：

春宵一刻值千金，
花有清香月有阴。

歌管楼台声细细，
秋千院落夜沉沉。

  表面看来，两首诗毫无共同之处，但如果我们仔细去考察，就会发现两位作者的心理活动走的是同一轨迹，都是由入世而出世，由已知而未知。
  苏轼的《春夜》从侧面描写了中国古代豪门望族奢侈的夜生活，但最后的"夜沉沉"三个字，却透出对人生的深沉思考。那楼台的灯火，同茫茫无际的黑夜相比，显然是太渺小了；在楼台上宴饮享乐的人们，可知道生命是有限的么？斯奈德的《松浪》写的是野外生活，虽然比苏轼的《春夜》更贴近自然，但归根结底也还在尘俗的世上。面对皓月疏星、霜辉松影，还有不知通往何处的鹿踪兔迹，斯奈德突然明白，宇宙万物实在难以穷尽，因因果果又如何能够分清。其实，这就是佛教那"本来无一物"的思想的翻版，就连诗的写作手法也是禅宗的"顿悟"式。本来正在描绘雪夜的自然景色，临结束时突然冒出跨度极大、哲理性极强的一行。回过头去看看苏轼的《春夜》，也是从极普通的事物悟出哲理来。至此，我们可以明白，为什么斯奈德说他的《松浪》是以苏轼的《春夜》为模式了。
  斯奈德是"垮掉派"诗人中的"小弟弟"，1930年生于三藩市，曾在里德学院获人类学学士学位，后当过伐木工、森林保护员，1953至1956年到加州大学伯克莱分校学习东方语言时，同艾伦·金斯堡、杰克·凯鲁亚克以及其他未来的"垮掉派"作家过从甚密，并写出了《神话与文本》的诗稿。1956年，他的诗集《砌石》出第三版时，将他翻译的中国唐代诗人寒山的24首诗加入集中，易名为《砌石与寒山》，引起美国文坛的注意。后来他又去日本，在一所寺庙里参了三年的禅。所以，斯奈德诗中的禅理不是凭空而来的。
  他和金斯堡是"垮掉派"诗人中至今仍享有很高声誉的双子星座。他在加利福尼亚州西部山区里定居，自己灌园、养蜂，过着朴素淡泊的生活。

## Work to Do toward Town
### *Gary Snyder*

Venus glows in the east,
   mars hangs in the twins.
Frost on the logs and bare ground
   free of house or tree.
Kites come down from the mountains
And glide quavering over the rooftops;
   frost melts in the sun.
A low haze hangs on the houses
  —firewood smoke and mist—
Slanting far to the Kamoriver
   and the distant Uji hills.
Farmwomen lead down carts
   loaded with long white radish;
I pack my bike with books—
   all roads descent toward town.

## 进城劳作去

加里·斯奈德

启明星闪耀在东方,
　　　火星挂在双子座。
霜粉盖着圆木,还覆盖了
　　　没有树没有房的旷野。
风筝从山上飘落
颤抖着滑过房顶;
　　　霜在日光中融化。
房舍上空烟雾堆积,
　　　——炊烟夹着雾气——
斜斜地伸向贺茂河
　　　和远处的宇治山。
农妇赶车而去
　　　车上满载长长的白萝卜;
我把书本捆在自行车上——
　　　所有的道路都通往山下的城镇。

　　斯奈德认为,诗人面对着两个世界,一个是有人、有语言、有社会的世界,另一个是没有人、没有语言的世界,即未有语言、未有习惯、未有文化之前的自然界本身。而且他不像T. S. 艾略特那样要求一个有序的世界。艾略特在《荒原》的结尾哀叹:"我在我的废墟上支撑起这些碎块。"斯奈德却接受一个多元的、甚至是零碎的世界,万物之间是一种平等的伙伴关系。

　　其实,斯奈德的这些思想都是佛教禅宗思想的翻版。《燃灯录》记载了燃灯佛答高僧问何谓古佛心的一段故事。他说,佛就是"并州萝卜重三斤",道就是"狗矢(屎)橛"。高僧再问,燃灯竖起一个指头,道:"不可说,不可说。""并州萝卜"和"狗矢橛"正是指斯奈德所说的"没有语言的世界"。普普通通的萝卜就是佛,肮脏的狗屎竟是道,说明了万物皆有佛性,互相之间是平等的。这首《进城劳作去》的最后一行也是处处有佛、事事可以悟道的禅理的另一种表达。

　　斯奈德的诗歌形式也体现了他的多元、平等的思想。特别是接触了中国文化之后,他吸取了中国画的散点透视手法,处处都是焦点,处处又不是焦点,写出了酷似中国山水长卷的诗篇《山水无穷尽》。这一首《进城劳作去》则像是一幅小小的立轴,从天空写到山顶,然后写到有人家居住的山腰,再写到山脚下的河流.全是平面白描,而农妇和"我"仿佛是这幅山水立轴中的两个小小的人物,融化在自然之中了。

## Keeping Things Whole

*Mark Strand*

In a field

I am the absence
of field.

This is
always the case.
Wherever I am
I am what is missing.

When I walk
I part the air
and always
the air moves in
to fill the spaces
where my body's been.

We all have reasons
for moving.
I move
to keep things whole.

**保持事物完整**
马克·斯特兰德

在原野中
我是不存在的
原野。

事情
总是这个样。
无论我在哪里
我都是消失了的那部分。

我走路时
分开空气
而空气
总是聚拢来
填补我的身体离开后
留下的空间。

人们移动

都有一定的理由。
我移动
是为了保持事物完整。

　　人应该是世界的一分子,《保持事物完整》中的"我"却与世界格格不入。他是一个多余的人,无论走到哪里,都占据了其他事物的空间。人走路分开空气,空气聚拢来填补人离开后留下的空间,这本来是很普通的事,但经过马克·斯特兰德的渲染,人变得像个飘荡的幽灵。读了这样的诗句,不由得不寒而栗。难怪美国评论界说,马克·斯特兰德的诗带有梦幻般的怪诞味。他诗中的"我"常常因为自我异化而饱受精神分裂的痛苦。这首诗中的"我"虽然没有那种自我已经不属于自己的感觉,但也已经感到自己不属于这个世界。诗结尾时他虽然貌似超脱地说自己移动是为了保持事物完整,可是他能够移动到哪里去呢?

　　马克·斯特兰德1934年生于爱德华岛(加拿大的一个省),曾先后获文学学士、美术学士、文学硕士,后来陆续在几所大学里教过书。除了写诗之外,他还写过电影剧本,搞过翻译,能将四种欧洲语言的作品译成英语。

## Prospective Immigrants Please Note
### *Adrienne Rich*

Either you will
go through this door
or you will not go through.

If you go through
there is always the risk
of remembering your name.

Things look at you doubly
and you must look back
and let them happen.

If you do not go through
it is possible
to live worthily

to maintain your attitudes
to hold your position
to die bravely
but much will blind you,
much will evade you,
at what cost who knows?

The door itself
makes no promises.
It is only a door.

## 未来移民须知

阿居里安·李奇

你或者可以
走进这个门
或者不能通过。

假如你进去了
随时都可能遇到
记住你的名字的麻烦。

一切都怀疑地瞧着你
而你必须以眼还眼
随便它们吧。

假如不走进这个门
你可以
活得有价值

坚持你的态度
站稳你的立场
勇敢地去死

但很多东西你会看不到
很多东西你遇不到
这代价天晓得有多大？

这个门本身
不会承担任何许诺
它只是一扇门。

    这是一位美国女诗人对希望移民到美国去的人所说的心里话。
    诗中的"门"从象征的意义来看是美国的国门，具体来说是移民官办公室的门。自己的名字本来不必花力气去记，可是，移民官总是嫌移民的名字难读，不够英语化，于是常常给他们改名，所以记住自己的名字成了一种麻烦事。进入美国社会后，移民必须顶得住四周投来的歧视的目光，要学会奋斗。第四、五、六节是对那些在本国为争取民主和自由而战斗的革命者说的,但也暗示,移民到美国,可以见到许多从未见过的东西,可以享受较好的生活条件,但是否活得很有价值就成问题了。最后一节点出:移民去美国并不一定会生活得更好。

阿居里安·李奇1929年生于巴尔的摩,1951年毕业于拉地克里夫学院,同年,W. H. 奥顿将阿居里安·李奇的第一部诗集《世界的变化》收入耶鲁大学青年诗人丛书。在创作生涯的头十年里,她的目标是像优秀的男诗人一样写作。后来,她认识到妇女作家应该有不同于男作家的地方,就和安·塞克斯顿、西尔维娅·普拉斯和黛安娜·瓦科斯基等女诗人一道,把妇女最切身的感受作为诗歌创作的题材。她有一首名叫《潜入沉船》的诗,很贴切地象征了她为了探索所做的努力。在诗歌韵律和诗行排列形式方面她做的试验与黑山派诗人有相似之处,但她是为了练出自己独特的、充满激情的声音而去做试验的。

1966年以后,阿居里安·李奇同丈夫并肩投入了反越战运动,同时教一些穷苦人家的孩子读书写字。由于斗争的需要,她的诗集出得越来越多、越来越快,诗的语言也变得非常俗白。1969年出版的一本诗集干脆就叫作《传单》。选在这里的《未来移民须知》也在一定程度上反映了她对美国社会的否定倾向。

## The Whipping
*Robert Hayden*

The old woman across the way
  is whipping the boy again
and shouting to the neighborhood
  her goodness and his wrongs.

Wildly he crashes through elephant ears,
  pleads in dusty zinnias,
while she in spite of crippling fat
  pursues and corners him.

She strikes and strikes the shrilly circling
  boy till the stick breaks
in her hand. His tears are rainy weather
  to woundlike memories:

My head gripped in bony vise
  of knees, the writhing struggle
to wrench free, the blows, the fear
  worse than blows that hateful

Words could bring, the face that I
  no longer knew or loved …

Well, it is over now, it is over,
　　　and the boy sobs in his room,

And the woman leans muttering against
　　　a tree, exhausted, purged—
avenged in part for lifelong hidings
　　　she has had to bear.

责　打

罗伯特·黑顿

路那边的老妇人
　　又在责打那个孩子.
向左邻右里大声诉说
　　她的有理和他的不是。

他发狂地闯过海芋丛，
　　在沾满灰尘的百日草中间求饶，
而她，尽管胖得笨手笨脚，
　　追上去迫得他无路可逃。

她一下又一下抽打那尖叫着团团转的
　　孩子，直到棍子在她手里
折断。他的眼泪是雨水
　　泡开伤疤一样的记忆：

我的头夹在膝盖骨的
　　老虎钳里，扭动身躯
想挣脱，一下一下的打击，
　　比打击更折磨人的恐惧

来自凶狠的话语，那张脸
　　我再也不爱，也不认识……
唉，现在结束了，结束了，
　　男孩在他的房间里抽泣，

老妇人嘟哝着靠在
　　树上，筋疲力尽，宣泄了——
对她忍受了一辈子的郁积
　　部分地进行了报复。

罗伯特·黑顿的诗常带一点短篇小说味儿，其中不乏生动的人物，凝炼的细节。比如父母打孩子，在生活中是常有的事。可是他在《责打》一诗中却写出了其中的悲剧性。

老妇人责打小男孩，尽管表面上名正言顺，她"向左邻右里大声诉说／她的有理和他的不是"，但是，她实际上是要出气。诗的最后两行以及在此之前的"宣泄"一词说明了这场责打的实质。老妇人在生活中受了许多委屈，吃了许多苦，一直压抑在心里，无处诉说，于是，当小男孩淘气时，便找到了宣泄的出口。最后一行的"部分进行了报复"同第一节的"又在责打那个孩子"照应，因为每次责打都不可能把郁积的忿懑彻底宣泄掉，所以会有一次又一次的责打。责打对于孩子又有什么影响呢？诗人没有直写，却在第四节和第五节前两行写了自己对于小时候挨打的回忆。那种屈辱感，那种感情的创伤，直到成年还一直使他的心灵隐隐作痛。可想而知，今天诗人的想法，将是小男孩长大后的想法。这样，一场责打就反映了两代人的悲剧。

罗伯特·黑顿1913年生于密歇根州底特律市。他曾两次获得霍普伍德诗歌奖，还在1966年获得达卡（塞内加尔）世界艺术节大奖，曾任美国国会图书馆诗歌顾问。

## Teaching the Ape to Write Poems
*James Tate*

They didn't have much trouble
teaching the ape to write poems：
first they strapped him into the chair,
then tied the pencil around his hand
  （the paper had already been nailed down）.
Then Dr. Bluespire leaned over his shoulder
And whispered into his ear：
  "You look like a god sitting there.
Why don't you try writing something?"

## 教猩猩写诗
詹姆斯·退特

他们教猩猩写诗
没有遇到多大麻烦，
先将他绑在椅子上，
再在他的手上捆一杆铅笔
  （纸早已用图钉固定好）。
然后布鲁斯拜尔博士
俯向他的肩头耳语：
  "您坐在那儿就像一尊神。
为什么不写点东西？"

连猩猩都可以写出诗来，这对现代诗歌的讽刺意味是显而易见的。

我们这本集子以惠特曼《我歌唱人的自我》开篇，以《教猩猩写诗》结束，多少也反映了美国现代诗从理性到非理性，从美到丑，从歌颂自我到失落自我的演变过程。这种非理性的、丑的诗歌是一个异化了的社会的产物，但它又确实是诗歌，因为丑不是假象，丑的感知在现代西方人的感性中非常突出，于是有了丑的艺术。我们读西方现代诗，常常觉得难懂，最主要的原因是我们惯用审美的目光去欣赏这些丑的诗歌，以致一片惘然。要想真正理解西方现代诗，我们还得培养一种"审丑力"呢。

不过，像詹姆斯·退特这样的诗人已经开始对这种现象不满意，这也许又是一种转机。

詹姆斯·退特1943年生于密苏里州堪萨斯城，曾先后获文学学士、美术硕士学位，当过《狄金森评论》杂志的诗歌编辑。他是个多产诗人，诗集《失落的飞行员》被选入耶鲁青年诗人丛书。

詹姆斯·退特自称继承惠特曼、威廉·卡洛斯·威廉斯以及智利诗人巴勃罗·聂鲁达的传统，认为诗歌的功能是抗议和歌颂，但他所说的"抗议"不等于让诗歌为政治斗争服务，而是要唤起人们对人与人之间、人与自然之间的那种不协和关系的关注。

# Pretty Mommy（漂亮妈妈）[①]

Autumn. Sun Liying, a middle-aged woman, brings her six-year old son, Zheng Da, into an elementary school. She asks the concierge where the Headmaster's Office is.

The Headmaster's Office. Through the glass, we see Sun Liying and Zheng Da sitting in front of the Headmaster. We can't hear what Sun Liying is saying to the Headmaster, but only an anxious and twisted face of her and the impatient waving hand of his. As Sun Liying excitedly raises her voice, we hear her clearly now. She is saying: "… at least you can test him."

In the office, the Headmaster is obviously trying to dismiss them with a question: "Why do you want to go to school?" Zheng Da is found at a loss looking at his Mother for help. Sun Liying turns his face squarely to herself, asking him loudly: "Zheng Da, why do you go to school?" She then hints: "Remember what I told you yesterday?" Her speed is very slow with each word clearly uttered. Zheng Da replies with a lisp: "To learn knowledge to be a useful man." His pronunciation sounds weird and inaccurate, hard to understand. The Headmaster shakes his head, grudging: "We are a normal school with no specified teacher for the disabled pupils. Why don't you send him to the school for the deaf-mutes?" Sun Liying insists stubbornly that her son be quite normal, not entirely lost in hearing, and she must have him educated in a normal school. The Headmaster still shakes his head and covers his face with the newspaper.

Disappointedly, Sun Liying leads the child away. On the way to the school entrance, when they pass by a classroom, Zheng Da suddenly stops. In the classroom, a girl of the same age as his is making a face at them. She is called Yan Zi from their neighborhood. She is having her painting class. Zheng Da points at Yan Zi excitedly, uttering: Sis- ter-Yan Zi, Sis-ter-Yan Zi. His strange accent arouses the attention of the whole class. The unhappy painting teacher, a young and thin man, comes to shut the door. A gently shut of the door sounds particularly harsh to the Mother. She sits down, stroking Zheng Da's face in pain and promises him: Zheng Da, Mom must let you sit inside there together with Yan Zi.

The Mother and Son are walking on their way home. As a habit, Sun Liying always tells Zheng Da loudly at whatever they see or do. When they walk by the cinema, she will say, ci-ni-ma; and say depart-ment-store-buil-ding when they pass the department store building. However, at most of the time, Zheng Da does not do a good job. At a crossroad ahead, the Mother and Son are crossing the street. Sun Liying points at the passing cars and asks Zheng Da to repeat the trade marks like Daihatsu, Benz. All of a sudden, a shrill and a terrifying sound of braking, and horn blowing all mix together. The street becomes chaos. Sun Liying pulls her son into her arms and blocks his eyes

---

① 应该片导演孙周先生之邀，将《漂亮妈妈》电影脚本译成英语。

in panic. A traffic accident occurred—a pedestrian is hit by a car. The Son struggles away, looking around dumbfounded. The shocked mother mumbles: acci-dent. Zheng Da doesn't understand, but moving his lips in imitation of the shape of her mouth voicelessly.

They live in a single house with their own small courtyard and entrance in a lane. In the lane, the Mother and Son see Yan Zi coming back from school with her parents. Sun Liying doesn't want to meet them now. To avoid the greetings, she lowers her head, slides into her house and shuts the door tightly. It's quite messy in the house, with clothes spread all over the bed. On the darkened walls slantingly hangs a small silk banner, which was awarded to the '96 Advanced Worker from a certain meat processing manufacturer. The Mother certainly is not in the mood to clean everything up at the moment. She pulls open the drawer and counts some very few bills, back and forth. Zheng Da jumps in and out while Sun Liying looks with a cloud of sorrow on her face.

The Mother and Son appear again in a job fair. Sun Liying goes to the booth of a distribution station of a news agency. The Director, a stern-looking, reticent middle-aged man, is recruiting. While Sun Liying fills in the form, Zheng Da points at the small vase on the table, speaking loudly: "gua (hua)." She pulls hard his clothes under the table; but Zheng Da smiles at his mother, and goes on uttering: "gua (hua)." The Director puzzles: what's going on? Sun Liying avoids a direct reply, and shifts the topic by saying "He's such a naughty boy." There is one condition for this job of delivering newspapers, which requires the applicant the access to a bicycle and the riding skill. Sun Liying doesn't want to give up this opportunity, so she lies, saying that she could.

Away from the job fair, Sun Liying starts to correct Zheng Da's pronunciation. She repeats earnestly: hua — hua — hua (flower). All the passers-by look at them. Zheng Da, however, still stubbornly insists: gua — gua (melon)! The Mother looks helpless.

Night. Sun Liying is learning to ride a bike under the moonlight. She falls to the ground again and again, but she goes on doggedly, while still coaching her son to learn to speak. At the time she shouts "hua" on the shaking bike, Zheng Da pronounces tentatively "wa" (flower). Once again, she crushes down on the roadside.

On her first day to work, also her day of trial, Sun Liying braces herself pushing the bike to work. She carries a big pile of newspaper on the bike from the office. With the help of Zheng Da, she goes east and west in great embarrassment and finally she delivers all the newspapers in due time. But she is almost tired to death.

Sun Liying passes the trial of her first day, and gets her trial period. She still, however, doesn't know how to ride a bicycle. Back home, she practices hard, but in vain. Instead, she breaks the hearing aid of Zheng Da, and she really feels bad about it. At night, under the dim light, she tries to fix it, with Zheng Da sitting beside her. Sun Liying says "Mom fixes the hearing aid while talking to Zheng Da." Zheng Da tries numerous times, but he still fails to understand the drill of "Somebody does something, while doing something." After several times of repetition, she starts to realize that she just couldn't make him comprehend, so she gives up. But just then, Zheng Da suddenly points at the flower pattern of the tablecloth, pronouncing accurately the word "hua" (flower). Sun Liying can't trust her own ears. In silence, Zheng Da carefully says it again, "hua." Sun Liying feels surprised and delighted.

On the second day of work, the Director suspects that Sun Liying couldn't ride a bike. Under the watching of everyone, she gingerly mounts on the bike. To her own surprise, she finds herself suddenly able to ride. Along the long slope in front of the Distribution Station, she slides down merrily…. On the way, she stops at a flower shop staring at those beautiful flowers. She starts to think of Zheng Da, and so murmurs to herself, hua-er (flower). She appears almost foolish in her big smiles, while saying the words. The sun is bright, and the shop windows reflect the fond smile of the mother.

On the early Sunday morning, Sun Liying goes to buy breakfast. She sees Yan Zi and her classmates gathering together, singing and laughing, ready to play outside. In great admiration of these happy kids, she calls Yan Zi and asks where they are going. Yan Zi replies that they are going to practice in the Children's Palace, because the School is about to hold a roller skating match. Sun Liying says, Yan Zi, could you bring my Zheng Da along? At the bottom of her heart, Sun Liying longs for the earliest day that Zheng Da could mix with the normal kids and hopes that he had his own happy world. Yan Zi shows some hesitation. Sun Liying says, Auntie will buy you ice cream.

The Children's Palace. Yan Zi and her classmates, all in neat school uniform, are going to roller-skate. Zheng Da couldn't fool in, so he is denied with the roller-skates. Yan Zi secretly takes a school uniform and helps him to put it on, then he could enter the skating arena.

Sun Liying, still in worry, goes to the Children's Palace herself. There she sees in the roller-skating arena, Yan Zi takes the hand of Zheng Da, teaching him to skate. With excited expression on his face, Zheng Da utters incoherent sentences in strange single syllables. Sun Liying feels so much relieved at the sight of this scene.

On her way to deliver the newspaper, she still bypasses the crossroad where the accident happened to avoid the place that so much scares her. One day when she delivers the newspaper to the first floor of a tower building, she meets the subscriber named Fang Zipin. He complains that his newspapers are often missing. Sun Liying recognizes him to be the thin painting teacher from the elementary school. To somewhat please him, she promises him to send his newspapers directly to the 18th floor where he lives.

Sun Liying returns home to find a cab parked in front of her home. That's her ex-husband who comes to see their son. He is a cab driver. He comes home to see Zheng Da every month. He complains that the house is too messy: why can't you clean it up. Sun Liying says, who has such a mood for this; only we two live together and we don't have any visitors anyway. Sun Liying reaches out for the living stipend of Zheng Da for this month from Zheng Peidong. She also needs to get the hearing aid fixed. From her conversation with Zheng Peidong, we know that Zheng Peidong is also leading an unsatisfactory life, whose present wife has gone a long way to Guangzhou to work.

Sun Liying brings Zheng Da to a hearing aid shop to fix the hearing aid. The shop is located near the School for Deaf-mutes. They meet a mother and a daughter there. The daughter is also deaf, at the similar age with Zheng Da. The mother and daughter skillfully converse in sign language. The little girl warmly greets Zheng Da: "How are you?" Zheng Da tries to imitate. The mother corrects him and teaches him to answer in sign language: "I'm fine, thank you." Zheng Da appears a quick-learner of sign language. On the way home, Zheng Da practices again and again:

"How are you? I'm fine, thank you!" Zheng Da feels contented, but his mother looks rather unhappy about it. Sun Liying strictly forbids Zheng Da using the sign language, in fear of the more difficulties aroused for speech learning. Sun Liying says: you are not the same with that sister, because you're going to study in a normal school, like Sister Yan Zi! But Zheng Da doubts about it. He tells mother with the help of signs: the uniform, the uniform of Sister Yan Zi, I don't have! Zheng Da admires extremely the uniform of Sister Yan Zi. It takes much effort of Sun Liying to understand him. Sun Liying promises Zheng Da: I will let you wear the same uniform as Sister Yan Zi's.

Sun Liying really delivers the newspapers of Fang Zipin to his 18$^{th}$ floor. While she is nailing the newspaper box on his door, Fang Zipin asks her whether she could recommend any hour maid to him. Sun Liying recommends herself to work for him. Fang says I could offer only very low pay. Sun replies: I don't mind, as I have high respect for teachers. Fang Zipin is very pleased.

Sun Liying brings Zheng Da to work at Fang's home. On the way, she keeps on teaching him how to pronounce the word "Mr. Fang." Zheng Da still couldn't do it well. But Zheng Da with his particular gifts in shapes finds a charming place in the home of the painting teacher. Fang Zipin also likes Zheng Da.

One day, the Director asks Sun Liying to send one more newspaper for that day. Sun Liying delivers it to the address. The subscriber is an old official who has lost his wife. He is very warm towards her, asking her many personal questions. It turns out that he was actually the former boss of the Director, and the Director wants to introduce Sun Liying to him. Feeling unhappy about it, Sun Liying comes back to reproach the Director. In her mind, she will never consider her second marriage before her son develops a decent career. She doesn't trust that those men could be nice to Zheng Da anyway. Finally the Director gets angry. Beating the table, he shouts: I do this because of my damn good heart to help you, seeing you, a divorced woman with a child leading a pretty hard life. Sun Liying stops saying anything, as she dare not offend the Director.

Sun Liying works very diligently at Fang's house. The messy home of the past has become clean and tidy. With good impression of Sun, Fang Zipin praises her as an understanding wife and loving mother, who makes the home a very comfortable place to live. With a grateful feeling towards her, Fang Zipin starts to seriously coach Zheng Da to paint, and surprisingly they like each other.

Zheng Da discovers a new world. He exerts himself entirely into painting, smearing over all the walls at home. Sun Liying proudly shows his paintings to the mother of Yan Zi. At that moment, she feels that finally she has something to show off in front of her. Zheng Da eagerly expects his father, for he looks forward to the praise from him. However, Zheng Peidong merely shows up for a minute and runs off to Guangzhou, because his woman there is going to give birth to a baby. He doesn't even have a moment for Zheng Da's paintings. Sun Liying says to him angrily: Look at yourself! What are you so excited about? Isn't Zheng Da your son?

Zheng Da feels very much at a loss, while Sun Liying finds no other time like now she so much loves and pities this child. She suddenly thinks of the small wish of Zheng Da. She runs downs the street to buy some cloth, and goes to the Tailor's to make it herself a school uniform with the uniform of Yan Zi as the model. Zheng Da strides to visit Yan Zi with the new jacket. Yan Zi bursts into laughter and promises to bring him to play again next time when they have roller-skating training.

Fang's home. The door opens, Zheng Da rushes to Fang Zipin to show off his uniform. The mother says bashfully, I made it myself. Sun Liying asks Fang Zipin about the enrollment in the elementary school and asks him to pass some favorable comments to the Headmaster. He promises to give a try. Sun Liying takes a long breath, joy creeping onto her face. Fang is touched by her maternal love. Zheng Da pulls his trousers from the painting room running to the toilet. All of a sudden, he cries inside the toilet "Mom, I shit while peeing." Sun Liying shakes with laughter, and Fang Zipin too. Sun Liying stops laughing when she realizes that she is in front of her employer, but still she couldn't help laughing to herself. That day, she looks particularly charming, distracting even Fang Zipin while he teaches Zheng Da painting. He secretly sees her through the crack of the door.

Fang Zipin goes to speak for Sun Liying. The Headmaster rejects it mercilessly after he knows the name of the parent, leaving no room for negotiation.

The attitude of the Director towards Sun Liying becomes colder and colder. Sun Liying is aware that the Director may put her into trouble. As expected, one day the Director wears a long face, reproaching her for the daily delay of delivery. Sun Liying never takes the specified route but a long time bypass that crossroad. The Director asks: Can you give me an explanation for that? Why? Sun Liying remains silent. The Director loses his temper, "You lose your speech too?" Sun Liying answers in panic: A man got killed in an accident there. The Director becomes angrier, reprimanding her loudly: Ridiculous, can this be called a reason? Everyone in the house looks up at her. Sun Liying lowers her head and takes one look at Zheng Da, replying quietly: It doesn't matter if I got killed, but how about my son? Silence. They all now turns their eyes on Zheng Da. The little boy is sitting at the door, gazing at the clouds in the sky. One cannot tell whether he is listening or not. After her explanation, Sun Liying appears flurried and looks at them bewildered. The Director, however, still strongly insists: That's your personal problem, but you can't delay my time of delivery. So the Director gives her another pile of newspaper to deliver. She accepts it silently. That day she doesn't go to work at Fang's house until very late. Disturbed, exhausted and confused, she breaks two bowls in a roll in the kitchen. Fang Zipin waves his hand and let her stop washing. Fang says I am invited to paint a poster for a cinema, should we bring Zheng Da along for fun? We may also see a free movie.

The Projecting Room of a cinema. The American movie *Titanic* is on show. Fang Zipin moves a high stool to let Sun Liying sit holding Zheng Da. They could see the movie just from the hole. Zheng Da is very excited, putting his head into the hole, while Fang Zipin paints the poster with a cigarette between his lips. After a while, he turns around and finds her gazing at the scalp of Zheng Da blindly lost in thought. Fang Zipin says to her: "Hey, why don't you see it? This is the most romantic movie of the year!" She is certainly caught by him and tries to smile to him, and then pokes her head into the hole. Fang Zipin continues to paint his poster till he turns back again, only to find her asleep with her head leaning against the wall accompanied by the ticktack of the projector, while one of her hand still holding Zheng Da tightly. In the screen, clouds and wind and sea keeps changing with extraordinary color and sound. But to Sun Liying, that's another world which has nothing to do with her. Fang Zipin stares at her for a long time, with his hand holding the cigarette between his lips, and forgets to blow off the ash…

On another day, Sun Liying is working in Fang's kitchen, when she hears suddenly a cry from Zheng Da "Mom!" She follows the cry to the painting room. The door is half open. Sun Liying pushes it open and finds Zheng Da watching Fang Zipin painting. Fang Zipin finishes his last stroke on the canvas, and then smiles at Sun Liying. Sun Liying looks over, completely surprised — that is the portrait of her. She is painted so pretty: among the dim flowers, smiling confidently with bright eyes and white teeth, and a touch of light red on her lips. Under the painting of Fang Zipin, Sun Liying is shining with beauty. She almost couldn't trust her own eyes, but says: "This is not me." She has never thought that she could be so pretty, and never thought that Fang Zipin takes so close looks of her. Fang Zipin still regrets that he hasn't represented the real beauty of her. The exaggerated expression on his face seems to say: Haven't you been praised by others to be pretty before?

Fang Zipin attempts to shift the attention of the woman from her son to herself, and he does it. On the way of delivery, Sun Liying stops unconsciously in front of a cosmetic store. Through the big mirror of the shop, she looks at her face, and she couldn't help going into the shop, buying a lipstick. Back home at night, she brings out the lipstick and wonders at her own behavior: so funny, to have bought a lipstick! Sun Liying starts to worry: Is this for Fang Zipin, the man?

But she still can't help opening the lipstick and touching it on her lip.

Next time at Fang's home, Fang Zipin notices a touch of light red on the lips of Sun Liying. She feels embarrassed somehow. The changes in Sun Liying excites Fang Zipin. His warm attitude also encourages the woman. They exchange a smile of understanding when Fang passes her to wash his painting brushes in the kitchen..

Sun Liying asks Fang Zipin whether he has mentioned Zheng Da to the Headmaster. Fang Zipin doesn't tell her about the rejection from the Headmaster: instead, he suggests she try it in the deaf-mutes school. Fang Zipin smiles and says: The deaf-mutes school is even free of any educational charges. Sun Liying understands and loses in despair. In comforting her, Fang finds himself hugging Sun. She begins to panic and pushes Fang away. He expresses sincerely, saying he truly loves Sun, and he indicates that he must help Zheng Da to the school. She feels a bit wronged and says: Mr. Fang, what kind of person you think I am…. While they pull and push each other, a cracking sound of broken glasses is heard from the other room. That's Zheng Da who grasps something and throws it into the mirror reflecting Fang and Sun together. He misunderstands that Fang is bullying his Mom.

On their way back, Zheng Da says to Mom: Fang is a bad uncle! Sun Liying explains: Fang is not a bad uncle, and he was not bullying me either. He does not have any evil intention, but just kind of unusual.

On Sunday, Sun Liying stands in front of the house of Fang Zipin. After a moment of hesitation, she pushes the doorbell. The door open, both of them feel embarrassed. Fang Zipin asks: Where is Zheng Da? Sun answers that Yan Zi has brought him to play in the Children's Palace. Feeling much relieved, Fang Zipin thinks by mistake that Sun Liying has deliberately sent

Zheng Da away. Sun Liying goes to work in the house only to find all the work to be done has already been done by Fang Zipin. The place for the broken mirror is now replaced by the portrait of Sun Liying. She says: This is not right, is it? Fang Zipin asks back: What's wrong with it? Sun Liying doesn't know what the problem is, but just not feeling proper about it. She insists that Fang Zipin take it down, and then she feels better. She sits on the sofa without a word. Fang Zipin makes tea for her, plays some music and then asks her carefully the causes of her divorce. Sun Liying says: Kid, nothing else but the kid.

At the Children's Palace, the school uniform of Zheng Da appears very conspicuous in the crowd. The schoolboys surround him, mocking at him and gossiping. Zheng Da, obviously becoming a target of some kind of rare show, can't hear what they are talking about. One naughty pupil takes off his uniform right away to compare with the authentic one, and then takes Zheng Da's uniform away. Zheng Da fights at all costs to get it back, while contending with the crowd in blurring tongue. This causes more mocking from them, as they start to imitate Zheng Da's strange accent. Yan Zi proves helpless to protect Zheng Da. On the skating ground, Zheng Da's uniform is thrown here and there, while he himself is pushed down with several falls.

At this moment, Sun Liying is deep in self-accusation: Zheng Peidong wants me to give birth to another child, but I disagree; it's not fair to Zheng Da, since I have already owed him so much, why should I bring another one to the world? ... Sun Liying suddenly feels reckless. She asks Fang Zipin to turn down the music, as she has never had any mood for any song due to Zheng Da's illness. The atmosphere becomes dense. Fang Zipin suggests to go out for a walk, may be to her home. Sun Liying abruptly turns it down: The house is so messy that it doesn't deserve a visit. So Fang Zipin says: Then let's go to the Children's Palace to have a look at Zheng Da; I should apologize to him, and I am sure he must have much grudge towards me.

At the Palace, Sun Liying and Fang Zipin witness the view of Zheng Da being bullied, and the clothes hung on the tree. The children scatter away as they come, while Zheng Da is choked with sobs. Sun Liying goes to hug him tightly. Fang Zipin picks off the clothes and hands it to Sun Liying. When Sun Liying tries to put it on Zheng Da, Zheng Da looks so disgusted. Throwing it on the ground, he says: Pake (fake) ... pake (fake)! Sun Liying feels stabbed by someone. She picks it up silently and carries him on her back, saying: Son, let's go home! Fang Zipin wants to walk her home, but Sun Liying says impatiently: This is a business of us mother and son!

On their way back, Sun Liying bites his lips hard, thinking in silence, saying nothing. After they return home, she shuts the door closely, and pulls Zheng Da to her. She says to him earnestly: Son, as a man, aren't you ashamed for crying for such a trifle thing? How could you protect Mom if you grow up like this? She brings out his paintings one after another and says: Look, how well you can paint! Those bad kids certainly couldn't do it! Sun Liying insists her son wear the clothes again. Zheng Da throws it to the ground, stamping on it in hatred. Sun Liying finally breaks out: "Zheng Da! You should know that you are not the same as everybody else, because you are deaf. Can't you become tougher, as you will confront many similar events like you did today?" For the first time, Sun Liying admits in front of her son that he is not the same as other boys. In a rage, Zheng Da takes off his hearing aid and throws it to his mother. Sun Liying slaps his face. Gazing at his Mom for a while, suddenly Zheng Da closes his eyes and slowly falls off.

At the hospital, the doctor tells Sun Liying the checking result: Due to extreme stimulation, the child completely loses his hearing for the time being; he'd better stay in hospital for observation for a few days. Fang Zipin, on hearing this, comes immediately to offer his full help. Zheng Da is thus hospitalized without any difficulty. Zheng Da in bed looks at his Mom numbly, as if she were a complete stranger. Fang Zipin tries to comfort Sun Liying: It's ok; the doctor has said that it's only temporary. But for the whole night, Sun Liying only says one sentence: "Why is it so hard?" followed only with tears, silent tears, as if she forgets her own speech, too. Fang Zipin makes up his mind to try his best to help Sun Liying fulfil her wish.

Sun Liying goes to the Director to ask for leave. Well prepared even to be fired, she looks straight at the Director and says: As you please, I don't care any more! The Director first glares at her, and then briefly assigns to other colleagues to help Sun Liying with her job. He says: You go ahead to look after your son, I won't cut you pay.

On this side, Fang Zipin is begging the Headmaster. Finally he promises Zheng Da an opportunity of examination. But the Headmaster still insists that even if he passed the exam, he also needs to pay the extra tuition charges. Fang Zipin guarantees that it's no problem. The Headmaster asks curiously: What kind of relationship does this woman have with you? Caught with this question, he thinks and then shakes his head: Well, not yet of any relationship.

The large ball of embroidery pattern of the curtain in the ward is reflected onto the bed of Zheng Da. Sun Liying takes the small hand of Zheng Da chasing the moves of the flower balls on the bed. Sun Liying keeps on repeating: Flower — flower, Zheng Da, this is the flower! The woman tries to waken the heart in slumber of Zheng Da with the small secret kept between the mother and son. But Zheng Da still produces no response.

On the corridor outside, Fang Zipin asks the doctor whether it's because of the genetic factor of the father or of the mother. All of a sudden, he looks very worried. He probes the doctor, "If she gave birth to another baby, what would happen…?"

Zheng Da falls heavily asleep. So does Sun Liying against the bed, physically and mentally exhausted. She dreams of herself flying into the ear of Zheng Da. There is a ball of large black semi-sticky substance stuffing there. Sun Liying throws herself to drive it away, but only swallowed by the ball of stuff into a complete darkness! Sun Liying wakes up in horror. A solitary lamp hangs above with Zheng Da staring at her with his bright eyes. Sun Liying keeps on shouting the name of Zheng Da, and grabs an aluminum food box on the table, beating it open and shut to the ears of Zheng Da, as if beating the drums. Zheng Da is still expressionless. The food box falls to the ground, Sun Liying holding Zheng Da in her arms, crying.

The doctor says to Sun Liying: Zheng Da can leave the hospital now; but be careful, don't upset him any more. Sun Liying shakes her head hard: no, Doctor, he doesn't speak, he still doesn't say a word! The doctor looks at the exhausted-looking woman with a sigh: I can't help him there; that's his own psychological problem; from the medical point of view, he is recovered.

Sun Liying blindly brings Zheng Da out of the hospital, with Zheng Da still of a dull look. On the street of the city, the mother and son wander around aimlessly. The nerves of Sun Liying are at the verge of collapse.

At the crossroad, the place of horror that she has been dodging, Sun Liying walks straight towards it. She is lost in a trance, deaf to the shrieking horns of the truck.

Suddenly, a dull and young voice sounds in the air: "Mom, don't go!" Sun Liying in her illusion doesn't respond to the call at first. But Zheng Da once again pulls the corner of the clothes of his Mom with all his strength, mumbling: Accident! Mom, accident! Sun Liying stiffens herself, staring at her son straightly and asks loudly: Zheng Da, what did you say? Zheng Da mumbles again. The tears flow down Sun Liying's cheeks.

On a sunny and charming day, Sun Liying cleans the house and whitewashes the walls. Now, her house becomes tidy and clean. On the bed, neatly folds the fake school uniform. Zheng Da stands in front of the bed watching that clothes for a long time. Sun Liying looks at him with concern. Zheng Da also looks at her, and then reaches to the uniform and puts it on. Sun Liying feels relieved. Wearing the uniform, Zheng Da looks at Mom again obediently. Suddenly Sun Liying feels somehow uneasy. She asks: How are you, Zheng Da? He grins and nods gently.

At school, Fang Zipin stands at the school gate waiting for Sun Liying and her son. Today is the day of examination for Zheng Da. Sun Liying shows some hesitation before she hands Zheng Da to Fang Zipin and lets him take Zheng Da to the examination room. After all these events, she feels the tacit understanding between her and Fang Zipin. She trusts this man. Fang Zipin seems to understand the feeling of Sun Liying. Without a word to her, he lowers his head and encourages Zheng Da.

The bell rings for class. Sun Liying walks along each classroom, observing those children. In one classroom, pupils are reading the text after their teacher; in another, a pupil stands up to answer the teacher's question; while on the playground, some pupils are having physical training class. This school is the beautiful new world that Sun Liying dreams of, but now she looks confused.

In the classroom, Zheng Da is trying very hard to answer the questions from the teacher.

Sun Liying really can't control herself. She walks towards the room, and quietly puts her face against the glass of the window.

The door opens. Fang Zipin brings Zheng Da out of the room, and stands in front of Sun Liying. She looks at the eyes of Fang Zipin nervously. He smiles and says: Zheng Da will come to study at this school next term. Sun Liying subconsciously grasps his hand and asks: Is this good? What do you think? Is this good for Zheng Da?

Fang Zipin doesn't really understand what she means, but he feels uneasy when the woman grasps his hand. He gently pulls it out

Sun Liying doesn't notice the reaction of Fang Zipin, all her attention being entirely concentrated on her child. She lowers her head studying the expression of Zheng Da.

Zheng Da still looks numb.

Sun Liying consults with Fang Zipin: "I want to visit the school for the deaf-mutes. I may be wrong. What do you think?"

Fang Zipin hesitates: "Finally he gets enrolled to the School... But anyway, I don't really know. Maybe you should decide yourself."

Sun Liying looks somewhat strange.

Fang Zipin pulls together all his courage to express himself clearly: "I really do want to share with you those difficulties, ... but..., how should I put it, I need to be prepared..., I admire you ..."

Fang Zipin stumbles along, not knowing how to express his meaning well. But Sun Liying has already fully understood him. She lowers her head and strokes the head of Zheng Da and says: "No more, we all understand. We have already brought too much trouble to you. Really! Anyhow, we feel grateful to you forever!"

Sun Liying raises her head, looking directly at Fang Zipin, and she smiles: "Don't forget, you are still the teacher of Zheng Da, is that right, Zheng Da?"

Sun Liying stoops to ask Zheng Da.

Zheng Da still keeps numb and expressionless.

Sun Liying reaches out her two hands and gestures in front of him. That is the greeting the deaf mother and daughter taught them on the other day: How are you?

Zheng Da's eyes brighten and shine.

Sun Liying repeats the gesture to him.

Zheng Da smiles and answers in two hands: "I am very well, thank you." Zheng Da smiles beautifully, the first time in the entire movie to be seen so joyful.

Sun Liying holds Zheng Da on the back seat of her bike. She rides on the bike and turns back to smile at Fang Zipin, waving to say goodbye: "Don't forget to stop by to see Zheng Da."

Fang Zipin grumbles in his throat. Looking at the departure of the mother and son, he feels the mixed feelings of all kinds.

As a matter of fact, Sun Liying has the same feelings. She rides the bike, pretending to be fine, but she just cannot hold back her tears. She behaves with the most generosity and understanding, only till now, she has discovered that she has been deep in love with Fang Zipin. But she can't look back to let him find out her tears.

Zheng Da suddenly straightens himself from the back seat.

Sun Liying blames: Be careful, Zheng Da.

Zheng Da talks to her ear: Don't be afraid, Mom....

The tears on her face is still flowing, but for a moment, she can't help laughing from her tears. The tears and smile blend on her face.

# 美丽的邻居

（印度）泰戈尔

　　我的邻居是位守寡的少妇，我对她的感情完全是一种崇拜，至少对朋友和对自己我都是那样讲的，就连同我最要好的纳宾都不清楚我的真实思想。能把万种相思藏于心底，使它保持纯洁无瑕，我觉得自己还真有点不简单呢。我美丽的邻居好比一朵盈盈带露的鲜花，不幸过早地化作落红片片。她光彩照人，飘飘欲仙，什么花烛洞房锦衾罗帐，对她说来都太俗气了。她早已在天堂中占了一席之地。

　　然而，常言道柔情似水。水岂能轻易被堤坝锁禁？它必然要夺路而出。这就是我想赋诗抒怀的原因。可是，我的笔又不愿意玷污她圣洁的形象。

　　奇怪得很，就在这时，我的朋友纳宾也仿佛着了魔似的渴望写诗。这阵狂热来得极为猛烈，活像一场地震。可怜的纳宾平生第一次产生创作冲动，他连诗的节奏和韵律都还一窍不通啊。但是，他身不由己，因他已经完全被写诗的欲望所征服：好比一个刚续弦的丈夫，一切任凭第二个妻子摆布。

　　无奈他只好求助于我。他选择的题材不知有多少人已经写过，但是永远也不会陈旧：他的诗全是献给一位可爱的心上人的。我开玩笑地拍拍他的肩膀，问他："喂，老兄！这位心上人是谁呀？"

　　他咧开嘴，笑了："还不晓得她钻在哪个角落里呐。"

　　老实说，帮助纳宾写诗是一件相当痛快的事情。就像母鸡孵鸭蛋一样，我把对女邻居的炽热感情一股脑儿倾注在纳宾的抒情诗里，把他胡乱涂抹成的东西改了又改，精心雕琢，以致到后来每首诗都面目全非，至少有一大半是我的创作。

　　每逢这时，纳宾总是惊讶地说："天哪！这正是我绞尽脑汁都没法写出来的心里话。你到底是靠了什么奥妙知道我这些微妙的感情的？"

　　于是，我摆起诗人的架子，回答说："通过想象。你知道吗？真实是沉默寡言的，只有想象才会娓娓动听。现实生活是一座峭壁，堵住了感情的流水，而想象是一把利剑，能把这峭壁劈开。"

　　可怜的纳宾坠入了云里雾中，似懂非懂地说："是——啊！我明白了。当然啰，就是这么回事。"然后回味半天，嘴里再嘟哝出一句："对，对，你说得对。"

　　我已经讲过，我对女邻居的爱是一种细腻虔诚的感情，总觉得直抒胸臆就是对她的亵渎。但是，有了帮纳宾改诗这个借口，我便可以让自己的笔放开来写。在替他捉刀写成的诗篇中，洋溢着我的真情深意。

　　纳宾也不是个糊涂透顶的人，他总是说："这些诗应该算是你写的，让我用你的名字发表吧。"

　　"别胡说了，亲爱的朋友！"我答道，"这些诗是你写的，我只不过替你润饰润饰罢了。"

　　慢慢地纳宾也就信以为真。

　　我不否认，有时我就像星相学家看星星一样，在窗户跟前目不转睛地盯着邻家的大门，碰巧了也能看到她。哪怕是偷偷瞧上她一眼，我心中的波澜顿时就平静下来，一切非分的念头都让她圣洁的光辉净化了。

可是有一天我却吃了一惊，简直不敢相信自己的眼睛。那是一个炎热的夏日。午后，一场暴风雨即将来临，西北方的天空乌云密布。在这种奇特、恐怖的背景衬托下，我美丽的邻居直挺挺地站着，凝视着虚空的远方，明亮的黑眼睛显出无限的孤凄和企盼。难道在她这个宁静皎洁的月亮上还存在活的火山口？那是一种什么样的眼波啊！它带着无穷的眷恋，似飞鸟急切地穿过云层。它要叩开的绝非天堂之门，而是某个人的心扉。

看到她难以名状的真情的流露，我几乎不能自持。我不再满足于修改粗制滥造的诗句了，我要以整个身心去从事有益于她的工作。终于，我想到一个主意——在我们这个国家里宣传寡妇再嫁。我不但打算写文章、做讲演，还准备为开展这个运动慷慨解囊。

为这个纳宾同我争论起来了。"寡妇守节体现了纯洁和端庄的美德，是一种静穆的美，就像一弯新月映照下的寂静的坟场。如果再嫁不就破坏了这神圣的美了吗？"

一听到这些高调我就按捺不住心中的怒火。如果在灾荒之年，一个饱食终日的人对一个快要饿死的人说，饭没什么好吃的，只要闻闻花香，听听鸟语就不觉得饿了，我们该怎么形容那个吃饱了肚子的人呢？我激动地说："纳宾，你听我讲。对于画家来说，一片废墟也许是一个挺不错的题材，但是盖房子可不是为了给画家构思作品，而是为了让人居住，所以要修缮房子，而不是听任它们变成废墟，去满足艺术上的需要。当然，寡妇守节不守节与你毫无干系，所以你才把它理想化了。但是你可知道，每一位寡妇都长着一颗敏感的普通人的心，它的每一下搏动都带着痛苦和期待。"

我原以为说服纳宾不是件容易的事，所以讲话也许过激一点。没想到就在我这篇短短的演说结束后，纳宾思索了一会儿，叹了一口气，最后表示完全同意我的观点。我准备好的长篇大论竟然可以不必抛将出来。

过了大约一星期，纳宾来找我，他说如果我肯帮忙的话，他倒想带个头，娶一位寡妇。

我高兴极了，热烈地拥抱了他。我对他说，无论他需要多少钱办婚事，我都愿意借给他。然后，纳宾就把事情的始末告诉我。

原来，纳宾为之写诗的心上人并不是虚构的。他确实离得远远地看到过一位寡妇，并且很喜欢她，但是并没有对任何人吐露过真情。后来，杂志上发表了纳宾的，或者不如说是我的诗作。这些杂志落到那位寡妇手中，那些诗真的起了作用。

纳宾特别解释了一下，他并非有意采取这种方式求爱。其实，他压根儿不知道那位寡妇还是个知书识字的女人。不过，他总是匿名把杂志寄给寡妇的弟弟，这也是一种幻想，聊解相思之苦，好比敬神的人在神像面前抛洒花环，至于神明了解不了解、接受不接受这种供奉，就不得而知了。

纳宾还强调说，他结识寡妇的弟弟时并没想到有什么确定的目的。反正一个女人的任何近亲都会引起她的追求者的兴趣。

接着他又讲了一大通寡妇的弟弟如何生了一场病，他又如何认识了他。既然诗人就在跟前，自然会讨论起诗歌来。当然，话题也不仅仅限于诗歌。

纳宾同我争论寡妇守节问题被我说服之后，便鼓起勇气向她求婚。起初她不肯答应，可是纳宾把我那雄辩的演说学了一遍，助以一两滴眼泪，那位美人儿就无条件投降了。现在她的保护人需要一点钱来给她安排一切事宜。

"现在就把钱拿走吧！"

"可是，恐怕得过几个月才能说服我父亲息怒，继续给我寄钱。这段时间内我和她怎么过日子呢？"纳宾道。我二话没说就按他需要的数目开了支票，然后说："现在可以告诉我她是谁了吧？你不必担心，我不会成为你的情敌。我发誓不给她写诗。即使写了也不会寄给她弟弟，而是寄给你。"

"别拿我开心了，"纳宾道，"我一直不把她的名字告诉你，并不是怕你把她抢走。事实是，她做出这个不寻常的决定之后，心里乱得很，所以先不让我通知朋友们。现在没事了。她就住在十九号，是你的邻居。"

如果我的心是座铁锅炉的话，肯定已经炸裂了。"她真的愿意再嫁了？"我马上追问了一句。

"目前还没有表示不愿意。"纳宾微笑着说。

"就那些诗就把她说动心了？"

"嗯，你知道，我写的诗并不坏，不是吗？"纳宾说。

我暗暗骂了一声。

可是我骂谁呢？骂她？骂我自己？还是骂老天？不管怎样，我还是骂了。

# 笨熊约尼

（美）约翰·斯坦贝克

　　加利福尼亚州中部萨利纳峡谷的入口有一处村庄，名叫楼玛村。谷口的平地上隆起一丘低低的山包，像个小岛。楼玛村就坐落在小山的圆顶上，真有点"楼"的意思。村子北边和东边是一溜好几里黑乎乎的芦苇滩，南边的烂泥潭倒是已经排干了水，成了肥美的菜地。一把捏得出油的黑土上，长着个头特大的莴苣和菜花。

　　村北苇滩的业主眼红村南的好菜地。他们串连起来，也开辟了一个排水造田的垦区。我所在的公司承接了开渠横贯整个垦区的生意，驶来一条挖泥船。机器刚安装好，便马上在水底啃出渠道来。

　　起初，我和船员们一道住在甲板上的临时工棚里。可是蚊子实在太多，成团成团地在头顶滚来滚去。每到夜晚，沼地里瘴气弥漫，我无奈何只好住进楼玛村，在拉兹太太家里租了一间带家具的房间。它的质量我可不敢恭维。本来我满可以换个舒适的地方，但想到拉兹太太可以收转邮件给我，便打定主意不走了。何况，我只在这个荒凉冷清的房间里睡觉，至于吃饭，我还回到工棚里。

　　楼玛村不到两百口人。教堂属于美以美教派，位于全村最高处，几里路外就能望见它的尖顶。村里的公共场所总共只有两间杂货铺，一家小五金店，一所共济会会堂，再就是那家宝号叫"野牛"的小酒店。山坡上是村民住的木头小房子，南边一带平坦的地方全是有钱的地主的住宅。一排排修剪得整整齐齐的柏树环绕着一座座院落，像高墙一样，挡住午后刮起的阵风。

　　除了酒店之外，楼玛村的夜晚没有什么消遣的去处。酒店开在一所木头房子里，房门是对开的推掩门，房子外边是一段有檐篷的走道。无论禁酒令还是废酒法都毫不影响这里的生意。主顾依旧来来往往，威士忌依旧是老味道。晚间，楼玛村五十岁以上的男子汉至少要来野牛酒店逛一趟，喝两盅，闲唠几句，然后才回家。

　　胖子卡尔是酒店老板兼伙计，不管招待什么客人都是寡言少语，不冷不热。可就是这种神情偏偏使人觉得他同所有主顾都很熟络，很有交情。他一副苦瓜脸，说话挺冲。但不知怎的，同他熟后，只要他那肉乎乎的脸盘朝我转过来，哪怕很不耐烦地问上一句"来点什么"，我听了也觉得心里舒服。别看他老问这句话，其实他只卖威士忌。那回有位生客要他往威士忌里挤点柠檬汁他都不肯，这是我亲眼看见的。胖子卡尔不好热闹。他腰里勒条大毛巾，一边忙活一边在那上头擦酒杯。酒店地板没有油漆，上面洒着锯末，酒柜原先是商店里的旧柜台。椅子硬邦邦，靠背笔直。墙上仅有的装饰品是些广告、名片和宣传画，全是推销员、拍卖商和县长竞选人贴上去的，不少已有多年历史。李图尔县长离开人世足有七年，可他的名片还在鼓动选民们投票重选他呢。

　　野牛酒店这名字乍听起来叫人发怵，但是，只要你夜里在街上这么一走，从沼地飘过来的瘴雾就像风卷起的脏旗角一样，一股劲扑到你脸上。尝过这种滋味之后，你走完那段人行道，推开酒店门，看到酒客们围坐一起，喝酒闲话，胖子卡尔过来招呼你，这时候你准会格外高兴，马上就不想走了。

通常这里有人玩牌，但不赌钱。我的房东提摩太·拉兹总是一个人玩接龙，虽说是一个人玩，他还是要做点手脚，因为他给自己立下规矩，不接通不能享受杯中物。我见过他一口气接通五次。胜利之后，他就把牌码得整整齐齐，站起来，满有派头地走到酒柜旁边。胖子卡尔早就倒好半杯酒，等他来了就问："来点什么？"

提摩太总是一本正经地说："威士忌。"

长长的店堂里尽是墟镇上和农场里的男人，有的在硬木椅子上坐着，有的靠柜台站着，低声交谈，话音单调乏味。只有在竞选季节，或者有重大拳击比赛时，这里才会有滔滔不绝的讲演和高声争论。

我讨厌晚上去外面吞湿气，讨厌听远处泥潭里打泥船上柴油机的吐吐声和铲斗的咣啷声，也讨厌拉兹太太家那阴暗的房间。

来到楼玛村不久，我认识了梅绮·罗美洛，一位有一半墨西哥血统的漂亮姑娘。晚上我有时陪她到南坡去散步，直到可恨的大雾把我们撵回村里。送她回家后，我就到酒店去待上一阵子。

一天晚上，我坐在酒店里，同阿列克斯·哈特纳尔闲磕牙。他有一个小小的农场，但经营得不错。我们正谈论钓鲈鱼的时候，店门猛地被推开，又呼一声关上。人们一下子全停住了话头。阿列克斯用手肘碰了碰我，说："瞧，笨熊约尼来了。"我回过头朝店门望去。

笨熊这绰号再贴切不过了。他那副样子活像一只咧嘴傻笑的狗熊，黑色的头发像乱草，厮缠到一块。脑袋朝前拱，两条长胳臂耷拉着，仿佛原先一直用四条腿走路，现在只不过为了要把戏才直立起来。他两腿又短又罗圈，底下是一双怪里怪气的四方脚，穿一身蓝斜纹粗棉布衣服，没穿鞋。他的脚不残不瘸，怪就怪在是正方形的，长宽一个尺码。他站在门口，脸上挂着傻呵呵的笑容，胳膊一上一下甩着。呆子通常都是这个模样。尽管他块头大，举止笨拙，但走动起来却悄没声儿。他不像人，简直像趁着夜色出没的野兽。约尼踱到酒柜前站定，眼光在酒客们的脸上扫来扫去，似乎在巴望什么，然后问了一声："请一杯威士忌，怎么样？"

楼玛村人向来没有请客的习惯。请人喝上一杯倒不是没有，但都是心中有数，知道人家定会投桃报李，才充充大方的。所以，看到一位老兄不声不响就往柜台上丢了一个毫子，我不由得吃了一惊。胖子卡尔倒了个满杯，笨熊约尼一把端起来，喝得精光。

"这家伙——"我刚张嘴，阿列克斯又碰了我一下，说："嘘！"

这时，笨熊约尼演开了古怪的哑剧。他走到门旁，又悄悄走回来，始终带着那蠢头蠢脑的笑容。到了店堂中央，他脸朝下趴到地上，接着响起一个男人的说话声，那嗓音我好像在哪里听见过。

"你是个美人儿，真不该住在这又脏又小的村子里。"

说话的声音又换成一个柔和的本地口音："瞧你说的。"

我险些昏了过去，耳朵里只听见太阳穴的血管呼呼跳动，脸孔涨得通红。笨熊约尼学的是我的嗓音，我的说话，我的声调，然又学梅绮·罗美洛。我一点也没弄错。如果不是看到趴在地板上的这个家伙，我真会失声叫出梅绮的名字来。对话还在继续。这些话从第三者嘴里重述出来，简直可笑极了。笨熊约尼不停地往下讲，当然，倒不如说是我一直往下讲。他不光学讲话，还模仿声音。慢慢地人们不看笨熊约尼了，目光都集中到我身上，冲我直笑。我毫无办法，心里很清楚，如果我打断他，势必同他动拳头。就这样，对话一直进行。我暗自庆幸梅绮没有兄弟。从笨熊约尼嘴里倒出来的话既露骨又造作，真够丢人现眼的。最后，他总算爬了起来，依旧傻笑着，又问："威士忌？"

在那里喝酒的人似乎都觉得对不起我。他们扭过头去，自顾两三人一堆地聊天。笨熊约尼跑到店堂大里边，像条狗一样缩做一团，在一张圆牌桌底下睡着了。

阿列克斯同情地望着我。"你这是头一回听他学别人说话？"

"是的。这该死的家伙是什么人？"

阿列克斯没有直接回答我的问题，他说："你要是担心梅绮的名声，那倒不必。笨熊约尼自己从前也追过她。"

"他怎么可能听到我们的谈话呢？我根本没看见他。"

"他干这种事，谁也发现不了。他走起路来可以半点动静都没有。你知道我们这里的小伙子去会女朋友时怎么干的吗？他们带上一条狗。狗很怕笨熊约尼，可以嗅出他的气味。"

"可他学得那么像，真见鬼！"

阿列克斯点点头。"是的。有人往大学里写过信，介绍了约尼学话的本事，后来来了一位年轻人。他稍微了解了一下情况，就对我们讲了瞎子汤姆的故事。听说过这个人吗？"

"你是说那个黑人钢琴家？听说过。"

"瞎子汤姆是个白痴，连话都几乎说不成，但他可以把听过的乐曲在钢琴上重奏出来，再长的曲子都没关系。他们让他模仿一些名家，他不但把曲子奏了下来，连各人不同的微妙的处理手法都学得一模一样。后来他们故意弹错一些小地方，他也跟着错了。最微小的细节变化他都能重现出来。那年轻人说笨熊约尼也是这种人，不过他模仿的不是音乐，而是言语和声调。他给约尼念了老长一段希腊文章，约尼一字不差把它重念了出来。他不懂那些单词的意思，但他能把发音学出来。他的脑子没有创造性思维，仅仅重现他听到的东西。"

"但他为什么要这样做呢？如果他根本就听不懂，干吗还要偷听？"

阿列克斯卷了一根烟，把它点着。"他并不喜欢偷听，可他喜欢威士忌。他知道，如果他到人家窗下偷听一些话，回到这里学出来，就会有人给他威士忌。他也想模仿拉兹太太在店里买东西，或者是杰里·诺兰同母亲顶嘴，但是学这些他喝不上威士忌。"

我说："真怪，就没有人想到趁他偷听时给他一颗子弹？"

阿列克斯吸了一口烟。"不少人有过这种打算，可你压根儿看不见他，也抓不住他。你只好把窗户关得严严实实，说话也尽量小声。今晚你还算走运，外边很黑。如果他看得见你们，他还会连你们的一举一动都表演出来。他把脸皮一皱，装女孩子，那德行，真恶心。"

我朝桌子底下那团人影看了一眼。笨熊约尼脸朝里躺着，灯光照见他乱蓬蓬的黑发。一只大苍蝇落在他头上，他的整个头皮抖了一抖，活像一匹马被马蝇叮了一样。苍蝇飞回来又落在他头上，头皮又一抖把它赶走。我也跟着浑身打了个哆嗦。

酒客们的谈话回复到刚才沉闷的调子。胖子卡尔用围裙来回擦玻璃酒杯，足有十分钟。离我不远，有一小堆人在闲扯斗鸡斗狗，逐渐又扯到斗牛。

阿列克斯坐在我旁边。他说："来，喝一杯！"

我们走到柜台前面，胖子卡尔端出两只杯子。"来点什么？"

我和阿列克斯都没搭腔。卡尔径直倒了两杯棕色的威士忌，脸色阴沉地望着我，一只眼煞有介事地挤了挤肥厚的眼皮。我不晓得他干吗这样，但我感到他是在安慰我。卡尔往牌桌那边摆摆头："让盯上了？"

我也冲他挤挤眼，学他那样，把话说得嘎嘣脆："下回带条狗。"我们喝干了酒，回到位子上。提摩太·拉兹又接通了一条龙，把牌整好，向柜台走去。

我扭过脸，看看躺在桌子底下的笨熊约尼。他已经翻过身，伏在地上，呆头呆脑地打量店里的人，脑袋转来转去，鬼鬼祟祟地东张西望，活脱脱是只快要出洞的野兽。随后，他慢腾腾地爬出来，直起身子。别看他长相难看，身材丑陋，一举一动却毫不费劲。

笨熊约尼穿过店堂，朝酒柜走去，边走边对两旁的酒客傻笑。到了柜台跟前，又不识趣地问："请一杯威士忌，怎么样？威士忌？"那声音像鸟叫，我说不上是什么鸟儿，反正我听过这种鸟叫，只有一高一低两个音符，不断反复："威士忌？威士忌？"

酒客们把话打住，但没人再上柜台去为他掏腰包。约尼涎着脸哀求："威士忌！"

他想哄得大家心动，就学起一个女人愤愤不平的讲话来。"我对你说，那全是骨头。两毛钱一磅，可有一半是骨头。"然后一个男人说："好啦！好啦！我真不知道有一半是骨头，给你添点香肠行了吧？"

笨熊约尼用期待的目光看着人们："威士忌？"可是仍然没人出来请他喝酒。约尼蹑手蹑脚地走到店中央，俯下身来。我悄悄问阿列克斯："他在干什么？"

阿列克斯说："嘘！这是扒着窗户往屋里偷看呢。你听！"

这回约尼学的还是个女人，声调冷冰冰，说话斩钉截铁，一字一字往外蹦。"我真不明白。你是鬼迷心窍了吧？要不是亲眼看见，我真不相信。"

答话的也是个女人，声音低沉，略带沙哑，充满痛苦。"也许我自己就是个妖精。我没办法，实在没办法。"

"你一定得想办法，"冷冰冰的声音插进来，"真不如死了好。"

约尼那两片挂着傻笑的厚嘴唇一开一合，传出女人的饮泣声，绝望的饮泣。我看了阿列克斯一眼，他的腰挺得直直的，眼睛圆瞪着，一眨也不眨。我正想问问他，可他摆摆手，不让我开口。我朝四周一看，酒客们全都聚精会神地听着。啜泣声停了。"爱玛琳，你就从来没有过那种感觉吗？"

阿列克斯一听见这名字，倒抽了一口凉气。冷冰冰的声音回答："当然没有！"

"就连晚上也没有吗？一辈子——一辈子都没有过？"

冷冰冰的声音说："哼！如果我有，我就一刀把它剜掉。行了，别哭了，艾米。我不准你那样。你要是当不了自己的家，我可要请大夫给你看病了。好啦，去祷告吧！"

笨熊约尼仍旧笑着："给杯威士忌？"

有两个人走出来，一声不哼放下两个毫子。胖子卡尔倒了两杯酒，笨熊约尼一杯接一杯灌了下去。卡尔又倒了一杯。酒客们都清楚，野牛酒店的老板从来不请客人白喝，这一回胖子卡尔可是动了真情。笨熊约尼冲满屋子人笑笑，轻手轻脚走出酒店。店门在他身后缓缓掩住，没有弄出一点声响。

酒客们再也聊不起天，人人都好像有了心事，相跟着走了。店门一开一合，涌进来团团雾气。阿列克斯站起来往外走，我跟着他。

难闻的夜雾害得我心境很不愉快。它缠裹住房屋，还伸长胳臂，仿佛想把人也抱住。我加快脚步，赶上阿列克斯。"那是怎么回事？到底是怎么回事？"我问道。

他好大一会儿不作声，我以为他不打算回答了。忽然，他停住脚，转过身来，说："唉，真该死！我告诉你吧！每个地方都有每个地方的上流人，都有德高望重的人家。霍金斯家的爱玛琳和艾米就是我们这里的上流人，心地仁慈，至今还守着童贞。她们的父亲生前是国会议员。我讨厌拿她们来寻开心。笨熊约尼不该那样做。她们还经常周济他饭食呢。那些酒客也不该请约尼喝酒。他喝滑了嘴，以后就会老打这家人的主意。他知道学她们说话可以赚来威士忌。"

"她们是你的亲戚吗？"我问阿列克斯。

"不是。不过，她们与众不同。她们的农场紧挨着我的。有些中国人帮她们耕种，盈利双方分。我这种感情很难说得清。霍金斯家的这两位女士是一种象征。我们对年轻人解释什么是好人，就拿爱玛琳和艾米作例子。"

"算了，笨熊约尼说的话不会伤害她们的，"我满不在乎地说。

"我也说不上。我不知道他说的是什么意思，但似乎也明白一点儿。唉！睡觉吧。我没开那辆福特车来，只好走路回家了。"他匆匆忙忙转过身，没入流动不定的雾气中。

我一直往前走，回到拉兹太太家里。远处传来柴油机的通通声和铲斗的咣啷声。已经是星期六晚上了。明早七点挖泥船就要停机检修，到晚上十二点才开机。可以听得出来，机器很正常。我顺着狭窄的楼梯回到自己的房间。躺下后，没有立刻关灯，借着亮光，注视着糊墙纸上褪了色的俗里俗气的图案出神，心里琢磨着从笨熊约尼嘴里冒出来的两个女人的声音。那简直是真人在说话，不是学出来的。凭她们的语气，我想象得出两个人的神态：爱玛琳冷若冰霜，艾米却满面哀愁。这哀愁不知来自何处。也许是中年妇女独守空闺的孤凄感吧？不过又不太像，因为她的声音还带着恐惧。想着想着，我睡着了，后来只好又起来熄灯。

第二天早上，大约八点钟，我穿过沼地上挖泥船。船员们正忙着往卷扬机的鼓轮上缠新钢缆，一面把旧钢缆卷好，准备换下来。他们干活时，我从旁指点指点。十一点左右我回到楼玛村。就在拉兹太太家门口，阿列克斯坐在他的福特旅行车里等着我。他说："我正要上挖泥船去找你呢。今早我杀了几只鸡，想请你来饱餐一顿。"

我再乐意不过了。挖泥船上的厨子按说也是把好手，不过近来我开始讨厌他了。他用一杆竹烟筒来抽古巴纸烟。我不太喜欢大清早看着他那些个手指头老在发鸡爪疯一样扭曲着。他的手很干净，活像磨坊主沾满面粉的手。以前我不明白为什么人家把那些小飞蛾叫作粉蛾，现在似乎觉得有点道理了。于是，我跨进汽车，坐在阿列克斯身旁。车子顺坡而下，开到村西南。灿烂的阳光泼在黑油油的土地上。我想起小时候，一个信天主教的大孩子告诉我，礼拜天太阳总要出来的，哪怕是一小会儿，因为这一天属于上帝。打那时候起我一直留意，看他说得对不对。车子一路轰响着开到平地上。

阿列克斯大声喊道："还记得霍金斯一家吗？"

"当然记得！"

他朝前一指："哎，那就是她们的房子。"

一道又高又密的柏树篱笆把房子挡住了大半，场院里肯定还有个小花园。篱笆上方只露出房顶和窗户的上沿。看得出来，房子漆成茶色，用深棕色描了边，这是加利福尼亚州的火车站和学校惯用的色调。篱笆正面和旁边各有一扇套了小门的大院门。牲口棚在房后篱笆外。柏树篱笆修剪得方方正正，又密又硬，真是罕见。

"这种篱笆可以挡风，"阿列克斯直着嗓门大喊，压过了汽车马达声。

"可挡不住笨熊约尼，"我说。

他的脸上掠过一层阴云。接着，他朝远处地里一座孤零零的粉刷成白色的房子挥了挥手。"那些种地的中国人就住在那里面，都是好把式。我真希望能有两三个这样的帮工。"

这时，篱笆拐角处转出一辆单套马车，驶上了大路。驾车的灰马口已经不轻，但毛色干净。驭具亮晶晶的,车厢一尘不染。两边车辕上都用银子镶了字母"H",说明是霍金斯家的马车。那条制缰用在这样一匹老马身上,我总觉得短了一点。

阿列克斯高叫道:"她们来了,上教堂去呢!"

两位女士经过我们身边,我们脱帽致意,她们点头回礼,一切都循规蹈矩。她们的样子我看得一清二楚,不由得暗自吃惊,因为她们同我想象的不差分毫。笨熊约尼倘若真有本事用声音刻画人的容貌,那他简直就不是人,是魔鬼。我根本不用问谁是爱玛琳,谁是艾米。清冷迫人的目光,充满自信的尖下颏,那张嘴像是金刚钻画出来的,浑身上下几乎全由直线条组成,这一位就是爱玛琳无疑。艾米长得很像爱玛琳,但神气完全不同。她的线条是柔和的,眼神温煦,嘴唇丰盈,乳峰微耸。可她的长相又确实像爱玛琳。如果说爱玛琳的嘴天生就是硬邦邦的话,艾米的嘴却是有意闭得紧紧的。爱玛琳可能有五十岁,或者五十五岁,艾米约莫要小十岁。我同她们只打了这个照面,以后再也没碰过头。但说来也怪,好像在这个世界上我最了解的人就是这两位女士了。

阿列克斯又在喊:"你现在明白我说的'上流人'是什么意思了吧?"

我点点头。这是显而易见的。一个村庄有这样的女人做楷模,人们也就放心了。特别是楼玛村这个地方,雾气重重,烂泥潭就像罪恶的深渊,确实需要霍金斯家的这两位女士。如果没有她们坐镇,男人在这里只消住上几年,就什么坏心眼都可能滋长。

晚餐非常可口。阿列克斯的姐姐做了一味牛油炸鸡块。其他的菜也很对我的口味。我对挖泥船上的厨子越来越不信任,越来越瞧不起了。我们在饭厅里围着桌子坐着,品尝着地道的白兰地。

我说:"我真不明白,你干吗还要上野牛酒店去喝酒?那里的威士忌简直——"

"我知道,"阿列克斯说,"不过野牛酒店是楼玛村的心脏,是我们的报纸、剧场和俱乐部。"

这倒是实话,所以他驱车送我回家时,我们俩心里都清楚,又该在野牛酒店泡上一两个时辰了。

快到墟镇,黯淡的汽车前灯投在路上,照见另一辆汽车迎面开来。阿列克斯把车子横过来停在路上。"那是医生的汽车,福尔摩斯大夫,"他解释道。来车刹住了,它没法绕过我们的车。阿列克斯同对方打招呼:"喂,大夫,我正想请您去给我姐姐看病呢,她的喉咙出了个肿块。"

福尔摩斯大夫答道:"行啊,阿列克斯,我会给她看的。你先让开道,好吗?我有急事。"

阿列克斯故意同他磨蹭:"谁病了,大夫?"

"唉,艾米小姐突然昏倒。爱玛琳打来电话,叫我立刻去。你快让道吧!"

阿列克斯把车摆正,腾出路来,让医生过去。我们又往前驶。我觉得那天晚上空气很清爽,可还没来得及把这话说出口,就看见沼地里的雾气像一片片飘动着的破布条,聚拢到山包下,慢慢地又像蛇一样蜿蜒往上,爬进楼玛村。福特旅行车哆嗦了一下,在野牛酒店门口停下。我们走进店里。

胖子卡尔一边迎上来,一边用围裙擦着玻璃酒杯。他伸手到酒柜里,把最顺手的那瓶酒掂了出来。"来点什么?"

"威士忌!"

他的苦瓜脸上隐约浮起一抹浅浅的笑意。酒店上了满座。挖泥船的船员悉数在这儿,除了那位大厨师，也许他正坐在甲板上，就着竹烟筒抽古巴纸烟呢。他不喝酒，凭这一点就足以引起我对他的怀疑。两名水手，一位机械师和三名维修工都在喝酒。那些维修工边喝边谈论锯木头，这真应了林业工人的那句老话："林子里谈女人，酒店里说伐木。"

野牛酒店是我所见过的最安静的酒店。没有人斗殴，没有人醉后狂歌，也没有骗人的把戏。胖子卡尔阴郁的眼神使喝酒变成了一桩规规矩矩、讲求实效的正经事，而不是吵吵嚷嚷的胡闹。拉兹先生在圆桌上玩接龙。阿列克斯和我在喝威士忌。因为没有空余椅子，我们只好倚着柜台，喝着说着，扯扯体育比赛，谈谈市场行情，还有我们自己的冒险故事。当然，有些是胡诌的。总之，我们如同一般酒客那样，漫不经心地交谈，不时添上一杯酒。大约过了两个钟头，阿列克斯说他要回家，我也不想再呆了。船员们已陆续离去，他们半夜里要开机挖渠。

店门悄悄打开，笨熊约尼钻进来，胳臂一甩一甩，鸡窝似的脑袋一步一点，向着四周傻笑。四方脚活像猫爪子。

"威士忌？"他又发出鸟叫一样的声音。没有人搭理他。他又搬出拿手好戏来，往地下一趴，像上回学我说情话一样。一阵鼻音很重的说话声传了出来，像是中国话。后来另一个声音也把相同的话又说了一遍，这一次说得慢一点，鼻音没那么重。笨熊约尼抬起毛发蓬乱的脑袋瓜，问道："请杯威士忌？"他轻轻松松地站了起来。我的兴致来了，想看他表演，便掏出一枚二十五美分硬币搁在柜台上。约尼把酒大口喝干。可转眼我就后悔了。我连看都不敢看阿列克斯，因为笨熊约尼又走到店中央，摆出往窗户里偷看的架势。

爱玛琳的嗓音响起了，令人不寒而栗。"大夫，她在这儿。"对着笨熊约尼，我闭上眼睛，于是，面前的约尼消失了，取代他的是爱玛琳。

我在路上听过医生的声音，回答爱玛琳的正是他。"咦——你说她是突然昏迷？"

"是的，大夫。"

稍微停了一下，医生的声音轻轻地说："爱玛琳，她干吗那样做？"

"她做什么了？"这句话几乎带有威胁的口吻。

"我是你的医生，爱玛琳。你父亲在世时我就是他的医生。你要对我说实话。你以为我以前没见过像她脖子上这种勒出来的印子吗？她到底吊了多长时间你才把她解下来了？"

这一回停顿得更长。爱玛琳的声音不再冷冰冰了，说话轻轻的，几乎像耳语："两三分钟吧。她还有救吗，大夫？"

"问题倒不大，她会醒过来的，身体没受多少伤害。她干吗那样做呢？"

爱玛琳的声音一下子变得比刚开始还要冷漠，简直像冻住了一样。"我不知道，先生。"

"你不想告诉我，是吗？"

"我说不知道就是不知道。"

接着，医生讲了一大通护理病人的注意事项，让她好好休息，多喝牛奶，还可以喝一小点威士忌。"最要紧的是体贴她，"医生说，"千万要体贴她。"

爱玛琳的声音有点颤抖。"大夫，您不会——讲出去吧？"

"我是你们的医生，"他柔声道，"当然不会声张。今天晚上我会叫人送些镇静药来。"

"给杯威士忌？"我蓦地一惊，睁开眼睛。眼前是那面目可憎的笨熊约尼，四顾傻笑。

人们默默地坐着，感到羞愧。胖子卡尔死盯住地板。我满怀歉意，转向阿列克斯，因为我是真正的罪魁祸首。"我真不知道他会学出那番话来，"我说，"实在对不起。"

我走出酒店，回到拉兹太太家里我那凄清的房间，推开窗户，注视着汹涌翻滚的浓雾。

我听见远处沼地里柴油机起动和慢慢预热的声音。隔了一阵，就听见铲斗的咣啷声。开始挖渠了。

第二天早上，发生了施工中常见的事故。新换的钢缆脱开了，铲斗往回摆动时落在浮台上，连浮台带上边的设施全都沉入八英尺深的水里。我们打进一根桩，拉了一条钢缆来拖浮台，可是钢缆又断了，把一名水手的双腿齐刷刷切断。我们匆匆裹好他的伤口，送他去了萨利纳医院。随后，毛病接踵而来。一名工人被钢丝绳挂破了皮肉，竟恶化为血液中毒。厨子想卖一罐大麻给机构师，终于证实了我对他的怀疑，这家伙真不是好人。总之，大家都不得安宁。足足过了两个星期，我们才换上新浮台，补充了一名新水手和一名厨子，重打锣鼓另开张。

新厨子是个肤色黧黑、鼻子老长的滑头货，最会拐着弯拍马屁。

我和楼玛村人已经没什么交往。可是，等到铲斗的咣啷声和柴油机的突突声在沼地里重新响起的时候，我有一天晚上又徒步去阿列克斯的农场。经过霍金斯家的院落，我顺着柏树篱笆中间柳条编的小门往里瞟了一眼。屋子里黑魆魆的，只有一扇窗户透出昏黄的灯光，衬得整幢房子更加阴森。当晚刮着微风，阵阵雾浪像草滩上的野草，随风起伏，一会儿吞没了我，一会儿又把我吐出来。借着星光，我看到银白色的雾团席卷大地，依稀听见霍金斯家院子里有人低声抽泣。有一次我从大雾中走出来时，突然看见一条黑影在庄稼地里匆匆走过，从走路拖沓的姿势可以断定，这是一个穿拖鞋的中国帮工。中国人喜欢吃野味，有很多种要在晚上才能抓到。

我敲敲门，来开门的是阿列克斯。看来他见到我十分高兴。他姐姐出门去了。我在火炉旁坐下，他取出一瓶我们喝过的那种上好白兰地。"听说你们遇到些麻烦，"他说。

我把困难解释了一下。"真是祸不单行。人家都说坏事一来，不是三件就是五件，不是五件就是七件、九件。"

阿列克斯点点头。"我自己也有这种感觉。"

"霍金斯姐妹现在怎样了？"我问道。"我刚才路过她们家，隐约听见有人在哭。"

阿列克斯似乎不愿意提起她们，但同时又很想谈论她们。"大约一个星期前我去她们家坐了一会儿。艾米身体不舒服，我没见到她。只见了爱玛琳小姐。"接着，阿列克斯感情冲动地说："她们四周笼罩着一种不祥的气氛，不祥的——"

"瞧你操的那份心，都像是她们的亲人了，"我说。

"嗯，她们的父亲和我的父亲是朋友，我们管她们叫爱玛琳姑姑和艾米姑姑。她们不会办坏事的。假如霍金斯姐妹不再是原来的霍金斯姐妹，那对我们村所有的人都没有好处。"

"这叫公众的良心？"

"是精神靠山，"他高声道。"去过她们家的孩子都会分到好看的姜饼，去过她们家的姑娘心里就踏踏实实。她们有一股子傲气，但是，我们一般人认为可望而不可即的美德，她们却深信不疑。她们活着，就好像——唉，就好像只知道诚信待人，行善积德。楼玛村不能没有她们。"

"我明白了。"

"可是，爱玛琳小姐现在似乎在同一种可怕的力量抗争——我真担心她会失败。"

"这是什么意思？"

"我也说不准，不过，我光想一枪结果了笨熊约尼，把他扔进泥潭里。这个念头已经转了很久了，不骗你。"

"那不能怪他,"我反驳道。"他只不过是架留声机,不同的是你想听的时候不是付钱,而是给威士忌。"

我们还谈了些闲话,然后我步行回楼玛村。我仿佛觉得瘴雾已涌到霍金斯家的柏树篱笆前面,把它围得严严实实,有些雾团开始漫进院子。我边走边觉得自己太可笑。人总要把大自然装扮得同自己的想法一致。经过霍金斯家的时候,已看不见里面有灯光了。

工作又走上正轨。铲斗一直往前挖掘。船员们也觉得倒霉的日子已经过去,士气又高涨起来。新来的厨子对船员们百般奉承,哄得他们团团转,就是让他们吃油炸混凝土块他们也心甘情愿。一个厨子待人接物那一套比他们的手艺更能取悦他人。

拜访阿列克斯后第二天晚上,我又走上那段人行道,身后带着一溜雾气,进了野牛酒店。胖子卡尔边擦杯子边迎上来。不等他开口,我就大声说:"威士忌。"我端着杯子,找了张直背椅子坐稳。阿列克斯没有来。拉兹先生在玩接龙,运气出奇地好。他接通了四回,干了四杯。酒客陆续来到。如果没有野牛酒店,我们真不知道该怎么办。

就在十点钟左右,出事了。回想起来,也不知消息是怎样传开的。反正是有人走进来,于是人们开始交头接耳,一下子大家都明白发生了什么事。艾米小姐自尽了。谁来报的信我不清楚。她是吊死的。酒客们不大议论这件事,我知道他们想回避它。艾米的死他们难以理解。人们三五成群地站着,压低嗓门说话。

门缓缓打开,笨熊约尼溜进来,毛茸茸的大脑袋一摇三晃,脸上一味呆笑。四方脚在地板上无声无息地滑行。他往四下扫了一眼,又发出鸟叫:"威士忌?请约尼喝威士忌?"

这一回人们可是真想了解详情。他们为自己有这种挖人隐私的欲望而感到害臊,但头脑中那一整套道德信条又促使他们去弄清楚事情的始末。胖子卡尔斟了一杯酒。拉兹先生放下扑克牌,站了起来。约尼咕嘟咕嘟地灌威士忌。我合上眼睛。

医生的语调很刺耳。"爱玛琳,她在哪儿?"

爱玛琳的声音镇静得近乎冷酷,这是她感情压抑了再压抑之后说出来的话音。尽管如此,冷酷中仍然透着揪心的哀痛。我从未听见过这样的声音。语调平板漠然,但那种肝肠寸断的痛楚已经溶入颤抖的嗓音中。"大夫,她在这儿。"

"呣——"接着是好一阵沉默。"她吊上去很久了。"

"我不知道有多久,大夫。"

"爱玛琳,她干吗要那样?"

"我不——知道,大夫。"又是那副生硬的腔调。

又停了老大一会儿。"呣——。爱玛琳,她怀了孩子了,你知道吗?"

冰冻的嗓子裂开一道缝,送出一缕轻轻的叹息。"知道的,大夫。"

"如果是因为这个你才等她吊那么久再——不,爱玛琳,我不是那个意思,可怜的孩子。"

爱玛琳的声音又恢复了常态。"你开死亡证明时,能不能不提这个——"

"当然可以,一定不提,殡葬工人那边我也会关照的。放心好了。"

"谢谢您了,大夫。"

"我这就去打电话。我不能让你一个人留在这儿。跟我到这个房间来,爱玛琳。我给你点镇静剂。"

"威士忌?请约尼喝威士忌?"我又看到跟前这个乱蓬蓬的晃个不停的大脑袋和那张痴呆的笑脸。胖子卡尔再倒上一杯。约尼把酒喝光,慢慢踱到店后,缩进桌子底下,睡着了。

店里再没有人作声。酒客们默默地走到柜台去，默默地放下硬币，全都茫然若失，因为信仰崩溃了。过了几分钟，阿列克斯进来了。他急急忙忙走过来，悄悄问我："你们听说了？"

"听说了。"

"我一直都在担心，"他叫了起来。"前几天晚上我还对你说过。我一直担心。"

我说："那时候你知道她怀孕了吗？"

阿列克斯怔住了。他四下里一看，然后盯着我。"是笨熊约尼说的？"他问。

我点点头。

阿列克斯用手掌捂住双眼："我不相信！"我正要向他解释，忽然听见一阵窸窣声，朝后一看，笨熊约尼像老獾出洞一样爬出来，挺直身子，向柜台走去。

"威士忌？"他眼巴巴望着胖子卡尔。

这时，阿列克斯站到店中央，对着满屋子人开了腔。"各位乡里，请听我说几句话。这样太过分了。我再不能容忍这种举动。"出乎意料，没有人反对他。人们纷纷点头表示赞同。

"请约尼喝威士忌？"

阿列克斯转过身，对那傻瓜说："你真不要脸。艾米小姐经常管你吃，还管你穿。"

约尼冲阿列克斯一个劲儿地笑。"威士忌？"

他亮出看家本领。于是，我又听见那鼻音浓重、像是中国人说的话。阿列克斯松了一口气。

接着就是另一个声音，讲得慢一些，没有鼻音，不很流利，重复刚才的话。

阿列克斯呼地扑上去，一拳捣在笨熊约尼的嘴巴上，身手非常利索，我连看不都不清。"我说过不许再这样！"他嚷道。

笨熊约尼稳住了身形。他的嘴唇被打裂，淌下血来，可是那傻笑始终没有退去。他从容不迫，慢慢往前凑，胳臂展开来，像海葵用触手缠住螃蟹一样，紧紧箍住阿列克斯，把他的上半身使劲往后压。我跳起来，抓住约尼一条胳膊，拼命往外扭，可就是掰不开。胖子卡尔从柜台上一骨碌滚出来，掂着一个开酒桶用的木槌，雨点般擂在约尼脑袋上，直打得他松开双手，倒在地下。我搀住阿列克斯，扶他坐在椅子上。"你伤着了没有？"

他大口喘着气。"腰可能扭伤了，"他说。"不过没关系。"

"你的福特车在外面吗？我开车送你回家。"

路过霍金斯大院时，我们俩都没有朝那边扭脸。我一直盯住正前方，把阿列克斯送到家。屋里黑洞洞的，我安顿他在床上靠好，给他倒了一杯没掺水的白兰地。一路上阿列克斯一言不发。不过，我替他垫好腰之后，他问道："他们没觉察到什么吗？我那一拳打得正是时候，对吗？"

"你在说些什么呀？我到现在还不明白你干吗要打约尼。"

"好吧，我告诉你，"他说。"我的腰伤成这样，恐怕得卧床一些日子。如果你听到什么流言蜚语，就不要让他们再传了。"

"你越说我越糊涂了。"

他盯住我的双眼，停了很久。"我信得过你，"他说，"那第二个说话的人——是艾米小姐。"

# 聂鲁达诗二首

### 东方的宗教

在仰光,我发现神
同上帝一样
是可怜的人类的仇敌。
神,
用玉石雕成的神,
像白鲸鼓起庞大的躯体,
神,像刺刀镀上了金,
蛇身的神左盘右绕,
把人的原罪缠织在一起。
一丝不挂的菩萨
像钉在血淋淋的十字架上的基督,
面对死亡鸡尾酒会
微笑着,饶有风度,
所有的神都是全能的神,
有本事迫我们购买他们的天堂,
所有的神都拿着皮鞭和手枪,
要么顺从他们,要么就受折磨,
人们造出这些凶狠的神
来掩饰自己的怯懦,
事情就是那么明白,
整个世界都散发着天堂的霉味,
天堂——一桩买卖。

(1964年)

### 人 民

他的模样我记忆犹新,
尽管互不相见至少两百年,
他既不骑马,也不乘车——
全凭一双脚板
把漫长的道路
一点点抛在后边;
他既不持枪,也不佩剑,

肩上只搭着一张渔网，
有时扛着斧头、锤子或铁锹；
他从不与人争长论短，拔拳相向——
较量的对手只是大自然，
他砍大树，为取好木料，
他种小麦，为做面包卷，
他和泥垛墙，
他在墙上凿门，
他同大海搏斗，要它把宝藏贡献。

我了解他，他仍在我心间。

车子被轧成碎片，
战争摧毁了房舍，
城市只剩下一把灰，
衣裳化为尘屑，
他依然活着，为了我，
他挺立在茫茫原野，
而从前那里的一切
似乎比他更能经磨历劫。

在各个家庭生老病死之中，
他有时是我父亲，有时又是我的亲友，
（也许这是真的，也许纯属乌有）
也许他是那个一去不复返的某某，
浪涛吞噬了他，大地活埋了他，
或者一台机器，一棵大树把他的生命攫走，
也许他是那专钉棺材盖的人，
出殡时跟在灵柩后面，但滴泪不流。
木头和金属都有名字，
他却从来连个名字都没有，
别人瞧不起他，
那些人高高在上，
不见蚂蚁，只见蚁丘；
所以当他再也迈不动双脚，
又穷又累，终于死去的时候，
他们却看不出有什么变化——
另一双脚早把他留下的空间占有。

另一双脚仍是他的脚，

另一双手也还是他的肢体，
他顽强地活着——
就在生命似乎耗尽的一刹
他变回同一个人，一切从头开始，
他又在开荒破土，织布缝衣，
可是连件衬衫也穿不起，
他像以往一样，但又不同，
他已离去，却又复归，
既然他没有坟头，没有墓地，
他挥汗采回的石块，
也没有打成墓碑，刻上他的名字，
又有谁知道他的出生年月？
有谁知道他何时死去？
只要穷人还在辛劳，
他就死生往复，无声无息。

他孑然一身，没有家徽，
没有牲口，没有遗产，
他同大伙儿没什么两样，
大伙儿也就是他本人，
他像皮革一样赭黄，
他像泥土一样灰暗，
割麦子他浑身金色，
下煤窑他一团黑炭，
在城堡里他与石头为伍，
在渔船上他和金枪鱼做伴，
他还是匹骏马，驰骋在千里草原——
既然万物归他一体，
他是人形的大地、海洋和煤炭，
那么谁还能把他分辨？

他走到哪里，
哪里就荡漾生机，
他用双手
劈开顽石，
把它们
精心雕饰，
一块接一块，
大楼就这样盖起。
他用双手做出面包，

他使火车飞驰，
他在旷野建起城市，
于是，孩子长大成人，
蜜蜂结队而至，
人类的创造和生息，
把春天迎进了市集，
在鸽子和面包房之间飘溢。

创制面包的人已被遗忘，
披荆斩棘，搬土开路的人
已不在世上，
尽管别的一切活得非常美满，
他却献出了自己的存在，毫无怅惘。
他走了一处又一处，到处劳作，
最后，走进死神的封疆，
像一块不停滚动的鹅卵石，
被死河的波浪冲往远方。

我认识他，我看着他被冲走，
直到他又返回故土——
他极少在那儿漫步的街道，
他从没住过的房屋。

现在，我回来寻他，等他，朝思夜慕。

终于，我看见他走出棺木。

我从所有和他一样的人中间
把他认了出来，
依我看，
我们今后就不会百无聊赖，
生活也会平添光彩。

我坚信天堂会接纳他，
给他打扮起来，戴上皇冠。
那些生产出这么多东西的人，
应该有支配万物的主权。

面包师不该饿饭！

矿工理应得到光明!

铁索郎当的囚徒应该自由!

悲观失望的人们应当振兴!

世上的男人都做君主。

所有的妇女都是女皇。

每双手都戴上金手套。

再卑微的人也能享受阳光。

我了解他,假如可能,
当他的喉头还能发声,
当他的双眼还未昏花,
我要到坟场去找他,
紧握他尚未化灰的手,说说心里话:

"一切都将湮灭,唯你却能永存。

是你点燃生命之火。

你创造的一切不会属于别人。"

别看我貌似孤单,其实不然,
你们无须为我担忧,
千万人在我身边,我为所有人发言——

有人在听我讲话,尽管不甚了然,
我所讴歌的人,那些听得懂的人,
将不断繁衍,遍布地北天南。

(1962年)

# 文徵明诗一首[①]

湖光披素练，野色涨晴烟。一雨树如沐，千林花欲燃。疏锺白莲社，新水木兰船。行乐须春早，山头有杜鹃。

——文徵明

The lake, so smooth, gleaming like silvery milk,
Wild landscapes steaming out in the sun.
After the shower the trees are freshly green;
The flamy flowers seem eager to set the woods on fire.
Having had a few drinks at the White Lotus Temple Fair,
I am on board the newly-built boat, which smells of lily magnolia.
Early spring is just the season for merry-making;
Look, the azaleas at the mountain top are beckoning.

——*Wen Zhengming*

---

[①] 1989.9.19 应区鉷的博士后导师、英国诗人 J. H. Prynne（蒲龄恩）之请译出此诗。

# 英国国家档案馆所藏鸦片战争时代中英外交文件提要简介

黄宇和

**译者按**：本文是《鸦片战争时代中英外交文件提要》一书的序言，该书今年将由英国牛津大学出版社出版，编者为澳大利亚悉尼大学历史系高级讲师黄宇和博士。这篇"序言"实际上是全书的一份详细介绍，译者做了极小量删节。

据编者解释，文件的"原件版权属英王陛下，不能全文发表，在这种情况下，提要聊胜于无"。又，不用"鸦片战争时期"而用"鸦片战争时代"这一新名词，是因为该书所引文件的时限为"第一，二次鸦片战争及中间共二十二年"。

书中的"正繙绎官"一词，实是从档案原件照录，也就是有些文件和著作中所称的"汉文正使"或"汉务参赞"。本译文沿用"正繙绎官"的名称，但为了排印方便，按现代汉语改"繙绎"为"翻译"。

最近编者对英国国家档案馆所藏鸦片战争时代（1839—1860）中英外交文件进行了整理，并纂成提要汇编。这批文件原由英国驻远东公使馆正翻译官负责保管，现存伦敦英国国家档案馆。

提要内容按文件签署日期先后排列，故可看作是以文献形式记录下的这一重要时期的中英关系史。它有助于我们剖析中英两次交战的那个时代特别突出的问题。中国两度战败，决定了她以后一百年的命运，直到1949年才有转机。

这个时期双方外交语气的改变，也许可以看作是两国外交关系变化的一种反映。比如，第一次鸦片战争前，钦差大臣林则徐致英国皇家海军上校义律的文件统用手谕形式，并由极低级的官员传达。第一次鸦片战争后至第二鸦片战争前，双方外交代表就以平等的口吻对话了。但不难看出，英国公使是外交上采取主动的一方，口气也越来越咄咄逼人，甚至恶声威胁。中国方面的各任钦差大臣则时而甘言相抚，时而语带讥消，但总处于被动。还要指出的是，这些文件仅往来于钦差大臣任职的广州同英国公使馆所在地香港之间，北京继续拒不接纳伦敦派来的外交使节。即使在1857年年底英法联军攻陷广州后，北京仍不愿直接答复额尔金勋爵送来的公文[①]，而只是命令江苏省大员通知额尔金返广州同新任钦差大臣接洽。额尔金决定少费唇舌，并立即诉诸武力。此后，额尔金本人，甚至连他的翻译如巴夏礼及李泰国等实际上成了骑在清朝高级官员头上发号施令的主人。即使同两次鸦片战争之间的形势相比，中国的声威也已经一落千丈。比如，那时英方不满中方在文件中使用"夷"字，署理钦差大臣柏贵还敢反唇相讥，声称自己少读经书训诂，故不知"夷"字有鄙恨之意。[②] 又过

---

[①] F. O. 682/1991/31a，何桂清与赵得辙致额尔金的照会，1858年3月21日。

[②] F. O. 230/75，徐广缙与柏贵致文翰的照会，1852年7月27日。显然，正翻译官领略不了这份照会中极为刻薄的中国式幽默，真是极大的讽刺。

了二十年，中国这个天朝大国便沦为一个半殖民地国家。

英国史学界多认为清朝官员态度固执，推诿塞责。中国史学界则一贯力斥英国侵略成性。双方都有理，但都不承认对方亦有理。希望编入本书的文件能为双方，特别是为那些曾片面地使用过史料的人提供较多的研究资料，因为这批公文还比较完整，从中可以观察到当时两国外交官员日常文书往还的全貌。显然，双方都十分傲慢，尽管这种傲慢的本质和表现方式各不相同。1839 年以后中国方面发出的公文，字里行间明显流露出文件起草人对英国方面的畏惧与轻蔑。英国发出的公文则常常故意恐吓中国人，这正符合巴麦尊勋爵于 1850 年讲过的一番话："这些半开化的政府，比如中国政府，葡萄牙和西班牙属美洲各国政府，每过八年至十年就得略施惩戒，好让它们老老实实。"① 说到底，强权就是公理，中国人的傲慢终被英国炮舰压倒。

编这本提要其实就是编一本档案目录，所以本书的形式同伦敦英国国家档案馆以及国际上各大档案馆目前使用的档案目录完全相同。说实在的，在一些技术性问题上，编者蒙英国国家档案馆编目组工作人员赐教颇多。他们提了两点很好的建议：（一）万一抄重号码，则在后面加分号"a"、"b"、"c"、"d"等以示区别。（二）如编目时漏了号码，成书后则注明"该号闲置"。本书使用此类符号比一般同类书籍要多，因为编写过程中有一些特殊情况。编书工作始于 1972 年，但自 1974 年以来，编者一直在澳大利亚任教，除了 1976、1977、1978 及 1980 年曾先后重返伦敦作短期逗留，大部分编写工作完成于迢迢万里之外。有时编者以为档案目录已经完整，编号已经固定，便打字定稿，可是忽然又发现新的文件，只好推倒重来，如是者多次。1980 年甚至按新编号把档案重新整理了一遍。总之，每到工作接近尾声时，总会发现新文件，只好增加分号。编者还遇到另一难题。这批文件堆放在英国驻北京公使馆阁楼近一百年，已经同大量的其他文件混杂在一道。1958 年，这些古老的文件才装船运回伦敦。的确，如果不是先把所有文件归纳整理，根本就不可能知道哪一些文件应该编入本书。

## 文件的珍贵价值

编者深知这批文件极为珍贵，所以尽管工作艰苦，心中仍感欣慰。本来，中国方面应该有相同的一批文件，由外交事务钦差大臣卷房保存。1857 年，钦差大臣叶名琛本人，连同随身携带的私人及官方的文书档案，统统被英法联军劫去。② 可是，经检查发现，其中鲜有外交公文。可能在联军炮击督署，衙门着火时很多公文遭焚毁。也可能是叶名琛仓皇逃离督署时只选带了一部分文书，外交方面的公文亦只选了一部分。必须指出，叶名琛除任外交事务钦差大臣外还兼任两广总督，并自 1851 年之后一直全力以赴镇压华南地区的起义军。③ 他最不希望落在外国人手里的当然是有关国家机密的文件，而不是双方已经交换过的外交公文。

即使外交事务钦差大臣保存的那批文件仍然完好无缺，也比不上英国公使馆保存的这一批全面，因为英国公使馆除了同驻在广州的外交事务钦差大臣换文之外，还在和平时期同沿

---

① F. O. 17/1.73，《本国文件汇编》，巴麦尊关于文翰第 65、67、72 号照会的批语，1850 年 9 月 29 日。
② 庞百腾：《清代广东省档案指南》，哈佛东亚研究中心专刊，1975，第 3－4 页。
③ 黄宇和：《两广总督叶名琛》，剑桥大学出版社 1976 年版，第 81－155 页。

海各省的督抚，以及在交战时期同直接派自北京的钦差大臣都有文书往来。

谈到同中国外交之频繁，在这个时期恐怕列强中的其他国家都比不上英国，它们手中的文件充其量不过是一鳞半爪。比方说，丹麦是世界上唯一出版了同中国交换过的外交文件目录的国家，而列在1839—1860年间的条目确实寥寥无几。①

凡参考过存放在英国国家档案馆的另一种外交部档案（编号 F. O. 17）的史学家都不禁会问：究竟这批档案里英中两国的外交文件完整到什么程度？如果把中国方面发出的文件同以附件形式列入英国外交部档案里的这些文件的英译本作一比较，来评判一下翻译的水平，一定很有意思。但有一点是肯定的：英国公使附在公牍里的仅是他认为有必要向外交部全文汇报的中方重要文件（或者是英方照会的英文原文）。另外，我们不要忘记，英中双方互发照会时是以中文本为准的。西方史学家凡要参考中方文件时却一向照引附在英国外交部档案里的英译本。要参考英方文件时他们用的又是同一批档案中的英文原本。他们常常忽略了一件事：虽然当时英国政府是按这些中国文件的英译本以及自己发出的英方文件原本来行事的，但中国政府则不然。中国方面只知道自己发出的中文文件原本，也只承认英方译好发来的英方文件中译本。因此，一向依赖英文本（包括原本及译本）的西方史学家就要重新考虑他们的研究结论是否正确，因为他们使用过的史料所采用的语言，并不是当时双方所采用的语言。

另一方面，中国史学家要引用在中国已经不复存在的中方文件时，只好把这些文件的英文译本回译成中文。这种还原翻译法带来的麻烦之多自不待言。略举一例便可证明：1853年4月7日，文翰爵士（George Bonham）乘赫末斯号（Hermes）火轮赴南京途中收到太平军将领罗大纲和吴如孝会衔发来的一封公文，文中提及他们同两位英国老朋友的亲密友谊。这两位英国人的名字回译过来是白莱姆和伊利旺肯。② 罗大纲与吴如孝不住称赞白莱姆品德高尚，又祝伊利旺肯身体健康，并表示极想再同这两人见面。③ 这份文件一向被认为十分重要，多次收入各种关于太平天国起义的史料集中。如果说中国对太平天国起义的研究带有爱国主义色彩的话，那么中国研究太平天国的学者就无意中同研究鸦片战争的同样是爱国主义者的同行闹了矛盾。中国出版的关于鸦片战争的著作中，有两个名叫 Sir Gordon Bremer 和 Captain Charles Elliot 的反面人物，这两个人其实就是罗大纲与吴如孝提到的两位英国朋友。倒译这两个名字的人肯定不知道中国关于鸦片战争的著作中 Gordon Bremer 译为伯麦，Charles Elliot 则译为义律。④

由于清政府执意不肯培养自己的英文译员，所以只好以中文作为外交语言。英国公使也不得不用中文同中国官员换文。这也是英国公使馆里设正翻译官一职的原因之一。这个职务早在英国东印度公司垄断同中国的贸易时就已经有了。如上所述，本书所附录的文件提要，就是根据原来由正翻译官保管的文件编成的。

---

① 伊里克·巴克：《丹麦档案中的中文手稿目录：清代丹中外交文件（1644—1911）》（伦敦，1979）。

② 曹聚居在收入《1853年英国议会文献》的一本题为《关于中国内战文件集》的蓝皮书中把这份文件回译成中文，发表于《逸经》第11期（1936年8月6日）第9－10页。后又收入向达等人编辑的《太平天国》（上海，1952）第4卷第9－11页，并杨松等人编辑的《中国近代史资料选辑》（北京，1954）第210页。

③ 同上。

④ 见丁名楠等编：《第一次鸦片战争——外国资本主义侵略中国的开端》，载《中国科学院历史研究所第三所集刊》第1卷（1954）第114－152页。编者曾在英国国家档案馆里多方寻找太平军这份文件的原件，希望能查明正翻译官的译文是否准确，以弄清 G. Bremer 与 C. Elliot 是否就是太平军文件提到的那两个人。感谢陈锡祺教授来信告知编者说，这份文件的原件最近已在中国找到，并发表在《文物》1979年第8期第72－73页。

## 正翻译官和他的办公室

上文讲过，正翻译官一职原是驻在中国的东印度公司分支机构所设。不远万里到中国来进行贸易的是英国商人，首先设法克服语言障碍的也是英国商人，而不是中国人。英国商人雇用了一些粗通中文的欧洲人作正翻译官。1833 年，东印度公司对华贸易垄断取消，女皇陛下派出一名通商总管去管理对华贸易。他承袭了东印度公司所设正翻译官的制度。

在本书涉及的历史时期里（1839—1860），正翻译官办公室规模很小，包括正翻译官本人——他毫无例外是个欧洲人，几名临时雇用的同为欧洲人的译员，以及一两名从本地人中雇来的中文书吏。这个时期的各任正翻译官先后为马儒翰（J. R. Morrison，任期自 1834 年起），郭士立（K. Gutzlaff，任期自 1843 年起），麦华陀（W. H. Medhurst，任期自 1854 年起），以及威妥玛（T. F. Wade，任期自 1855 年起）。这些人是翻译的鼻祖，不过他们的中文水平至少可以说是不太高明的。中文书吏则时刻面临着因帮助英夷掌握中文而被斩首的危险，他们都是些二流读书人，书法和文笔并不见得高明，难怪英国方面发出的公文丝毫不能使清朝官员叹服。每当需要求和①或求援②时，中国方面就用精心推敲过的词句来修饰英方送来之交换条件。在其他场合，他们就故意打着官腔来答复英方来文，这样有时也真的能激恼英国官员。例如 1849 年，文翰就抗议过徐广缙的来文结尾侮慢无礼。③ 徐广缙表示惊诧，他说也许是英国译员的中文太差了，如果英方能找到一位学者指出公文的不当之处，他一定心悦诚服。④ 文翰给徐广缙抄录了他认为无礼的那句话。⑤ 徐广缙做了解释。他说，这句话是对身份平等的人讲的，在中国简直人人皆知，文翰的抗议无非暴露了他的译员是何等无知。⑥ 正翻译官听了这番话不知有何感想。显然，以后几任正翻译官并不以为然，他们不肯以中方公文为学习榜样。在本书涉及的二十二年里，英方公文的中译水平没有任何提高。

由于这个原因，不难预料会发生比上述问题更为严重的误会。1849 年 4 月 9 日，文翰起草了一份致徐广缙的照会。说"The question rests where it was, and must remain in abeyance"（所谈问题［即入城问题］到此为止，先把它搁置起来）。⑦ 史学家们极想找到正翻译官所译的中文译文，因为后来广州城内的长红揭帖全都说文翰保证"永不入城"。⑧ 事实上，巴麦尊勋爵也为此训斥了文翰。他说："至于你在 1849 年 4 月 9 日信中所写的'The question rests where it was, and must remain inabeyance'这句话，我认为它译成外文时很容易就带有了现在中国人所理解的意思，即英国政府将永不再谈入城问题，尽管对英国人来说，这句话的意思十分清楚。"⑨

幸亏正翻译官保存下这份公文的副本，该副本目前仍在，虽然已经破烂不堪。从中可以

---

① F. O. 682/1974/31，琦善致义律照会，1841 年 2 月 5 日。
② F. O. 682/1988/6b，吉尔杭阿与吴健彰为包令的信，1855 年 2 月 15 日。
③ F. O. 682/677/2G，文翰致徐广缙照会，1849 年 6 月 11 日。
④ F. O. 68Z/1982/26，徐广缙致文翰照会，1849 年 6 月 15 日。
⑤ F. O. 582/677/26，文翰致徐广缙照会，1849 年 8 月 25 日。
⑥ F. O. 682/1982/28，徐广缙致文翰照会，1849 年 7 月 2 日。
⑦ F. O. 17/154，文翰致巴麦尊第 45 号公牍附件，文翰致徐广缙照会，1849 年 4 月 9 日。
⑧ 《中国丛报》1949 年第 18 期 224 页，转引自黄延毓《叶名琛总督及广州文件（1856—1861）》，载《哈佛亚洲研究导报》1941 年第 6 期。
⑨ F. O. 17/16 8，巴麦尊致文翰信，1850 年 10 月 8 日。

看出，译本里的关键句子并非上文所引的一句，而是紧接着的下面一句，"The discussion of it cannot, at present, be farther prosecuted between Your Excellency and myself"（阁下同我的讨论，目前无法继续下去）①。这句话被正翻译官译成中文时却变成了"不得辩论"的字样。② 难怪徐广缙认为文翰已经决定彻底不谈入城问题。徐广缙及其后任叶名琛继续利用文翰的照会抵制英国人入城，英国人大为恼火，故有1856年利用风马牛不相及的"亚罗"号事件③来提出入城要求一事。④ 当时，叶名琛仍然拒不打开城门，海军上将西摩尔命令驶入省河的炮舰轰击督署。⑤ 然而，就连西摩尔自己也不得不承认文翰的正翻译官错译了公文。叶名琛根据文翰1849年4月9日的照会谴责西摩尔，后者在复照中只好回避这个问题，声称他现在提出的入城要求"同过去的任何协议或许诺毫无关联"。⑥

西方史学家历来把英国人入城要求不得逞的原因归结于清朝官员的顽梗不化或广州民众的桀骜不驯，或二者兼有之。正翻译官办公室所起的推波助澜作用却一直被忽略。

后来，额尔金勋爵的译员们终于找到报复清朝官员的机会。如上所述，威妥玛自1855年起任正翻译官，李太国亦曾任临时译员。⑦ 两人后都被额尔金雇为译员。1858年6月9日，他们往谒一日前从北京前来天津的钦差大臣耆英。耆英娓娓而谈他自己在广州任外交事务钦差大臣时同英国官员的友好关系，冷不防李太国出示耆英1850年的一份奏折副本，里面谈到他强作对夷友善，目的是对其"羁縻"。⑧ 耆英连忙告退，让另外两位钦差大臣桂良与花沙纳送客。咸丰遂命耆英"自裁。"⑨

桂良与花沙纳虽然幸免一死，但却活受罪，因为在后来的谈判中，英、法公使根本就不露面，一切都由译员代理。据说，"李太国先生脾气不好，如今作为战胜国的喉舌强迫战败国接受不平等条约，他更加肆无忌惮。对于中国方面提出的异议，他摆出征服者的姿态，不是以理服之，而是以力压之。"⑩ 加之李太国的中文并不能自由表达思想，钦差大臣的日子更不好过。

1854年，包令爵士曾赴上海，打算会见两江总督怡良。在此之前，包令派正翻译官麦华陀往天津参加谈判，⑪ 由李太国代麦华陀把包令致怡良的照会译成中文。译文拙劣不堪，读来还以为包令拒绝同怡良会面。⑫ 这位总督大人一定觉得十分好笑，因为英夷竟然来文拒绝一次他并没有应允过的会谈。

在16至17世纪时，英国商人曾协助把俄国致英国的公文译成英文，为了自身的利益，

---

① F. O. 17/154，文翰致巴麦尊第45号公牍附件，文翰致徐广缙照会，1849年4月9日。
② F. O. 682/1982/20，文翰致徐广缙照会，1849年4月9日。
③ 至于"亚罗"事件的详情及对其评价，可参考黄宇和：《重新评价"亚罗"事件》，载《现代亚洲研究》第8卷第3期（1974）第373—389页。
④ 见黄宇和：《包令爵士与广州入城问题》，载《曼彻斯特约翰·拉伦大学图书馆馆刊》，第56卷第3期（1973）第219—289页。
⑤ F. O. 230/74，西马縻各厘致叶名琛照会，1856年10月30日。
⑥ 同上，1856年11月1日。
⑦ 哲逊：《李泰国与中英关系（1854—1864）》，载《哈佛东亚研究中心专刊》，1972，第22—23页，第70—78页。
⑧ 奥利芬特：《额尔金使华使日》（伦敦，1860）第366页。
⑨ 《北华捷报》，1858年10月3日。
⑩ 马士：《中华帝国对外关系史》第1卷（上海英文版，1910）第522页。
⑪ 哲逊：《李泰国与中英关系（1854—1864）》第38页。
⑫ F. O. 682/1987/39，包令致怡良照会，1854年7月10日。

这些在俄国做生意的英商随意改动文件内容。① 应该说正翻译官和译员们并无类似企图。他们的错译同 19 世纪英、日谈判中的错译事件性质差不多。② 无论如何我们不要忘记，当时的正翻译官办公室仅具雏形，而面临的困难却很多。

## 文抄与文目

英公使属下贸易部的文抄以及文目同样反映出正翻译官办公室是不够成熟的。

有三本文抄属于本书的研究范围，全部存在伦敦英国国家档案馆。③ 第一本编号为 F. O. 677/26，第二、第三本的编号分别为 F. O. 230/74 和 F. O. 230/75。

第一本文抄包括 1848 年至 1851 年中方来文及英方去文。④ 也就是说，这一时期内每份来往公文都抄录在这个本子里。

第二本与第三本合成一套。第二本包括 1852 年至 1862 年的英方去文，最后一份文件的签署日期是 1862 年 12 月 22 日。第三本包括同期的中方来文。最后一份文件签署日期不详，倒数第二份的签署日期是 1862 年 2 月 10 日。

编者没有发现 1848 年以前或 1862 年以后的类似抄本。第二、第三本文抄与第一本明显不同之处就是去文与来文分用不同本子抄录。这也许能算作正翻译官办公室工作有所改进的一种表现吧。另一个不同点是，第二、第三本文抄除照会外还抄录了来往信件。

在这里有必要介绍一下本书使用的名词术语。"照会"（despatches）是正式公文，签订《南京条约》时双方一致同意使用这个名词。由于英、中两方官员都用中文进行外交活动，并且打算长此下去，所以中文名称就非常重要。《南京条约》英文本里与"照会"对应的词是"communication"，可是这个词从未用过。其实，这种官方文件的标准英语说法是"despatches"，本书就用这个名称。

本书所用的"信"（letter）并非当时英、中两国经过协商正式同意的名称。其实，信件里用的也不是"信"字，而是"函"字⑤或"示"字⑥，后来正翻译官办公室逐步统一所用的名词术语，才规定用"信"字⑦，本书也沿用这个名称。这个时期的所谓"信"就是中、英双方的非正式换文，从来没有签署或钤印，但总是附一张写信人的名片。现存最早的一封是巡抚吉尔杭阿与道台吴健彰在上海写给包令爵士的信。他们在信中赞同包令提出的以赦免两名小刀会领袖为条件换取起义军撤离上海城的建议。⑧ 包令此举已直接违背了英国在中国标榜的中立政策。难怪他不用正式照会而用非正式的信函来同中国官员商谈这个问题。这封信根本就没有录入第三本文抄。只因包令一时疏忽，才把它留在正翻译官办公室里。其他信件统统都有抄录，但谈的大多关于礼节性互访的事宜。应该指出，这个时期中、英官员在广

---

① 感谢伦敦英国国家档案馆助理馆长艾文斯先生给编者提供这一资料。
② 感谢伦敦大学东方及非洲研究中心毕斯利教授提供这一资料。
③ 1856 年威妥玛任正翻译官后，曾选抄了 1841—1851 年间部分中方来文以已用，抄件装订为九卷。这些抄卷不是当时的文抄，现作为威妥玛档案之一部分保存在剑桥大学图书馆，编号 F80－88。
④ 这本抄文还录入一些零星文件，如上谕、奏折以及英国公使致日本、安南、琉球等国官员的照会中文本。
⑤ F. O. 682/1991/119c，桂良等人致额尔金的信，1858 年 10 月 18 日。又 F. O. 682/1993/55b，奕亲王与穆荫致额尔金的信，无日期（1860 年）。
⑥ F. O. 682/1988/6b，吉尔杭阿与吴健彰致包令的信，1855 年 2 月 15 日。
⑦ F. O. 937/6,（1865—1871 年来文目）及 F. O. 932/7,《1865—1871 年去文目》。
⑧ F. O. 682/1989/6b 吉尔杭阿与吴健彰致包令的信，1855 年 2 月 15 日。

州的会面事前全都通过正式照会做出安排。

除文抄之外,正翻译官办公室还编有文目。文目比文抄查阅起来便捷得多,说明正翻译官办公室的工作不断完善。根据一本文目记载,1849 年的全部英方去文不是"糜烂不全"就是干脆"糜烂"。1850 年条下全是空白。① 很可能 1850 年的来往公文同 1849 年的一样,都烂掉了。不过,编者竟然在文件堆中发现了在这一年签署的三份中方来文,这简直是奇迹。1856 年的英方去文部分也是一片空白。② 如果每份去文在翻译时或每份来文在接收时当场登记的话,上面提到的几个部分就不可能是空白。显然,有些文目是后来补制的。到底是什么时候补制的呢?

这个时期的文目有两套,都保存在伦敦英国国家档案馆。第一套编号为 E.O.932/1,下分两卷,一卷登记是 1840—1856 年的中方来文,另一卷登记是同期的英方去文。标题写得清清楚楚,第一卷是《旧来文目》,第二卷是《旧去文目》。③

第二套文目的标题用英文写,但内容仍用中文写,至于日期则混合使用清朝的年号以及用中文数码记下的阳历年月日。这套文目亦分两卷。编号为 F.O.932/3 号的一卷原标题是 "Register Despatches Sent, 1857—1864"(《1857-1864 年去文目》)。编号为 F.O.932/2 的另一卷原标题是 "Register Despatches Received, 1857—1864"(《1857—1864 年来文目》)。另外,第二套文目登记的文件都按年编号,比如 1857 年第一号,第二号;1858 年第一号,第二号等。这种编号法在第一套文目(1840—1856)里是没有的。第二套文目没有像第一套文目那样注明文件糜烂的记载,也没有显眼的空白。

比较两套文目,我们很容易会认为第一套文目编于 1857 年,追记了以前的文件;或许自 1857 年起正翻译官开始每收一文或每发一文都当场登记。但是,如上所述,1856 年的去文部分全是空白。相隔仅一年,文件就"糜烂"或失落,也未免太快了。所以,尽管第一套文目确有可能是补制的,但补制时间却不太可能早到 1857 年。

既然如此,我们自然转向研究第二套文目。在《1857—1864 年来文目》的卷首,有一件很有意思的例证——一页列有 1857—1867 每年全部来文的总登记表,底下还有几条附注。那就是说,这本文目虽然下限为 1864 年,但所载史料竟延至 1867 年。由此看来,连第二套文目也很可能是补制的,下面两条资料可做佐证。第一是《1857—1864 年来文目》中 1860 年条下的附注,说明"内缺一至十件"④。第二是《1857—1864 年去文目》中另一条附注,说明"欠五十号……欠六十号"⑤。虽然这条附注没有日期,但肯定在 1857 年与 1864 年之间。

因此我们可以假定,与本书有关的两套文目都是补制的,补制时间可能是 1868 年。迟于 1868 年似乎不可能,因为在 1865 年又编了另一套文目,同时还编出了第一套信目。⑥ 这表明,19 世纪 60 年代中期,正翻译官办公室的文件保管工作已经相当正规化了。但是,还

---

① F.O.932/1,《1840—1856 年来去文目》。
② 同上。
③ F.O.932/1。这两本文目都有英文标题 "Register Letters Sent and Received, 1840—1855"。但这个标题容易引起误会。首先,文目的下限并非 1855 年,而是 1856 年。再者,用 letters 是技术性错误,因为文目登记的是照会。这种错误恐怕只能归咎于写标题的人是个外行。
④ F.O.932/2,《1857—1864 年来文目》。
⑤ F.O.932/3,《1857—1864 年去文目》。
⑥ F.O.932/4,《1865—1871 年来文目》;F.O.932/5,《1865—1871 年去文目》;
F.O.932/6,《1865—1871 年来信目》;F.O.932/7,《1865—1871 年去信目》。

有一个问题。既然两套文目都是补制的，为什么第一套的标题里有"旧"字，第二套的标题却没有呢？我们推测，也许两套文目的补制时间不同，也许因为第二套文目采用了新编号法，所以算是新的吧。至于文件糜烂及失落的问题，要考虑当时的历史条件。1860 年将近年底，英国公使馆才在北京建立，正翻译官办公室也从香港迁往北京。途中可能有些文件被水打湿或失落。再者，迁往新址办公后，正翻译官有很多重要工作要做，根本无暇翻捡这批过时的文件。多年来他甚至可能连原在香港打好的文件包都没有拆开过。最后到他开包时，发现其中一些文件已经烂掉，这才促使他下决心给余下的文件编目。

## 文件外形及格式

除极少数外，照会一律从右往左书写在横幅状的长条玉版纸上，为了携带方便，叠成折子，一折为两页，一张微型胶卷约可拍摄两页半。有时文件太长，就要把两张，甚至三张纸粘连起来，接口处加盖发文人的官印。① 照会叠成折子后一般长 25 厘米，宽 11 厘米。总的看来，来文比去文稍微长大一点。但不论来文去文，每页都只有五行，每行二十三个中文字。出现国朝、皇帝等尊称时一律抬头，高出各行两格。于是这一行的字数便变成二十五。提到清朝皇帝及英国国王陛下时抬头，高三格。不过，中文书吏在抄写文件时常对英方不大尊敬，致使英国官员十分恼火，把公文退回重抄，甚至辞退有关书吏。②

字体按竖行书写，从右往左，只写纸的一面。附件通常附在折末的反面，折子的第一页实际就是封面，其上中部时而手写，时而印上"照会"字样。这两个字上面也盖有发文人的官印，与上面所述两张纸粘连处的骑缝印相同。在文件上钤印是中国人的传统，英国人则习惯签名。一连几任英国公使都随中国人的习惯，把自己的家徽纹章当作官印盖在照会上。1852 年，包令在文翰离职期间代理公使事务，曾请求英国外交部拨款刻一个中国风格的英国驻远东公使馆印章。③ 但他的请求遭到拒绝，理由是要节省开支。④ 于是，以后几任公使继续用家徽作印。1854 年，包令被封为爵士，任英国全权公使。他在发文时试图改钤印为签名，并送去一份签了名的英文照会给钦差大臣叶名琛，另附一份中文译本，同其他照会一样写在玉版纸折子上，但没有钤印。叶名琛根本不理会包令签了名的英文照会，而视中文译本为真正的文件。他在复照中特别指出包令忘了钤印。⑤ 包令解释说他这样做是循英国之例。不过，他愿意派正翻译官麦华陀带"印"去广州补行手续。⑥

照会封面上除了"照会"二字和发文人的官印之外，常有一样值得注意的东西——一张贴上去的标签。这些标签几乎都有阿拉伯数字的编号，还用英文摘下该照会要点。这显然是正翻译官写的。有些数字后面还注有"a"、"b"等分号，与本书中部分文件的编号相似。有些数字被划掉，旁边写上新的数字。偶然也会发现照会封面上有中文数码，不过，写在标签上的极少。这些中文数码一律用毛笔蘸墨写成，无疑是中文书吏的手笔，但与正翻译官写下的阿拉伯数字有时不相符。这种混乱状况大多存在于 1857 年以前的照会中。怪不得补制

---

① 严格地说，清朝官员用官印，而英国公使用家徽。见下面的注解。
② 见本书索引中 format 一条，内有关于这种为数极多的争执的资料。
③ F. O. 228/133，包令致马尔麦斯伯里的信，1852 年 5 月 9 日。郭达士先生提供这一条以及下一条注释的资料。
④ F. O. 682/138，马尔麦斯伯里致包令的信。
⑤ F. O. 682/1987/18，叶名琛致包令照会，1854 年 5 月 7 日。见下注。
⑥ F·O. 682/1987/21，包令致叶名琛照会，1854 年 5 月 9 日。

的 1840—1856 年文目无法编号。

部分标签上的英文提要给我们提供了很有用的资料。例如，有一份照会提到某艘"三桅杆洋船"，标签就注明船名是"Gevant Packet"①。另一份照会提到一艘名叫"大威"的外国船，标签写明该船英文名叫"Driver"。② 中国出版的历史著作一向按音翻译英语专有名词，常常又不附英文原名，参考这种历史书确实伤脑筋。这时，标签就帮了大忙。又例如不少照会都提到"白头人"和"黑人"，如果不看标签，很难知道前者是指"Parsee"（印度拜火教徒），③ 后者是指"Lascar"（欧洲船上之东印度水手）。④ 不过，有些标签则没多大用处，例如："复第35号照会"。上文讲过，照会本身的编号相当混乱，这样一条说明对正翻译官能有多大帮助呢？⑤ 更糟糕的是，有时标签脱落，正翻译官办公室里有人出于好心把它们一一重新贴好，可是重贴的标签有时跟内容对不上号。另外的人发现了部分错贴的标签，便用铅笔在上面打了叉，把提要直接写在照会封面上。由于用力过重，笔尖把纸都划破了。

我们已经知道，折子第一页是照会封面。第二页开始就是照会正文。发文人的官衔封号及姓氏写在第一行。下面是一个例子：

"大英钦奉全权公使大臣总理五港英商贸易事宜总督香港等处水陆军务男爵包。"包令本不是贵族，只是爵士。可能他故意让正翻译官把他的衔头译得醒目一些，以便与收文人叶名琛保持对等身份。叶名琛的衔头是"大清钦差大臣太子少保兵部尚书两广总督部堂世袭一等男爵叶"，写在包令发给叶名琛的照会的末尾，⑥ 然后是签署日期。中方照会仅用清朝年号，英方照会则既用清朝年号，又用阳历。照会最后一页实际上是封底，同封面一样盖有发文人官印。

信件远不如照会正规，一律不加官印，不署名，只附上发信人的名片。收信人收到信后似乎总是习惯把来信人的名片一扔了事。他们不知道后来的档案工作人员为鉴定这些信件多伤脑筋。另外，照会的签署日期十分完整，包括年月日，信的日期却只有月日。写信用中国出产的红纸，所以信有时亦称"红笺"，其大小通常是25厘米长，12.2厘米宽，信一般写得不长，鲜有用到两张纸的。凡搞研究的人都知道，影印文件的费用常常高到令人咋舌。这批信件篇幅很短，正中下怀。可是，等他们拿到复印件就会发现，红纸黑字复印出来经常是一片阴影，根本无用。

编排体例

假如这批文件是按原来顺序或索性全部一次送到英国国家档案馆，编目工作就不必花太多时间，效果也会更好。可是，这些文件已经同一百多年来累积下的其他文件混杂一处。常言道，事后诸葛亮好当。也许有人会说，你可以通查一遍英国国家档案馆藏的中国档案，把

---

① F. O. 682/1976/117，耆英致璞鼎查照会，1843年9月25日。
② F. O. 682/1978/19，德庇时致耆英照会，1843年4月17日。
③ F. O. 682/1982/3，徐广缙致文翰照会，1849年1月11日。
④ F. O. 682/1974/22，义律致琦善照会，1841年1月16日。
⑤ 日本的佐佐木正哉先生曾在英国国家档案馆抄录了部分档案。后来他把自己的抄件影印出版，是为《鸦片战争后的中英抗争资料篇稿》一书（东京，1964）。为了方便读者，佐佐木正哉先生把抄件自行编号。所以，按他的编号是查不到档案原件的。
⑥ F. O. 682/1987/74. 包令致叶名琛照会，1854年12月23日。

外交文件检出来按日期排好，通读一遍以便胸有全局，然后再逐份编写提要。这的确是最理想的办法，编者第一个举双手赞成。然而，事情并不那样简单，实际困难甚多。按此办法，不把国家档案馆现存的全部中国档案通查一遍就不可能查出所有外交文件。通查意味着冻结这一大批已经在流通的文件，这就太不为广大读者着想了，更何况编写这本提要是一场持久战，整整花了十年工夫呢。① 说来也巧，庞百腾博士（Dr. D. Pong）为另一历史时期的中国档案编目也同样用了十年时间。② 郭达士先生（Mr. P. D. Costes）是为英国国家档案馆所藏中国档案编目的第三个人，他编的是又一不同时期的文件。希望通过坚持不懈的努力，将来能逐步编出全套中国档案的目录。

编者既然没有福气把全部有关文件集于一手，无奈只好四出搜寻，一旦找到一份，便立刻摘下要点。已故张馨保教授曾与伊里克·格林斯迭特先生（Mr. Eric Grinstead）合作，以不到十天的时间，奇迹般地编成一份粗略的所谓英国国家档案馆藏"全部"中国档案一览表。③ 那上面的条目大多是各扎档案的包装纸上抄下来的标题。编者也曾按图索骥，找到了不少有用的资料。（当然也杂有错误的资料。）另一个办法是逐扎档案搜检。编者用完了张馨保—格林斯迭特一览表上的线索后，也确实求助于此法。④ 郭达士先生从1978年开始为中国档案的另一部分编目，在此过程中向编者提供了很有价值的线索。40年代时他曾在英国驻华公使馆里的中文秘书处工作过，对该办公室的档案管理及工作程序十分内行。

编入本书的提要都是断断续续用卡片形式写成的，每找到一份有关文件就制一张卡片，这样做的原因上面已经讲过。换句话说，每份提要原来都是孤立的，是在不了解前因后果的情况下写出来的。后来，编者在按时间先后重新安排卡片的同时，多次改动提要的文字，尽量使其前后连贯。当然，采取这个办法比直接从按日期排列好的文件中摘写要点要艰苦多了。

中国官场称呼官员习惯只称其职衔，后跟其姓氏。英国外交官亦按中国习惯行事。编者则尽可能查清各官员的全名，一一在提要中写明，并在书后附上英中对照专有名词表及索引，用的是威妥玛拼写法（Wade-Giles System），因为1972年制作第一批卡片时这种拼法仍十分流行。当然，重新编排卡片时是可以改用汉语拼音方案的，但不能保证不会事倍功半，故此作罢。何况卡片上已经东涂西改，再变动整个拼音系统恐怕会使打字员不知所措。其实，全部手稿已经打了两遍，部分甚至打了五六遍。

## 本书栏目格式

本书每页分六纵栏。

第一栏是文件的新编号，除特别注明的条目外，根据这一编号就能调阅所需文件。

第二栏是按阳历年月日顺序编排的文件签署日期。第三栏是按阴历年月日编排的签署日

---

① 本书编撰工作始于1922年。
② 庞百腾：《清代广东档案指南》（哈佛东亚研究中心专刊，1975）。
③ 见他们的文章：《英国驻北京公使馆的中文文件，1793—1911》，载《亚洲研究导报》第22卷第3期（1963）第354–356页。其实，1911年以后还有中国档案。文章谈到1911年为止，很可能是因为写文章时是1962年，大不列颠联合王国50年保密法仍然生效。
④ 例如，这份一览表第44页本应记录下1842年的全部照会，但只记了5份。其实，这一年有差不多200份照会，分散在许多箱子里。

期。英方发出的文件原来就有两种日期,中方发出的文件只有清朝年号,其公历日期由编者推算出来。这两栏中的方括号内的日期是编者认为原日期不确而另行推断出的正确日期。第三栏里还用了三种符号:TK 代表道光年号,HF 代表咸丰年号,i 代表闰月。TK19 意为道光十九年,HF1 意为咸丰元年。i3 即闰三月。在本书时限内的闰年为道光廿一年,廿三年,廿六年,廿九年,咸丰元年、四年、七年、十年,大约相当于公历的 1841、1843、1846、1849、1851、1854、1857 及 1860 年。除了咸丰元年及七年之外,英、中两方官员都曾在闰月里互致照会。

　　第四栏是文件提要。除 Kwangtung, Canton, Nanking, Peking 等一些地名用流行的邮政拼法外,一律用威妥玛拼法。另外如 plenipotentiary(公使)、consul(领事)、imperial commissioner(钦差大臣)和 magistrate(知县)等本来不必大写的表示职衔的名词一律大写,目的是让读者知道,当时的外交官员,特别是英方的官员,对于身份十分重视。中国官员职衔的英译全部根据布隆勒(H. S. Brunnert)与黑格尔特郎(V. V. Hagelstrom)合著,由柏琴科(A. Beltoheno)和莫根(E. E. Moran)合译成英文的《当代中国政治组织》(*Present Day Political Organization of China*)一书。这本国际通用的标准译名手册第一版时间是 1911 年。1963 年台湾重印了该书。为了节省篇幅,提要中冠词一般都省去。

　　第五栏是文件页数。

　　最后一栏是文件的旧编号。除非特别注明,调阅文件时不应以此栏号码为根据。

　　为了方便从前根据旧编号使用过这些文件的学者,书后附有文件新旧编号对照表。另有一份各任英国公使及中国钦差大臣年表。至于索引的编辑工作,是与提要的编写工作同时进行的,因为那时还不能确定文件的新编号,只好在各条目下注明所在文件的签署日期,以便查阅。所以,希望读者使用索引时千万记住,各条目下的日期只是该条目所在文件的签署日期,而不是历史事件发生的真正日期。索引及英中专有名词对照表里的中文字都按原样照录,以帮助读者了解写字人的文笔高下。个别条目无对应的中文。例如,船名"Thency"出现在照会封面的标签里,但中文正文没有译出,所以不注中文。凡是编者自己翻译的条目,比如有名的"insult"这个词,其中文译文都放入方括号内。

　　编者一向从事历史研究,并非档案工作人员,亦非编辑。只是由于偶然的机缘,才应邀为上述文件编写提要并把稿子打字影印出版。这飞来的荣誉简直使我受宠若惊。在编撰本书的过程中,我也得益不浅。1980 年的大部分时间都花在用铅笔给文件编号、把编好的号码抄在无酸信封上、把文件分别装封等工作中,这使我对长年累月为他人的研究工作架桥铺路的档案工作人员产生了无限敬意。打字影印的排版与准备工作既耗时又机械,不由人不感慨万分:职业编辑给予作者的帮助太大了,应当感谢他们。

（译自《鸦片战争时代中英外交文件提要》,英国牛津大学出版社,1983 年版,原载《国外中国近代史研究》第 6 辑）

# 在印垄断与在华开放（1830—1833）

黄宇和

19世纪30年代，英国爆发了一场激烈的论争。论争的问题之一是东印度公司在印度的鸦片垄断以及该公司对英中贸易（不仅是鸦片）的全面垄断。事实上，东印度公司在1813年前一直垄断了英国对印度和中国的所有贸易。1813年，在印度的贸易垄断被打破，但鸦片垄断仍然保留。在中国的贸易则仍掌握在东印度公司手中。19世纪30年代的这场论争导致东印度公司对英中贸易的垄断（包括鸦片贸易）全部被打破，而该公司在印度的鸦片产销垄断竟然又未受触动。本文拟探讨产生这一现象的原因。

一

英国东印度公司成立于1600年，自1757年罗伯特·克莱夫（Robert Clive）在帕拉西战争中打败孟加拉藩王后，东印度公司的作用就超出纯商业性范围。孟加拉的行政管理越来越为它掌握。1773年，英国议会通过了诺斯爵士提出的印度法，成立了一个五人委员会，代表东印度公司治理英属印度。1784年，小威廉·庇特提出新的印度法，并交议会通过，成立了新的行政机构——印度部，目的是要"组织一个廉洁的政府以统治印度"。① 然而，要在印度建立一个政府，就需要大量收入。于是，由鸦片垄断所得的收入之于该政府，就如它带来的利润之于东印度公司一样，都极为重要。假如鸦片收入无足轻重，政府就不必为开放与垄断的问题操心。相反，假如鸦片收入非常可观，政府自然不轻易改变政策。

表一所列系1797/1798财政年度至1829/1830财政年度来自孟加拉鸦片垄断的收入额以及这一时期的总收入额。很清楚，鸦片收入的比重逐年增大，最后竟高达孟加拉收入总额的13%。

又假如英属印度的财政状况正常，英国政府也许会改垄断贸易为自由经营。但事实并非如此，东印度公司负债累累，仅1817/1818财政年度的债务利息就超过170万英镑。此后，这个数字虽稍有变化，但总的趋势是上升的。到了1828/1809财政年度，该项利息就高达200多万英镑。（1829/1830财政年度数字空缺）。另一方面，仅1817/1818财政年度垄断鸦片贸易所得的收入就可偿付几乎半数的该年债务利息。这笔收入在以后几年中迅速增加，以至有几年它竟足够偿付全部债务利息有余。当时的印度部税务局长休·斯塔克就说过，鸦片是孟加拉三项主要收入来源之一，仅次于地税和盐税。另一主要来源是关税。其余的如印花税、消费税、物业税、朝圣税和水路交通税等相对来说是不重要的。② 由此可知，英国政府如果不经过深思熟虑就贸然改垄断贸易为自由经营，其后果将不堪设想。

---

① B. 英格利斯，《鸦片战争》，伦敦1976年版，第31页。
② 《H. 斯塔克证词（1832年2月14日）》，载《议会文件》1831—1832年部分. 第11卷，《查询》（以下用字母Q代替），第127—133号。

故此，面对与日俱增的对东印度公司鸦片垄断（还有其他问题）的非议，英国政府进行了公开查询，传来大批证人作证，并向各有关方面发信查问具体问题。证人大约可分两类，一类赞成自由经营，另一类是东印度公司现任或前任职员。查询的中心问题是，如果取消贸易垄断，有什么其他办法可以保证收入？

办法有三种：一是对种植罂粟的土地加重课税，二是增收鸦片消费税，三是增收鸦片出口税。自由经营派对这三种办法的可行性看法不一，东印度公司派则一致反对这三种建议。

（1）加重地税。在查询中发现，种植罂粟的一整套操作已经极为完备，且自成章法，不太可能有更省钱更省力的生产方式。孟加拉的鸦片垄断甚至在1757年帕拉西战争前就存在，不过那时是由藩王控制，罂粟由佃农种植，多在比哈尔和本纳里斯等"北孟加拉地区"，[①] 其产量不大，因为印度教徒不沾鸦片，回教徒则只食不抽，[②] 故此不会成瘾。当时英商要同其他欧洲商人竞争才能买来鸦片运出口。1757年，藩王战败，东印度公司控制了孟加拉的鸦片生产。从此以后，越来越多的鸦片用于出口。[③] 比哈尔邦和本纳里斯邦的大片肥美的土地种上了罂粟，因为这种作物"极为娇贵，需要绝好之田地"。[④] 起初，鸦片生产采取合同制，订合同人承诺以低到不能再低的价格向东印度公司出售鸦片。1799年，东印度公司取消合同制，在比哈尔邦和本纳里斯邦分设代办处，进一步控制鸦片生产。[⑤] 每年，这两个代办处通过各级地方官——区长、乡长、村长与鸦片产区的佃农订约，但不使用强制手段，相反，代办处委托各级地方提前付款给佃农，诱使他们种植罂粟。[⑥] 佃农一旦签订了合约并预支了款项，就必须按东印度公司的具体要求来种植罂粟，否则就会吃官司，甚至被夺佃。

佃农没有土地，他们的地是从大领主手里租来的。按规定，大领主并没有土地所有权，他们只是为藩王代管土地。既然东印度公司已取代了藩王成为孟加拉的主人，从理论上来说，大领主就应该为东印度公司代管土地。然而，为防止引起纷争，东印度公司决定还是取得法律保障为好，于是，大领主"按法律规定不得将罂粟地的地租抬到高于1793年英国将该邦列为属地时的租额"。[⑦] 同时，佃农继续在大领主治下保留原有土地，向大领主交租，但依约为东印度公司种植罂粟。[⑧] 东印度公司这一着棋极为精明，出口鸦片所得的纯利起码达到"原价的十四倍"。[⑨] 原价是十分低的，因为合约规定，佃农要按议定价格将全部产品售与东印度公司。[⑩] 这一价格"仅够佃农维持生产"为标准。[⑪] 涉嫌私藏罂粟的佃农将被起

---

① 《W. M. 弗莱明致T. H. 魏里尔的信（1832年3月30日）》，同上，附件第281页。弗莱明是印度鸦片部前雇员（同上，第283页）。
② 《L. 肯尼迪证词（1832年2月25日）》，同上，Q683—688号。肯尼迪任东印度公司文员二十二年（同上，Q715—718号）。
③ 前引英格利斯书，第21页。
④ 《斯塔克证词（1832年2月14日）》，载《议会文件》1831—1832年部分，第11卷，Q266号。《L. 肯尼迪证词（1832年2月25日）》，同上 Q719、Q720、Q760号。
⑤ 《L. 肯尼迪证词（1832年2月25日）》，同上，Q778号。
⑥ 同上，Q721、Q799号。
⑦ 同上，Q761号。
⑧ 同上，Q760号。
⑨ 《詹姆斯·米尔证词（1832年6月28日）》，同上，Q3037号。他是约翰·斯图亚特·米尔之父。
⑩ 《L. 肯尼迪证词（1833年2月25日）》，同上，Q767号。
⑪ 《H. 斯塔克证词（1832年2月14日）》，同上，Q255号。

诉，他的住宅会遭到搜查。① 同样，东印度公司为发现有人不与之签约便擅自种植罂粟，就"毁其罂粟地，或迫其交出产品"。②

如果东印度公司放弃鸦片生产的垄断，代之以增加地税的办法来聚敛等额的收入，其结果将如何？首先，用来预付给罂粟种植人的款项来源就很成问题，而"在那个国家里，离了预付定金是任何事情都办不成的"。③ 一位赞成自由经营的人士建议这笔款由所有在印度的欧洲人以及本地资本家提供。他还提出，除本地罂粟种植者之外，欧洲人中种植罂粟者应得到预付定金，因为"目前东印度公司的规定限制欧洲人拥有土地，这样会导致他们不参与提供资金"。④ 但是，这位人士不赞同增加地税，尽管他没有细述理由。⑤ 不过，一位赞成鸦片垄断的人士倒是做出了解释。要保证收得的税款数目同实行鸦片垄断时所得的收入相等，要想将罂粟地同其他土地区别开来，必须向罂粟种植人颁发证书，但发证书"会被看作是一种查询，人们，特别是想搞投机的欧洲人，将不愿意接受"。⑥ 此外，颁发证书的制度"在印度需要许多由本地人组成的机构来贯彻，这些人面对种种诱惑，能否诚实地履行职责很不可靠"。⑦ 可靠性是至关紧要的。如果通过增收地税得来的税款没有保证，政府怎么可能允许私人种植罂粟？

同时还有政治上的考虑。增加罂粟地的地税会令大领主"怨恨不已"。⑧ 东印度公司可以通过鸦片垄断在出口市场获取大量利润，但"一旦换以收地税的形式，难免引起大领主误会，认为东印度公司侵犯了他们的利益"。⑨ 至于佃农，人们都承认他们可能增加收入，但又担心投机商会对他们盘剥更烈。⑩

（2）鸦片消费税。如上所述，并非所有自由经营派都认为增收鸦片消费税是代替鸦片垄断获取收入的好方式。有人甚至承认消费税"很难"征敛。⑪ 主要的问题是"要防止走私，因为任何一种货物课税越重，就越吸引走私者。以消费税形式对鸦片课税，要达到政府目前所得的收入就必须课得很重，这会对走私者产生极大的吸引力"，局面不可收拾。⑫ 相反，实行鸦片垄断就不会出现走私问题。起初，鸦片生产只限于比哈尔邦和本纳里斯邦等"北孟加拉地区"。假如准许私人自由种植罂粟，鸦片生产就会在孟加拉南部也兴旺起来，这样"很容易就能在沿海一带的各个口岸偷运出国"。⑬ 当时，"北孟加拉"对鸦片生产的控制显然是卓有成效的。一位前比哈尔邦代办处主管萨林和提尔胡特地区鸦片生产的代理人曾谈及他的管理办法：

每年合约一签订，我马上付出部分定金……等我丈量过土地，确认签约面积已经栽

---

① 《L. 肯尼迪证词（1832年2月25日）》，同上，Q733号。
② 同上，Q768号。
③ 同上，Q755号。
④ 《T. 布勒肯证词（1832年7月18日）》，同上，Q3041—3043号。
⑤ 同上。
⑥ 《L. 肯尼迪证词（1832年2月22日）》，同上，Q797号。
⑦ 同上。
⑧ 《J. 米尔证词（1832年6月28日）》，同上，Q3034号。
⑨ 同上。
⑩ 《L. 肯尼迪证词（1832年2月25日）》，同上，Q801号。
⑪ 《T. 布勒肯证词（1832年7月18日）》，同上，Q3048号。
⑫ 《L. 肯尼迪证词（1832年2月25日）》，同上，Q795号。
⑬ 同上，Q795号。

上罂粟之后，又付给签约人若干定金。到他们开始从罂粟中提取鸦片的时候，我又给他们部分定金。到他们将鸦片运来给我的时候，再给他们部分定金。定金数目逐次增加，约占应付款总数的三分之二。其余应付的款项我先留在手里，等罂粟季节过了，鸦片已全数运到，我才按实收鸦片数同签约人算清账目。①

显然，东印度公司代理人严密监视着鸦片生产的每个步骤。"你说种植罂粟的土地面积已经丈量清楚，真的量过吗？——每个罂粟季节我都要亲自丈量一次。我先同佃农签订合约。播种之后，我就去量地。"② 东印度公司长期雇用一批本地人来做量地工作，"区长和他的手下人则监督他们，尽量不让出错"。③

　　这样做很花钱吗？——不，只花很少钱。④
　　这样做效果好吗？——就我有时亲自复量一些地块所得的结果来看，效果非常好。⑤

可见，罂粟的实际丈量工作是在每年播种之后，以便公司对种植面积心中有数。罂粟成熟时，区长就带人巡视四乡，进行估产，然后又同佃农签约，后者必须按估产数缴纳鸦片。⑥ 每逢收获季节——

　　地方官员逐天收取罂粟汁，……在罂粟茎上割开一个口子，汁液便汩汩而出，每日清晨由妇女儿童收汁。⑦

如果收获季节过后，佃农不能如数缴纳鸦片，而负责收鸦片的人员又有足够理由怀疑他侵吞鸦片的话，签约人就会以毁约罪被告到民事法庭。⑧ 不过，佃农不大可能有意侵吞鸦片。印度殖民政府某官员曾说过，"我有一定数量的鸦片可以公开出售，但无人问津"。尽管政府规定的价格比佃农的要价要低。⑨ 区长和其他中间人对鸦片也不感兴趣，虽然他们同其他本地官员一样，"都惯于敲诈勒索"。⑩ "本地人互相打交道，总免不了这种或那种形式的勒索，所有银钱交易都不例外"，⑪ "似乎岁月和习俗都给予认可"，⑫ "很难防止"。⑬ 换言之，区长及其他中间人向佃农发放公司预付的定金时可能索取钱财，不过，只要鸦片能全数运到，东印度公司也就得其所哉，少管闲事了，而鸦片总是能全部运到的。

---

① 《L. 肯尼迪证词（1832 年 2 月 25 日）》，《议会文件》1831—1832 年部分。第 11 卷，Q756 号。
② 前引《L. 肯尼迪证词（1832 年 2 月 25 日）》，同上，Q795 号。
③ 同上，Q769 号。
④ 同上，Q770 号。
⑤ 同上，Q771 号。
⑥ 同上，Q781 号。
⑦ 《H. 斯塔克证词（1832 年 2 月 14 日）》，同上，Q257 号。
⑧ 《L. 肯尼迪证词（1832 年 2 月 25 日）》，同上，Q781 号。
⑨ 同上，Q787 号。
⑩ 同上，Q729 号。
⑪ 同上，Q727 号。
⑫ 同上，Q730 号。
⑬ 同上，Q732 号。

（三）出口税。"防止海上鸦片走私不难办到吧？——我认为这几乎是不可能的。"①"如果大面积种植某种作物，其产品价格又被人为地提高到大幅度超过其成本，造成量少价高的局面，那么要杜绝这种产品的走私简直比登天还难。"②

终于，查询委员会认识到，以上三种办法不能令人满意地代替鸦片垄断带来利润。用一位支持鸦片垄断的人士的话来说：

> 目前由鸦片垄断所得收入极大，且较有保障。我很怀疑政府可以通过增税或改变现存鸦片垄断制度的办法来获取如此大量的收入。③

另一个与保障收入同等重要的理由是，鸦片垄断获取的利润来自外国消费者，④ 而其他如增加罂粟地的地税、增收消费税和出口税等办法，都是羊毛出自羊身上——来自英属印度本土。

## 二

英国东印度公司在中国的活动同在印度又大不一样。首先，英国还没有征服中国的任一部分领土，不存在行政管理和财政支出，也就不必考虑收支问题。因此，英国政府可能认为东印度公司在中国的贸易垄断可以放弃。确实有人认为，由于东印度公司没有如征服加尔各答和孟加拉一样把广州及其邻近区变成殖民地，该公司实行贸易垄断，禁止所谓执照私商（country traders，即向东印度公司申请牌照，凭照在一定范围内进行贸易的商人）在广州经商的做法反而限制了东印度公司以外的英国商界同其他欧洲商人竞争的能力。于是就有所谓东印度公司在广州得到的好处是"牺牲英国利益换来的"的论调。⑤

其次，执照私商实际上把印度出口物资的四分之三都运到了中国，⑥ 而且这样做是从东印度公司领得许可证的。其中秘密就在于印度出口到中国的大部分物资是鸦片。⑦ 如表三所示，孟加拉出产的鸦片大部分运到了中国。然而，早在1729年，中国政府就禁了烟。⑧ 这比东印度公司决定在广州开始长期经商要早27年，⑨ 比该公司决定在广州"建立一所配备有永久性工作人员的洋行"⑩ 要早14年。东印度公司想在中国倾销鸦片，又不想负责任，便在加尔各答公开出售鸦片给执照私商，由他们将毒品运往中国，冒险转手出售。这样一来，所谓东印度公司在中国的贸易已不再是名副其实的垄断。进一步说，东印度公司既然要依靠执照私商为其代售鸦片，垄断这个词就不能说得那么响亮。

---

① 《J. 米尔证词（1832年6月28日）》，同上，Q3040号。
② 《J. 米尔证词（1832年6月28日）》，同上，Q3040号。
③ 《L. 肯尼迪证词（1832年2月25日）》，同上，Q902号。
④ 《J. 米尔证词（1832年6月28日）》，同上，Q3024号。
⑤ 《W. S. 达维逊证词（1830年3月11日）》，载《议会文件》，1830年部分，第5卷，Q3049号。
⑥ M. 格林伯格：《英国的贸易及中国的开放（1800—1842）》，剑桥大学出版社1951年版，第15页。
⑦ 印度的棉花为另一出口到中国的重要物资，但执照私商很快就发现，他们无法迅速地将这种货物推销给中国人。见《马地臣档案》，B4（私人信件）。
⑧ H. B. 马士：《中华帝国对外关系史》，伦敦1910年版，第173页。
⑨ E. H. 普利查德：《早期英中关系的严峻岁月（1750—1800）》，纽约1970年版，第114页。
⑩ 前引 H. B. 马士书，第53页。

东印度公司还有别的依赖执照私商的地方。该公司一直为英国国内市场购买茶叶,购买量与日俱增。仅 1829 年一年,不列颠联合王国就消费了 2,700 万磅中国茶叶。[①] 购买茶叶所需的白银由执照私商提供。每年鸦片上市后他们就把毒品卖给中国走私者,换来白银交给东印度公司。[②] 执照私商心内明白,东印度公司在广州的贸易活动离不了他们,于是毫无顾忌地抗拒东印度公司对他们的约束。这种抗拒逐渐发展为公开敌对,并且"习以为常",[③] 到了决定东印度公司在华贸易垄断的命运的时刻,这种敌对力量已根深蒂固。垄断云云,已是回天乏术。

反过来,东印度公司也曾为执照私商提供过不可缺少的服务。上面讲过,执照私商把卖鸦片得来的白银在广州交给东印度公司购买茶叶,东印度公司则换给他们在伦敦兑现的汇票,这样他们才能把在中国赚得的利润汇返英国。但是,自 1812 年起,在伦敦和在纽约兑现的美国汇票开始在广州出售。虽然这些汇票起初不太受欢迎,但 1827 年后就逐渐流通。到 1832 年,据记载,那年鸦片季节汇往英国的汇款有四分之三用的是美国汇票。[④] 赫赫有名的东印度公司已经不再是必不可少的了。这种新情况似乎使执照私商更大胆地随意违反东印度公司的规定。

1757 年以前,中国所有的港口都对外开放。1757 年才有上谕规定广州是"唯一的外贸中心",[⑤] 从此以后,中国的出口物资(主要是茶叶和丝)就沿不同的路线运到广州。东印度公司的重点贸易活动就是购买茶和丝,所以单单广州一个口岸已经满足需要。但执照私商则不然。鸦片是违禁品,即使能成功地偷运入广州地区,亦难以分销到中国各地。解决问题的办法是在中国沿海建立更多供应点。一个名叫马地臣的年轻敢干的商人,率先驾船沿广州东面和北面的海岸贩卖鸦片。其他商人纷纷仿效。没过多久,中国沿海各处都泊有装满鸦片的货船,"成为供应点,再由中国帆船转运贩卖到"南部。[⑥] 这样做的收获甚为可观,在中国的鸦片销量很快翻了一番,并且不断增长。[⑦] 在这美其名曰扩大贸易的非法活动狂潮中,东印度公司经理团却仍囿于广州一地,他们一定觉得脸上无光。

实际上,即使在广州,东印度公司的贸易垄断也遭到英国私商的有力挑战。早在 1807 年,苏格兰人瓦尔特·斯蒂文森·达维逊就在广州居留经商,但其身份不是东印度公司职员。他"承葡萄牙国王的恩典,不花一文钱就取得了为期一百年以上的葡籍"。[⑧] 当然,他只有在中国同东印度公司打交道时才亮出这块牌子。[⑨] "其他人则想到代表欧洲诸国驻澳门领事的门路。例如,马地臣成了瑞典领事,马格尼亚克兄弟成了普鲁士领事和副领事,汤马士·颠地成了萨丁尼亚领事。这些衔头并不赋予他们外交身份,但可以给他们随时去广州的便利,不必事先经东印度公司经理团许可"。[⑩] 于是,到了 1831 年,在广州至少有五家英国

---

① 《议会文件》,1830 年部分,第 5 卷,第 369 页。
② 前引 M. 格林伯格书,第 14 页。
③ 前引 B. 英格利斯书,第 60 页。
④ 张荣洋:《满清官员与商人:怡和洋行,十九世纪初期的中国商行》,伦敦 1970 年版,第 8 页。
⑤ 前引 H. B. 马士书,第 67 页。
⑥ 同上,第 180 页。
⑦ 同上,第 182 页。
⑧ 《W. S. 达维逊证词(1832 年 3 月 11 日)》,载《议会文件》1830 年部分,第 5 卷.Q3040—3042 号。
⑨ 前引 M. 格林伯格书,第 30 页,注 1.
⑩ 前引 B. 英格利斯书,第 66 页。

私营公司同东印度公司竞争。①

如果英国政府无视现实,让1833年就到期的东印度公司章程延期,坚说该公司仍能实行对华贸易垄断,就会显得非常愚蠢。但是,在做出决策之前,英国政府先进行公开查询,目的是弄清楚三方面的情况:取消贸易垄断对于联合王国茶叶进口税,对于英国向中国的出口,以及对于中国政府可能产生的影响。

首先是茶叶进口税问题。1784年前,茶叶进口税的幅度在原价75.9%至127.5%之间。按1784年通过的减税法案,茶叶进口税降至12.5%。但过了20多年,又回升至100%,②大概这是为了筹集更多的经费同拿破仑打仗吧。但是,拿破仑战争结束后,茶叶进口税仍然不减。"1829—1823这五年中,平均每年茶叶税收入达3,401,535英镑",③约占英国税收总额的十分之一。④"茶叶税由东印度公司代征,上缴英政府,并不索取任何报酬"。⑤英国政府既不费力又不花钱就收得这么大一笔税款,自然十分关心这样做可能产生的反面影响。19世纪30年代初,"修建了包括有完备仓库的码头,海岸线一直有海军巡逻,经过20年代的贸易改革,英国形势普遍稳定,这就杜绝了走私的机会,也打消了人们想走私的念头"。⑥一名自由经营派人士甚至认为,如果取消东印度公司的茶叶垄断,政府就可以在不增加消费者负担的情况下多收入100万英镑税款。他列表说明了这种可能性(见表四)。原来东印度公司对英国消费者的要价比一般商人对消费者的要价高得多,例如比美国商人对美国消费者的要价高得多。⑦

这就引起第二个要了解的问题,即取消贸易垄断对英国向中国出口的影响。当时英国出口到中国的物资主要是毛织品,而东印度公司向中国人推销毛织品不力这个问题早已成为众矢之的。事实上,东印度公司的毛织品贸易是亏了大本的,"这项贸易与其说是为了赚钱还不如说是为了在英国收买人心"。⑧即使大大压低价格,有时低到只有半价,⑨东印度公司的职员也很难说动广州十三行(官府特许经营对外贸易的洋货行,行数并不固定,相传为十三行,一般为十行。——译者)的商人购买他们的毛织品,以致最后东印度公司不得不提出茶叶与毛织品按比例互售的办法。⑩中国商人向国内市场出售毛织品时同样亏本,他们便提高卖给东印度公司的茶叶价格,力图弥补损失。⑪这也是英国市场的茶叶比美国市场的茶叶要贵的原因之一。

"他们是否不喜欢英国的产品?"

---

① 前引 M. 格林伯格书,第30页。
② 前引 M. 格林伯格书,第30页。
③ 《东印度和中国协会致罗伯特·皮尔爵士函(1844年2月8日)》,载《议会文件》1846年部分,第44卷,第507页。
④ 前引 M. 格林伯格书第3页。
⑤ 前引《议会文件》1830年部分,第5卷,附件第84页。
⑥ C. R. 费伊:《自亚当·斯密至今日之大不列颠》,伦敦1937年版,第61页。
⑦ 《议会文件》1830年部分,第5卷,第369页。
⑧ 《德庇时证词(1830年2月22日)》,同上,Q507号。比较《C. 梅节里邦克斯证词(1830年2月18日)》,同上,Q182号,以及《J. C. 麦尔维尔证词(1830年月11日)》,同上,Q5128号。
⑨ 《C. 梅节里邦克斯证词(1830年2月18日)》,同上,Q302、Q318号。
⑩ 同上,Q574号。
⑪ 同上,Q509号。

"当然不是。"一名执照私商这样回答,但没有讲明理由。①

"你认为英国在广州的毛织品贸易有利可图吗?"

"我想,大体上是有利可图的,毛织品正在不断运往中国,这就是最有力的证据。"另一位执照私商回答说。②

"英国货物的销路为什么阻滞?"

"英国制成品一般是为寒冷地区设计的,广州天气太热,不适合使用这些产品。"这是一名前东印度公司职员的话。③

"如果有办法将这些毛织品运往中国北方,需求量肯定会大大增加。"另一名东印度公司职员说。④

查询委员会的委员们很容易听得出,这些执照私商的回答都是含糊其词,不能令人信服。鉴于这种情况,开放对华贸易能否增加英国毛织品的销路呢?执照私商们反应热烈,他们的回答是肯定的,但都带一定的前提,比如"最终"⑤ 会增加,"经营合理"就会增加等。⑥ 东印度公司则相反,干脆一口否定了这种可能性。当时有脍炙人口的所谓美国人把英国毛织品卖给中国人的情况,其实此举只及东印度公司向中国出口的毛织品的四分之一。原因是东印度公司的货物不必付运费,而且由于船只性能良好,只需付极少的保险金。因此东印度公司出售的毛织品可以比美国人的便宜。至于东印度公司本身,他们是甘愿亏本的。"很难有任何个人能够从爱国主义的动机出发,容忍这种损失"。⑦

查询委员会又改变查询大前提,即:如果全面开放对华贸易,以前由于东印度公司的垄断而受到限制的种种贸易就会发展起来。人们得以自由地去追求个人利益,由此产生的创造力会带来各种各样闻所未闻的贸易活动。私商会发现很多东印度公司梦想不到的适应市场需求的商品。⑧ 而且他们还是强大的动力,精打细算,不怕吃苦,努力去开辟新的市场和新的贸易,这些都是任何一个注册公司无法相比的。⑨

这种嚣张的活动会对中国政府产生什么影响呢?东印度公司职员和执照私商都认为最终会导致英中交战,尽管他们所持的理由各不相同。

德庇时爵士的观点可看作东印度公司派的代表性观点。他认为打破东印度公司在华贸易垄断会给广州地区的走私活动提供方便,并预言,"广州所有的走私者会大喜过望,中国政府则先是妒恨(他们对任何改革都抱这种态度),等到他们发现税收受损失,就会心怀敌意。"⑩ 除违禁品如鸦片之外,还有许多别的要完税的货物都已有走私现象,中国政府的税收早已蒙受巨大损失,勒令反走私的谕旨纷至沓来。很难想象"他们会长此忍耐下去,或

---

① 《C. 赫臣逊船长证词(1830年3月9日)》,同上,Q2687号。
② 《C. 埃佛勒特证词(1830年3月9日)》,同上,Q2853号。
③ 《德庇时证词(1830年2月22日)》,同上,Q388号。
④ 《梅节里邦克斯证词(1830年2月18日)》,同上,Q358号。
⑤ 《C. 赫臣逊船长证词(1830年3月9日)》,同上,Q2686号。
⑥ 《C. 埃弗勒特证词(1830年3月9日)》,同上,Q2852号。
⑦ 《德庇时证词(1830年2月22日)》,同上,Q387号。
⑧ 《J. 阿肯证词(1830年3月4日)》,同上,Q2146、Q2149、Q2180号。
⑨ 《J. 贝特证词(1830年3月15日)》,同上,Q3368号。
⑩ 《德庇时证词(1830年2月22日)》,同上,Q383号。

者听任广州的贸易全部沦为走私活动"。① 德庇时爵士在中国为东印度公司服务 17 年，曾任该公司经理团经理，他很注意研究中国的语言和社会结构，这使他自命能对形势做出预测并修正东印度公司的对华方针。②

上文提过的私商瓦尔特·斯蒂文森·达维逊也有相当长的时间在广州居住并经商。他第一次到广州是在 1807 年，然后从 1811 到 1822 年一直住在那里。③ 他不仅希望打破东印度公司的垄断，而且想连十三行也一并勾销，因为他把东印度公司看作是能够与十三行贸易垄断抗衡的非常必要的力量，尽管不能完全达到平衡，起码能部分做到这一点。④ 如果中国政府不取消十三行怎么办？"虽然中国的人口可能达到二亿五千万，但两万英军便可势如破竹地由广州直捣北京。"⑤

三

1839 年，即东印度公司在华贸易垄断取消后六年，英国最终还是对中国发动了战争。英军没有按达维逊的建议由陆路从广州向北京进军，而是派出一支海军远征舰队，按另一名私商查顿⑥草拟的计划行动。查顿是怡和洋行的合伙人之一，另一名合伙人就是首先把自己的麦罗普号鸦片船驶往广州东面和北面沿海进行鸦片走私的马地臣。⑦ 战争的目的也不仅是为了取消十三行。其实，与史学界流行的观点相反，最近有研究成果表明，东印度公司在 1834 年撤走后，十三行的贸易作用就不复存在。早在 1839 年之前，它已经解体。⑧ 它之所以能够名存实亡，其实是一些精明的执照私商为了说服英国政府对中国采取军事行动而制造的假象。后来一些不了解内情的史学家又以此来为用武力推行自由贸易辩护。⑨ 在这里有必要指出，约翰·斯图亚特·米尔的父亲、李嘉图的顾问、政治经济学俱乐部创始人之一、自由竞争理论的忠实奉行者詹姆斯·米尔支持东印度公司在印度的鸦片垄断，理由是这种办法最省钱，又能获得最多的收入，在各种名目政府收入中，这一种最不惹人生厌，因为赚的是外国人的而不是英国臣民的钱。⑩ 詹姆斯·米尔是东印度公司的雇员。⑪

1839 年中国政府开始焚毁鸦片，这直接危害了英属印度的收入，间接地威胁着这块殖民地的生存。⑫ 而英国财政赤字里越来越大的一部分要靠这块殖民地弥补。⑬ 战争在所难免。

---

① 《德庇时证词（1830 年 2 月 22 日）》，同上，Q383 号。
② 同上，Q367—368 号。
③ 《W. S. 达维逊证词（1830 年 3 月 11 日）》，同上，Q3047 号。
④ 同上，Q3046 号。
⑤ 同上，Q3089 号。
⑥ 张馨保：《林钦差与鸦片战争》，哈佛大学出版社 1964 年版，第 194 页。
⑦ 前引 H. B. 马士书，第 180 页。
⑧ 前引张荣洋：第 195—200 页。十三行的外交作用，或者更确切地说是作为中国政府的外交工具的作用仍然保留，比如递交呈文、信件及上谕，召开会议把中国政府的决定通知西方人，或讨论紧迫的问题，等等。（同上，第 200 页）。
⑨ 见费正清：《中国沿海的贸易及外交：条约口岸的开放（1842—1854）》，哈佛大学出版社 1953 年版，第 79 页，及郝延平：《十九世纪中国的买办：沟通东西方的桥梁》，哈佛大学出版社 1970 年版，第 24 页。
⑩ 见《J. 米尔证词（1832 年 6 月 28 日）》，以及上文引用过的《议会文件》中德庇时的证词。
⑪ 同上，Q2991 号。
⑫ 至 1839 年，英属印度除了名字未变更之外，实质上已经是英国的殖民地。
⑬ 详见 E. J. 哈伯斯波恩：《工业与帝国》，伦敦 1969 年版，第 148—149 页。

当然，关于这个问题，有些观点简直是海外奇谈，本文恕不详论，只举一例：美国第六任总统亚当斯声言："战争的起因是磕头。"① 他还不如他的同代人德庇时爵士，后者还公开承认，如果中国政府决定打击走私，战争就会爆发，尽管他只是笼统地提走私，而没有指明是鸦片走私。

（译自《南亚研究》，1982年12月，第5卷，第2期，第81-95页。发表于《国外中国近代史研究》第8辑，1985年12月。原文附有四个表格，现删去。）

---

① 转引自谭中：《中国和美丽的新世界》，新德里1978年版，第1页。

# 三位流亡的理想主义者：
# 容闳、康有为及孙中山（1894—1911）[①]

黄宇和

  容闳（1828—1912）、康有为（1858—1927）以及孙中山（1867—1925）说得上是上世纪末本世纪初中国最有名的人物。他们各有各的理想，各有各的实现这些理想的方式，就因为这样，他们一一被放逐出国。1900 年的义和团运动以及八国联军入侵等事件直接或间接使他们都卷入了戊戌变法，但变法失败了，于是，他们又一如既往，各人追逐各人自己梦幻般的目标。

  义和团运动虽然失败了，但影响深远。容闳、康有为和孙中山代表了当时中国的三种不同的思潮。容闳想依靠西方教育来改造中国。康有为筹划改帝制为君主立宪制。孙中山一心一意搞共和。义和团运动发生之前，中国大多数开明知识分子都主张改革，尽管他们不一定完全赞同容闳或康有为的观点。义和团的失败实际上迫使这些知识分子，特别是正在日本留学或即将去日本留学的青年学生，走向革命，最终为孙中山 1905 年在东京成立同盟会以及 1911 年辛亥革命铺平了道路。

## 一

  1894 年 8 月 1 日，中日甲午战争爆发。[②] 当的容闳已在美国居住了 12 年，[③] 他写信给在张之洞[④]总督府任职的友人，表示愿去伦敦筹借 1,500 万美元，用来购置三四艘战舰并招募 5,000 名外国雇佣兵，实行牵制战术，从后方进攻日本。[⑤] 他还建议以 4 亿美元的价格将台湾抵押给西方列强，然后用这笔款子来组织海、陆国民军同日本作战。[⑥] 与此同时，在对日宣战后第 3 天，一心希望通过改革来挽救清政府的康有为得到消息，朝廷已下令销毁他所著的《新学伪经考》。[⑦] 这本书是他在 1891 年写的，目的是"扫除传统的思想障碍"[⑧]，以便

---

  [①] 本文所引 F. O. 17/1718 文件，系英国外交部第 17 种文件第 1718 卷的代号。
  [②] 战争是 1894 年 7 月 25 日打响的。是日，中国政府租用之英国注册轮船"高升"号在往朝鲜运兵途中被日本军舰"浪速"号发射鱼雷击沉。事件详情见英国国家档案馆文件 F. O. 17/1718/，第 216-219 页，外交部备忘录（1986 年 6 月 25 日）。随后中国于 1894 年 8 月 1 日对日宣战。
  [③] 详见容闳英文自传《西学东渐记》，该书由徐凤石、恽铁樵译成汉语，1915 年由上海商务印书馆出版。1981 年湖南人民出版社又重印了该书。（原文这里说湖南人民出版社又出版了张叔方的译本，其实张只补译了"自序"和"代跋"两部分，正文还是徐、恽的旧译本。——译者）
  [④] 张之洞当时任两湖总督。
  [⑤] 容闳：《西学东渐记》第 224 页。
  [⑥] 同上，第 225 页。
  [⑦] 郭廷以：《近代中国史事日志》（台北，1963 年版）第 2 卷第 879 页。命令毁书的圣旨于 1894 年 8 月 4 日签发，正好是中国对日正式宣战后 3 日。
  [⑧] 肖公权：《现代中国与新世界：康有为，改革家与乌托邦主义者（1858—1927）》（华盛顿大学出版社，西雅图，1975 年版）第 71 页。

在中国实现改革。而孙中山当时已经确信清政府是病入膏肓了。1894年11月24日，他在夏威夷成立兴中会，立志要推翻满清政权。[①]

1895年4月17日签订的《马关条约》，结束了中日甲午战争。[②] 当时康有为正在北京会试，条约内容公布后，他组织"公车上书"，要求拒绝签约，但失败了。[③] 一两个月之后，容闳应张之洞[④]之请回国。[⑤] 但他发现张之洞冷漠、傲慢，对他提出的按西方方式改革中国政府的建议丝毫不感兴趣[⑥]。于是他去了上海，当了企业家。[⑦] 同年早些时候，孙中山回到中国，积极着手密谋推翻在广州的清朝省级政权。不料密谋败露，1895年10月27日，孙中山逃出广州，先至澳门，后到香港，然后亡命海外。[⑧]

不久，康有为也走上同一道路。他所领导的所谓1898年百日维新很快就被慈禧太后扼杀。[⑨] 六君子遇难，但康有为却设法逃到香港，[⑩] 然后亦亡命海外。[⑪]

容闳是三人之中最后一个离开中国的。关于去国前的情况，他写过一段沉郁的文字。他说他在北京的寓所曾是变法领导人聚会的场所。变法运动被镇压，他也受牵连。但他终于逃出北京，躲在上海的外国租界里。

> 即在上海组织一会，名曰中国强学会，以讨论关于维新事业及一切重要问题为宗旨，予竟被选为第一任会长。1899年，有人劝予，谓上海租界亦非乐土，不如迁地为良。予乃再迁至香港，请英人保护。居香港者2年，后遂归美国。归时幼子觐槐正毕业于耶路大学，予适见其行毕业礼。[⑫]

其实，与其说这段自传性文字披露了事实，不如说它掩盖了真相。在这里仅提一点事实就够了。1901年春，容闳旅居日本治下的台湾，台湾总督告诉他，清政府要求总督逮捕并引渡容闳。[⑬] 但总督又说，他不愿意充当清廷的鹰犬。[⑭] 他不但不逮捕容闳，反而派了4名日本兵为他站岗，以防有人行刺。[⑮]

---

① 黄彦编：《孙中山年谱》（北京中华书局，1980年版）第28页。近年出版的孙中山传记有韦慕廷的《孙中山——壮志未酬的爱国者》（纽约哥伦比亚大学出版社，1976年版）和史扶邻的《孙中山与中国革命的起源》（加州大学伯克莱分校及洛杉矶分校出版社，1968年版）。

② 迈克尔·荷斯特编：《列强条约选编，1814—1914》（牛顿·阿波特，大卫与查尔士公司，1972年版）第2卷第670-677页。

③ 宋云彬：《康有为》（上海，1951年版）第46-48页。

④ 前引容闳书第226页。

⑤ 同上，第228页页。

⑥ 前引容闳书，第226-231页。

⑦ 同上，第232-238页。

⑧ 前引史扶邻书，第45-100页。

⑨ 康有为的门生梁启超在他的《戊戌政变记》（上海、横滨，1899年版，香港、纽约1966年重印）里叙述了他在变法中的亲身经历。前引肖公权书对于康有为变法的深层思想有很透辟的阐释。

⑩ 英国国家档案馆F.O.17/1718/第97页，皇家海军指挥官科克伦致英国驻华舰队总司令的报告（1898年9月28日）。

⑪ 马里亚斯·詹森：《日本人与孙中山》（哈佛大学出版社，1967年版）第76-77页。

⑫ 前引容闳书，第241-242页。

⑬ 前引容闳书，第242页。

⑭ 同上，第243页。

⑮ 同上，第245-246页。

孙中山和康有为的流亡生活也并不安全。1896 年清政府驻伦敦使馆绑架孙中山事件已是人所共知。① 但后来他在日本停留的情况也许就不太为人知道了，那时日本政府派出便衣特务一直保护着他。② 康有为流亡到新加坡后情况也很相似，9 名印度锡克族士兵和 1 名英国士兵分成 3 班，24 小时轮流保护他。③ 从中国派去的 2 名刺客确实混入了新加坡，但马上就被逮捕了。④

## 二

有一点很清楚，清政府认为这 3 个人即使在流亡中也是危险人物。然而，他们的危险程度同缉拿他们所悬的赏格并不相称。⑤

首先，并没有多少人认为孙中山 1895 年在广州搞的密谋切合实际。他的主观愿望是：先拿下这个重要城市，再以此为基地对清政府进一步采取军事行动。⑥ 但是，从他以及他的同谋者的领导能力和由苦力和盗匪组成的队伍的素质来看，成功的机会是不多的。⑦ 即使他能惊动总督并攻下他的衙门，人们也会怀疑，像他这样缺乏军事训练和作战经验的人，在官军反攻时能否全身而退。

一年之后在伦敦被绑架一事似乎一点也没有改变他天真的想法。相反，他天真到了"不切实际的程度"，⑧ 他相信英国政府同情他的所作所为，当年正是这种想法构成他的"广州密谋的基本先决条件"之一。⑨ 这种对于英国政府的意图的不切实际的估计促使他公开吁请"英国保持善意的中立"。⑩ 他根本没有意识到，英国对绑架事件表示愤慨，基本原因是因为这一行为视英国法律如无物，而且事件发生在伦敦的中心地带，当然，也不排除公众对一个东方专制政治的受害者的关注。⑪

正如一位史学家指出，"这个时期孙中山向英国寻求的实质性支持其实只是一个小小的许诺——允许他返回香港"，⑫ 1895 年广州密谋失败后他就被驱逐出这个地方。⑬ 但是，沙

---

① 孙中山用英文将他的这段经历写成《伦敦蒙难记》一书（布列斯托尔，J. W. 亚罗斯密斯，1897 年版），因而使这一事件永垂史册。该书后来有俄、日、汉等语种的译本。

② F. O. 17/1718/第 352 页，孙中山会见新加坡官员的记录（1900 年 7 月 10 日）。

③ 同上，第 303 页，新加坡警察总监卡斯基顿致斯威特南总督的报告摘要（1900 年 2 月 13 日）。

④ 同上，第 310 页，斯威特南致英国首相兼外交大臣沙兹勃雷的报告（1900 年 3 月 29 日）。

⑤ 康有为、梁启超 2 人首级赏格总额为 14.5 万两银子（同上，第 318 页，斯威特南致张伯伦的报告，1900 年 3 月 10 日）。孙中山本人承认他的首级赏格只有 2.3 万两。（同上，第 352 页，孙中山会见新加坡官员的记录，1900 年 7 月 10 日）。

⑥ 这一愿望在 1925 年他的生命快要结束时终于实现了。但 1925 年中国的总形势，特别是广州的形势同 1895 年根本不同。1925 年行得通的，倒回去 30 年压根儿就行不通。

⑦ 史扶邻对这一密谋有细致的分析研究，见前引史扶邻书第 56 - 97 页。

⑧ 同上，第 129 页。

⑨ 同上。

⑩ 孙中山：《中国的现在和未来：革新党吁请英国保持善意的中立》，载《双周评论》（1897 年 3 月 1 日）。史扶邻经过耐心的搜寻发现了这篇文章，后收入《国父全集》第 5 卷（台北，1981 年版）第 81—109 页。孙中山用英文讲话或写作时称他的党为"革新党"而不是"革命党"，希望取得更广泛的外国支持。

⑪ 关于英国报刊对这一次绑架的评论的分析，见笔者发表在《孙中山研究》第 1 辑的文章：《分析伦敦报界对孙中山被难的报道和评论》，此文原为提交给 1984 年 11 月在广州举行的孙中山讨论会的论文。

⑫ 前引史扶邻书第 132 页。

⑬ 同上，第 132 页所引 C. O. 129/271 号文件，罗宾逊致张伯伦第 62 号公牍（1896 年 3 月 11 日）罗宾逊当时是香港总督。驱逐令于 1896 年 8 月 4 日签发，有效期 5 年，自该日起限期 1 个月离境。

兹勃雷勋爵一从中国使团处正式得到释放孙中山的保证之后，马上向中国公使保证，英国政府将"尽力依法阻止任何在英国领土上密谋策划反对清朝政府或其成员的行为"。他还保证要去函香港总督，命令他"继续严密监视任何嫌疑分子的活动，在法律许可的范围内尽力预测并挫败任何企图反对中国合法政权的革命行动"。①

孙中山在1896年10月27日至1897年2月4日②这一段冬天的日子里不断去瑞琴特公园阿尔伯特路12号③拜访爱德文·柯林斯先生④，并和他一道痛心疾首地草拟要求"英国保持善意的中立"⑤的呼吁书，这些行动显然只从英国外交部的官老爷那里换来一顶"空想家"的帽子。⑥ 就像进行广州密谋时的情况一样，他对英国抱有幻想。然而，即使英国决策人赞成他公开宣称的目标，他们也不会拿在中国的既得利益来冒风险，将赌注押在"一匹黑马"⑦身上。

如果说孙中山要求"英国保持善意的中立"的呼吁书的发表没有收到什么效果的话，他早些时候所写的《伦敦蒙难记》⑧却起了很大的作用，⑨ 为他开辟了一个全新的、料想不到的活动天地———一群有影响的日本人，他们一直在寻找一个可以为日本领导的泛亚运动效力的中国"英雄"⑩。还是在伦敦的时候，孙中山就同德川赖伦的一些随员交好，特别视南方熊楠为挚友。显然，这些日本人早就从中国驻伦敦使团散发的大量有关他的绑架事件的宣传材料中听说过孙中山的名字。孙中山将《伦敦蒙难记》送给日本朋友，日本朋友则为他写介绍信，将他介绍给日本国内的高级官员⑪。这些介绍信到底帮了他多大忙我们不清楚，因为孙中山完全可以不依靠它们。他的亲密助手陈少白曾经送过一册《伦敦蒙难记》给宫

---

① F. O. 17/1718/第240–241页，沙兹勃雷致伦敦中国公使龚照瑗的照会草稿（1896年10月31日）。
② 《中国使团档案》，斯雷特侦探公司报告（1896年10月27日至1897年2月4日），转引自罗家伦：《中山先生伦敦蒙难史料考订》（南京，1935年第2版）第127–142页。
③ 史扶邻慨叹受雇监视孙中山的私人侦探竟连阿尔伯特路12号的住户是谁都查不出来，办事效率奇低（前引史扶邻书第134页第120注）。以他的研究为基础，又得到一些英国朋友的帮助，加上笔者的努力，现在我可以很高兴地向大家报告，该住户是爱德文·柯林斯。
④ 寇兹先生（P. D. Coates）1980年提醒我注意凯利公司每年出版一本的《伦敦邮政指南》。我查了1896年号，但阿尔伯特路12号没有登记。1897年号登记的该地址的住户是一位名叫罗斯科太太的人。我做了许多努力，我的同事罗伊·麦克里奥德教授（Roy MacLeod）也帮过忙，但都找不到更多的关于这位罗斯科太太的资料。伦敦公共档案办公室一位有经验的档案工作人员约翰·华尔福先生（John Walford）继续往后查找，并通知我已查出爱德文·柯林斯在《伦敦邮政指南》1898年号有登记。英国法律协会秘书汤姆林先生（A. J. Tomalin）建议我同凯利公司联系。该公司（现名信息服务公司）经理利先生（D. W. Lee）复函，证实《伦敦邮政指南》系每年夏天编写，除夕出版，书名用的是第二年的年份（1983年11月23日利先生致黄宇和信）。这就是说，1898年的《指南》收入的是1897年甚至包括1896年后几个月的资料。最后，1896年与1897年间阿尔伯特路12号住户确定为爱德文·柯林斯。见下注。
⑤ 史扶邻已经证实，帮助孙中山写《中国的现在和未来：革新党吁请英国保持善意的中立》一文的人是爱德文·柯林斯（见前引史扶邻书第130页）。于是，整个事情就很清楚了。孙中山在1896年和1897年之间的那个冬天经常去拜访的那个人就是爱德文·柯林斯，拜访的目的是起草该文章，它后来在1897年3月1日《双周评论》发表。希望随着我的研究进展，会发现更多关于爱德文·柯林斯的资料，增加我们对孙中山所接触的人以及他所可能受的影响的认识。
⑥ F. O. 17/1718/处处可见。
⑦ 前引史扶邻书，第132页。
⑧ 我有充足的证据怀疑孙中山并非该书的真正作者，当我得出结论时将会公布我的发现。
⑨ 陈少白：《兴中会革命史要》（南京，1935年版；台北，1956年重印）第21页。
⑩ 前引詹森书第1、2章对于日本在这方面的动机做了很有价值的分析探讨。
⑪ 南方熊楠：《南方熊楠全集》（东京，1975年版），《附录2·日记》。剑桥大学卡门·布列克博士建议我研究这些日记，东京大学坂野润治教授帮助我获得该书，悉尼大学小林寺彦先生帮助我读完日记的有关部分，在此向他们致谢。由于有了这些新材料，詹森教授和史扶邻教授提出的孙中山同日本人的亲密关系是他在伦敦逗留之后在日本本土上才开始的这一论点大可商榷。

崎寅藏①，宫崎曾是日本武士，人们一直将他比作拜伦和拉法埃特。② 所以，当孙中山 1897 年秋天由伦敦取道加拿大到达日本③后不久，宫崎寅藏就去拜会他。两人作了笔谈，④ 会见结束时宫崎寅藏已经"完全为之倾倒"。⑤ 于是，他为孙中山提供了一所房子，满足他所有的要求，其中之一就是马上学习日语。⑥

孙中山在日本注视着 1898 年由康有为策划的百日维新。

中国需要改革，对这一点没什么人会持异议。当康有为三年前在他创办的一份报纸上系统地宣传改革的时候，连英国公使欧格讷爵士都表示支持⑦。毫无疑问，康有为后来在 1898 年所作的变法上书中也存在空想⑧。他的建议总的来看是行不通的，但康有为自己却不这样认为，因此，戊戌政变后他逃到上海时仍然"满脑子糊涂思想"，⑨ 以致英国领事立刻称他为"空想家"。⑩ 尤有甚者，后来英国政府费尽心机帮助他从上海脱身到香港⑪，反而更使他毫无根据地自以为了不起。⑫ 所以当一年前已经结识了孙中山的宫崎寅藏在香港会见康有为并试图促成他们联合时，康有为马上拒绝。⑬

但是，这个联盟如果成功，其潜力之巨大是显而易见的。当时日本的决策人正下决心"引导中国历史前进"⑭。康有为最有才能的学生梁启超已在日本驻天津领事馆避难，后来又乘日本炮舰东渡到日本本土。⑮ 于是日本驻香港领事接手同康有为谈判，最后说服康有为同

---

① 前引陈少白书，第 21 页。
② 同上，第 146 页第 12 注所引罗刚著：罗编《国父年谱纠谬》（台北，1962 年版）第 64 页。
③ 前引《孙中山年谱》第 36 页。孙中山于 1897 年 8 月 16 日抵达横滨。
④ 同上，第 36－37 页。
⑤ 前引史扶林书第 143 页。
⑥ 同上，第 146－147 页所引詹森前引书第 67 页。坂野润治教授告诉我，宫崎寅藏当时只是一个对日本政界无甚影响的青年人。的确，宫崎设法使孙中山得以接触这些政界人物，但其方式不一定如他在《三十三年的梦》一书中所说的那样，而詹森教授的结论却是以宫崎的自述为根据的。这个问题值得进一步研究。
⑦ 前引史扶邻书第 153－154 页所引胡滨著《戊戌变法》（上海，1956 年版）第 26－37 页。
⑧ 简言之，他的想法可以视为明治维新在中国的翻版。见前引肖公权书第 132－408 页对康有为变法条陈的详细分析。
⑨ F. O. 17/1718/第 191 页，班德瑞对于他同康有为的会见的评论（1898 年 9 月 26 日），附于壁利南 1898 年 9 月 26 日给沙兹勃雷的报告之中（F. O. 17/1718/第 176－191 页）。当时班德瑞任英国驻上海领事，壁利南任代总领事。
⑩ 同上。
⑪ 光绪皇帝预感到即将发生政变，便命令康有为离开北京。康到天津后登上英国轮船"重庆"号，驶往上海。与此同时，上海清朝官员已接到命令逮捕康有为。有关上谕抄本及康有为的照片亦分送驻上海各国领事馆，要求协助逮捕康有为。于是，班德瑞领事乘汽艇去"重庆"号，凭照片认出康有为，将他带上汽艇（前引梁启超书，第 161－165 页）。汽艇从英国军舰"爱斯基"号旁边驶过，致有所谓康有为登上英国军舰的错误报道。（前引梁启超书第 165 页也是这样写的。）康有为被送上停泊在附近的半岛和东方航运公司的轮船"巴拉勒特"号。"爱斯基"号于 1898 年 9 月 26 日晚彻夜为"巴拉勒特"号警戒。9 月 27 日凌晨，1 艘中国巡洋舰和 3 艘中国鱼雷艇开到现场，英国军舰"凤凰"号和"邦纳文查"号亦参加警戒。(F. O. 17/1718/第 195－197 页，1898 年 9 月 26 日和 28 日科克伦致英国驻华舰队总司令的报告。科克伦是英国驻华海军长江舰队司令、高级军官。）后来，"邦纳文查"号一直将"巴拉勒特"号护送到香港。（同上，1398 年 9 月 29 日蒙哥马利致荷兰德的报告。蒙哥马利是"邦纳文查"号舰长，舰队指挥官荷兰德是蒙哥马利在香港的上司。）
⑫ 詹森并不了解如上注所概述的英国保护康有为的详情，但仍能看出这一点，这说明他的思想是敏锐的（见詹森前引书第 76－77 页）。
⑬ 同上。在这里我要再次感谢坂野润治教授。他向我指出，宫崎寅藏遭到白眼这件事可能不怪康有为。宫崎毕竟是个青年人，除了孙中山之外几乎没有人知道他。
⑭ 前引史扶邻书第 157 页。
⑮ 前引詹森书第 76 页。

去日本①。但即使在日本，康有为也根本不愿见孙中山，甚至孙中山亲自提出会见他也遭到拒绝。②

孙中山和康有为之间存在根本的意见分歧。③ 举例来说，康有为要保皇，尽管他现在已经决心搞垮慈禧太后。而孙中山却要彻底推翻清政府。问题的关键是康有为的忠君之心，他曾将改革的希望寄托在皇帝身上。其实这种希望肯定要落空，因为实权不在皇帝手里，而是在慈禧太后手里。的确，年轻的光绪皇帝曾一厢情愿地计划打着改革的幌子向慈禧太后夺权。但一旦慈禧反击，光绪皇帝马上被软禁，康有为也只好仓皇出逃。④ 可是康有为继续以皇帝为王牌，实际上，如果满清统治被推翻，皇帝这张牌也就一钱不值了。由此看来，一些史学家⑤认为孙中山和康有为有推翻慈禧太后的共同愿望，因而他们"或者有可能结成联盟"⑥ 的观点，实在是很牵强的。康有为始终拒绝同孙中山联系。

康有为打出他的王牌时有点考虑欠周，他声言皇帝曾赐他密旨一道，命他招兵勤王。⑦ 这件事只有一个人能为他作证，但这个人一直掌握在康有为的随从手里。后来，还是日本人有本事，把他救出来了，他透露说，所谓密旨其实是假的。⑧ 此后，康有为又改称圣旨已在他"逃离北京"时烧毁。⑨ 这就使他的日本东道主更加不相信他，因为像他这样的钦犯，万一被捕后搜出圣旨也不会加重多少罪名，结果反正是一死，而圣旨一旦公之于世，他将成为英雄，至少是一位忠君的烈士。又假如他真能逃出中国，无论招兵还是募饷，这份圣旨都是极有价值的凭据。因此，康有为烧毁圣旨的说法很难站得住脚。

但是，普通华侨却不习惯学术思考。他们被康有为手中的御札所迷惑，狂热地响应康有为的号召，捐款给他，完全淹没了孙中山及其追随者的呼声。在加拿大、新加坡和夏威夷，许多原来孙中山的追随者都跟了康有为走，连在夏威夷的孙中山的哥哥孙眉，这位早些时候曾慷慨解囊支持孙中山的革命活动的人，也转向康有为⑩。不出一年半，在1900年5月，洋洋得意的康有为私下对新加坡警察总监说："你可以请总督大人告知沙兹勃雷勋爵，我们预料本月底中国将有大事发生。"⑪ 很明显，他指的是所谓的唐才常勤王，但这一行动几经耽搁，最后在1900年8月才举事。⑫

---

① 前引詹森书第77页。
② 前引史扶邻书第158页。我又一次感谢坂野润治教授，他提醒我注意到支持康有为的日本人的政治观点和支持孙中山的日本人的政治观点是不同的，因此他们很可能助长这位改良派人士对于革命的僵硬态度。我试图更深入地了解当时日本的政坛风云，久保田文次教授提交给1984年11月在广州举行的孙中山讨论会的论文《孙文与日本的政治家、军人、浪人》，使我得到了满足。这篇论文表明，即使在日本的泛亚主义者之中也是分派别的。对于支持康有为的保守派来说，支持孙中山并想让革命派和改良派构成联盟的那一派显然是太激进了。
③ 前引詹森书第78—81页对这些分歧有详细的讨论。
④ 前引梁启超书第99-114页；肖一山：《清代通史》（台北，1963年版）第4卷第2123-2154页。
⑤ 比如詹森就持此观点，见前引书第68页。
⑥ 同上。
⑦ 前引梁启超书第110页。
⑧ 前引史扶邻书第159-160页所引冯自由：《革命逸史》第1卷第49-50页以及陈少白前引书第39页。此人即前礼部主事王煦，他是光绪皇帝的密友。
⑨ 同上。
⑩ 同上，第183-185页。
⑪ F.O. 17/1718/第322-325页，卡斯基顿致斯威特南（1900年5月29日）。
⑫ 率先研究这次起义的是冯兆基的论文《唐才常起义》，载《远东历史论丛》，第1卷（1970年3月）第71-114页。新近发表的资料，特别是湖南省哲学社会科学研究所编的《唐才常集》（北京中华书局，1980年版），可以补充冯兆基文章的不足。

## 三

　　康有为肯定认为是他自己独力策划、指导并在财政上支持了这次旨在拥护光绪帝当政的起义。他的一些同代人也这样看,[①] 而且至少有一位现代史学家也持这种观点。[②] 亦有人指出,孙中山也卷入了这件事,[③] 虽然卷入的程度如何仍有待探讨。[④] 而本文涉及的第三个人——容闳参与这一行动要比外界所知的积极得多。

　　起义领导人唐才常是湖南人,也是维新派,同梁启超和谭嗣同交厚。[⑤] 戊戌政变使他大为震惊,并为谭嗣同之死哀痛万分。[⑥] 他跟随维新派余党东渡日本,同康有为一道制订"招兵"[⑦] 计划,他还会见了著名日本政治家犬养毅。[⑧] 犬养毅是宫崎寅藏的好友。宫崎寅藏当时已经结交了孙中山。

　　唐才常还经人介绍[⑨]认识了孙中山,孙中山的思想给了他很深的印象。他听说孙中山同长江流域的秘密会党有联系,这些会党都愿意听他的号令武装起来反对清政府,不由得十分高兴。像日本人一样,他看出孙中山同康有为联合将产生的巨大力量,便自告奋勇去劝说康有为回心转意。[⑩] 但这时康有为恰好离开日本去了加拿大,[⑪] 唐才常要等到第二年,即1899年才专程去香港见远游归来的康有为。但他也像以前作过同样尝试的人一样,徒费口舌。[⑫]

　　唐才常从香港去了海外,后来又在日本见到孙中山。两人细致地讨论了在长江流域举行武装起义的计划。这时,他们都明白,公开的合作肯定得不到康有为的同意,于是两人商定,作为权宜之计,唐才常仍同康有为保持密切联系,但将与孙中山采取"独立行动以实现共同目标"。[⑬] 据透露,按计划,孙中山及其党人将在广东惠州发动起义,唐才常同时在汉口举事。[⑭] 孙中山对这次秘密合作表示了极大的诚意,他介绍唐才常同一位名叫容星桥的同志联系,容星桥是汉口一家俄国公司的买办,[⑮] 他后来为汉口起义提供了极为重要的物质

---

　　① 见张之洞上慈禧太后奏折(1900年9月13日),载柴德赓等编:《辛亥革命》(上海人民出版社,1957年版)第1卷第265页。

　　② 斯迈思:《自立会:一些中国人及其起义》,载《中国论丛》12卷(1958年12月)第52,54页。

　　③ 前引冯兆基文第71、77页。

　　④ 笔者将作此尝试。

　　⑤ 前引冯兆基文第72、75页。

　　⑥ 同上,第76页。

　　⑦ 唐才质:《唐才常烈士年谱》,载《唐才常集》第273页。作者为唐才常之弟。康有为写的《唐烈士才常墓志铭》(载《唐才常集》,第266－268页)亦证实此事。

　　⑧ 同上。

　　⑨ 前引冯兆基文第77页。介绍信是唐才常的湖南同乡毕永年写的,毕其实是长江流域秘密会党的一位极重要的首领。

　　⑩ 同上。

　　⑪ 汤志钧编:《康有为政论集》(北京中华书局,1981年版)第1卷第394、399、411页。康有为1899年4月离开日本往加拿大,1899年10月返香港。

　　⑫ 唐才质前引书第274页。亦见上注。

　　⑬ 同上。

　　⑭ 同上,第276页。F.O.17/1718/第273页,法磊斯致霍必兰的信(1900年8月23日)亦证实此事。当时法磊斯任英国驻汉口代总领事,霍必兰任英国驻上海总领事。

　　⑮ 同上。又见前引冯兆基文第86页。容星桥系容闳之侄。

支持，① 起义失败后他丢掉了生意，失去了财产，差点连性命都保不住。②

孙中山还以另一种形式表示了他的诚意。唐才常回国做起义准备之后，③ 孙中山于1900年7月直接去康有为的避难地新加坡，再次试图结盟。据说在争取海外华侨的资金和其他方面的支持的竞争中，孙中山之所以让康有为占上风，主要动机就是为这一次旨在结盟的访问做准备。④ 如果事实真是如此，人们就要怀疑孙中山是否突然相信谈判时实力较弱的一方反而容易达到目的。更可信的解释是，1900年春义和团进入北京城，⑤ 使孙中山产生了紧迫感，觉得应该更好地协调计划中唐才常在汉口领导和他在南方领导的起义，于是他在1900年6月11日登船离开日本。⑥

康有为再一次毫不客气地拒绝了孙中山想会见他的要求。⑦ 常言道，事后诸葛亮好当，今天也许有人会说孙中山没有眼光，但他当时为了实现自己的理想，不屈不挠、排除万难的精神是值得赞赏的。

孙中山在新加坡受到挫折后并不气馁，回日本做短暂停留后又秘密潜回上海，希望与唐才常约好一致行动。1900年8月28日孙中山抵上海，但唐才常的起义计划已经暴露。他又赶紧秘密离开上海。⑧

四

唐才常的起义计划是怎样暴露的？康有为归咎于起义策划者之一秦力山，指责他不服从命令，在其他起义小组尚未做好准备的情况下⑨先在大通举事。⑩ 毫无疑问，康有为是起义的总策划者。⑪ 他和唐才常在日本时也讨论过一些起义的细节问题。他委任唐才常为大元帅，⑫ 千方百计鼓励他，答应用华侨慷慨捐助的款项支持他。唐才常想尽办法招募兵员，主要来源是长江流域的秘密会党成员。⑬ 他把义军分成5组，在不同地点集结，定于1900年8

---

① F. O. 17/1718/第372页，法磊斯致霍必兰信（1900年8月23日）。
② 前引唐才质书第276页。
③ 前引史扶邻书183—188页。
④ 《孙中山年谱》第42页。唐才常1899年11月返回中国。
⑤ 《孙中山年谱》，第45页。
⑥ 同上，第46页。此行的另一目的是想顺路到香港以便考察李鸿章提出的所谓邀请孙中山共同宣布两广独立的计划是否可行（前引史扶邻书第180—181页）。李鸿章时为两广总督。孙中山如能先同康有为结成联盟，则同李鸿章打交道时就更有实力（同上，第183页）。
⑦ 其实，除了拒绝会见之外，康有为还做了对孙中山更为不利的事情。他控告为孙中山秘密传递消息的日本人图谋刺他，让新加坡当局将他们逮捕，其中包括宫崎寅藏，1898年康有为离开香港去日本时正是宫崎一路陪同他以保证他的人身安全的。这些日本人后来被新加坡当局驱逐出境（F. O. 17/1718/第339—352页，1900年7月12日斯威特南致卢卡斯的信并附件）。至于孙中山本人，他的到访当时在新加坡并没有公开报道，原因之一是他用的是假名（王赓武：《孙中山与新加坡》，载《南洋学报》第15卷［1959年12月］第2册第58页），但更重要的原因是新加坡当局封锁消息（F. O. 17/1718/第338页，1900年8月2日《海峡自由报》［摘要］），很可能是康有为害怕他的华侨支持者会有一部分人倒向孙中山而要求新加坡当局这样做。
⑧ 《孙中山年谱》，第38—49页。
⑨ 前引冯兆基文，第98页。
⑩ 前引康有为书，第267页。
⑪ 前引冯兆基文，第77页。
⑫ 前引冯兆基文，第92—98页。
⑬ 见1900年9月11日刘坤一等上慈禧太后奏折，载《辛亥革命》第260—264页。刘坤一当时任两江总督。前引冯兆基文第101页，前引肖公权书第237页。

月9日同时起义。起义的日期越来越近,但康有为应允拨给的款项仍然杳无踪影。唐才常被迫将举事日期推延至8月19日,后来又改为8月23日。起义延期的决定似乎是仓促之间做出的,没有足够的时间通知所有小组领导人。于是,秦力山按原计划于1900年8月9日在大通发动起义了。这一部分义军苦战六日,伤亡惨重,最后被镇压下去了。秦力山得以平安逃脱,但很多义军士兵被活捉,经过审讯,他们供出了关于这次起义的许多重要情况。① 张之洞根据得到的线索,于8月21日晚逮捕了唐才常及其他重要的起义首领,这时距更改后的举事时间只有48小时。被捕的起义领导者立刻被处决了。②

假如康有为如约将这笔必要的款项送到,所有5部分义军就可以按原定日期同时发动起义,秦力山的行动就不会打草惊蛇了。因此,起义失败的责任最终落回到没想这次起义的人头上,因为他不愿意将别人捐助他实现这一目标的金钱拿出来实现这一目标。

还有人正确地指出,康有为在报刊上大肆宣传他拥光绪当政的计划,③ 等于"提醒朝廷先下手为强"。④ 康有为本人确实有文字承认他曾致电两江总督刘坤一及其他人,请求他们在唐才常起义时给予合作。⑤ 而正是刘坤一后来镇压了秦力山的起义。⑥ 康有为并不死心,两个月之后他又写信给刘坤一,请他去做起义者没能做到的事——拥光绪当政。⑦

容闳同康有为和孙中山一样也介入了唐才常的密谋,因为他比康有为和孙中山更靠近现场,所以也许可以说比康有为和孙中山介入得更深。

百日维新期间,容闳任外交事务参事,⑧ 尽管他在自传中没有提到这一事实。戊戌政变后,他逃到上海外国租界里,组织了"中国强学会"。据他说,该组织的目的是讨论天下大事,特别是变法问题。1899年他为了"人身安全"⑨ 迁往香港。他没有说明为什么在上海外国租界里议论时事也成为不安全的了。从以后发生的事件我们可以推想出,容闳这一决定似乎同唐才常1899年11月由日本回上海详细策划长江沿岸起义有关。唐才常在上海英租界内建立了一个类似以前容闳建立的组织,以此来聚集力量。⑩ 容闳和唐才常不但不互相竞争,而且成了盟友。很有可能不是孙中山就是康有为写过信介绍他们紧密合作。假设到1899年底容闳已经十分清楚唐才常的意图,他就可能把自己的人身安全看得比起义重要,于是找借口"迁居香港",⑪ 必要时才回上海。⑫

但这不等于容闳对起义毫不热心。他当过外交事务参事(虽然时间不长),而且"熟谙

---

① 所有能找得到的资料,即便背景截然不同,都引出这一结论。见前引康有为书第266页,前引唐才质书第273页;张之洞1900年9月13日上慈禧太后奏折,转引自《辛亥革命》,第1卷第265页。
② 见1900年9月13日张之洞上慈禧太后奏折,载《辛亥革命》第264—269页。
③ 前引冯兆基文,第113页。
④ 同上,第102页。
⑤ 《唐才常集》第267页。康有为为唐才常写的墓志铭承认了这一点。
⑥ 同注①。
⑦ 《康有为政论集》第1卷第457—159页。
⑧ F. O. 17/1718/第310—312页,斯威特南致沙兹勃雷的报告(1900年3月29日)。
⑨ 前引容闳书,第241—242页。
⑩ 前引冯兆基文,第87页。
⑪ 前引容闳书,第241页。
⑫ 人们读过容闳的自传以及他的私人信件之后,总感到他的"救国"热忱还未达到愿意牺牲生命的程度。相反,假如他不是在自传里说的那样于1899年去香港,而是在1900年8月唐才常的密谋暴露之后才迁往香港的话,人们就不会有这种想法了。

英文",① 显然是那封致英国驻上海代总领事的信的作者,这封信暗示,除非让光绪重新当政,否则全国的秘密会党将起来迫使外国列强干预。② 信的语气同唐才常的属下后来在汉口以及其他地方散发张贴的传单和口号是一致的,③ 同以后康有为致英国外交大臣和德国驻华公使的信的口径也一致。④

唐才常一直想办成一件事,就是促成康有为同孙中山结盟。他自己没能使康有为认识到这一联盟的意义,于是说服容闳再次去做说客。1900年3月容闳抵达新加坡见康有为,但也没有取得突破。倒是容闳和康有为一起向新加坡英国当局透露了一个消息——1900年5月底中国将有大事发生。⑤ 容闳说得更加清楚:"假如发生起义,英国政府是否愿意支持?"⑥ 新加坡英国当局马上向伦敦发回密电:"此间某消息灵通的中国维新派人士预料,今后3个月之内中国会发生革命。前驻美公使[容]闳已抵新加坡同康有为商量有关事宜。"⑦ 伦敦迅速做出反应,提醒英国驻华使团密切注意事态发展,以便采取行动防止任何会影响英国在华利益的骚乱。⑧

在这个问题上,容闳同康有为一样缺乏政治头脑,不过他比康有为稍为精明,虽然英国政府拒绝支持即将到来的起义,⑨ 容闳看来还是在国内放出了英国政府支持起义的风声。⑩ 有史料表明,唐才常为了争取中国高级知识阶层中的进步人士的支持,建议1900年7月在上海英界租召开国会。⑪ 各地对此热烈响应。数百名学者前来参加了会议,其中有许多是著述累累、很有声望的人。中国国会成立了。容闳被推为会长,唐才常被推为总干事。⑫ 会上做出决议,要起草一份英文《公告》,以消除列强的疑虑,即使他们不积极支持,也有可能取得他们的同情。⑬ 这件工作自然由容闳来做。⑭ 所有这些都是舆论、宣传。策划起义的秘密,仅有核心成员才知道。⑮

---

① F. O. 17/1718/第310-312页,新加坡警察总监的报告(1900年3月29日)。
② 同上,第372页,霍必兰致沙兹勃雷的报告(1900年8月30日)。
③ 《辛亥革命》第253-279页;F. O. 17/1718/第372-373页,"变法"告示译本(1900年,无月日)。
④ F. O. 17/1718/第383—386页,康有为公开信副本(1900年11月14日)。
⑤ F. O. 17/1718/,第322-325页,卡斯基顿致斯威特南(1900年5月29日)。从这条资料来看,计划由唐才常领导的这次起义原定的举事日期似乎是5月而不是8月,可能由于同样的原因——康有为不愿拿出募捐所得的款子——于是推迟了。见下注。
⑥ 同上,第310-312页,斯威特南致沙兹勃雷的报告(1900年3月29日)。
⑦ 同上,第309页,斯威特南致张伯伦的报告(密码)(1900年3月29日)。容闳从未任过驻美公使之职。他只当过留美学生监督。看来不是容闳就是康有为,或者两个人都歪曲了事实以便在新加坡英国官员的眼中提高自己的地位。
⑧ 同上,第309页,外交部对上注所言密件的批示。难怪后来驻汉口英国代总领事应张之洞之请于1900年8月21日晚迅速袭击了租界内两幢房子,致使唐才常与其他重要的起义首领被捕(同上),第372页,法磊斯1900年8月23日致霍必兰的信。
⑨ 同上,第310-312页,斯威特南致沙兹勃雷(1900年3月29日)。
⑩ 同上,第360页,霍必兰致沙兹勃雷(密码)(1900年8月29日)。
⑪ 一般都认为会议在张园召开。但1984年11月孙中山讨论会上汤志钧教授告诉我,根据他的研究,会议的地点应是愚园,不是张园。
⑫ 李剑农:《戊戌以后三十年中国政治史》(上海,1930年版;1950年北京重印)第41页。
⑬ 前引冯兆基文,第89页。
⑭ 《唐才常集》,第277页。章太炎《民国光复》一文(载汤志钧:《章太炎政论集》,北京中华书局1977年版第2卷第839-243页)至少可以证实这一点。章太炎本人参加了中国国会的会议,据他回忆,容闳用英语起草《公告》,由副会长严复将它译成汉语(前引章太炎书第840页)。这样做的目的是十分明显的。《公告》的主要对象是外国人,译成汉语只是为了使与会者了解其内容而已。
⑮ 汤志钧编:《章太炎年谱长编》(北京中华书局1979年版)第1卷第109页。

容闳是核心成员之一。因为他的观点同唐才常非常接近,以至于一位现代史学家分析了那份英文《公告》之后认为,简直像唐才常一手草拟的。① 在事务分工方面,唐才常负责上战场指挥作战,而容闳主管"外交",留在上海。② 假如起义成功,容闳肩上的担子更重,要同列强谈判,要向国内外报界做宣传,总之,要做义军的全面发言人。可是,起义失败了。清政府将他列为全国通缉的首犯之一。③

综上所述,容闳参加起义远比外界一般了解到的要积极得多,面临的危险也大得多。其次就是孙中山,他冒险潜回上海,并不知道起义的秘密已经在几天前泄露。至于康有为,据《德臣西报》海外版报道,他当时亦在上海,但新加坡总督马上否定这一说法,④ 因为他一直小心翼翼地保护康有为,使他"安然无恙"。⑤

五

起义的失败以及义军伤亡的惨重显然吓坏了康有为,他决心"绝口不再提武装起义"⑥作为拥光绪重新当政的手段。后来,他甚至将"保皇"的口号改为"帝国宪政"。⑦ 前者作为一种战斗呐喊特别能煽动人心。后者却很难为普通华侨所理解。再者,侥幸逃到海外的起义者当面质问康有为及其门下为何不如期送款,一片指责他们侵吞捐款的呼声大大抵消了康有为在曾经支持过他的华侨中的影响。⑧ 另外,康有为安坐新加坡,毫无动作,而别人却为了他的事业牺牲身家性命,这使他显得比懦夫还要懦夫。一个敬仰康有为的人写信给他:

> ……世人多道,君有救世之力,而无救世之勇,居新加坡,与一白面书生为友,舞文弄墨,视中国濒危而不顾。⑨

康有为却不罢休。他转向其他地区没有给他捐过款的华侨求助。他派最得力的门徒梁启

---

① 前引冯兆基文第90页。可能这一误会起因于会议上唐才常同著名学者章太炎就《公告》内容发生的激烈争论。章太炎尖锐地指出,《公告》不承认满人在中国统治的合法性,但同时又主张光绪当政,这是矛盾的(《章太炎年谱长编》第109页)。这一矛盾很可能反映了孙中山和康有为各自的影响。我向1983年东京学术讨论会提交的论文表明了这一观点。1984年1月4日《光明日报》第3版刊登了蔡少卿《略论自立军起义的性质》一文,也得出相同的结论。1984年4月我访问武汉时,怀着极大兴趣拜读了《武汉师范学院学报》1982年第5期发表的几篇研究唐才常的文章。还有金冲及先生在《近代史研究》(1980年第4期第159—178页)发表的《略论唐才常》一文,分析细致入微,显示出史学界对这方面的研究更加深入。
② 冯自由:《中华民国开国前革命史》(3卷本,第1卷上海1928年版;第2、3卷重庆1944年版)第1卷第11章,引自《中华民国开国五十年文献》第1编第10册《革命之倡导与发展:兴中会(下)》(台北,1964年版)第303页。
③ 《辛亥革命》第1卷第266页/F. O. 17/1718/第406—409页,斯威特南致张伯伦的报告(1901年1月23日)。
④ F. O. 17/1719/第378—379页,斯威特南致威利亚斯的信(1900年11月26日)。威利亚斯是英国外交部雇员。
⑤ 同上,第387—390页,斯威特南致约翰森的信(1900年12月9日)。
⑥ 《唐才常集》,第267页。见下注。
⑦ 前引冯自由文,载《中华民国开国五十年文献》,第1编第10册第306页。康有为成立了一个名叫"保皇会"的组织,在香港、日本、东南亚和北美洲都有分会,后来改名为"帝国宪政会"(F. O. 17/178/第405—408页,1900年1月23日斯威特南致张伯伦的报告并附件)。千万不要将后来的口号同康有为在1898年百日维新期间试图实行的君主立宪混为一谈。
⑧ 同上。
⑨ F. O. 17/1718第412—414页,汤卓舫(音译)致康有为的信(1900年8月12日)。汤系加拿大英属哥伦比亚华侨。

超去澳大利亚;① 他本人则去印度、印度支那、欧洲、北非和中美洲。② 可是,从康有为的日程和路线③可以看出,他的旅行与其说是去募捐,不如说是去享受。旅游花不完的钱他就公开用来添置财产,包括以他在纽约读书的女儿的名义购入的墨西哥维拉克鲁斯市有轨电车。④

可能人们会以为,随着康有为在华侨中的声望下降,孙中山就可以募得更多款子。但事实不然,康有为已经把整个募捐的事情搞糟了。华侨要么不愿意,要么再也没能力捐出较多的款子了。孙中山想出另一个法子。他向西方资本家借钱,答应将来革命成功之后给他们特权。同盟会成立之后,孙中山的力量大大加强。同盟会的英文名一般都译为 Revolutionary Alliance（革命同盟会）,但那时孙中山是把它叫作 Federal Association of China（中国同盟会）的。例如,1910 年 3 月 20 日他准备了一份文件,上面盖有中国同盟会（Federal Association of China）的大印和各省分会的印章,并有总会长以及 17 个省分会会长的签字。⑤

这份文件委托美国退休商人查理士·布思"以同盟会的名义并代表该会处理谈判借款及收取款项等事宜"。⑥ 从以后孙中山和布思先生之间的来往信件看来,布思更感兴趣的似乎是向孙中山打听他的革命活动情况,而不是为他冒风险去活动借款。过了一年,孙中山觉得假如布思仍然不能很快送来一些款子的话,就要向布思索回有他签名盖章以及 17 个省的同盟会分会领导人签名盖章的这份文件。⑦ 我们不知道布思是否按孙中山的要求退回了文件,但孙中山没有搞到钱,这一点是清楚的。

孙中山还在一名叫 C. E. 马斯克鲁夫的伦敦商人身上碰过运气。他先后于 1909 年 12 月 6 日、1910 年 1 月 11 日、1910 年 3 月 22 日写信给马斯克鲁夫,向他借钱,⑧ 但似乎也不成功。相反,马斯克鲁夫在 1913 年就将这些信件卖给了英国博物馆。⑨

容闳则在香港一直住到 1902 年。⑩ 为什么 1900 年起义失败后,他已经知道清政府悬赏缉拿他,但仍然不马上回美国呢?而且 1901 年 1 月 10 日杨衢云在香港被清政府派人刺死,⑪ 容闳在香港逗留就更加危险。杨衢云是孙中山的得力助手,1895 年密谋推翻清朝的广东省政府时他是香港方面起义者的负责人。⑫ 被刺前不久他参加了 1900 年 9 月惠州起义,⑬ 上文

---

① F. O. 17/1718 第 402 页,罗丰禄备忘录（1901 年 1 月 29 日）。罗系驻伦敦中国公使。
② 《康有为政论集》,第 1142 – 1144 页。
③ 同上。
④ 《布思文件》第 1 卷第 38 号,艾伦致布思的信（1909 年 1 月 21 日）。艾伦是纽约的一名咨询工程师,布思是洛杉矶的一位退休商人。《布思文件》现存斯坦福胡佛研究所。
⑤ 《布思文件》第 1 卷第 38 号,艾伦致布思的信（1909 年 1 月 21 日）。艾伦是纽约的一名咨询工程师,布思是洛杉矶的一位退休商人。《布思文件》现存斯坦福胡佛研究所。见下注。
⑥ 《布思文件》,第 2 卷第;8 号,孙中山授权布思为同盟会驻国外的唯一财务代表的文件（1910 年 3 月 20 日）。
⑦ 同上,第 3 卷第 73 号,孙中山致布思的信（1911 年 3 月 6 日）。
⑧ 英国国家图书馆,手稿部,B. L. Add 39168/137 – 1153 号。
⑨ 1914 年 10 月 10 日英国博物馆常务理事会议记录载:理事们同意向 G. E. 马斯克鲁夫先生购入 "1909—1910 年间孙逸仙博士手上的[原文如此]三封信"。感谢英国博物馆档案工作人员珍妮·华莱士小姐于 1983 年 8 月 3 日复信告知我这一资料。
⑩ 前引容闳书,第 242 页。
⑪ F. O. 17/1718/第 523 – 325 页,兴中会香港分会致兴中会伦敦分会的信（1903 年 5 月 26 日）。关于杨衢云被刺事件,法庭的审理,以及对外界的反应的评论,见笔者在《澳大利亚东方学会学报》第 17/18 卷（1983/84）发表的论文《中国对香港的态度:历史的观照》。
⑫ 前引史扶邻书,第 63 页。
⑬ 前引 F. O. 17/1718/,第 523 – 526 页。

提过，按计划惠州起义是同唐才常领导的汉口起义呼应的。容闳之所以甘愿冒被刺的风险留在香港，是因为香港的秘密会党正在策划于1902年再度举事，而且决定一旦起义成功就选容闳为总统，① 作为康有为和孙中山之间的折衷人选。②

可是，起义一直没有举行，容闳于是重返美国，继续过他的"奢侈的流亡生活"。③ 在美国，容闳和他的商界朋友订了个推翻清政府的计划，梦想由他来当新皇帝。④ 看来1900年在舒舒适适的上海英租界里被选为那个冒牌中国国会的会长以及后来有人建议以他做康有为和孙中山之间的折衷人选这两件事使他头脑发热，自视极高。"他成天都在做皇帝梦"⑤，一位同容闳有来往的人一针见血地指出。"我们如今是以朽木支撑大厦，无论何时都不能忘记这一点。"⑥ 不过，容闳还是有一点头脑，他知道这个大计划可能完成不了，也可能失败，所以他准备了两条发财的后路。一是经营广东省西面邻省里的一个极富的银矿，二是用新方法将苎麻纤维加工脱胶后，同真丝混合纺织丝绸，这是能赚大钱的买卖。⑦

可是，辛亥革命爆发了，1912年孙中山出任中华民国临时大总统，容闳的美梦破灭了，他于1912年4月去世。⑧

## 六

就理想而言，孙中山终于在某种程度上实现了自己追求的目标，他推翻了清朝统治，在中国建立了共和政府。他为了实现这一理想所做的努力并非统统切合实际，但他从未怀有谋取权力和财富的个人野心。康有为的理想一度很有影响，但他怯懦、贪婪，不顾他人生死，终于很快威信扫地。至于容闳，大概"开明的自私"⑨ 就是对于他的手段和目的的公正评价了。⑩

（译自联邦德国《亚洲历史学报》第20卷第1期，1986年。发表于《国外中国近代史研究》第12辑，1989年1月）

---

① 汤志钧：《戊戌变法人物传考》（北京，中华书局，1982年版）第1卷第189页。
② 同上，第191页第12注。
③ 《布思文件》第12卷第107号，朱里安·哈特文章：《美国人为中国起义密谋真相大白：胡佛大楼信件揭露1908年的阴谋》，1966年10月13日《洛杉矶时报》重印。
④ 同上。
⑤ 同上，第2卷，第41号，艾伦致布思信（1909年2月1日）。艾伦是纽约有名的商人，百老汇街的咨询工程师。
⑥ 同上，第2卷第40号，艾伦致布思信（1909年1月29日）。
⑦ 同上，第2卷第41号，艾伦致布思信（1909年2月1日）。
⑧ 同上，第12卷第107号，前引朱里安·哈特文章。
⑨ 《布思文件》，第2卷第40号，艾伦致布思信（1909年1月29日）。
⑩ 鉴于本文提出的新发现，海峡两岸的学者可能要重新考虑对容闳的评价。两卷本《容闳传记资料》（台北，1979年版）收集的38份材料总的说来使人觉得容闳是一位无私的爱国者。大陆的史学家亦持相同观点，比如钟叔河的《为使西学东渐而奋斗的一生》（见《西学东渐记》，湖南人民出版社，1981年版第1—14页）、丁宝兰的《论容闳》（《中山大学学报》，1982年第2期第57—63页）都是这种看法。另外，写《容闳与近代中国》（台北，1981年版）的香港的李志刚先生可能也会重新考虑他把容闳当作英雄来敬仰是否恰当。

# 两广总督叶名琛（节选）

黄宇和

## 第六部分 捐躯

### 第十一章 被囚印度

自1月5日叶名琛被囚于"无畏号"舰起，至2月23日该舰才驶离香港，共四十八天。这么长时间失去自由，换一个心胸不那么豁达的人，精神上定会受到极大折磨。可是，所有史料都认为叶名琛没有把个人的不幸放在心上。他虽然束手被擒，但举止依然庄重高贵，军舰上所有军官都很尊重他。① 《香港纪事报》的一位记者在访问叶名琛后写道："偶然有人上舰，都向叶脱帽致意，他也欠身脱帽还礼。"② "无畏号"离开香港驶往加尔各答时，叶名琛情绪甚佳，脾气温顺，只是后来晕了船才显得气色不好。③ 当时天气酷热，叶名琛颇感难受，但当翻译阿查礼病倒时，他仍尽心给予照顾。阿查礼说："中堂大人时刻挂念我的病情，经常到我舱房来探视；为了伺候我，他的随从也忙得不亦乐乎。"④ "无畏号"于3月12日晚抵达加尔各答，三天后便安排叶名琛登岸。

"星期一早晨，他穿戴齐整，准时在七点钟吃完早饭，赫尔博特中校到来后，他戴好朝冠走上甲板，向各人鞠躬致意，然后仪表堂堂地走下接他上岸的驳艇中。"⑤

他暂时囚禁在威廉炮台里。进了房间，一待安顿停当，他就给"无畏号"舰长布鲁克写了一张凭证，说明连日来一直得到他的照顾。但是，像对待包令一样，他不肯在凭证上签字。⑥ 就这样，他很客气地把布鲁克打发走了。

他被囚禁在威廉炮台五十多天。⑦ 也许威廉炮台同广州的镇海楼颇有点相似，所以引起叶名琛的诗兴，写了下面这首诗：⑧

> 镇海楼头月色寒，将星翻作客星单。
> 纵云一范军中有，怎奈诸君壁上看。
> 向戍何必求免死，苏卿无恙劝加餐。
> 任他日把丹青绘，恨态愁容下笔难。⑨

---

① 《拉伦英文手稿》第1230种84号，《香港纪事报》，1858年2月16日。
② 同上。
③ 他的晕船比其随从恢复得快。随从是武巡捕蓝镔、两个侍役、一个厨子和一个理发师。
④ 《拉伦英文手稿》第1230种147号，阿查礼致包令的信，1858年3月17日。
⑤ 同上。
⑥ 同上。
⑦ 伦敦印度殖民部图书馆藏《1858年度秘密来信》L/PS/5第167卷，赫尔博特致毕顿的信，1858年5月3日。
⑧ 薛福成：《书汉阳叶相广州之变》。
⑨ 叶名琛被囚于威廉炮台时，有画家来为他画像（《秘密来信》L/PS/5第167卷，赫尔博特致毕顿的信，1858年4月5日）。

叶名琛在这里第一次披露了他之所以甘愿成为俘房的原因。其实,他早在写诗之前就已经实行他的计划了。比如,从香港驶往加尔各答途中,他表面上似乎对所经之地不感兴趣,有人提出给他一把椅子,让他坐在甲板上,他都谢绝了。船舱里如果有人,他就从不向舷窗外探望。但人们发现,他孤身独处时,会坐在船尾的舷窗边,饶有兴趣地注视着军舰经过的地方。① 在威廉炮台以及后来在托里贡的住宅里,② 他每周都接见许多来访者,其间有军人、印度政府官员、法官、教授、传教士等。③ 他每天起床极早,起来后就坐立不安,直至收到当天的报纸——《加尔各答英国人报》后才安静下来。这时,他就请阿查礼把新闻翻译给他听。报上常载有关于英国议会辩论的消息,如果有时这类消息一点也没有,叶名琛就会显得很失望。听到巴麦尊勋爵下台的消息,他十分高兴。听说德比爵士想迅速同中国议和,他笑得嘴都合不拢。当然,在读报过程中免不了有问有答,通过这些问答,据说叶名琛真的开始对英国宪法有些朦朦胧胧的认识。④

"我不会使您厌烦吧!"阿查礼说。其实,他足足翻译了两个小时,自己都厌烦了。

"不!讲下去吧。现在我明白了,这比我以前从香港了解到的要清楚得多,那时我根本不懂。"⑤

然而,叶名琛并没有多少机会来了解西方,中国也不会从他辛辛苦苦获得的知识中得到什么益处。开头的一阵狂热过去后,加尔各答的英国人对叶名琛不再感兴趣,来访者越来越少。赫尔博特中校是负责与叶名琛有关一切事务的军官,上级要求他每天去看叶名琛两次,每周交一份报告。他很不耐烦,请求免去这项例行公事。1859年4月2日,上级终于同意了他的请求。八天之后,便传来叶名琛的死讯。⑥

按理有四方面的人应该知道这一突然而神秘的死亡原因。

第一,是医生。潘恩大夫在4月2日应召去给叶名琛看病,他细心观察,反复检查,但没有发现叶名琛患什么病。⑦ 另一位医生斯克里文,曾两次随同潘恩大夫去看望叶名琛,也说不出所以然来。叶死后,有人建议尸体解剖,但阿查礼反对,说这将会遭"强烈反对",因而作罢。⑧

第二是赫尔博特中校。他自免去书写周报后,干脆就不再去看叶名琛。他但愿值勤的印度警察⑨每晚送来的汇报都是"一切正常"。⑩ 他甚至在叶名琛死后连住处有多少仆人都搞

---

① 《拉伦英文手稿》第1230种147号,阿查礼致包令函,1858年3月17日;柯克《中国》页425-426。
② 叶名琛于1858年5月迁往加尔各答郊区托里贡的一所两层楼房里(《秘密来信》L/PS/5第167卷,赫尔博特致毕顿的信,1858年5月3日)。
③ 《印度政治与外交文案》,Range 202-203,赫尔博特的报告。
④ 柯克:《中国》页429-430。
⑤ 同上。
⑥ 《秘密来信》L/PS/5第164卷,赫尔博特致毕顿的信,1858年3月15日,《印度政治与外交文案》,Range 203,赫尔博特致西姆生的信,1859年2月14日;同上,潘恩致赫尔博特的信,1859年4月10日。
⑦ 同上,潘恩致赫尔博特的信,1859年4月10日。
⑧ 同上,赫尔博特致毕顿的信,1859年4月11日。
⑨ 自叶名琛迁入新址以后,就有五名警察组成的卫队把门(《秘密来信》)L/PS/5第157卷,赫尔博特致毕顿函,1858年3月19日)。
⑩ 《印度政治与外交文案》,Range 203,赫尔伯特致毕顿函,1858年11月12日。这种情况发生在11-12月间,那时赫尔博特动了手术。

不清楚，这完全证明他根本无心过问叶名琛的事。①

第三是翻译。阿查礼是一个精力旺盛、喜欢冒险的年轻人，每天给叶名琛翻译报纸根本不合他的胃口。英国方面为了照顾叶名琛的身份，曾为他租了辆马车备用。这辆马车，叶名琛只是从威廉炮台迁居托里贡时坐过一次，它几乎成了阿查礼的专车。阿查礼坐着这辆马车或远足，或访师寻友，把拉车的马匹弄得劳累不堪，以致出租马车的西尔华利·哈卜来斯公司在1859年3月31日合同期满后就拒绝续约。② 总之，阿查礼也无法解释叶名琛的死因。

第四是那些中国仆人。他们的回答是这样的："迨至九年二月二十日后带去食物已尽，小的们请在彼处添买。主人不允，且云，我之所以不死而来者，当时闻夷人欲送我到英国。闻其国王素称明理，意欲得见该国王，当面理论，既经和好，何以无端起衅，究竟孰是孰非，及冀折服其心，而存国家体制。彼时此身已置之度外，原期始终其事，不意日望一日，总不能到他国。淹留此处，要生何为，我所带粮食既完，何颜食外国之物。屡经翻译官将食物送来，一概杜绝不用。小的们屡劝不从，于二月二十九日得病不食，至三月初七日戌时病故。临终并无别语，只说辜负皇上天恩，死不瞑目。"③

叶名琛自带粮食一事，有英国方面的两条史料为证。柯克写道，离开"无畏号"上岸之前，叶名琛把厨子找去，厨子告诉他带来了"大量中国食品"，④ 他十分满意。赫尔博特在汇报中也写道，自叶名琛死后，中国仆役的食用"过去由叶名琛承担，现在要由英国方面支付，所以每日的开销增加了许多"。⑤ 过去月支仅490卢比左右，⑥ 到1859年4月，增至3,046卢比。⑦

4月初，潘恩大夫曾来探病，他只发现叶名琛有时浑身无力、胃口不佳，伴便秘以及其他一些消化不良的症状；另外，肝功能有点不正常，这也是很普通的症状。当然，潘恩大夫看出叶名琛十分虚弱，这种虚弱是上面提到的各种症状都解释不了的。不过潘恩说，叶名琛"像平时一样谈笑风生。我说他的病恐怕是因为天气越来越热所引起的，他似乎同意我的看法"。⑧ 以后几天，潘恩大夫继续给叶名琛看病。叶的情况看来有所好转，无须再予诊治。由此可见，叶名琛的仆人说他自夏历二月二十九日得病后不食而死，大体是可信的。

叶名琛像指挥官兵同围城红兵作战以及1856—57年同英国人打仗一样，镇静自若地结束了自己的生命。他是一个极能忍受痛苦的人。从香港到加尔各答的航程是他第一次出海。柯克写道："从船舱的天窗里传来一阵阵痛苦的呻吟，就好像埃特纳⑨在受折磨一样。从所发出的怪声判断，这位总督像是要把两广都吐出来似的。不过，我不得不承认他在这次晕船中的挣扎奋斗，确有大丈夫的气概……。他表现出中国人的勇气和坚韧。"⑩

---

① 《印度政治与外交文案》，Range 203，赫尔博特致毕顿函，1859年4月15日。

② 同上，赫尔博特致毕顿函，1859年3月29日。

③ 《四国新档·英国档》第1275号，1859年8月7日。

④ 柯克《中国》页401。

⑤ 《印度政治与外交文案》，Range 203，赫尔博特致毕顿的信，1859年5月1日。

⑥ 同上，Range 202–203。

⑦ 同上，Range 203，西门致赫尔博特的信，1859年5月5日。

⑧ 同上，潘恩致赫尔博特函，1859年4月10日。

⑨ 埃特纳是欧洲最高的活火山，位于西西里岛。古罗马诗人魏吉尔（公元前70—前19）在其长诗《伊利亚特》第三章578行曾把埃特纳火山的爆发比作埋在山下的巨人安西里德斯的辗转挣扎。——译者注

⑩ 柯克《中国》页405。

下面是叶名琛的一首诗,很可能是他在弥留之际写成的。他在诗中把一切都说得很清楚了:①

> 零丁洋泊叹无家,雁札犹传节度衙。
> 海外难寻高士粟,斗边远泛使臣槎。
> 心惊跃虎笳声急,望断慈乌日影斜。
> 惟有春光依旧返,隔墙红遍木棉花。

叶名琛流落海外,成了阶下之囚,必然会从中国历史中寻找楷模,以指导自己的言行。到加尔各答后的头几个月,他以苏武为榜样;后来眼看像苏武那样"留胡节不辱"没有多少用处,于是决定学习伯夷、叔齐,一待自带的粮食吃完,便绝食而死。

(北京,中华书局1984;上海书店出版社,2004)

---

① 薛福成:《书汉阳叶相广州之变》。

# 有志竟成——孙中山伦敦蒙难及影响
## （节选）

黄宇和

### 第三章 英雄形象的创造

> 孙先生对我说，他早已知道公使馆，他故意改换姓名，天天跑到公使馆去宣传革命。
>
> ——陈少白①

#### 第一节 进馆动机

据说孙中山离开伦敦后说他根本没有被绑架，他是无所畏惧地走入使馆的。第一个将这条资料写入书中的是罗家伦，他把所有能够找到的与绑架事件有关的资料都做了评价，他的这本著作到今天仍然是权威性的专著。该书在1930年初版。② 罗家伦并非直接听到孙中山讲这番话，而是从孙中山的两位亲密战友那里间接听来的。他们是胡汉民和戴季陶，都比孙中山长寿。1930年7月20日胡汉民说："[孙中山]是否自投使署，或是被挟持入内，仍然是悬而未决的问题，因为有一天他告诉我们他是自进使署的。"③ 1930年9月2日，戴季陶对罗家伦讲了同样内容的话。④ 根据这两条口述资料，罗家伦写道："我以为从中山先生勇往直前的性格来推论，或者他当时是自动地进使馆去宣传主张，集合同志，窥探虚实，也未可知；因为这些在一个革命领袖的生命过程中，是意料中的事，也是一件很可以表示中山先生大无畏精神的事。后来因为这个案子成为国际的问题，成为欧美舆论界所注视的问题，所以他为暴露清廷的罪恶和愚妄，与取得大家对于中国革命运动的同情计，遂倡为《伦敦蒙难记》中之一说（即被绑说）。"⑤。

罗家伦将本末倒置了：孙中山被拘禁于使馆期间曾递出许多字条求援，送到康德黎手中的两张得以保存下来，其内容如下：

> 我于星期日被绑入中国使馆并将被偷运出境，送回中国处死。速来救我。⑥
> 已向C.L［格兰轮船公司］租船一艘送我返中国。沿途我将被锁禁，不得与任何人联系。呜呼！⑦

---

① 陈少白：《兴中会革命史要》（南京，1935），收入柴德赓等编《辛亥革命》（上海，1957，1981）第一册，第35页［下文简称《辛亥革命：兴中会》］。
② 罗家伦：《史料》，"序"的日期署1930年8月1日，比较第二版"序"，日期署1935年10月10日。
③ 罗家伦：《史料》，第42页。
④ 同注3。
⑤ 同注3书，第43页。
⑥ 孙中山字条的照相复制版，载罗家伦：《史料》，第3页。
⑦ 孙中山字条的照相复制版，载罗家伦：《史料》，第4页。

这两张字条给人最突出的印象就是孙中山一心想活命。它们是在报界知道孙中山被囚之前很久写的。如果以后来的舆论轰动来反证孙中山早有预见并故意将自投改为被绑的话,则只能表明,在罗家伦写书的时候,孙中山的伟大革命领袖的英雄形象已经十分突出了。他竟然想在缉捕他的人中间宣传主张,集合同志,这位伟人可真是具有非凡的勇气。当个人崇拜达到一定程度时,连逻辑也是颠倒的了。至于说去使馆窥探虚实,其目的何在?难道想单人独力袭击使馆,挟持人质吗?假如罗家伦读过伦敦报纸对此事的一些重要评论,他就不会为了抬高孙中山的形象而贸然立论了。例如,《太阳报》对于清使馆所谓孙中山自进使署的说法就作过如下评论:"假如此说是真的,我们只能认为这位密谋者的头脑简单到了不正常的地步,因为他刚从中国逃去美国,并且很清楚自己随时都有生命危险。对此,使馆官员有一种解释:'他来窥探虚实。'但是,明眼人一看就知道这是十分荒谬的。"① 罗家伦本意当然不希望"国父"被说成是"头脑简单到了不正常的地步"的人。

然而,罗家伦说得十分清楚,他仅仅是推想,他并没有肯定孙中山确系自进使署。但他的确提出了能够支持他的推想的另一种证据。至于这一证据,我将在本章第二节讨论。

1935年春,陈少白的《兴中会革命史要》在他死后出版,书中记载了一些与孙中山伦敦蒙难有关的重要资料,也支持了罗家伦的推想。后来,罗家伦在他的专著再版时收入了这些资料。② 陈少白在书中写道:

> 我们要知道,当时孙先生怎样会被公使馆拘留起来呢?照孙先生自己做的《伦敦蒙难记》所说,是道遇公使随员邓廷铿,自言是香山同乡,他乡遇故,就提议到邓家内谈天。原来他的家,就是中国公使馆,以后先生又遇到好几次。末了一回即被挟持登楼,禁诸室中。但实际并不是这样一回事。当时孙先生对我说,他早已知道公使馆,他故意改换姓名,天天跑到公使馆去宣传革命。后来,公使馆的人疑惑起来,因为当时广州起义之事,传闻还盛,以为这人,或者就是孙逸仙。公使随员邓廷铿因为是同乡,就试出他的确是孙逸仙,于是孙先生就被他们拘禁起来了。"③

陈少白与孙中山原为当年"四大寇"中的两人,那时他们在香港,少年倜傥,定期聚会,非议朝政,故此得名。④ 从一开始,陈少白就坚决支持孙中山,1895年他与孙中山一道在广州举事,失败后又一同逃往日本。他是本世纪初系统地记述中国革命活动的极少数作者之一,用的是回忆录的形式,因此很有权威。然而,我认为使用回忆录所载的资料一定要特别小心。比如上面所引文字中,第一段肯定有误。《伦敦蒙难记》并没有提到孙中山在被囚禁前一日见过邓廷铿,更无记载在此之前与邓廷铿一起数次去他住处的事。第二段却值得认真注意。如果孙中山真的口头告诉陈少白他是自进使署的,那么最早的时间应在1897年8月他从伦敦抵达日本的时候,⑤ 即比胡汉民听说此事要早至少八年,因为胡汉民到1905年

---

① 《太阳报》,1896年10月23日,同日的《伦敦与中国快报》引用。
② 罗家伦:《史料》,第43页。
③ 罗家伦的《史料》引用,见此书第43页。
④ 冯自由:《革命逸史》(北京,1981重印),第1册第8-9页。
⑤ 《孙中山年谱》,第36页。

才认识孙中山，① 比戴季陶知道此事至少早十五年，因为戴季陶第一次见孙中山是在1912年。② 比较之下，三条口述资料中，陈少白应最具权威，难怪罗家伦连忙再版他的著作，以便全文引用陈少白的文字。

另一位史学家史扶邻也使用了与伦敦蒙难有关的这些被认为是权威性的资料。他对陈少白提供的资料的看法很有意思：

> ……陈少白很可能是孙中山回到东方后见到的第一个密友，他讲述了孙中山如何夸耀［着重号为原作者所加］自己每日都造访使署的情况。后来，孙中山以比较谦虚的［着重号为原作者所加］口吻告诉胡汉民和戴季陶他是自进使署的。③ 朋友们都赞赏他敢于勇闯敌营的胆量和革命热情。他们也理解他为了给满清政府抹黑以及赢得国际舆论的支持而讲假话的行为，认为这是有必要的。

孙中山在向英国人介绍他的被囚经过时本能地觉察到要达到既定目的就要隐瞒真相。④ 史扶邻在注释中写道："孙中山的另一亲密同志［邓］慕韩提交给国民党档案馆的一份备忘录也进一步证实了这一点。"⑤ 当然，邓慕韩认识孙中山也是1897年之后很久的事了。⑥ 史扶邻像罗家伦一样相信这些口述资料，也相信孙中山"为了给满清政府抹黑"而歪曲了事实。但他更重视年代较近的口述资料，这一点又与罗家伦不同，他显然认为最早的那条资料含有自夸的成分。他很可能也不相信陈少白所谓孙中山进入使馆宣传革命的说法，所以他根本不提罗家伦的推想，因为这一推想是与陈少白的说法一致的。史扶邻倒是认为孙中山自入使署的动机是他"大胆并爱冒险"。⑦

总之，动机问题的提出完全是因为人们推想孙中山是自进使署的。但是，这个推想是否能成立呢？史扶邻似乎不喜欢陈少白提供的资料中的夸大成分，但到底是孙中山还是陈少白夸大呢？

在《伦敦蒙难记》的附录中也许能找到一点线索。附录先是大略讲述了1895年孙中山在广州举事的情况，点出失败后"有四五十名被认为是孙中山的同谋者的人被处决，并且悬赏捉拿孙中山"，然后写道："据说这位百折不挠的爱国者马上又向驻华盛顿的清使馆人员宣传革命，后来在伦敦他也做过同样的工作。"⑧ 这篇文章是谁写的呢？查《伦敦蒙难记》得知该文刊于1896年12月3日香港《德臣西报》。⑨ 可是经笔者查对，该日《德臣西报》并无此文。反复搜寻后发现1896年11月26日《德臣西报》载有一篇类似文章。⑩ 但是，

---

① 胡汉民：《胡汉民自传》，载《近代史资料》，1981年第2期，第13页。感谢金冲及教授提供这一信息。
② 感谢金冲及教授提供这一信息。
③ 史扶邻：《起源》，第112–113页，引用罗家伦的《史料》第42页。
④ 史扶邻：《起源》，第112–113页。
⑤ 史扶邻：《起源》，第113页注49。
⑥ 感谢金冲及教授提供这一信息。
⑦ 史扶邻：《史料》，第111–112页。
⑧ 孙中山：《伦敦蒙难记》，第119页。
⑨ 孙中山：《伦敦蒙难记》，第113页。
⑩ 《德臣西报》，1896年11月26日，第5–7栏。对此情况将在第四章第四节试释。

附录所载文章的标题是《心目中的中国革命者》,① 而报载文章的标题却是《中国的革新》。② 此外,附录错指孙中山为"天津嘉约翰医生的学校"的学生,③ 而报载文章却说孙中山曾在"广州嘉约翰医生的学校"就读,④ 这表明报载文章的作者对孙中山早年的经历十分了解。⑤ 更重要的是,《德臣西报》注明该文转载自《神户记事报》,⑥ 这一出处在附录中并未提到。当时在日本有谁能写出这样的文章呢?

1895年广州举事失败后,孙中山与两名亲密同志陈少白和郑士良逃往日本。⑦ 不久,孙中山转往夏威夷,郑士良回香港,但陈少白留在日本。⑧ 1897年孙中山返日本时陈少白仍在那里。⑨

《神户记事报》是英文报纸。陈少白是1888年美国传教士哈巴安德在广州创立的格致书院录取的第一名学生,⑩ 在那里他打下了很好的英语基础。后来他与孙中山一道到香港西医书院读书,⑪ 该书院是用英语授课的,因此,在语言上陈少白完全有能力写出《神户记事报》上的文章。

《德臣西报》转载的那篇文章开头是这样的:"孙中山将很可能成为载入史册的风云人物,他就是近日伦敦清使馆企图绑架并作为叛贼处死的那个人。"⑫ 文章接着写道:"……他是个杰出的人,对于中国广大民众悲惨的境况有深刻的认识……孙医生是唯一能以一往无前的勇气把握这一形势的人,仅此勇气就足以使整个民族复兴。"⑬ 这些赞辞同人所共知的陈少白对他的领袖的钦佩之情如出一辙。

"他中等身材,瘦削而结实,谈锋敏锐,具有在中国人当中少见的坦率性格,谈吐诚恳,风度自然,机敏果断,一经接触就使人确信他在各方面都是他们民族中出类拔萃的人,虽然他有沉静的外表。如果命运对他公正的话,他迟早都会对中国产生长远的影响。"⑭ 当时在日本有谁会写出对孙中山如此倾慕的文字?

该文不但推崇孙中山,还赞扬了康德黎医生。两者联系起来考虑,又使我想到该文作者很可能是陈少白。

……多亏了孙中山在香港就读时的老师兼朋友康德黎医生,中国有史以来最杰出的人才之一才得以通过英国执法机构的干预而免遭鞑虏之毒手。举凡认识康德黎医生的人——他在世界上很多地区都很出名——都认为从来还没有过像他那样正直、高尚的仁义之人。孙博士得遇好人。在康德黎医生的保护下,他定能一心一意地以他的热情和一

---

① 孙中山:《伦敦蒙难记》,第113页。
② 《德臣西报》,1896年11月26日,第5栏。
③ 孙中山:《伦敦蒙难记》,第115页。
④ 《德臣西报》,1896年11月26日,第5栏。
⑤ 1896年的大多数报道提到孙中山在香港学医,却没有提到广州。
⑥ 《德臣西报》,1896年11月26日,第5栏。
⑦ 史扶邻:《起源》,第98页。
⑧ 史扶邻:《起源》,第102页。
⑨ 史扶邻:《起源》,第141页;又陈少白:《辛亥革命:兴中会》,第一册,第38-42页。
⑩ 布尔门与豪沃德编:《中华民国人名辞典》,第一卷,第230页,第1栏。
⑪ 布尔门与豪沃德编:《中华民国人名辞典》,第一卷,第230页,第1栏。
⑫ 《德臣西报》,1896年11月26日,第2版,第5栏。
⑬ 同上。
⑭ 同上。如果此文像我猜测的那样是由陈少白写的话,原文有可能在发表前一定被润饰过。

丝不苟、直截了当的方式为他选定的事业而奋斗，直到他为转变中华帝国的非人状况所做的努力取得令人满意的成果为止。①

当时在日本有谁对孙中山和康德黎以及他们之间的友情了解得这么清楚？孙中山还是西医学院二年级学生时就将陈少白介绍给康德黎医生，并安排他也在康德黎门下就读。②
该文谈到1895年10月广州举义时作了以下评论：

> 毫无疑问，有相当多支持这次举事的人抱着不可告人的动机［着重点为本书作者所加］，因为在中国这种人太多了。起义几乎是在三月份仓促举行的，当时已经从檀香山、新加坡、澳大利亚以及其他地方筹集到资金，但仍然缺乏合适的人选，武器亦准备不足，而且更高明的意见［着重号系本书作者所加］占了上风。要是更高明的意见在十月份能占上风的话也许不至于那样糟糕……他那些向来不大相信非暴力方式［着重号系本书作者所加］的同盟者们策划了一次大胆的武装暴动。这次暴动也可能成功，但那只是暂时的，它无法为下一步行动作准备。③

在这里不妨把这段文字同后来陈少白回忆广州举义的文字比较一下："翌日，杨衢云突然问孙中山能否让他当总统。原定占领广州后这个头衔是还给孙中山的。孙中山眼看起义尚未发动而内部权力斗争已起，内心十分难过，就找我和郑士良秘密商量。郑士良说：'这不行。我要去杀了他。我一定要杀他。'……当天晚上，孙先生自动将总统职位让给了杨衢云。"④ 陈少白还在另一场合说过，孙中山与杨衢云结识不久，有一天两人争论得很激烈，杨衢云坚持要通过起义建立共和，而孙中山宁愿选择非暴力方式。杨衢云十分恼火，揪住孙中山的发辫要打孙中山，是陈少白把他们拦开了。⑤

假如陈少白就是《神户记事报》上那篇文章的作者的话——看来这极有可能——他似乎想达到双重目的，一是树立孙中山的英雄形象，二是攻击他过去的盟友。因此，难怪另一方坐不住了。《德臣西报》转载《神户记事报》文章之后两日，有人写信给《德臣西报》编辑："先生，为了纠正最近因为孙逸仙医生被伦敦清使馆拘禁而造成的错误印象，请允许我告诉您，革新派的领袖是杨衢云，一位真金般高贵、白璧般无瑕的进步人士，一位彻底的爱国者和革新派人物。他被称为护国公，孙逸仙医生只不过是革新运动的组织者之一……附记：姓名住址暂不奉告，望原谅。1896年11月28日于香港。"⑥ 密谋广州起义的领导人中，这时候只有谢缵泰留在香港，⑦ 因为他隐藏得很深。谢缵泰是杨衢云的忠实支持者，在澳大利亚悉尼市出生并受教育，十六岁随母赴港，在皇仁书院继续其学业。⑧ 他的英语水平足以写出致《德臣西报》编辑的信，其实，他在1896年之前就已经在香港的英文报纸上发表了

---

① 《德臣西报》，1896年11月26日，第2版，第6-7栏。
② 陈少白：《辛亥革命：兴中会》，第1册，第25页。
③ 《德臣西报》，1896年11月26日，第2版，第6栏。
④ 陈少白：《辛亥革命：兴中会》，第1册，第30-31页。
⑤ 刘成禺：《先总理旧志录》，载《国史馆馆刊》，1947年12月第1卷，第48-49页。感谢林增平教授提供这一信息。
⑥ 《德臣西报》，1896年11月30日，第3版，第2栏。
⑦ 冯自由：《革命逸史》，第2册，第22-23页。
⑧ 谢缵泰：《中华民国：革命秘史》（香港，1924），第6页第2栏至第7页第1栏（下文简称《民国》）。

不少文章了。① 后来他还写了《中华民国：革命秘史》一书，出单行本前先在《南华早报》连载。②

若能得知《神户记事报》上那篇文章的作者姓名就再好不过了，但到目前为止，笔者尚未找到1896年的那一期报纸。③ 即使能够找到，我想在当时情况下作者也会像写信给香港《德臣西报》的那个人一样匿去姓名的，他甚至会用假名，这样更糟，因为会引起混乱。

革命党内的派系纷争使我们得以从不同的角度来考察孙中山伦敦被难事件。广州举事失败后，孙中山向东逃逸，先至日本，再至夏威夷、美国，最后抵英国，④ 杨衢云则向西走，先至西贡，后至新加坡、马德拉斯（印度）、科伦坡，最后到达南非，⑤ 留下谢缵泰同极有可能是陈少白的那位作者在香港和日本之间笔战。最近的研究成果表明，当时杨衢云的势力比孙中山要大得多，这是出乎一般人意料之外的。⑥ 仅这一点就可能令陈少白使尽浑身解数来加强孙中山一派的实力。假如《神户记事报》的文章真的出自他的笔底，看来他就是不惜编造孙中山勇闯驻华盛顿和伦敦清使馆的故事来为孙中山创造英雄形象了。⑦ 而就在这时，孙中山正忙着告诉英国人他是被绑架的呢。如果孙中山在伦敦确系被绑架，后来到了1897年在日本的时候他显然没有必要对陈少白讲假话，恐怕是陈少白事后建议他将被绑改为自进使署的。不管事实如何，孙中山后来终于决定把他的历险说成是英雄行为，并告诉了他的新亲信胡汉民、戴季陶和邓慕韩，尽管他从未在公开场合这样讲过。胡汉民曾说，伦敦蒙难仍是个未确定的问题，⑧ 他的确抓住了关键。其实，除非有确凿证据证明孙中山是自进使署，否则任何对他的动机的推测都是不必要的。这种推测甚至会使人误入歧途，就像罗家伦那样，他竟然声称一个革命领袖就应该敢于进入使馆宣传革命，⑨ 这无非是制造一个理由好证明自进使馆是有可能的。同样，史扶邻硬说孙中山"讲假话"是"为了给满清政府抹黑以及赢得国际舆论的支持"，⑩ 这也是罗家伦在30年代所持的观点。⑪

我们必须记住，第一个说孙中山不是被绑架的人不是孙中山自己，而是1896年给《神户记事报》写文章的那个人。⑫

---

① 谢缵泰：《民国》，第8页，第2栏。

② 同上。

③ 我先后查询过日本的东京大学明治新闻杂志文库、国会图书馆、横滨历史档案馆、英国图书馆、美国国会图书馆处，均无所获。

④ 史扶邻：《起源》，第98－104页。

⑤ 谢缵泰：《民国》，第10页，第1栏。

⑥ 袁鸿林：《兴中会时期的孙杨两派关系》，载《纪念辛亥革命七十周年青年学术讨论会论文选》，上册，第1－22页。

⑦ 完全没有任何资料支持勇闯华盛顿清使馆的说法。至于伦敦清使馆的情况，孙中山在获释后立刻打电报给陈少白的话，电报到达日本能让陈少白写出这样的文章来。但是难以想象孙中山在不断受到新闻记者的追逐要获得被绑架经过的时候，会打电报到日本说自己冒险闯入使馆。另一方面，有关这样的一封信到达日本就会太迟，没能赶上《神户纪事报》的文章。报道有关消息的伦敦报纸在1896年11月底才到香港，在1896年11月26日的《德臣西报》上转载，而在同一天，这张报纸还转载了《神户纪事报》的文章。当时轮船的速度就是这样。当孙中山终于能坐下来给他在香港的一个朋友写他的受难经过时，他说自己是被绑架的（孙中山致区凤墀，1896年11月，载《孙中山全集》，第1卷，第45－46页）。

⑧ 罗家伦：《史料》，第42页。

⑨ 同上。

⑩ 史扶邻：《起源》，第113页。

⑪ 罗家伦：《史料》，第43页。

⑫ 路透社有关绑架的电讯第一次出现在日本报纸上是在1896年11月1日。例如见当日的《神户又新日报》《大阪朝日新闻》《大阪每日新闻》等。

第2编 译作赏析

## 第二节 拘前造访

除口述资料外，罗家伦和史扶邻都使用了档案资料。罗家伦最突出的成就是在总理衙门档案中整理出与伦敦蒙难有关的材料。他还研究了伦敦清使馆的文件抄本以及当时一名使馆官员的回忆录和另一官员的日记。[①] 史扶邻的主要贡献则在于他用了英国外交部档案[②]来补足罗家伦研究的不足。[③]

英国财政部大律师卡夫根据外交部档案相信孙中山系被绑。[④] 但史扶邻提出异议："假如卡夫当年能够调查清使馆提供的证据并研究有关的中文文件资料的话，他肯定会对孙中山在10日和11日的行为持另一种看法，也许会发现事实真相。"[⑤] 所有史扶邻提到的中文资料都包括在罗家伦的书中。因此，其实是中文资料而不是英国档案导致史扶邻得出孙中山事前曾往访过使署（1896年10月10日），并于再往使署时（1896年10月11日）被拘的结论。然而，同是根据这些中文资料，罗家伦却仅仅推测说："……很可能他去了使馆，……很可能他声称自己被绑架……"[⑥] 看来有必要对这些中文资料作一评价。

首先，史扶邻为了证明他的结论正确，曾引用罗家伦用过的清使馆法文翻译吴宗濂的回忆录。[⑦] 本书第二章第三节已指出，回忆录有些地方不可靠。比如回忆录说提出雇史雷特侦探跟踪孙中山的不是马格里而是公使的侄儿。[⑧] 笔者在北京故宫博物院却找到文件证实这件事是马格里提出的。[⑨] 不过，孙中山获释后，马格里似乎对此事心生厌恶，因而不愿再牵扯进去。[⑩] 当然，当时派去同侦探续约的人可能是公使之侄。中国官场最重和衷共济，马格里明显地不愿重提此事，提则意味着使馆内不和，假如传了出去，对参与此事的每一个人的前程都大为不利，于是，吴宗濂灵机一动，指龚心湛为率先提出雇侦探跟踪孙中山之人，以掩盖使馆内的意见分歧。恐怕这就是吴宗濂回忆录不符事实的原因，否则就是他记忆力太差了。

回忆录还写道："据该探密报，孙文[⑪]剪发作洋装，于八月廿四日（即西历9月30日）登岸，即日乘火车至伦敦。下榻客店，有两西人随行。"[⑫] 侦探的报告并未提到孙中山与两名欧洲人同行，[⑬] 吴宗濂很可能将侦探的报告同清朝驻旧金山总领事的报告混淆了，总领事的报告附在驻华盛顿清公使致驻伦敦清公使的信中，[⑭] 看来吴宗濂是读过这份报告的。总领事在报告中确实提到孙中山断发洋服，抵旧金山，同行有两洋人。[⑮]

---

① 罗家伦：《史料》，第1-42页。
② F. O. 17/1718，第113-116页，卡夫致内政部，1896年11月12日，第5段。
③ 史扶邻：《起源》，第112页。
④ 罗家伦：《史料》，第42-43页。
⑤ 史扶邻：《起源》，第112页。
⑥ 罗家伦：《史料》，第42-43页。
⑦ 史扶邻：《起源》，第112页，引罗家伦的《史料》第31-32页。
⑧ 吴宗濂：《笔记》，卷2，第396页。
⑨ 北京故宫博物院档案，外务部870，使馆财政报告，1897年4月22日，伦敦。
⑩ 罗家伦：《史料》，第117页。
⑪ 如第二章第一节所述，孙文是孙中山的名字之一。
⑫ 吴宗濂：《笔记》，卷2，第409页。
⑬ 史雷特致马格里，1896年10月1日，载罗家伦：《史料》，第110-111页。
⑭ 杨儒咨龚照瑗，1896年7月18日，载罗家伦：《史料》，第8-9页。
⑮ 冯泳亨致杨儒（1896年），载罗家伦：《史料》，第10页。

回忆录又说:"九月初四日(即西历 10 月 10 日),孙文行经使署之门,遇学生宋芝田。"① 我可以肯定使馆内确实有此学生。② 至于孙中山当日经过使馆,亦有可能。康德黎医生后来证实,孙中山当日曾去过他家,③ 清使馆就在他家不远的拐弯处。孙中山本人亦说他去了李振公园,④ 这意味着他沿着西北方向走,然后折向更靠北的地方。这样,孙中山很可能在去公园的路上或者回来时拜访康德黎,于是经过清使馆。他遇见使馆中某人一事也是可能的,因为使馆人员似乎都有在使馆附近散步的习惯。⑤ 但是,既然回忆录已经混淆过人和事,所以孙中山所遇何人以及在何种情况下相遇就需要细加考察。

回忆录接着却说,孙中山问该学生"有无粤人在署",⑥ 好像他知道他正站在使馆外同使馆人员谈话似的。但是,就目前已有的材料来看,吴宗濂当时作为使馆人员做出这种推测是没有根据的,因为 1896 年 10 月的清使馆并不像如今的使馆那样在门口旁边的墙上装有牌子说明它是什么机关。⑦ 旗杆上也没有升国旗。⑧ 有一位记者写得明白,使馆屋顶上不见黄龙旗飘扬,而当年早些时候李鸿章访问伦敦时使馆是升了旗的。⑨ 不然的话,孙中山获释后对包围着他的记者说 1896 年 10 月 11 日他不知道被架入的那座房子就是清使馆时,记者们一定会马上提问他有没有注意到使馆的这些特征。⑩

回忆录紧接着写道:"宋曰有之,孙即请见,乃进署门。"⑪ 这就是说,孙中山在日本时断发辫、留口须、易洋服,装扮成欧化日本人以躲避清政府在海外的追踪,⑫ 如今却步入清政府的势力范围,不但暴露自己的中国人身份,而且由于要求同广东人谈话而表明自己是广东人。史扶邻相信孙中山确实于 1896 年 10 月 10 日冒险进过使署,因此作如下解释:"他显然认为已经摆脱了盯梢,又估计使馆人员在英国国土上不敢对他怎么样。除了觉得混入使馆对广东老乡高谈阔论可以带来刺激之外,他也许由于思乡寂寞,盼与国人结伴。"⑬ 然而,并没有证据表明孙中山认为自己已摆脱清谍追踪。⑭ 再者,假如孙中山真以为清政府在英国国土上不敢对他下手,那么在其他国家他也应有同样想法,可是他为什么又要费钱费力"乔装改扮"呢?⑮ 第三,寻求刺激或许是冒险家的本色,但对革命领袖来说则未免失之轻率鲁莽,而史扶邻是承认孙中山为革命领袖的。第四,同使馆中的广东同乡谈话会暴露孙中山的广东人身份,危及生命安全。第五,盼与国人结伴并不一定要与广东人结伴,虽然广东与中国其他地区的方言和习惯有所不同。

---

① 吴宗濂:《笔记》,卷 2,第 409 页。
② 北京故宫博物院档案,外务部 870,使馆财政报告,1897 年 4 月 22 日,伦敦。
③ F. O. 17/1718,第 121 – 122 页,康德黎于 1896 年 11 月 4 日在财政部的陈述,第 5 段。
④ F. O. 17/1718,第 119 – 120 页,孙中山于 1896 年 11 月 4 日在财政部的陈述,第 7 段。
⑤ 例如见包耳杰:《马格里》,第 284 – 285 页。
⑥ 吴宗濂:《笔记》,卷 2,第 409 页。
⑦ 《早晨导报》,1896 年 10 月 24 日,第 7 版,第 1 – 2 栏;《威士敏斯特寺志》1896 年 10 月 24 日,第 5 版,第 1 栏;《晚间新闻》,1896 年 10 月 24 日,第 2 版,第 4 栏。
⑧ 同上。
⑨ 《每日新闻》,1896 年 10 月 24 日,第 5 版,第 4 栏。
⑩ 例如见《每日纪事报》,1896 年 10 月 24 日,第 5 版,第 5 栏。他的原话是:"……我不知道我在什么地方"。
⑪ 吴宗濂:《笔记》,卷 2,第 409 页。
⑫ 史扶邻:《起源》,第 101 页。(又见康德黎与琼斯:《觉醒》,第 47 – 48 页)。
⑬ 史扶邻:《起源》,第 107 页,又见第 111 – 112 页。书中史扶邻用的是同样的论据,说孙中山"大胆和爱冒险"。
⑭ 相反,孙中山后来作证说:"我有理由认为我的行动受到监视,因为我知道清政府一直在监视着我。"(F. O. 17/1718,第 119 – 120,孙中山于 1896 年 11 月 4 日在财政部的陈述,第三段。)
⑮ 史扶邻:《起源》,第 101 页。

吴宗濂还说,孙中山被带入使馆后见到邓廷铿,异地遇同乡,分外惬意,自称陈载之。"继出金表以示时刻,(邓廷铿)刺史索观,则镌有英文拼切之孙字。刺史恍然,然不动声色"。① 怀表插曲被罗家伦认为是极富想象力之作,② 但史扶邻只引述而不置评。③ 笔者已寻到邓廷铿讲话原文,载《晚间新闻》独家采访记。④ 但在另一份报纸——《每日新闻》——的独家采访中,邓廷铿没有提到那泄露秘密的怀表,他只是指着靠墙的一排橡木椅子中的一把,说:"他[孙中山]是自进使署的,那一天是10日,星期六。他就坐在那把椅子上。"⑤ 无论是泄露秘密的怀表或是普通的橡木椅,邓廷铿之所以要提到这些东西,看来是想使记者们相信,1896年10月10日星期六孙中山曾到过使馆。显然,《晚间新闻》相信了怀表的故事,因而改变了立场。一日前,该报还说因为孙中山和清使馆是当事双方,所以都不能全信。⑥ 但独家采访过邓廷铿之后,该报宣称它宁愿相信清使馆,因为有几位独立目击者可以作证。⑦ 这使我们想起孙中山被拘期间,邓廷铿坚决否认使馆中有孙文其人,连有廿二年经验的中国通孟生医生也被他骗过,开始怀疑过去的学生孙中山是否玩弄恶作剧。⑧ 我们不清楚邓廷铿后来是否只对吴宗濂谈了怀表的故事,或是连橡木椅子也提到了,但有一点是清楚的,吴宗濂忠实地记下了怀表暴露身份一事,而考虑到邓廷铿透露这件事时的背景,这份材料必须慎用。

回忆录还说,孙中山提出第二日再来使馆,然后同邓廷铿一道去码头区拜访那里的广东商人。⑨ 照这种说法,似乎孙中山早就知道中国人聚居区在伦敦东部,但他想找人陪他前去。很难想象一名谋反者会请一位中国官员带他去中国人聚居区以便他在那里开展颠覆活动。邓廷铿的原话并不是这样的。他说孙中山去使馆打听中国人聚居区在哪里,邓告诉他在伦敦东部,孙中山表示想和邓廷铿一起去见那里的中国人。⑩ 就连邓廷铿这番话也值得怀疑。孙中山为什么不向康德黎医生打听华侨在伦敦的住地呢?其实,随便一个伦敦人都可以告诉孙中山华侨住在哪里,甚至可以带他去码头区。假如孙中山丝毫不懂英语,那又作别论,也许这位不屈不挠的革命领袖认为值得冒生命危险去清使馆打听有关情况,但即使那样,他也不会轻易请使馆官员同行。当时,清政府在国内外的官员纷纷报告,孙中山继续招募党人,购买军火,准备再次起义,⑪ 邓廷铿的话要同这一情况联系起来看。使馆公开宣称,孙中山"贼心不死,疑其正在议购军火供反贼使用"。⑫ 邓廷铿对记者讲的话很可能是要与此口径保持一致,努力使记者们相信,这个死心塌地的谋反者冒险入使馆是为了了解他将去招兵买马的地方的情况。吴宗濂似乎从另一角度来理解邓廷铿的话,因而对孙中山的所谓勇气仅仅轻描淡写就算了。

---

① 吴宗濂:《笔记》,卷2,第409页。
② 罗家伦:《史料》,第42页。
③ 史扶邻:《起源》,第112页。
④ 《晚间新闻》,1896年10月24日,第2版,第6栏。
⑤ 《每日新闻》,1896年10月24日,第5版,第5栏。
⑥ 《晚间新闻》,1896年10月23日,第2版,第4栏。
⑦ 《每日新闻》,1896年10月24日,第2版,第6栏。
⑧ 孙中山:《伦敦蒙难记》,第72页。
⑨ 吴宗濂:《笔记》,卷2,第409页。
⑩ 《每日新闻》,1896年10月24日,第5版,第5栏;《晚间新闻》,1896年10月24日,第2版,第6栏。
⑪ 罗家伦:《史料》,第1—16页。
⑫ 《晨报》,1896年10月24日,第1版,第4栏;《早晨导报》,1896年10月24日,第7版,第1栏;《每日纪事报》,1896年10月24日,第5版,第6栏。

回忆录还写道："（邓廷铿）刺史欣诺。孙既去，急密告仙舟（即龚照瑗之侄），转禀星使（即龚照瑗）。星使与马格里、王鹏九两参赞密商办法，皆曰可拿。"① 本书第二章第三节已经详细分析过所谓马格里同意拘捕孙中山的说法，认为极不可信。在这里我还要补充一点，邓廷铿在上面提到的两次单独会见记者时，都没有说过曾经同马格里商量拘捕孙中山。② 因此，是吴宗濂自己在回忆录中硬说马格里同意逮捕孙中山的，这也许是他要维护使馆内部的团结一致所做的又一次努力。接着回忆录描述了第二天发生的事情，这留待本章第三节分析。

史扶邻除了使用罗家伦对吴宗濂回忆录的研究成果之外，还使用了罗家伦对使馆游历官日记的研究成果，1896 年 10 月 10 日的日记证明孙中山去过使馆。史扶邻认为回忆录所载与日记基本相符，③ 这也是罗家伦原来的观点。④ 但史扶邻忽略了罗家伦的补充意见，罗认为日记似是事后追记的，至少隔了两三天。⑤ 后来杰·弗·福特先生独立深入研究过游历官日记之后，也得出与罗家伦的"补充"意见相同的结论。⑥ 这就是说，游历官只是把他事后听说的东西补记下来，而不是按照实际情况把每天发生的事作为第一手材料记入日记。

这样一来，史扶邻极为倚重但又仅仅是间接引用的两种资料（史扶邻只转引罗家伦的著作，他本人并无直接引用这两种资料）——吴宗濂回忆录及游历官日记——原来都是十分不可靠的，而他却利用这些资料得出孙中山 1896 年 10 月 10 日星期六曾去过使馆的结论。只有所谓孙中山当日经过使馆并且遇见某使馆人员这种说法在某种程度上与康德黎医生的证词符合，但同孙中山本人所说的又有相当差距。即便如此，仍有两种材料可以对此说提出质疑，但亦有另一条资料支持这种说法。

先谈质疑。据侦探报告，孙中山当天去了"议院，逗留两个多小时，出来后步行至河滨区，浏览商店橱窗等，然后返葛兰法学院坊 8 号，不再露面"。⑦ 假如侦探的报告属实，则孙中山本人所说他上午 11 时至大约下午 4 时在李振公园是不可能的。⑧ 史雷特的其他报告一般都把跟踪对象的出入来往时间记得十分准确，但星期六的报告却特别含糊其词，星期日的报告也很成问题，史雷特说孙中山"并未出门，无疑是因为天气极其恶劣的缘故［着重号为本书作者所加］"。⑨ 这完全是歪曲事实。笔者查过当日天气报告，史雷特竟把"零星小雨"⑩ 说成天气恶劣。上文讲过，马格里于 1896 年 10 月 12 日星期一往史雷特办公室，要求史雷特告知跟踪目标的下落。⑪ 假设史雷特失去了目标，或者更糟糕一些，星期六和星期日根本就没有去盯梢，那么为了搪塞这位大发脾气的顾客，他很有可能编造出这两天的报

---

① 吴宗濂：《笔记》，卷 2，第 409 页。
② 《每日新闻》，1896 年 10 月 24 日，第 5 版，第 5 栏；《晚间新闻》，1896 年 10 月 24 日，第 2 版，第 6 栏。
③ 史扶邻：《起源》，第 112 页，引罗家伦：《史料》，第 32－33 页。
④ 罗家伦：《史料》，第 34 页。
⑤ 同上。
⑥ 他的其中一种著述题为《被捕英国纪实》，1895—1896，清朝驻英国公使馆游历官凤凌著述，中国研究会不定期论文集，第 22 号（伦敦，1983）。
⑦ 清史馆档案，史雷特致马格里，1896 年 10 月 12 日，载罗家伦：《史料》，第 115 页。
⑧ F. O. 17/1718，第 119－120 页，孙中山于 1896 年 11 月 4 日在财政部的陈述，第 7 段。
⑨ 清史馆档案，史雷特致马格里，1896 年 10 月 12 日，载罗家伦：《史料》，第 115 页。
⑩ 《泰晤士报》，1896 年 10 月 12 日，第 6 版，第 2 栏。
⑪ 见第一章，第一节。

告来。于是，史雷特的报告就起不到质疑的作用了。①

再就是邓廷铿两次接受记者单独采访时所讲的话。他说孙中山在1896年10月10日星期六曾到过使馆，②但两次都没有提到回忆录所说的学生带孙中山入使馆的事。这也可以认为是对回忆录的有关内容不利的证据。但另一方面，我们要考虑到采访是在1896年10月23日进行的，前一晚使馆刚刚承认拘留了孙中山，采访过后，当天下午大约5点钟孙中山就获释了。当时，清使馆正极力为自己辩护，说孙中山1896年10月11日星期日是自进使署的，而且在前一天，即1896年10月10日星期六，他还来过使馆。③ 在此情况下，如果邓廷铿答记者问时像后来吴宗濂所做的那样提到孙中山在街上遇见使馆学生的事，很容易会遭到舆论抨击，认为清使馆不仅在星期日强拉孙中山进去，而且早在星期六就曾将他诱入使馆。所以，邓廷铿不提孙中山在街上遇见使馆学生不等于没有此事。以上是对两条质疑材料的分析。

现在我们来看看支持此说的材料。1896年10月10日星期六，驻伦敦清使发密电给驻华盛顿清使，谓孙中山将往法国。④ 电报内容很简单，没有提到孙中山进入过使馆，更无后来邓廷铿描述的怀表暴露身份以及孙中山坐在橡木椅子上等具体细节。但根据电报可以推断，当天很可能有使馆人员同孙中山交谈过，并了解到他将往法国的信息。交谈的地点会在哪里呢？吴宗濂回忆录说是在使馆外边，这一点有旁证，而且还未发现足以否定此说的材料。见到孙中山的又是何人？真如吴宗濂回忆录所说那样，是使馆里的一个学生吗？或者就是邓廷铿本人？这必然引出另一个问题：同孙中山接触是出于偶然或是早有安排呢？如果早有安排，按理不应派不懂广州方言的人去接近孙中山，因为派一口京片子的人去执行这个任务很容易马上引起孙中山的怀疑。因此，街头相遇看来是偶然的。

显然，清使馆极想弄清楚1896年10月1日突然在钵兰大街出现的那个陌生人的身份，⑤因为他的外貌与驻华盛顿公使来电描述的特征相符。⑥ 1896年10月3日，马格里电示史雷特给跟踪对象拍一张照片。⑦ 为什么马格里不在一开始雇史雷特时就向他提出这一要求？这是否意味着孙中山引起了清使馆的怀疑，于是才发电要照片？有了侦探所拍的照片就可以确定陌生人是否就是跟踪对象。可能出于同样目的，电报还问："对象有否见过［着重号系本书作者所加］他的同胞？"⑧ 这暗示了有使馆人员已经同这位陌生人见过面。康德黎医生的证词谈到孙中山时有这么一段：

> 10月4日我们谈到清使馆——我想这是10月4日的事——我说："喂，你可别进清使馆。"他笑了，说："我倒不在乎。"我妻子说："你最好别去那个地方，他们会把

---

① 为了我自己工作方便，我把能够得到的史雷特在孙中山暂留伦敦的整个期间的所有报告列成表格，发现所有星期日的报告要不是一成不变地模模糊糊就是根本什么也不提。这一情况可能表明，史雷特习惯上星期日不干活，这一习惯看来即使在1896年10月11日星期日发生了意外事件也并没有改变。
② 《晚间新闻》，1896年10月24日，第2版，第6栏和《早晨新闻》，1896年10月24日，第5版，第5栏
③ 同上。
④ 清史馆档案，龚照瑗密电杨儒，1896年10月10日，载罗家伦：《史料》，第25—26页。
⑤ F. O. 17/1718，第121—122页，康德黎于1896年11月4日在财政部的陈述，第2段。
⑥ 清史馆档案，杨儒咨龚照瑗，1896年7月18日，载罗家伦《史料》，第8—10页。
⑦ 清史馆档案，马格里电史雷特，1896年10月3日，载罗家伦《史料》，第112页。
⑧ 同上。

你运回中国,你会被砍头的。"他说:"哦,好吧,我不去。"①

  这次谈话是如何引起的呢?是否像康德黎医生之子尼尔所说的那样,吃午饭时谈到康德黎一家的住处"与清使馆相隔不远"而引起的呢?②笔者曾站在钵兰大街左边用 35 毫米镜头进行拍摄,拍得照片的最左边是使馆一角,康德黎医生原住宅则在最右边,转角处那幢房子在照片中央。由康德黎住宅步行去使馆仅需一分多钟。很可能在上述对话之前孙中山已在附近见过一些中国人并向康德黎打听过他们是什么人,也许康德黎告诉了孙中山他们是使馆人员,使馆就在离街角转弯处不远的地方。假如是这样,那么孙中山与清使馆就在差不多同一时间开始打听对方的情况。

  我们不清楚孙中山同康德黎医生的谈话是否被康德黎太太的严肃警告所打断,但无论如何孙中山后来又同孟生医生商议此事,他向财政部大律师所做的证词有这么一段:

    我就去中国使馆的问题同孟生医生做过一次谈话。我问他我去中国使馆是否合适。他说:"不行!"记得我问的第一个问题是:"谁在这里任中国公使?"然后我又问:"你觉得我去使馆见见他们的人合适吗?"孟生医生说:"不行。"③

  有一点我们要注意,孙中山是在大律师主持的正式问话过程中讲这些话的,很可能是一问一答。他的答话后来归纳成篇。这表明大律师是想查明孙中山是否像清使馆所说的那样是自进使署的。④随后,孟生医生亦作证:

    孙中山抵伦敦两三日后即来我处。又过了两三日,我们一道吃饭。他把他在广州干的事情告诉了我,并讲了他如何从事一项政治活动,他的同志们如何遇难。我庆贺他逃了出来,劝他最好不要再干那种事。他谈到想去这里的清使馆,我说这种做法不可取。他说他采纳我的忠告,不去了。⑤

  因此,大律师就孙中山有无进入使署的动机这一问题得出结论,认为"他考虑过这样做"。⑥然而,综合分析了他设法找到的所有其他证据之后,大律师仍然相信孙中山确实像他声称的那样,是被诱入使馆的。⑦史扶邻把孙中山同孟生医生的对话看作是"孙中山当时正在权衡这一步棋的利弊"的证据。⑧吴相湘则不这样认为。他指出,孟生医生对于孙中山所讲的广州起义以及他死里逃生等事情似乎反应十分冷淡,孙中山感到很尴尬,为了活跃一下气氛,他提起康德黎医生关于去清使馆的玩笑话,以此转移了话题。⑨

---

  ① F. O. 17/1718,第 121 - 122 页,康德黎于 1896 年 11 月 4 日在财政部的陈述,第 4 段。
  ② 康德黎和西沃:《康德黎爵士》,第 101 页。
  ③ F. O. 17/1718,第 119 - 120 页,孙中山于 1896 年 11 月 4 日在财政部的陈述,第 5 段。
  ④ F. O. 17/1718,第 113 - 116 页,卡夫致内政部,1896 年 11 月 12 日,第 4 段,卡夫在此这样写道:"这些陈述是按我安排的先后顺序进行的。"孟生的陈述放在孙中山的陈述后面。
  ⑤ F. O. 17/1718,第 122 页,孟生于 1896 年 11 月 4 日在财政部的陈述,第 2 段。
  ⑥ F. O. 17/1718,第 113 - 116 页,卡夫致内政部,1896 年 11 月 12 日,第 9 段。
  ⑦ F. O. 17/1718,第 121 - 122 页,康德黎于 1896 年 11 月 4 日在财政部的陈述,第 5 段。
  ⑧ 史扶邻:《起源》,第 106 - 107 页。
  ⑨ 吴相湘:《孙逸仙传》,上册,第 153 页。

孙中山打听使馆的情况似乎到孟生医生为止。孟生也同康德黎一样，强烈反对孙中山去清使馆。清使馆对于那名陌生人的调查看来也没有继续深入。史雷特于1896年10月6日答复说，未见过跟踪对象与任何中国人会面，拍照要等天气变好之后才能进行，① 于是此事就搁下了。假如史雷特的报告属实，则更加证明笔者的推断是正确的，即使孙中山在1896年10月10日见过使馆里某个人，那也是街头偶遇，并非使馆事先安排。但就在这偶然机会中得到的"陌生人很快将赴法国"的情报使清使馆对他重新产生了极大的兴趣，并且有一种紧迫感。于是第二天就仓促决定立刻行动。行动的结果如前所述，尽管当天是星期日例假，但还是把马格里叫到使馆，孙中山亦在当日被拘。关于这次行动，事后还有三种资料可供我们分析。

1896年10月11日，星期日，公使向北京发密电一通，谓孙中山当日在使馆露面，于是将他拘留，但电文根本没提所谓孙中山曾于10月10日往访使馆一事。② 随后发出的所有电报都未提此事，其中有一封电报还很长，足有133字，重申孙中山是自进使署。③ 这一切是否说明孙中山在被拘禁前并未去过使馆呢？1896年10月23日孙中山获释之后，清公使似乎准备了一份详细报告送往北京，签署日期是1896年11月4日，但在北京故宫博物院和使馆档案中都找不到这份报告，仅在吴宗濂回忆录中见到转引内容，④ 该报告是否发出仍是一个问题。报告提到孙中山被拘前曾往访使署，与回忆录说法一致。到目前为止，在我找到的清政府正式文件中还未见到有这种提法的，英国方面的档案也没有这样记载。使馆英仆柯耳作证说，使馆中有10到12名中国仆人，他都认识。他们都有足够的英语表达能力同柯耳交际，⑤ 关于孙中山他们对柯耳谈过不少，比如："真有意思！这个人是怎样来到使馆的"，⑥ "他想买很多枪和刀"，⑦ "皇上很生他的气，很快就要砍他的头"，⑧ "我想外边有警察守着"，⑨ "公使大人不再留这个人了，随他去。皇上现在不抓他了"，等等。⑩ 柯耳起誓说他"从未听说过孙中山在10月11日前曾去过使馆"。⑪ 也许使馆保安工作很好，也可能是恰恰相反，总之，使馆里的仆人不但知道而且公开谈论将孙中山运回中国处决的事。⑫ 但无论他们如何多嘴多舌，也没有谈到孙中山被拘前去过使馆。

最后，孟生医生的证词道："[孙中山获释不久] 我问他在星期日之前有无去过清使馆。我直截了当地问了他两次，他都干脆地否认了。我认识他多年，他是可以信任的人。"⑬

总之，孙中山可能于1896年10月10日路过清使馆，在街头偶遇使馆中某人，并表示过第二日会去使馆一带。然而，并无充足的证据支持清使馆所谓孙中山10月10日曾入过使

---

① 清史馆档案，史雷特致马格里，1896年10月6日，载罗家伦：《史料》，第114页。
② 北京故宫博物院档案，龚照瑗密电总理衙门，1896年10月11日，载《中华民国开国五十周年文献：兴中会·上》（台北，1964）第191-192页（下文简称《中华民国》）。见此书所载其他密电。
③ 北京故宫博物院档案，龚照瑗密电总理衙门，1896年10月14日，载《中华民国》，191-192页。
④ 吴宗濂：《笔记》，卷2，第37b-39b页，又见罗家伦：《史料》，第73-76页。
⑤ F. O. 17/1718, 第116-119页，柯耳于1896年11月2日在财政部的陈述，第3段。
⑥ F. O. 17/1718, 第116-119页，柯耳于1896年11月2日在财政部的陈述，第7段。
⑦ F. O. 17/1718, 第116-119页，柯耳于1896年11月2日在财政部的陈述，第14段。
⑧ F. O. 17/1718, 第116-119页，柯耳于1896年11月2日在财政部的陈述，第14段。
⑨ F. O. 17/1718, 第116-119页，柯耳于1896年11月2日在财政部的陈述，第22段。
⑩ F. O. 17/1718, 第116-119页，柯耳于1896年11月2日在财政部的陈述，第24段。
⑪ F. O. 17/1718, 第116-119页，柯耳于1896年11月2日在财政部的陈述，第28段。
⑫ F. O. 17/1718, 第116-119页，柯耳于1896年11月2日在财政部的陈述，第14段。
⑬ F. O. 17/1718, 第122页，孟生于1896年11月4日在财政部的陈述。

署，或者约定"再往使署"的说法。

## 第三节　从大街到囚室

### （一）从大街到大厅

孙中山承认1896年10月11日进入使馆，清使馆最后也不得不承认这一点。但是，孙中山是怎样进入使馆的，双方说法不一致。

使馆方面，无论官方或私人的材料都没有提供孙中山到达使馆时的细节情况。公使发出的有关密电都只说孙中山在使馆露面。① 吴宗濂所引的所谓1896年11月4日公文也只说孙中山翌日重来。② 邓廷铿接受《每日新闻》采访时只是说："第二日他按时到来。"③ 接受《晚间新闻》采访时他说的是："第二天上午11点他准时露面。"④《每日电讯报》记者问马格里："他〔孙中山〕往访使馆究竟想干什么？"马格里回答："不能告诉你。"⑤ 吴宗濂回忆道："初五（即西历10月11日）午前，孙果然贸然来。"⑥ 游历官的所谓日记（其实是事后追记）说孙中山依约前来。⑦ 这就是说，官方文件（密电）只说孙中山来了，但非官方文件（回忆录与日记）却说孙中山是日重来。

另一方面，孙中山却具体地描述了他是如何被带入使馆的。最早透露此事的是1896年10月19日他设法送出使馆的名片上所写的几句话。⑧ 第二次是1896年10月23日孙中山获释后马上在税氏酒馆接见新闻记者时⑨的即席谈话。⑩ 第三份材料存在苏格兰场警方档案里，是孙中山即席答记者问之后所作的自述。⑪ 第四种材料是孙中山在康德黎医生家里吃过晚饭后答记者问。⑫ 第五种材料是英国财政部大律师对孙中山的正式问话记录。⑬ 第六种材料是《伦敦蒙难记》。⑭ 这些材料虽然细节略有出入，但被绑被拘这一要点却是一致的。

第一份材料太简短，不适合在这里详细研究。⑮ 第二种材料比篇幅最长的第五种材料还要略为详细具体，因为记者们不但和大律师一样向孙中山提出了大量问题，而且有些记者还将所提问题也记了下来。另外，临时答记者问会更符合事实，因为孙中山无暇斟酌字句。而且这次采访是记者们促成的，不是孙中山自己召开的记者招待会。因此，我决定以第二种材

---

① 北京故宫博物院，龚照瑗密电总理衙门，1896年10月11日和14日，载《中华民国》，第191-192页。
② 见罗家伦：《史料》，第73-76页。吴宗濂：《笔记》，卷2，第37a-37b页。
③ 《每日新闻》，1896年10月24日，第5版，第5栏。
④ 《晚间新闻》，1896年10月24日，第2版，第6栏。
⑤ 《每日电讯报》，1896年10月23日，第7版，第6栏。
⑥ 吴宗濂：《笔记》，卷2，第96页。
⑦ 凤凌：《杂志》，卷2，第96页。
⑧ F. O. 17/1718，第22-23页，孙中山致康德黎（1896年10月19日）。
⑨ 详见第四章第二节。
⑩ 特别见《每日纪事报》，1896年10月24日，第5版，第4-5栏；《每日电讯报》，1896年10月24日，第7版第7栏至第8版第1栏。
⑪ 在外交部档案里有这份材料的副本，见F. O. 17/1718，第80-83页，孙中山在苏格兰场的陈述，1896年10月23日。
⑫ 特别见《每日新闻》，1896年10月24日，第5版，第3-4栏。
⑬ F. O. 17/1718，第119-120页，孙中山于1896年11月4日在财政部的陈述。
⑭ 孙中山：《伦敦蒙难记》，第32-35页。
⑮ 这份材料只是简单地写道："我于1896年11月4日在清使馆大门口不远的大街上被两个中国人拉进了清使馆。我还没有进去他们就一人在我一旁拉着我的手，我一走进去他们就锁上了大门。"（F. O. 17/1718，第22-23页，孙中山致康德黎，1896年10月19日）。

料为根据来分析这一事件,辅之以其他材料提供的细节。

似乎是合众社记者提第一个问题的:"有人说你是自进使署的,是这样吗?"① 孙中山回答:"那不符合事实。我在街上遇见一个中国人,他把我领进使馆的。"② 这里他可能指邓廷铿将他诱入使馆一事,而不是指那两个彪形大汉将他架入使馆。他接着说:"我独自在城里走着,现在我知道那个地方叫钵兰大街。当时我并不知道中国使馆就在那道街上,我也从未去过使馆。"③ 也许他以前并未去过使馆,但要说他不知道那道街是钵兰大街则极不可信。后来他对财政部大律师说:"我乘公共马车去牛津广场,步行经过钵兰大街,通常我都走这条路[去康德黎医生家]。"④ 我想这种说法更可靠。至于他说不知道中国使馆就在那道街,这也是假的,上面一节引用过的孙中山与康德黎医生和孟生医生的对话证明他知道清使馆就在那道街。大律师肯定也不相信这一点,所以一直追问孙中山,所以问话记录上就有这一连串的回答:"我没有打听过使馆在哪里。当时我不知道使馆在哪里。直到我被带进去时才知道那就是使馆。我没有问过康德黎医生,也没有问过孟生医生使馆在哪里。"⑤ 但后来大律师也相信了,⑥ 很可能他记起孟生医生作过证,⑦ 但他记错了,为孙中山作证的是康德黎医生。⑧ 这一点很值得注意,他本来也许能分得清康德黎和孟生的,康德黎全心全意向着孙中山,而孟生同孙中山的关系就没那么深。⑨ 最后大律师推断,假如孙中山早知道那座房子就是清使馆,他是不会进去的。⑩ 这个问题留待下文分析。在这里我要指出,孙中山第一次由赫胥旅馆出发往访罩文省街46号康德黎医生寓所是在1896年10月1日。⑪ 据他自己说,此后"几乎每日"他都由葛兰法学院坊8号动身往访康德黎,⑫ 康德黎也证实此事。⑬ 当大律师要康德黎列出孙中山去他家的具体日期时,康德黎记得准确的至少有五次。⑭ 本书所画的地图标出了这几个有关地点的位置,可以看出,孙中山每次往访康德黎的来回路上都极有可能经过清使馆的正门。这就是说,在1896年10月11日出事之前,孙中山至少有十次经过使馆。上文讲过,清使馆门外并没有挂牌,平时也不升黄龙旗。所以使馆人员都认为,外人即使来到门口也不会知道这就是清使馆的。⑮ 但在孙中山这一方却又不同。经过使馆的时候(他至少经过十次),他难道没有发现中国人进出这座房子吗?如果他确实没见到过,那么他可能不怀疑这座房子就是清使馆。但他获释后在税氏酒馆临时答记者问时声称连清使馆坐

---

① 《每日电讯报》,1896年10月24日,第7版,第7栏。
② 同上。
③ 《每日纪事报》,1896年10月24日,第5版,第4栏。
④ F.O.17/1718,第119-120页,孙中山于1896年11月4日在财政部的陈述,第8段。
⑤ 同上,第5段。
⑥ F.O.17/1718,第113-116页,卡夫致内政部,1896年11月12日,第16段。
⑦ 同上,第9段,我核对过孟生的证词,他并未就此事做过证。见F.O.17/1718,第122页,孟生于1896年11月4日在财政部的陈述。
⑧ F.O.17/1718,第121-122页,康德黎1896年11月4日在财政部的陈述,第4段。
⑨ 详见第一章。
⑩ F.O.17/1718,第113-116页,卡夫致内政部,1896年11月12日,第16段。
⑪ 见第一章第一节开头部分。
⑫ F.O.17/1718,第119-120页,孙中山于1896年11月4日在财政部的陈述,第16段。
⑬ F.O.17/1718,第121-122页,康德黎于1896年11月4日在财政部的陈述,第5段。
⑭ F.O.17/1718,第121-122页,康德黎于1896年11月4日在财政部的陈述,第5段。
⑮ 见本章第二节。

落在钵兰大街都不知道，这就说不过去了。① 也许因为这是孙中山获释后记者向他提出的第一个问题，他急于使外界相信他是被绑架的，所以才这样回答。笔者注意到十二天之后，财政部大律师向他问话时他就不再这样回答了。

采访继续进行。《每日纪事报》记者问："当时你只是在下午出来散散步，是吗？"孙中山回答："正是。"② 也许孙中山没说清楚，也许他是词不达意，但他也可能讲的是真话。另一位记者不作逐字逐句的报道，却说孙中山"当时正向康德黎医生家里走去"。③ 后来孙中山本人对大律师说："我想去康德黎医生家。"④《伦敦蒙难记》讲得更具体，他去康德黎医生家是"欲随同康德黎君等赴礼拜堂祈祷"。⑤ 很多著作都采纳《伦敦蒙难记》的说法。笔者查过康德黎太太的日记。1896 的 10 月 10 日星期六的日记写道："男孩们和女保姆去妈妈家［在巴恩斯］。汉密什［康德黎医生］带卡利尔先生去海恩德角，星期一才能回来。［着重点是作者所加］马斯特小姐来访，她走后我去巴恩斯。"⑥ 1896 年 10 月 11 日星期日日记写道："妈妈和我去罗汉普敦做礼拜，与金妮和肯恩共餐。妈妈和我去公墓［康德黎太太的父亲葬在该处］。男孩们和保姆回家了，但我留下来，明天才回去。"⑦ 笔者曾与康德黎医生之孙讨论过这两天的日记。那时候去巴恩斯并不是收拾行李就走那么简单，事先很早就要通知康德黎太太的母亲才行，因为要给三个大人（通常是康德黎夫妇和保姆）和三个男孩（基思，1886 年生；科林，1888 年生；尼尔，1892 年生）准备充足的食物。因此，康德黎一家不大可能一方面同康德黎太太的母亲约好去巴恩斯，同时又约孙中山星期日去教堂做礼拜。⑧ 另外，笔者在上一节考察过当时的事实，证实孙中山于星期六拜访过覃文省街 46 号，当时康德黎医生已离开。至于康德黎太太是否在家则不清楚。假如她也走了，仆人们⑨是会把情况告诉孙中山的。如果康德黎太太仍未走，那就应该是她告诉孙中山他们一家的安排。但她到底讲了没有呢？从她的日记来看，孙中山被拘禁之后性命危在旦夕，康德黎太太对他非常同情。但在此之前，日记中提到孙中山的地方是相当冷淡的。1896 年 2 月 27 日晨在檀香山写的日记道："孙中山（汉密什在香港时的学生），那个在广州的谋反者，在路上见到我们，并带我们出游。"⑩ 可以想象，康德黎太太也像孟生医生一样，如果有机会的话也会叫孙中山"别干那种事了"的。⑪ 另外，她也担心，如果她丈夫继续同这个被通缉的人来往密切，像现在这样几乎每天"从上午 10 点到下午 6 点"⑫ 都在家里接待他，那很可能影响

---

① 如前所述，问题是："有人说你是自进使署的，是这样吗？"（《每日电讯报》，1896 年 10 月 24 日，第 7 版，第 7 栏）。
② 《每日纪事报》，1896 年 10 月 24 日，第 5 版，第 4 栏。
③ 《环球报》，1896 年 11 月 24 日，第 4 版第 4 栏。
④ F. O. 17/1718，第 119 – 120 页，孙中山于 1896 年 11 月 4 日在财政部的陈述。
⑤ 孙中山：《伦敦蒙难记》，第 33 页。
⑥ 康德黎太太日记，1896 年 10 月 10 日。
⑦ 康德黎太太日记，1896 年 10 月 11 日。
⑧ 康德黎夫妇上的教堂是圣马丁堂（康德黎太太日记，1896 年 9 月 20 日）。
⑨ 康德黎太太日记，1896 年现金收支表，记在 1896 年 9 月 29 日的收支账上表明，除了南妮，另外还有三个仆人：贝西、贝拉和贾尔斯。
⑩ 康德黎太太日记，1896 年 2 月 27 日。
⑪ F. O. 17/1718，第 122 页，孟生于 1896 年 11 月 4 日在财政部的陈述，第 2 段。显然他大部分时间花在康德黎医生的书房读书上，见孙中山：《伦敦蒙难记》，第 31 页。
⑫ F. O. 17/1718，第 121 – 122 页，康德黎于 1896 年 11 月 4 日在财政部的陈述，第 5 段。

他获得爵士封号。康德黎医生 1896 年初才离开香港,① 以他在香港多年的经历以及对医学和其他方面所做的贡献,按照康德黎家族的传统,他们认为康德黎医生当时是有机会获封爵士的。果然,因为后来康德黎公开卷入孙中山蒙难事件,特别是他四出营救孙中山,英国政府不想令清政府太难堪,便将封康德黎为爵士之事搁置起来。②

假如孙中山 10 月 10 日确实拜访过康德黎家,又假设康德黎太太仍未离开,但没有告诉孙中山他们一家第二天就要外出,而让孙中山星期天来访扑空,这是否是一种有意冷落孙中山的暗示呢?果真如此的话,孙中山也不是不可能真的在去康德黎家的路上被诱入使馆。但是,我必须强调,这些都只是推测,到目前为止笔者所掌握的材料尚未能确定这是事实。

孙中山继续对记者说:"我正走着,这时来了一个中国人,他问我到底是中国人还是日本人。我当时穿着我现在穿的这身衣服,而他穿着中国服装。"③ 关于"你是日本人还是中国人"这个问题,大律师说:"我不相信孙中山会编造这么一个问题来支持一个谎言……他看起来完全像个日本人,我想不管是谁第一次见到他都会对他的国籍产生疑问。"④ 孙中山接着说:"我回答说我是个中国人,然后,按照中国人的习惯,他问:'你是哪个省的人?'"⑤ 孙中山当时已经乔装打扮,外表完全像一个西化日本人,但他还是马上表露了自己的真实身份,特别是他很可能知道这位中国人是清使馆人员,这就奇怪了。可能记者们听了也大为惊讶,所以有一名记者马上问道:"你告诉了他你是哪个省的人吗?""是的,我告诉他我是广州人。"⑥ 如果当时的对话真是这样,我只能说孙中山本应提高警惕才是。

孙中山又说:"我是在香港出生的,但讲到是哪里人的时候,中国人把香港也包括在广州之内。"⑦(关于孙中山生于何地的问题,笔者将在下一节探讨。)"那个陌生人说:'那么你和我是同乡了。'这就是说他也是广州人。我们一起走了一小段路,边走边闲谈,后来又来了一名中国人加入交谈。"⑧ 讲到这里,一名记者迫不及待地插话:"你认识他吗?你以前见过他吗?""不认识,但先遇到的那个中国人介绍说他也是个中国人。我同他握了握手,但我发现他不是广州人,因为他的口音和我不同。他的话我很难懂。他们俩都说在伦敦有很多中国人,还说将来他们会带我去见见他们的熟人。"⑨ 联系起清使馆关于孙中山继续招募党徒的密报,这两个人提到在伦敦有很多中国人,看来是专为孙中山下诱饵。但后来孙中山却对大律师说是他自己先提这个问题的。他问:"伦敦有中国人吗?"⑩ 问题虽然一样,但从孙中山口里问出就会证实清使馆对孙中山的怀疑。

"后来又怎样?"

"后来又来了一个中国人,这是第三个人了,先前认识的那两个中国人把他介绍给我。没多久我发现第一个中国人已经走了,我心里还很奇怪,他为什么那么匆忙呢?我

---

① 康德黎太太日记,1896 年 2 月 8 日。
② 他终于在 1909 年被封为爵士(康德黎和西沃:《康德黎爵士》,第 147 页)。
③ 《每日纪事报》,1896 年 10 月 24 日,第 5 版,第 5 栏。
④ F. O. 17/1718,第 113-116 页,卡夫致内政部,1896 年 11 月 12 日,第 11 段。
⑤ 《每日纪事报》,1896 年 10 月 24 日,第 5 版,第 5 栏。
⑥ 《每日纪事报》,1896 年 10 月 24 日,第 5 版,第 5 栏。
⑦ 《每日纪事报》,1896 年 10 月 24 日,第 5 版,第 5 栏。
⑧ 《每日纪事报》,1896 年 10 月 24 日,第 5 版,第 5 栏。
⑨ 《每日纪事报》,1896 年 10 月 24 日,第 5 版,第 5 栏。
⑩ F. O. 17/1718,第 119-120 页,孙中山于 1896 年 11 月 4 日在财政部的陈述,第 8 段。

刚才忘了说,当我们互相自我介绍时——这也是中国人的习惯——他说他姓邓。后来我才知道他是清使馆里的邓先生,因为我在使馆里见到他了,这些下面我会谈到。我和第二和第三个中国人一起在人行道上边走边闲谈,他们问我要不要同他们一道走。"

"你跟他们走了吗?"

"我还未来得及答话,他们就把我推上我们正对着的门口的台阶。门打开了,也可能是他们把门推开的,我被推了进去,门就关上了。"①

回答大律师的问题时孙中山讲得更详细:

邓离开我们的时候我们正站在门廊里,那两个中国人和我在一起。他们请我进去谈谈,这时,我就找邓。他们说,"哎,咱们进去吧",就拉我进去,但他们并没有使用暴力,一切都是很友好的。他们半真半假地把我推进去的时候我还是把他们当作朋友。我进去以后就听见门在身后锁上了。②

大律师说:"在我看来,如果孙中山想捏造事实,强调这是一起绑架事件,他就会说他们使用了暴力,而不承认他自己进入使馆是半推半就,但他实际上是承认了。在这个问题上,除非孙中山想加给清使馆更严重的罪名,否则他没有必要讲假话。他真正表示愤慨而且再三强调的是被囚禁一事以及被囚期间清使馆对待他的手段。"③

基于这种想法,大律师觉得马格里否认诱骗同孙中山所讲的他被带入使馆的情形是一致的,因为"即使以孙中山所讲的为准,也可以说他不是被诱骗入使馆。他本人并没有指出这一点,我读过他的其他各种陈述资料后也不觉得他暗示过自己是被暴力胁迫进使馆的。他只说他被诱与一些中国人进行友好交谈,谈话后他们半推半劝地带他进入了使馆大厅,按孙中山的说法,实际上没有使用暴力。在某种意义上他确实是自进使馆的,但他这样做是因为他认为和他在一起的是朋友,而且他说他根本不知道那座房子就是清使馆。"④

然而大律师的论述并不能改变事实。无论方式如何,友好与否,目的只有一个,就是把这位流亡者弄进使馆里。而且如果孙中山说的是实话,那么这显然是经过周密部署的行动,避免了争吵,更不必撕打。但孙中山的话可靠性如何呢?大律师认为孙中山不可能编造"你是日本人还是中国人"这个问题。⑤ 笔者可以补充一些资料。孙中山的日本人装扮至少有两次被证明是天衣无缝的。康德黎医生一家从香港返英国,途经夏威夷。孙中山在街上叫住他们,但康德黎夫妇根本认不出孙中山,他们的日本护士却同孙中山说起日本话来。⑥ 然后他们进了一家商店,店主也用日本话同孙中山打招呼。⑦ 至于被带入使馆的方式,大律师认为孙中山没必要讲假话。⑧ 罗家伦没有看过孙中山对财政部大律师所做的陈述,史扶邻倒

---

① 《每日纪事报》,1896年10月24日,第5版,第5栏。
② F. O. 17/1718,第119-120页,孙中山于1896年11月4日在财政部的陈述,第8段。
③ F. O. 17/1718,第113-116页,卡夫致内政部,1896年11月12日,第17段。
④ F. O. 17/1718,第113-116页,卡夫致内政部,1896年11月12日,第15段。
⑤ F. O. 17/1718,第113-116页,卡夫致内政部,1896年11月12日,第11段。
⑥ 康德黎和琼斯:《觉醒》,第48页。
⑦ 康德黎和琼斯:《觉醒》,第48页。
⑧ F. O. 17/1718,第113-116页,卡夫致内政部,1896年11月12日,第17段。

是读过，但他们两人都相信孙中山是要给清政府抹黑。笔者已经在上一节讨论过他们的观点，在这里我只想补充一点，如果孙中山真有这个目的，他就会坚持说清使馆使用了暴力。大律师亦观察到，孙中山回答问题时，"他的神气不像要掩盖事实真相或夸大他所受的伤害"。① 财政部大律师经验丰富，是政府委派来主持正式讯问的。他的判断，起码是在这方面的判断，值得注意。再者，康德黎医生说过，去清使馆这一话题是他与孙中山交谈时提起的，他同时证明，孙中山当时"不知道清使馆在什么地方"。②

孙中山说他当时不知道那座建筑物就是清使馆，这一点始终不能令我信服，除非他多次经过那所房子时根本没见过穿着中国服装（或者甚至是官服）的人进出，因此没有引起他的怀疑。假如他已经知道，或者已经怀疑那就是清使馆，但仍被诱入，则要研究一下当时的一切是否发生得太快、孙中山的警惕性有多高、他当时的心情如何、他有没有早作提防等问题。要百分之百地搞清楚这些问题几乎是不可能的。研究过孙中山和清使馆两方面的说法之后，我倾向于认为孙中山的说法不够真实。

最后，让我们看看第三方——英仆柯耳的说法。财政部大律师是这样评价柯耳的："我相信柯耳。他给我的印象最佳，而且说实在的，没什么原因会使他讲假话。"③ 柯耳向大律师作证道，他无意中听到使馆里的中国仆人们说，"真有意思！这个人是怎样来到使馆的"。④ 大律师说他也不能准确地把握这句话的意思，但可以推想孙中山不是像一般来访者那样通过正常方式进来的。⑤ 柯耳还作证说，他听见邓廷铿说，"我很聪明，我知道；我把他弄进来了。"⑥ 柯耳是在回答大律师讯问快要结束时说这些话的，当时他正要离开。大律师根据柯耳的神态以及说话时的情景做出了判断："我确确实实相信他听见邓说这些话。"大律师还说，如果邓廷铿讲过这些话，"在我看来，这就足以说明清使馆不是靠暴力就是靠诡计把孙中山弄进使馆的，而且很可能是靠后者"。⑦ 在这里我要再提一提使馆法文翻译吴宗濂的回忆录中关于这一事件的部分的标题——《龚星宪计擒粤犯孙文复行释放缘由》⑧［着重号系本书作者所加］。吴宗濂在"序言"部分写得很详细："广东谋反未成逋逃海外之逆犯孙文徜徉于美洲者久矣，我星宪龚公独能恪遵总署密电，俟该逆一抵伦敦即为设计圈禁。"⑨ 龚照瑗是根据什么定出此计的呢？史扶邻讲得很对，史雷特侦探不可能提供有关的情报。⑩ 我认为，孙中山经过使馆至少十次，也许他自己不察觉这座房子就是清使馆，但清使馆看来却已经摸到他的行动规律。⑪

---

① F. O. 17/1718，第 113—116 页，卡夫致内政部，1896 年 11 月 12 日，第 17 段。
② F. O. 17/1718，第 121—122 页，康德黎于 1896 年 11 月 4 日在财政部的陈述，第 4 段。
③ F. O. 17/1718，第 113—116 页，卡夫致内政部，1896 年 11 月 12 日，第 19 段。大律师的评价是据他跟柯耳的长时间谈话做出的。如果大律师能更详细交代一下柯耳的职业和性格，评价可能会更有分量。
④ F. O. 17/1718，第 116—119 页，柯耳于 1896 年 11 月 2 日在财政部的陈述，第 7 段。
⑤ F. O. 17/1718，第 113—116 页，卡夫致内政部，1896 年 11 月 12 日，第 21 段。
⑥ F. O. 17/1718，第 116—119 页，柯耳于 1896 年 11 月 2 日在财政部的陈述，第 29 段。此段全文如下："有一天邓（廷铿）说，我很聪明，我知道；我把他弄进来了。邓的英语讲得很流利，但有时，在激动的时候，会讲得断断续续。不清楚这话他对谁讲，也许是对一个英国仆人讲的。"
⑦ F. O. 17/1718，第 113—116 页，卡夫致内政部，1896 年 11 月 12 日，第 21 段。
⑧ 吴宗濂：《笔记》，卷 2，第 39a 页。
⑨ 同上，序。
⑩ 史扶邻：《起源》，第 11 页。
⑪ 财政部大律师第一个提出这种可能性来，虽然他看来并没有作过像我作的那种实地调查。此外，他错误地认为清史馆主要是在史雷特那儿得到孙中山的行动规律的。(F. O. 17/1718，第 113—116 页，卡夫致内政部，1896 年 11 月 12 日，第 9 段。)

### (二) 从大厅到囚室

孙中山即席答记者问时说，他进入使馆后，门就锁上了。"这时又出现了一些中国人，但我还不明白这是怎么回事，也不知道自己身在何处。我找在街上同我谈过话的［邓］先生，但一直不见他。他们硬迫我走上楼梯。说得具体一点，是两个彪形大汉把我架上去的。你们都看得到，我身材矮小，无论如何无法反抗这两个大汉。"①

"你被架上楼后又怎么样？"

"他们把我关进一个房间，锁上门。我又找［邓］先生，但没见着他。相反，进来了一位欧洲绅士……"②

回答大律师提问时孙中山讲得具体了一些："于是他们开始迫我上楼。我一走进那座房子之后他们说话的口气就完全变了，友善的态度也不翼而飞。于是我知道落入圈套了。他们说，'上楼去'，态度很不友好。我说，'这是怎么回事？'他们说，'没什么，上楼吧。'这时大约是11点钟。"③

> 我走进一个房间，我想是在三楼吧，在那里待了一小会儿。我进入房间时里边已经有一两个中国人。我没听见他们叫什么名字，他们对我不发一言。我在那里只停留了很短一段时间，然后又要我再上一层楼，是把我领进使馆的那两个人带我上楼的。在我身前身后还有其他一些人。[着重号系本书作者所加] 我来到另一个房间，他们就让我单独留在那儿，一个英国人（马格里爵士）和我一道走入房间的。就只有我们两个人留下来。④

吴宗濂在追述中写的又大不相同：

> （1896年）初五（即西历10月11日）午前，孙果贸贸然来。饭后，邓（廷铿）刺史请孙登楼。先至首层，观星宪（即公使龚照瑗）之会客厅、签押屋（即公使办公室）；继至二层，入李伯琴明府盛钟卧室，坐谈良久。适马（格里）参赞到，刺史遂告孙曰："君能再上一层，枉顾弟房乎？"孙曰："甚好。"遂随刺史拾级而升。马参赞在前引导，先入预备之空房内。待开门侍客状，邓指曰："此即弟房，请君先进。"孙刚涉足，错愕间，马参赞即将房门关闭。⑤

吴宗濂的讲法同孙中山的讲法有根本的区别。首先，追述坚持说邓廷铿在事件的整个过程都在场，而孙中山却说在使馆门廊时邓廷铿就离去了。其次，孙中山并没有提到在使馆吃午饭和参观各房间。至于马格里到来一事，本书第二章第三节已经分析过，证明不符合事

---

① 《每日纪事报》，1896年10月24日，第5版，第5栏。
② 同上。
③ F. O. 17/1718，第119—120页，孙中山于1896年11月4日在财政部的陈述，第8段。
④ 同上。
⑤ 吴宗濂：《笔记》，卷2，第40a页。

实,是清使馆专门派人在星期日上午把他从家里叫去的。追识中关于孙中山进了使馆之后如何被邓廷铿骗至事先准备好的房间里的一段是书中唯一带点用计色彩的情节。那又有什么特别的地方呢?让我们看看邓廷铿自己又是怎么说的。他对《每日新闻》记者说:

> 第二天他准时到来,我对他说:"时候尚早。你是不是和我一道吃过早饭再去那里[伦敦东区]?"他说:"好吧。"于是他就和我一道在我的办公室里吃早饭,当时还有一位先生和我们在一起。吃完饭,我带他上楼参观中国式的和英国式的客厅,然后我把他带回我的办公室。他就待在那里了。就这样。①

这番话以及前面引用过的吴宗濂的话都坚定地代表了清使馆的立场,一口咬定孙中山自进使署。邓廷铿对《晚间新闻》记者也讲了在办公室吃早餐和参观使馆的事,和上面的话基本相同,但他还讲了在那之后发生的事情:

> "你愿意看看我的卧室吗?"邓先生随随便便地说。"我太愿意了,"孙回答说。他似乎很想把整座建筑物巡视一遍。
>
> 他们一起又上了一层楼,邓先生把孙让进使馆法文翻译吴宗濂的房间,然后迅速锁上门。②

邓廷铿同吴宗濂不同,他绝口不提马格里所起的作用,就连锁禁孙中山的责任他都一力承担,尽管先后说法有出入,第一次说锁在他的办公室,第二次说锁在法文翻译的房间。不过,他像吴宗濂一样,强调用计,好像他一直单独同孙中山在一起,后来机警地把孙中山锁进房间里。但是,据柯耳说,上楼时是有很多人跟着的:

> 他[马格里]叫我紧跟在他身后。我们又上了一层楼,他们在李先生[李盛钟]房门口停了下来。马格里爵士问龚先生[龚心湛,公使之侄]:"那位先生叫什么名字?"龚先生转过身来说:"我想是刘文孙[音译]。"马格里爵士边听边走进李先生的房间。我留在外面。马格里爵士又走出房间,后面跟着五六个中国人[着重号系本书作者所加]。他们又上了一层楼。我走在那些中国人后面,尽量紧跟着他们。他们都上了楼。马格里爵士走到吴先生[吴宗濂]的房间门口,对一个当时我不认识的穿西装的中国人(后来我才知道他姓孙)说:"就是这个房间。"也许具体的字句不是为这样,但是这个意思。于是他们两人都进了房间——马格里爵士和我不认识的那个中国人。我在门外等候,另外那些中国人也在那里等着。与此同时,使馆里其他中国人都集合起来,挤满了过道。③

柯耳的证词同孙中山的话基本一致,但与吴宗濂追识以及邓廷铿答记者问相矛盾,后两种材料简直像童话故事。

为什么要编造这样的故事呢?笔者在本书第二章曾指出,如果征求马格里的意见,马格

---

① 《每日新闻》,1896年10月24日,第5版,第5栏。
② 《晚间新闻》,1896年10月24日,第2版,第7栏。
③ F.O.17/1718,第116-119页,柯耳于1896年11月2日在财政部的陈述,第6段。

里肯定不同意逮捕孙中山,因此,为了使马格里乐于合作,他们编造了这样的故事来说服他,后来又企图以此博得报界的信任,总之,他们说孙中山是自进使署的。甚至连假意结交孙中山的这一安排也很可能是为了投马格里之所好。如果使用了暴力,弄得孙中山身上伤痕累累,鼻青脸肿的话,就很难使马格里相信他是自进使署的了。在孙中山进了使馆之后仍然将他夹在中间的那两条大汉的作用显然是要威慑孙中山不得声张,以免惊动各位。

据孙中山回忆,当只有他和马格里留在房间里的时候,① 马格里说的第一句话是:"对你来说,这里就是中国。"马格里又问:"你的名字是否孙文?"孙中山回答:"我姓孙。"马格里接着说:"中国驻美公使来电,说孙文乘'麦竭斯的'号轮船来英国。"然后他让孙中山在那里等着,使馆要过十八小时才能收到北京的回电。②

孙中山能够讲出他与马格里谈话的情况,这不足为奇。奇的是吴宗濂在回忆录中也能讲出大体一样的细节。③ 这表明,很可能在马格里同意拘捕孙中山之后,公使及其亲信曾扼要地向马格里谈了即将采取的行动步骤,甚至连问孙中山什么问题都商量好了。马格里的问题——"你的名字是否孙文?"④——使我们联想起邓廷铿在街上问孙中山的那句话——"你是日本人还是中国人?"⑤ 还有马格里问龚心湛的话:"那位先生叫什么名字?"⑥ 以及后来邓廷铿审问孙中山时说的"那你的名字肯定是孙文了"⑦ 这些话都是一致的。难怪大律师说:"我怀疑当时他们是否确实知道要抓的人是谁,尽管他们疑心他是孙中山。"⑧ 如此说来,清使馆竟敢决定拘捕一个尚未完全确定身份的陌生人,这是十分大胆的。本书上一节结尾时已经讲过,可能是孙中山即将赴法国的消息促使他们在星期日采取紧急行动。大约上午10时他们便派人去叫马格里,其急迫之情可想而知。大概他们想,如果事后证实经过使馆的这个可疑分子是日本人,就可以让马格里回家,这毫无问题。但如果他真是被通缉的要犯,马格里就要马上开始工作。另外,据孙中山说,邓廷铿过使馆而不入,留下那两个中国人把孙中山拉入使馆,这恐怕也是出于万一抓错人也好收场的考虑。邓廷铿是使馆的官方翻译,万一抓的不是钦犯,他绝对不能让被抓的人认出来。⑨

马格里要孙中山等候北京复电。⑩ 随后使馆就向北京发了一通密电。如果是马格里指挥这次行动,那么他是否参加起草电文呢?这就要将这通密电同后来有关的各份密电结合起来研究。罗家伦发现,几乎所有北京收到的电文都与清使馆保存的底稿稍有出入。⑪ 第一份电报的文稿有这么一句:"暗解粤颇不易",而北京收到的电文是:"解粤颇不易"。清使馆底稿又有一句:"勿令窦使知",而北京收到的电文是:"勿令英使知"。⑫ 中国官场称当时的

---

① 吴宗濂与柯耳唯一一致的观点是在三楼李盛钟的房间里停了停。孙中山自己也提过这短暂停留,不过他当然说不出这房间主人的名字。
② F. O. 17/1718,第 119 – 120 页,孙中山于 1896 年 11 月 4 日在财政部的陈述,第 8 – 10 段。对话其余部分将在文章下节论述。
③ 吴宗濂:《笔记》,卷 2,第 40a 页。
④ F. O. 17/1718,第 119 – 120 页,孙中山于 1896 年 11 月 4 日在财政部的陈述,第 8 段。
⑤ F. O. 17/1718,第 119 – 120 页,孙中山于 1896 年 11 月 4 日在财政部的陈述,第 8 段。
⑥ F. O. 17/1718,第 116 – 119 页,柯耳于 1896 年 11 月 2 日在财政部的陈述,第 6 段。
⑦ F. O. 17/1718,第 119 – 120 页,孙中山于 1896 年 11 月 4 日在财政部的陈述,第 13 段。可以拿来跟吴宗濂的《笔记》,卷 2,第 38a 页加以比较。
⑧ F. O. 17/1718,第 113 – 116 页,卡夫致内政部,1896 年 11 月 12 日,第 9 段。
⑨ F. O. 17/1718,第 116 – 119 页,柯耳于 1896 年 11 月 2 日在财政部的陈述,第 5 段。
⑩ F. O. 17/1718,第 119 – 120 页,孙中山于 1896 年 11 月 4 日在财政部的陈述,第 10 段。
⑪ 罗家伦:《史料》,第 26、52 – 53、54 – 55、62 – 63 页。
⑫ 同上,第 26 页。

英国公使为窦纳乐。① 因为极少中国官员会讲英语,所以英国驻华公使的英文名字克劳德·麦克唐纳简直不为人知。但在英国人眼里,"窦公使"这个称呼就十分别扭,很自然地要将它改为"英国公使"。② "偷运"这个词也不妥,所以改为"运出"。据此我认为做出这些改动的人是马格里。当然,在密电中使用"偷运"这个词也许无所谓,但在欧洲,破译密电已经有很长的历史。③ 马格里有二十年外交经验,即使是代表中国政府在彼得堡和在巴黎进行谈判的时候,他仍然同英国外交部保持着密切的联系,正是英国外交部在1885年提名他受封爵士的。④ 因此,他肯定知道英国外交部是会破译密码的。而且,当时英中关系正处于一个敏感的时期。英国十分怀疑李鸿章在早些时候出访俄国的过程中同俄国政府签订了秘密协定。马格里亦有此怀疑,因而老大不高兴,以至李鸿章访问俄国后抵达伦敦时,马格里竟拒绝去见这位故交。⑤ 在这种情况下,马格里完全有可能怀疑英国外交部也许已经密切注意着中国使馆发出的密电,所以他宁可连发密电也谨慎一些。

正是1896年10月11日发出的这通密电声称孙中山是自进使署的。⑥ 罗家伦和史扶邻都使用了这通密电来证明孙中山确系自进使署。他们说,如果孙中山确实是被诱入使署,公使并没有必要对北京隐瞒此事。⑦ 他们的推理忽略了马格里在发这通密电时所起的作用。甚至有可能起草电文者已经预料到马格里会过目,所以写得十分稳妥,同时又使马格里感到他自己真是整个行动的负责人。如果事实果真如此,那么密电中不提"计擒粤犯孙文"⑧就不奇怪了,即使公使很想向朝廷表功也不能那样写。此外,密电未提孙中山被囚之前曾往访使馆,罗家伦和史扶邻都没有注意到这一点,他们一味要证明孙中山事前曾去过使馆。⑨ 最先提到孙中山被囚前去过使馆的是马格里,他是在1896年10月22日回答英国外交部问话时说出这回事的。当时马格里说孙中山是"本月9日星期五"⑩去使馆的。1896年10月23日再次被召到外交部问话时他仍然说孙中山于10月9日去过使馆。⑪ 但在1896年10月24日写给《泰晤士报》的信中,他却说孙中山是"10月10日,星期六"去使馆的。⑫ 财政部大律师根据马格里这三次讲话推断,他只是转达别人告诉他的情况而不是讲他自己得到的第一手材料。⑬ 笔者同意大律师的看法。但马格里是什么时候被告知孙中山被囚前来过使馆的呢?

上面提到的那封密电没有提孙中山事前来过使馆,所以马格里不大可能在10月11日之前听说这件事。他知道这件事最早也得在1896年10月12日星期一。这一天柯耳把孙中山

---

① 罗家伦:《史料》,第26页。
② 罗家伦特别指出改动可能是因为电码本没有"窦"字的缘故(《史料》,第26页)。在这样的电码本找到以前,我保留我的看法。
③ 见卡特:《西欧列强:1500—1700》(伦敦,1971),第6章。
④ 见本书第二章第二节。
⑤ 包耳杰:《马格里》,第464—465页。
⑥ 清史馆和北京故宫博物院档案:龚照瑗电总理衙门,1896年10月11日,载罗家伦:《史料》,第26页。
⑦ 罗家伦:《史料》,第41页;又史扶邻:《起源》,第112页。
⑧ 吴宗濂:《笔记》,卷2,第39b页。
⑨ 史扶邻:《起源》,第112页。与罗家伦的《史料》第41页作比较。
⑩ F. O. 17/1718,第54—58页,山德森记录与马格里的谈话,1896年10月22日,第4段。
⑪ F. O. 17/1718,第54—58页,山德森记录与马格里的谈话,1896年10月22日,第9段。
⑫ 《泰晤士报》,1896年10月26日,第8版,第4栏。信件所署日期为1896年10月24日。
⑬ F. O. 17/1718,第113—116页,卡夫致内政部,1896年11月12日,第13段。

托他转交给康德黎医生的一张字条交给了马格里。① 这张字条现已失落。在此之前一天孙中山写过一封信让马格里转交孟生医生，信中写道："我被监禁在中国使馆里。"② 如果第二张字条同第一张的措辞一样，马格里亦不必太担心，但如果它同后来送到康德黎医生手里的那张条子一样，写的是"我被绑架到中国公使馆"，③ 马格里肯定要问他的中国同僚这是怎么回事。看来孙中山在没有说服柯耳之前请他带出去的字条都不怎么引起马格里的注意。④ 但1896年10月14日（星期三）他从窗户里扔出去又被柯耳捡回交给马格里的那张字条倒是引起了一些风波。⑤ 邓廷铿匆匆跑来找孙中山，说他自绝生路，还说服孙中山写了一份材料，承认自进使馆，而且是前一天来访使馆时约好再来的。⑥ 这是第一次非公开地提到孙中山被囚前来过使馆，所谓"非公开"，是因为这份材料后来一直没有作为正式文件，⑦ 而马格里回答外交部问话的材料则存在正式档案里。⑧ 我认为这件事的起因是孙中山在字条中用了"绑架"这个词，⑨ 从而使马格里大为恐慌。他于是拼命追问英文翻译邓廷铿，并警告他：如果孙中山所讲是真的，后果将不堪设想。为了使马格里宽心，邓廷铿出尽各种办法要让马格里相信孙中山确系自投，甚至不惜编造孙中山事前曾来过使馆的谎言，以增强自投说的可信度。为了保险起见，他连夜去哄骗孙中山"致书马格里请求宽恕"，⑩ 承认他在1896年10月10日星期六就已经到过使馆，并约定第二日再来，于是导致被拘禁。⑪ 据孙中山说，这封信是邓廷铿口授他笔录的。⑫ 在下一节里笔者将试图确定这封书信的日期。

我们不清楚马格里读了这封信之后马上有什么反应。联系起他过去曾对一名中国县官刑讯迫供的做法很反感，现在他看了这份诱供也会感到恶心的。⑬ 后来马格里说他不知道讯问过孙中山，⑭ 还有一些明摆着的事实他也一口否认。邓廷铿却相反，他大言不惭地对英国报界说孙中山写了供词。⑮ 他知道，对于中国官员来说供词就是有效的证据，但他没想到英国有不同的法制，英国人的感情倾向也不同。下面是《每日新闻》记者描述邓廷铿讲这件事的一段文字：

> 然而，有一个问题我无论如何要问。"他招供了吗？"
>
> "招了，"他回答道。"彻底招了。他的供词已经记录下来。"我必须追问下去，因为一些去过中国的人报道过那里向囚犯迫供的可怕情景，而且此间亦有谣言流传。但向这位彬彬有礼的绅士问一个令他难堪的问题又实在难以启齿，于是我采取迂回战术，使

---

① F. O. 17/1718，第116－119页，柯耳于1896年11月2日在财政部的陈述，第12－13段。
② F. O. 17/1718，第119－120页，孙中山于1896年11月4日在财政部的陈述，第10段。
③ F. O. 17/1718，第30页，孙中山致康德黎（1896年10月18日）。
④ 同注①之第12和16段及注②之第13段。
⑤ 同注②文档，第13段。
⑥ 孙中山所写自白的中译见吴宗濂：《笔记》，卷2，第37a－39b页。原文是英文，未能找到。
⑦ 吴宗濂：《笔记》，卷2，第37a－39b页。
⑧ F. O. 17/1718，第54－58页和69－76页，山德森记录与马格里的两次谈话，1896年10月22日和23日。
⑨ 孙中山：《伦敦蒙难记》，第50页。
⑩ 同注②文档，第13段。
⑪ 同注⑥。
⑫ 同注②。
⑬ 包耳杰：《马格里》，第36页。
⑭ 《每日电讯报》，1896年10月24日，第5版，第5栏。
⑮ 《每日新闻》，1896年10月24日，第5版，第5栏。

用外交辞令。

"请问供词是否很顺利就得到了呢?"

"是的,一点困难都没有,"他立刻回答。①

邓廷铿的无知肯定把马格里气得不轻。至少有两位中国教授推测是马格里为了避免英国政府的指责而指示邓廷铿去哄骗孙中山承认自进使署的。② 我对此表示怀疑。

### 第四节 不屈不挠

1896年10月11日,星期日,中午时分。只有孙中山和马格里在房间里的时候,马格里劝孙中山让使馆的人把他的行李取来。虽然甫经变故,孙中山仍然十分机警,他说他的行李在朋友家里,要写信托人去取。但他一下笔就暗藏机锋,写道:"我被监禁在中国使馆……"马格里当然不同意,他只好重写:"我在中国使馆,望将行李送来。"马格里也不傻,他说:"发出这信之前,我必须请示公使。"说完他就走了。③ 孙中山看着房间里唯一的那个窗户。它朝着使馆内部,下面就是天窗,完全不可能通过窗户与街上的行人联系。何况窗户上还"竖着装了四五根铁栏杆"。④ 孙中山还发现,门外一直有人看守。⑤ 晚上,他听见门上发出一些声音,知道这是又加了一把锁。⑥ 当晚他无法入睡,只是和衣而卧。⑦

1896年10月12日星期一,上午7点45分左右,柯耳进孙中山的房间生炉子。

"请你帮我送个信给我的朋友,好吗?"

"我不能那样做。"

"去吧,救人一命。"

"我无能为力。"

"去吧,看在上帝的分上,我求你了。"⑧

说着,孙中山把撕下来的一小片报纸塞进柯耳手里。他还说:"如果无法送出使馆,就从窗户里把它扔出去。"⑨

这种做法确实反映出孙中山的性格。他不认识柯耳,也不去结识他和他交朋友,然后把他争取过来。他就这样直截了当地请他的看守把他被囚的消息透露出去,也不知道他是怎么想的。柯耳当然按照事先得到的指示办事,⑩ 将字条交给了马格里,⑪ 然后告诉孙中山他已

---

① 《每日新闻》,1896年10月24日,第5版,第5栏。
② 罗家伦:《史料》,第48—49页,又吴相湘:《孙逸仙传》,上册,第158页。
③ F. O. 17/1718,第119—120页,孙中山于1896年11月4日在财政部的陈述,第10段。在本节,我主要利用在英国财政部的陈述,另有一些材料只见于《伦敦蒙难记》。后者过了相当长时间才写出来,将在第四章第三节予以评审。
④ F. O. 17/1718,第119—120页,孙中山于1896年11月4日在财政部的陈述,第10段,又见F. O. 17/1718,第116—119页,柯耳于1896年11月2日在财政部的陈述,第6段。
⑤ F. O. 17/1718,第119—120页,孙中山陈述的第10段;F. O. 17/1718,第116—119页,柯耳的陈述第10段。
⑥ 孙中山:《伦敦蒙难记》,第40页。
⑦ 同上,第43页。
⑧ F. O. 17/1718,第116—119页,柯耳于1896年11月2日在财政部的陈述,第12段。
⑨ 同上。
⑩ F. O. 17/1718,第116—119页,柯耳于1896年11月2日在财政部的陈述,第6段。
⑪ F. O. 17/1718,第116—119页,柯耳于1896年11月2日在财政部的陈述,第13段。

"把字条从窗户扔到外面去了"。①

1896年10月13日星期二,大约上午8点钟。柯耳来值班,换下了前一天晚上与中国仆人一起看守孙中山的英仆莫尔乃。孙中山叫柯耳进房间生火,又给了他另一张纸片,说:"想办法亲自把这个送出去,如果不行就扔到窗外去。不过,假如你能亲自送出去,我获得自由后一定好好报答你。"② 这有点做交易的味道了。柯耳把这张字条,连同孙中山已经给了莫尔乃的那张一起交给了马格里。③ 孙中山也提出要见马格里,但马格里说:"告诉他,我不见他。"④

1896年10月14日星期三,孙中山要求打开窗户吸点新鲜空气,他的要求得到满足,于是他把手伸出窗外,把一张字条扔过了天窗,落到邻家房顶。可是他的举动被一个中国仆人看见了,柯耳爬过去把字条取回。⑤ 孙中山看见柯耳爬过去,就叫柯耳通过仍然开着的窗户把条子还给他。柯耳说:"不行。"孙中山急坏了。恳求说:"看在上帝分上把字条还给我吧。""不行的,对不起,先生,"柯耳回答说。⑥ 根据现有的资料,孙中山从窗户往使馆外掷字条只有这一次。但他付出的代价够大的。马格里命令柯耳:"你负责把窗户封了,搜查他,没收他的一切文具,以后不再给他纸张。"⑦ 然后,马格里发电报给格兰轮船公司的麦格里格先生,要求当日傍晚会面。⑧ 这一边孙中山仍在努力。当日他第二次见到柯耳时,又给柯耳一张字条,要他带出使馆。⑨ 真不知道经过搜查后孙中山怎么还有办法弄到纸来写信。柯耳还是把条子交给了马格里。傍晚来临,看来麦格里格收到马格里的电报后很快就同他见了面,因为当晚公使就向北京电告正在谈判租船问题,租金约7000英镑。⑩

1896年10月15日星期四,孙中山又给了柯耳一张条子。⑪ 这是典型的孙中山性格,他决定要达到某一目的之后,就会不顾一切地去努力。柯耳将字条交给公使之侄龚心湛,龚心湛让他交给马格里。⑫ 似乎是在同一天邓廷铿去找孙中山,告诉他字条被截获,因为第二天孙中山就责备柯耳出卖了他。也可能就在这一次见面时邓廷铿告诉孙中山,"我们届时将堵住你的嘴(做一个手势),把你捆起来,装进袋子里,运到我们租好的轮船上……我们在船上就像在这里一样把你锁在房间里,派几个人看守。我们不会让你同船上的任何人交谈。如果我们不能把你运走,就在这里杀死你。"⑬ 据《伦敦蒙难记》载,孙中山当时向邓廷铿指出,中日甲午战争也是由一桩类似的事件作为导火线而爆发的,他还说,邓廷铿如果真的把他偷运回中国,他在广州的同志绝对不会放过邓廷铿及其家属。⑭ 假如这些记载属实,⑮ 没

---

① F. O. 17/1718,第116—119页,柯耳于1896年11月2日在财政部的陈述,第14段。
② F. O. 17/1718,第116—119页,柯耳于1896年11月2日在财政部的陈述,第16段。
③ F. O. 17/1718,第116—119页,柯耳于1896年11月2日在财政部的陈述,第16段。
④ F. O. 17/1718,第116—119页,柯耳于1896年11月2日在财政部的陈述,第16段。
⑤ F. O. 17/1718,第116—119页,柯耳于1896年11月2日在财政部的陈述,第12段。
⑥ F. O. 17/1718,第116—119页,柯耳于1896年11月2日在财政部的陈述,第16段。
⑦ F. O. 17/1718,第116—119页,柯耳于1896年11月2日在财政部的陈述,第12段。
⑧ F. O. 17/1718,第113—116页,卡夫致内政部,1896年11月12日,第24段。
⑨ F. O. 17/1718,第116—119页,柯耳于1896年11月2日在财政部的陈述,第16段。
⑩ 北京故宫博物院档案,龚照瑗电总理衙门,1896年10月14日,载罗家伦:《史料》,第52—53页。
⑪ F. O. 17/1718,第116—119页,柯耳于1896年11月2日在财政部的陈述,第16段。
⑫ F. O. 17/1718,第116—119页,柯耳于1896年11月2日在财政部的陈述,第12段。
⑬ F. O. 17/1718,第119—120页,孙中山于1896年11月4日在财政部的陈述,第13段。
⑭ 孙中山:《伦敦蒙难记》,第48—49页。
⑮ 据我了解,提到这一情况的叙述仅此一处。

有理由怀疑的话,① 我们必须对孙中山在巨大的压力下仍然保持镇静表示赞赏。《伦敦蒙难记》接着说邓廷铿"豪悍之口吻不觉顿变,遂曰:'凡我所为,皆公使之命,我此来不过为彼此私情计,俾君知前途之危险耳。'"② 邓廷铿当日半夜又来找孙中山,提出在某日凌晨将孙中山秘密放走。③

1896年10月16日,星期五,孙中山责备柯耳:"你出卖了我。你告诉我说已经把我的字条掷往窗外了,但邓先生告诉我,你把那些字条都呈送给马格里爵士了。"④ 柯耳大吃一惊,匆匆离开了房间。他对和他一同值班的中国仆人说:"邓先生很坏。他告诉犯人我把他的字条统统交给了马格里爵士,也许慢慢地他生起气来,要杀死我也未可知。如果他再要我送信,我会替他送出去的。"⑤ 据柯耳回忆,孙中山整天都绷着脸,但仍然要柯耳答应为他送字条出使馆。柯耳婉言拒绝了。⑥ 柯耳的陈述没有讲那天孙中山有没有继续给他字条。但《伦敦蒙难记》则说给了,⑦ 柯耳又把字条给了马格里。后来马格里"大骂他〔邓廷铿〕不该把使馆处置我的计划告诉我"。⑧ 很可能在第二天,邓廷铿就对孙中山说那张字条"彻底破坏了他的营救计划"。⑨

1896年10月17日,星期六。很可能在这一天孙中山顶不住邓廷铿的威迫诱骗,写了一份陈述书。⑩ 接受财政部大律师提问时孙中山已记不清这是哪一天的事,但当时的情形和陈述书的细节他都讲述得很具体。他说邓廷铿要他写信给公使请求宽恕,但要用英文写,写明马格里收,并且否认同广州举事有任何关系,还要说在美国时已经去过中国驻美公使馆,想对公使解释一切,但公使不听。于是只好来伦敦求见这里的公使。孙中山说他完全按邓廷铿所说的去写了,因为"我〔孙中山〕觉得这是唯一能脱身的办法。我以为他们要将我送回中国,我当时确实绝望了。"⑪ 不过,孙中山到底是个精明人,他没有把希望全寄托在这封信上。他继续做柯耳的工作,最后还耍了点手腕。据柯耳说,那天孙中山告诉他,他的身份可同伦敦的社会党领导人相比。⑫ 后来,回答大律师提问时孙中山不承认说过这话,但他说他曾把自己比作亚美尼亚人。〔译者按:当时土耳其苏丹大肆屠杀信仰基督教的亚美尼亚人,英国人纷纷谴责这种野蛮行为。〕如果信能送到他的朋友手里,英国政府就会干预。⑬ 柯耳答应考虑考虑。

1896年10月18日星期日。孙中山又改变了策略。他答应给柯耳20英镑,让柯耳给康德黎医生捎信。柯耳应允了,把信送了出去,带回来康德黎的名片,上面还有孟生医生的签字。孙中山给了柯耳20镑,并表示将来还要重谢。⑭ 其实,他也希望康德黎医生会酬谢送

---

① 我未见到有与此相反的说法。
② 孙中山:《伦敦蒙难记》,第49页。
③ 孙中山:《伦敦蒙难记》,第50-51页。
④ F. O. 17/1718,第116-119页,柯耳于1896年11月2日在财政部的陈述,第17段。
⑤ F. O. 17/1718,第116-119页,柯耳于1896年11月2日在财政部的陈述,第17段。
⑥ F. O. 17/1718,第116-119页,柯耳于1896年11月2日在财政部的陈述,第18段。
⑦ 孙中山:《伦敦蒙难记》,第51页,说是在1896年10月15日星期四,我认为是准确的。见第四章,第三节。
⑧ 孙中山:《伦敦蒙难记》,第51页。
⑨ 孙中山:《伦敦蒙难记》,第51页。
⑩ F. O. 17/1718,第116-119页,柯耳于1896年11月2日在财政部的陈述,第26段。
⑪ F. O. 17/1718,第119-120页,孙中山于1896年11月4日在财政部的陈述,第13和20段。
⑫ F. O. 17/1718,第116-119页,柯耳于1896年11月2日在财政部的陈述,第19段。
⑬ F. O. 17/1718,第119-120页,孙中山于1896年11月4日在财政部的陈述,第16段。
⑭ F. O. 17/1718,第116-119页,柯耳于1896年11月2日在财政部的陈述,第31和21段。

信人，因为在信中他写了这么一句话："请照顾目前这个帮我送信的人，他很穷，将会因为替我效劳而失去他的职业。"① 康德黎是否给了柯耳什么报酬我们不得而知，也许他给了，因为据孟生医生说，使馆厨房里的下手"看见柯耳捞到好处也想干"。② 孙中山说收到康德黎的名片后他心情好了很多，但仍然不踏实，因为他已经不太记得孟生医生签字的模样，他疑心柯耳会想别的办法间接拿到康德黎医生的名片。③ 因此，他请早已提心吊胆的柯耳在当天再送一张条子给康德黎医生，要求医生写几句话给他。④ 柯耳把第一张字条的内容记得很清楚，但谈到第二张字条则有点离了题，可能孙中山当时的心境比他的字条更引起柯耳的注意。他说："我知道那张字条同前一张差不多，都是求他们赶快行动，因为他认为事情已经到了最后关头。我想字条上写着'你们在干什么？阻力在哪里？我宣称是英国子民，生在香港。沙士勃雷侯爵意见如何？'"⑤ 康德黎医生在一张小纸片上写了几个字给他。⑥

孙中山焦急不安地又等候了五天，而他的英国朋友则千方百计请英国政府干预，直到1896年10月23日下午5时他最终被释放。"直到把我叫下楼我才知道我已经被释放，"⑦ 他回忆道。

### 第五节 受惠欠债

1896年10月17日，星期六。柯耳还在考虑要不要帮孙中山送信给康德黎，他的上司、使馆管家郝维太太已经写了一封匿名信，而且可能在夜里11点半亲自送到了覃文省街46号。⑧ 她仅见过孙中山一次，那是在孙中山被拘禁的第一天，她拿铺盖去给孙中山铺床。那时他们互相没讲过话，我们也不知道孙中山给她的印象如何。不过，后来柯耳告诉了她孙中山一直求他往外送信的事，她鼓励柯耳帮助孙中山。柯耳仍然犹豫不决，他说等星期五（1896年10月16日）下了班后再去同郝维太太谈这件事。但他没去，第二天也没去，于是郝维太太单独采取了行动。看来她这样做完全是出于对孙中山怜悯。

孙中山似乎答应除了那20镑之外还要给柯耳一大笔钱作为报答。1896年12月31日，财政部大律师写信给外交部山德森爵士："今日孙中山来。因为他很可能要给你写信，所以我把他来这里的谈话写成备忘录给你送去。"备忘录全文如下：

孙中山来

出示柯耳索取500英镑报酬的请求书，据说这是孙中山答应给他的，因为他把孙中山被囚的消息通知了孙的朋友。已付20镑。

孙告诉我他答应给1,000镑，对于柯耳的请求他无异议，但他想了解有没有对清使馆进行制裁。

我说这个问题我无可奉告，他应该写信询问外交部。⑨

---

① F. O. 17/1718，第30页，孙中山致康德黎（1896年10月18日）。
② F. O. 17/1718，第122页，孟生1896年11月4日在财政部的陈述，第5段。
③ F. O. 17/1718，第119页-120页，孙中山于1896年11月4日在财政部的陈述，第17段。
④ F. O. 17/1718，第119-120页，孙中山于1896年11月4日在财政部的陈述，第17段。F. O. 17/1718，第116-119页，柯耳于1896年11月2日在财政部的陈述，第21段。
⑤ F. O. 17/1718，第116-119页，柯耳于1896年11月2日在财政部的陈述，第21段。
⑥ F. O. 17/1718，第119-120页，孙中山于1896年11月4日在财政部的陈述，第17段。
⑦ F. O. 17/1718，第119-120页，孙中山于1896年11月4日在财政部的陈述，第18段。
⑧ 见本书第一章第一节。
⑨ F. O. 17/1718，第151-152页，卡夫致山德森（连附件），1896年12月31日。

这又是孙中山说话爱夸大的一个典型例子。他一下子就答应给柯耳1,000镑！但有意思的是柯耳在两个月后只索取半数。在孙中山未获释之前，康德黎医生就向公众呼吁，募款酬谢通报消息人（郝维太太和乔治·柯耳）。① 正如史扶邻指出，很可能用这种办法筹了一些钱。② 但没有证据表明郝维太太收过任何酬金。谈到这个问题时史扶邻还引用了陈少白的话：孙中山"获释后作了不少公开演说，募集了几百英镑给那位英国仆人"。③ 笔者目前可以确定的孙中山的这类演说有两次，还有一次不太确定。1896年10月30日，"汉密什［康德黎医生］与孙医生一起去参加察灵十字医院学生俱乐部聚餐会。汉密什是主席。那是一次空前的聚会，新老学生共222人，他们热烈欢迎汉密什"。④ 这里没提到孙中山作讲演或募捐，但在这种场合完全有可能。1896年11月14日，"汉密什与孙中山应邀往野蛮人俱乐部聚餐，晚上过得很愉快"。⑤ 有一篇新闻报道讲得比较具体："孙逸仙博士是11月14日野蛮人俱乐部聚餐会的来宾，应在座者的迫切要求，他讲了最近他在钵兰大街中国使馆里的一些经历。他用很不流利的英语讲述了他脱身的经过……康德黎医生对孙医生的讲话作了补充，讲到苏格兰场不相信他的话时，引起一些笑声……"⑥ 这是孙中山做过讲演的真实证据，但没有提到募捐，其实这种可能性极小。1897年1月16日，康德黎太太在日记中写道："月底孙博士将赴牛津讲演，所以他带手稿来给汉密什看。写得很好。"⑦

1897年3月11日，康德黎太太又写道："今晚在圣马丁市政厅举行题为《中国的事情》的讲座，为察灵十字医院募款。孙博士宣读了一篇论中国政府的文章，汉密什谈了些别的问题。"⑧ 如果孙中山已经能替医院募捐，可能到这个时候他已经还清了欠柯耳的钱。⑨

（国际展望出版社，香港，1989；后以《孙中山伦敦蒙难真相——从未披露的史实》为题出版了修订本，联经出版社，台北，1998）

---

① 康德黎署名声明，交中央新闻社供散发用。见《早晨导报》，1896年10月24日，第7版，第4栏；又见《晚间新闻》，1896年10月24日，第3版，第2栏。
② 史扶邻：《起源》，第177页，注66。
③ 见本书第一章第一节，引陈少白：《兴中会革命史要》，第18页。
④ 康德黎太太日记，1896年10月30日。
⑤ 康德黎太太日记，1896年11月14日。
⑥ 《德臣西报》，1896年12月24日，第3版，第2栏。
⑦ 康德黎太太日记，1896年1月16日。
⑧ 康德黎太太日记，1896年3月11日。
⑨ 可能从出售《伦敦蒙难记》有收入，这点将在第四章第三节考虑。

# 第3编

# 随笔博客

# 剑 桥 草[①]

  回到祖国已经八年，给剑桥的朋友写信时总还不时要问问学院的教师花园里那方草地是否仍然青绿，尽管自己也知道答案必然是肯定的，因为英国的草不怕严寒，只怕干旱，而剑桥有被徐志摩誉为"全世界最秀丽的一条水"的剑河，自然把每一块草地滋养得生机勃发。

  剑桥草繁茂但不杂乱。草地的每一条边、每一个角都线条清晰。我一直纳闷何以这些草坪如此中规中矩，直到有一天偶然同一位剪草工攀谈过后才豁然开朗。当时他已经剪完草，但还用一把特制的长柄小铲把那些长到路边来的小草一片片地连根带土切掉铲走。他说他的父亲当年就是负责修剪这块草地的工人，他父亲的工作则是从他爷爷手里接过来的。他们都是这样把草地整得棱角分明。也许这只是巧合，但有一点可以肯定，这里的历史首先靠人来延续，然后才靠文字。怪不得我的导师兼朋友带我去教师花园散步时特别告诉我，脚下的小路是著名哲学家维特根斯坦走出来的。起初这是一块囫囵的草地，后来某任院长忽发奇想：何不找一个最会散步又善于思考的学者来走一趟，按他的足迹辟出一条小路，好让后来者也沾点灵气？于是请来了维特根斯坦，于是也就有了草地中弯来绕去的小径。

  剑桥大学有三十座学院，每一座都是一部活的历史，因为学院里的人，无论教师或学生，甚至像刚才提到的工人，都有明显的历史感。比如你走到三一学院门口，他们会告诉你，角落里其貌不扬的小苹果树就是当年启发牛顿发现万有引力定律的那棵苹果树的后代。那真诚的目光使你感到哪怕脑子里闪过一点怀疑那是假古董的念头都是对历史的亵渎。我在甘维尔与基斯学院做博士后研究，主编《剑桥中国科学技术史》的李约瑟博士就属于这所学院。我第一次上"高桌"（High Table）吃正式晚餐时被安排在他旁边就座。这位中国通的汉语并不流利，我们用英语交谈。当时他还未从丧妻的悲痛中解脱出来。本来身材高大的人现在驼了背，双膝的风湿关节炎折磨得他坐下了就起不来，要靠轮椅代步。但一谈到正在编写的《剑桥中国科学技术史·医学卷》，他的眼里马上闪出虹一般的光彩。学院饭厅里挂了一幅他的画像，像里的李约瑟竟然没穿西装，穿的是中式长衫，手里握住一把滑动计算尺。正是这位把自己的学术生命和中国紧紧地联系在一起的老人，被看作是剑桥大学的学术双子星座之一。（另一位是几乎全身瘫痪的史蒂芬·霍金，他是世界理论物理学界公认的继爱因斯坦之后最伟大的学者。）剑桥人的历史视野原来很开阔。他们不仅要延续不列颠民族的历史，还要延续世界文明的历史。我在李约瑟研究所里见到现存最早的一幅中国星象图的复制件，原件却在韩国。他们是利用全世界的资料来研究中国的啊！没有这种气魄就不可能产生《剑桥中国科学技术史》这样的鸿篇巨制。

  剑桥草之所以令我怀念，是因为它给了我做学问和做人的启迪。当我，一个中国学者，沿着维特根斯坦的足迹在草地上边散步边思考的时候，我更透彻地明白了一个道理：每个人，不论肤色不论地域，都有责任延续本民族本地域的历史，同时尊重他民族他地域的历史。假如真有灵气的话，我就沾了这么一丁点儿。

---

  [①] 原载《南方日报》1993 年 6 月 5 日，后收入随笔集《西窗琐语》（重庆大学出版社 2008 年版）。本编所收文章除注明日期的博文外均取自《西窗琐语》。

# 不穿高跟鞋[①]

家里放了两双为我准备的男式高跟鞋，它们的作用不问而知。说得明白点吧，假如当年我真的成了广东省舞蹈学校的首届学员，长大后恐怕就会像王安忆的小说《小城之恋》里的主人公一样，只有演小孩角色的份儿。

尽管如此，我还是决定不穿它们。理由很简单——人如果无处不考虑别人怎样看自己，就真的应了萨特的那句名言——"他人就是地狱"，活着也就太累了。况且说不定穿上以后，虽然身材显得高了一点，但心理上反倒矮了一截呢。

其实，就整个民族的体魄强弱而言，身材是次要的，体质才是主要的。日耳曼人的身材不能说不高，但歌德同他的文学门徒埃克曼谈话时就很担心地提到当时德国的青年体质孱弱，"近视眼，面色苍白，胸膛瘦削，年轻而没有青年人的朝气"。（1828年3月12日和埃克曼的谈话）今天的"豆芽菜"体型，那时已经有了。至于如何增强体质，歌德没有详谈。林语堂先生却说过，中国民族之所以能生存下来，一半是靠外族血脉的输入。（《中国的国民性》，载《人世间》半月刊第32期）用生物学的术语来说就是"杂交优势"（hybrid vigor）。不过，这是不切实际的，哪能有那么多涉外婚姻呢？唯一的办法是老老实实去打磨筋骨。

尤其重要的是万万不可在精神上阴盛阳衰。一些西方汉学家认为中国古典文学里的男性形象基本上是柔弱的，五大三粗的汉子反而得不到女性的钟爱。这也难怪，中国古典戏曲里得到小姐垂青而私订终身后花园的落难公子不也总是文弱书生吗？《颜氏家训·勉学篇》更批评过齐梁子弟薰衣剃面，傅粉施朱，驾长檐车，跟高齿屐的柔靡脆弱状况。您瞧，用男士香水喷衣服和穿男式高跟鞋并非舶来品，不过咱们的老祖宗不用香水喷而用香料熏，而鞋则换成屐罢了。颜之推接着慨叹："士习至此，国事尚可问哉？"原来男人的习气是关乎国运的大事，所以今天人们谈论寻找男子汉的时候，首先应该寻找阳刚的气度，而不是多高多高的身量。有一个叫《升华》的男子独舞，表现的就是矮个子舞蹈演员不服矮的精神，这种精神终于升华成为硬汉品质。男式高跟鞋对于这种升华是不会有多少帮助的。

---

[①] 原载《羊城晚报》1994年5月22日。

# 夏娃的欣慰[①]

经过多年的争取，前些日子，英国第一批天主教女神甫被正式授予神职，可以登上圣坛布道。今后英语里"教士"（clergyman）这个词恐怕再也不能清一色地用阳性的"man"了。长期以来被教会认为要对人类的堕落负主要责任的女人如今也有资格传达上帝的声音，倘若夏娃有灵，定会感到欣慰。

其实，她应该为之感到欣慰的还有好些事情：1989年，英国教会开始准许牧师同离过婚的女人结婚。同年，英国的一对女同性恋者居然在教堂里得到牧师的祝福，堂而皇之地建立了"家庭"。我们还可以追溯得远一点。1961年，当企鹅出版公司因出版 D. H. 劳伦斯的有性描写的小说《查特莱夫人的情人》而被控诲淫罪时，英国乌里治教区主教约翰·罗宾逊却站出来为该书辩护。他说："每一个基督徒都可以通过阅读《查特莱夫人的情人》而得益。"英国有一批思想开放的教士，他们力图使宗教跟上社会潮流，有时甚至失之偏激。

另外，英国人并不太承认教会的权威，这也是出现这些偏离基督教传统的现象的主要原因。一位英国牧师曾对我说，当今英国的新生婴儿只有30%受过洗礼。这30%长大后又只有一部分人能坚持每个星期天去教堂做礼拜。教会在《圣经》里是被比作葡萄园的，因为世人在那里得到上帝的呵护与培育，像葡萄一样逐渐成熟。偏偏英国不出产葡萄，所以从民族文化的骨子里英国人对教会的重要性又缺少了一点认识。加之历史上闹过政教分离，教会的权威早已削弱。于是，来一点出格也无所谓。

在许多人的印象中，英国人是思想保守、心胸狭隘的，所谓"岛国本色"是也。但是，包围着岛屿的恰恰是气魄宏大的海洋。英国正是从海洋出发建立起那名噪一时的"日不落国"的。英国文化传统中也有一种不甘心囿于各种藩篱围出的弹丸之地、不断向新的地平线迸发的探索基因。诗人亚历山大·蒲伯（Alexander Pope）在《论批评》第3章说得好：

我们，勇敢的不列颠人，蔑视洋框条，

我们独立自主，用不着文明那一套。

BBC电视台每周一次的《赞美诗》节目里常有架子鼓急促的鼓点伴奏，仿佛就是这种洒脱地做人的精神的律动。

---

[①] 原载《羊城晚报》1994年6月30日。

# 我拥抱科学精灵[1]

前些日子，我的电脑出了毛病，几经尝试都修不好，急得我四出求助，直至把它修好才松一口气。事后细细想来，当时除了盼望能早日重新用它工作的功利心之外，还有一份莫名的惆怅，就好像一位友人或同事突然远去之后，才发现他原来是那么好的一个人，对他的思念竟是那样深切。

若按大儒的看法，这种感情殊不足取，因为电脑属于"奇技淫巧"之列。文人雅士乐山乐水爱鹤爱梅可以传为佳话，但如果爱机器，恐怕就是旁门左道。此中理由无非是山水木石鸟兽鱼虫都出自天然，钟情于斯即是人天合一。而所谓奇技淫巧者，"技""巧"都是人工，况且奇则不正，淫则过度，均不按常道行事，容易使人迷失心性。故此《礼记·月令》有云："毋或作为淫巧，以荡上心。"偏偏我就想不通：同是人工制造的器物（artifact），武士注精魂入剑，才子导灵气于笔，为什么就得到赞赏呢？还是明末清初张宗子说得透彻，"人无癖不可以交，以其无深情也"。（《陶庵梦忆·祁止祥癖》）不论山水癖也好，电脑癖也好，那份真情都是值得尊重的。

除了机器之外，科学带给人类的另一样突出的东西就是数字——银行账号、信用卡密码、身份证号码、电话传真号码、邮政编码、税率、利率、各种价格、各种代码……甚至可以说当今的社会是一个数字社会。法国小说家圣埃克苏佩里（Antoine de Saint Exupery）曾经在他的童话《小王子》里借小主人公的口道出了对数字的厌恶："大人们就喜欢数字。当你告诉他们你新交了个朋友的时候，他们从不问你那些最重要的事情……相反，他们问'他几岁了？有几兄弟？体重多少？他父亲每月挣多少钱？'他们认为只有知道这些数字才算了解他的情况。"

我个人对数字极不敏感，因此说不上有特别的喜恶，但我常常分享学生考试取得高分的快乐。我想搞经济的人一定也会为某个地区、某家企业不断上升的产值感到欣慰。不问青红皂白一律贬低数字，其实有失偏颇。

不少人认为数字干巴巴，可是一位股民朋友却很认真地对我说，他在股价升跌的数字后面看到多头和空头对阵时那种千军万马的气势。原来数字同文学作品一样，其含义有待读者去阐释。其实不少文学作品比数字还要干巴巴呢！

连数字都能启发形象思维，可见科学与文学完全可以结缘。曾经有一位法国评论家哀叹科学的潮流吞没了一切。美国诗人惠特曼却反驳他，认为科学会给诗歌创作开辟更坚实、更广阔的天地。（《回顾走过的路》）他有一首题为《雨话》的小诗，虽然讲的是地面和海洋蒸发出的水汽升到高处，形成水滴又降落到地面的循环过程，写来却饱含哲理，韵味十足：

哈，你是谁？我问那轻柔的阵雨，

---

[1] 本文原载《广州日报》1994年11月14日。

她竟然答了腔，下面译出她的话语：
我是大地的诗，雨声淅沥，
无影无形，从内陆和深海升起，
上苍穹，凝小滴，身虽易，神如一，
为润泽旱尘干土，重入人世，
离了我，万物仅是种子，混沌一片；
我来了，催发无限生机，使故园洁美，日夜绵延；
（像支歌，孕育于故里，漂泊到他方，
不论知音多与少，满怀挚爱总还乡。）

当然，科学技术的发达也带来了不少如环境污染、能源危机等问题，以至于今天有人比惠特曼时代的那位法国评论家更悲观，他们哀叹的是人类的末日即将来临。但情况似乎并非如此。当我们的祖先学会用火的时候，他们并不惧怕火带来的灾难；当我们每天用电用煤气的时候，我们不怕被要了命去；在交通事故越来越频繁的今天，出门旅行的人反而越来越多。对待事物的否定一面，假如我们有自信，就能驾驭它。广东诗人黎简说过："以病示人无病骨。"但如果骨子里已经病了，那么即使不示人，病态也自然表露无遗。我担心的不是人类被科学的精灵引向绝路，而是人类被自己内部的病骨所销蚀，失去了自强不息的骨气。

科学其实不止机器和数字那么简单。科学的精髓是追求真理和进步。它认为一切形式的独断主义都是虚妄的，宗教以及其他变相的教条都不能成为终极的信条。同时它提倡创造精神，鼓励人们不断怀疑和改进已有的知识。基于这两点，科学就能自我完善，人类也能不断消除科学技术发展过程中产生的负面影响。

科学的前途无量！我拥抱科学精灵！

1994 年 7 月 25 日于康乐园味闲堂

# 翻 译 日①

1991年,国际译联(FIT)理事会向各会员国建议,把每年9月30日定为国际翻译日。

翻译日的"日"字,在英语中其实可作"节日"解,比如"国庆节"的英文就是National Day,亦可称为"国庆日",因此"翻译日"同样可称为"翻译节"。

现有的许多节日之中,除了民俗之外,多数是为了纪念某一历史事件或人物。但有一种节日却是专为某一类人而设,如"三八"国际妇女节、"六一"国际儿童节等,翻译日也属此列。

综观这类节日,我发现多半是某一类人为了争取社会地位,或者是社会为了保护某一类人的利益而设立的。妇女节和儿童节的这种性质自不待言,就连我国的教师节其实也一样,所以才有《教师法》的颁布,还要特别规定不得拖欠教师的工资。

至于翻译,虽然传说有个李太白醉草吓蛮书风光过一阵,但在不少身居高位颐指气使的人眼里只不过是活的工具,因此把手稿送去翻译时还要批示:"一个字也不许动。"那些能用外语从事专业工作的人则会认为翻译无大用,有时甚至成事不足败事有余,所以有"译者逆也"的说法(A translator is a traitor)。而自打电影和小说里东洋鬼子带着翻译官向中国人"死啦死啦的干活"的情节深入人心之后,翻译的形象更加丑恶。诋毁一个普通人最有效的办法莫过于说他或她乱搞男女关系,而整翻译却有更厉害的一手,就是说他里通外国。总之,翻译的地位是很低的,连搞翻译的人自己也受这种观念左右。当年康有为写诗称赞林纾和严复,说"译才并世数严林",林纾却不高兴,认为这反而贬低了他。在国外也一样,翻译工作被嘲笑为"隔着毯子嗅紫罗兰"(smelling violets through a blanket),译作被说成是"煮熟的草莓"(a boiled strawberry),反正都是失却了原味的意思。只要看看中外译著的封面,极少见署译者名字的。视翻译为无名之辈,由此可见一斑。看来定个翻译日来给翻译们打打气实在很有必要。可惜知道这个节日的商人太少,否则9月30日这一天一定会有"优待翻译,九折酬宾"的标语随风飘扬。

国际译联号召全世界翻译工作者"通过国际翻译日举行各种活动,加强合作,团结一致,为促进各国翻译事业的发展作出更大贡献"。恐怕"加强合作,团结一致"是最重要的,要想得到承认非此不可。其实,翻译工作者自己早在1970年就采取了"自救"行动,当时在纽约举行了世界文学翻译大会,发表了《翻译宣言》,指出翻译工作的重要性。这是向社会讨公道。

的确,离了翻译,人类的广泛交际就不可能。别说同外国人打交道了,就是中国人之间也常常有"鸡同鸭讲"的时候。刘向《说苑·善说》就记载了一个古代楚人和越人交际时需要翻译的故事,说的是鄂君子皙泛舟于新波,有越人拥楫而歌,鄂君子皙不懂越语,只好

---

① 原载《羊城晚报》1995年2月11日,收入左夫编:《花地夜雨——〈羊城晚报·花地〉副刊作品精粹》,北京:光明日报出版社,1997年版。

请人翻译,才知道原来歌词的意思是向他表达敬慕之情。这首《越人歌》成了中国翻译史上第一篇译诗。但是,翻译如果出了错,说不定好意译成了恶意,那就非常不妙了。1978年美国总统卡特访问波兰,致辞时谈到"波兰人民的愿望",随行译员却把"愿望"翻译成"贪欲",引起轩然大波。回国后,这位可怜的译员就被解雇了,而且据说还戴上"终身不得录用"的帽子。这惩罚够重的,因为他失职了。然而,奇怪的是,尽管翻译的职责那么重要,但其地位却不能与之相当。

除了帮助交际之外,翻译还是整个人类文化积累的保证。《圣经·创世纪》里有这么一段记载:古时候,人们说同一种语言,词汇并不多。他们想为自己建一座城市和一座塔。上帝知道了,就说:"瞧,他们是一个民族,说一种语言,他们所做的仅仅是开始。将来没有他们做不成的事了。"于是,上帝搅乱了人类的语言,使他们彼此不能沟通,又把他们分散到世界各地。这就是"巴别塔"(the tower of Babel)的典故。"巴别"是乱喊乱叫的意思,人们听不懂对方的话,就认为是乱喊乱叫。以往提到这个典故时多注意到这座塔可以通天,是人类力量的象征。其实,在建塔的过程中,人们烧砖代替石头,用沥青代替砂浆,他们还要给自己起名字。这一切都表明当时人类已经开始有自我意识,人类文明已经露出端倪,在这过程中,没有语言障碍对文明的发展起了极为重要的作用。

人类的语言混乱之后,连《圣经》的传播也碰到了困难,这一点却是上帝始料不及的。也许翻译就是上帝后来赐予与人类的一种补救手段。被定为翻译日的 9 月 30 日正是优秀的意大利《圣经》翻译家圣杰罗姆的诞辰。为了把《圣经》从希伯来语和希腊语译成拉丁语,他潜心研究前两种语言长达 10 年。然后在巴勒斯坦伯利恒的一眼简陋的窑洞里花 18 年译出了《圣经》的拉丁文本。这种毅力和恒心足以使当初打击人类的上帝汗颜。在我看来,翻译其实是人类向上帝的权威所做的挑战。翻译日其实是勇敢者的节日!

# 患其不争[①]

《西窗琐语》专栏还在写着,可我的人已经出了窗外,来到美国杜克大学当研究学者了。安顿下来之后自然要与远方的亲朋联系,最方便的手段莫过于越洋电话。

美国有50多家长途电话公司,价格不一,因此选择哪一家就很关键。最大的两家公司是AT&T和MCI。前者原先是老牌的贝尔电话公司,现在还经营着贝尔实验室。后者却是少壮派,在电视广告中点着前者的名挑战,声称自己的价格更低廉。MCI还看准了美国新移民越来越多的形势,设立了"国语"、粤语、日语、朝鲜语、越南语、西班牙语、俄语甚至印度的一些语言的免费服务电话,使大部分新移民同电话公司打交道时可以讲本族语。这样他们给家乡亲人打国际长途电话的市场就被MCI争取过去了。该公司在中文报纸上刊登了整整两版广告,画了许多武术招式,大字标题是"打遍天下无敌手",颇有气势。

客户为自己的电话选择了长途电话公司之后并非从一而终,而是可以更换的,就像咱们看电视一样,哪个频道节目好就转过去。于是电话公司使尽浑身解数来拉客。除了推出各种促销优惠计划,大打折扣之外,还直截了当地给客户送钱。AT&T曾给住在华盛顿哥伦比亚特区的一位MCI客户寄去一张100美元的支票,声明只要把支票兑成现款收下,她的电话就自动转到AT&T公司。这位女士收了钱转了公司之后就给MCI打电话说明情况。没想到几天后她也收到MCI寄来的50美元优惠券和一封信。信上说,只要她转回MCI,这50元电话费就送给她。于是她又转回去。电视台为此还做了名为"电话公司大战"的专题节目。我也收到过MCI公司的一张优惠券,不过数额不大,大概是因为我这个客户每月开销的电话费还不到50美元,不值得下大本钱来拉的缘故吧。

不仅电话公司在大战,航空公司也在大战。到了淡季,各公司竞相降价,3月份一张从亚特兰大到香港的往返机票只需600美元。(据朋友说还有更低的票价。)就连生产油漆的厂家拍电视广告时也拿自己的产品同竞争对手的产品来比:把两种油漆各涂在同一个木头露台的地板上,经过风吹雨打,本厂产品所涂的那一半地板完好如初,而对手的产品所涂的那一半却已陈旧不堪。像这种扬己抑彼的广告我在中国大陆还未见过,大概中国人推崇"和为贵"的处世哲学,也可能是产品质量没有保证,不敢肯定自己的产品就一直比对手的产品强,话说满了反而落个把柄。

竞争要有对手,一旦产生了垄断,就无所谓竞争。美国在19世纪末还是搞垄断,我们读政治经济学也知道帝国主义的特点之一就是垄断。后来他们认识到垄断不利于经济发展,就在1890年7月2日和1914年10月5日分别制订了两项反垄断法,还陆续由法院出面,强迫一些已经形成垄断的公司出卖股权,再分成不同的小规模公司,让它们竞争。比如当时美国烟草公司的生意占了全国烟草业的四分之三,老板杜克兄弟只拿出一小部分利润就建立了杜克大学。后来该公司也被迫分成几个小公司。他们生产的什么云斯顿、沙龙(Salem)、

---

[①] 收入左夫编:《花地夜雨——〈羊城晚报·花地〉副刊作品精粹》,北京:光明日报出版社,1997年版。

Lucky Strike 等香烟都产自我目前所在的地区，只要进城就闻着一股烟草味。有一个小镇干脆就叫云斯顿－沙龙。

总之，厂商竞争，顾客得利，这似乎是必然规律。然而转念一想，你只要买他的货物，钱就被他赚了，所谓得利其实是少被他赚一点罢了。那咱们不买他的东西不行吗？可那又怎么活得下去？既然如此，最好是先让他们争个天昏地暗，拼个死去活来，然后尽量分走他们的利润。这就有了本文的标题——患其不争，亦即唯恐商战不乱是也。

# 杀人游戏[①]

  未来的战争对于参战者来说将不再是惨不忍睹的杀戮，而是斯斯文文的游戏——杀人游戏。

  在冷兵器时代，除了使用弓箭暗器等在有限距离内能致命的武器之外，作战时大多要面对面搏杀。因为力举千钧的武林奇才和吹毛可过的神兵利器到底不多，所以双方体能差别不会太大，武器又极少有异常锋利可以一击毙敌的，于是打起来常常劈刺到血肉横飞。那种血腥味、内脏流出时散发的臭味，那种惨号、呻吟，还有格斗时仇恨的目光、濒死时绝望的眼神，都通过杀人者的感官或多或少影响他的心理，存留在他的潜意识里。因此旧小说里常有病人在幻觉中见到自己过去杀掉的人化为厉鬼来索命的情节。

  随着枪炮的出现，杀人者与被杀者的距离拉远了，杀人的过程也简单得多，一扣扳机、一拉火绳就完事。后来自动火器问世，特别是工业发达之后，不计较损耗多少弹药，只求杀死要杀的人，所以经常是乱枪扫射，排炮轰击，无暇去看对方是什么样子。只有狙击手例外。他们要在特制的光学瞄准镜里把目标看得一清二楚，确保一击而中。所以狙击手所受的心理压力最大。至于空对地作战距离就更远。轰炸机驾驶员一按电钮，炸弹就落下，炸死的人是什么样子他看不见。即使是空战或坦克战也一样，目标一旦被击中，不是灰飞烟灭就是化为焦炭。把"目标"这个词变成军事术语的人真是语言大师，他不动声色地把杀人变成像解数学方程一样的抽象活儿。杀目标比杀人心安理得得多。

  如今通讯设备先进，电脑科学发达，又有了"虚拟现实"（virtual reality，简称 VR）的军事训练方式。就拿坦克兵的训练来说吧。人造卫星把可能要去作战的地区的地形地物拍摄下来，连同气象资料以及敌方的作战活动资料，由程序员编成软件输入电脑，创造出一个虚拟世界（virtual world）。在理论上这一类型的电脑每秒钟传输的信息量至少要与它模拟的该种现实活动所要求的信息传输量相等。受训者坐在斗室里，戴上特制头盔进行操作。装在头盔上的眼镜其实是专为左右眼分别设计的电脑屏幕，以增强立体感。耳机里会传出与图像对应的立体声。一辆坦克要由几个人操纵，所以训练开始后，几名受训者同时进入同一个虚拟世界，互相配合向电脑输入决定，在屏幕上指挥代表自己坦克的光标（常常是形象化的）千方百计摧毁敌人的坦克。等到真正的战争在这个地区爆发之后，受过这种训练的坦克兵同样在坦克里对着电脑屏幕作战。不同的是虚拟世界变成了真实世界，电脑指挥的是真实的炮火，在屏幕上摧毁目标就是在现实中击毁敌坦克。当然，如果自己在屏幕上被击中那也就真的玩完了！

  时下流行的如《三国演义》之类的智力型电脑作战游戏其实就是 VR 的雏形。孩子们正在学习杀人呢！不过这并不奇怪。电脑没有出现之前他们不也端着木头枪乒乒砰砰地玩杀人游戏么？

---

 ① 收入左夫编：《花地夜雨——〈羊城晚报·花地〉副刊作品精粹》，北京：光明日报出版社，1997 年版。

有时电脑确实使人变得冷漠。一位写小说的朋友对我说过，用电脑写作不如用笔写作有激情。但是，如果一定要打仗，我倒宁愿参战者通过电脑杀人，因为他们也许会好受一些，不会像美国电影《猎鹿人》描写的那样在战后精神分裂。在这一方面电脑倒是挺体贴人的。

# 品　舞

　　舞和茶与酒一样，是可以品的。我不会跳社交舞（Social Dance），但有时也应邀参加舞会，静静地坐在不起眼的角落里——品舞。

　　慢华尔兹的舞姿似行云流水，动中蕴静。即使人在舞池之外也如沐清风，如闻幽兰。但当旋律低回婉转之时，又隐约有一丝淡淡的惆怅袭上心头，勾起"杨柳依依"、"雨雪霏霏"的回忆。

　　与慢华尔兹形成鲜明对照的是风格豪放的"探戈"。那顿挫有力的舞步、棱角分明的动作，犹如傍铁板铜琶，歌"大江东去"，流露出一种英武之气。"探戈"可算得是社交舞中的健舞。

　　还有轻松活泼、俗称快三步的维也纳华尔兹，恰似穿花蝴蝶，出谷娇莺。而"仑巴"则热情奔放，活力四射，其步点频密，宛如"大珠小珠落玉盘"……

　　总之，在我这个舞盲的眼里，社交舞的人体运动只不过在表达诗情画意，那种韵味是可以品出来的。

　　至于舞池中初学者的笨拙、与陌生舞伴共舞时的矜持、情侣间如胶似漆般的缠绵，还有利用跳舞进行"公关"的狡狯，凡此人生百态，看到后又别是一番滋味在心头。

　　不过，此舞既然名曰"社交"，自然应该名副其实。何况据专家考证，社交舞的舞步及韵律都源于生活。比如华尔兹舞步来源于打谷场上的踢场动作；"仑巴"舞步来源于头顶重物移步时转换重心的节奏；"桑巴"舞步模仿热带风光里棕榈临风摇曳的姿态；而"恰恰"则模仿企鹅走路时左右摇晃的滑稽形状。原来舞池乃人生过去及现在之缩影，诗情画意背后其实是最大众化不过的东西。

　　品舞品出点苦涩来了。

# 巫 与 舞[①]

在电影《鳄鱼先生》(*Crocodile Dundee*)里有这样的镜头：

凶猛的大狗向鳄鱼先生邓迪狂吠。邓迪握紧拳头，然后朝着猛犬竖起食指和小拇指，再慢慢地把手指向地面。狗只逐渐平静下来，最后老老实实趴在地下，摇着尾巴表示友善。

这种牛角状的手势在非基督教的西方民间风俗中被认为可以驱赶邪魔，保护自己。佛教，特别是密宗一支的结手印以及道教的戟指作法，都有同样的功用。

除了手势之外，先民们认为走某种特定的步法也能与另一个世界沟通。诸葛亮借东风在法坛上步罡踏斗，他走的是禹步。有一本《中国舞蹈史》认为，禹步相当于如今汉族民间舞的十字步，即秧歌舞的基本步法。有名的陕北安塞腰鼓的基本步法也是从十字步化出来的，只不过增加了一个腾空的动作。然而，如果仔细考察禹步的来历，就会发现禹步不可能是十字步。禹步者大禹的步法也。当年大禹治水，得了关节炎，据古籍记载，他走起路来"足不相过"，就像现在有腿疾的人拖着脚走路一样。而十字步是扭出来的，第一步左脚就要踏到右脚的右前方，第二步右脚又踏到左脚的左前方，特点恰恰是两足相过。大禹走不出这种步法来。葛洪《抱朴子·外篇》记载了禹步的行走方向，其曲折如北斗七星的图形，怪不得有步罡踏斗的说法。因此，与其说禹步是一种步法还不如说它是行走的路线。至于走路时的步法，依我看接近蹉步，像维吾尔族舞蹈的基本步法，后起动的脚只贴近先起动的脚而不超过它。

手势加上步法自然演变成舞蹈，所以上古时期巫与舞是相通的。中国汉族民间的"跳大神"、傩戏以及少数民族的各种婚、丧、祭、宴、播种、收获、出猎、医疗的舞蹈都是证明。中央电视台拍过一套名叫《舞之灵》的电视系列片，其中一集就是巫舞，有许多特写镜头表现舞蹈家姚珠珠的手势和步法，编导显然深明内里的奥妙。

巫与舞相通的另一原因是：舞蹈和毒品一样可以使人迷狂。

人天生有一种"运动感觉"，所以孩子们听见音乐会不自觉地随着节奏晃动身体。当我们乘"过山车"呼啸着在空中翻滚的时候，当我们从水上滑梯飞快地往下滑的时候，都会觉得自己已经不能控制自己，这就是运动感觉接近极限的表现。假如我们快速而有节奏地重复某些舞蹈动作，同样会达到这种迷狂状态。原始人类在作战前要举行隆重的仪式舞蹈，为的是在迷狂中与神明合一，以便打仗时有神助。神媒到了仪式的最后会口吐白沫倒地不起，也是这个道理。上两个星期我在北卡罗来纳州歌剧院看了一场"Sweet Honey in the Rock"乐队的演出。尽管这是个台风比较斯文的黑人女子摇滚乐队，但在演出中间亦有全场观众起立，台上台下唱和起舞的热烈场面。我几乎也被醉倒了。

---

[①] 原载《羊城晚报》1995年4月7日。

# 武 与 舞

　　金庸先生在他创作的武侠小说中描写过两种奇特的武功：一是《射雕英雄传》里西毒欧阳锋因经脉逆行误打误撞练成的头下脚上的招式；二是《书剑恩仇录》中陈家洛在回疆悟得的合着钟声打出的拳法。其实这两种武功在南美洲流行的一种名叫"Capoeira"的技击中已经合为一体。"Capoeira"主要靠翻跟斗时头下脚上的一刹那用脚攻击对手，练习时要踩着鼓点，并由一种形似中国的板胡的南美洲乐器伴奏。有一部美国动作片《强者为王》（Only the Strong）就以"Capoeira"为主要的技击手段。正邪双方都是"Capoeira"高手，搏斗时翻滚腾跃都依照一种无声的节奏来进行，惊险中透出韵律美。武与舞已经水乳交融。

　　舞蹈是一种艺术。先民的舞蹈反映先民的生活，其中包括狩猎和征战，于是形成了武舞。后来又要"以舞象功"，即以舞蹈来颂扬帝王的功业，这自然少不了武的成分。比如由李世民亲自设计舞图（类似今天的场记图）的《秦王破阵乐》就是一个典型。在"受律辞元首，将相讨叛臣。咸歌破阵乐，共赏太平人"的雄壮歌声中，舞者披甲执戟，变换各种队形，进退击刺。名将李靖看出这种队形变化其实是八阵图"四头八尾之制"，于是深得唐太宗之心。前几年陕西省的文艺团体曾经根据他们的理解排练演出过这个舞蹈。至于杜甫描述过的公孙大娘的《剑器舞》则是剑术和舞蹈的统一。一直到现代，这种利用某一器械为道具编排的舞蹈仍然是武舞的重要组成部分，如舞剧《小刀会》里的《弓舞》、《红色娘子军》里的《赤卫队员五寸刀舞》等。

　　当然，武重实用，舞重美观，这是完全不同的。就拿同一个前弓步动作来说吧，武术要求前脚尖往里扣，以便小腿护住裆部要害，而舞蹈要求前脚尖的延长线与横摆的后脚的延长线基本垂直，成丁字形。这样显得动作舒展大方，但如果真的搏击起来就会门户大开。

　　在舞蹈武术化的同时，武术也被舞蹈化，变得华而不实，这实在令人惋惜。且看如今运动会上的武术套路比赛，无非是基本功的展示，尽管气氛热烈，节奏顿挫分明，但看起来就像古典戏曲中的武打场面，一串高难动作之后来一个亮相，如此反复，直到收势。更有一些套路以戏曲旦角的身段为主要招式，练起来舒筋活络自然可以，但实用恐怕就谈不上了。所以有人干脆把拳术套路戏称为"卫生拳"。

　　另一方面，当前即使是在应该武术化的舞蹈之中，由于吸收太多芭蕾的成分，所以轻盈典雅有余而雄劲沉实不足。比如许多描写军旅生活的舞蹈，女兵舞起来固然婀娜多姿，连男兵的举手投足也全无力度。即使是反映和平年代的军人情怀，恐怕也不必如此重柔情而轻豪情。

　　近年来唯一能震撼我的军旅题材舞蹈是在电视里看到的一段大刀舞，那豪迈坚定的舞姿，前赴后继的气势，直看得我血脉贲张，不由自主地握紧了拳头。我至今还记得那场演出名叫《国魂》，是中国人民解放军总政治部主办的纪念抗日战争、世界反法西斯战争胜利50周年文艺晚会，演出时间是1995年8月15日晚上。

# 舞 之 道

风贴地而来，旋起落叶，又直上中天，舒卷浮云；水奔流不息，时急时缓，在大地上刻出或刚或柔的造型。那是大自然之舞。

嫩芽轻抖着拱出地面，高粱玉米毕毕剥剥地拔节，还有恋人亲吻，胎儿躁动，那是生命之舞。

舞蹈的韵律其实无处不在——

书法家挥毫，铁匠锻打，撒种姑娘一举手，踩泥汉一投足，甚至小学生在手上耍一个铅笔花，都可以是舞蹈。古希腊哲人柏拉图说过："只要是以最小的气力取得最佳的效果，就是最优美的动作。"

然而，即使是最优美的动作，一旦趋于圆熟而且达到程式化，那就成了符号系统，表达意念的功能远远大于抒发感情。我不大爱看芭蕾舞剧，就是因为演员的舞姿以及一些手势几乎变成交代故事情节的哑语，当你老是忙于破译这些身势语的时候，美感就被压抑。要说起来，芭蕾舞还不算最程式化的。有一部古印度舞蹈论著《姿态镜铨》，里边列举的单是手的动作就可以表示 102 种意思。当然，那些熟悉舞台上的特殊语言的观众倒是得心应手，并为此而产生一点优越感，所谓会看的看门道，不会看的看热闹。可惜热闹是看不长的，就好像这个乐园那个乐园一年也不一定去光顾一次。于是看门道的人惊呼"高雅艺术陷入困境"。而看热闹的人却宁愿去"迪士高"舞厅也不进剧院"掏钱买罪受"。

依我看，困境之所以产生是因为这些艺术失落了自然的灵魂。所谓艺术感染力，说到底就是打动人的感情。特别是舞蹈这种与人体的关系最密切的艺术门类，更应如此。然而，如果我们看舞蹈演出时情感像喷了发胶的头发，修饰得十分精致，但是飞扬的神采也同时被禁锢，那就没劲了。现代舞之母依莎杜拉·邓肯曾谈过她对芭蕾舞的感受："这种训练的整个倾向似乎在使人体的操练完全和内心分离。"于是她毅然背弃了古典芭蕾舞的形式主义。她的表演没有人物，没有故事，没有华丽的技巧。同一个舞蹈她表演起来从来没有雷同过，连路子都不会准确地重复，也就是说舞姿完全是心境的自然流露。如果说邓肯偏重于自然的舞蹈实践，那么现代舞蹈理论家鲁道夫·拉班的舞蹈哲学就完全以自然为核心。他强调自然与人的和谐，强调自然的节奏，强调宇宙和人的创造力的同步。这是舞蹈的大写意。那种以 1 度（圆周的 360 分之 1）为单位来挑剔手位脚位偏差的小家子气根本不可同日而语。

现代舞蹈不但动作出于自然，连使用演员也顺乎自然。它非常尊重每一位舞者的创造力，观众很难说得出谁是主角，不像芭蕾舞，只有男女主角是天使，其他人几乎都是群氓，或者是活布景。

舞之道在自然。其实东西方艺术之道都在自然。《庄子》主张"法天贵真"，《文心雕龙》"标自然为宗"，近代王国维钟情于康德、叔本华，但也认为"古今之大文学无不以自然胜"，元曲之佳处，"一言以蔽之，曰自然而已矣"。

# 好 风 景

　　我原先一直认为好风景是人看出来的。比如黄山的猴子观海、四川乐山的卧佛，如果不是有人首先看出这些景色的妙处，恐怕它们不会如此出名。还有一些好风景，不但必须从特定的角度去看，而且要在特定的时间才偶然看得到。峨眉佛光、蓬莱海市就属于这一类。如果风景也是物以稀为贵，那这些就是可遇不可求的珍品了。记得1978年，为准备开放嵩山地区（包括少林寺和中岳庙）为旅游点而同河南省外事办公室的有关人员去该处踏勘。同行的登封县文物部门的专家特地领我们遥望两座平平无奇的山峰。原来据《登封县志》记载，每年中秋，月亮会像一颗夜明珠，悬挂在两山之间看去宽仅三指的天空上，彻夜不动。这一奇景的雅称我虽已忘却，但我清楚知道，它之所以能成为奇景，全靠不知多少有心人进行了多少年耐心细致的观察。

　　"人是风景的主宰，有了人就有了好风景。"这是茅盾在抗日战争时期所写的散文《风景谈》的主要观点。他当时是借谈陕北的风景来歌颂抗日军民，但即使离开了特定的历史背景，这句话也不失为深刻的人生体会。

　　然而，就在两个星期前，当我站在加拿大的国土上，面对尼亚加拉大瀑布的时候，忽然明白了，原来另有一种好风景是不必寻找合适的角度来欣赏的，更无须人为地演绎出一幅画面，然后加上个别致的名称。这种好风景以其本色示人，就像不施脂粉、不穿名牌反而更动人的姑娘，自有其质朴的美。

　　的确，看风景有点像谈恋爱，不是理性的事情。你瞧那来观瀑的人群，不论男女老幼，也无所谓文化修养深浅，听到水流奔泻而下发出的轰鸣都露出敬畏的神情，看到团团云气中时隐时现的彩虹则惊叹不已。穿上统一发的蓝雨衣，乘坐"雾中女神"号游船驶近瀑布底下，被暴雨般的水滴重重地打在头上身上时，一个个又像爱热闹的孩子似的欢呼雀跃。这时候恐怕没人会去思考这瀑布像什么，它的水流量是每秒钟多少加仑等问题。人人都只是无拘无束地开放自己，与风景交融，让美的感受流遍全身。这种本色风景比靠导游的解说来增添辉煌的语言包装风景更直接打动人。

　　好风景常常不必出名。就在我们身边，小至一叶滴露、一苇临风，大至日月经天、江河行地，如果不经意地看一眼也怦然心动，就值得"好风景"三个字了。

　　可惜现代人为了追求人格自我完善，连美也要执着地靠自己去发现。这本来不是坏事，但往往太执着，在刻意寻找的过程中，美的真谛被理性的分析所掩盖。西方现代主义诗歌思辨强而美感弱，部分也是由于这个原因。到了后现代主义，更是像小孩子玩钟表，把个世界拆得七零八落，到头来只好欣赏"残缺美"。

　　我也是现代人，但我喜欢的是"不著一字，直指人心"。

# 打了结的枪管[①]

步入纽约联合国总部广场，首先看到的是一座雕塑，其造型是一把巨大的转轮手枪，但枪管像绳子一样被打了个结。这把枪无论如何是打不出子弹的了，它象征着人类对和平的祈求。

可惜这座雕塑摆在美国，这简直是一种讽刺，因为这个国家的宪法修正案第二条规定公民有携带武器的自由，而且眼下枪支已经泛滥成灾。

刚到美国时，朋友们就提醒我，身边不能带太多现款，以防被抢，但又不能一个子儿都不带。最好在口袋里装进20美元，万一遇上劫匪也能打发。如果身上一文不名，说不定"好汉"们恼羞成怒，给你一颗子弹，那还不合算。

后来我发现，给一颗子弹已经够客气了。我住处附近的一所大学曾有一名学生用自动步枪向街上的行人乱扫，给的就是成梭成梭的子弹了。至今一走进该学校就看到"校园内严禁携带枪支弹药"的告示。甚至在一些中学周围也常见到"学校地区，毒品、枪支勿近"的牌子。美国青少年枪支犯罪率很高。过去5年内全国有200多名青少年被杀害，其中大部分是枪杀，以致今年夏天首都华盛顿的市长要下令对该市16岁以下的少年实行宵禁，从午夜到早晨6时不得去公共场所。违者送宵禁中心拘留，通知父母或监护人去领回，再犯则对父母课以500美元罚金。

比起几千磅炸药来，给成梭子弹也算客气的了。君不见俄克拉荷马城大爆炸，凶手用了4800磅炸药，掀掉半幢联邦大厦，炸死168人，造成6.51亿美元的损失。不久之后，在1995年5月17日，加利福尼亚州圣迭戈市一个名叫肖安·纳尔逊的退伍坦克兵竟从国民卫队的武器库里偷走一辆M-60型坦克，在城里横冲直撞，压坏15辆小汽车、1辆面包车和1个公用电话亭，然后驶上高速公路。在警车追捕下，纳尔逊驾坦克企图越过公路中间的矮墙时被卡住。警察劝降他不听，终于被击毙。幸好这辆坦克里没有弹药，否则后果不堪设想。

当然，用大量炸药或坦克作杀人凶器是极少见的，更常见的是用手枪或微型冲锋枪，因为容易隐藏，携带方便。针对这一点，克林顿政府为管制枪械做了不少努力。然而，因为牵涉到要修改宪法，军火商又在国会议员中不断游说，请他们对管制枪械法案投反对票，所以一直未能立法。反而在这段时间里白宫数次遭到枪击。为了支持禁枪，前总统布什愤而退出全国枪械协会，但也没有引起多大反响。

禁枪不果，除了既得利益者从中作梗之外，更重要的恐怕是文化方面的原因。美国在立国之前的殖民时期就靠枪杆子起家。那些会放雷火的棍子把印第安人轰出了家园。向西部开拓时又靠枪杆子解决各种争端。西部电影中那些面对面拔枪决斗的镜头使我联想起中国古代剑客比武的场面。如果说剑对于中国人来说有着深刻的文化内涵，那么枪对于美国人也一

---

[①] 原载《羊城晚报》1995年9月22日。

样。据我所在的杜克大学的许多老师说,"城里人"(the townees,与校园里的人相对而言)几乎家家都有枪。我冒昧问过我的房东是否也有枪。这位老哲学教授说他有两把手枪。"有一把不能用了,另一把可是要命的。"4月份我们的大宅里搬进一位来做短期研究的博士研究生,在他的汽车后箱里赫然摆着一支AK47自动步枪和几盒子弹。"打猎用的,"他若无其事地说。

美国人认为枪可用来看家护院。但据有关部门抽样调查,在198桩入屋抢劫案中,只有两桩是主人成功地持枪自卫的,其余的场合不是劫匪先发制人就是主人的枪被劫匪抢了过去。这一统计数字被电视台用作宣传禁枪的依据。

为了收缴手枪,美国警方绞尽脑汁。比如旧金山警察局规定,从1995年4月22日起,凡上交一支仍然可用的手枪将换得一部二手IBM电脑。交枪时不必回答任何问题。在此之前,警方曾经以现款、杂货和音乐会门票来换手枪。

枪械成灾,生活在这个国度里的善良的人们如何自保呢?杜克大学国际办公室(相当于中国的外事处)的一位女秘书告诉我,每当她在僻静之处遇到男人时就主动向他打招呼、问好。这样即使对方有害她之心,只要不是有备而来,听了她的问候也会思想斗争一阵:"对这样一个友好善良的年轻姑娘我能下得了手吗?"在这犹豫不决之中,她已经远去了。她的话使我想起每当我赶去乘坐校车时,路上常有人主动向我问好,我也微笑作答。后来仔细观察一下,果然是老弱、妇女居多。也许她们已经养成这种表示友好的习惯,但也可能她们在心目中已经防范我并试图以她们的柔来克我的刚。于是我对联合国总部广场的手枪雕塑有了更深刻的理解。那根打了结的枪管表达了一个愿望,愿人类的友爱化百炼钢为绕指柔。

# 魔　月[①]

小时候看大姑娘们在七夕乞巧，长空无云，月色如昼，以白瓷碗盛清水，供在月下，等水静后，轻轻放入一根绿豆芽，芽飘于水上，其影子却会在碗底幻化出千姿百态，像云，像龙，像鸟，像兽，直看得我如醉如痴，整颗心仿佛都溶进那银色的一瓯之中。（当然，姑娘们和我这小子不一样，对云龙鸟兽是只欣赏而不太乐意接受。她们希望看到的是剪刀尺子之类的东西，那意味着乞到了巧，将来做女红一定过得硬。）

等长大了，才知道原来无论中国的或西方的大人们也都认为月亮是神秘的。远有《唐逸史》载唐明皇游月宫，密记《霓裳羽衣曲》带回人间的传说，近有《聊斋志异》里崂山道士以筷子幻化月里嫦娥下凡于席前献舞的故事，都带着浓厚的梦幻色彩。大概因为月出于夜，那幽冷的月光完全改变了人们在白昼所熟悉的事物形象，所以在月光下和在雪地里同样容易迷失方向，俗称"鬼打墙"。的确，迷信的人们把夜晚看作精灵和鬼魂出没的时候，于是又平添了几分惊怵。芭蕾舞剧《吉赛尔》就描写了一大群少女的幽灵在墓地冉冉升起姗姗行来的情景。月光使她们本来就毫无表情的面孔显得苍白可怖。

尽管中国人觉得月亮神秘，但民间总还流传着不少与月亮有关的美丽的神话传说。西方人则不然。在他们看来，月亮不但神秘，而且具有魔性。英语中"疯癫的"（lunatic）这个词就来源于月亮女神的名号 Luna。莎士比亚的喜剧《仲夏夜之梦》其实并没有着力刻画梦境，剧中人一觉醒来情况已经起了变化。营造起梦幻般气氛的却是月光，除了极少场景之外，这个戏都是在月下展开的。仙王仙后和精灵们闹得一塌糊涂，年轻的男男女女在月光下为情颠倒。（如今广州话也有"晒月光"的说法，指晚上外出与情侣约会。）

月亮的魔性自有其根源。

首先，月亮是杀人犯的藏身之处。在中国，月亮里的阴影被看作是吴刚伐桂，旁边是一只月兔。不少西方人却认为那是《圣经》里的人物该隐领着一条狗，而桂树则被看成是带刺的灌木。这位该隐按说也是咱们人类的远祖之一，他是亚当和夏娃的儿子。因为献祭时上帝不喜欢他献上的谷物而喜欢他的弟弟亚伯献上的一只羊，该隐迁怒于弟弟而杀了他，成了人类第一个杀人犯，并且逃到野外躲在灌木丛里。当上帝找到他，问他弟弟在哪里时，该隐还撒谎。上帝看到他不可救药，就迫使他离家出走，还不让亚当和夏娃知道他的去处。原来他流落到了月亮上来。这样一个人物发出的戾气怎么可能不影响地上的人的情绪呢？

其次，根据欧洲民间传说，月亮这个地方专门珍藏地上的人们花费掉的无用东西，比如地上的人行贿用的金钱在月亮上被挂在金银做的钩上，浪费掉的天才装在花瓶里，还有浪费了的时间、没有达到目的而流掉的眼泪等等。这种情形本身已经疯疯癫癫，到了月圆或者新月初现的日子，月亮就更加会使人做傻事。

如果上面提到的只是传说，那么有一件事却千真万确：1969年7月20日，美国阿波罗

---

[①] 原载《东方夜报》1993年10月7日。

11号宇宙飞船接近月球时，飞船上的计算机突然慌了手脚，不停地表示它无法处理数据，宇航员只好用人工操作着陆程序。月亮还真有魔性呢！故此西方人晚上睡觉一定把窗帘拉上，免得月光照在脸上着了魔。月圆的那天尽量不要动手术，以防不测。

今年的中秋节已经过去，当人们的情绪从团圆的温馨和赏月的浪漫中逐渐平静下来时，聊一聊月亮的魔性大概不会讨人嫌吧。

# 逐　　臭[①]

　　据报道，与咱们相隔一衣带水的东洋国前些时推出一味新菜式，叫作"金粒餐"——所起的名字颇为好听，但所用的原料却是人屎橛。为了保证原料合乎一定的色、"香"、味标准，有些酒店老板还雇佣一些少女，按一定的食谱控制她们的饮食，好让她们提供上好的"金粒"，以制作菜肴。呜呼，天下之大，无奇不有！

　　不过，细想一下，又发现逐臭并非日本人的专利。有一本英国小说名叫《三人同舟》，其中一个故事讲的是作者受朋友之托从利物浦带几块奶酪回伦敦。一路上那奶酪的臭味赶走了和他同车厢的所有人，连职业是收死尸的殡葬工都受不了那味儿。偏偏这种食物还很有市场。同样，在中国则有臭豆腐。一条马路上只要有一家油炸臭豆腐摊子，保准整条马路都弥漫着臭味。可是爱吃它的人还不少，所以在"文革"时才会以臭豆腐喻"臭老九"，说是"闻起来臭，吃起来香"。此外还有北京豆汁、河南浆面条和广东臭脚醋，都是酸中带异味的食物，却也受当地人欢迎。

　　至于古代有人嗜痂成癖，更是成为典故了。

　　饮食方面有以臭为美的现象，在艺术欣赏上又何尝没有以丑为美的例子？比如蚌病成珠，珍珠倒成了贵重的饰物；石病成疵，刻砚时反倒把这些瑕疵称为"眼"，并以眼的多少和排列的形状作为衡量砚台价值的标准之一。又如情侣们爱看蝶双飞，以为那情趣直追连理枝、比翼鸟，其实那是雄蝶在交配之后千方百计要抛弃雌蝶，恰恰是负心的行径。

　　举了这些例子，忽然又于心不忍。既然有人要逐臭、有人要以丑为美，我又何必硬要拆碎别人的七宝楼台，害得人家失望？反正从光学的角度来看，世界在人的眼睛里整个都是颠倒过来的影像，有那么一点小小的反常又算得了什么？最近看到一台反映黄河风情的歌舞，里面出现脚夫争喝童子尿的场面，把臭和丑都美化了。假如我们不齿人家吃屎，人家是否也会嘲笑我们喝尿呢？英语有句俗语：One man's meat is another's poison（人各有所爱）。还是让大家都多一点个人的选择吧。

---

[①] 原载《东方夜报》1993年10月21日。

# 嗜 辣

谈过逐臭，再说嗜辣。

每期读书报告会之后师生都会一起吃顿饭，边吃边继续谈会上没谈完的问题，再就是聊聊天，开开心。而往往吃的都是湘菜。于是，我的两湖、四川学生把我锻炼成一个非常能吃辣的人，甚至比他们当中的某些人更耐辣。记得几年前和来自四川西康的罗朗在成都吃皇城老妈火锅，他被辣得肚子疼，接连三天很不舒服，而我却若无其事！

不过，耐辣归耐辣，我决不会像某些人一样，凡是不辣的菜都贬称"淡而无味"，用他们的话来说就是"无辣不欢"。看着他们诉说几天不吃辣就坐立不安的样子，不由得怀疑辣椒里是否有毒品的成分，让人上瘾。我想，假如某任政府宣布辣椒要限制食用，就像杜冷丁和吗啡做药品的时候一样，那么肯定会有私种辣椒和走私辣椒的行为发生，公安部门的缉毒队就要增加缉辣椒的任务，包括训练会嗅出辣椒的警犬。辣椒的黑市价格会飙升，特别好吃辣椒的人会倾家荡产，是否要戒辣又牵出许多爱恨情仇……哈哈，真是写魔幻现实主义小说的好题材呢！

话又说回来，不仅是辣椒，几乎任何事物都有使人上瘾的可能，只不过在人们称之为"习惯"的幌子下进行罢了。比如习惯了晚上跑步的人，到时候就想去跑。我习惯了星期天打乒乓球，到了星期天有时因为工作需要不能打，就觉得浑身不自在。最近我发现自己对于星期天打球似乎产生了依赖，要纠正，所以昨天连球袋都收拾好了，忽然天人交战，觉得不能那么没出息，就硬是没去打。

《道德经》说："五味令人口爽。"（这里"爽"同"伤"，"伤害"的"伤"。）主张"中庸"的儒家认为"过犹不及"。都是至理名言。至于"无欲则刚"这句话，更是挖到了根子。有欲望容易产生依赖，有依赖就有弱点，有弱点就会被外邪乘虚而入。所以"无欲则刚"。

我今后还会在星期天去打球，不过会持"顺其自然"的心态。至于吃辣椒，那是"有辣不怕，无辣亦欢"。

# 大隐隐于市[①]

　　普通人经过千辛万苦的奋斗终于成为名人,换来的却是一副出门就离不开的墨镜——本来面目失落了!

　　世袭的名人如王公贵族也不见得舒服多少。前些时英国菲利普亲王陪同妻子(英国女王)访问匈牙利,在布达佩斯和一名路遇的英国人开了个玩笑,说这位同胞不可能在匈牙利待了两个星期之久,因为他还没有大肚子。菲利普亲王原意是说东道国款待客人的食物非常丰盛,待两个星期就会吃出个大肚子来。没想到匈牙利人却认为亲王讽刺他们一个个都是大腹便便,于是引起轩然大波——说话的自由失去了!

　　尤有甚者,连某方面的人身自由都被剥夺了。中国清代宫中曾有规例要求公主嫁给驸马后仍住在宫里,如要和丈夫相聚必须得到奶妈准许。所以有公主以重金讨好奶妈求得与夫君相会一次的怪事。清代的公主不少是年纪轻轻就忧郁而死的。至于皇帝则更加缺乏生活乐趣。他无论走到哪里都有太监带着记事簿,把他的一言一行记录在案。连晚上和妃子同房也要在《内起居注》里记上一笔。同房时间长短也有规定,不得拖延。有人在窗外值班,专管提醒皇帝莫要贪欢。他吆喝三声"时辰到",春宵即告结束,苦短亦无可奈何。据说这种规定是为了防止皇帝伤了龙体。

　　当然,世界上出名的人到底是少数,更多的只是"出众"。出众者与众不同也,岂有他哉?但仅仅与众不同已经会带来烦恼。老爷子给本人起的名就比较出众,害得我常要向新结识的朋友解释一通,包括读音和意义。使用电脑时遇到的麻烦更不必提。倒是老舍先生看得透彻。他给大女儿起名为舒济,后来发觉"济"字难认难写(当时用的是繁体字),到给儿子起名时就来一个矫枉过正,称之为舒乙,下笔一气呵成,且有排行第二的意思,可说得是面向大众,自然也包括孩子自己。

　　生活中最常见的出众者并非有怪名字的人,而是左撇子。左撇子的烦恼来自一个专为用右手的人设计的世界。左撇子进出各种门户都感到别扭,因为那些门都是朝用右手的人顺手的方向开的。左撇子去钓鱼,可是绕钓丝的轮子装在钓竿的右边。左撇子去射击,可是枪膛设计成从右边跳弹壳,这样容易烫伤左撇子托枪的右手。左撇子去打保龄球,但很难买到合适的保龄球鞋,因为保龄球鞋左右鞋底是不同的。习惯用右手的运动员滚球时左脚向前滑动,所以左边的鞋底专门用很光滑的材料制成,而左撇子却要穿右边鞋底光滑的球鞋,这不容易买到。连饭店服务员给客人倒过茶后也总是把杯耳转到客人的右手边。怪不得许多父母不愿意让子女变成左撇子,除了迷信的原因之外——据说左撇子会给家庭带来不幸——考虑到将来生活不便是更重要的原因。不少孩子因为习惯用左手而时常被父母呵斥,终至形成心理障碍,或者说话口吃,那就更为可悲了。最近美国加利福尼亚州海军人事研究和发展中心对2379名海军官兵作过调查,发现左撇子比习惯用右手的人出事故多,他们认为原因是左

---

[①] 原载《东方夜报》1993年10月14日。

撇子容易走神。其实如果深究下去，真正的原因应该是左撇子难以适应右手世界。

　　出众确实有烦恼，但如果既成事实，比如我的姓名中已经有了这个"錤"字，又比如已经成了左撇子，也只好安之若素，并且希望他人也习以为常。相反，假如一味强求出众，以为出众一定等于脱俗，就未免自找麻烦。目前不是有所谓"精英文化"与"大众文化"之争吗？自命为"精英文化"代表的人总拿"曲高和寡"这句话来为自己辩护，似乎"大众文化"是垃圾，而广东就是垃圾成堆的地方。殊不知还有另一句古话，那就是"大隐隐于市"，不出众的精英才是最精英的呢！

# 食 杀[①]

食可以养人，亦可以杀人。

《水浒传》里武松因手刃潘金莲和西门庆被发配孟州。初入牢城营，便有先来的囚犯向他介绍狱中以食杀人的两种办法：一名"盆吊"——"他到晚把两碗干黄仓米饭，和些臭鲞鱼来，与你吃了，趁饱带你去土牢里去，把索子捆翻着，一床干藁荐把你卷了，塞住了你七窍，颠倒竖在壁边；不消半个更次，便结果了你性命。"

另一名"土布袋"——"也是把你来捆了，却把一个布袋，盛一袋黄沙，将来压在你身上；也不消一个更次，便是死的。"

"盆吊"和"土布袋"是比较直接的食杀法，杀人的是智商比较低的牢头狱卒。至于更高级的以食杀人法则可以归入计谋之列。据《晏子春秋》记载，晏子认为公孙接、田开疆和古冶子是"危国之器"，便劝齐景公除掉他们，办法是赐三人二桃，命其论功而食，终使三人"反其桃，挈领而死"。这就是有名的"齐相计"。又明朝开国功臣常遇春，于洪武二年率军攻克开平（今内蒙古闪电河北岸），回师时暴病身死。野史谓常遇春是时患背痈，朱元璋赐鹅给他吃，鹅是发疮之物，常遇春于是病死。可见高层统治者做别的事也许是低能儿，但杀人却简直杀出艺术来了。

食既可以杀人，自然也可以自杀。1993年4月27日，英国黛安娜王妃在'93饮食失调会议上致辞说，无论是暴食还是厌食，都表明人们把自身的营养用来折磨自身，这也是对生活感受的一种表达形式，而且是对付无法忍受的状况的一种方法。中国近代文学史上有名的岭南文学家苏曼殊就是因为明知自己有胃病还要拼命吃巧克力和八宝饭，甚至吃花酒，终于不治而死的。陈独秀对此有很透辟的见解："曼殊的贪吃，人家也都引为笑柄，其实正是他的自杀政策。他眼见举世污浊，厌世的心肠很热烈，但又找不到其他的出路，于是便乱吃乱喝起来，以求速死。"（柳亚子：《记陈仲甫先生关于苏曼殊的谈话》）

把饮食态度上升为人生体验的还有美国女小说家欧茨（Joyce Carol Oates）。她的作品多涉及暴力，而无论是对人或对己的暴力的先兆之一就是暴食。她以好吃、肥胖来象征人的内部失调，包括精神不正常。她书中的人物要生存就要节食减肥。

记得英国文学家萧伯纳说过："没有比对食物的爱更诚挚的爱。"（《人与超人》）但是由爱可生怖，"物极必反"确是至理名言。那些一旦心情不好就大吃大喝的人们，请多保重了！

---

[①] 原载《东方夜报》1993年11月18日。

# 人望高处走[1]

几乎每年的重阳节广州市政府都要采取一些保障登山安全和疏导交通的措施，可见这个节日对广州人的影响之大。

重阳者重九也，时在阴历九月初九，九为阳数，所以称重阳。在中国北方，阴历九月初的天气已经开始变冷。季节更迭时，稍一不慎则容易染病，所以在重阳节"折茱萸以插头，云辟除恶气，而御初寒"。（晋·周处：《风土记》）茱萸有浓烈的香气，可以入药，也许有消毒作用，至少可以清新空气。如此说来，重阳节原先只是一个进行卫生保健工作的日子。

至于重阳登高，那是后来才形成的习俗。现在凡介绍重阳节几乎都引用吴均《续齐谐记》的一段有关文字，说的是汉朝术士费长房预见他的徒弟桓景一家于九月九日有灾厄，命他赶快回家叫各人在当日带茱萸登高饮菊花酒以消此祸。家人等到晚上回家一看，发现鸡犬牛羊全都暴死。费长房说，它们是替你们死的啊！从此重阳节多了登高的内容，而且带上神秘色彩。

也许因为广州的阴历九月并不冷，所以广州人于重阳登高的目的主要并不是保健，而是转运。在那天，白云山到处是不闻茱萸香，但见风车转。

不论辟邪也好，转运也好，在这种行为的背后其实有一种远古遗传下来的潜意识在起作用，那就是"人望高处走"。

古时候人们认为世界是分层次的。天和地分开，神和人分开。只有巫师才能沟通天地，因为他们有特异功能。巫师沟通天地需要借助某些工具，其中最普遍的就是神山。比如古之昆仑，登上一个高度，可以不死；再上一个高度，能使风雨；登上第三个高度则可以成神，因为那是天帝的居所。又《山海经·大荒西经》云："大荒之中……有灵山，……十巫从此升降。"全世界的萨满教几乎都把山看作天梯，因此研究萨满教的美国芝加哥大学学者埃利亚德（M. Eliade）把这些山叫作"地柱"（axis mundi），即由地通上天的柱子，萨满可以由此爬上神的世界。即使是只信一神的基督教也把山看作通天的工具。摩西就是在西奈山得到上帝授予的"十诫"的。如果暂且不顾"人望高处走"这句话的世俗意义，那它无疑是反映一种人类文化积淀的语言结晶。

普通人没有巫师的特殊才能，但想通天的愿望同样强烈，因为天是知识的源泉，知道了天机就是先知先觉，可以掌握自己的命运。从这个角度来看，广州人重阳登高转运才是真正领会了这种行为的精髓呢！

顺便提一句，宋人吴自牧著《梦粱录》谓过重阳有食糕的，因为"糕"与"高"谐音。于是笔者忽发奇想，腿脚不便者只需于重阳吃"美登高"雪糕一个，即可免去爬白云山之劳累也，一笑！

---

[1] 原载《东方夜报》1993年11月11日。

# 鼓掌带来的烦恼、失望、骚乱和堕落

从孩提时代起，我便学会用掌声表达自己的感情。每当看完一场有趣的木偶戏，或者听老师讲了一个好人得胜、坏人失败的故事，两只小手会不由自主地拍得通红。可是，随着时光流逝，我发现自己掌声里那分童真退却了不少。听完一个空洞无物的报告，一双手总不愿意往一块儿去，看了一个平平庸庸的戏，出于对满头大汗的演员的礼貌，虽然也矜持地拍响了手，但那声音总要比捧场的掌声慢半拍。要是真被一首乐曲或者一场演出所感动，当大幕合上之后，脑子里浮想联翩，酸甜苦辣涌上心头，又哪里顾得上鼓掌呢。

其实，许多作曲家对观众的掌声没有好感。柏辽兹谈及他创作的一首曲子时说："这首曲子头一回演出就博得热烈的掌声，它一定十分浅薄，没有多少价值——而我原来却认为它很好。"威尔第听说他的一部歌剧首演便赢得热烈的掌声，竟然叹道："天哪！这个戏出了什么毛病了？"有些作曲家作曲时就预料到听众会在什么地方鼓掌，然后做出相应安排，使后边的音乐不受影响。门德尔松在给朋友的信中谈及他创作一首协奏曲时的想法："在华彩乐段之后一定会鼓掌，所以我只好插入一段整个乐队的齐奏，以免随后的独奏部分被掌声淹没。"这简直像作曲家为了保存精彩的乐段而同欣赏水平不高的听众斗智了。

的确，掌声是观众无言的评论，从中可以看出他们的欣赏水平。演奏交响乐、弦乐四重奏或奏鸣曲时，一曲未了而中途鼓掌者现在已经绝迹。协奏曲中途鼓掌间或有之。歌剧演出中间亦有鼓掌的，但这些迫不及待的掌声一旦来自头脑发热的人，就会伤害整个演出的和谐与统一。据《牛津音乐指南》记载，1739年意大利米兰歌剧院里常常在剧中人刚唱完一曲时爆发出雷鸣般的掌声，夹杂着吼叫声。有人专门带了小木棍来敲击座椅。楼座的观众往下洒出一把一把的传单，上面印有赞美演员的十四行诗。18世纪60年代，罗马的观众在乐曲演奏过程中高呼他们认为奏得好的乐手的名字。爱尔兰都柏林的观众最狂热，也最固执。1868年他们曾不停地鼓掌十五分钟，目的是要一位歌剧女主角演唱一首与该剧毫无关系的她的拿手歌曲，然后才允许继续演戏。1831年柏格尼尼在都柏林演出，听众竟要求他站在钢琴上演奏，以便每个在场的人都能看得见他。与其说这是欣赏艺术，不如说是对偶像的顶礼膜拜。

既然观众有表达他们赞美之情的自由，自然也有表达他们不满的自由的时候，掌声变成了喝倒彩声。在拉丁国家，观众用嘘声表示反感。18世纪时，往舞台上掷橘子似乎是公认的表示不满的手段。演员要是听风辨器的本事稍低一点，常常脸上会被打个正着。直到21世纪初，西班牙音乐厅里还有专门向观众推销烂橘子的姑娘，一旦观众认为演员演得不好，这些烂橘子就会派上用场。个别存心不良的演员也会派仆人到剧场去向自己的竞争对手扔橘子。除了烂橘子之外，连瓦罐有时也飞上了舞台。有一次，一部名叫《麦哈根尼城的兴亡》的歌剧在法兰克福上演，有人竟扔了臭气弹。演出结束后，持不同观点的观众发生争论，进而动武，一名观众被人用大啤酒杯砸死。其混乱情形恐怕不亚于今天的球迷闹事。

鼓掌本来是真情的流露。观众满腔激情，无法自制，便以鼓掌宣泄。可是，常言道利禄可以熏心。随着金钱在社会中不正常的主宰作用不断增强，鼓掌亦逐渐沾上了铜臭，甚至堕落为一种买卖。1828年8月2日伦敦《泰晤士报》报道："在黑麦奇小剧院里，一个脸色苍白的公子哥儿模样的人一个劲儿鼓掌，而且总是不在点子上，害得别人看不好戏。假如他是受雇来为某演员捧场的，也应该有节制一些，内行一些。"1860年，一位名叫恩·菲力普的人写信给某音乐团体，毛遂自荐：

尊敬的先生：

我有幸告诉您，本人二十多年来一直任剧院啦啦队指挥，为意大利皇家歌剧院和英国歌剧院的几乎所有艺术都捧过场。倘若先生需要我的服务，我当尽力效劳，所需报酬不高。

一个人竟然可以出卖掌声为职业维持生活二十多年，可见这一行的兴旺发达。1919年，伦敦《音乐时报》记者曾列出一份意大利职业捧场者的要价表——

| | |
|---|---|
| 男演员进场时鼓掌 | 25里拉 |
| 女演员进场时鼓掌 | 15里拉 |
| 演出中一般性鼓掌 | 每次10里拉 |
| 演出中长时间鼓掌 | 每次15里拉 |
| 演出中更长时间的鼓掌 | 每次17里拉 |
| 中途喝彩 | 5里拉 |
| 叫好，要求返场 | 50里拉 |
| 狂热地喝彩 | 另给特别酬金 |

虽然不能说掌声一响黄金万两，但从上表来看，如果有机会出卖掌声，收入可能比一般知识分子可观。

时至今日，鼓掌行业又出新招。某富有的石油国家就曾在重要比赛场次高价雇用一批绝色女郎为他们的国家足球队呐喊助威，其意可能是希望除了鼓掌和喝彩之外，这些啦啦队员还能刺激运动员的荷尔蒙分泌，使之不服用兴奋剂而又能兴奋起来吧。

虽然古书有记载，中国人高兴起来偶尔也会拊掌大笑，但鼓掌作为一种在公共场合表达思想感情的方式，应该说是舶来品，而今把来做面面观，无非是将它的堕落引以为戒。

亲爱的朋友，愿你我的掌声更纯真，更传情。

# 左撇子·"左撇脸"·歌唱家

　　本来用左手或右手是个习惯问题，但一旦用右手的习惯在社会上占了统治地位，左撇子就成了"少数派"。在民主气氛不浓的家庭里，左撇子小孩甚至被视为"异端"分子，时常受到大人的呵斥，要他们改用右手，以致有些左撇子小孩精神受到压抑，严重的还会产生口吃等生理缺陷。之所以会产生这种现象，一是有些大人迷信，认为左撇子是灾星，会给全家带来不幸；二是左撇子长大后将有诸多不便，因为各种工具、用具都是为用右手的人设计的。比如钓鱼竿，绕钓线的手轮装在右边，左撇子使用钓竿时便要交叉着手。又如枪支，击发后子弹壳都是从右边跳出枪膛，不会伤害托枪的左手，如果换一个左撇子用同一杆枪，滚烫的子弹壳就会跳到他托枪的右手上，很可能造成烧伤。总之，父母为了孩子长大后少遇麻烦，就想趁早使他改变用左手的习惯。

　　话又说回来，左撇子有时也有好处，左撇子运动员就常常令使右手的对手大为头疼。左撇子当中也出过不少世界闻名的人物。意大利文艺复兴时期的通才达·芬奇就是个左撇子。他不但用左手写字，而且写的还是反字，人们要用镜子对准他的笔记本，然后才能从镜里读出字句。

　　左撇子是惯用左手的人。手可以左撇，可脸又怎么能左撇呢？原来"左撇脸"是已退休的美国威士康星大学心理学教授卡尔·尤·史密斯发明的新名词，专指某些人左边眉毛比右边眉毛高，左眼比右眼大，左边脸比右边脸更加笑容可掬的现象。人的脸本来就难得两边绝对对称，史密斯教授并不是头一个发现这种现象的人，但他考察过几千个人的脸型之后，得出一个惊人的结论——歌唱家几乎全是"左撇脸"。维也纳儿童合唱团全体成员都是"左撇脸"。歌唱家弗兰克·辛纳特拉也是"左撇脸"。史密斯教授认为，人的脸部肌肉也有分工。右边脸的肌肉控制嘴唇和舌头，这两个器官主要用来发辅音；左边脸的肌肉控制喉咙和脸颊，人体的这两部分却是主要用来发元音的，歌曲的音符全靠歌词中的元音来维持时值，因此，歌唱家左边脸的肌肉要比右边脸的肌肉发达，成了"左撇脸"。史密斯教授还研究了大量照片，发现像瓦格纳那样的大作曲家也是"左撇脸"。这又如何解释呢？史密斯教授说，作曲家作曲时除了试奏之外还要试唱，而且必须认真反复地试唱才能找到最理想的曲调，所以他们同歌唱家一样，也是"左撇脸"。

　　尽管史密斯先生对自己的发现深信不疑，但他的一些心理学同行却颇不以为然，美国心理学会神经心理学分会长托马斯·保尔就看不出人的脸部肌肉同音乐技巧有什么联系。他说："我从来不向那些异想天开的人泼冷水，但史密斯先生的研究似乎仅仅是开了个头，还有待更漫长、更艰苦的验证。"史密斯先生却声称，他已经花了三十五年时光研究"左撇脸"问题，目前在这个方面仍然是世界上唯一的研究者。

　　史密斯的研究结果表明，有百分之九十的人是"右撇脸"，大约百分之十的人是"左撇脸"。但也有例外，小提琴家伊扎克·柏里门拉琴时是"左撇脸"，但平时讲话却是"右撇脸"。为什么会有这种"两栖脸"呢？这是史密斯教授尚未攻克一道难题。

　　依照史密斯的理论，谁希望唱歌唱得出色，他的脸还是"宁左勿右"为好。

# 漫说"公侯伯子男"

我们阅读欧洲文学作品时，时常会遇到"公侯伯子男"五种爵位名称。例如，大仲马笔下的水手邓蒂斯就化名基度山伯爵去复仇，俄国陀思妥耶夫斯基的《白痴》的主人公是梅什金公爵。就连一些文艺批评中也常常出现爵位名称。《红与黑》的作者司汤达发表过一本很有名的文艺论战小册子，叫作《拉辛与莎士比亚》，书的第一句话就是："我们和那些穿着价值上千金币的绣花服装、戴着庞大黑假发的侯爵们毫无共同之处。"

其实，"公侯伯子男"的封号出自中国。《管子》曰："天子有万诸侯也，其中有公侯伯子男焉，天子中而处。"因为欧洲各国的爵位刚好有五等，所以翻译家们图个省事，把我国周朝就出现的"公侯伯子男"的头衔给洋贵族安上了。假如洋贵族不是分为五等，而是六等、七等，那还不知道邓蒂斯和梅什金会有什么称号呢！

欧洲的"公爵"这个词，除德语之外，英语、意大利语、西班牙语、葡萄牙语和拉丁语的词根都是一致的。这原是古罗马人授予负责守卫某国领土的高级军事指挥官的头衔。入侵罗马帝国的蛮族把这个词借去称呼他们的王国。后来，欧洲各国都把国王治下管辖大片领土的统治者称为"公爵"，或"大公"。著名德国诗人歌德被称为"魏玛的孔夫子"，"魏玛"就是一个公国的名称。

"侯爵"原来是称呼边境地区的领地统治者的，有点像中国的藩镇。

至于"伯爵"，英国同欧洲大陆各国所用的词不一样。英国的"伯爵"一词是从古代丹麦引入的。

"子爵"这个词是在"伯爵"前加上一个表示"副"的意思的词头，从意义上看就是"副伯爵"。

"男爵"这个词挺有趣。五至六世纪时它真是"男人"的意思，中世纪初期变成了向国王负责的拥有一定领土的统治者的称号。

中国在周朝就定了"公侯伯子男"的封制。欧洲的这几个爵位名称却不同。它们出现的年代不一，来源不一，等级高低的区别亦不明显，"公侯伯子男"的顺序是后来才排定的。在英国，"伯爵"本来是最早出现的称号，现在论高低却次于"公、侯"。而且，原先英国的"伯爵"爵位是可以由女子继承的，中世纪末期才限定只有男子有继承权。有些国家并不是五等爵位都齐全。西班牙从1812年起就废除了"男爵"封号。法国自1945年以后也不用"男爵"封号了。

但是，欧洲这五种爵位的发展变化过程却同中国的"公侯伯子男"相类似，都是从有实禄到仅有虚名。

中国的分封，周朝时按同姓、外戚、功臣、故旧的顺序。《左传》载："武王克商，光有天下。其兄弟之国者十有五人，姬姓之国者四十人。"汉代的爵位实际上只有王、侯两等。汉初异姓也封王，后来"非刘氏不王"，异姓封列侯。三国以后，都是同姓土封王，异姓封公侯伯子男。唐代将"公"又细分为三等——国公、开国郡公、开国县公。但爵位到了唐代，虽然也有规定食邑多少，比如国公食邑三千户，其实已经徒有其名。马端临《文献通考》就说，秦汉以来，封列侯的非但食其邑人，而且"可以臣吏民，可以面政令"，这就是有行政、司法权了。西汉景帝、武帝之后，令诸侯王不得治民，但仍可食其邑人。唐代的"公侯伯子男"就连封地都没有了。到了清代，勋爵合一，五种爵位之下又设轻车都尉、骑都尉、去骑尉、恩骑尉。"公侯伯子男"的尊贵程度才略有提高，所以镇压太平天国立了大功的曾国藩和抵制外国人进入广州城的叶名琛都只封为男爵。

这种趋势在欧洲也同样。以英国为例，原来只有王室成员才能获封"公爵"，后来王室成员封亲王，"公爵"就封给异姓了。原先英国"伯爵"的领地有几个郡，1066年诺曼征服后减到一个，后来就没有封地了。英国的爵位本来是世袭的，1958年后，法律规定可以授予非世袭爵位，这种爵位也称"终身贵族爵位"，因为受封人一旦去世，封号也随着消失，他的长子不能继承这个封号。显然，爵位也有通货膨胀、不停贬值的危险。

除"公爵伯子男"之外，有时我们在外国小说中还会看到"勋爵"和"爵士"的称号。"勋爵"只是一个称呼，不是爵位。侯爵、伯爵、子爵、男爵都可称为"勋爵"，有点像中国古代惯用的"大人"。公爵、侯爵、伯爵的长子在未继承父亲的爵位之前，也称为"勋爵"。至于"爵士"，那是一种荣誉称号，也不是爵位，原意是"骑士"。得"爵士"头衔的人并不成为贵族。据报道，英国女王每年都要加封大约200人为爵士，他们都是经首相提名的有卓越贡献的将军、企业家、医生、教授、艺术家、律师、公职人员。香港的"船王"包玉刚就受封为爵士。

还有一个"爵士音乐"的"爵士"，则完全同爵位和荣誉称号无关，只是这种音乐的名称的音译罢了。

# 祖宗的故事

前些日子一位新加坡友人为写传记前来广东收集与已故余东纯先生（香港余园的主人、余仁生堂药店的创始人）有关的资料。她带来一部《余氏族谱》，从那上头我知道了黄花岗七十二烈士之一的余东雄其实名叫余东鸿，是余东纯的弟弟。《中国近代史词典》（上海辞书出版社，1982年10月版）说余东雄是广东南海人，也不确。他们兄弟是广东曲江人。曲江余氏的先人中还有一位北宋年间以直谏出名的大臣余靖，曾在范仲淹被贬时为之鸣不平。

读家族的历史宛如读民族的历史，又像读一个人的成长史。当我们追溯到他的孩提时代，就会发现许多幻想、许多神秘。

就拿我们姓区的来说吧，据《佛山栅下区氏谱》记载，区姓是夏禹之后，先祖是少康的庶子，号无余，封于越之欧山，因以欧为姓，住在山之阳者姓欧阳。不过这一说不见于正史。又一说谓区氏乃铸剑名师欧冶子之后。越王勾践之父聘欧冶子制名剑，他的后代到了汉朝就称为"瓯越"。王勃《滕王阁序》云"控蛮荆而引瓯越"，即以"瓯越"指代越地。《云浮区氏谱》则说封于欧山的是勾践之幼子。不管怎么说，区氏祖先封于欧山似乎已是定论。广东区氏则是居于欧山之阳的那拨人的后代。至于后来的演变，则颇有戏剧性。姓欧阳的到了唐代出了个书法家欧阳询，他避难到广州，改姓欧，在顺德龙江定居后去"欠"为"区"，就有了广东区姓。至于如今还有姓欧的，那是因为元朝末年顺德陈村有一个名叫区太吉的人和他的族叔区禹民一道举义，立寨自保。后臣服明太祖朱元璋，并助征南将军廖永忠救出被"土寇"围困的副将军朱亮祖，立了功。朱元璋封区太吉为承信校尉，并赐称"欧吉"，于是就有"红'欠'欧"，因为皇上是用朱笔把"欠"字添上去的。

中国人的门第观念总的来看比西方人重，即使是平民百姓也有不少人想拉个名人大腕当祖先。（夏禹是名人，欧冶子是铸剑大腕。）英国的贵族也重门第，但普通人家就不讲究，好赖有部家庭《圣经》（family Bible），在那上面的空白处约略记一些家庭成员的生死年月以及某些"大事"，代代相传，就算是族谱了。高攀望族说不定还会倒霉，像哈代笔下的苔丝姑娘，想同德伯家攀亲，结果吃了大亏。前几年澳大利亚也曾掀起寻根热，有趣的是，如果找到一个当囚犯的祖先就十分自豪，因为澳大利亚白人的祖先大多是从英国流放去的囚徒，当时英国的刑法严酷，多数犯人是暴政的受害者。在潮流兴民主的今天，他们顺理成章被视为英雄。

就像小孩子想知道自己是怎样来到这个世界的一样，大人也很想知道自己祖宗的故事。所以当我在英国剑桥大学图书馆东方部偶然发现这本《佛山栅下区氏谱》时，确实高兴万分。不过我对自己的祖宗是否有来头并不感兴趣，吸引我的是祖宗世界里的魔幻现实主义成分。

# 守宫砂与贞操带[1]

　　从来中外道德规范对于女子的贞操十分在乎。英国作家托马斯·哈代（Thomas Hardy）在他的小说《德伯家的苔丝》里就描写过苔丝姑娘如何在新婚之夜把自己曾经失身的事告诉丈夫安吉尔，希望得到他的原谅。不料安吉尔认为她不再纯洁，于是冷酷地离开她去巴西谋生。中国无论在生活中还是在文学作品里更是有不少女子因失身而宁可自杀也不苟活的例子。清人采蘅子《虫鸣漫录》记载了一件事：有一个十三四岁的幼女，骑着锄头把蹦跳着玩。等她走后，一个老头发现锄柄上有鲜血，知道是处女膜破了之后流下来的，就把锄柄藏起来。几年后，这位少女出嫁了，夫婿怀疑她不贞。老头拿出锄柄说明真相，才避免了一场悲剧。要是老头子死得早，恐怕就难以说清楚了。

　　既然贞操如此重要，就要防范女子失去它。传说中国古代为了验证女子是否贞洁，会在处女臂上点上守宫砂。到底这守宫砂是什么东西，至今仍是个谜。不过据《博物志》记载，用朱砂来喂蜥蜴，蜥蜴的身体会逐渐变红，喂够七斤朱砂后把蜥蜴捣烂，以汁液点女人肢体，终年不褪红色，但一经房事就会消失，所以称为守宫。武侠小说《倚天屠龙记》里峨眉派的周芷若在遭到心怀妒恨的同门师姐攻击她曾与张无忌淫乱时，就理直气壮地显露臂上猩红一点守宫砂以示清白。

　　女子婚后，对于男女之间的事就不必避讳太多，所以中国的女人吵架，对骂起来，吃亏的总是未结婚的闺女，因为有许多与性有关的骂人话她们说不出口，也不敢说，以免被人怀疑有过性的经验。尽管如此，社会道德和舆论对于已婚女子的贞操同对处女一样，都持十分严厉的态度。比如丈夫死了，不提倡寡妇再嫁，而主张守节，所谓"贞女不更二夫"是也。在西方中世纪时代，还有丈夫外出之前给妻子戴上贞操带的恶习。所谓贞操带其实是由金属箍制成，像腰带与月经带合二而一，盖住女子的外生殖器，只留小孔以便解手。想通过这个小孔行男女之事是不可能的，因为小孔的边沿呈锯齿状。贞操带腰间接口处可以锁紧。丈夫把锁锁上后就带走钥匙，这样可以严防妻子与别的男人私通。最近中国大陆有报道兽医使用暴力亲自为妻子动手术，用大铁锁锁住会阴的，令人不禁感叹历史何其相似。

　　当然，贞操观也不是一成不变的。比如中国的寡妇再嫁问题，在汉以及之前的朝代都不会太受责备。《左传》中就有不少寡妇再嫁的例子。宋、明之时才把贞操观拔高到与"人臣之忠"同等重要的地位。至于婚前性行为，在西方，在苔丝姑娘的年代当然是为舆论不齿。但到了近代，特别是"性解放"运动兴起的时期，却曾经认为结婚时仍是处女的女子不够性感。不过，如今随着艾滋病蔓延，人们对自己的性生活进行反思，又觉得应该严肃对待。前几年曾有消息说，美国有一批少男少女在宗教人士的带领下，宣誓要把童贞保持到正式结婚，也许这是好事。

　　但是，如果过分强调童贞也会造成悲剧。十多年前，上海曾发生过一起凶杀案，就是因

---

[1] 原载 2000 年 8 月 7 日《羊城晚报》，《散文选刊》2001 年第 2 期转载。

为一女子在下乡当知青期间被村子里管知青工作的小干部奸污，并一直被他作为泄欲工具，回城后该男子仍对她纠缠不清，她因为受传统道学的贞操观约束，不敢对丈夫说明真相，终于酿成悲剧。这件事有《黑色蜜月》一书详细记述。

总而言之，如果把一块薄膜的完整看得比人生的完整还重，就未免太迂了！

# 在老舍故居喝豆汁[1]
## ——老舍学术讨论会归来漫笔之一

雪后的早晨,北京的天气怪冷的,然而,在城西一条小胡同的一个小四合院内,却奔涌着一股沁人心脾的暖流。不同国籍、不同地区、不同肤色的一百多位来客聚于一处。客人手上端的不是香片热茶,而是装在粗瓷大碗中白花花的酸"豆汁儿"。

这里的门牌是灯市口西街丰富胡同 19 号——国内外负有盛名的文学巨匠老舍先生的故居。几天来,全国第三次老舍学术讨论会在京召开,代表们怀着敬仰、思念之情,踏进了这所远近闻名的"丹柿小院"。

这是一个普普通通的北京旧式四合院,陈旧的门扇、剥落的红漆、灰色的瓦房,表明屋子已多年未曾翻修了。虽然已经被划为"重点文物",但老舍夫人胡絜青和她的子女们还居住于此。从 1950 年到 1966 年 8 月,老舍先生在这里生活了十六年之久。尽管门上贴着"遵医嘱绝对谢客"的条子,胡絜青同志还是支撑着精神,在客厅里跟每一位代表热情地握手、致候。当老舍先生的儿子舒乙同志做过介绍之后,人们发现,主人一家已经准备好了两大缸"豆汁儿"。

国内外的读者诸君,你们喝过或见过"豆汁儿"这种东西吗?它与豆浆无关。据说,这是除北京外,世界上哪儿都没有的食品。它由绿豆和白玉米磨粉发酵沉淀制成,有一股特别的味道,酸中带馊,喝的时候佐以辣咸菜。由于原料和制作简单,价钱极便宜,是旧社会北京劳苦大众的日常饮料。大热的天,那些扛活的、拉车的、走街叫卖出"臭汗"的苦人儿们,买不起啤酒汽水之类的"洋玩艺儿",可他们只需掏出一两个铜板,就可以蹲在街角,美美地喝上一海碗"豆汁儿"。唯其有那么一股酸味,一碗下肚,才特别解渴,"来劲儿"。香港一位老舍研究者曾在书中声言,先要能喝"豆汁儿",然后才能体会老舍作品的神韵,才有资格谈老舍。而外地人只要喝一口"豆汁儿",管保他马上吐出来。

这说法未免有些玄乎,外地人听了颇不服气。可如今世道变了,北京干体力活的人们,已经有自己可心的饮品,用不着再喝"豆汁儿"。街上也难得找到出售"豆汁儿"的摊档,故始终无法得其真味。因此,当主人家把酸豆汁辣咸菜一摆,我们都有点跃跃欲试。

接过来满满的一碗,呷了几口,淡淡的酸味中透着一股清新、甘凉之气,一饮而尽:"味道还挺不错哩"!瞅瞅周围那些捧着大碗、仰着脖子的人们,包括十多位日本、苏联友人,一个个面带笑意,看不出谁真要"马上吐出来"。有的人意犹未足,还要添上一碗呢。

这样一碗普普通通、如今已不易得到的"豆汁儿",使人想起了老舍那普普通通的身世,想起了老舍同北京、同北京社会底层的联系——他的"根"。

与中国现代文学史上的许多大作家出自世家子弟不同,老舍来自下层贫民社会,是带着下层人民的感情和艺术趣味,带着他们的爱和恨走上文坛的。耐人寻味的是,跟当年的"伦敦东头"相反,旧社会北京的穷人聚居在北京城的西北角。作为穷苦旗人的后代,老舍

---

[1] 本文发表于 1986 年 8 月 12 日《羊城晚报》。

从童年到青年时代，基本上是在这一带度过的。这里是老舍的摇篮，是老舍作品主人公的出没之地。老舍的成功之作，几乎没有一本不以北京为背景。老舍的出生地小羊圈胡同，老舍读小学、中学、师范时的校址，都在京城西北区域，连老舍最后的归宿，也选择在西北角得胜门外护城河边的太平湖。可以说，老舍的"根"，是深深扎在我们民族的土壤中间，扎在北京下层人民中间的。他无需"寻根"。不是有人嫌老舍"土"吗？如今，人们终于领悟到，它的所谓"土"，是把现代小说民族化和现代化的追求熔为一炉，而形成一种真正民族形式的中国现代化的小说。作家苏叔阳形象地称之为"从洋化土"，真正的大手笔。在受到长期的冷遇和贬抑之后，老舍作品能够以平淡无奇的情节和普普通通的人物，赢得了千千万万的读者。在中国和世界范围内掀起长久不衰的"老舍热"，这只能从作家与本民族普通群众那种血肉般的联系中去找答案。

眼前争喝"豆汁儿"的动人场景，正是当今国内外"老舍热"的缩影。经过多年来不公正的待遇，老舍的价值日益为人们所发现、所认识，老舍的艺术地位得到了重新的确认。国内一批中青年作家竭力追求"京味"，争相仿效老舍……老舍的文学命运发生了这样巨大的变化，人们已经开始谈论：他是继鲁迅之后最有中国气派的独树一帜的大作家，是现代文学史上从中国走向世界的少数几个人之一，是同时驾驭多种文学样式的综合艺术大师。在欧洲，《茶馆》被誉为"东方艺术的奇迹"，老舍被称为"远东的契诃夫，东方的布莱希特"；日本的"老舍热"是最早掀起的，《老舍年谱》在日本至少有七种版本，老舍作品已被列为大学中国语专业的基本教材；苏联列宁格勒大学斯格林教授在会上更幽默地说，苏联没有"老舍热"，因为老舍在苏联从来没有凉过。老舍为中国文学带来了世界声誉，老舍不仅是属于我们民族的，同时也是属于世界的。从以"豆汁儿"待客这个不寻常的举动中，我们体会到了主人的深意，并且附带想起：香港那位研究者关于"豆汁儿"的一番话，至少有半截儿是说对了。

# 从小羊圈胡同说到"京味"[1]
## ——老舍学术讨论会归来漫笔之三

北京的胡同有些稀奇古怪的名字,外地人看了简直不知所云。可是,老北京会告诉你,库藏胡同其实应该念裤裆胡同,奋章胡同应该念粪场胡同。大概出于对文字的一种近乎宗教式的敬畏,这些"粗俗"的名字印成牌子就变成了一串谐音字。就这样,《四世同堂》里的小羊圈胡同也变成了小杨家胡同。

小杨家胡同坐落在北京新街口南大街,我们特地量了一量,胡同口不到一托宽,粗心的过路人很容易认为是两座建筑物隔得稍远了点,没想到里面住了许多人家。进了胡同就是细长的胡同脖子,越走越宽,最后到了胡同肚子,因为胡同口子小肚子大,像乡下人圈养的羊圈,因而得名。

老舍先生是在小杨家胡同八号呱呱坠地的。后来他在《四世同堂》里把这个院子写成是祁老太爷的家。院子里的一棵枣树,犀皮虬枝,至少已有百龄了。老舍长女舒济和儿子舒乙同志特地在院子门口和我们合影留念。

走出小杨家胡同,右边是一间名叫"闻香来"的小饭馆,再远一点有个汽车出租站,从前却是个洋车行。胡同口左边有一家"富华实业公司",仔细一看,原来是浴池改的,公司的招牌小了点,没盖住浮雕一般的"新街口浴池女部"几个字。北京人喜欢去浴池泡澡,可是现在泡澡难了,因为许多浴池关了门,改成旅馆,还有的就像新街口浴池女部一样,干脆把门面出租给一些个"公司"。据说,为了解决市民洗澡的困难,北京市政府还制定了奖励经营浴池的规定。从洋车行到出租车站,从浴池到实业公司,北京显然是变了。

就说做买卖吧。过去,无论串街走巷的还是摆小摊的买卖人都兴叫卖,他们的吆喝声足可组成一首多声部合唱。卖肉的全是男低音,一字一字喷出来:"牛肉!""肥羊肉!"短促有力,自有一种粗豪的气概。卖水萝卜的却用如歌的行板,清冽的高音脆生生的,似乎要告诉人们:"我的水萝卜赛过梨子呢!"排演话剧《龙须沟》时,演员们灵机一动,搞了点副业,集叫卖声之大成,编了一首《叫卖组歌》。还真亏了他们,制造了一块声音的化石,不然,想欣赏这种叫卖声也不容易了。要说叫卖,如今也有,不过不一样。西单夜市卖衣服的摊子上就有另一种叫卖声:"来啦——新到便宜牛仔裤,买一条饶你一个水萝卜!"有的店铺干脆摆上录音机,大放流行歌曲,不时传来一阵似曾相识的音调,竟然是广州方言时代曲。对此,北京市政府已经明文规定,限期起不准商店再用大功率喇叭播放歌曲、音乐,违者罚款,目的是减轻噪音污染。中国美术馆前的十字路口竖着一块电子监听噪音牌,我们几次路过,看见屏幕上的噪音记录都在65~75分贝之间浮动。

连北京最大的喇嘛庙雍和宫里都有做买卖的地方。宫里两处偏殿挂着"法物流通处"的牌子,这可是《雍和宫漫录》都没有录下来的去处。出于好奇,进去一看,原来是出售

---

[1] 本文由区鉷、王家声共同执笔,原文发表于1986年8月16日《羊城晚报》。

字画、工艺品的小卖部柜台。里面不少待流通的物品同佛法无缘,倒是雍和宫班禅楼的一只玻璃柜子里陈列着各国佛教界人士馈赠的礼品,但是,在各种法物中间,赫然卧着香港佛教协会理事长觉光赠送的一对亮晶晶的派克牌套笔。

现代与传统就这样和平共处,也可能是和平竞争,这也许是今日北京的一个特点吧!

我们佩服一位朋友的小女儿,她是初二学生。她的老师要同学们写一篇京味作文,题目是《北京一瞥》,她写的是遛早的老人们的对话。老人不再穿老羊皮袄了,穿的是羽绒服,他们称之为"羽绒袄"。练太极拳的老人脚上蹬的不再是百衲千层底布鞋,而是"雅沙奇"运动鞋。可是,他们很怀念扒豆腐一类的北京小吃,埋怨街上卖汉堡包。这篇作文得了全班最高分。老师下了评语:"形象和语言都有十足的京味。"可作者是个广东籍小姑娘。原来京味也像人们身边的孩子,不知不觉地就起了变化,反倒是外间人看得清楚。

时间总是固执地要给空间打上自己的印记。中国在变,北京城在变,北京的风气在变,连北京话——所谓的"京片子"也在变。一切都在变,作家笔下的京味又将怎样变呢?难道到今天还非得通过养花、遛鸟、逗蛐蛐来表现京味儿吗?由写京味而成为大家的老舍先生,新中国成立初从美国回来就写了《我热爱新北京》,从下水道、清洁、灯和水三方面谈了北京的变化。差不多同时他还写过一篇散文——《北京的春节》,描写了北京人过阴历年的民情风俗和热闹气氛,可是,最后他却赞扬了北京人现在过年虽然不如以前热闹,但清新健康,因为破除了迷信。他的作品散发出的京味总是新鲜的,不像陈谷子烂芝麻那样呛人。

# 汉堡包中美国梦

记得多年前,美国驻广州领事馆为庆祝建国 200 周年分送大幅宣传画。打开来一看,画面上只有一只塞满牛肉、硕大无朋的麦当劳汉堡包。身边的美国朋友顿时欢呼雀跃,抱成一团。为什么麦当劳汉堡包入画竟然如此打动他们?我不由得仔细研究起眼前这个不起眼的牛肉包来。

麦当劳汉堡包是今天美国人生活中不可缺少的快餐食品。每年麦当劳公司要卖出价值 64 亿美元的汉堡包,从这个数字可以推知汉堡包虽然不是长生不老药,却也可以比得上益寿延年的补品。

画上的汉堡包是经过变形放大的,实际生活中的麦当劳汉堡包每只重 1.8 盎司(每个合一两稍多一点),横截面直径 3 英寸,每 50 秒钟制造一只,这是生产过程中必须严格执行的规格。麦当劳公司有一句名言:"每生产一只汉堡包都有科学。"这当然包括如何把这只包子卖出去的科学了。

麦当劳汉堡包公司的老板并非姓麦当劳,他名叫雷伊·克洛克(Ray Kroc),拥有 5 亿美元个人资产。他的一架十七座私人喷气式客机价值 450 万美元。他有一艘 72 英尺的豪华游艇,还有一节私人火车车厢,名字就叫"麦当劳专车",车身漆着麦当劳公司的金色双拱门标志。

克洛克原先也只是个普通人,在某种程度上甚至比不上普通人,他连高中都读不下去。他干过许多工作,最后为一家经营纸杯子的公司当推销员。1954 年,他去大马士革,途经加利福尼亚州圣巴纳蒂诺城,发现了一家卖牛奶冰淇淋的小商亭,主人就是麦当劳兄弟。虽然克洛克是推销纸杯的,但吸引他的不是牛奶冰淇淋,而是可以就着冰淇淋吃的一只汉堡包。麦当劳兄弟靠这商亭每年可赚 75,000 美元,这已经相当可观,克洛克一开口却愿意出 50 万美元买下他们的生意,包括制造汉堡包的秘方和他们的商标——那一对金色拱门。为了这笔交易,克洛克不惜负债将近 300 万美元,终于如愿以偿。那年他 52 岁。

克洛克的发迹有两个特点:一是他 52 岁上还决定从事一项完全生疏的事业,二是他开始是靠借债来投资的。一个美国梦就这样变成了现实。

克洛克曾经颇为得意地说:"看到麦当劳汉堡包进入美国文化传统,我感到由衷的高兴。"我开始明白为什么庆祝美国国庆 200 周年的宣传画要以这只普通的牛肉包为题材了。

至于中国的馍馍和大米饭,恐怕就难以成为我们国庆宣传画的题材了。也许这是中西文化的不同之处吧?

# 武侠的一半是女人
## ——兼谈西方"准武侠小说"不如中国武侠小说引人入胜

这个题目的意思不是说武侠中为数一半是女人,更不是说武侠全靠女人造就,而是说,中国武侠小说之所以较西方"武侠"小说更引人入胜,最主要的原因是因为中国武侠小说有女侠形象。当然还有其他原因,本文亦要谈及。

提到西方"武侠"小说,这里的"武侠"是加了引号的,因为在欧美语言文字中,找不到一个同汉语的"侠"字相对应的单词,亦即没有这个概念。意义同"侠"比较接近的词是"骑士"。不过,在中国,伍光建曾将法国大仲马的《三个火枪手》译成《侠隐记》,英国民间流传的绿林好汉罗宾汉的故事亦有人译为《侠盗罗宾汉》。老舍先生1946年去美国讲学时,为了加深听众的理解,也曾说过,水浒英雄同罗宾汉一伙好汉一样。近年来,还有中国学者拿司各特的《艾凡赫》(又译《撒克逊劫后英雄传》)同《水浒传》做比较研究。美国有一部牛仔电影亦有《游侠传奇》的汉译名。由此看来,如果按"侠以武犯禁"这一标准去衡量,欧美一些写骑士、义盗,并且有武打描写的小说似乎还是可以划为"武侠"小说的。本文要拿来同中国武侠小说作比较的就是这一类西方小说。

### 武侠的祖宗是女人

中国见诸文字的最早的一位侠客,是春秋时期越国的一位女子。

据《吴越春秋·勾践阴谋列传》记载:

越国有一位处女,住在南方的山林中。越王派使者带了礼物去请教她击剑舞戟之术。姑娘出发到北方去见越王,途中遇见一位自称为袁公的老翁。老翁对姑娘说:"听说你剑术高明,希望能演习一番,让我观看。"姑娘说:"小女子不敢有所隐瞒,就请老前辈考较吧。"于是袁公飞身上竹林,折下竹枝。姑娘便截了一根竹梢上的细枝。袁公用靠根部的细枝向姑娘刺去。姑娘看清了袁公所用粗枝的竹节,把自己的细枝准准地刺了进去,如是者三次,然后举枝刺向袁公。袁公跃到树上,化为一只白猿,离去了。姑娘见了越王之后,越王给她一个封号,叫作"越女",派一些军官向她学习剑术,然后教给士兵。当时没有人能在剑法上胜过越女。

梁羽生《大唐游侠传》里空空儿所使的袁公剑法以及金庸的《射雕英雄传》中韩小莹的越女剑法就是从这段记载脱胎出来的。

越女的故事发生在公元前5世纪。当时西方文学才刚刚进入希腊神话和荷马史诗的时代,骑士和义盗的形象尚未出现。这样看来,中国的越女还真称得起是武侠的祖宗呢!

### 武侠的一半是女人

自越女之后,陆续出现了众多熠熠生辉的女侠形象——唐人传奇里的红线、聂隐娘,

《聊斋》里的"侠女"，《儿女英雄传》的十三妹，还有后来金庸、梁羽生笔下的黄蓉、小龙女、赵敏、周芷若、霍青桐、袁紫衣、程灵素、云蕾、吕四娘等等。她们有的性情豪爽，有的心思缜密，有的智巧，有的痴情，有的在行侠之中仍然时常透出中国古典女性的美，有的在对待爱情的态度上已初露现代人的思想品格。

对比之下，西方基本上没有成熟的侠女形象，能够沾上一点边的仅有率领法国人民抗击英国侵略的贞德。而贞德是被称为"圣女"的。当然，在相当长一段时间里，英国人说她是个女巫，连莎士比亚在剧本《亨利六世》里也这样描写。

不管圣女也好，女巫也好，总之不是凡人。西方骑士小说的女主角一般说是美丽、纤弱、高贵的童贞女子，绝不会从小就舞刀弄剑的。出现这种现象的原因要追溯到西方的文化传统。未皈依基督教之前，西方世界认为妇女是生育繁衍的象征，是神圣的。赤手空拳的妇女可以出现在战场上，呼吁交战双方讲和。她们的力量就在于她们是女性。法国画家大维特画过一幅题为《萨平妇人》的画，就描绘了阻止罗马人同萨平人战斗的妇女形象。皈依基督教之后，因为圣母玛利亚的形象受到推崇，文学作品中正面的妇女形象就趋向于根据玛丽亚的模式来理想化。即使是在大仲马的比较有中国武侠味的小说中，无论是善良正直的抑或阴险毒辣的妇女，基本上都与刀光剑影绝缘。

在中国，情况就不同了。古时候，巫、舞、武是相通的。巫人当中当然有女巫，屈原在《九歌》中就描写过这些女巫跳舞的情景。后来舞又分为文舞、武舞，唐代公孙大娘舞剑器，就是一种武舞。由于有这些历史渊源，中国女子习武是很正常的事情。

再说，中国妇女从来不曾享受过像西方妇女那样几乎被神化了的待遇。因而，在武侠小说中，她们首先是人，是有血有肉、有爱有恨的人，活生生的人。同西方"武侠"小说中那些柔靡纤弱、纯洁到几乎头上出现一圈灵光的女主角比起来，当然是中国侠女的形象更丰满，更感人。

另外，从审美的角度来看，天生弱质的女子，竟然可以同五大三粗的汉子比武争雄，甚至取胜，这种场景自然要比两个莽汉你砍我劈的情景更能体现对比的美。法国诗人保罗·克洛代尔说过，各种不同事物的同时性就能够成诗的艺术。就凭中国武侠小说有女侠形象这一点，它在艺术上已经比西方"武侠"小说高出一筹了。

## "功夫在诗内"

武侠小说离不开武打。西方的武功主要是击剑、拳击、躔角、射箭，最多加上绳鞭，远不及中国功夫丰富多彩。何况中国武侠小说中的功夫，又比实际的功夫多了一圈幻想的彩虹。请看——

琴音可以夺命，棋子可以打穴，书画可以暗藏极厉害的武功心法。

日常的用具如绣花针、钓鱼竿、船桨、秤锤都可以成为独门兵刃。

摘叶飞花可以伤人，喷酒弹冰可以毙敌。

至于各种拳招剑式，更是名目繁多，匪夷所思。其实，正如梁羽生说的，这些招式的名称多是从古典诗文中化生出来的，比如"凌波微步"来自《洛神赋》，"逍遥游"来自《庄子》，等等。所以，把陆游教子学诗的名句"工夫在诗外"改上两个字，变成"功夫在诗内"，就道尽了中国武侠小说的武功奥秘。正因为"功夫在诗内"，才为读者的想象力提供了广阔的驰骋天地。

中国功夫再高明，要在武侠小说中描写出来，还得借助语言。在这方面，词汇丰富的汉语正好胜任。据粗略计算，收入汉语《同义词词林》的描写上肢动作的词就超过100个，而英语中同是描写上肢动作的词就少多了。比如用剑刺和用冲拳直击，英语用同一个动词表示，用掌掴和用拳头捣，也用同一个动词。如果要描写更复杂一点的动作，就要附加相当多的修饰语。由于语言的局限，用英语写成的"武侠"小说，如民间流传的《侠盗罗宾汉》、司各特的《艾凡赫》、史蒂文森的《黑箭》等等，都没有打斗的细致描写，这样一来，就不如中国武侠小说生动逼真。

## 儒释道三教皆有侠

侠盗罗宾汉手下众好汉里，有一名力气过人的修士，但这毕竟是西方"武侠"小说中极少有的例子。基督教的出家人，无论修士或修女，都是发誓将自己奉献给上帝的人，他们同时又是上帝与世俗人之间的联系桥梁，如果说世俗人是羔羊，这些修士、修女就是替上帝看管羊群的牧人。他们不必舞刀弄剑去行侠仗义，拯救凡人自有上帝的力量，不然，为什么还会有所谓"救世主"的称号呢？西方文学受宗教的左右，连西方"武侠"小说都未能例外。

中国的出家人却不同。佛教来自外国，但已汉化。最受平民百姓和士大夫欢迎的禅宗（指中唐以后成为禅宗正统的南派）是现世性的。人人都有佛性，"本性是佛"。众生与佛的区别就在于是否能觉悟。"自性若悟，众生是佛，自性若迷，佛是众生"。（《六祖大师法宝坛经》）虽然身处尘世，只要不为外物影响，"无念""无相""无住"，所谓一尘不染，达到这种境界，精神就可以解脱，尘世就是天堂。所以，和尚、尼姑（又是女的！）大可不必受黄卷青灯的束缚，完全可以行走江湖。至于儒家思想是入世的，这一点早有定论。道家主张"保身养生"，亦不能超越现世。于是，三教都有行侠济世的人。儒侠、僧尼、道士，这些武侠形象不同于常人，更为中国武侠小说增添一种奇异的色彩。

其实，不但儒释道三教皆有侠，而且这三教的思想在中国武侠小说中都有反映。比如，一些最上乘的武功都来自某些武学秘籍或佛经道藏，甚至来自李白的《侠客行》诗和庄子的《庖丁解牛》寓言，这就是"书中自有黄金屋，书中自有颜如玉"思想的翻版。《射雕英雄传》快结尾时，作恶多端的裘千仞在华山上被几大高手围困，忽然受一灯大师点化，正应了佛教禅宗"放下屠刀，立地成佛"这一说法。有些侠士可以在很短时间内练成上乘武功，雄踞武林，这又是禅宗"顿悟"的方法论的体现。至于道家的"无为"思想，则常常寓于一些无招无式但又能力高强的武功之中，即所谓"无为而无不为"了。

## 寻找一个全新的世界

人们常说，"一本书就是一个世界"。很多书中的世界都同现实世界相去不远，而中国武侠小说却要寻找一个全新的世界。在这个世界里，人的价值要按武功高下来衡量。武功高强的人才是人，武功低微或不会武功的人就等于牛羊猪狗，随时任武功高强的人宰割，杀死个把这样的人简直不值一提。反过来，即使是动物，只要武功高强，就像《神雕侠侣》中那只不会飞翔只会腾跃的老雕，也完全在价值上与人平等。正因为这样，读者读武侠小说时一般不会因为书中描写了杀人如麻的场景而感到不舒服，因为从价值上看，死去的都是虫蚁。可是一旦用电影镜头表现这种景象，恐怕广大观众就难以接受了。

西方"武侠"小说虽然也写许多冒险奇遇，但同中国武侠小说比起来，它们的创作手法更趋于现实主义，那里面的人物同现实生活中的人区别不大。华罗庚说武侠小说是成人的童话，正是抓住了这个关键。童话有童话的世界，中国的武侠小说也有自己的世界，正如科幻小说也有科幻的世界一样。

为了使武侠小说的世界同现实世界离得远一些，时代背景就要安排得古一些。梁羽生说，他的武侠小说的背景之所以写到清代就不再往后写，是因为近代出现了新式武器，武功的作用再不能写得太突出。其实，从保持距离更有利于在作品中创造一个新的世界这一点来看，梁羽生的话也是有道理的。巧得很，西方"武侠"小说作家的代表人物大仲马也说过："什么是历史？历史就是钉子，用来挂我的小说。"他也要保持一段距离。在这个方面，真是中西同行所见略同。

# 西洋书法

一提起书法，人们首先想到的是中国、日本和韩国书法。其实，西洋亦有书法。

书法与文字是二而一的事情，离了文字，就无所谓书法。西洋文字起源于古代洞穴里的绘画，也是象形的，后来才抽象为字母，变成拼音文字。

拉丁字母，也就是古拉丁语以及后来的法语、英语等语言所使用的字母，大部分来自古埃及的象形文字（hieroglyph）。比如字母 A 是一只面向读者两腿开立的鹰的形象，从古埃及象形文字中表示鹰的字演变而来。生活在古代地中海东岸的腓尼基人却认为这个字母更像牛头，就称之为"牛"。字母 B 原先是平躺着的，像只展翅飞翔的仙鹤，来自古埃及象形文字中表示鹤的字。古希腊人把它竖了起来，但是曲面向左，到了古罗马人才把这个字母定型为今天的"B"。字母"I"原先像一只竖起大拇指的手。字母"M"像猫头鹰。字母"N"在古埃及象形文字中表示水波纹，腓尼基人把它叫作"鱼"。字母"S"在古埃及象形文字中表示"被水淹了的园子"。

西洋书法只能在有限的几十个字母上下功夫，不像中国书法可以把每一个汉字作为创作的天地，于是就在字母上添加装饰线条或图案，采取"以画入书"的办法。另外，既然单个字母的创作空间小，西洋书法就特别注重通篇结构，以整齐划一为基调，然后再做变化。比如把段落开头的字母放大，精心描画成一幅装饰画——我见过短横上方两边对称地画上猴子和狐狸，短横下面的空白处画上一对互相梳理羽毛的仙鹤的字母"A"；章节之间用小图案分隔；还可以在色彩方面有所发挥，目前保存在英国剑桥大学和牛津大学图书馆里的中世纪羊皮纸手抄本有许多文字是用金粉或银粉写成的。这些书的文物价值以及它们的质料的经济价值是如此之高，以至于要用锁链把它们锁在书桌上。

除了文字之外，能直接影响书法风格的就是书写工具了。西洋书法早先用的是含矿物质的颜料，笔也是硬笔——鹅毛笔，以鹅毛根部的毛管作笔尖书写。到了 19 世纪，发明了蘸水钢笔和自来水笔，用墨水书写，虽然比以前流利，但始终不如中国书法用毛笔和水墨来得淋漓酣畅。

再者，西洋书法从开始就与宗教结缘。罗马帝国衰亡前后，教会是西方文化的主要守护者。寺院是文化中心，僧侣们抄写了绝大部分的宗教典籍，它们就是早期的书法作品。在神的威严之下，西洋书法必然拘谨矜持。尽管后来产生了草体，也仅仅是在字母的连接上略显潇洒。

至于由书入道，西洋书法更谈不上。英文的"书法"（calligraphy）这个单词的词源意为"美丽的字体"（beautiful writing），似乎更重外观。不过，当中国书法推崇形而上的时候，西洋书法也探寻了书法背后的一点较为抽象的东西——书写者的性格，特别是对签名的研究，于是形成了笔迹学。

# 随　俗

英国的交通靠左行，英国人接吻也习惯左颊先上。第二次世界大战期间，美国军队开到英国本土。美军小伙子与英国姑娘接吻时却习惯右颊先上。为了避免撞鼻子，美军司令部下令士兵要入乡随俗，接吻时左颊先上。可是，撞鼻子事件仍然发生，原来英国妇女团体也叫姑娘们在接吻时改为美国式的右颊先上，以示友好。这桩趣事在柏杨先生的一篇随笔里有记载。

然而，随俗不一定非要入乡。其实，大多数情况下我们还是见人随俗。比如在中国的飞机场迎接西方客人，如果来的是异性，而接机者了解西方习俗，就会很自然地上前礼节性地拥抱一下对方，并且友好地贴贴脸。中国这个"乡"里异性之间不轻易有身体接触的"俗"在这时已经被忽略了。我在异邦也有过见人随俗的经历。记得在离开剑桥回国前夕，我的导师请我吃饭，饭后沿着剑河散步。他忽然停下来，在河边的柳树上折了一根嫩枝，默默地交到我手里。这位熟悉中国古典诗词，曾为《玉台新咏》英译本写过评论文章的英国诗人，按照中国古代文人赠柳送别的习俗，为我送行呢。那是 1990 年春天的一个黄昏，剑河边的垂柳正绽出点点鹅黄……

大体来看，入乡随俗或见人随俗反映了人们对异质文化的了解和尊重。但是有时随俗也有别的目的。圣诞节的产生和变化就是一个很好的例子。

人们总以为圣诞节真的是耶稣的诞辰，其实不然。就连耶稣是哪一年出生的也没有准确的答案。大约相当于公元 6 世纪的时候，一位名叫第奥尼修斯·埃兹吉亚沃斯（Dionysius Exiguus）的古罗马修士提出以耶稣诞生的那一年为纪元 1 年的基督教历法代替当时使用的由罗马皇帝戴克里先（Diocletian, 243？－316？）制定的历法。他根据《圣经·路加福音》所载，判定耶稣在 30 岁上开始传道（而为耶稣施洗礼的约翰在耶稣之前就开始传道），据记载时间是在奥古斯都大帝的女婿提比略皇帝（Diberius）在位第 15 年，相当于公元 29 年。所谓公元 1 年就是第奥尼修斯·埃兹吉亚沃斯按这些资料大约推断出来的，其实非常不准确。后来有学者根据《圣经·马太福音》的记载，即耶稣大概在希律大帝（Herod I the Great）逝世的时候出生，考证出希律大帝是在公元前 4 年逝世，耶稣应该在此之前不久出生，可能是公元前 5、6 或者 7 年。这样一来也就是说我们目前使用的公历的第一年并非耶稣出生的年份。

至于耶稣是在哪一天出生的，也没有确实的记载，所谓圣诞节则是在公元 440 年才由教会随俗而定。12 月 25 日这一天是当年的冬至。原先不信上帝的人们一向把这一天视为节日，有各种庆祝活动。英国甚至在 1752 年改用格里高里历法之前一直以 12 月 25 日为新年第一天。所谓圣诞装饰则来自古罗马人每年 12 月过农神节（Saturn）时装饰庙宇的习俗。圣诞老人则是民间传说中的儿童保护神，与基督教教义无关。出于宣传基督教的目的，教会把一个本来是世俗的节日改变为宗教的节日。

此后，这个节日的宗教色彩逐渐浓厚。圣诞节要摆圣诞树就与基督教圣徒的事迹有关了。传说在公元 8 世纪有一位圣徒波尼非斯（St. Boniface）在德国传教，遇见一群不信上帝的人以男童作为祭品供奉一棵老橡树，波尼非斯救下了小男孩，砍倒橡树，说服了这帮异教徒皈依上帝，并指示他们以枞树为基督圣婴的象征。这件事情刚好发生在 12 月，于是圣诞节的装饰中又多了圣诞树。

当圣诞节作为宗教节日逐渐成为习俗的同时，人们又用自己的温情去随这个俗，使圣诞节变得世俗化。这一天被看作是阖家团圆的日子。小孩子们盼望着一觉醒来床头会有塞了礼物的袜子。1846 年英国出现第一张商业性的圣诞卡，上面画着一家人围在一起，兴高采烈地喝酒。此后，圣诞节前互送贺卡成为时尚。

商人也把圣诞节看作一个赚钱的好时机，之前一两个月就广为宣传，圣诞大减价和圣诞购物热潮随之兴起。现在连东方国家的商人也随这个俗，为圣诞节忙乎起来，其心思恐怕只在商机。

随俗的背后有许多奥妙呢！

# 文人的第三只眼

如果有人认为，白色塑料袋是用牛奶制成的，稍为有点科学知识的人都会觉得匪夷所思。可这话确实是我的英国房东哈德先生说的，他是一位神学家。有一天他拿出一块不走的手表请我修理，因为我早些时候帮他的太太修好了台灯，他就认为中国的博士什么都会修。接过手表一看，原来是块自动表，他从比利时买回来就一直放在抽屉里，能走才怪呢。那是1989年的事。

六年后我去美国杜克大学亚太研究所做研究，住在一位逻辑学教授家里。学校给他一台电脑，在他的办公室里放了整整一年连箱都没开，因为他连安装、接线都不会。我帮他解决了这个问题，还教他使用文字处理软件。他那年56岁。

由此可见，即使在发达国家里，从事人文和社会科学工作的人对于很普通的科学和技术近乎无知的现象也是存在的。

在中国，由于儒家传统对奇技淫巧的鄙视，许多文人对日益发达的科学和技术更是不屑一顾，甚至抱有抗拒心理。连研究中国文化的外国人有时也受了影响。英国汉学家李约瑟的一位非常热爱中国文化的诗人朋友，也是我在剑桥大学做博士后时的导师，到现在和我联系时坚决不用电子邮件，宁愿用所谓"蜗牛"邮件（snail-mail），即通过邮局寄信。

于是，逐渐地，人们认为文人不了解科学和技术历来如此，无可非议。

然而，这不是事实。至少从英美文人的传记中可以看到一种热爱科学和技术的传统。

比如法兰西斯·培根（Francis Bacon, 1561—1626），人们只知道他死于窒息，其实他是为科学而献身——在一个寒冷的冬日，培根和御医维特波恩（Dr. Witherborne）乘马车到郊外呼吸新鲜空气。看到地面的积雪，培根突发奇想：能不能用雪代替盐来保存肉类呢？于是两人决定立刻做实验。他们下了车，在高门岭（Highgate Hill）脚下一户农家里买来一只鸡，让农妇把鸡开剥干净，然后培根和维特波恩往鸡肚子里塞雪。因为天寒地冻，在雪地里忙活半天，培根受了风寒，当场发病，连住处都回不了，只好在当地一个朋友家里暂住。偏偏客房已经一年多没有人住过，十分潮湿。培根病情恶化，两三天后就去世了。我想他可能是重感冒转为肺炎导致肺功能衰竭而死。

还有《利维坦》的作者，17世纪英国唯物主义哲学家、作家霍布斯（Thomas Hobbes, 1588—1679），到了40岁还学习几何学，而且入了迷，为了解题常常匆匆忙忙地在床单上，甚至大腿上画几何图形。

编撰了第一部英语辞典的约翰逊博士（Dr. Samuel Johnson, 1709—1784）的书房里总是摆着一套化学实验装置，他试图用它来制造"以太"（aether）。

至于赫·乔·威尔斯（H. G. Wells, 1866—1946），因为他本人以出色的成绩在伦敦大学获得理学学位，对科学和技术更是情有独钟，因而成了科幻小说的创始人之一。

美国的本杰明·富兰克林（Benjamin Franklin, 1706—1790）曾经有过一桩与科学知识有关的轶事。他有一次出访英国期间和一些英国客人去公园散步。公园里有一条小溪，在微风吹拂下泛起涟漪。富兰克林对客人说，他可以运起魔法，使水面平静下来。于是他往上游走了200来步，做了一些神秘的手势，然后挥动竹杖三下，溪水果然逐渐不起波澜，最后平滑如镜。客人们惊叹之余很想知道其中的秘密。富兰克林就向他们解释，原来他的竹杖末端一节里灌了油，离开客人往小溪上游走的时候他悄悄去掉封口的蜡，挥动竹杖把油洒进水里，油就把水面压平了。当时美国仍未独立，富兰克林去英国是出于外交的目的争取多一些支持。后来为他撰写传记的人认为富兰克林以幽默风趣的形式预示了即将诞生的美国的崇尚科学的精神。

富兰克林后来做过美国驻法国公使，卸任后，接替他的是托马斯·杰弗逊（Thomas Jefferson，1743—1826）。当时法国人布封（Comte Georges-Louis Le-clerc de Buffon，1707—1788）正在编撰《自然史》，其中一卷谈到原产地在美国新罕布什尔州的麋鹿，有些地方与事实不符。杰弗逊为了证实布封书中的错误，特地写信请驻扎在新罕布什尔州的约翰·沙利文将军制作一副麋鹿骨骼标本，为此花费了50英镑，这在当时已经是很高的价钱。（50年后伦敦大学学院的中文教授年薪也不过60英镑。）骨骼运到巴黎后，杰弗逊请布封和其他一些法国名流吃饭，席间向他们出示该标本。布封当场承认错误，并对杰弗逊坚持真理的执着精神表示钦佩。

除了生活中关心科学和技术之外，他们的创作也涉及科学和技术。

英国诗人雪莱在长诗《云》和《西风颂》里对于云的描写与后来出版的一本题为《伦敦的气候》的书中对云的分类完全符合。雪莱从小对电十分感兴趣。据他的妹妹回忆，雪莱常常会找来一帮小孩，包括他的兄弟姐妹，要他们手牵着手体会过电的滋味，所以描写云总不忘强调雷电的生成。身为浪漫主义诗人的雪莱在科学新发现的启发下找到了"雷电"这一新的象征来表现人的力量。（德国的浪漫主义运动也称为"狂飙突进"运动。）

托·史·艾略特（T. S. Eliot，1888—1965）曾用催化剂来比喻诗人的心灵。他说，氧气和二氧化硫混合在一起，加上一条白金丝，它们就化合成硫酸。这个化合作用只有在加上白金丝的时候才会发生。然而新化合物中却一点儿白金都不含。白金呢，显然未受影响，还是不动，依旧保持中性，毫无变化。诗人的心灵就是一根白金丝。英国诗人狄伦·托马斯（Dylan Thomas，1914—1953）把阳光描写成从太阳踢出来的足球，暗示了光的波粒二象性。

美国诗人惠特曼歌唱火车头，以雨水的循环过程比喻诗歌的创作过程……

有人会说，现代科学诞生于西方，他们的文人之所以与科学和技术结缘是因为有特别的文化背景。可是，中国的文人不是历来注重"知人论世"吗？时至今日，这个"世"恐怕应该包括科学和技术了吧？文人弟兄们，请长出第三只眼来，关注科学和技术！

# 喜得幽篁伴客眠

欧美作家如果想在作品中表现点东方的异国情调，时常会提到竹。《80天环游地球》的主人公到达孟加拉湾时就看见海岛上有竹子。科南道尔《福尔摩斯探案》中的《四签名》和王尔德的《道林·格雷的画像》都为了同样的目的描写过竹制品。最有趣的可能是《悲惨世界》第二卷第一章里关于中国人与人粪尿的一段话。雨果说：经过长时期的探索，今天科学终于弄清楚了，最有效的肥料是人粪尿。他接着说：令我们惭愧的是，中国人比我们早明白这一点。没有一个中国农民进城回来不用竹扁担担上一担人粪尿的。中国的土地今天仍然像亚伯拉罕在世时那么肥沃，要归功于人粪尿。显然，在雨果的心目中，中国人的形象要配上竹子才够典型。

竹向来是东方文化的象征。中国文人更是把竹的岁寒不凋、虚心亮节的特点升华为一种高尚的品格。竹节的中空又是佛教"空"和"心无"的形象体现，所以宋人画竹多以喻禅。

当然，在一片褒扬声中也有唱反调的。丁文江（1887—1936）曾有诗云："竹是伪君子，外坚中却空。成群能蔽日，独立不禁风。根细善钻穴，腰柔惯鞠躬。文人多爱此，声气悉相同。"他晚年任国民党政府中央研究院总干事，对于属下的文化人不知是否也这样看。

我是喜欢竹子的，但不是出于对人文精神的推崇，亦无东坡居士"不可一日无竹"的雅韵，所以读了丁文江的诗也不至于火冒三丈。我并不把竹看作一个符号，只是实实在在地喜欢竹子的声与色：雨中淅沥，风里飒飒，窗间婀娜，月下婆娑……清丽脱俗可比绿荷，间或妩媚妖冶如蛇。也许竹令我动心之处就是这变幻多端的美。

如果过去我只是把竹作为审美的对象，那么1995年在美国南方的日子则使我和竹拉近了距离。

初到异邦，首先要找房子住。几经选择，终于找到一所殖民地时代风格的大宅，十足像电影《乱世佳人》里斯嘉丽一家人住的房子，还有室外游泳池。房东是位年近六十仍未结过婚的逻辑学教授。也许是因为孤身一人居住900多平方米的房子，疏于照料的缘故，屋里有点脏。正是这一点令我下不了决心入住。教授到底见多识广，知道中国教授也重视人文景观，于是一边领我上楼看房子，一边介绍房子的历史，还拿出市政府颁发的重点保护建筑物证书给我看，原来这所建于1911年的房子在当地已经算数得着的文物了。

走进二楼东头的一个房间，一眼就看到白色的窗框里套着几抹翠绿，原来房后种了几丛竹子，竹枝探进窗户里来，仿佛想躲避室外的寒风。我托住这细而韧的竹枝，就像扶住一位流落他乡的故友的臂膀。

"啊，区教授，如果你嫌关窗费事，我可以把竹树修削修削。"

"不必了，这就很好。"老教授并不知道正是这几枝竹子帮了他的忙把房间租给了我。

打那以后，每逢伏案工作的间隙，窗前的竹子都会给我一点慰藉。拈起枝头一片新叶，逆着阳光看去，叶面上一层金闪闪的茸毛使我想起嫁到美国来的一位朋友的新生儿子，那白嫩的带着乳香的脸蛋上也有这么一层柔软的毛。抚摸粗糙的老叶，仿佛又握住在纽约唐人街金麒麟茶楼邂逅的友人之子的手,虽然他只是周末在那里打工,但油垢、热水、洗洁液已经使他手上的皮肤出现皱痕。清晨,竹叶尖上会悬着一滴水珠,这也是我往家里打越洋电话的时辰。妻子平静的话音掩盖不住悠长的思念,我用拇指把竹叶尖上的水珠轻轻抹掉,心里觉得就是拭去她眼角的一点清泪。到了夜晚,微风随来,竹枝曼叩窗棂,那平和的节奏把虚空中的寂静点化成天外梵音,我的心绪逐渐安宁,有一回朦胧中竟吟出一句"喜得幽篁伴客眠"……

也许是出于读书人好查本本的习惯,回国后突然想对做客异邦时陪伴我那么久的竹子了解多一些,可是这一查却发现自己犯了个错误,原先我认为竹子是东方特产,在美国见到的肯定是传过去的,于是才有他乡遇故知的感觉和那么多的联想。其实,北美洲也有土生土长的竹子,只是树形小一点。

错了就是错了,值得庆幸的是回国后才发现这个错误。的确,有时候错误也是美丽的。对于美丽的错误最好是将错就错。

# 饮食的合与分

搬进新居前买了一张长方形的餐桌，后来发现使用起来十分不便，因为咱们中国人习惯围坐合食，就餐者用自己的筷子在同一个盘子里夹菜，坐在长方形餐桌两头的人夹起菜来需要把手伸得长长的才能够得着远端的菜盘，十分吃力。中式餐桌应该是八仙桌或者圆桌。

也许是中原地带民风更加古朴自然吧，三十多年前，我在太行山下的一座煤城工作时，常常见到当地人把正在吃的食物如夹肉烧饼之类递给碰到的熟人，请他们吃。我这个老广不习惯"食人口水尾"，遇到这种把中国人的合食传统发挥到极致的情况，总是婉拒之。开始他们会扔过来硬邦邦的一句话："咋啦？俺的嘴比你的脏？"后来知道我并非瞧不起他们，就不勉强了。

不晓得从什么时候起，舆论认为合食不卫生，于是先出现公筷公勺，如今一些高级饭店干脆由服务员把菜分好，每位用餐者一份，据说是向西方人学习。

其实，西方人原先也有类似的合食习惯。中世纪骑士风度的表现之一就是用餐时骑士和他心仪的女子共用一个盘子，合吃里面的食物。丈夫和妻子之间更是如此。这是欧洲过去许多世纪的风俗。直到19世纪初，英国乡村比较老派的夫妻吃饭时还是合用一个盘子。今天，我们还可以看到欧美人互相传喝同一罐饮料。

当然，合食是容易传染疾病。但是如果把合食作为一种民俗来考察，就会发现，合食比分食更有人情味。

当先民为了生存像动物一样争夺食物的时候，部落内部的合食就是团结和同仇敌忾的象征。时至今日，一些兄弟民族喝酒时还会在同一个酒坛里插许多吸管，供许多人同时饮用。广州方言里也有"同捞同煲"的说法，表示亲密团结，祸福与共。不同部落的成员之间的合食则意味着和平友好，因为按照古老的习俗，人们是不吃仇人家的食物的。而且敢于请别人和自己共用食物，证明食物无毒，绝没有害人之意。这如同见面握手，表示手中没有意在伤害对方的武器一样。至于异性之间的共用饮食，在特定的场合里，完全可以成为示爱的方式。潘金莲红着脸一口喝干了武松喝过的残酒，就是一个例子。有时合食甚至是性行为的前戏。

合食逐渐被分食取代，是和社会上人与人越来越疏离同步的。想到这里，我倒怀念起有人请我吃他吃过的夹肉烧饼的日子了。

# 电梯感觉

最近搬进了高层住宅之最高层，上下赖有电梯帮助，倒也方便。

以前随别人进出宾馆酒楼，也曾乘过电梯，但因为都是偶一为之，印象不深。如今一日数次，而且同乘的基本上是同一批人，于是就产生了一些有趣的感觉。

最舒服的当然是一人一梯，隐私不受侵扰，身心皆可放松。虽然梯内只有弹丸之地，也有小国之君的快感。

不过，如果电梯顶部的半透明封隔板被偷走，露出狰狞的电线和各种金属配件，尤其是在夜间，日光灯只剩下一支，发出暗淡的青光，那时一人一梯就不那么受用了。即使正常人也会突然或多或少犯上幽闭恐惧症。

至于二人一梯，则有两种情况。假如是自己先进电梯，随后进来另一人，我会不由自主地有点紧张，倒不是惧怕对方把自己抢劫了，（真较量起来自问不会胆怯，）而是莫名其妙地认为这个人分走了本来属于我的空间。假如自己是后进的一方，心里会一阵窃喜。表面上是庆幸赶上这一趟梯，不必多等，骨子里另有坏水，就是觉得拣了便宜，不让他人专美。

细想起来，人有时和动物一样。许多哺乳动物采取到处撒尿或在树上蹭痒的方式来圈定领地，擅自进入的都是危险的入侵者。人虽然不能像动物那样到处留下气味来标记自己的领地，但在意识中都有无形的私人空间（private bubble），其大小随文化背景和不同场合而变化。比如在挤公共汽车的时候，尽管挨肩擦背，人们极少感到不自在，因为私人空间已经自动缩小以利沟通。至于文化背景决定私人空间的例子，可以看看中国人和西方人的见面礼。中国人的私人空间一向是比较大的。以往人们见面都是离得远远地打躬作揖，比起西式的握手要求更大的空间。如今有点西化了，也仅仅是兴握手，不兴拥抱。不过，随着人口膨胀，居住条件受限制，中国人的实际私人空间被压迫得很小很小，像贫嘴张大民一家的情况确实可悲。但是，无论环境如何改变，头脑里的私人空间意识一时是很难改变的，这是文化积淀，所以尽管新居还算宽敞，但遇到能够占有整个电梯的机会，那种感觉仍然美妙。

偶然碰上电梯里拥挤，眼前全是天天见面的人的大特写镜头，这时我会告诫自己，千万要目不斜视，最好是凝望想象中远处的虚空，因为一不留神瞧清楚了别人耳朵里的耳垢，或是沾在衣裤上的毛发，心里会有负罪感——活像个偷窥者。有时运动归来，满身汗臭，但又不得不乘电梯上楼，这时又像个做错了事的孩子，怕讨人嫌。

也许，这又是人不同于动物的地方。

# 家贫好读书

  1952年，我六岁，开始上学，在佛山市第五小学当插班生，直接读三年级，一直到1988年获得博士学位，断断续续在学校读了22年书。但是，我的读书习惯却早在初中时代就形成了。说来也怪，造成我的读书特点的既不是名人治学方法介绍，也不是老师的阅读指导，而是我那贫寒的家境。

  如果有人问我：世界上最令你羡慕的人是谁？我会毫不犹豫地回答：是偎依在妈妈身旁的孩子。小时候，只要听见有同学说他梦见了妈妈，我就觉得他是个非常幸福的人，因为我两岁丧母，记忆中根本没有母亲的形象，所以也无法梦见她，更不用说重温她的爱抚了。后来总算在旧照片堆里翻出一张发黄的小照片，姑姑说那是母亲与女友的合影，我才知道妈妈是什么样子。

  我是姑姑抚养大的。她在家里教完我小学三年级的课程，用的是向别人家的孩子借来的旧课本。试想想，我到初中三年级还是尽量打赤脚上学，天实在冷了才穿鞋。鞋底磨破了，垫进一块硬纸板继续穿。哪里有钱买书呢！

  幸好佛山市第一中学有个挺不错的图书馆，上初中后，一张小小的借书证成了我十分珍爱的物品。可惜学校规定每个班每周只能借、还书一次。我常常是一两天就把借来的书看完了，剩下的日子就在等待和渴望中度过。

  终于有一天，我想到了向读者敞开大门的新华书店。于是每天一吃过午饭先去书店看书，然后才上学。放学后也要去书店看一阵书才回家。尽管走的是三角形的两条边，比直接从家到学校要多走好些路，但在我幼小的心灵里，这是通向知识宝库的路，即使再走远一点也值得。

  在书店里看书只能站着。对一个营养不良的孩子来说，站上一个小时可真不容易。为了节省体力，就要加快看书速度。有些人看书是默读，每个字都在心里念出来，这样太慢。要快就要用眼睛读，让文字符号直接印入脑子里，而不是先变成无声的声音再传进脑子里。另外，每一页书不必每行都看，每一行也不必从头到尾看。我一般先看一页书的中心部分，周围一圈的文字先不看，边看边开动脑筋，看能否理解，不理解再细看。这样逐渐提高了看书的速度。

  在书店看书几乎不可能做笔记，只能凭脑子记，但又不可能记住读过的所有内容。于是就要边看边归纳要点。离开书店后还要在脑子里过过电影，复习一下刚才记下的要点。天长日久，总结和强记的能力就培养出来了。

  书店里书多得很，不能随便抓起一本就读。哪些值得读，哪些值得细读，这里有一个选择问题。经过摸索，我找到一个选书的法子，我把它叫作"读书先读'皮'"。

  北方人的主食有包子、饺子，这些东西的馅儿都比皮儿好吃。有些馋嘴孩子一上来就先吃馅儿。不少人读书心切，也跟吃包子一样，一下子翻开正文就读，殊不知书"皮"不比包子皮，它的滋味美着呢！

所谓书"皮",主要是指正文前面的"序"或"前言",以及书后的"跋"或"后记"。"序"经常是作者或编者请别人写的,既是该书的内容介绍,也是评论。

也有作者亲自写序的,性质同前言差不多,一般讲的是作者写该书的起因、目的等。翻译小说的"译者序"大都很长,介绍作者的生平、该书的时代背景、该书在文学史上的地位、译者对它的评价等等,相当于一篇论文。书后的"跋"或"后记"较短,主要讲写书或编书的过程中遇到的问题,如何解决,再就是成书后的感想一类文字。

我在书店里拿起一本书,一时又不能决定读不读,就先翻翻书前书后,读一下书"皮",从中做出取舍。

有时,细心的读者还会从书"皮"里获得一些重要的信息和有趣的资料。比如我们见过《沫若文集》《茅盾文集》,都是卷帙浩繁的全集性质的书。相比之下,《阿英文集》便显得不够分量。倘若我们凭经验办事,就会误认为阿英(钱杏邨)一生只写了那么一丁点儿作品。但只要翻翻"编后的话",就知道这仅是个选本,只因郭沫若生前题了书名为《阿英文集》,出书时他已去世,为了纪念他,尽管不是全集也仍用他的题签做书名。又比如很多人知道法国作家司汤达写过《红与黑》,可他还写过一本《红与白》(即《吕西安·娄凡》),知道的人就少多了。另外,他的长篇小说《巴马修道院》的基本故事情节并非他本人所创造,而是取材于他1833年前后在意大利得到的一个手抄本。司汤达写这部数十万字的小说只花了52天,平均每天要写25页。上述轶事都可以在《巴马修道院》中译本的"译者序"中读到。书"皮"里包含了不少类似的营养,有待我们消化吸收。

当然,我这种读书方法只适合"泛读",假如要细致深入地研读一本著作,就不能这样做了。不过,在信息爆炸的今天,总得先有"泛读"然后才有"精读"的。而且,到了"精读"的时候,桌子椅子自然少不了,我在书店里站着读书悟出来的读书"野狐禅"也就可以收起来了。

# 打开心扉

以前看了传媒的报道以及听了人们的传言,总认为歌星麦当娜(Madonna Ciccone)只不过是一位性感偶像(sexual icon),有时甚至会为那么圣洁的一个名字竟然被她占有了而感到惋惜——麦当娜在基督教艺术中专指抱着圣婴的圣母玛丽亚画像。

然而,看过她的音乐电视片《打开心扉》(Open Your Heart)和《颂歌献给我的家族》(Ode to My Family)之后,才发觉性感只不过是商业包装,这是自20世纪50年代艳星玛丽莲·梦露被大众接受之后演艺界的一条成名路子。不过麦当娜与梦露不同,在她的性感包装的里面是一种特立独行的人格,正是这种人格使得许多追求新的生活模式的女孩子成了她的歌迷。从麦当娜的姓氏来看,她应该是意大利裔人,尽管她出生在美国密歇根州海湾城。她有7个弟妹,这也符合意大利人的大家庭传统。虽然没有资料证明她像大部分意大利人一样生于天主教家庭,而且她还离过婚,这是天主教所不容的,但她早期的两首歌《像处女》(Like a Virgin)和《像祈祷》(Like a Prayer)反映出她对宗教题材的关注。当然,她的叛逆性也在歌曲里表现无遗。《像祈祷》里的麦当娜穿着背带睡裙在燃烧的十字架前跳舞,并且亲吻一位黑人圣徒——她把性与宗教糅合在一起,令宗教人士哗然。麦当娜读中学时凭着出色的舞蹈技巧赢得了奖学金并进入密执安大学学习舞蹈,可是两年后她竟然辍学去了纽约求发展。据说她到达纽约时代广场的时候,身边仅有35美元,那是她的全部家当。麦当娜的我行我素可见一斑。

麦当娜和许多国外的流行歌手一样,亲自参与歌曲的创作,我认为这是成为流行歌手的最基本的资格。相反,中国大陆和台港绝大多数的所谓"歌星"都不能创作或者不创作,他们无法用自己的音乐抒发感情,表达对社会的关注,因此充其量只能算是通俗唱法演员。

《打开心扉》以纽约哈林区的破旧街区为背景,拍了不少黑人、穷人的镜头。这部音乐电视片的构思是不同身份的人偷窥一个女人(麦当娜),这些人不是穷困潦倒就是同性恋,总之都是为主流社会所不齿的人。麦当娜用歌声和舞姿表达了对他们的同情,鼓励他们打开心扉,不要压抑自己。《颂歌献给我的家族》则以意大利海滨城市的小酒吧做背景,描写了普普通通的意大利人的日常生活。因此,对麦当娜的评价并非"坏女孩"那么简单,她是有一定思想深度的。

有美国朋友看过她的招来骂名的写真集《性》(Sex),其印象是"狂野",但里面并没有赤裸裸的性行为镜头。

能与麦当娜齐名的男歌手当数迈克尔·杰克逊。他表演时总喜欢把手放在两腿之间做虚拟的抚摸动作,许多人认为这是意淫式的自慰而嗤之以鼻。

可是美国杜克大学的英国文学和美国黑人文学教授卡拉·霍洛维(Karla F. C. Holloway)却不这样看,她认为这是迈克尔·杰克逊对舆论界的一个答复。因为多年来报刊上刊登了许多关于他是否男人的无聊文字,所以他故意以这个摸裆动作(crotch-grabbing)来强调他不是女性。而且他要显示的男性的阳刚之气(masculinity)并不是他个人的,而是整个黑人种族的,比如在《黑或白》(Black or White)这部音乐电视片的序幕里,迈克尔·杰克逊攻击一辆写有侮辱黑人的口号的小汽车,然后开始唱歌并做这个动作。联系起非洲黑人祖辈的生殖崇拜,这个动作就有了种族层面的文化意义。后来杰克逊特地把这部音乐电视片放在他的激光视盘《危险:短片集》(Dangerous: The Short Films)的开头,用意更加明显。(Codes of Conduct, Rutgers University Press, 1995, pp. 126 - 128)霍洛维教授本人就是黑人,她与迈克尔·杰克逊可以说是同根生,她的解释建立在与杰克逊的文化认同基础上。读了她的著作后,尽管我这个中国人仍然觉得杰克逊的摸裆动作非常不雅,但也可以容忍了。不是有句俗话说,"你自己活着,也要让别人活着"吗?

任何文化现象,无论它是短暂还是长久,总有其存在的理由。或许我们对它暂时了解还不够,比如凭道听途说就认定麦当娜是个荡妇,又或许因为文化身份不同而一时难以理解,就像我起初不理解迈克尔·杰克逊一样,正因为如此,在今天这个多元文化时代,宽容特别重要。麦当娜呼唤的"打开心扉"大可以从这个角度去理解。

# 旧书明月伴吾师[①]

世纪初出生的人到了世纪末,十有八九要归于尘土。老成凋谢,明知不可逆转,但某一天这不可逆转的自然规律竟然把自己亲近的人也带走了,那种哀痛照样来得令人错愕,来得刻骨锥心。

所谓亲近,早已超出了血缘关系。神交往往和血缘一样亲,有时甚至有过之而无不及。

试想想——

一位忠厚长者,指导你从硕士读到博士,将近10年时光。虽然不是朝夕相处,却也时时纵谈国学西学,评论学界孰短孰长。他间或从书柜里拣出一本书来,戴上眼镜,干脆利落地翻到某一页,用指头点着某几行,然后道出一番精辟的见解,或者燃起一根香烟,大口吸进去马上又大口喷出来,然后悠哉游哉地回忆起文坛旧事。即使是和自己的亲人在一起也难得这"如沐春风"的感觉。

老人往往不服老,不但走平地不让搀扶,上下台阶也要独立为之。于是,学校有关部门专门在他的住处通上大路的台阶建了一排可以扶手借力的铁栏杆,可惜的是他从未使用过,因为栏杆建成后他就因脑血栓住院,并且偏瘫了。

假如他没有自作主张戒烟……假如他没有那么认真地为别人的书写那几篇序……假如住院后他没有吃那大剂量泻药来对付便秘……假如病房陪护没有把感冒传给他……罢了!太多的假如只会翻起更多尘封的遗憾!

先生喜欢下中国象棋。在我这个少年时代受过象棋专业训练、后来却半途而废的业余棋手看来,他的棋艺并不高,但先生绝对是个棋痴。有趣的是,先生做研究十分严谨,但下起棋来却勇猛得近乎鲁莽,以致经常吃亏。可能这是人的性格中的两面性使然。反观我自己,也是一样。做学问尽量绵密,但打起乒乓球来却是大胆搏杀,有时甚至铤而走险,所以不时打出很漂亮的球,但往往是赢了个别战役却输掉了整场战争。

先生身上有一股不服输的精神,于是经常导致持久战。有一年大年初三,我去给先生拜年。一进门就瞧见广东外语外贸大学的龚华基老师在和先生下棋。龚老师一看有接班人来了,马上告辞。上午大约九点半先生和我开始下棋,一直下到第二天上午十点。三顿饭都是师母做好端到棋桌跟前,我们边吃边走棋。如果不是师母发脾气,恐怕还会继续下去。打那以后,师母约法三章:每次下棋不得超过三盘。但先生总会像个贪玩的孩子,趁师母不注意要我多下一两盘。他的名言是:假如一天我连下棋都没兴趣了,那我的日子就不多了。

先生喜欢象棋,但更喜欢书。他家客厅里挂着一副集句联:"旧书不厌百回读,明月自照千家墀。"每到一处,包括出国,他一定要去书店或旧书摊看看。1995年我在美国杜克大学做研究教授,先生特地嘱咐我帮他买一本关于纽约书店的书——*The Bookworm's Big Apple*。说起买书,先生主张不要乱买,他说书是买不完的,最好是集中买与自己专业有密切联系的

---

[①] 原载《英语沙龙(阅读版)》,2007年第8期。

书。先生的书房里摆着许多线装书。作为英语语言文学专业的教授而拥有那么多线装书的，我看也是极少有的了。这是因为他认为中国古典文学和英语语言文学研究有密切的关系，而且先生的旧体诗写得也很好。先生爱书，但爱得不迂。他常说书是为人所用的，所以他常在书页上写下批语。有时这些批语写在纸片上夹在书里，显得不太整齐。正是先生的这一习惯启发我写成了随笔《阅读也是隐私》。先生强调读书要精，某个领域里经典的、重要的书要反复读透。真的"不厌百回读"才行。他对我讲过一段发生在他的同辈人中的文坛逸事：某公自称读书破万卷，洋洋然有大师之风。一日，有人效武林打擂事，携来书籍数册，约此公专门切磋此数册书。某公心虚，期期艾艾，终托词而遁。先生仙逝后，师母把他的藏书全部捐给了学校图书馆。捐书之前师母让我挑一册作为纪念。我选了一部线装的《三台诗林正宗》。

至于对联中的"明月"，那是先生毕生追求的生命状态的象征。无论清辉皎洁也好，冰轮剔透也好，总之就是纯真吧。

2007年5月9日是先师戴镏龄先生逝世九周年，追思再三，感触良多。斯人远去，或神游八极，或托体山阿，明月是常伴先生的了。那旧书呢？恐怕早已存在先生的心里，流淌在先生的血脉中，化成了先生的风骨，更是寸步不离了！

旧书明月伴吾师，旧书明月祭吾师！

# 吃 豆 腐

友人向我推荐一道好菜——清蒸豆腐，一品之下，果不其然。

这道菜望之如白玉，入口似凝脂，其后味变幻无穷，有时像鸡蛋清，有时又像鱼肉，但那一股山泉的清冽却始终都在。如果在一顿佳肴之后再上清蒸豆腐，更是妙不可言，因为它把前面各种菜式的美味都衬托出来了，真正达到"无味即大味"的境界。

当然，说清蒸豆腐"无味"只是夸张的说法。它虽然清淡，但至少要有点咸味。不过，在烹饪以外的一些领域，则确实存在"无即大"或者"无胜有"的现象。

比如我们常说的"余音绕梁"，其实就是在音乐或歌声已经停止的"无"的状态下产生的审美现象。有一位名叫约翰·凯奇（John Cage）的美国音乐家非常大胆，他创作了一首名叫《4分33秒》的钢琴曲，演出时摆上一台钢琴，演奏者往钢琴前一坐，一个音符也不弹，过了无声的4分33秒，演奏就算结束。他还专门写过一部题为《无声》的论著。也许有人对他的离经叛道不以为然，但我认为，在这无声的4分33秒钟之内，有心的听众在思想高度集中的情况下，尽可以调动记忆中的音乐经验以及潜意识中的音乐素材，无意识地进行即兴创作，并且可以在想象中听出效果。凯奇的这种削弱作曲家作用的做法，和文艺批评领域里的读者接受理论、语言课堂教学中的"学生中心"理论如出一辙，后二者分别淡化了作者和老师的权威。

中国书画也有"飞白"一说，即运干笔作书画，笔毫散开，墨迹中留下丝丝白印。构图上也常常留白。那一片白可以是水、雾、云、气，亦可以是雨、雪、冰、霜。甚至什么别的都不是，只是"空"，于是变化随心，万象皆由"悟"出。

眼下笔者正在装修房子，也考虑是否给一堵白墙做个框框，打上灯光，看看有没有留白的效果。

话又说回来，有无相生，互依互存。没有先上的佳肴，或者以往生活中吃过的美味，光吃清蒸豆腐恐怕会像《水浒传》里李逵常说的那句话一样，"淡出个鸟来"。而生活无着、食不果腹的人见了清蒸豆腐多半会狼吞虎咽，连烫嘴烫喉咙也不管了，哪还有闲情逸致去品味和发议论呢？

# "位"与"势"及足球狂想

英国的道路交通是靠左行的。长期受英国控制的一些地区和国家也按英国的交通规则行事，比如香港和澳大利亚。从前法国人如果开着汽车去英国旅行，连人带车乘渡轮渡过英吉利海峡后，脑子必须反应奇快才能暂时摒弃在法国靠右行的习惯，改为靠左行驶。

车辆靠左行源于行人靠左行。在中世纪，家族之间常有世仇，骑士们又动辄为名誉和女人而决斗，在路上碰了面，一言不合就打将起来，莎士比亚的《罗密欧与朱丽叶》第一幕就有家族之间寻仇的场面。在此之前朱丽叶家的仆人就说过，如果碰见罗密欧家的人，他一定"要靠墙走，决不相让"。梁实秋先生注释云："街中泥泞，行人对面相值，礼让者则令对方靠墙走，自行靠墙走而令对方踏入泥泞则为侮辱。"在这里，梁先生忽略了行人靠左行这一关键。当时最常使用的兵器是佩剑，走在道左方便右手拔剑攻防，在道左走而且靠着墙，其实是占领了一个有利的位置，因为可以不必担心左侧受到攻击。这一习惯被英国人保留了下来，至今人车仍然靠左行。

在古代东方人的日常生活中，也有类似的考虑。泰国文化名人披耶阿努曼拉查东在他所著《泰国的风俗》一书中就提到，泰国古代规定男人睡在女人的右边，万一在睡梦中受到偷袭，也能很快用右手抓起身边的武器进行抵抗。中国过去开武馆的拳师，无论收徒或授艺时都正襟危坐，双手自然放在两膝上方，一方面显得气度恢宏，另一方面也保持了一个蓄势待发的姿势，随时应付要试一试师傅身手的新门徒或来踢场子的仇家。

可见在一个特定空间中，占领某些位置可以造成有利的形势。

相反，有时候人们会通过放弃有利位置来表示谦卑。下跪俯首就是最典型的例子。人与动物的区别之一是人直立行走，这样除了可以腾出双手来劳动之外，还可以眼观六路，耳听八方，判断形势，做出对策。古代行军打仗时，将军骑马，士卒步行，一是让首脑人物节省体力，二是突出指挥者的身份，让士卒清楚号令来自何方，三是让马上的指挥者的视线比直立行走时延伸得更远。当人们连直立姿势都放弃，向对方俯首下跪时，等于任人摆布，其臣服之意再清楚不过了。

在特定空间中，位置的价值与它所造成的形势的有利程度成正比，而且位置的价值并非一成不变。这一点在围棋对弈过程中表现得十分明显。先行一方占领他认为最有价值的位置，后行一方就在盘面上剩下的众多位置里占领他认为相对而言最有价值的位置，如此反复进行。双方都有判断错误的时候，谁的错误少谁就获得胜利。相比之下，中国象棋的棋盘虽然比围棋小得多，但它的规则更接近实战，因为棋子可以移动，亦即双方可以千方百计争夺最有价值的位置。

"位"与"势"的关系又使我联想到中国足球。

中国的足球运动员普遍缺乏对"位"与"势"的认识。我们常常见到运动员在场上要么是不跑，要么是瞎跑，这是因为他们看不出当时哪里是最有价值的位置。为了改变这种状况，我建议把虚拟现实（virtual reality）技术引进足球训练，把足球场划分为若干个区，11

名队员都配备装有传感器的头盔和球鞋，操纵计算机屏幕上代表自己的虚拟运动员去用头或脚触球和跑位，同虚拟的对手对抗（指挥虚拟对手的电脑程序根据实战对手的各种资料编成），教练在旁评论，通过这种方式培养球员的占位意识。如果规则允许，在真正比赛时运动员都戴上耳塞，教练在场外通过对讲机适当指挥，比如命令几号球员跑向几号地区，几号球员传球给他，等等。事实上美式橄榄球的教练和场上队长之间已经建立了这种通讯联络。

当然，虚拟现实中的训练只能培养意识和默契，实战中还需要娴熟的技术、速度和体力。另外，还要解决占领了位置后如何及时得到队友传球的问题。从欧几里得几何的原理来看，两点间直线最短，传球取直线最快捷。但是直线只有一条，容易被对方堵截，所以传球路线不妨弃直取曲，因为曲线变化多端，防不胜防。要做到这样就要加强球的旋转，于是球鞋也要改造，比如鞋底多设圆柱体，鞋面和两侧覆盖粗糙的像乒乓球正贴胶皮一样的覆盖物，以便踢出旋转性能不同的球。

当然，这样改变需要大量经费，不过中国足球与其他运动项目比起来，要钱还是方便得多。

# 厕所风流[①]

世界上有些事物是人们不屑于公开谈论，但有时又因为其十分重要而不得不谈论的。厕所就是其中之一。

1994年加拿大国会就发生过女厕风波。那一年，加拿大选出了53名女国会议员，但是议会大厅的女厕所仅有两个厕位。那还是70年前修建国会大厦时建造的，当时只有一名女议员，国会的女工作人员也很少。多年来，女议员人数不断增加，她们不断抱怨厕所太小，但有关方面不理睬，这些女士们又不好意思大闹，只好忍了。这一回可不一样，53名女议员不管来自何党何派，不管政见分歧多大，联合起来为争取上厕所的权利而斗争。众议院议长柏兰特终于答应解决这一有关"民主"的问题。到了1995年，加拿大国会答允众议院女议员的一致要求，决定在国会大厦增建一些女厕所。如今加拿大有了女总督，如果还要增建女厕所，大概困难会少得多了。

欧美现代人对厕所比较讲究，来中国旅游常常抱怨厕所脏乱差。不过，脏乱差也比没有厕所强。世界上有个十分出名的地方连一个厕所都没有，实在叫人难以忍受，那就是珠穆朗玛峰。人类在20世纪50年代首次征服这座世界最高峰，此后每年都有数以千计的人从事攀登珠峰的活动。登山者无法如厕，只好就地解决，搞得北坡南坡两条基本登山线路粪便狼藉。英国登山协会医学顾问克拉克说："珠峰上没有排污系统，人类的排泄物长期留在山上会引起包括痢疾在内的传染病。"五年前一家英国公司表示愿意在珠峰上修建一座厕所，后来似乎又没了下文。我想这座厕所修在哪一个高度上就很费斟酌。处在这一高度之下的登山者连攀登带去上厕所倒也一举两得，就是苦了那些攀得远比厕所高才内急的人，总不能退回来上厕所吧？所以，光修一座厕所根本不够，要修就得配套成龙，这样一来投入就太大了。不过，这个工作如果做了就能进《吉尼斯世界纪录大全》，广告效果肯定特震撼。

表面看来，中国人似乎对厕所不大讲究，其实讲究起来不得了。现在有些城市不是已经建起"星级厕所"了吗？我到过五个以英语为母语的国家，也没见过这么豪华的厕所。过去，中国平民百姓家里是没有专门厕所的，但豪富之家又不同。《晋书·刘寔传》记载，刘寔去石崇家做客，想上厕所。进去一看，里边有大床、绛纱帐、被褥，有两个丫头手持锦香囊伺候。他还以为误进石崇的内室。《晋书·王敦传》载，石崇家的厕所都为如厕者准备了新衣裳和香料（甲煎粉与沉香汁），上过厕所后可更衣浴香而出。又明顾元庆《云林遗事》云"其溷厕以高楼为之，下设木格，中实鹅毛。凡便下则鹅毛起而覆之，一童子候其旁，辄易去，不闻有秽气也。"《事物掌故丛谈》的编者杨荫深先生认为这简直等于现代的抽水马桶，不过将水改为鹅毛而已。日本文人谷崎润一郎在他的《阴翳礼赞》中描写过类似的中国古代厕所，不过更为风雅，以蛾翼代替鹅毛，便下则蛾翼飘飞，在阳光下闪出虹的光彩。我到目前为止尚未在中国古籍里发现这一记载，不知是否同一事而讹传者，因为飞蛾的

---

[①] 本文原载1999年10月26日《羊城晚报》。

翅膀不是那么容易大量收集的。

谷崎润一郎是个诗人，谈论日本厕所更重文化内涵。他描写日本厕所的特点："我重复地说，这里须得有某种程度的阴暗，彻底的清洁，连蚊子的呻吟声也听得清楚的寂静，都是必然的条件。我很喜欢在这样的厕所里听萧萧地下着的雨声。特别在关东的厕所，靠着地板装有细长的扫出尘土的小窗，所以那从屋檐或树叶上滴下来的雨点，洗了石灯笼的脚，润了踏脚石上的苔，幽幽地沁到土里去的雨声，更能够近身地听到。实在这厕所宜于虫声，宜于鸟声，亦复宜于月夜，要赏识四季随时的物情之最相适的地方，恐怕古来的俳人曾从此处得到过无数的题材吧。这样看来，那么说日本建筑之中最是造得风流的是厕所，也没有什么不可。"他把日本厕所的阴暗同日本民族的历史感联系起来。即使是日常用品，日本人也喜欢被长期抚摸变得黑油油的那些东西，即所谓有"手泽"的。《阴翳礼赞》的主题就在于此。

其实，若论风流，旧时珠江三角洲鱼塘上的厕所并不亚于谷崎润一郎笔下的京都奈良寺院里的厕所——

浸在水里长了青苔的几根木桩，悬空架起十数块木板，留出厕洞，四面围以随意钉成的板壁，有的只有齐胸高。上头是稻草或茅草屋顶，屋檐不加修整，参差不齐，时有飞鸟落在上面叼草去垒窝。厕所与岸边有跳板相连，如厕与上船相仿。这种五面通风的厕所，决不会滞留秽气，倒像是带野趣的水榭。日出时，阳光斜射而入，被板壁的缝隙和洞孔裁成一条条金色的带子，缠得人目眩心迷，飘飘欲仙。风清月白之夜，厕所内外背光的轮廓部分隐约泛出幽幽的蓝色，也有一种神秘感。至于雨叩铜琶，蛙鸣鼙鼓，游鱼逐波，舞叶腾风，低头观水，举目迎云，五谷轮回，精神爽利，则颇有弃浊扬清、凌虚步空、人天合一之意。这种开放式的光明磊落的厕所与谷崎润一郎欣赏的阴暗厕所的情趣就大不相同了。

过去寺庙里的厕所是由专职僧人管理的，《水浒传》里的鲁智深在相国寺里就管过厕所，职务是"净头"。至于人间的厕所，自然由神掌管。但是，在中国，许多神都是人变的，厕神也不例外。传说厕神就是东施姑娘，她虽然貌丑，却做得一手好针线，远近女子都来求教。不幸当她二十岁过元宵节时，掉了一只绣鞋在厕所里，她为捡这只鞋掉在粪坑里淹死了。后世少女想学好女红，都在元宵夜备糖果和一只小鞋，到厕所前拜祭，称她为"东施娘"。至于为什么那只绣鞋对东施那么重要，就留待小说家或电视剧导演去"戏说"了。也许那是她准备送出去的定情信物，她是为情而死。也许那只鞋的绣工特别出神入化，凝聚了她的心血，她是为艺术献身。

说起厕所竟然引出一串故事，有故事就有文化，我相信这一点。1996年6月北京就举办过"城市公厕建设文化展览"，像日本人则把每年的11月10日定为日本厕所日。厕所越来越风流了！

# 1998 诺贝尔文学奖断想[①]

## 一、萨拉马戈的中国缘

西方学者把他们的早期汉学研究称为伊比利亚时期（the Iberian Phase），因为伊比利亚半岛（Iberian Peninsula）上的葡萄牙和西班牙航海者率先把中国著作带回欧洲，藏入图书馆供研究。当时的世界实在太大，文化交流很不容易。如今却大不相同。比如萨拉马戈获得1998年诺贝尔文学奖的消息一公布，正在参加法兰克福书市的深圳海天出版社就马上与萨拉马戈的葡萄牙出版商卡米诺公司（the Caminho Publishing House）接洽，商讨萨拉马戈的全部作品的中文版权转让事宜。

其实，早在1996年，萨拉马戈的小说《修道院纪事》已经由范维信译成汉语在大陆的花山出版社出版。促成此事的是澳门文化司署。同年，大陆的《世界文学》杂志第四期以萨拉马戈的大幅照片做封面，刊出萨拉马戈专辑。1997年3月，萨氏亲赴北京，参加《修道院纪事》汉译本的首发式。

看来，大陆的外国文学界（《世界文学》由中国社会科学院外国文学研究所编辑出版）和澳门的文化官员都有相当敏锐的文学鉴赏力。相比之下，葡萄牙次国务卿苏萨·拉勒（Sousa Lara, Under-Secretary of State of Portugal）就稍逊一筹。1991年他不让萨拉马戈的小说《耶稣基督眼中的福音书》（The Gospel According to Jesus Christ）参加欧洲联盟文学大奖赛，后来受到国际舆论压力才重新把萨拉马戈列入候选人名单。

如果深圳海天出版社或者中国其他出版社能买下萨拉马戈全部著作的汉语版权，那么萨拉马戈笔下的伊比利亚半岛这只"石筏"就会和中国大地相遇，这一回可是把人家的书籍请进来了。

## 二、不存在一体化的世界文学

眼下世界上刮着两股风——全球化（globalization）和民族化（nationalization）。西欧的联合趋势和东欧的分化就是两种典型。正当人们纷纷议论全球化是否等于美国化（Americanization）、因特网（Internet）的出现是否会使小语种消亡而英语一枝独秀的时候，诺贝尔文学奖委员会（即瑞典学术院）以其评奖结果把英语占主导地位的出版界的视野开拓得更广阔，让他们看到那更广阔的天地里也有不用英语创作的天才。而读者通过了解这些天才进而了解他们的文化身份，经过这样不断地进行文化对话，人们的全球意识（global understanding）就逐渐培养出来了。对于这一点，诺贝尔文学奖委员会是直认不讳的。早在

---

[①] 原载《纯文学》（香港）复刊第6期，1998年10月。

1980年12月28日,《华盛顿邮报》刊登了记者采访诺贝尔文学奖委员会委员伦德克威斯特的报道,记者彼德·列农说:"有人批评你们的委员会口头上声称只评价艺术价值,实际上却考虑了'地理因素'。今年把诺贝尔奖授予一个西方人,明年给一个东方人;今年给一个欧洲人,明年给一个南美人。"伦德克威斯特坦然回答:"我们当然是试图把获奖者的面铺得广一些。"虽然自诺贝尔文学奖设立以来,头四十五年内不是欧洲和美国的获奖者仅有两人,但后来评奖委员会确实有意识地考虑多元文化(主要是语言)的背景。

大陆有学者认为将来会有"一体化的世界文学"。这实在只是一种空想。持此论者认为,"人类的审美群体的不断分化和重新组合,将以审美个体化在世界范围内的实现为其终结","人类未来的世界文学,则也唯有以审美个体化的人为基本单元,才可以完成其一体化结构"。① 换言之,民族作为审美群体将要消亡,未来的审美活动都是个体化的,世界文学就建筑在审美个体化的基础上。然而,任何审美活动难道不是社会性的活动吗?即使一个人独处一室,面对着一部文学作品去进行审美活动,他也是一个社会的人,"在他身上具有不同程度和性质的社会关系与历史文化遗传的影响"。② 何况作为审美客体的文学作品也是社会性的存在,如果作家不创作出作品,何来审美客体?社会性在某种意义上就是群体性。很难想象在世界文学时代人类竟然分裂成一个个自我封闭、互不认同的审美个体,而在此之前整个人类文学的大趋势却是交流。

其实,应该把世界文学看作是一种格局,而不是一个实体。离开了组成这个格局的互相联系、互相影响的民族文学(也许在某个时期是地域性文学),就无世界文学可言。人们常常引用的马克思那段关于世界文学的话正是从"关系"的角度去阐明世界文学的特点的。他说:"资产阶级,由于开拓了世界市场,使一切国家的生产和消费都成为世界性的了……过去那种地方的和民族的自给自足和闭关自守状态,被各民族的各方面的互相往来和各方面的互相依赖所代替了。物质的生产是如此,精神的生产也是如此。各民族的精神产品成了公共的财产。民族的片面性和局限性日益成为不可能,于是由许多民族的和地方的文学形成了一种世界的文学。"③ 这里说的是"互相往来"和"互相依赖",显然是指一种关系。其实他根本没有提倡抹杀民族文学特点的世界文学,他明明说"各民族的精神产品成了公共的财产"。产品还是各民族的,不过其他民族也可以享用罢了。

由此可推知,全球化也只是一种格局,不过由于世界变得太小,不同国家和民族之间的关系特别密切,牵一发而动全球。近期的金融风暴即是明证。

## 三、变则通

《大英百科全书》(98光碟版)关于诺贝尔文学奖的词条说:"(诺贝尔的)遗嘱中模棱两可的'理想主义倾向(idealistic tendency)'一语,作为文学奖的资格条件,起初是被严格理解的。但是后来就逐渐灵活了,这从获奖者的名单可以看出来。"

的确,诺贝尔文学奖委员会的观念在变。

首先,自第二次世界大战之后,欧美文化人普遍认为世界已经分崩离析,所以有艾略特

---

① 曾小逸:《论世界文学时代》,载《走向世界文学》,湖南人民出版社1985年版,第68—69页。
② 朱光潜:《"见物不见人"的美学》,《朱光潜美学文集》第3卷第116页。
③ 马克思、恩格斯:《共产党宣言》,《马克思恩格斯选集》第1卷,人民出版社1972年版,第254—255页。

(T. S. Eliot)的名作长诗《荒原》(The Waste Land)问世。原先定下的"理想主义倾向"的标准所包含的乐观向上的精神恐怕难以觅得。于是只好"逐渐灵活"了。

其次,自20世纪以来,西方文艺批评理论逐渐摆脱了对文学作品的依赖,成为独立的学科。从俄国形式主义(Russian Formalism)到"解构"(deconstruction),每个流派都有标新立异的地方,距传统越来越远。文学的创作和接受亦受其影响。试看1997年得奖的达里奥·福(Dario Fo),他的作品几乎都是通俗的政治讽刺闹剧,许多还是独角戏,多用方言俚语及谐音双关语。按以往的标准,恐怕不能归入"纯文学"之列。1998年诺贝尔奖的得主萨拉马戈,也时常写大段大段文字而不用标点符号。可是诺贝尔文学奖还是授予了他们。

我们说诺贝尔文学奖委员会的观念在变,系指整体而言。至于委员个人,仍有持不同意见的。委员会其实就是瑞典学术院,由18人组成。年龄最大的90岁(Torgny Segerstedt),最小的45岁(Katarina Frostenson)。还有50岁的Horace Engdahl,是个后结构主义(Post-Structuralist)批评家。这种组成情况注定会有许多意见分歧。据英国《泰晤士报》报道,已经75岁的委员Knut Ahnlund和50岁的Horace Engdahl很可能连1998年评奖的最后辩论都没有参加。以"天才加品位"(Talent and Taste)为座右铭的诺贝尔文学奖委员会委员往往太强调自己的品位。

## 四、诺贝尔网络文学奖

1998年诺贝尔文学奖揭晓之后,大陆报刊的有关报道几乎都是从网络上摘录下来的,似乎只有北京外国语大学外国文学研究所孙成敖研究员所写的文章才是原汁原味,因为他是萨拉马戈研究专家,早在1996年就在"中国首届葡萄牙文学研讨会"上选读过题为《若泽·萨拉马戈创作之路初探》的论文。

发达的信息高速公路最终使人人都可以成为作家(writer),按老舍的说法其实是"写家"。在网络上发表作品只要敲几个键就行了,不必唯出版社和编辑马首是瞻。不少"网虫"认为发在网络上的文本和图本不应该有著作权,那是信息,发出信息就是为了让别人分享。因此他们新造了"反版权(copyleft)"这个词,与"版权(copyright)"针锋相对。

也许将来有一天,关心诺贝尔文学奖的人个个都不必倚赖有纸的读物而直接从网络获得信息。到了那个时代,瑞典银行说不定会增加一项诺贝尔网络文学奖呢。

# 上帝的推销员——格雷厄·格林[①]

英国作家格雷厄·格林（Graham Greene，1904—1991）一生出版了24部小说、4部短篇小说集、4部游记、6部小品文和论文集、8个剧本、3本自传、4部儿童读物和两部传记，算得上一位多产作家，其成名作是《东方快车》（*The Stamboul Train*）。

格林22岁皈依罗马天主教，在他心目中，宗教是小说的重要题材。在1969年出版的《论文集》里，他说："自从詹姆斯去世之后，英国小说的宗教意识就消失了。随着宗教意识的消失，对人类行为的重要性的认识也消失了。三维的小说世界仿佛缺少了一维。"这是他在英国文坛浸淫40多年后的一番感慨。其实，在他的创作生涯中，格林时刻不忘呼唤宗教意识。他在1959年10月29日《时代》周刊上发表的一篇文章中说："我曾经为一个下地狱的人写了一本小说——《布莱顿硬糖》（*Brighton Rock*），又为一个上天堂的人写了另一本——《权力与荣耀》（*The Power and the Glory*）。现在我又写了一本关于在炼狱里涤罪的人的书。"这就是《问题的核心》（*The Heart of the Matter*）。

《布莱顿硬糖》里那个"下地狱的人"是17岁的黑社会团伙成员平基·布朗（Pinkie Brown）。他所在的团伙首领遭暗算之后，平基自以为是接班人。为了立威，他要为已故的首领报仇。经过多方打探，认定记者黑尔是告密者。于是平基一伙用当地出产的一种黏性很强的布莱顿硬糖塞进黑尔的喉咙，造成他意外窒息而死的假象。为了封住这一谋杀案的唯一证人罗丝（Rose）的嘴，平基娶了罗丝为妻。可是，黑尔早就预见到危险，在死前已经布下一颗棋子，就是他刚刚结识的来布莱顿度假的艾达，希望她在自己万一被谋杀之后为他缉凶。艾达果然穷追不舍，加上团伙窝里斗，团伙之间明着斗，平基受到的压力越来越大，终于想出布下夫妻双双自杀的疑阵来除掉唯一的证人罗丝。没想到弄巧反拙，平基自己从悬崖上摔下去送了命。平基和罗丝都是天主教徒，都相信有地狱和魔鬼。平基死后，罗丝认为他已经下了地狱受折磨。

《权力与荣耀》里"上天堂的人"是一个神父。小说描写这位神父在墨西哥的宗教迫害狂潮中坚持秘密活动。而一位狂热的警官决心把神父捉拿归案，因为他认为宗教的影响比从美国派来的武装匪徒更坏。神父本来可以转移到安全的地方，但为了履行职责，留在危险区，最后因为被人出卖，被警官捉住，经审判处死。但是，就在神父被处死的那天晚上，另一位神父开始了秘密宗教活动。而警官的思想也受到触动，开始思考拯救自己灵魂的问题。该书的情节与耶稣传教被犹大出卖终于殉道的故事十分相似。

《问题的核心》描写由于仕途不得意导致家庭生活出问题的警察局长斯科比（Scobie）被一位寡妇引诱与之通奸，给情妇写的情书又落入债主之手。为了赎回情书，斯科比被迫替债主走私钻石。斯科比与妻子毫无感情可言，但他是天主教徒，不能离婚。在巨大的精神压力下，他选择了自杀来解脱。

格林把自己的作品分为"消遣书"（entertainment）和"小说"（novel）两大类，但在

---

[①] 原载《纯文学》（香港）复刊第17期，1999年9月。

我看来二者之间没有明显分野。从上面介绍的三部小说可以看出，格林的宗教题材小说内容虽然严肃，但情节曲折，引人入胜。据统计，有 40 部不同语言版本的电影改编自格林的作品。如果不是他的作品娱乐性特别强，这种情况是不可能出现的。他的不少作品的标题都体现了这一点，比如《我们可以借用您的丈夫吗？》《日内瓦的费舍博士或炸弹聚会》《罗切斯特爵士的猴子》等等，都十分标新立异。他以读者喜闻乐见的形式向读者灌输宗教观念、宗教道德，寓教于乐，做到雅俗共赏，所以我称他为"上帝的推销员"（God's salesman）。

此外，格林笔下的天主教徒不是概念化、脸谱化的人物。他们都有七情六欲，更非十全十美。比如《权力与荣耀》里为宗教献身的"上天堂"的神父，本身却是个酒鬼，还有私生子；《问题的核心》里的斯科比服用过量药物自杀，犯下了天主教教义认为最深重的罪孽。格林这样处理斯科比的结局甚至引起评论界的非议。《布莱顿硬糖》中的神父有一番话很能代表格林的观点。他说："天主教徒比其他人更容易犯罪，这很可能是因为我们相信上帝，我们就有更多接触魔鬼的机会。"然而，恰恰是这些平平凡凡的天主教徒拉近了读者与宗教的距离，这也是我称格林为"上帝的推销员"的又一理由。

格林的宗教观与 1952 年诺贝尔文学奖获得者法国小说家弗朗索瓦·莫里亚克（Francois Mauriac, 1885—1970）十分相似。格林是个讲故事的高手，这与约翰·勃坎（John Buchan, 1895—1940）的影响分不开，后者是有名的《第三十九级台阶》的作者。格林对人生经历的不遗余力的挖掘以及对异邦情调的兴趣，使我们想起毛姆（William Somerset Maugham, 1874—1965）。格林对勃朗宁的这几行诗特别欣赏：

> 我们对那些危险的边缘事物感兴趣。
> 诚实的小偷、温柔的杀人凶手
> 迷信的无神论交际花……
> (Our interest's on the dangerous edge of things.
> The honest thief, the tender murderer
> The superstitious atheist demirep…)

他塑造人物的高明之处就是挖掘人物复杂的，而且往往是矛盾的性格，写出了 20 世纪中叶人们特别强烈的感情——负罪感、浮躁、使用暴力的冲动和对暴力的恐惧，以及怜悯，包括自我怜悯。

格林是一位杰出的现实主义作家。据传 1972 年诺贝尔文学奖本打算授予格林，没想到半路杀出个索尔仁尼琴，出于政治上的考虑，瑞典学术院把那一年的诺贝尔文学奖给了索尔仁尼琴。这实在是很不公平的事情。

格林于 1991 年去世，但他最后一部作品于 1994 年才出版，书名叫《我自己的世界：梦日记》(A World of My Own: A Dream Diary)。那是从格林保存的跨度 24 年的 800 页日记、笔记中挑选出来的有关他的生活和旅行的半是虚构半是自传性的文字。有评论家认为这是格林生前尝试的新新闻写作，与传统的新闻写作不同，它既有纪实，也有虚构。格林大学毕业后就在《泰晤士报》(The Times) 编辑部工作，1935 年起为《旁观者》(The Spectator) 周刊写电影评论，1940 年升为文学编辑。以他对新闻报道的了解，加上他那避熟求变的风格，做这种尝试完全有可能。他在生命结束之后仍然以不倦的探索精神鼓舞后来者。

要论及 20 世纪中叶以来的英国小说，格林的确是开卷第一人。

# 变化中的语言

世间万事万物都在变化，语言也不例外。

任何一门语言都包括语音、语法、词汇三大组成部分，即使是没有文字的语言也不例外。

与语音和语法相比，词汇变化的速度更快。

试想想，每出现一件新事物，就得有新的名词术语来表示，比如"雷达""激光""解构""伊妹儿"等。

其次，老词也会有新义。例如"羹"这个词，在现代汉语中意为蒸煮成的糊状食物。可是《史记》写楚汉相争，项羽威胁说要把刘邦的父亲煮熟吃掉，但刘邦不怕，还说如果要煮，就"分我一杯羹"。这里的"羹"却不是糊状食物，而是带汤汁的烧肉块。60 年代初许国璋《英语》教材第一册有一篇关于大学生活的课文，其中有一句"We are happy and gay"，那时候的"gay"是"愉快"的意思，而今天的"gay"则有"男同性恋"的意思了。

再者，一个词在用法，比如搭配方面，也会起变化，比如汉语"打"这个动词，以往都没有"乘坐"的意思，但如今"打"字和"车"或"的"搭配，成为词组"打车""打的"，这时候"打"字就有了新的"乘坐"的意思了。

语言变化的起因有两大方面：（1）人使用语言时的一些习惯原则；（2）不同语言之间的互动。

人在使用语言时会遵循一些原则，比如省力原则就是很重要的一条。咱们汉语拼音里没有相当于英语中的/v/这个辅音的声母，只有相当于/w/的撮口的声母，所以把英语人名 Davis 翻译成汉语时只好译成"戴维斯"，以/w/代替/v/。但是，根据在美国的语言学家王士元的调查统计，北京人早已有用/v/取代/w/的趋势了。原因无他，只因为发/v/的音比发/w/的音省力，不必先用劲把双唇伸出聚成圆形。语法变化中的省力主要体现在节省注意力上。例如英语"You are older than me"，这里用"me"在 60 年代算是错的，应该用主格人称代词"I"。今天大家却可以用"me"了，因为按常规的句子结构，这个位置是宾语的，所以用"me"这个宾格人称代词可以少费思量。词汇变化的省力则主要体现在简约化，例如跳迪士高在汉语简称"蹦迪"。

另一条很重要的原则是礼貌原则，即使用语言进行交际时要顾及对方的面子及承受能力。所以明明是指偷东西，在超市里会有委婉的新说法，就是"高买"。

现在谈谈不同语言之间的互动。这种互动方式可以是和平的，也可以是暴力的。

和平方式的互动包括翻译、旅行、通婚、通商、移民、外交以及其他温和的文化交流，在此过程中一门语言受到另一门语言的影响。汉语中的许多新词就是从日语译名借来的。毛泽东提出的"纸老虎"（paper tiger）现在已被收入英语辞典。英语中的一些有关中国烹饪的词语如"wok"（镬）、"chow mien"（炒面）以及其他与中国文化有关的"yin yang"（阴阳）、"kung fu"（功夫）等词语也是通过这种方式引入的。另外，方言逐渐进入官方语言，比如广州方言的"炒鱿鱼""的士"等词语已经被收入《现代汉语词典》，正式成为普通话用语。

暴力方式的互动包括异族入侵以及其他强制性的文化交流。在这方面英语有很典型的例子。公元43年起，古罗马皇帝Claudius带兵占领了英国中部和东南部，这一军事占领长达300多年。今天英国城镇中凡是用"chester"结尾的都是在当年罗马占领军的营地或营地废墟上建立起来的，因为罗马人使用的古拉丁语中"castra"是"军营"或"营地"的意思。后来英国东北部又曾被丹麦海盗占领，于是凡是名称以"-by"结尾的村镇都是丹麦人占领过的地方，因为"-by"在丹麦语中意为"村镇"。更有趣的一种现象是英语中一些家畜的名称和它们的肉的名称是不一致的，例如：猪叫作"pig"或"swine"，猪肉则叫作"pork"；羊叫作"sheep"或"goat"，而羊肉却叫作"mutton"。原因是英国曾被诺曼人入侵并占领，英国老百姓要伺候诺曼贵族，为他们养猪放羊，于是猪、羊的名称是地道的英语，而享受猪肉羊肉的诺曼贵族则用他们的本族语去称呼这些食物，于是出现了这种现象。这在英国小说《撒克逊劫后英雄传》里有描述。

语言的变化会像流行服饰一样成为社会上某一部分人追逐的时尚。

语言尽管没有阶级性，但可以有阶级习惯语，用语言学的术语更准确地描述应该叫"社会方言"（social dialect）。当下网络上流行的很多新奇的用语其实就是"网民"这一社会群体的"社会方言"。它也给语言带来了变化。

我花了如此多的口舌来阐述语言的变化，无非是想表达一种观点：语言有变化是正常的，变化中的语言才是有生命力的、鲜活的语言。没有必要把这些变化上升到意识形态的高度，以至于要保卫它的纯洁。

其实，语言的变化除了产生新的语言现象之外，也包括对多数语言使用者认为不合理的一些成分的自然淘汰。武则天自制的十九字，到如今不是只剩下一个"曌"字，因为是她的大名才得以收入词典吗？明朝就有的"淡巴孤"（tobacco）、五四时期流行的"德谟克拉西"（democracy）到如今不是已经不再通用了吗？

当然，假如有人利用语言政策来企图强行改变另一部分人的文化身份，就像法国作家都德所写的短篇小说《最后一课》所描写的那样，那就不能掉以轻心了。宽容是有底线的。

# 吃树皮

做人要好东西能吃，不好东西也能吃才行。而且往往不好的东西是非吃不可的，比如灾荒的日子里吃树皮。

我就吃过树皮，但不是在万恶的旧社会，而是在1969年。新社会里也会在某时某地不得不吃树皮的呢！

1968年12月，我这个煤矿职工子弟学校的老师带了一帮知识青年下乡接受贫下中农再教育，到了河南省济源县轵城公社周楼大队，组成一个独立的青年生产队，扎根农村。

周楼村位于王屋山下的丘陵地带，村名曰"楼"，地势高，缺水，就连地下水最浅也有12丈深。用12丈钢丝绳缠在辘轳上，才能从井里绞起一桶水。（这使我至今仍然保持着节约用水的习惯，因为当年每一碗水都是用珍贵的体力换回来的。）土地是贫瘠的，仅有6至8寸深的活土层，下面就是白色的碳酸钙沉淀物，一团团扭结在一起，形如长在地下的姜，但坚硬无比，一镢头刨下去只能刨出一道白印。

土地不好加上缺水，收成自然不好，小麦亩产能有110斤就谢天谢地了。而在富庶的平原，小麦亩产都达到900～1000斤。尽管粮食打得不多，公粮还得照交。河南省"大跃进"时期饿死人就是因为搞浮夸，虚报产量，于是全部粮食交了公粮，老百姓没吃的，就饿死了。我们青年队不浮夸，但在1969年夏天交完规定的公粮数额之后，剩下的口粮也不多了。幸好政府返销一些像红薯干一类的粗粮中的粗粮给我们，解决了一部分困难。但是，全队36名小伙子大姑娘，每天大强度劳动，粮食缺口仍然很大。村里的老农就来支招了：当年闹灾荒，榆树皮可以救命。

我原先以为吃树皮就是把树皮剥下来煮熟，然后硬嚼，其实不然。先要把外层厚厚的黑黑的老皮剥下，取里边白色的嫩皮，刮下后晒干，磨成树皮面，然后捏成窝窝头蒸熟了才吃。

除了榆树皮面，还吃过柿皮面。晒柿饼之前要把柿子皮镟下来，柿皮也拿来晒干磨成面当粮食。这些东西其实没营养，吃了只不过消除一点饥饿感罢了。口感稍为好点的是槐花、榆钱。后两种现在倒成了餐厅里的稀罕物事了。还有饥荒年间让人吃了肚子胀而且结恭的挺出名的观音土，现在在炒锅里加热了用来烘烤像花生般大小的发面团，这种食物叫土馍。2002年国庆假期我回济源探望当年进驻我们青年队的老贫农，在市政府招待所里就吃到它，上面还沾着细腻如滑石粉的观音土，略微拍打就连土也吃了。观音土现在也用来制作地方风味浓郁的专门待客的食品了！

物换星移，价值观会变，美食观会变，我的记忆不会变！

# 爱尔兰人和酒

爱尔兰有个古老的习俗——在婴儿时就开始喝酒。小孩子做噩梦，或者胃痛，大人就会给他几滴掺水的威士忌。美国剧作家尤金·奥尼尔（Eugene O'Neill）出生在爱尔兰家庭，他就是这样开始习惯喝酒的。

在他的名剧《长日入夜行》（*Long Day's Journey into Night*）里对酒有很多描写。一瓶威士忌在房间中心，是最重要的道具。如果不喝，他们就谈论它。酒进入了他们的性格。比如要表现父亲的吝啬，就让他把酒锁起来，用鹰般的目光盯着瓶中还剩多少。根据同样的标志，儿子们的反抗程度就取决于他们能偷出多少酒。有文化人类学家认为，"偷酒喝"（sneaking a drink）对爱尔兰人比对其他文化群体有更深刻的意义。英语中有与这种独特的爱尔兰习俗相关联的专门词语："给威士忌掺水"（watering the whiskey），就是往瓶中加水直到"偷酒喝"以前的高度。在有的爱尔兰家庭中，整箱威士忌慢慢地变成了淡棕色的液体，而实际上箱子里没有一瓶酒是就餐时喝过的。这种单独的偷偷迅速大口吞饮威士忌的行为是整个民族的习俗。"当你情绪不好或感冒时，喝一两滴酒没害处，"《长日入夜行》中的女仆说。剧中的父亲（其实也就是奥尼尔的父亲，因为这是一出自传体的戏）也同意这种观点。他说："我发现好威士忌就是最好的补品。"他把嗜酒称为"好人的弱点"。

根据爱尔兰学者的观点，爱尔兰人对待性行为像清教徒一样拘谨，可他们对醉酒却很宽容，这与清教徒大不相同。实际上二者是互相联系的——酒精是性的代替物。年轻人爱情失意时，别人就建议他喝酒解愁。人们还认为，滴酒不沾的人有性侵犯倾向，是徘徊于街道上伺机骚扰女孩子的人。（中国人的观点正相反，所谓"酒后乱性"，喝多了酒才容易性侵犯呢！）

此外，喝酒也和社交紧密联系。在一起喝酒是男人之间团结平等的表现。在爱尔兰，拒绝喝男人递过来的酒是对对方极大的侮辱，除非有极充足的理由或者在婉拒的同时道歉并且被对方接受。所以奥尼尔成功戒酒后就基本上断绝了与外界的联系。

爱尔兰妇女对男人喝酒也很宽容。《长日入夜行》中的母亲认为酒精是一种"健康的刺激物"。在爱尔兰，喝醉的人自己快乐，别人看着他们也快乐。人们小心地照顾喝醉的人，甚至当母亲提到喝醉了的儿子时，会说"可怜的孩子"，而且带着同情、爱和怜悯，奥尼尔的第二任妻子曾向一个朋友透露过她之所以爱上奥尼尔并嫁给他，就是因为他总是醉，需要她来照顾。看来弱者——哪怕是短暂的弱者——确实容易得到同情。

# 会调情的蚊子

　　世间所有的昆虫当中，和人接触最频繁又最密切的当数蚊子了。这不，天气乍寒还暖，呼啦一下子不知道从哪里冒出来许多蚊子。这群淘气的小精灵闹得我看不成书打不成字。干脆，啥也不干了，静静地坐着，眼观鼻鼻观口口观心，来个老僧入定，试着融入蚊子的世界……

　　人感觉到蚊子的存在，首先是靠听声。有些嗡一声飞过去又嗡一声飞回来的蚊子，是在挑选亲近的对象。根据科学家的研究，蚊子通过分辨人呼出的二氧化碳、散发出的汗味和皮肤湿润程度来选择叮咬的目标。我认为总是盘旋落不下来的蚊子不是标准过高就是太花心，于是一直找不到归宿。那些不离你耳边总在哼哼的蚊子，活像发廊妹，边给你洗头边没话找话说，拉近乎，不时还来俩黄段子，反正是生着法儿讨好客人，稍为把持不住的，就洗完头还洗脸，洗完脸还按摩，说不定还会买下推销过来的洗发水和洗面奶。不知不觉中，血就被吸走了。

　　蚊子叮人还讲究情趣。往往不会直接落在人裸露的部位。要叮脸就先在头发上蹭来蹭去，要叮手就先在衣袖上停一会儿。即使后来落在脸上手上了，也会来几个蜻蜓点水，几番起落，几番合分，像跳探戈一样，但最后还是下了狠手（口）。至于那些翅膀震动频率特高、发出嗲声嗲气的嘤咛声的蚊子，则撒着娇儿死缠烂打，像要奶吃的婴儿，闷着头一个劲儿往妈妈的怀里拱。当然，它们要喝的不是奶而是血。

　　据说吸血的都是母蚊子，为了获得足够的营养繁殖后代，才出来干这肮脏的勾当。有时我会被这种伟大的母爱所感动，就让一两只蚊子叮上一口。这一两只蚊子似乎也通人性，给它们叮过之后竟然不痛也不痒，肯定是没有分泌太多毒素，口下留了情。

　　蒲松龄写《聊斋》谈鬼论狐，怎么就不写几个蚊子精的故事呢？要是身边这一大群蚊子真成了精，你一言她一语，你一拉她一扯，那真是最难消受美人恩了……

　　忽然一激灵，醒了！

# 声之囚牢

几天前往手机里装了两个 G 的扩展卡,接着下载了许多音乐,还有 600 多兆的英国史讲座。每天出门就拿手机当 MP3 来听。

因为加入了耳机一族,所以走在路上特别注意同类项。我逐渐发现,戴着耳机边走边听音乐或外语录音的人大都面无表情,眼神呆滞,只有在过马路时才会左右溜几眼。有些人则痴痴地、僵硬地微笑着,步子的节奏明显看得出是受音乐的指挥。他们的灵魂已经受到某种声音的控制。仔细反思自己,也差不多是这种德行。不同的是本人因为刚刚入行,着迷不深,更关键的是我不会把音量放得很大,所以还能保持灵台一点清明,冷静地思考——

声音——特别是高分贝的声音——也是一堵墙,可以把人与外界隔开。我们挑选音频材料来下载,等于亲手为自己修筑声音的囚牢。当然,时髦一点的说法是营造"个性化的空间"。不过,许多所谓"个性化"的事情其实是甘愿作茧自缚罢了。

话又说回来,人不就是生活在大大小小的各种囚牢之中的么?家庭、社会、官场、学界,连语言也被詹明信(Fredric Jameson)看成是囚牢。只要是有规范约束的,在某种意义上都是囚牢。采菊东篱下的陶渊明、梅妻鹤子的林和靖,自以为脱出了世俗的牢笼,却像鱼被人从鱼缸倒入了鱼池一样,浑不自知地进入了一个更大的囚牢,那就是天地的囚牢。

天哪,到处是囚牢!我们的自由斗士于是悲愤地仰天呼喊:自由啊,你在哪里?咱们的先贤孔子回应:"从心所欲不逾矩。"庄周在《逍遥游》中说:"乘天地之正而御六气之辩,以游无穷。"陶潜似乎有所悟,他说:"心远地自偏。"原来,不把囚牢当囚牢,囚牢就不是囚牢。假如能做到在大大小小各种各样的囚牢中自如地穿行,那种感觉就是自由了。

这是阿 Q 精神,抑或是大智慧?

# 亦师亦友

今年第 2 期《中国研究生》杂志刊登了一位硕士生写的关于如何与导师沟通的文章。这位同学说，首要的步骤是要让导师记住自己的名字。这真是对中国研究生培养工作的莫大讽刺！

在扩招之前，记不住学生名字的导师不是年事已高就是健康不佳。中山大学中文系的商承祚先生晚年就是这样，他的研究生每次见他都要自我介绍。除此之外，导师绝对不会记不住自己的研究生的名字。

即使扩招了，研究生人数增加了，只要导师能多和研究生接触，也一定能记住他们的名字。那为什么会出现导师记不住研究生名字的现象呢？答案只有一个：这些导师压根儿就没把自己的研究生放在心上。

我指导过的一位硕士生的丈夫在北京某著名工科大学读博士，一年能见到导师一次就谢天谢地了。在他攻读博士的第三年春节，他给人在美国的导师发去一封贺年电子邮件，之后收到导师简单得不能再简单的回复。就这样他也非常高兴，因为那是他第一次收到导师的电子邮件。可怜这位博士生还替导师带着三名硕士生呢！难怪他羡慕他的妻子我的研究生了。我不但能记住她的名字，而且直到她跟丈夫去了北京之后，我每年去北京开会都会尽可能和小两口见见面。实在太忙无法安排也会通通电话。

现在的研究生习惯把导师叫作"老板"，这明摆着是雇佣关系，突出的是纯经济利益。而咱们中国人过去的徒弟称老师为"师父"，彰显的却是伦理关系。如果不是糊涂了，哪有父母记不住子女的名字的呢？

不过得先声明，我并不愿意研究生称我为父，我把自己和学生（不仅是研究生）的关系定位为"亦师亦友"，这总比"老板"和"打工仔"的关系更多点人情味。

# 中译英还是汉译英？

放假了！连着看了两场第 12 届 CCTV 青年歌手大奖赛决赛，发现对歌手进行综合知识测试时，一些兄弟民族的歌手，特别是"原生态唱法"的歌手，面对问题一脸茫然和尴尬。有一位藏族女歌手抽到的问题是兵马俑来自哪个朝代，现在哪个省。她连汉语题目都听不懂，靠评委韩红和宗庸卓玛临时充当翻译才勉强明白意思，失败是注定的了。

假如是这些兄弟民族歌手运气不好，抽签没抽到他们比较熟悉的关于本民族文化的问题，那也只好认命。现在的问题是全套题目中根本没有少数民族文化的内容，偶尔在关于音乐知识那部分题目中会涉及个别以少数民族音乐素材加工出来的作品，如民乐合奏《瑶族舞曲》等，但所占比例极少。这就反映出设问者的汉民族文化中心倾向。比赛现场没有配备相关的翻译，表面看是一种疏忽，实质上是大会组织者心目中认为少数民族歌手都应该懂汉语。当余秋雨评委用启蒙的口吻向少数民族歌手大谈秦朝是个十分重要的朝代时，这种汉民族文化中心倾向发展到了极致。

我是汉族人，原先也把汉文化与中华文化画等号。可是有一件事使我清醒了。那是读博士的时候，隔壁房间住的是新中国第一位藏族博士生格勒。学校有关部门要一位留在人类学系教书的英语硕士和我帮助格勒提高英语水平。辅导他做翻译的时候，我起初总是说"现在做中译英练习""现在做英译中练习"。格勒总会纠正我。他说："是汉译英、英译汉。"我明白这位藏族兄弟的意思，逐渐也改了过来。

民族是一个十分重要的文化身份。我们在保持自己的汉民族文化身份的同时，不能抹杀别人的少数民族文化身份。

其实，在以往的同类比赛中，比如 CCTV 舞蹈大赛，也存在同样的汉民族文化中心倾向。中央电视台作为主流媒体，应当反省。

(2006 年 10 月 3 日博文)

# 茶与禅

日前和老蒲在湖南师大和中南大学讲学。湖师大外语学院有一女硕士生是茶艺迷,自己起名曰"茶茶",找了一些同道,为我们表演茶艺。我的感觉是她把沏茶的程序舞蹈化了,当然主要是手部的舞蹈。另一位表演者也是如此。

茶艺作为表演项目,甚至举行比赛,都无可厚非。但把茶艺与禅扯到一起,我就觉得有点牵强了。

何谓"艺"?技艺也。英文就是"art",来自古希腊语,工匠又称"artisan"。技艺是"器",不是"道"。日本人不叫"茶艺"叫"茶道",在命名上夺得了先机,但实质却与中国茶艺大同小异,都与禅的核心思想大相径庭。日本茶道强调仪式,流于僵化,与禅宗的"见性成佛"抵触。中国的茶艺纷繁复杂,与禅宗的崇尚简约率直相矛盾。表演前的焚香净手,加上沏茶时每一举手之前都要做的所谓"手印"的动作,堪称繁文缛节。经过这样漫长的过程之后送上来的茶汤已是温吞水(lukewarm),令品尝者大失所望。如此舍茶逐艺,无异于舍本逐末。若夫一味以面目姣好之妙龄女子表演茶艺,则难免有吸引眼球之嫌而导致买椟还珠之愚。

然则茶与禅是否必成陌路?非也。设若饮茶之时,汤不拘浓淡,器不拘粗细;叶毋论贵贱,水毋论清浊;或与文人墨客品于林泉,或与引车卖浆饮于陋巷;时而论隽辞华章得精神清爽,偶尔说俚语村言亦豪气干云。一言以蔽之,去繁就简,全不著相,雅俗存乎一心,兴致关乎一意,则茶禅一味矣。

(2006 年 10 月 3 日博文)

# 享受赤脚

我从小学到初中，只要不是冬天，基本上是打赤脚上学的。这在我那篇题为《家贫好读书》的博客文章中有提及。当时已经锻炼到夏天中午走在晒得发软的柏油路上都不觉得烫脚。除了脚心之外，整块脚板成了厚厚的老茧，一两毫米的玻璃碴根本扎不到肉。那时候的赤脚，是家贫所至。

即使到了大学，常常也还打赤脚。"文革"前中山大学校园里经常会看见打赤脚的老师和学生。这时候的赤脚，是表示和劳动人民打成一片。（珠江三角洲的农民因为在水田里劳作，所以习惯了赤脚。）

直到大学毕业后带知识青年上山下乡到了王屋山下，才发现原来不是所有劳动人民都习惯赤脚的。我那时候还不会骑自行车，每次去济源县城开知青带队干部会议都是步行。一天之内来回走60里路，中间带开一个会，练出了神行太保的功夫。（到如今和太太散步老是落埋怨，说我像赶路似的，其实我觉得就是漫步而已。）走得性起，干脆脱了鞋袜，大步向前，也不觉得土坷垃小石子硌脚。后来我发现，一路上只要走进村庄，人们都用异样的目光看我。终于有一天，俺们村的老贫农告诉我，犁地耙地时为了节省鞋子，可以打赤脚，但收工回家就要先穿上鞋子再走。至于平时穿街过巷打赤脚的肯定是神经病，因为脚是十分隐私的部位，不能轻易让别人瞧见的。原来中国北方农村人对脚的看法和英国维多利亚时期的淑女们对脚的看法是一致的。淑女们一律长裙拖地，就是怕露出脚踝。于是我也入乡随俗，不再光脚丫子了。

1979年回到广州读研究生，开始恢复打赤脚，不过脚皮已经嫩了许多。

现在，只要天气不是太冷，我在家里最喜欢打赤脚了。

光着脚丫走在地板上，那可是五行属木的东西，木的生机最旺，又能养肝，只觉得有能量从脚心传上来。怪不得足底有涌泉穴，涌的是生命之泉啊！

一楼的地面铺了瓷砖，瓷砖属土，性最中正平和，踩在上面，感到整个人有了根，坚实沉稳。

其实，那些感觉只是心理作用，经不起推敲。但打赤脚确实另有一种感觉很特别，那就是自由自在。

上课开会要注重仪表，那是对别人的尊重，但老实说对自己身体的束缚也是相当厉害的。不少影视节目描写白领女性下班回到住处，一进门先踢飞脚上的高跟鞋，就是明证。所以在家里我要不放过一分一秒可以打赤脚的时间，让身心多一点儿无拘无束。甚至偶尔在打赤脚之后不洗脚就睡觉，很高兴自己能够放浪不羁，随心所欲，有一丁点儿魏晋文人的风度。

当然，魏晋文人是服食五石散的，而且挑战当时整个传统与习俗，而我只是在家里聊发少年狂。但是万一狂将起来也不得了的啊！比如赤脚之后可以赤膊，赤膊之后也许可以……还是不说了吧。总之，太太多次说要请个保姆，我死活不同意，个中原委，只有我才知道。

（2007年7月14日博文）

# 慵　　懒

　　慵懒是那半眯着眼蜷伏的小猫；慵懒是那腹甲贴地、四肢软绵绵地伸展着的乌龟；慵懒是画中斜靠在贵妃床上轻摇团扇的仕女；慵懒是躺在沙发上抚弄着玉珮听电视的我。

　　以前听藏族朋友格勒说，在西藏想不"懒"也不行，因为寒冷缺氧的环境使人的一切节奏连同新陈代谢都慢了下来。现在，我发现高温闷热的天气同样会助长人的惰性。特别是在十天里外出连开两个安排得紧紧的会议之后，打乒乓球反应慢了许多，电视也只听听就算了，连眼都懒得睁。

　　玉佩是儿子送的生日礼物，雕着一大一小一白一红唧尾盘绕的两条螭，是根据玉料的色泽设计的，很自然。行家鉴定过是老玉。在汕头开会时参观了揭阳阳美玉器城，听行家说玉要温润，回家后赶紧把螭珮拿出来"盘"。反正闲着也是闲着。

　　其实，慵懒到达一个很高的境界就是"闲适"，是一种无心无欲的慵懒。假如有很多焦虑，有很多仇恨，那是无法慵懒的。有些人觉得天气热容易使人情绪失控，从根子上来看就是这个缘故。奸相贾似道把自己的斋名定为"半闲堂"，取"偷得浮生半日闲"之意，但也说明他确有自知之明，因为他那样的人能达到"半闲"就不错了。我称自己为"味闲堂主人"，是因为心中明白，这一个"闲"字得来不易，要好好保持、品味。

　　在某种意义上"闲"就是"禅"。"禅"源于梵文"Dhyana"，是"meditation"的意思。坐禅要达到忘我无我的境界，"闲"又何尝不是？

　　(2007年7月23日，在华中师范大学参加20世纪美国当代诗歌国际学术研讨会，我的主题发言就是"Zen Buddhism and Gary Snyder's Poetics"。)

(2007年8月2日博文)

## "浅尝辄止"正解

"浅尝辄止"是个贬义成语。的确,在读书、研究和认识世界的过程中,"浅尝辄止"是不好的。

但是,有时"浅尝辄止"恰恰是防止"过度感官刺激"的有力手段。

人的感觉通道有五条。中国人说是"眼、耳、鼻、舌、身",这里"身"指触觉。英语对应的有"sense of sight, sense of hearing, sense of smell, sense of taste and sense of touch"。这些感觉通道就像外界信息的接收器,但它们的容量和寿命是有限度的。《道德经》说五色令人目盲,五音令人耳聋,五味令人口爽(伤),就是告诫我们不要过度刺激这些感官。

过度刺激感官会令感官麻木。感官麻木不仅带来生理上的病变,而且会导致精神沉沦。酗酒、沉迷网络、吸毒、滥交就是典型的例子。

台湾的电视节目有讨论"一夜情"的,请来一位年轻的男嘉宾,据说他曾发生超过100起一夜情。谈到感受时,他说已经麻木了,对自己的女朋友也没有感觉了。用列宁的话来讲就是"杯水主义",即把性行为看成像喝一杯水那样随便。于是只有"性",没了"情"。

相反,在契诃夫的短篇小说《吻》里,一个上尉在参加别人的家庭派对时,在黑暗中被一位女士误认为是来赴幽会的情人而轻轻地吻了一下面颊。这一吻给了上尉从未有过的特别感觉。于是他努力猜测这位女士的容貌,把见过的女人的优点全都凑在她的身上,原先很欠缺的想象力变得丰富了。原先自卑胆小的他现在变得大气了。对这一个天降的吻的思考,使他对命运、对人生都有了新的更深刻的认识。他变得有哲学头脑了……

我把契诃夫这篇短篇小说看成是寓言,关于感官和精神的关系的寓言。过去我总认为英国维多利亚时代的淑女听到一句与性有关的粗话竟然会晕过去是一种造作。现在我逐渐理解了,那其实是古典的感觉。

为了保持感觉的敏锐和精神的活跃,还是在"眼、耳、鼻、舌、身"各方面都"浅尝辄止"为好。不但"浅",更重要的是"尝",在轻度的感觉中尝试着体味出深刻的含义来。有了对生活的新鲜感和好奇心,人就会变得年轻。

当然,也许在感官的放纵之后也会参透人生。中国古代很多情色小说除了暗喻因果报应之说以外,不少是以纵欲者皈依佛道为结局的。但是,我有时觉得那只不过是打着劝世的幌子来搞色情描写罢了。

(2007年9月19日博文)

# Wit & Judgement

英国哲学家 Locke 在他的 *Essay Concerning Human Understanding*（1690）中谈到 Wit 和 Judgement 的对立时说：

"And hence, perhaps, may be given some Reason of that common Observation, that Men who have a great deal of Wit and prompt Memories, have not always the clearest Judgement, or deepest Reason. For Wit lying most in the Assemblage of Ideas, and putting those together with Quickness and Variety, wherein can be found any Resemblance or Congruity, thereby to make up pleasant Pictures and agreeable Visions in the Fancy; Judgement, on the contrary, lies quite on the other side, in separating carefully, one from another, Ideas wherein can be found the least Difference, thereby to avoid being misled by Similitude, and by Affinity to take one thing for another. This is a Way of proceeding quite contrary to Metaphor and Allusion; ..."

Wit 和 Judgement 的对立其实是 poetry 与 reason 的对立，所以 Locke 才特别点了 metaphor 和 allusion 这两种诗歌创作中常用的手法。Reason 需要精确，而 poetry 需要 suggestiveness。太外露的诗就乏味了。故此，Reason operates more naturally through prose than through verse.

要命的 suggestiveness！以汉语为母语的中国学生写英语作文常常就在这上头栽了跟头。也许因为中国是诗的国度吧，就连古典文论也是 suggestive 的，即所谓"点到即止"。评诗有诗品，品茶有茶韵，都是 suggestive。兵书亦如此。哲学书如《庄子》也是 suggestive 的。换言之，中国写文章的传统是综合性的，亦即 Locke 所说的"putting those together with Quickness and Variety"。而英语的 prose 传统却是分析性的。从小熟读中国文章的中国学生，综合性的传统已经深入骨髓，所以写起英语记叙文来就一味描写，以求"情景交融"。写起英语议论文来则不会使用"however, of course, nevertheless, as a matter of fact"这一类 connectors，因为他们认为转折的意思已经在句中 suggest 了，无须多费笔墨。至于写 topic sentence，就更难得记起来了。要知道，中国的古文是不分段的，不但不分段，连标点符号都没有。现代散文虽然分段，但由于是"assemblage of ideas"，通过许多侧面去 suggest，用中学语文老师常说的就是"形散神不散"，所以一般也没有 topic sentence。

不过，中国学生学起 parallelism 这种修辞手法来就容易多了，因为中国古代的赋、骈文及律诗所用的主要修辞手法是"对句"或"对仗"，与英语的 parallelism 有异曲同工之妙。在这方面常见的毛病则是由于语法概念不清导致句子结构两边不平衡。

照 Bishop Sprat 在 1667 年提出的标准，英语 prose 应该是"a close, naked, natural way of speaking"。

(2007 年 10 月 4 日博文)

# 炼字与炼意

清末刘熙载著《艺概》，多谈炼字，少谈炼意。他在《游艺约言》中又认为炼字亦炼意，炼意亦炼字。董洪利认为刘"这个观点正确地概括了炼字与炼意的内在联系"。（《谈刘熙载的〈游艺约言〉》，载《学林漫录》八集）

我认为不然。

字是有意的，正是从这一点出发，刘熙载认为炼字亦炼意。但是，字意只是小意，更重要的还有整首诗的大意，这恐怕不是通过炼字就能代替得了的。我坚信这一条，所以我认为：字句要越普通越好，整首诗的意境则要越高远越好。我不赞成"语不惊人死不休"，应该是"诗"不惊人死不休。本来诗自开始产生时就是极普通的，比如"断竹，续竹，飞土，逐宍"，哪有什么惊人的语词？还有李白的"床前明月光……"，字句浅白如拉家常却能千古流传。

看来本事高的诗人能让读者记住他/她的整首诗，本事低一些的诗人只能让读者记住他/她的所谓"名句"，没本事的诗人的诗犹如过眼云烟，读罢毫无印象。

由此又牵涉到欣赏诗歌的问题，是寻找名句呢还是欣赏整首诗？张炎批评南宋词人吴文英的词说："如七宝楼台，眩人耳目，碎拆下来，不成片段。"可是反过来我们要问："为什么要拆碎它呢？"

话又说回来，如果整首诗的意境高，又有精心雕琢过的字句，那当然更好了。吴文英用"愁"字形容"鱼"，就得到很高的评价，因为古诗文中鱼的意象都是无忧无虑的，而"愁鱼"则令人为之一震。

（2007年11月27日博文）

# 诗歌·宗教·科学

　　Plato 认为天上的世界才是 perfect 的，那是造物主赖以创造地下这个世界的依据，所以诗人再有能耐也写不出真正美的作品来，充其量只能炮制一些 imitation of imitation。美只属于神。英国的清教徒认为，人类一代接一代地繁衍，越到后来离开亚当和夏娃的时代越远，品质也越来越恶劣。相比之下，古一点的要比近一点的好。

　　中国儒家虽然不讲伊甸园和亚当、夏娃的堕落，但也常常哀叹"人心不古"，一味向往三皇五帝的时代。所以纯粹的儒家似乎当不了真正的诗人。好的诗人多是做官不顺心，又受了佛、道思想影响的。

　　说来也怪，佛、道也是宗教，但在干涉诗歌创作的问题上比基督教要宽容。大概是因为基督教多年来雄霸西方，别的信仰都是"异教"，搞的是"一言堂"，故此专制一些，而中国除了极个别历史时期之外，一向是儒、佛、道三教合流，互相牵制，自然说话要谨慎一些，民主一些。

　　现代物质文明尽管归功于人的而不是神的创造力，但过于崇尚理性，崇尚实用。于是，诗歌创作不是被嘲笑为多愁善感，就是被斥之为无用的空谈。人类孩提时代与大自然的亲密接触，同大自然的情感交流，如今都被干巴巴的数字和冰冷的金属隔绝了。法国人 Antoine de Saint Exupery 写的有名的童话《小王子》（*The Little Prince*），以儿童象征人的本性，以成年人象征扭曲的人性。在作者的笔下，大人对数字就特别感兴趣。凡打听人，他们就问："他多大岁数？身高多少？读几年级？"而不问"他长得什么样？眼睛是什么颜色？有什么爱好？"等等。凡评论物，同样是数字先行。比方说房子吧，一开口就问这所房子值多少钱，占地多少平方米，而不先问窗户式样如何，墙壁是什么颜色。看看今天的我们，在日常生活中需要记住多少数字啊！

　　西方现代派和后现代诗歌之所以难懂，正是因为它们在冲破物质文明的禁锢时被扭曲，变了形。Allen Ginsberg 曾在"Sunflower Sutra"一诗中高喊："我们不是那凄凉可怖的、沾满灰尘的、毫无意象的火车头，／我们在内心深处都是美丽的、金色的向日葵……"（We're not our dread bleak dusty imageless locomotive, / we're all beautiful golden sunflowers inside…）这难道不是诗人为了寻找真正的诗在奔走呼号么？其实，惠特曼 1865 年写"When I Heard the Learn'd Astronomer"时已经流露出这种担心。

（2008 年 3 月 23 日博文）

# 不结果的爱之花

"我向上帝祈求的不是幸福，而是我灵魂的生命之源，我的爱就是它的生命。亲爱的瓦尔特，这种爱是甜蜜的、宝贵的，它把我拥抱得那么紧，无论同我的灵魂还是肉体都贴得那么紧。它是那么温柔，那么美丽，那么神圣。爱情使我产生一种冲动，想抚慰你，使你浑身流注甜蜜温柔的快乐。它庄严地、容光焕发地渴望投入你柔软舒适的灵魂的怀抱，爱抚它。假如上帝对我说：'看——那就是你所爱的人，但你今生不会得到他——他正准备扬帆出海，前途未卜——你愿意跟他走吗？'我会心花怒放，拉着你的手从岸上一跃而下，就连新娘投入新郎的怀中也不会有我这种欢乐。"

（1871年9月）

"日日夜夜爱着你——时时刻刻想着你……我的魂儿都已经拴在你身上了。"

（七个星期之后）

读了上面两段表示爱慕之情的书信摘录，谁会相信它们出自一位年已四十有二的妇女之手？事实却是如此，而且这位女士还是孀居十年的寡妇，名叫安妮·吉尔克里斯特（Anne Gilchrist），写信时她的大儿子已经十多岁了。这些大胆的、火一样的文字是在英国写的，寄给大西洋彼岸的心上人——五十二岁的著名美国诗人瓦尔特·惠特曼（Walt Whitman）。

点燃安妮爱情之火的是惠特曼的诗集——《草叶集》。

同许多伟大作品的遭遇一样，《草叶集》刚出版时在文坛受到种种非议，美国诗人惠蒂埃甚至轻蔑地将它抛入炉火。只有爱默生能看出该书的价值。惠特曼的许多美国同胞也不理解他。有些人读了他赞美肉体以及具体描写性行为的诗句后，竟认为他是个男性生殖器崇拜者；有些姑娘则把他看作顶好的"床上伴侣"，向他自荐枕席，害得惠特曼啼笑皆非。可是在遥远的英国，他却有不少知音，比如英国桂冠诗人丹尼生、卡莱尔夫妇和威廉·罗塞蒂等。1868年罗塞蒂还编辑出版了一部《草叶集选》，把惠特曼的作品介绍到英国去。

安妮已故的丈夫亚历山大·吉尔克里斯特在英国是个小有名气的文人，写过《布莱克传》，她自己也是知识妇女。罗塞蒂是他们的朋友。1869年，她在罗蒂塞处读到《草叶集》，大为赞赏，第二年便写了一篇感情充沛的评论，题目是《一位英国女性对瓦尔特·惠特曼的评价》。她说："美国多幸福啊！他［指惠特曼］是她的儿子！确实，我们看到，只有这样一个巨人般的年轻国家才能产生这样充满热情、充满动感、充满源源而来的精力和新意，充满欢乐，充满青春活力，无拘无束的伟大诗篇。"文章在美国波士顿《急进评论》发表。惠特曼的妹妹路易莎读了之后对哥哥说："这位女士似乎比以往任何人都更理解你，仿佛她能看透你的思想。"

不过，就连罗塞蒂也看出，这篇文章已经不是一般的文学评论，它蕴含着一种微妙的感情。他劝安妮发表文章时不要署名。惠特曼连评论作者是谁都不清楚，只好通过中间人罗塞蒂送去一本《草叶集》和一幅签了名的照片。安妮十分失望，因为惠特曼连一个字都没有写给她。一连几个星期她都不想翻开送来的书。她写信给惠特曼："我深信你会说话，会给我一些表示，所以我一直等待——等待。我用甜蜜的希望弥补心灵的空虚，凝视照片中你的眼睛，以此来慰藉我的心。啊！你无比温柔的容貌肯定表达了你那男性的灵魂对我这女性的灵魂的渴求，是这样吗？"没过多久，她实在控制不住自己的感情，跑到郊外，直截了当地写下了本文开头摘录的向惠特曼求爱的信。

惠特曼给安妮的第一封信写于1871年11月3日，措辞很谨慎："不能再耽搁了，我必须表明，我不是没有意识到你的爱，我也将我的爱送给你。我这封信不长，请不要失望。我的书就是我最好的信，我的反应，我对一切事物最真诚的看法。在书中我已经注入了我的肉体与灵魂。你比其他任何人都更充分、更清楚地理解这一点，我也充分理解它引来的那封充满女性的爱的信。你我之间目前愉快地保持着的这种美好、得体的关系无疑是足够的了。"

安妮回信说，惠特曼来信最后一句话中的"足够"这个词，"像冲我胸口的一记猛击"。但是她认为惠特曼并没有拒绝，只是把事情拖延下来："你可以先不把你伟大的爱给予我，但我可以等待。"1872年，安妮送给惠特曼两帧照片。

通信半年后，惠特曼再次提醒安妮："亲爱的朋友，……你不要树起一个不切实际的、虚构的理想人物，把他叫作瓦尔特·惠特曼，然后将你的一片真心虔诚地托付给他。真正的瓦尔特·惠特曼是一个很平常的人，根本不配你的崇敬。"但是安妮很执着，甚至想横渡大西洋去美国找惠特曼，只是因为母亲年迈需要照顾才未能成行。

1876年，安妮的母亲去世，她马上决定8月30日乘船赴美，事前给惠特曼写了信："啊！我深情地相信我们前头岁月尚长，我们将过上平静、幸福的日子——我将使你的外部生活变得美好、幽静，你将使我的内心生活丰富多彩——且不断地学习、成长，越来越爱你……"

惠特曼去信劝阻，可安妮说，去美国是"我自1869年以来的既定方针。……我一刻也等不及了。"

她9月10日到达费城，带来了家具、藏书藏画。看来她打算在美国定居了。惠特曼几乎天天去看望她，后来她在家里为惠特曼准备了一间卧室，随时供他使用。惠特曼在安妮家里招待客人，就像在自己家一样。安妮的子女都很喜欢惠特曼。他为他们朗诵诗歌，谈些文坛轶事。如果在她家过夜，早上起床后，吃早饭前惠特曼喜欢高声唱歌。尽管来往如此密切，他们之间的关系并没有进一步发展。1877年12月，安妮觉得不应该再在美国逗留了。她已经感到自己浇灌多年的爱之花将不会结果，于是离开了惠特曼。

安妮在美国漫游了一段时间后，于1879年6月9日由纽约渡海回格拉斯哥。回到英国后她仍然来信，说她等着惠特曼——"我心中始终有你，我知道不管怎样我们总会在某个地方再次相会的。我知道你我之间有一条爱的红线，即使地老天荒也不会改变。"安妮苦苦等待了14年，最后在等待中永远闭上了眼睛。

至于惠特曼为什么始终不答应同安妮结婚，对此有许多猜测。有些西方学者认为惠特曼是同性恋者，理由是他写过有同性恋倾向的诗篇《芦笛》，另外，惠特曼同一些年轻小伙子的交往也过于亲昵。但这仅是猜测，考据学家们至今未查出他有过什么"越轨行为"。何况在西方，人们对于同性恋问题简直敏感到了过分的地步。一位名叫卡罗琳·凯塞（Carolyn Kizer）的美国诗人就写过题为《杜甫致李白》的诗，假托杜甫的口吻，把这两位中国诗人写成同性恋者，这大概是因为杜甫写过怀念李白的诗句吧。也有人认为是健康问题妨碍了这一对知己结成同心。但根据惠特曼的朋友们的回忆,安妮到美国后,惠特曼的精神比以往都好。值得注意的是,安妮上船离开美国之前,惠特曼邀请她到一位朋友家里谈了一次话,谈话内容从未向任何人披露。也许这一段有情人不成眷属的文坛情史将永远是一个谜了。

# 梦的编织者与"胡诌文学"
## ——刘易斯·卡罗尔与《艾丽丝漫游奇境记》

1982年,英国伦敦威斯敏斯特大教堂的"诗人角"增添了一座纪念碑,纪念一位传奇式的人物。他是继莎士比亚之后作品被翻译得最多的英国作家;尽管他写出了在西方家喻户晓的作品,他的专业却是数学;他最出色的作品只有薄薄的两部,却有一个世界性的协会专门研究它们;他是一位严肃、木讷、逻辑思维严谨的大学讲师,但写出来的文学作品却开"胡诌文学"(Nonsense Literature)之先河;他本应在刚去世时就得到落葬在"诗人角"的荣誉,可是文学界对他毫无根据的责难使这份荣誉来迟了84年。这位谜一样的人物就是《艾丽丝漫游奇境记》和《镜中奇遇》的作者刘易斯·卡罗尔,真名查尔斯·勒德维奇·道奇森(1832—1898)。

道奇森是英国柴郡达斯伯里人,父亲是教区牧师。道奇森兄弟姐妹11人,他是大儿子,上头有两个姐姐。他13岁才开始学写诗,并非文学神童。上小学时因为天性腼腆,常受同学欺负,身体也不好,害过几场大病,其中一次还把一只耳朵害聋了。

1851年1月24日,道奇森入牛津大学基督堂学院读数学,其数学才能卓尔不群,毕业后留在学院当讲师。基督堂学院的师生是不准结婚的,只有院长例外,道奇森因此亦终身不娶,没想到这一点后来竟给他带来不少麻烦。

因为在家时是大儿子,经常照顾小弟弟小妹妹,他对儿童产生了一种特殊的感情。加之道奇森有口吃的生理缺陷,只有同孩子交谈才不感到吃力。这就造成他喜欢同孩子接近的性格。

在基督堂学院教书时,他同院长亨利·乔治·利德尔的三个女儿成了好朋友。在此之前,道奇森还同英国桂冠诗人丹尼生的儿子以及作家乔治·麦克唐纳的孩子交过朋友。当然,对道奇森影响最大的还是利德尔的三个女儿——艾丽丝、萝达和维尔莉,因为上面说过,基督堂学院只有院长才可以结婚生子,艾丽丝等三人就是道奇森在学院里仅有的三位儿童朋友。正是应艾丽丝的请求他才写了那本《艾丽丝漫游奇境记》。

艾丽丝三姐妹的家庭教师是个严厉到近乎冷酷的女人,她们给她起了外号叫"刺儿"。在家里日子难熬,三个女孩就经常去找道奇森玩。1932年艾丽丝回忆道:"我们在长沙发上分别坐在道奇森的两边。他一边讲故事一边在纸上画插图……他现编现讲,就像肚子里有讲不完的奇幻的故事。"

### 在泰晤士河上产生的童话

1862年7月4日,道奇森与朋友罗宾逊·达克沃思带着艾丽丝三姐妹在泰晤士河上划船,然后在岸上野餐,很晚才回到学院。道奇森在日记里写道:"在这种情况下我给她们讲了《艾丽丝漫游地下奇境记》的故事……"故事讲得很迷人,分手时艾丽丝哭着请求道奇森把它写下来给她。道奇森基本上按划船那天所讲的故事来写，也加进了几个以前给孩子们讲过的小故事，亲笔加上插图后就把稿子送给了艾丽丝。当时这部一万八千字的手稿起名为《艾丽丝漫游地下奇境记》。恰好一天小说家亨利·金斯莱去拜访利德尔，在客厅里无意中翻看了几页手稿，便怂恿利德尔劝说作者将稿子出版。道奇森知道后吃了一惊，去找他的朋友、儿童文学家乔治·麦克唐纳商量。麦克唐纳把稿子带回家读给自己的孩子们听。据《大英百科全书》记载，他六岁的小儿子格列维当场大声说，他"希望这本书能印六万册"。在当时，一本书印六万册已经是十分惊人的数字。

于是，道奇森开始修改稿子。他删去提到那次野餐的不少文字，加入了在其他场合给艾丽丝姐妹讲过的另外几个故事。经达克沃思提议，他找到《笨拙》杂志的漫画家约翰·坦尼尔画插图。1865年，该书以《艾丽丝漫游奇境记》为名出版。初版书因为印刷质量低劣，收回处理了，大约只留下二十本，这些书成了19世纪的珍本书。同年该书重印，并逐渐赢得了读者，但日期署1866年。第二年，道奇森已经在构思一部续集，也是以讲给艾丽丝听的故事为蓝本，这便是后来出版的《镜中奇遇》。这本书比第一本写得更好。

《艾丽丝漫游奇境记》出版后很快轰动全英国。多年前在中国一些英语夜校颇为流行的一套名叫《基础英语》（*Essential English*）的教材收入了一则轶事，说的是维多利亚女王读了《艾丽丝漫游奇境记》后大加赞赏，传谕说，这位作家下一本书一出版就马上找来供她阅读。不久以后，道奇森果然又出了一本书，女王收到一看，却是一本深奥的数学论著。

想不到的桂冠和料不到的毒箭

《艾丽丝漫游奇境记》不是寓言，它没有那个哲理性的尾巴；它也和以往的西欧童话不同，那些童话都像"刺儿"家庭教师一样板着面孔教训孩子。书一开头就是艾丽丝追踪兔子钻进一个洞，这个洞深得像一口井，接着便开始她在奇境里的漫游。为了写好这个开头，道奇森肯定煞费苦心，到1887年他仍然回忆起当初是如何为了拼命闯出一条写童话的新路子而一下笔就让艾丽丝跳入兔子洞里的，至于故事以后如何发展则连想都不想。人怎么能钻进兔子洞呢？书的开头就是胡诌。其实，通篇都是胡诌，但在胡诌之中，道奇森讽刺了儿童教育的弊端，说出了孩子们的心里话。而且为了使胡诌能够成立，道奇森把全书写成一场梦，而在梦中任何离奇怪诞的事都是可能的。就这样，道奇森为孩子们编织了一个扑朔迷离的梦，每个孩子都可以在这梦中找到他周围的人的影子，甚至是他自己的影子。而对成年人来说，这个梦又使他们回想起儿时的梦。《艾丽丝漫游奇境记》之所以能同时得到儿童和成人的欢迎，而且历久不衰，其原因正在这里。

《艾丽丝漫游奇境记》与《镜中奇遇》是早有定评的好作品，但文学界对道奇森的为人却议论纷纭，以至于这位大作家死后被摒在"诗人角"之外。有人说道奇森对小姑娘们如此友好，其实在潜意识中是将她们看作是自己的妻子，因为只要离开基督堂学院就可以结婚，但他不愿意那样做，而且当他的小女孩朋友长大后向他透露自己即将结婚的消息时他十分妒忌。还有人说道奇森很想同艾丽丝结合，尽管他们年龄相差很远。其实这些说法证据都不足。艾丽丝十二岁时道奇森就不同她来往了。他同大多数小姑娘的友谊都是这样处理的。道奇森又是一位出色的摄影家，特别善于拍儿童题材的照片。他早年曾经想当画家，但不成功，后转向摄影艺术。他让孩子们穿上各种服装，在各种不同的背景下拍照。后来还拍他们的裸照进行研究。1880年他突然放弃了这一业余爱好。于是又有人认为他做贼心虚，给孩子们拍裸照有不可告人的动机，因为怕被揭露，便金盆洗手。此说亦无有力证据。不过，保守的英国的国情大概类似封建的中国，败坏一个人的名声最有效的办法是在男女作风问题上放出那么几句似是而非的流言蜚语，可怜道奇森亦伤于这一类暗箭之下。

# 莎士比亚剧本是谁写的

对于莎士比亚的剧本，人们了解得很多，但对于他的生平，却了解得很少，只知道他13岁便辍学，23岁突然到了伦敦，当一名不起眼的演员，后来干修改剧本的工作，进而与人合作写剧本，最后独立创作，创作生涯20年，写出不朽杰作37部。他的剧作表现出丰富的学识，特别是对宫廷的豪华生活和贵族们的思想、心理的描写更是细致入微。正因为他的作品与他的经历相去甚远，早在20世纪初就有人怀疑写剧本的不是莎士比亚。

那么那些署名莎士比亚的剧本又是谁写的呢？最初有人认为是牛津伯爵，又有人认为是莎士比亚的朋友鲁德兰德第五世领主，甚至有人认为是英国大思想家培根，但这些推测都证据不足。目前最有力的说法是马罗说，即莎士比亚的剧本出自克里斯多弗·马罗之手。

说来也怪，马罗的生平事迹同莎士比亚一样，都带有点神秘色彩。他与莎士比亚同是生于1564年，剑桥大学毕业，无神论者，写过《帖木儿》《福斯塔斯博士的悲剧》和《马耳他岛的犹太人》等剧本。1593年5月30日在伦敦附近一家酒店与两人口角，被刺死。人们怀疑这两人是政府的特务。

当前力主马罗说的是号称"文艺侦探"的美国人卡尔文·霍夫曼。他身材矮小，常穿一件格子呢夹克，曾是美国百老汇剧场多产的评论家。他花了近三十年时间尝试破解莎士比亚之谜。1956年，他出版了《真正名叫莎士比亚的那个人》一书，认为马罗与莎士比亚的作品的风格以及从中表露出来的才气极为相似，可以说出自同一人的手笔。他声言在这两人的作品中找到了相对应的词句和思想。但他的观点不为文学界接受，麻烦就在于马罗是1593年被刺死的，1593年以后莎士比亚却还写过剧本，这就是说，马罗不可能写了莎士比亚的全部作品。

然而，马罗的死未有真凭实据。霍夫曼经过考证，认为马罗是个无神论者，从不隐瞒自己的观点，并因此被捕入狱，马罗的保护人兼同性恋伴侣汤玛斯·华星汉爵士安排他得到保释并逃往意大利。在小酒店里被刺死的只是一个不知名的水手，华星汉爵士买通办案人员，谎报是马罗被杀，以保护他在意大利的安全。马罗在意大利写了三十六个剧本，用快邮寄给华星汉爵士。

霍夫曼认定汤玛斯·华星汉爵士的墓中埋有马罗的手稿，并断定手稿在一口铅箱里。1956年霍夫曼几经周折，说服了汤玛斯·华星汉爵士的一名后人，并得到教会和英国内政部的许可，掘了汤玛斯·华星汉爵士的墓，可是只发现一堆沙土。于是他的观点更被文艺界耻笑，《泰晤士报》文艺增刊称霍夫曼的《真正名叫莎士比亚的那个人》一书是"痴人说梦，同卫生纸一般"。也有学者同意他的观点，但指出他掘错了墓，同马罗有深交的应是法兰西斯·华星汉爵士，马罗在剑桥读书时曾为这个人当过情报员，被霍夫曼掘了墓的汤玛斯·华星汉爵士是马罗死前不久才认识的，他的墓中不可能有马罗的手稿。

霍夫曼无论如何不死心。他声称掘墓时打开的只是墓室，手稿埋在墓室下面的墓穴里，可是官方这一回不允许他往下挖了。

到了1981年，霍夫曼又宣布他已找到"爆炸性的证据"，证明马罗在1593年后还活了很久。他在大英博物馆里拼命钻故纸堆，拿到了一套乔治·恰普曼的全集（1875年版），其中有一本《希罗与利安德》（1598年版）的重印本，这首长诗先由马罗写开头，再由恰普曼完成。该诗注册时间是1593年，即传说马罗去世的那一年，但过了五年才出版。1598年版也迟至1873年才在英国某地一杂物间里发现一册。1598年版本中，由恰普曼续写的部分有一则给华星汉夫人的献辞，上面有这样的话："我失而未复的地产，我凄苦的生活，我被迫的隐姓埋名，我痛苦的缄默。"但在随后的版本中这则献辞神秘地消失了。霍夫曼认为，这则献辞是马罗而不是恰普曼写的，暗指他流亡意大利一事，但因为讲得不含蓄，容易使人猜出马罗仍然活着，所以在以后的版本中把它抽掉了。

这当然不能作为下结论的证据，但霍夫曼还有"炮弹"。他认为，《希罗与利安德》前后两部分如出一人之手，另外，1616年恰普曼自己又以同一标题另写一首诗，其文笔平板呆滞，如果头一首诗的后半部分是恰普曼写的，他何必另起炉灶写第二首呢？就在第二首诗的"序"中，恰普曼毫不含糊地把第一首诗称为"马罗先生的杰作。"霍夫曼还认为，1593年以后所谓的莎士比亚作品中写了不少贬谪和放逐的题材，这其实是马罗的夫子自道。

霍夫曼还比较了莎士比亚和马罗的剧本的语言。早在1902年，门登荷尔博士就曾雇用了一批女子，把培根著作中的20万个单词、莎士比亚作品中的40万个单词以及马罗剧本中的全部单词所用的字母数目数了数，结果发现马罗和莎士比亚使用的单词平均每个都是四个字母，培根则不然。现在，霍夫曼借用美国南加州大学的电脑把马罗、莎士比亚以及所有伊丽莎白时代的剧作家的剧本里的单词输入电脑作统计，据他说，初步计算结果，马罗与莎士比亚的用词有极为相似的地方，于是霍夫曼重赴英国，祭起新的法宝，要为马罗"被迫的缄默"鸣不平。

传说莎士比亚生前就为自己写好了墓志铭：

> 好朋友啊，看在耶稣分上，
> 请别触动这黄土一丘。
> 对墓石高抬贵手的人将会得福，
> 搬动我骸骨的人要受诅咒。

听那口气，仿佛是莎士比亚已经预见到400年后卡尔文·霍夫曼要从坟墓打开缺口去破这个真假莎士比亚之谜，于是效法中国的诸葛亮，死后还留下一封锦囊，以防不测。好在霍夫曼掘的不是所谓莎士比亚的墓，不然他还得一辈子担惊受怕呢。

# 贫富悬殊是作家

　　文人是清高的，在钱字上尤其如此。据说英国诗人拜伦发表作品经常分文不取，美国诗人朗费罗亦对稿酬看得很轻。还有人不但不取稿酬，反而自费出书。美国有所谓"虚荣出版社"，专为自费出书者服务。有一位托马斯·沃格曼先生就花20万美元出版了一些书。他别出心裁，书页都用不同颜色的纸张印成。这些花花绿绿的书在评论家看来却都是"胡说八道"，总共只卖出6本。沃格曼先生亦无所谓，只要心里舒畅就行，真可谓"千金买一笑"。

　　然而，我们不可忘了，拜伦是贵族。朗费罗家境豪富，结婚时老丈人送的礼物竟是一座豪华大宅，连当时美国的大思想家和散文家爱默生也颇不以为然，在日记中暗发微词："假如苏格拉底在这里，我们可以去他家同他闲谈；但朗费罗呢，我们不能去他家同他闲谈。那是一座宫殿，有仆人，有一长溜五光十色的酒瓶，盛的全是佳酿，还有玻璃酒杯、华贵的服饰。"至于沃格曼先生，倘若到了连填饱肚子都成问题的时候，他就不会那么大方了。

　　俗话说："穷文富武。"当作家首先要学会同贫困做斗争。比如朗费罗的同代人爱伦·坡，就曾经穷到连鞋子都买不起。亏得他母亲托一位朋友去求某杂志编辑赶快采用了他的一篇诗稿，爱伦·坡才免做赤脚大仙。有时连一双鞋价那么微薄的稿酬都不容易得到。爱伦·坡曾亲自把著名的《乌鸦》一诗的手稿送去《格兰姆杂志》编辑部，编辑们读完稿子后决定不予采用，可是看到爱伦·坡面有菜色，病体恹恹，显然是囊中羞涩，于是大发善心，凑了15美元送给他，但稿子仍然不用。后来这首诗终于登在《纽约镜报》上，稿酬仅得10美元，而且等了半年才收到。

　　穷得令人不忍卒闻的恐怕要数英国作家塞缪尔·波埃斯了。为了有口饭吃，他经常把衣服当掉，身上只裹一条毯子，上面剪开一个洞，刚好让胳膊伸出来，然后坐在床上，把纸铺在膝上写作。有时没有衬衣穿，就用白纸剪成长条，捆在手腕上，露出上衣之外，脖子上也围一圈白纸条，权充衬衣领，就这样出门去。

　　作家喜欢摇笔杆，所以忍不住对自己穷困的生活也要写上一写。《三剑客》和《基度山恩仇记》的作者、法国小说家大仲马直截了当地倾吐了满腹辛酸。在逝世前不久，他说他初到巴黎时身上有50法郎，而如今仅有40法郎，为了补回短缺的部分，他必须不停地写作。《堂吉诃德》的作者，西班牙作家塞万提斯更幽默一些。他说："记住，一个诗人宣称他不名分文的时候，千万不要再向他要什么证据，要马上相信他的话。""如果一位诗人在你用膳时突然到访，就径直请他坐到餐桌跟前来，不要听信他说什么已经饱餐过了那一套，必要时可以实行强迫吃饭的政策。"

　　作家呕心沥血写出文学价值很高的作品，往往得不到应有的报酬，这是造成许多作家不得温饱的重要原因。莎士比亚写一个剧本所得不超过8英镑，他的朋友剧作家和诗人本·琼生估计，莎氏创作剧本的总收入不超过200英镑。弥尔顿写《失乐园》，共得10英镑稿费，刚好等于买创作该诗用掉的废稿纸的价钱。美国小说家《白鲸》的作者梅尔维尔没有一部小说的稿酬能突破200美元。由于靠稿费不能维持生计，许多作家不得不"搞副业"，颇像广州人所说的"炒更"。美国芝加哥诗派的奠基人卡尔·桑德堡就当过看门人。德国小说家、《西线无战事》的作者雷马克卖过墓碑石。亨利·梅勒当过掘墓人。但话又说回来，稿酬低总算也有一点低的好处，因为要纳的所得税也少了。

当然，文坛亦不乏奇事，有时稿酬会高得惊人。据《吉尼斯世界纪录大全》载，作家按字计酬的最高纪录是海明威所创。1960年他为《体育画报》写了一篇关于斗牛的2000字短文，得稿酬3万美元，平均每字15美元，比当时同等篇幅的文章稿酬高出29倍。其实，海明威这一纪录算不了什么。1977年去世的以描写美国军队生活出名的小说家詹姆士·琼斯生前曾为电影《最漫长的一天》改过一句台词，总共删去两个词，改动6个词，竟得到15000美元酬金，平均每个词得2500美元。

若论财富总值，迄今最富有的两名作家是英国女侦探小说家、中国读者熟悉的《尼罗河惨案》和《阳光下的罪恶》的作者爱格莎·克里斯蒂以及比利时作家乔治·西默农。克里斯蒂一生共写侦探小说80部，发行量已超过3亿册，作品译成103种文字，仅次于莎士比亚剧本。她将话剧《捕鼠器》的版权作为礼物送给外甥，这位幸运儿一夜之间平添数百万美元的财富。《捕鼠器》也是有史以来上演场次最多的剧本，已超过1万场。克里斯蒂笔下的侦探英雄是布瓦洛，而西默农书中的破案能手则是梅格雷警长。他所著小说120部，其中86部是梅格雷探案，另有小小说200篇，短篇小说和其他文章1000多篇。1973年他出全集，收了1967—1973年的著作，多达72卷。据《纽约时报》统计，列宁著作是世界上译成其他文字最多的作品，西默农仅次于列宁，他的作品的不同文字版本已超过《圣经》。被称为侦探小说鼻祖但一贫如洗的爱伦·坡假如泉下有知，不知会不会慨叹生不逢时。

# 词意童心入画图
## ——读《麦克米兰英语入门辞典》

　　词典本是用来查的,但《麦克米兰英语入门辞典》(以下简称《入门辞典》)亦可以读,且读起来饶有趣味。

　　该词典主要面向儿童,所以释义都用浅显的语言,下定义不像面向成年人的词典那样抽象。例如"bleed"(流血)这个词,《韦氏大学词典》(第10版)的解释是:"to emit or lose blood"(喷出或失去血液);《牛津现代高级英汉双解词典》的解释是:"lose, send out, blood"(失去、流出血液)。《入门辞典》却说:"When you bleed, blood comes out of your skin."(当你bleed时,血从你的皮肤里流出来。)显然,《入门辞典》的解释更形象,而且调动了儿童流血的经验,使他们对这个词有更深的体会。《入门辞典》有不少词的解释表面看来不怎么科学,但对儿童很合适。如pumpkin(南瓜),只说是一种蔬菜,不像有些大词典把南瓜在植物学的类属也讲得清清楚楚。其实,即使讲了,孩子们也不会明白。

　　例句是词典的重要组成部分,因为它提供了活用单词的语境。仅有释义,词是孤立的。有了例句,词就溶入语言的大系统中。因此可以毫不夸张地说,例句给词注入了生命。《入门辞典》的例句的主人公全是儿童身边的人或物,如父母、老师、小朋友和动植物。例句的内容多是儿童的日常活动和生活经验。不时还出现"mother duck"(鸭妈妈)、"father duck"(鸭爸爸)、"baby bear"(熊娃娃)等稚气十足的词语。读《入门辞典》简直是进入了童真的世界。

　　《入门辞典》给我印象最深的还是那些根据例句画成的彩色插图。看图识字本来是一种基本教学方式,无可非议。但看图识外文单词却往往使儿童对外语概念的时间和空间属性理解不全面。比如单词"ball"旁边画一个篮球,孩子们看了就认为ball就是篮球那么大。其实ball可以是滚珠轴承里的滚珠那么小。又比如单词"can"旁边画一个罐头,孩子们看了就认为can就是罐头那么小。将来他们碰到"litter can"(垃圾箱)这个词组时就很难理解"can"竟然可以那么大。《入门辞典》巧妙地回避了这种误导,绝大部分插图不用来说明具体名词。编者明确表示,具体名词可以通过看实物来加深理解,而比较抽象的词则需要插图来使之形象化。比如要说明"friendly"(友好)这个词,就画两条狗偎依着一个小女孩,其中一只还在舔她的脸蛋。例句是:"Betty's dogs are very friendly."(贝蒂的狗很友好。)甚至连表示方位的介词和"may"(可能)、"can't"(不能)等虚词都有插图加以说明。

　　因为《入门辞典》所收的1500个单词都配了例句,插图则根据部分例句画成,每一幅插图都讲一件儿童世界里的事,所以我给这篇读后感性质的文章取了"词意童心入画图"的题目。读着这部词典,眼前浮现出多年前自己的孩子咿呀学语时的天真烂漫形象,仿佛我也年轻了许多。

# 太阳雨·别离

——2007 年 7 月 2 日毕业典礼后在由 ZH 和 SH 做东的喝了破纪录的单桌 6 瓶红酒的 EPSI 聚餐会上有感

雨丝像放风筝一样,牵着白云在天空徜徉——太阳雨的确比其他的雨耐看。

太阳雨洒进毕业季节的校园,氤氲着离情别绪。

伤别离的人总认为雨丝就是愁思,直把人缠得莫名其妙地失去常态。庆别离的人则把自己比作白云,从此后再无羁勒。而我,也许是经历了太多与学生的别离,反倒觉得别离就像那太阳雨中的天空,时刻俯视着我们人生的旅程。

有一首歌唱道:"……又把相聚当作一次分手。"其实,每一次别离何尝又不是走向相聚的起点:孝顺的人在校园里遭遇了别离,也许会在父母身边获得相聚;做了父母的人在校园里遭遇了别离,也许会在孩子身边获得相聚;年轻人在校园里遭遇了别离,可是在结婚登记处获得了相聚……即使是死亡这一场"永远的别离",也会让去世的人进入活着的人的思想和睡梦中,从而获得更加空灵的相聚。

别离和相聚,这是你中有我、我中有你的事。在某时某地发生的相聚,同时又是在另一个空间中的别离,就像太阳雨,有太阳,也有雨。

莫叹别离,莫嗟别离,劝君一笑——话别离。

# A Satire on Love: Reconsidering *A Midsummer Night's Dream*

In one of Byron's adolescent poems there are such lines:

> If Apolo should e'er his assistance refuse,
> Or the Nine be disposed from your service to rove,
> Invoke them no more, bid adieu to the muse,
> And try the effect of the first kiss of love!
>
> ("The First Kiss of Love" from *Hours of Idleness*)

Indeed, love is considered one of the eternal themes of literature, but it is unduly idealized by many men of letters. This folly has long been the cause of the suicidal bitterness of the disillusioned youngsters.

Of course there are writers who have tried to remind us that love is not all roses. Some warn us that the pleasure may give way to a savour of sorrow:

> Rose kissed me to-day.
> Will she kiss me tomorrow?
>
> ("A Kiss" by Austin Dobson)

Others laugh at it ironically:

> Out upon it, I have loved
> Three whole days together;
> And am like to love three more,
> If it prove fair weather.
>
> ("The Constant Lover" by Sir John Suckling)

Yet none of them can equal Shakespeare, who, without reservation, strips off Love's veil of purity, takes away her crown of supremacy, wipes out the halloes of sanctity around her head, and has her face revealed. Then we are taken aback: Lo, love can be so ugly!

Love is mingled with bloody enslavement. Theseus says:

> Hippolyta, I woo'd thee with my sword,

And won thy love doing thee injuries. ( I. i. 16 – 17)

Love is the source of discord. It turns friends into rivals, as in the case of Helena and Hermia, and the parental affection into a deadly hatred.

Love can be used as a means of torment: Oberon, by magic, makes Titania love a beast-like creature, takes advantage of her embarrassment and demands of her the changeling.

And Love is also astoundingly inconstant. The fairy king steals away from the fairy land and verses love to Phillida, and he has another mistress, Hippolyta, too. The fairy queen loves Theseus, and the latter, unable to stand her temptation, has abandoned three lovers. Demetrius once made love to Helena and "won her soul," but now he courts Hermia.

What is even more amazing is that this serious and sophisticated idea is handed out to the audience in the wrapping of a comical atmosphere. The more lively and the more jocular the stage is, the more thought-provoking the play.

The ridiculous remarks of Bottom and the other clowns, who are borrowed from England, sparkle with wit and truth from time to time. On the contrary, the refined verses uttered with much ardour by the enchanted lovers can but make them the real fools in the play, or in life as Puck points out:

Lord, what fools these mortals be! (III. Ii. 115)

The caricatured performance of *Pyrumus and Thisbe* and the mockery at it by the Athenian audience bring forth a question: Is it worth it to die for Love?

Even the happy ending embodies another satire. Without being disabused of the charm of the love juice, Demetrius is made to love one he does not love at all. And Helena senses that. She sighs:

I have found Demetrius, like a jewel,
Mine own, and not mine own. ( IV. i. 197 – 198)

Poor Demetriuses and Helenas! They live in a world where true love is so rare; marriage with true love is even rarer; but marriage without love is unfortunately everywhere.

The basis of the comedy is the magic of the love juice, which, as the forfeited pound of flesh or the three caskets, is fabulous. This fantasy, however, is only a device to put us off our guard so that when Shakespeare makes one of his sudden dives into truth our unpreparedness renders the unexpected vision all the more striking. If I were the director, I would interpret and stage the comedy in such a way as to make the audience ponder, after their laughter dies away, over the following question:

What is the value of Love?

# Copyleft

朋友告诉我，某网站提供有偿代写论文的服务，也出售现成的论文。其中有一篇待售的中国文学方向的硕士论文，标价 300 元，题目是《老舍的本土意识及其对小说创作的影响》。我上网一搜索，果然发现了这篇论文。摘要一开头就引用了本人关于"本土意识"的论述。奇怪的是，作者说这些论述引自我的论文《加里·斯奈德的本土意识》，而这篇论文我是用英文发表的，里面也没有这些话。这些关于"本土意识"的文字是在别的文章里出现的。不过转念一想，只卖 300 元一篇的论文恐怕是会粗制滥造一点的了。

这种现成的论文只上传摘要和提纲供买家挑选。如果要代写论文，先要注册为会员，然后按照联系方法的指引发去写作方向和要求，网站就会回复并报价，买家如果接受价格，就先汇去 40% 款项，网站约请写手开始写作。论文完工后也发 40% 给买家过目并提出反馈意见，写手按意见在这 40% 的论文内容上作修改。买家觉得质量可以就付清余款，网站发给全文。

朋友怂恿我去索取报酬，因为整篇论文的确是在"本土意识"的基础上展开。而且这篇论文可以卖给很多买家，每卖一次该网站就收入 300 元。

我没有听从朋友的建议，因为一索取报酬就等于认可了这个网站的做法，而我自己也是论文指导老师，当然不能容忍这种出售论文给学生来忽悠导师、忽悠评阅人的行为。

其实，我对自己的"知识产权"是不太在乎的。在外单位做完讲座，只要对方要求，我都会留下 ppt 文件。在本校上课就不仅是幻灯片了，连讲稿都可以让学生抄在 U 盘里带走。反正述而不作，希望道以人传。

中国古代哪有什么"著作权"，有了好诗妙文越多人传抄越好，洛阳纸贵就是最高的评价。如果有流行歌手（在唐代就是歌伎了）演唱自己的诗作，那种感觉真叫个爽。

如今全世界都在强调"知识产权"，可在网络上却又特别重视提高点击率和下载率，这似乎有点矛盾。特别是一批数码无政府主义者，发明了一个名词叫 copyleft，专门同 copyright 作对。我只能把它译为"反版权"，在"right"和"left"之间玩文字游戏的机敏就无法译出了。

我反对数码无政府主义，网络这个虚拟世界还是应该和现实世界一样有序，但对于 copyleft 倒不反感。

然而，看到自己的作品被别人悄悄地拿去赚钱，心里确实有点不好受。受欺骗、被利用的感觉固然有，但更难容忍的是本来干干净净的文字现在却沾上铜臭。难矣哉，生存与清高，孰轻孰重？

（2008 年 7 月 20 日博文）

# "近乡情更怯"

以前我对"近乡情更怯"这个说法很不理解——都要回到阔别多年的故乡了,为什么还会忐忑不安呢?

然而,就在刚才那一刻,当我和自己的博客疏离了那么长的时间之后想重新写博文的时候,我发现真的需要勇气!

疏离有时候也许是个好东西。西方批评理论不是有"陌生化"(defamiliarization)的说法吗?似乎和审美对象拉开距离才能更深刻地认识它的美。中国的文人墨客在创作时也推崇"避熟求变"。

但是,在时间和空间两个维度的疏离也会造成心理隔阂。尽管秦观有过名句"两情若是久长时,又岂在朝朝暮暮",但长时间缺乏交流,一旦相逢,情虽然可能还在,开始还不知道有多生分呢,那就是所谓的"怯"了。我见过在老同学聚会的场合碰面的多年未见的初恋情人,多半期期艾艾地不知从何说起,一半是因为在知情人面前不好意思,一半就是因为"怯"了。在我的球友中也有类似情形,有些人为了生计不得不减少打球次数,逐渐就淡出了圈子,节假日有时打电话请都请不来,其实我们知道他是有空的。这已经接近自我放逐了。

"怯"还来自对未知的隐隐约约的恐惧,这倒是人之常情。

我真希望自己能更洒脱一点,在时间和空间中作逍遥游。到那时,初次邂逅则一见如故,久别重逢似刚做过秉烛夜谈,千万年只一弹指,千万里仅一步之遥,纳须弥于芥子,寄情致于大千。若然如此,心障尽去也。

(2008 年 11 月 19 日博文)

# 从服务员沏茶添水谈起

岁末临近，会议频频。会议中间会有服务员来沏茶添水。有些宾馆的服务员为与会者添完水后一律盖上水杯；有些则保留原样——如果杯子原先是盖住的，添完水之后还给你盖上；假如原先杯子是敞开的，添完水后还让它敞开，不盖了。我发现，同一个宾馆的服务员的操作方式是统一的，显然经过培训。

两种不同的操作方式反映了不同的指导思想。前者要的是整齐划一，隐隐透出背后严明的纪律，颇像汉代名将霍去病带兵；后者则尊重客人的多样化选择，显得宽松体贴，恰恰有点像和霍去病同时的飞将军李广的风格。

李广治军尚简，军中文书可省则省，行兵不重布阵，军纪松懈，待士卒宽仁。这样的部队如果能打仗，其单兵作战能力必定很强，而且因为没有事先演练好的阵法，所以靠的是随机应变，配合默契。将士为义气而战，为荣誉而战。精神的力量是主导的。

检讨一下自己带研究生的方式，俨然是李广的路数：招博士生从来不内定录取对象；入学后从选题开始就尊重研究生的意愿，从来不要求他们把学位论文选题纳入我的研究计划；除了研究生院的有关规定必须执行之外，从来不给他们更多的约束；读书随他们的兴趣，略加引导；提意见和建议如果学生不接受我也不坚持，也许他们比我更了解他们自己，如果我是有理的，他们碰壁后就会反思，挫折会使他们更成熟；学生犯了错误，要给他们改过的机会，绝不恶言厉色、冷嘲热讽……一句话，顺其自然！

话又说回来，李广带兵其实是个另类。军队还是要有纪律，令行禁止，指挥官的意志才能贯彻到最基层。但是，做人文、社会科学研究毕竟不同于打仗，人性化一点，个性化一点，多样化一点，对学生的成长是有好处的。

李广的结局不太好，他个性太强，和主帅卫青不和，愤而不听命令，打了败仗，觉得自己"终不能复对刀笔之吏"，不愿意受审讯之辱，于是自杀。

祝愿 Epsians 团队每个成员最终都有学术个性，都能独当一面。假如真有人犯了错误，吃了败仗，我真诚地希望他或她要顽强地挺下来，不要一蹶不振，更不要学李广走上绝路。

我常常观察大风中的飘叶，风似乎是狂暴的主宰，其实是叶借了风势上下翻飞，表演一场酣畅淋漓的舞蹈——还是刚才那句话——顺其自然。

再过 36 小时，2009 年就到了。这篇博文就算是 2008 的感怀和 2009 的祝愿吧。

(2008 年 12 月 30 日博文)

# "以闲为自在,将寿补蹉跎"

牛年这个年过得有点沉重。虽然来往拜年也拜了,亲戚们的麻将摊也经常摆,但家人心中都有牵挂,因为有人住在医院里,在北京动完手术来广州还要动手术。手术后白天黑夜都由家人轮流陪护。连我的手提电脑都要征用,让她看影碟。她又娇气,动不动大呼小叫,把大伙儿折腾得够呛。

面对这种形势,我再三斟酌后向妻儿提出不要给我搞生日聚餐了,气氛不合适。他们同意了,于是不提此事。果然也没有别的人想起来,儿子为此还有点不平:老爸的生日他们怎么就不放在心上呢?

其实,过年也好,过生日也好,用时髦点的话语来表达都是一种建构(construct),是人为的,只不过被自然化了(naturalization)。一旦去自然化(denaturalization),就有人不习惯,是谓执着。

执着是心态不平静的表现。我觉得再有价值的东西都换不来一个澄明的心境,至于退休后能否多拿一些养老金这种事就更不在话下了。

巧得很,唐代诗人刘禹锡也是在过年时有所感触,写下了"以闲为自在,将寿补蹉跎"的诗句。颇为豁达大度!

不过,这只是"起、承、转、合"中"转"的两句。前面"起、承"的四句却是:"弥年不得意,新岁又如何。念昔同游者,而今有几多。"相当的伤感和焦虑!也许刘禹锡是经过自省后才形成"以闲为自在,将寿补蹉跎"的人生态度的吧!

附原诗:岁夜咏怀

> 弥年不得意,
> 新岁又如何。
> 念昔同游者,
> 而今有几多。
> 以闲为自在,
> 将寿补蹉跎。
> 春色无情故,
> 幽居亦见过。

(2009年2月8日博文)

# Chinese · Cathayan · 狡诈

前些日子意大利尤文图斯足球队主教练拉涅利在发泄对裁判的不满时说，我甚至以为他是中国人。有人认为拉涅利影射中超联赛的黑哨。他后来解释说绝没有侮辱中国人的意思，那只是一句俏皮话。

其实，"Chinese"这个英语词在特定的语境下确实有贬义。（意大利语的"中国人"是否也可以有贬义我不得而知。）LZM曾经在对我的某篇博客的评论中以仿评书的形式讲述了我在1989年4月在牛津大学参加"Literature Teaching Overseas"国际会议时如何反击某位与会代表用"Come on. Don't be too Chinese."这句话来攻击一位中国女留学生的故事。

英语史上在"Chinese"之前的和中国有关的贬义词是"Cathayan"（原意为"契丹人"）。起初这个词是中性的，出现在公元1245年4月罗马教皇派到蒙古帝国的使节——传教士Plano Garpini——所写的关于蒙古人的历史和风土人情的报告中。因为当时是蒙古人统治中国，"Cathayan"也就引申为"中国人"。又因为西方人对"黄祸"的恐惧，这个词逐渐有了贬义。

莎士比亚的剧本《温莎的风流娘儿们》（*The Merry Wives of Windsor*）第二幕第一场里有这样的台词：

> I will not believe such a Cataian（同Cathayan——笔者注）, though the priest o' th' town commended him for a true man.
> 我不愿信任这样的一个狡诈的人，纵然教区牧师称赞他是好人。（梁实秋译）

在《第十二夜》里，陶贝（Sir Toby Belch）也说过"小姐是个骗子（My lady's a Cataian）"。

"Chinese"和"Cathayan"成为贬义词的例子说明，语词的意义往往由时代和语境来确定。现在网上流行的"囧""雷"等语词原来也并没有现在的意思。难怪Eugene Nida认为译本每过10年就需要重译，大概是因为10年后的语言已经有很大的变化了。

(2009年3月11日博文)

## "今朝有酒今朝醉"

有资料表明,电影在经济萧条时期会逆势繁荣,经济繁荣时期反而会不景气。

1982年美国失业率高达10%,但看电影的人数增加了10.1%,达到大约11.8亿人次。那一年的最卖座电影正是《E.T.》。到了1985年,经济高速发展,观众却减少了约12%。

如今历史似乎在重演。仅在2009年的头两个月,美国的电影票房收入就达到17亿美元,电影票销售量比去年同期增加了17.5%。与此同时,美国经济的下滑有目共睹。

有学者认为,经济困难时期人们想在电影中寻求慰藉,想忘掉烦恼,还想有多一些人作伴。电影院里的黑暗也给事业遭到挫败的人一些安全感。严肃沉重的电影这时候是不吃香的。

我倒是认为,除了上述原因之外,在经济萧条的时候加大消费力度——包括看电影——的人中间,有一部分是抱着"今朝有酒今朝醉"的心理,反正这钱越来越不值钱,还不如把它花掉。

至于是不是如那则小幽默所说,美国人认为买电视机花的钱其实给了中国,买电脑的钱给了印度,买水果蔬菜的钱给了墨西哥,只有看好莱坞电影和棒球比赛才能把钱留在美国,于是大看起电影来,那就不得而知了。

(2009年3月11日博文)

# 三台散记

## 一

2009年6月14、15两日在浙江大学外国语学院参加"现代主义与东方文化"学术研讨会，住三台山庄。碰巧我手上有一套线装《三台诗林正宗》，原先是戴镏龄先生的藏书，戴先生仙逝后，蒙戴师母赐允，我挑了这一套书留做纪念。

本以为杭州三台山与这套《三台诗林正宗》有关联，没想到此三台非彼三台。在网上搜索得知，《三台诗林正宗》是明代福建建阳书肆主人余象斗（字仰止）所刻。他的书铺起名三台馆，自号三台山人，于是所刻之书俱冠名"三台"。

杭州三台山则分为左、中、右台。右台山有清代朴学大师俞樾的墓，早年还有他修的右台仙馆。俞樾生在苏州，建曲园，故号"曲园"。但他主讲杭州诂经精舍30多年，培养出章太炎、吴昌硕等大学者和金石大师，直至87岁去世，从事业上看，至少可算半个杭州人了。

## 二

俞樾斋名"春在堂"，因为他考进士时的试题是"淡烟疏雨落花天"，以"花落春仍在，天时尚艳阳"破题，深得考官曾国藩赏识。他以此为斋名，应该也认为是得意之作。

俞樾以诗文举翰林，后来又因诗文惹祸。据说他任河南学政期间，上司曹登康交给他22名考生的名字，要俞樾录取。俞樾把所有条子投入火中，结果22人无一人上榜。曹登康大怒，上奏称俞樾出试题"割裂经义"，其实是俞樾想创新，把经典的句子组合出题。皇上亦大怒，俞樾于是开革。（欧阳昱：《见闻琐录》）官场险恶，可见一斑。

俞樾自己倒是颇看得开。他的春在堂有长联：

> 生无补于时，死无关乎数，辛辛苦苦，著二百五十余卷书，流播四方，是亦足矣；
> 仰不愧于天，俯不怍于人，安安稳稳，数半生三十多年事，放怀一笑，吾其归乎。

## 三

汉语的对联在英语中属于 antithesis 修辞手法，在认知的层面是 binary opposition。正因为有认知的意义，所以陈寅恪先生认为对对子很能反映一个人的学识和语言水平。俞樾也有对对子的轶事。

话说某日俞樾携夫人及幼女绣云游灵隐寺，至冷泉亭，见一联："泉自几时冷起？峰从何处飞来?"俞樾口占一联作答:"泉自有时冷起;峰从无处飞来。"夫人亦作一联:"泉自冷时冷起;峰从飞处飞来。"小女儿也来凑趣,说:"泉自禹时冷起;峰从项处飞来。"父母问"项"字何解?小姑娘说,项羽力拔山兮气盖世,他拔起的山飞到这里来了。三人大笑。

### 四

文化人特别重视子女的教育。对男丁尤其如此。科举时代写得好文章十分重要。俞曲园为了提高孙子陛云的写作水平,以垂老之年,亲自为他写了 30 篇范文,后结集刻印,名为《曲园课孙草》。其序于写作有精辟见解,抄录如下:

教初学作文,不外清醒二字。一篇之意,反正相生。一线到底,一丝不乱,斯之谓清;其用意遣词,务使如白太傅诗老妪能解,斯之谓醒。然清矣醒矣而或失之太薄,则亦不足言文。所以失之薄者,何也?无意无辞也。孙儿陛云,年笈长矣。思教以为时文之法,而坊间启悟集、能与集之类,不尽可读,因作此三十篇示之。光绪六年九月曲园叟识于右台仙馆

曲园叟提出的"清""醒""意""辞"四字真言,不但汉语写作管用,于英语写作也有指导意义。记得有一本美国人编著的名叫 *American English Rhetoric* 的写作教材,认为汉语思维方式是螺旋形的,一直绕圈,逐渐逼近圆心,圆心才是要讲的意思。其实这只说对了一半,就是所谓的"形散神不散",而古文重气,起承转合,环环相扣,反倒和该书所说英语的直线思维方式极为相似。

### 五

写文章无论遣词造句还是立意谋篇,都要建立在言之有物的基础上。贾岛"两句三年得,一吟双泪流"虽然讲的是写诗,个中甘苦,写文章也一样。而且最难得到的首先是材料。"现代主义与东方文化"研讨会上钱兆明教授就我的博士生 LCC、HAJ、LZD 为他撰写 *Pound's Chinese Friends* 一书寻找材料之事向我表示感谢,表明学者深知素材的重要,所以非常尊重别人为自己找材料的劳动。也许这会令那些使用他人的研究成果而不注明出处的人汗颜。

(2009 年 7 月 2 日博文)

# 东疆小记

2009年8月7—9日在延边大学参加东方文学国际会议。原先准备赶一篇关于美国新诗与日本文化的论文，没想到会议主办方要我讲《漫谈研究》，真是懒人有懒福，不用加班了。事实证明人家"从宏观考虑"还真正确。我的大会主题发言结束后人们就争着下载我的PPT。（其实给发言者的时间少得可怜，15分钟仅够我"晒"一遍幻灯片。）

延边称为"东疆"，首府是延吉市。这次去延吉市很重要的收获是知道了"鲜族"这个对朝鲜族的简称其实是个贬义词，相当于叫黑人为"Negro"。合适的叫法是"朝族"，或者干脆叫全称"朝鲜族"。同样，朝鲜语应该简称为"朝语"而不是"鲜语"。

另外，还知道朝鲜冷面是由六种面混合压成的。它们是荞麦面、小麦面、玉米面、高粱面、榆树皮面和橡子面，外加淀粉。这是在延吉市服务大楼冷面部吃冷面时同桌的三位朝鲜族年轻人告诉我的。（后来在网上了解到冷面不一定要用全这六种面，常用的就是荞麦面和小麦面加淀粉。）当时我孤身一人，要了一碗最贵的特级冷面，价格为20元。因为客人太多，只好和这两女一男共用一张餐桌。据他们说这个地方每天要卖出5000碗冷面，延吉市才40多万人口，游客似乎也不多见。这么大份的冷面一次吃一碗就很饱了。照此推算，每个月就有15万人次来服务大楼吃冷面。我没有问他们冬天吃不吃冷面。冷面汤其实就是加调料的冰水，冬天喝下去会很冷的。

我的面端上来后，他们目不转睛地看着我的不锈钢碗。（准确地说是盆子，口径足有25公分，深10公分。）后来才知道他们是头一回看到20元一份的冷面是怎样的。可见对当地人来说这已经是高消费。

朝鲜族有他们喜爱的颜色，体现在民族服装的颜色搭配上。我们住在延吉宾馆，床上铺的饰巾也是这些颜色的组合。

9日大会组织去长白山天池观光，我以前去过，就没再去，回广州了。过去拍的长白山天池照片倒可以摆几张上来。

(2009年8月12日博文)

# 读　　书

今年（2009 年）年初英国媒体调侃足球明星鲁尼，说他写的书比读过的书还多，因为鲁尼已经出版两部自传，而传说他仅读过一本书，就是《哈利·波特与魔法师》。

尽管媒体的评论有点儿不够厚道，而且也许有夸张，但其实质却是无法否认的，即如今读书的人少了，而自己不读书倒出书给别人读的人多起来了。当然，就中不排除请枪手的嫌疑。

这也说明了为什么联合国教科文组织在 1995 年就把每年的 4 月 23 日定为 World Reading Day。（姑且从众译为"世界读书日"。）我在《西窗琐语·翻译日》一文曾经讲过，大凡为某群人或某件事安排一个节日，除了商业考虑外，大多是因为这群人是弱势群体，这件事得不到应有的重视。读书就是眼下得不到重视的事，所以要定一个"世界读书日"来挺一挺它。

4 月 23 日本来是西方的圣乔治节（St. George's Day）。为什么定这一天为"世界读书日"？圣乔治和书又有什么关系？这些问题去网上略一搜索就可得知。中间还浪漫着一个故事呢！（正是因为有这个典故，所以我觉得把"World Reading Day"译成"世界读书日"还是贴切的。）

说来也巧，莎士比亚生于 1564 年 4 月 23 日，卒于 1616 年 4 月 23 日。《堂吉诃德》的作者西班牙人塞万提斯又和莎士比亚同一天去世。据说 4 月 23 日还是美国作家纳博科夫、法国作家莫里斯·德鲁昂和冰岛的诺贝尔文学奖获得者拉克斯内斯等文人的生日。联合国教科文组织定"世界读书日"时是否也考虑到这些巧合就不得而知了。

其实，定哪一天为读书日并不重要，重要的是认认真真去读书。

读书随着理性的增强可以分为四个层次——

（1）读书而产生共鸣。（Read to respond.）读者把自己的人生经验和书联系起来，或者把书看作周围的现实的反映。于是少女读琼瑶小说会把自己代入书中做女主角，失恋的青年读《少年维特之烦恼》会泪流不止，当过右派分子的人读张贤亮的《男人的一半是女人》会百感交集……

（2）读书而获得信息。（Read to get information.）读者把书看作资料库（database），为了功利的目的利用书中的信息。陈寅恪"以诗证史"，欧美人从张辛欣的《北京人——100 个普通人的自述》了解中国"文化大革命"后的社会状况……

（3）读书而进行欣赏。（Read to appreciate.）读者把书作为艺术品去细细品味，体会其奥妙之处，这个层次的读者必定是内行，所谓"内行看门道"是也。

（4）读书而进行评论。（Read to criticize.）通过读书来做研究的人，特别是职业的读书人都要达到这一层次。这时候读者把书看作解剖对象，各种理论就是不同的解剖工具。

那是否一定要走这四个层次的读书路子呢？在人生的某一阶段也许是的，比如做学生的阶段。但从长远来看倒也未必，因为这个路子有致命的缺陷——理性和功利容易把读书工具化,所以古今都有读书破万卷,甚至满腹经纶的人却品位恶俗,人品低下。

另外一个读书方向也从"读书而产生共鸣"开始,但跳出理性的框框,也不分什么层次,只是守住一个"悟"字,反复地把人融入书中,把书融入心中。不问结果,只经历过程。我的硕士和博士阶段的导师,已故的戴镏龄先生生前很喜欢一副集句联:"旧书不厌百回读,明月自照千家墀。""明月"是禅宗给佛性的一个象征。读书如果能读到心如明月,达到"见性"的境界,用陈寅恪先生的话来说就是做个"通人",那种感觉该多好啊!

有人说,书里也不是什么都好的呀。的确是这样。但书中的好的与不好的东西,是因人而异的。英语谚语说:"One man's meat is another man's poison."不是常说"开卷有益"吗?即使是书中不好的东西,只要把它看作是"见性"过程中的"魔障"、考验,也就处之泰然了。

写到这里,心中怅然,猛然发现自己已经很久没有读过书了。中秋即将来临,我,心中有明月吗?

(2009年9月10日博文)

# "重启"与"超负荷"

2009年9月30日晚参加了广东省政府举行的国庆招待会。因为有外国驻粤使节出席，所以省长黄华华的讲话伴有英文字幕打在投影屏上。

随便瞄一眼，除了觉得译文像许国璋先生调侃过的"新华体"之外，还有硬伤，比如"Pearl River"写成"Pear River"之类。本来像这类重要讲话的正式译文应该经过多重审核，但竟然放过了这种低级错误，真不可思议。

不过，还有比这更不可思议的，出现在国家一级的外交场合——

今年3月6日，在日内瓦会谈的美国国务卿希拉里和俄罗斯外交部部长谢尔盖·拉夫罗夫共进晚餐。用餐前希拉里送给拉夫罗夫一件小礼物，是一个红色按钮，上面印着英文"Reset"和俄文"Peregruzka"字样，意为"重启"，象征着重新检视并启动两国的合作关系。希拉里将按钮递给拉夫罗夫，说："我们尽全力希望找到合适的俄文表达这一意思。你觉得我们表达对了么？"没想到拉夫罗夫说："你们弄错了。"原来俄语"重启"的正确拼写应该是"Perezagruzka"，现在印在按钮上的俄语单词是"超负荷"的意思。当然，外交家大都是有急智的人，希拉里马上说，这一错误的翻译比正确的更恰当，因为在重启关系的过程里美俄双方都面临着"超负荷"的工作量。

把英文"重启"错译为"超负荷"的译员不知道会被追究什么样的责任。但1978年美国总统卡特访问波兰，致辞时谈到"波兰人民的愿望"，随行译员却把"愿望"翻译成"贪欲"，引起轩然大波。回国后，这位可怜的译员就被解雇了，而且据说还"终身不得录用"。

译员犯错误是难免的，译员也是人，老虎也有打盹儿的时候呢！不过，译员的责任可是一刻也不能忘的。责任心强就能在很大程度上避免或减少失误，造成的损失也就少些。

已故中国外交部翻译室原副主任程镇球先生多年前和我聊天时谈到抗美援朝时就如何把接替麦克阿瑟任美军第八集团军司令的Matthew Bunker Ridgway的姓氏译成汉语而煞费苦心，因为台湾译为"李奇伟"，颇有气势，后来他和同事们想了很久，终于想出了对Ridgway表示轻蔑的我们自己的译名——"李奇微"，并提供给新华通讯社使用。这时候译员的职业责任心里融进了对国家和民族的忠诚。

中国政府部门一向坚持"外事无小事"的信条，非常重视外事翻译的准确性。遗憾的是目前中国的外语教育偏向"流利"，缺少"准确"性的训练，于是连省长重要讲话的译文也出现硬伤。

语言的交际功能的确不容忽视，但对于以外语为专业的人来说，除了日常生活的交际之外，必须胜任以外语来做文化底蕴深厚的交际。

(2009年10月12日博文)

# 当舞者沦为零配件

昨晚去国家大剧院看了《复兴之路》。今天同组的委员们聊起来都认为这个作品不怎么样。我也抱同感。

应该承认,《复兴之路》在声光电舞美的运用和舞台立体化方面确实煞费苦心。有些场景是在普通舞台上无法表现的,比如反映汶川地震救人,就直接从舞台台板留出的洞里拉出一个人来,因为舞台本来就设计得可以平移、升降和旋转。

曲终人散后能略微留下印象的就这一点了。其实,舞台的利用也还不够超脱,因为没有打破第四堵墙。

唯一打动我的瞬间是独唱反映汶川地震的歌曲《呼唤》的时候。这首歌本来由毛阿敏唱,昨晚演唱的是另一位演员,极富穿透力的悲凉使我眼睛有些湿润。毛阿敏现在的嗓音不一定能有那么丰富的表现力。(整个演出几乎都不是由 A 角担当,只有戴玉强、殷秀梅合唱了一曲《致祖国》,雷佳独唱了一段改编过的《在希望的田野上》。)

其他原创的歌曲和音乐都缺乏旋律性,更缺乏真情,要像以前的音乐舞蹈史诗《东方红》里的歌曲那样广为流传是不可能的了。为人民英雄纪念碑碑文谱曲,虽然有点庄严,甚至有点空灵,但听起来总像欧美教堂里唱的赞美诗。第五章《中华颂》里的《幸福家园》的音乐如果加上敲击木鱼的声音来打节奏,就颇像梵乐。不知道这些是不是编创者希望获得的效果。

当年梅兰芳先生把京剧观赏从"听戏"引导到"看戏"是创新,但今天如果让作为形式的视觉冲击泛滥以致淹没了以音乐和语言为主要手段的抒情叙事,那就是"道""器"颠倒了。《阿凡达》让《拆弹部队》比了下去,也是因为奥斯卡评奖的标准重视了人文关怀和对人性的思考。

《复兴之路》的舞蹈几乎就是团体操。以密集的演员做简单但整齐划一的动作,这似乎是总导演从《千手观音》到北京奥运会开幕式一贯的思想。舞者的魂被抽走了,舞蹈的灵性被抽走了。可是舞蹈这种文化形式最原始的功能就是通灵啊!为建国 60 周年献礼的音乐舞蹈作品不但没有展现新中国舞蹈艺术的精华,反而使舞者沦落为机器里的零部件,需要出感情的地方只能用哑剧来表演。这真是中国舞蹈的悲哀!

更可悲的是舞者的心死了。某歌舞团连续 13 年上春晚伴舞,被称为"伴舞团",其领导还沾沾自喜。可怜这个团里的舞者,只能当挣钱机器的零部件!

我的父亲生前对舞蹈抱有偏见。他是音乐家,认为音乐是舞蹈的灵魂,又认为舞者的文化底蕴都不深厚,因为从几岁就开始花大量的时间练肢体,肯定难有工夫加深文化修养。我这个几乎当了广东舞蹈学校首届学员的儿子经常在他面前为舞蹈辩护。不过,假如他老人家在天之灵看到现在很多大型歌舞演出中的舞蹈节目的话,他更加振振有词了。

(2010 年 3 月 9 日博文,写于北京会议中心)

# 赠 书

俗话说："秀才人情纸一张。"我想那一张纸肯定不是白纸，很可能是书画或诗作。不管其内容是否精品，比起送红包、送补品来那种情调会别具一格。

遗憾的是，如今会写毛笔字、会画中国画、会吟诗作对的"秀才"（读书人）越来越少了。即使是大学中文系专门研究中国古典文学的人，达到最基本的"诗口熟"状态的也不会很多。

不过，此消彼长，现在出版研究专著的人倒是多了起来。于是，秀才人情往往就是"书一本"了。

我自己出的书不多，但也会送人，也算是"秀才人情"吧。

前些时我却很偶然地发现，文津阁网上书店的目录中赫然有"译者××签赠本"《孙中山伦敦蒙难及影响》，开价80元。那个"译者××"就是鄙人。

"人情"被卖了！卖家认为我的签名值70多元（80元减去书价）。

转念一想，礼物送出去后其所有权就是别人的了，人家爱怎么处置就怎么处置。再者，虽然是自己出的书，也不必太当回事。于是心下释然。

其实赠书这种现象是挺复杂的——

赠书给同行，可能是希望得到内行的评价和其他反馈；

赠书给朋友，可能是希望大伙儿分享自己努力工作后有所成的喜悦；

赠书给亲人，是感谢他们的支持和爱护；

赠书给老师，是希望继续得到指导；

赠书给学生，可能是希望作为课堂学习的补充材料；

赠书给领导，可能是自荐的一种方式，希望进入上级的视野。

至于接受赠书的人，我敢说只有一小部分会认认真真读完那本书。这也很正常，每个人都有自己的阅读习惯和相对稳定的阅读范围，"被读书"是很不舒服的。

真正有意义的是赠书这一行为本身。

记得读硕士期间，妻子领着3岁的儿子，和我分居两地。处于这种状态，我还写过两首有感而发的新诗：

**木 棉**
花是爱的火把
仅仅照亮
光秃的枝桠

叶是温柔的情书
刚刚写好

花儿已经坠落　干枯

风发出漩涡的喘息
假如我有上帝的权力
定把你们俩调到一起

　　　　　　　　　（木棉很特别，开花的时候树上基本是没有叶子的。）

**中　秋**
书上常道　月儿是明镜
静静地望着它吧
也许会迎上
我思念的目光

人们常说　风儿能传信
赶快去追踪它吧
也许能拾起
我失落的叹息

不　还是咱们相约
一齐做梦
挣脱时空
在另一世界重逢

在此期间，我翻译了《两广总督叶名琛》，在北京中华书局出版。我送了一册"译者×ב签赠本"给孩子他娘，当然还写上感激她的话。后来她说当时感动得眼泪都快掉下来了。但是我知道，她没有，也不会读那本书的。她不喜欢读书，是个"跟着感觉走"的行动派。她有她的风格，我很佩服。

我自己也常常收到赠书。我坦白，大多数赠书我只是大致浏览，从头读到尾的很少，但送书给我的这份情谊是铭刻于心的。

那位把我的赠书转卖给文津阁书店的朋友十有八九也抱着和我一样的心态，不过比我更洒脱，像庄子说的"得意忘言"一样，他或她是"得情忘书"。书去了，情犹在。何况眼下住房紧张，屋里存书的地方很有限，卖掉部分赠书也不失为增加蜗居空间的好办法。

我心下更释然了！

　　　　　　　　　　　　　　　　　　　　　（2010年4月17日博文）

# 关于生态批评的思考：
# 从"牛山濯濯"说起

"牛山之木尝美矣，以其郊于大国也，斧斤伐之，牛羊又从而牧之，是以若彼濯濯也。"（《孟子·告子上》）这就是成语"牛山濯濯"的出处。

在一个关于生态批评的国际会议上，听着那些来自所谓"生态批评发源地"的代表们侃侃而谈，我想起了上面这段文字，心情沉重——欠发达国家的资源是被发达国家（"大国"）掠夺的，后者的文明和富裕以牺牲欠发达国家的环境为前提；欠发达国家则为了最基本的生存权逼不得已破坏自己的环境（"牛羊又从而牧之"）。那些个进口的生态批评理论为什么不先反思一下造成目前地球生态环境恶化的历史原因呢？现在他们的日子过得滋润了，就大讲"生态正义"（ecological justice），因为有了财富还得健康长寿才能更好地享用。这是典型的既得利益者的心态。哥本哈根会议上关于碳排放指标的分配、碳关税的征收等等甚至成了发达国家钳制欠发达国家发展的一种手段。

关注生态、关注人与环境的和谐，对西方人来说在哲学层面是一种转变。西方哲学的主流思想，无论基督教精神还是希腊精神，都把"我"与"非我"截然分开，视之为二元对立。（见丘镇英：《西洋哲学史》，北京师范大学出版社，1986年，第9-10页）现在他们要把"我"放进"非我"之中，使二者达到和谐，这是对传统西方哲学的反拨，在西方而言是创新。

然而，在中国文化传统中，"我"与"非我"本来就是一体，同为一气之聚散，万物皆备于我，并且力求使这"一中之二"处于最佳的平衡状态，是为"和"或"中庸"。中国古代的山水画常常在大幅的自然风光之中画上一两个小小的人物，这就是咱们的老祖宗的生态观的表现。季羡林先生曾经一语惊人，认为只有中国哲学可以救世界，其实也是生态层面的思考。

生态批评反对人类中心主义。对于那些尚未解决温饱的人来说，生存肯定是第一性的，但不等于是人类中心，就好像动物为了将物种的基因延续下去而要捕食和繁殖一样，人也只是扮演好生物链中自己这一环的角色而已。美洲印第安人在打猎前要举行仪式，祈求动物施舍些肉给他们的部落，这是协商的关系，而且是为了生存。只有当杀戮是为了娱乐的时候，比如英国上流社会流行的猎狐和西班牙的斗牛，才是人类中心主义的表现。

人的生存也应该是环境的一部分。环境就是"非我"，他人也是自己的环境。那些为了控制世界的能源而到别的国家去杀人、虐俘、进行种族灭绝的人，同样是破坏环境的罪人。

在国际上如此，在中国内部也如此。中国的发达地区搞产业转移，也是以欠发达地区的环境为代价的。生活在发达城市里的中国人也要反思，政府应该给欠发达地区以补偿。

平心而论，保护生态是好东西，生态批评也是好东西，但当好东西有可能沦为国家或地区利益博弈的工具时，我们就要警惕了！

利用好东西干坏事的还有所谓"生态恐怖主义"。1992年美国的"地球解放阵线"组织曾经破坏华盛顿大学一处价值 700 万美元的研究设施，焚毁西雅图一处高楼。1998 年用燃烧物破坏科罗拉多州一处价值 1200 万美元的高档滑雪场。2003 年焚毁圣迭戈一栋价值 5000 万美元的新公寓楼。这些暴力行为都毫无例外打出"生态主义"的旗号。

生态批评是一种新兴理论，现在连"eco-criticism"中的"eco-"到底念/iːkou/ 还是 /ekou/，在生态批评家中间也还不统一。不过，我相信，新理论刚刚出现时的略嫌极端会随着时间的推移和研究者浮躁心态的逐渐平静而日趋成熟。就像今天美国的平等女性主义，已经不强调通过颠覆男女之间的二元对立中的主从关系来达到女性解放了。

（2010 年 6 月 1 日博文）

# 南非世界杯随想

## 一、呜呜祖鲁

呜呜祖鲁发出的声音分贝极高,可谓"噪音污染"。可是国际足联还是接受了它,理由是这是南非的文化,世界杯在南非举行,要尊重南非的文化。从生态批评角度来看这简直不可容忍。但如果禁了呜呜祖鲁,这届世界杯还有那么热闹吗?上座率还有那么高吗?理论真是灰色的!在音乐领域,许多过去的不协和音现在都被接受了。人的听觉是可以变的。

## 二、"Waka Waka(This Time for Africa)"

都说把哥伦比亚歌手夏奇拉(Shakira)创作并演唱的这首歌选为南非世界杯主题曲是因为它具有典型的非洲风格。我看准确地说是具有典型的非洲音乐节奏,至于MTV中的舞蹈却是踏着非洲的节奏扭动着波斯肚皮舞的腰肢加上泰国佛教舞蹈庄严的双手合十姿势,可能是要糅进多一些文化元素,增加文化亲和力吧。媒体一再推动,于是乎满城争说世界杯,姑娘大婶也疯狂。不过平心而论,这样的搭配还算和谐。夏奇拉带有金属般的铿锵的嗓音,是这首歌成功的重要因素。

## 三、"普天同庆"

"普天同庆"球轻,发飘,造成了几位"黄油手"守门员。我觉得这样的球好,因为容易制造旋转,旋转产生曲线,相对于传统的直线传射,是一种"离格"(deviation),有新鲜感,有另一种美。我在2006年5月发过一篇题为《"为"与"势"及足球狂想》的博文讲过这一观点。

## 四、巴西世界杯会徽

下一届世界杯在巴西举行,会徽已经发布,外形颇像大力神杯,三只手擒住一个足球。我就觉得奇怪,难道提倡足球赛中的"上帝之手"吗?从动漫来看,手的肤色似乎缺了白色,有点不妥,设计者不是受后殖民理论影响吧?

(2010年7月12日博文)

# 感动一回

前天晚上在海心沙现场观看了广州亚运会开幕式。

取票时被告知要在下午3点至5点钟全部安检并入场完毕。开幕式晚上8点才开始，即使7点钟开始热场表演，那也要等两个小时才有正式的演出看。我心想，不理睬它，还有好些论文要评阅，五点半离开家，6点能到就不错了。不让入场就回家看看电视转播，表演的水平还不知道怎么样，差劲的表演令人沮丧，不如不看。

车开到广州大桥，离场馆还很远，路就封了。大桥北段聚集了人群，很多人想去江边看花船巡游和焰火，个别是要过桥回家。除了执勤警察之外，还有几十名手执透明盾牌的防暴队员严阵以待。我下车步行，从2号安检门进场。到了安检门一看，已经6点15分，但和我一样不理睬5点前入场完毕规定的大有人在，也没有被拒绝入场。通知说不准带相机，甚至有拍照功能的手机也不准带入场。我的照相机不高级，拍夜景效果不好，本来就不准备带，不过在安检门看到带高级相机入场的也大有人在，没有碰到麻烦，不由得感叹中国人（来看开幕式的不止广州人）真是有"法外情"观念。

海心沙看台分8层，每层高度约等于住宅楼一层。每层看台分许多区。并列的两个区中间的过道上站着一名志愿者。他（她）背朝表演区，面向观众，负责组织观众的互动，表演是看不成的了。同样的是部署在每层看台的便衣警察，也是背朝表演区。警惕地审视着观众席。

每个座位都为观众准备了一袋小玩意儿，原来是互动的道具。热场表演还没开始，我们区的小姑娘志愿者就开始"折腾"我们，要我们拿出小道具模仿她的动作，跟着她喊口号。她比其他区的志愿者都投入，别人只是举举手，拍拍手，她却像跳disco一样激烈。尽管她拼命鼓动，我们区的观众反应并不热烈。我为她的执着所打动，但又确实不想当傀儡，就对她说："小姑娘，我们这个区的观众年纪偏大，现在练得太猛等一会表演中间真要互动我们就没劲了，能不能歇歇？"她恍然大悟，就转过身去"折腾"港澳人士所在的那个区去了。

热场表演其实是表演少而热场多。主持人吴大维、周瑛琦和梁永斌和那些个志愿者一样，时而要我们挥丝巾，时而要我们造人浪。小道具中我比较喜欢的是一把蒙了芭蕉叶形状的绿色绸子的折扇，我运用手腕的舞蹈技巧把它舞得像花朵又像波浪，把那位小姑娘志愿者镇住了。还有一个小红灯笼，装了电池可以由开关控制灯泡的明灭。全场观众开亮小灯笼的时候就像繁星满天，很好看。

开幕式经过不下6场彩排和预演，已有零星报道。所以当男孩熊钰翔乘着蕉叶船从空中徐徐飘来时我并不感到新奇。不过这小家伙还是有点胆量的，因为他要在20米高的空中，在面积仅有一平方米的蕉叶上表演好些动作。后来才知道他是舞蹈家刘晶的儿子。刘晶本人也参加了开幕式表演，郎朗弹琴时在空中飞来飞去的女子就是她。

蕉叶男孩唱的广州童谣《落雨大》并不是他的原声。开幕式的前半部的音乐主题就是这首童谣。小时候我奶奶教过我，到现在我还会唱，所以听起来特别亲切。广州的一些传统童谣旋律简单、韵味悠远,像天籁之音。记得 2004 年 6 月在四川大学参加"垮掉的一代"国际学术讨论会,和美国音乐家 David Amram(不是电影演员 David Amram)谈起少数民族音乐和区域音乐,我给他哼了《落雨大》和《鸡公仔》两首童谣,他如获至宝,当场录了音,还说要把它们作为将来创作的交响乐的主题。就在广州亚运会开幕前一天——11 月 11 日——在百老汇的 Symphony Space 为 David Amram 举行了庆祝这位美国音乐界重量级人物 80 寿辰的交响音乐会。组委会在 10 月 10 日给我发来电子邮件,邀请我参加,我知道是 David 把我的邮箱地址给了组委会,不然他们是联系不上我的。我被他的诚意所感动,可惜短短一个月我无法办好去美国的签证,况且不能拉下太多课程,只好辜负他的情意了。不知道他有没有用《落雨大》或《鸡公仔》的旋律创作出交响乐来?又不知道音乐会有没有演奏用《落雨大》或《鸡公仔》的旋律演绎成的乐章?

很多人觉得广州亚运开幕式文艺表演最震撼的是《白云之帆》中的空中飞人造型,但我却为《海洋之舟》一幕中在起伏摇晃的海船上同风浪搏斗的水手以及送别亲人的渔家女所感动。空中飞人造型的创意确实有独到之处,操作难度也很高,但我还是保留评论《复兴之路》和《千手观音》时的观点——舞者不能沦为零配件。表演的灵魂尽在一个"情"字。虽然我的位置在 7 层,看不到演员的面部表情,但我仍然能在《落雨大》的交响旋律和人声伴唱中从领舞的渔家女的肢体动作感受到生离死别的纠结。一阵心酸涌了上来。我知道这场演出成功了!来时的怀疑和之前被志愿者"折腾"的不快都消融了。这些年在现场和在电视机前看过不少大型文艺表演,坦率地说,《启航》比它们都强。之所以强并不在于露天表演或火炬手踏波而来和用放焰火的方式点火炬等等创意,也不在于高达 8 米的红棉花瓣等等别出心裁的道具,而在于演出让演员和观众,连我这个"心如止水"的人,都动情了。

(原来领舞的渔家女就是当年在 CCTV 舞蹈大赛中表演《扇舞丹青》的王亚彬,怪不得表现力那么强。)

(2010 年 11 月 14 日博文)

# 一念解空

去年在武汉归元寺数罗汉。

按惯例,入五百罗汉堂后按男左女右方向,随便从一尊罗汉数起,数到和自己的年龄相同的数目就停止,记住数到的那尊罗汉的称呼和顺序号(即第几尊罗汉),然后去领取对应的解词。

我不想麻烦,进去后直接从第一尊罗汉数起,数得第64尊"一念解空尊者"。

解词曰:行正心清为本分,水到渠成免烦忧。曾忆江南春风好,极乐人间无此愁。与自己几十年经历印证,是有点那个意思。

一念解空尊者即宋代高僧解空。他曾在雪窗下读书,忽悟得"世间文字语言皆糠秕"之旨。古人"述而不作",禅宗"不落文字",但都依赖口语。解空连"语言"(与"文字"相对,自然是指口语)都舍弃了,到了"佛曰不可说"的境界。剩下的唯有一个"悟"字。

可惜我们当老师的,无法离开文字语言。明知"道可道,非常道"也不得不道,只希望不要偏差太多。教学生时完全靠"悟"也不行,一味"拈花微笑"还不知道会引起什么样的误读!

解空和尚以高龄任北禅天台寺住持,入寺时指法座口占一偈:"胸中一寸灰已冷,头上千茎雪未销。老步只宜平地去,不知何事强登高。"其实,何止老步忌"强登高",就是少壮也使不得的。还是那首解词说得好——"水到渠成免烦忧"。

**一念解空尊者**

(2011年3月29日博文)

# 区罗月名字的由来

3月8日在北京开"两会"期间，收家人短信，恭喜我当了爷爷。

于是煞费心思给小孙女起名。几经斟酌，终于由我提出方案，家人赞同，取楹联"池塘月撼芙蕖浪 罗绮晴娇绿水洲"中的两个字，定名"区罗月"，小名"月儿"。

这副对联是清代赵云九集句为无锡封翁园所题。赵起鹏，字云九，无锡人，同治六年（1867）举人。官至广东知府。工书，偶写山水，饶有韵致。（参见《中国美术家人名辞典》P1287。）

赵云九所撰对联集唐代诗人方干和孟浩然诗各一句而成。两人的诗篇如下：

### 全唐诗卷651_1【山中言事】方干

日与村家事渐同，烧松啜茗学邻翁。
池塘月撼芙蕖浪，窗户凉生薛荔风。
书幌昼昏岚气里，巢枝俯折雪声中。
山阴钓叟无知己，窥镜捋多鬓欲空。

### 全唐诗卷160_116【登安阳城楼】孟浩然

县城南面汉江流，江涨开成南雍州。
才子乘春来骋望，群公暇日坐销忧。
楼台晚映青山郭，罗绮晴娇绿水洲。
向夕波摇明月动，更疑神女弄珠游。

此女属兔，故将"月"字嵌入名中。她的母亲名字里有"桂"字，亦在月中。至于五行八字，皆大吉。祝愿她顺利成长！

（2011年3月30日博文）

# 八月湘行杂忆

## 一、《天门狐仙·新刘海砍樵》

在张家界天门峡谷看了一场以真山实水为背景的歌舞表演。编导巧妙地从湖南民歌《刘海砍樵》里提到的"胡大姐"展开想象，把"胡"理解为"狐"，于是演绎出一段爱情故事，同时加入对于人与自然的和谐以及关于人类自身文化的反思，颇有新意。给我印象最深的是演出还借鉴了古希腊戏剧的"歌队"形式，由合唱队用歌声叙述故事情节，表现人物情感和心理，演员则纯用形体动作来演戏。歌队叙事的音乐使用了西洋歌剧的宣叙调形式，表现人物时又大量使用湖南民歌的元素，包括生动活泼且口语化的歌词，二者结合得很得体。

看罢演出退场时偶然看到海报，原来音乐总监是谭盾，于是我想起他创作的交响乐《太极》，路子是一样的。

## 二、梵净山金顶

梵净山在贵州铜仁，超出了"湘行"的范围，不过因为铜仁离张家界只有61公里，比从张家界去湘西土家族苗族自治州首府吉首市只远10公里，所以来张家界的游人常常会出湘入黔去游梵净山。

下了景区摆渡车，爬了680级石台阶，到了梵净山金顶脚下的补给处，领了一袋干粮，内有一条面包、两个卤蛋、一个苹果、一瓶矿泉水。许多人兴高采烈地往金顶进发。我不知怎的心念一动，决定不再往上爬了，找了张椅子坐下来吃干粮。没过多久，下起倾盆大雨，我和几位不上金顶的游人坐在补给处的大伞下边，还要穿上雨衣才能免于湿身。人们陆续从金顶下来，一个个像落汤鸡似的。朋友说我的直觉真厉害，能预先感觉到危险，因为爬金顶的过程中有一段险路，人们要像野兽一样手脚并用扣住一个个石窝才能前进。下雨更增添了危险。怪不得出发前导游提醒女士不要穿裙子。前年暑假去武夷山我也是决定不去漂流，结果躲过了翻船事故。同行的几位多少都受了点儿伤。有人受了惊吓，直到几个小时后吃晚饭时才突然大哭起来。最严重的一位是前额碰上了伸出在水道上方的岩石，以后几天都晕晕乎乎的。

除了从一开始就一步一步往上爬的人之外，个别人雇了滑竿，让轿夫抬到不能再往上抬的地方才作罢，加上包括本人在内的压根儿就没爬的人，细分析起来隐约代表三种不同的心态。

到了南岳衡山的磨镜台，了解了怀让禅师对求法的马祖说"磨砖不能成镜，打坐岂能成佛"的禅林典故，不由得豁然开朗。在梵净山那些爬金顶的人有点像相信苦修就能成正果的信徒。他们认为跑老远来了不登顶不值,于是一味磨砖。乘滑竿的相对而言不拘泥于形式,但还是想办法去登顶。不爬金顶的人有些是怕苦怕累或身体状况不允许,但有些像我这样人的确抱着"乘兴而来,兴尽而返"的想法,一切从心所欲,顺其自然,无所谓值与不值。梵净山和武当山的金顶我都没爬。峨眉山的金顶却上去了。在长白山我也爬山看了天池,当时也没有想那么多,也是心念一动就出发了。多年前也有上天池的机会,但心念一动没上。后来听上去的人说刮风下雨,不但看不到天池,还差点儿冻坏了。男士们在山顶手挽手围成一圈,为圈内的女同胞挡风。

观光旅游和人生的旅程如出一辙。记得五四运动80周年的时候,当时的广东经济电视台(简称"商台")编辑王世军采访我,目的是了解不同时代的知识分子的遭遇和思想。最后他突然问:您刚才讲到各种经历,经常使用"偶然"这个词,您认为人生无常吗?我说这些"偶然"有时是为势所左右,有些事情多年后回头看才知道那是多么关键。比如我上高中一年级时总共有6个班,3个班学的外语是俄语,另外3个班学的是英语。我很偶然地被分配到学英语的班,于是今天有了我这个英语老师。如果分到学俄语的班,我的发展又会是另一种样子。有时有些"偶然"就真是自己的"心念一动"。比如我攻读博士,没有怎么考虑就报了名,完全没有理性地衡量得失。不是我认为人生无常,而是人生确实无常,这并非消极的人生观。采访长达两小时,王世军不出镜头,只用画外音。采访剪辑成40分钟的片子,和当时的《羊城晚报》总编辑曹淳亮的访谈一起组成一套节目播出,据说因为我当过知青带队干部,而曹淳亮当过知青。

### 三、衡山福严寺

僧问:施主从何处来?
客答:来处非是来处,何处即是何处。去也是来,来也是去。和尚身是昨日施主,施主心是明日和尚。

若在宋代,这番对答也许入得禅林公案了。公案的精髓似乎是相对主义,但禅也好,道也好,本质是理想化的绝对自由,同时认同无穷的变易。《庄子·逍遥游》说:"若夫乘天地之正,而御六气之辩,以游无穷者,彼且恶乎待哉!"多自由啊!那句"彼且恶乎待哉"真了不起!谁都不需要依赖了,包括神。禅宗南宗以佛性为本来之一物,任何人见性则成佛,有了泛神的意味,但仍然供奉释迦。(惠能那首有名的偈中那句"本来无一物,何处惹尘埃"在法海本《六祖法宝坛经》里是"佛性常清净,何处惹尘埃"。)基督教更不用说了,核心是一个"信"(faith)字,上帝的存在不容置疑。可惜自汉代五斗米道以降,道家演变成道教。尽管许多道教神仙都是人变的,但还是依赖的对象。如今道教的信众反而疏远了老庄。记得2003年3月人民网记者周贺采访我,她问我最喜欢的是哪一本书,我说是《庄子》,于是她以《××:喜爱庄子的英诗教授》为题发表了报道。时至今日,我的喜爱没有变。

## 四、衡山大庙戏台对联

凡事莫当前看戏不如听戏乐，
为人须顾后上台终有下台时。

（2011 年 8 月 15 日博文）

# 中秋望月遐想

"月有阴晴圆缺,此事古难全。"可是为什么一定要全呢?阴也好,缺也好,月亮总还在那儿。无论你走到南北西东,你想 TA 的时候,TA 陪伴着你,你不想 TA 的时候,TA 照样默默地跟随你。月亮就是个存在。前面那句"人有悲欢离合"既然用"月有阴晴圆缺"来比喻,我想也是一样的道理。多年未见后重逢的老同学或初恋情人之间,最亲密的接触无非是淡淡地笑一笑,轻轻地拉拉手。该放下时就要放下,真正在心里放下。如若不然,像陆游和唐婉,一人写一首《钗头凤》,于是要了唐婉的命。其实,有许多牵挂、许多遗憾,貌似为他人着想,骨子里还是为自己。所以《庄子》说:"至人无己,神人无功,圣人无名。"

"望月遐想"成了"瞎想"!

(2011 年 9 月 13 日博文)

# 尽信×则不如无×

标题是从《孟子·尽心下》中的"尽信书则不如无书"一句脱胎而来。孟子读《尚书》，书中说武王伐纣，会战于牧野，"血流漂杵"。孟子认为此言不确——武王以至仁伐不仁，天道人心所向，不需要也不可能杀戮得那么凶狠。于是说了上文提到的那句话。孟子对史料不盲从，这和西洋史学家如 R. G. Collingwood 和 Edward Hallett Carr 关于史学家应该像个侦探的主张很相近。之后从西方传进来的后现代史学观也从怀疑出发，但指向虚无，认为没有历史真相，则走了极端。

我把孟子那句话改用一个公式来表达，意思再明显不过。

话说美国有位中学生，用 iPhone 4 给同学发短信："gunna West Hall today"（今天要去西厅中学）。不料 iPhone 4 有纠错功能，把短信改为"gunman at West Hall today"（枪手今天到西厅中学）。他没核对就发出去了。他的同学收到短信后马上报警，引起轩然大波。最终发现是场误会。这是"尽信科技不如无科技"。

有一部电影名叫《敏感事件》，剧情可以在网上搜到。可是这部电影恰恰讲的是网络信息的真真假假。最后网民们把假的当成真的，而真的却没有人相信。还有"水军""肉鸡"，当然还可以借助技术手段，通过提高点击率来左右舆论，以达到某种目的。这是"尽信网络不如无网络"。

如果涉及人呢？是否"尽信人则不如无人"？我的答案是肯定的。你看那口口声声"唱红打黑"的人，能尽信吗？即使不是两面派、"腹黑"人，哪怕是善良人，由于种种原因，在某些场合也会言不由衷。不是有所谓"善意的谎言"（white lie）吗？有时听到有人把话说得满了，我会装装糊涂，轻轻一笑就带过了。你瞧，对我也不能尽信啊！再英明伟大的人，他们对"我"和"非我"的认知也会有时间和空间的局限，所以也不能尽信，否则就不会有"中国特色的社会主义"了。

胡适说过："做学问要在不疑处有疑，待人要在有疑处不疑。""有疑"就是"不尽信"。待人有疑而不疑，首先还是有疑，即不尽信，至于不疑，那只不过是做人厚道，包容大度罢了。

(2012 年 4 月 12 日博文)

# 经与权

"经"者"不变"也,"正常"也。"不经之谈"就指不正常的荒诞之说。"权"者"变通"也。郭沫若评论毛泽东的《在延安文艺座谈会上的讲话》就用了"有经有权"四个字,指的是"讲话"中有些论点是为了适合当时的形势而提出来的,并非一成不变。

各行各业都是"有经有权"的。

记得20世纪60年代初,我读大学本科。周末回家,父亲常常把我作为他的音乐作品的第一个听众和乐评人。有一次他应女高音歌唱家张权之请为几首唐诗谱曲,供她做教材用。我试唱之后提出改动几小节,父亲基本接受,但同时指出我使用了调式外音,违反了作曲法。于是我才明白有些音是不能和某些别的音出现在同一乐章里的。后来接触到乔姆斯基的转换生成语法,发现乔氏的选择规则和音乐的协和规则有异曲同工之妙。

可是到了21世纪,在某个座谈会上和流行音乐人陈洁明聊天,他告诉我,以往一些不协和音现在也被接受了,因为人们的听觉起了变化,俗话说就是听顺耳了。就像情人眼里出西施,丑媳妇看着看着也顺眼了。

道理也就是这样。规范是人总结出来的,时髦的说法叫"construct",也总得有人去打破它以求发展。

同是音乐的例证还有《霓裳羽衣曲》。它一反唐代大曲结尾必须急停,行话称为"煞衮",即《乐记》所说"止如槁木"的规范,采取拖腔的方式收尾,以表现虚无缥缈的仙境。这在白居易《卧听法曲〈霓裳〉》诗的自注中提及:"凡曲将毕,皆声拍促速,惟《霓裳》之末,长引一声也。"我发表过一篇题为《好奇:离格与文艺欣赏》的论文,谈论的就是打破规范求变化,也用了《霓裳羽衣曲》的例子。

不仅是文艺,就连法律这种极为严谨的规范也是可以变的,所以才会有修正案出现,甚至对法规做修改。当然比较常见的是对法律法规做出新的解释。

当年孙中山在伦敦被清使馆绑架,英国苏格兰场曾向大法官申请施之于清使馆的人权保护令,但大法官认为不合法。不过,他认为可以施加外交压力迫使清使馆释放孙中山。于是英国外交部向清使馆发出照会:"英国政府认为将此人强行拘留于清使馆,实为违反英国法律的行为,不但不受外交豁免权保护,而且是对外交豁免权的滥用。因此我方要求立刻将孙逸仙释放。"(见英国外交部档案 FO17/1718, p. 24-25)孙中山伦敦蒙难事件就成了英国后来处理同类事件所援引的案例。外交豁免权法得到新的解释。

铺垫了这么多,其实是想谈谈最近媒体报道的哈佛大学100多名学生涉嫌在某课程期末考试中作弊遭调查这一事件。

这门课程的考试形式是课外自测,规定学生不得互相商量。但这100多名学生互相商量了,以致试卷里出现雷同的词句和段落。从"经"的角度看,他们违反了这一规定,被认为玷污了哈佛大学一贯以来坚持做学问讲诚信的原则。可是,为什么有这么多学生认为他们可以互相商量呢?其实,当下已经是信息发达且传播迅速的时代,信息共享已经成为学习和交际不可或缺的方式。学生自发地以团队的形式进行这种课外开卷测试正是一种"权"。这100多学生也许会受到处分,但这一事件也许能引起校方反思,将来也许会改变这一规定。就像在美国某些州的法律规定,要在某处设交通灯的先决条件是在此处必须发生过3起以上的交通事故。但愿这100多名学生有幸成为促使新规定出台的悲壮的牺牲者。

(2012年9月19日博文)

# 瞬间也是永恒

我认为《中国好声音》是看过的音乐选秀中质量最高的。质量高除了演唱者的声音确实好之外，主要是情真意切。学员动情的演唱让我感动，导师动情的眼泪也让我感动。

可是，如果问我学员们唱的什么歌，能否记得一两句旋律，我真答不上来。他们唱的大都是中外流行歌曲，我的音乐文化积累缺少这部分。但是，我在听他们演唱时确实被打动了！

传统的音乐就像芭蕾，讲究中规中矩，旋律性强。好歌必定能让人记住它的一些乐句。流行歌曲则不然，流行音乐人明确地告诉我们，他们的歌曲像说话。说话就不可能都雕琢得那么精美，比如歌词有时不符合语法，曲调有时不讲结构。

那到底为什么我会被打动但又记不住他们唱的是什么呢？

我想起一位相声演员，他能够把一份饭店菜单念得凄凄切切，像份悼词。原来，有时候重要的不是"说什么（what to say）"，而是"怎么说（how to say it）"。情侣打情骂俏，她唤他一声"小冤家"，他回她一声"我恨死你了"，其实亲密到了极致，爱到无以复加。

《中国好声音》动人的是演唱这个过程（how to say it），尽管我记不住演唱的内容（what to say）。

按理说，经典的标志之一是经受过时间考验后还能存在于人们记忆中。但禅宗又认为瞬间也是永恒。我没记住《中国好声音》的曲子，可我记住了我曾经被《中国好声音》瞬间感动过。

（2012年9月20日博文）

# 盲道踟蹰

  初冬的黄昏，天色阴沉，车辆稀少，行人寥寥。我闭上眼睛迈上盲道，全身心去感受透过鞋底传上来的凹凸，想体验一下双目失明后行走的状态。【链接一：每年的 12 月 3 日是"国际残疾人日"。(World Disabled Day)】【链接二：读大学本科的时候，我曾经下功夫练习使用左手握筷，为的是万一右手废了左手也能立刻派上用场。至今我还会有意识多用左手。家里的电脑鼠标就设置成左手模式。】

  我小心地保持直线行进，一步……两步……三步……【链接三：一般人右脚迈出的步子要比左脚迈出的步子略大，所以蒙眼前行的路线会向左偏。】

  走着走着，我逐渐发现闭着眼睛的平衡感和睁开眼睛的平衡感大不相同。走着走着，我发现闭上眼睛后因为专注使耳朵和皮肤的敏感度大大增加，似乎每一根裸露在外的毛发都能感觉空气的颤动，但我敢肯定没有风。

  突然，迈出去的左脚感觉不到盲道的凹凸条纹，脚下是平坦的。我赶快收回左脚，开始思考。睁开眼睛吧？一切会很简单。可是盲人遇到这种情况没法用眼去看啊！我把身体重心落在右脚，左脚用虚步，脚尖画出一个半圆。哈哈，原来盲道旁移了，经验告诉我这是因为盲道的路线上有沙井或者电缆井，井盖在必要时要能掀开，盲道不能铺在井盖上。

  人们走路多喜欢一马平川，不平则谓之坎坷。但是对于某一部分人，不平的才是正路。【链接四：苏东坡去拜见老师王安石，在书房等候，看见书桌上一幅未画完的画，题画诗有两句："西风昨夜过园林，吹落黄花满地金。"苏东坡认为秋天正是菊花盛开的季节，怎么会落呢？况且菊花即使枯萎了也仍然是一朵一朵的，花瓣不会落在地上。于是他续了两句："秋花不比春花落，说与诗人仔细吟。"王安石第二天奏明皇上，把苏东坡贬为湖北黄州副团练。在黄州，到了重阳佳节，苏东坡要和同僚赏菊，发现自己后花园里的菊花没有一朵在枝头，地上却铺满了金黄的花瓣。原来黄州的菊花和一般的菊花不一样。王安石让他来黄州就是要他知道"吹落黄花满地金"并没有错。】

  待人处事做研究，了解大路子，知道一般性并不难，难的是能辨异。

（2012 年 12 月 10 日博文）

# 在庆祝从教 30 周年学术研讨会上的讲话

首先感谢中山大学外国语学院,特别要感谢我的学生,用心策划了这场研讨会以及相关活动。

记得在纪念戴镏龄先生从教 58 周年和王宗炎先生从教 55 周年的会议上,我作为学生代表发言。今天我换了个位置,感触良多。

时间其实是人建构的。人还在时间的轨迹上标出许多站点,除了历史年代、节日、纪念日之外,周年志庆也是一种站点。这些站点给商家提供了无数的商机,但更重要的是让人们能够不时地重温记忆,回味感情,同时思考人生。

我是 1982 年硕士毕业后留在中山大学外语学院任教的,教过的学生包括从夜大学的业余学生到博士生,还指导过访问学者和博士后人员,也发表了一些学术论文和著作。以教学和科研相比较,我觉得自己的教学还算差强人意。当年戴镏龄先生对他的几十年教师生涯的总结也是这样的。我在剑桥大学做博士后时他给我写信谈到即将退休说:"回忆数十年来,衣食奔走,运动疲劳,谈不上做学问,但热心外语教育,始终如一。"中国古时候的学问家多数述而不作,因为他们主张"道以人传",文化需要一代一代去传承。

我们当老师的,做的是"为古人续命"的事,非常有意义。人们常用"红烛"比喻教师,燃烧自己,照亮别人。我更欣赏清代龚自珍的两句诗:"落红不是无情物,化作春泥更护花。"这个"护"字很关键。老师的爱护使学生健康成长,包括性格和心理的健康成长。老师的爱护有利于营造融洽的校园气氛。史学家陈垣对他的学生启功讲过做老师的九条体会,第一条就是:"一个人站在讲台上要有一个样子,和学生的脸是对立的,但感情不可对立。"我和学生的定位是"亦师亦友"。朋友是什么人?首先是你和他在一起感觉很舒服的人。所以我把教师称为"快乐使者",要给学生带来快乐。

中国人提倡"尊师重道"。荀子在《乐论》中说:"乐合同,礼别异。"意思是说音乐讲究协和,礼制则讲究差别。学生在老师面前要执弟子礼。老师因为年长,比学生多读了几本书,多积累了一些知识,但是这不等于老师就可以居高临下,蔑视学生。G. K. Chesterton 写过一本狄更斯传,书名就叫 *Charles Dickens*。里边有一句很深刻的话:"There is a great man who makes every man feel small, but the real great man is the man who makes every man feel great." 有本事的老师应该让学生意识到他自己也是有本事的,不能妄自菲薄。(在这方面我有做得好的,也有做得不好的。) 更何况,"The greatest lesson in life is to know that even fools are right sometimes."反之,智者千虑,必有一失。用后现代的话语来表达就是模糊了师生的主从关系,从而解构了这个二元对立。学生完全可以超过老师。佛教禅宗甚至认为,"智过其师,方堪传授"。

我之所以在这里讲这些当老师的感受,是因为我也像当年的戴镏龄先生一样,将要退休了,于是回顾一下教师生涯的雪泥鸿爪,好让自己在离开这三尺讲台后更清晰地记住一些故事。这些片断的故事隐隐约约勾勒出一个人如何努力使他的职业升华为生活态度的过程。

(2013 年 1 月 10 日)

# 书人书事
——书信中的戴镏龄先生

戴镏龄先生假如还健在，就是百岁老人。遗憾的是，我们今天只能以追思会的形式来纪念戴先生 100 周年诞辰了。

作为学者、教授，其人生轨迹很重要的组成部分就是留下的文字，所谓"文章千古事，得失寸心知"是也。比起规范严谨的学术论著来，书信文字其实在不经意间更能显出人的本色。

戴先生基本上生活在前网络时代，信息交流主要依靠书信来往。有意思的是，他在日常生活中和在写给我的信里多次引用清代诗人吴梅村的诗句："不好诣人贪客过，惯迟作答爱书来。"他写的信确实不多，已经发表的也只有写给我的一封长信。当时戴先生已经去世，王宗炎先生在编辑《中山大学学报》（社科版），1999 年第 4 期下册（中山大学外国语学院专刊）时觉得应该有中山大学外国语言文学学科奠基人戴镏龄先生的文字，应王宗炎先生之约，我提供了这封信，加了注释，经他审读后以《已故戴镏龄先生谈外国文学和外语教育的一封信》为题发表。

戴先生在书信中谈得最多的是书，也涉及与书有关的人。

1995 年我在美国杜克大学做研究教授，6 月 10 日戴先生给我一信，正文之外加了附言："Susan Barile 的 The Bookworm's Big Apple，MYM17.50，Columbia U. Press 出版，亟盼代购一本，照付书值，人民币或美金都可。又及。"这本书是纽约曼哈顿的书店指南，有了它可以按图索骥去逛书店。我买了这本书，回国后作为礼物送给了他。戴先生以前就去过哥伦比亚大学书店。1992 年 6 月他在美国探亲，6 月 2 日从纽约给我写信道："纽约书市甚大，但太分散，披沙拣金，劳而少工。43 年武大毕业生王君来电话，说愿在因公赴非洲前，和我到哥伦比亚大学书店看看……此书店确有学院味，架上大部分为古今经典名著。但他坚持代付书费，我无意多买令他花费，只挑选了两本便宜的以资应付。但在书店逗留翻阅时间甚长……昨日儿媳驾车送我至纽约皇后区图书分馆看出售旧书，选了三种，以 Edward Gibbon 的《罗马衰亡史》最令我惬意。此虽为节本，然保留了原著的主体，首尾完整，精华具在，校注翔实，精装大本内容仅 1000 页，便于阅读及携带。此书向少善本，牛津 World's Classics 只印行了 Gibbon 的自写简传。近年每人丛书始将其重印，大版六本，不便诵读。本夙负盛名，然沿袭原来印体，错误竟至近七十处之多，令人遗憾……付书价时，图书馆长钱女士坚不肯受钱，以其父为我之亡友。她在五十年前还是孩提之童，对往事不甚了了。此番不期而遇，尚以旧情为念，代我掏腰包还图书馆的账，亦在纽约买书一佳话也。"

戴先生不仅对版本了解甚多，而且对读过的书籍十分熟悉。有一次华南师范大学中文系研究钱钟书的张明亮老师碰到几个典故，"遍查未获"，来信请我代向戴先生请教，戴先生写短简给我，一一作答。其中有一句英语诗，张明亮只知道出自美国诗人 Dorothy Parker。戴先生写道："Dorothy Parker 有打油讽刺诗集 *Not So Deep as a Well*，1936 年印行，可找来查。我记得出自她的'News Item'一首中。手头无原书。"还有一次，当时在中山大学外语系任教的英国教师 Maria Jaschok 研究中国妇女问题，不知"瘦马"何解。戴先生又草短简令我转告："请告 Dr. Maria Jaschok，据翟灏《通俗编》第 22 卷，'瘦马'典故出于白居易《有感》诗，为后来所本。德国出生的汉学家艾伯汉（Wolfram Eberhard）教授认为此称呼在扬州源于 16 世纪。他说，现代台湾也有以马指女情人的粗话。翟书易得，新中国成立后商务复印过，又及。"（现在叫"马子"了。）

由于深谙中外经典，旁征博引，自然会用比较的眼光考察书籍的内容。戴先生多次强调，做学问到了化境，不知不觉就会进行比较和对比研究，将材料加以辨析。他是我的硕士和博士论文导师。我的硕士论文选题是郭沫若《女神》与惠特曼《草叶集》的比较研究。郭沫若提到"司春女神"，戴先生在给我的信里说："希腊罗马未闻司春女神。希腊的 Persephone（罗马作 Proserpina）被 Pluto 劫入下界，只春天及夏天回到人间，又为谷物的神，司生长，可作司春女神看，但古人作品中不将其作司春女神而加以歌颂。希腊 Adonis 代表青春，却为男性美少年。英国 May Day（实为春节，因英国春天迟到）的 May Day Queen 倒是真正司春女神的象征。记得文艺复兴时一幅名画 Printemps（春天）中全为一群跳舞的女性，惜手头书散失，记不起作者是否为 Titiano。"

我常常惊叹为什么这些前辈的记忆力那么强。（在这方面陈寅恪先生也有轶事。）后来在戴先生家里看到一副集句联："旧书不厌百回读，明月自照千家墀。"联想起先生在 1987 年 5 月 30 日在信中教导我"对柏拉图应深入精读，有所领悟"，才明白超强的记忆只是"薄发"，背后的"厚积"就是"深入精读，有所领悟"，"不厌百回读"。先生对我讲过一段发生在他的同辈人中的文坛逸事：某公自称读书破万卷，洋洋然有大师之风。一日，有人效武林打擂事，携来书籍数册，约此公专门切磋此数册书。某公心虚，期期艾艾，终托词而遁。这件事我写入了随笔《旧书明月伴吾师》。

对于和书有关的人，戴先生书信中有褒有贬，但贬之极少。他老人家在学界的口碑是"忠厚长者"。更多的是感叹"时序飞腾，疾于石火电光"，而书友凋零。1989 年我在剑桥大学做博士后，当年 1 月 7 日戴先生给我一封用英文写的信，有一大段提到一个月之内北京大学杨周翰、王瑶、岑麒祥和南京大学法语教授何如先生离世。杨周翰先生为去西安看病（淋巴癌），两度到了首都机场都坐不上去西安的飞机，只好乘火车去。到了西安火车站他已经筋疲力尽，要用担架把他抬去医院。过不几天就病逝了。字里行间，唏嘘不已。同年 8 月戴先生来信说："世界各地不幸的事时有发生。我个人死去不少亲戚。老友中逝世的包括谢文炳及张月超等，令人不快。"

即使感到岁月催人老，戴先生仍然忘我工作。在美国探亲期间还念念不忘所指导的博士生。他来信说："×××（该博士生）来信称，深大坚要他去上课，不得已暂去了。论文烦你过目，对他要严加督促，以竟全功。""此论文内容会有人认为偏僻，各人有各人的趣味。"接着就邀请答辩委员事做了周到安排。

书信是人的剪影。我保存着戴镏龄先生写给我的 21 封信和短简，并把它们复印了放在中山大学外语学院英诗研究所的书柜里，供年轻教师和学生研读。希望他们心目中也存留一点戴镏龄先生的影像。

戴先生仙逝后，师母把他的藏书全部捐给了中山大学图书馆。捐书之前师母让我挑一册作为纪念。我选了一部线装的《三台诗林正宗》，师母题了字。

（原载《中山大学报》2013 年 5 月 14 日，第 3 版）

第 4 编

# 序跋评语

# 《世界名言大辞典》编者的话

这部《世界名言大辞典》的选题是在批判"全盘西化"和民族虚无主义思潮之后,对于经济特区"姓社还是姓资"又有争论的背景下决定的。当时许多人对介绍西方的思想和理论心有余悸。然而,参加编撰工作的同志一致认为改革开放是大势所趋,来自"左"的和右的干扰都不能阻挡这一历史潮流。在建设有中国特色的社会主义的过程中必定要借鉴全人类文明的优秀成果,这些成果通常是以精辟的语言表达出来的。因此,将其汇成一集,编撰一本外国名言辞典,对于我国的改革开放,对于我们同外国的文化交流都将是有益的尝试。经过将近5年的努力,这本书才终于问世。

引语辞典不以释义为主,但它也要遵循一般的辞典编撰原则。我们认为,这些一般原则至少有5条:(1)准确无误,(2)内容求新,(3)选材精当,(4)服务现实,(5)使用方便。

先说第一条:准确无误。引语辞典虽然没有释义,但引文和出处同样要求准确无误,特别是从外文翻译过来的材料更有一个是否达意的问题。在这方面有很多错误实例:

＊Homo sum, humani nihil a me (alienum) puto.

[古罗马]泰伦提乌斯:《自讨苦吃的人》

(英语译文: I am a man, and I think nothing appertaining to mankind foreign to me. 我是人,我认为凡是关于人的对我都不陌生。)

有的引语辞典却译成:"我是一个人,我认为凡是人都不是外人。"

出处的错误就更是五花八门:

＊英国弥尔顿的 *Areopagitica*（《论出版自由》）误译为"元老院",原因是把书名错看为 *Areopagitite*（雅典最高法院法官）。

＊古罗马西塞罗的《论友谊》(De Amicitia)误译为《僧服披肩》(Amice)。

＊"Odes"这种诗歌体裁的复数形式却被误认为荷马史诗《奥德赛》。

＊美国诗人华莱士·斯蒂文斯的诗篇《彼德·昆斯在演奏》误译为《彼德·昆斯在克莱维尔》,错把 Clavier(键盘)当做地名。

＊美国科幻电视连续剧的人物 Buck Rogers（最早在1929年出现于连环漫画中）竟被当作了作者。

＊英国作家菲利普·贝利（Philip Bailey）根据德国传说浮士德（Faust）写了一个名叫 Festus 的剧本,有些引语辞典却照译为《浮士德》,和歌德的同名作品混淆了。

＊作者的姓名、国籍经常张冠李戴。美国小说家温斯顿·丘吉尔（1871—1947）和英国首相温斯顿·丘吉尔（1874—1965）混淆。德国音乐评论家 Alfred Einstein 与美国著名物理学家爱因斯坦混淆。

以上错误有的捡自同类辞典,有的出自我们的初稿,而且仅仅是冰山的一角。我们力求避免它们。但愿经过我们的努力,这部辞典错得不那么多。

第二条：内容求新。任何辞典都尽量通过修订旧版本、出版新版本来收入新词条，力求赶上时代。据美国巴恩哈特（Clarence L. Barnhat）在 1978 年的估计，美国英语每年增加 800 个常用词，能被收入新版辞典的大约 500 个。在这方面，引语辞典处于两难境地，因为只有经历过时间考验的语句才能成为名言。国内现有的引语辞典处理这个问题时大都十分拘谨，几乎不收现、当代人物的引语。我们却认为，只要在当前有影响的精警的话都可以收入。也许将来这些引语会被人遗忘，但只要它们在历史的舞台上曾经作为出色的台词朗诵过，那么与它们同时编撰的引语辞典就可以给它以一席之地。因此，我们连 1992 年美国洛杉矶黑人暴动的口号"没有公正就没有太平（No justice, no peace）"等语句都收了。

第三条：选材精当。世界上没有无所不包的辞典，任何辞典都有自己特定的范围。我们的方针是：（1）收入名言，不仅仅是格言。也就是说所收引语不一定要有教化作用。有的作家通过作品中的人物发表的厌世、拜金、享乐主义等种种思想，其实并不代表作家本人，如果这些表达坏思想的语言很精练，能深刻反映某一类人的灵魂，也可以作为反面教材收入。这并不等于编者同意这些观点。（2）东西方兼顾，以西方为主。已有的同类辞典多数沿袭欧美引语辞典的路子，极少收入第三世界民族的引语。我们的目标是全人类文明的成果，所以尽量克服资料缺乏的困难，选入亚、非、拉国家的引语，覆盖了 100 多个国家和地区。同时，因为我国在建设具有中国特色的社会主义的过程中主要要借鉴西方经济发达国家的经验，所以选材还是以西方为主。（3）不因人废言。甚至对于政治反动的历史人物，如果他们的某一句话能够反映历史实际，使人看清他们的卑鄙面目，即使他们摇唇鼓舌，逞其巧辩，妄图欺骗人民大众，以致一言丧邦，贻害无穷，但只要这样的话曾经万口流传，我们也酌量收入，加注分析批判。此可比之于中国史上构成冤狱的"莫须有"三字。我们认为，改革开放中的中国人应该有开阔的胸襟，也会有明辨是非的眼光。

第四条：服务现实。这个现实包括了时间（当代）和空间（中国）以及处在这一特定时空中的人——辞典的使用者。已有的同类辞典的内容多为道德伦理、思想修养和待人处世等传统名言，而且不少是整部现成的欧美引语辞典的中文译本。它们对改革开放的中国的现实不太贴切。为了弥补这一缺陷，我们尽量在辞典中增加了当代中国人急需了解的外国政治、经济、科技、宗教、哲学、文化、艺术，乃至现代生活如衣食住行等方面的内容。为此，我们的编委常常要阅读成套的丛书或非常专门的著作，甚至查看了几百万字的各类体裁的著述，才选出寥寥几则短语。

第五条：使用方便。任何辞典都必须尽量为读者着想。假如辞典中的引语没有出处，就会出现可信度或可靠性不足的问题。针对这一点，我们在体例中规定，除了少数特殊情况外，每条引语都注明出处。同时书后附有 3000 多条作者小传，介绍作者的生卒年份、国籍和身份，以便读者引用时可以知人论世。这可算得上是一项相当艰巨的工程，因为来自外文原文的引语比较容易查找作者的小传，而来自中文译文的引语，因为选自不同时代的版本和译本，所以同一作者的译名很不一致，比如古罗马诗人尤维纳利斯的名字就有玉外纳、朱味那尔、朱文诺、朱文纳尔等译法，有的则有姓无名，甚至连国籍都没有，为了给读者找出最常见的或者已有定译的译名及作者简介，我们参考了至少 20 种中外文的人名及传记辞典。本来我们还打算编作者条目索引，但受篇幅限制不能这样做，这是一大遗憾。另外，同类辞典有的按作者姓名的字母顺序、有的按译文关键词（key words）排列引语。这对于中国读者似无必要，似是隔靴搔痒。我们采取了按主题分类的办法，着重意念的联系和组合，这样比较符合中国人的思维方式。同时在主题底下设细目，在某种程度上细目接近关键词。这样可以避免条目过细而难于归类，或者过宽则又嫌笼统的毛病。为了尽可能做到眉目清楚，编次合理，本辞典的分类曾经四易其稿。但有些引语包含的主题不止一个，为了更好地发掘它们的深意，偶尔也有重选的现象。

不少人认为编工具书，特别是引语辞典，只是剪刀加糨糊的工作，但我们的体会却似乎是在做学术侦探，要以认真的态度、好问的精神、好奇的目光审视摆在眼前的材料，考察内容，落实出处，以便去伪存真，荟萃精华。在工作中，我们甚至在欧美负有盛名的工具书中也发现有明显的错误，可见权威著作有时也不能随便尽信。

英国塞缪尔·约翰逊博士曾经说过，辞典像钟表一样，最坏的也聊胜于无，而最好的也不能指望它准确无误。我们自知能力有限，工作还有不少缺点，敬请广大读者批评指正，只希望刚刚制造出来的这个钟表能走得准一点，功能齐全一点。果真如此，我们每一个为它付出了劳动的人就感到无比欣慰了！

最后，向欣然同意做辞典顾问的同志们，特别是巴金老人、陈原先生，致以衷心的敬意，并向所有热心支持过编撰工作的朋友们致以最诚挚的谢忱。

# 《美国现代诗》小引

请先看几条有关的资料：

1979 年《美国诗坛人名录》收入了大约 2500 位诗人的资料，这个数字仅仅包括那些有广泛影响的诗人。

美国有 6 个专门的诗歌图书馆，其中 3 个在纽约市。

仅加利福尼亚州北部地区就有 19 位 1962 年后才发表诗歌的新晋诗人。1984 年他们出了一本合集，收诗 300 首。

由此可知，美国现代诗产量高，诗人成熟快。以这本集子小小的篇幅，绝不可能反映美国现代诗的全貌，似乎唯一的办法就是选取名家的有代表性的名篇。但是，名家不一定每篇都是一流之作，非名家也不一定篇篇都一文不值，所以，我们也选了一些中国读者较少接触到的美国诗人的好作品。

考虑到中国读者同西方读者文学观念有差异，欣赏习惯不同，在这里我们愿意提醒各位读者朋友——

请不要在这本集子里寻找华丽的诗的辞藻，因为自从 19 世纪英国诗人华兹华斯提出要使诗人的语言与人们真正的语言接近的主张以来，西方诗歌日趋于口语化，有时甚至接近粗鄙。

请不要在每首诗里寻找闪光的句子，因为一首诗是一个有机的整体。本来是座七宝楼台，何必拆散它来把玩那一两片残砖断瓦？

请不要以为我们对每首诗的赏析都是权威性的阐释，因为一首西方现代诗不是一部机器，而是一个工具箱，读者要用箱里的工具自己动手造出机器来。虽然所用的工具相同，但可能您造出的机器同我们造出的大不一样。

于是，您也许会问：既然这也不要那也不要，我读这本诗集图个啥？

我们说：图个喜欢。重要的是您喜欢这些诗，然后才是它们讲什么。

(1986 年 12 月 6 日)

# 《20世纪美国短篇小说面面观》序

好的短篇小说像橄榄，越嚼越有味道，也像谜语，需要细细揣摩才能得其真意，又像万花筒，几乎每一次捧起来看都有新发现。因为它篇幅短而结构完整，所以同诗歌一样适合用作教材以供细读分析。然而，评论家却往往把目光集中到大部头作品上，似乎评论洋洋洒洒数十万乃至上百万言的作品就可以令自己的论著也成为鸿篇巨制。也许由于这个原因，中国本来就单薄的美国文学研究领域里很少见到专门研究美国短篇小说的著作。

其实，教学生和搞研究是可以结合得很好的。何海伦女士所著《20世纪美国短篇小说面面观》就是明证。

读《20世纪美国短篇小说面面观》，仿佛在听文学老师慢条斯理地讲课，尽管缺少点激情，但也不是宣读高头讲章。她谈的都是她自己的心得体会，偶尔来点儿调侃和小幽默。可以说，这是一种人生体验式的文学批评，而不是时兴的所谓从理论规范出发的评论。这也是作者引用西方文艺理论著作不多的原因。即使书中有时出现一些流行的西方文论名词概念，也只是用"姑妄听之"的语气来复述一家之言，并不奉为圭臬。比如谈论叙事角度，也提到诸如"作者全知全能视角"之类的术语，但具体分析美国短篇小说的叙事角度时，却以儿童、青少年、参与者和"非人"等范畴来划分。这显然是注重人生体验而不是注重形式。即使在讨论形式时，作者也是根据自己对作品的体味来做归纳工作的。比如《结构篇》的《构思》一章，列出的8种结构都由作者自己分类命名。

在选材方面，作者并不一味求新，而是首先把注意力放在那些经历了时间考验、得到广大读者认可的作品，认为它们才代表美国短篇小说的主流，真可谓"吹尽狂沙始到金"。至于近来每年出版一部的《企鹅美国短篇小说选》之类的选本，则因为距离太近，面目反而不清，所以几乎不在考虑之列。

假如一定要探究作者的研究路子，我看她基本上属于以文本为中心的一路，在按照逻辑进行分析、综合之后搭起的框架里又不时闪现出以宋人谢枋得《文章轨范》为发端的中国点评派文评的灵光。可惜这些灵光偶然会影响读者专注的视线，每当遇到这种情况就会觉得行文有散漫随意之笔。

虽然还有不尽如人意的地方，但是，文章自得，本色当行，这就是《20世纪美国短篇小说面面观》给我留下的总体印象。

(1997年元月)

# 《世界反法西斯战争与欧美文学》前言

在人类历史上从未间断过的声音就是战鼓的回响。据瑞士计算中心1995年统计，有史以来发生大小战争超过18200次，有36.4亿人在战争中丧命。大至国家民族，小至家庭个人，都会直接或间接受到战争的影响。因此，战争自然成为文学作品的永恒题材之一。

当人的动物性还很强的时候，战争更接近自然界的生存斗争，所以上古战争史诗偏重于歌颂尚武精神而较少从道德价值的角度去开掘。甚至有人认为"所有伟大的文明在早期都建立在战争的成功之上"。（Kenneth Clark, *Civilization*）随着人类文明的进步，一方面，战争作为政治的继续，其历史价值得到越来越深刻的认识；另一方面，由于先进的科学技术应用于战争，其破坏性则越来越强，这样就促使人们，特别是文艺家们，对世界和人自身的存在价值不断进行深入的思考。

第二次世界大战是一场世界反法西斯战争。它历时6年，造成5000多万人死亡，损失高达4万多亿美元。它的惨烈、悲壮，迄今无与伦比。这样一场战争对文学的影响也堪称无与伦比。

本书名为《世界反法西斯战争与欧美文学》，但研究的仅是20世纪德国、苏联、法国、英国和美国等5个主要欧美国家的文学与世界反法西斯战争的关系。

德国是法西斯主义在欧洲的主要根据地。严格地说，德国的反法西斯文学早在第二次世界大战爆发前就开始了。希特勒上台后，亨利希·曼和托马斯·曼被迫流亡。亨利希·曼在流亡法国期间发表了历史小说《亨利四世》，以16世纪法国宗教战争为题材，借古喻今，抨击希特勒的法西斯专政。托马斯·曼则写完了《约瑟夫和他的兄弟们》四部曲，以《圣经》题材批驳希特勒的排犹谬论。但是，希特勒政权也大力扶植法西斯军国主义文学，当时所谓的"乡土文学"就是这种形势的产物。这一点在本书关于德国文学的那一章有论述。

苏联的反法西斯文学以法捷耶夫的《青年近卫军》、肖霍洛夫的《一个人的遭遇》和瓦西里耶夫的《这里的黎明静悄悄》代表三个阶段：战争年代对英雄主义的歌颂；五六十年代对人的命运的关注；70年代以当代的道德准则重新观照过去的战争生活。

然而，从文学史的角度来看，我认为，世界反法西斯战争对西方文学的深远影响更主要体现在它为现代主义文学的生长提供了土壤。

战争完全打乱了现存秩序，改变了人们的价值观。

战争爆发，法律就沉默。

战争爆发，最先受伤的是真理。

战争被称为谋杀，但实际上是自杀。

宣战的是老一辈人，但去打仗、送命的是年轻人，战争结束后承担痛苦的也是年轻人。

结束战争的捷径就是战败。

战争是勇敢的外衣掩盖着的恐惧。

……

于是，在这生死关头，文人学者各有所悟。法国的萨特在剧本《苍蝇》里灌注了"存在主义"哲学；英国的伊夫林·沃在《荣誉之剑》三部曲里塑造了"反英雄"；美国的约瑟夫·海勒在《第22条军规》里耍起了"黑色幽默"。非理性的战争终于催生了非理性的文学。

我就是这样看世界反法西斯战争与欧美文学的关系的，写了出来，权当本书的《前言》，就教于读者。

# 《创新大学英语》序

　　一个人的语言能力强其实是思维能力强。思想混乱则语无伦次,思路清晰则表达也会条理分明。所以外语教材归根结底要培养外语学习者用外语思维的能力。

　　思维是要有内容的。人们常说某某人的英语口语很好,又说某某人的英语写作很好,其实这个好也只是在一定的领域内好而已。假设我们和大学一年级学生用英语谈谈针刺麻醉,或者聊聊西洋音乐的和声与对位,所谓英语好的学生十有八九说不到点子上。很多人恐怕用汉语谈也不得要领。无他,对这些领域不熟悉罢了。所以好的外语教材一定有深厚的文化负载,《创新大学英语》最突出的创新点就在这里——努力帮助学生在学外语的同时加深文化底蕴。

　　文化具有人类共享和传承的特点,但又富于变化。作为文化的一个组成部分同时又是文化的载体的语言也一直在变化。《创新大学英语》的编者们充分认识到这一点,所以尽量搜寻鲜活的英语语料提供给学生。

　　以上两方面的结合,假如做到极致,无论学生还是老师,都可以进入更高的境界,用《乐记》残篇里的话来描写就是:情深而文明,气盛而化神,和顺积中,而英华发外。

　　一部好的语言教材不仅仅是用来教语言的,它还是由表及里,固本培元的养人之方。是为序,并与《创新大学英语》的编者共勉。

(戊子仲夏于康乐园味闲堂)

# 自报家门（《西窗琐语》代前言）

我本俗人，缺乏剪烛西窗的雅兴。虽为教书匠，但在广大读者面前万万不敢妄坐西席。眼前这些文字也不是在朝西的窗户下写的。之所以给这个专栏起名为《西窗琐语》，是因为想和大伙儿聊聊主要是同外国，特别是同西方有关联的话题，总还同"西"字沾上一点边儿，也算是多开一扇文化之窗吧。

窗户一旦打开，万千气象汹涌而来。于是有王勃的"珠帘暮卷西山雨"，有杜甫的"窗含西岭千秋雪"。在世界越来越小的今天，更有香口胶、牛仔裤、摇滚乐、霹雳舞……玄乎一点的还有市场经济、商品意识、时间是金钱、顾客是上帝等等观念。假如把它们一律斥之为"西风"而用"东风"去压倒的话，人类文明恐怕就只剩下盖了"社会主义中国"印记的一家了。幸好有识之士不是这样看。

说到西风，即使撇开灌输进去的政治含义不谈，它在中国传统文化里也是一个较为消极的意象："多少绿荷相倚恨，一时回首背西风。"（唐·杜牧）"菡萏香销翠叶残，西风愁起绿波间。"（南唐·李璟）还有"帘卷西风，人比黄花瘦"以及那出了名的"古道西风瘦马"。亦恨亦愁，瘦人瘦马，总之是暗淡凄清，落寞萧索。

然而，西风到了大不列颠却另有一番景象。在英国中古时期流传一首短诗：

> 西风啊，你何时吹？
> 小雨就可以飘降，
> 主啊，愿爱人在我怀抱，
> 而我躺在自己的床上。

原来英国的气候受大西洋暖流影响，所以西风化雨，冬尽春来。由春天而激发春情，雨水更是生育繁衍能力的象征。床头怀抱，雨露润如酥，这就同中国诗歌里的"西风"联想相去甚远了。

看来世界需要多一点相互了解，东西方需要多一点沟通。这也是《西窗琐语》要努力去做的。

# 《西窗琐语》后记

收在这本集子里的文章大多数曾发表在我为《羊城晚报》所开的《西窗琐语》专栏里，其余的散见于《文艺与你》杂志及其他报刊和我的博客。

据我了解，《羊城晚报》"花地"副刊是国内最早开设专人专栏的报纸副刊。此前的"专栏"其实仅是一个普通栏目，由许多作者撰稿。1992年12月11日，《西窗琐语》和另外几个由专一撰稿人主持的专栏见报，就中当时的"花地"副主编胡区区女士功不可没。我也是在她的力邀之下，于教学科研之余做起了专栏撰稿人。即使是1995年我在美国杜克大学作研究教授期间，也坚持用电子邮件为专栏供稿。

有几篇序和书评，因为是按随笔和小品文的风格去写的，所以也收在集子里。关于老舍的四篇是友人王家声和我合作的，蒙其赐允，也收入集中。

我感谢友人中国书法家协会副主席沚斋陈永正为本书题签。

我感谢重庆大学出版社高翔先生，他为本书的出版做了许多工作。

最后，我想对我的学生——包括本科生、硕士研究生和博士研究生——说声谢谢，因为这本集子里的许多文章是在和他们聊天的时候有所触动而写成的。

就在本书即将付梓之际，传来汶川大地震噩耗。在举国为遇难同胞默哀的日子里，我真的沉默了，没有写过一篇关于地震的博文。此刻语言是那样的无力！我唯有把本书的全部稿酬捐献给灾区人民，表示一点心意。愿灾区的孩子长大后能读到这本书，读懂这本书。求生的欲望和求知的欲望是放飞理想的一对有力的翅膀。

（2008年5月22日于康乐园味闲堂）

# 白嘎·流星锤·"飞去来"
## ——陈永正新诗集《诗情如水》代序

"白嘎",藏语,意为打狗棍。打狗棍对我们来说并不陌生。范文澜先生认为和尚的锡杖就是沿门化斋时用的打狗棍演变来的。(《唐代佛教·引言》)但是,藏胞的打狗棍却有点儿奇特,多为青冈木制,间有铁制,长者可达一臂,短者不盈尺,一端系以皮绳,用来投击远处的目标。原来牧区多狗,骑者用白嘎驱赶恶犬,必要时亦用它作兵器。

至于流星锤,顾名思义,锤子连以绳索,甩动如流星一般,是谓流星锤。这是十八般兵器之一。看过电影《岳家小将》的人大都见识过这个铁疙瘩的厉害。它逢硬便拐弯,使锤人又可以利用自己身体的各个部位突然改变出锤方向,刁钻古怪,令对手伤透脑筋。

因为藏汉毗邻,白嘎与流星锤或许有些血缘关系。但当我们的目光越过太平洋,就会发现澳洲土著也有一种类似的打猎和作战用的飞行器,姑名之曰"飞去来"(boomerang),亦有译为"回环镖"的。其外形像晾衣架,但磨出一定角度,投出手后轨迹呈弧形,一击不中又自动飞回投掷者手中。

民族不同,地理各异,却有如此相似的武器,为什么?因为人类的远祖在劳动和作战中都感到有必要把手臂延长,同时,在生产力不发达的情况下要避免武器的一次性消耗,于是不约而同地发明了这一类放长击远、收发随心的兵器。可见,类似的社会实践反映到人的头脑中可以产生相近的思维模式。

文学同样来源于社会实践。倘有不同民族、不同国度的文学家分别以白嘎、流星锤和"飞去来"为题材写出作品来,无论是咏物寄意,抑或叙事铺陈,其可比性肯定是很高的。是否真有这类作品我们不得而知,但在中国,相传黄帝时期流传过一首《弹歌》:"断竹,续竹,飞土,逐宍。"它歌咏了从砍竹子制弹弓,发射弹丸到猎杀野兽的整个过程。其实,迄今为止发现的人类孩提时代的艺术创作几乎都是表现动物和狩猎的,所以臆想中的《白嘎吟》《流星锤赋》或《"飞去来"辞》等篇章并非不可能产生。

当然,文学作品的内容还取决于历史条件、社会气候、作家个人的社会地位和生活经历,经常带有鲜明的个性。然而,尽管世界上没有两片相同的叶子,但叶子之所以能成为叶子,总有它们共通的地方。

就拿摆在我面前的这摞诗稿来说吧。这些诗的意象母题是死亡和丑恶。就连下面这些融合了时空概念、调动了视觉和听觉通感的精致的诗行,写的其实也是走向死亡的过程:

> 时间
> 从爱人们浓密的卷发中
> 抽出
> 一根银白的光辉
> 编制我和你

都熟悉的曲调

——《一天》

在诗歌形式上作者进行过实验性的探索。比如有一些具象排列的诗行：

等待得太久了的低语
低语、堆在一起
像一叠破布
一叠破布
一叠破布

——《低语》

重复三行"一叠破布"模拟破布叠起的形状，这种手法与美国诗人 e.e. 肯明斯模拟树叶落下的诗行排列十分相似——

寂
（一
片
树
叶
落
了）
寞

——《寂寞》

又通过顿号的变异使用来传达欲言难言的心情：

偶然、溅出
银河、一滴水
为了、我的诗
于是、发亮
忘掉、你的卑微
光与热的牺牲
当你、属于我
比我、伟大

——《太阳》

还以科学名词入诗：

悄悄地消融

在 5000 埃的光波里

——《秋山》

这两行同英国现代派诗人狄伦·托马斯把阳光描写成从太阳踢出来的足球一样反映出光的波粒二象性。凡此种种，都透出一种现代主义气息。

　　然而，这些诗篇却是一个名叫陈永正的中国人在 1965—1976 年间写成的。由于众所周知的原因，当时他根本不可能接触到西方现代主义的作品，而迟至 1978 年中国大陆的外国文学评论家才开始大量介绍西方现代派文学。（见《西方现代派文学问题论争集》，人民文学出版社 1984 年版）至于徐敬亚那篇评论我国诗歌的现代主义倾向的论文《崛起的诗群》则到 1983 年才问世。由此可知，当灵魂被扭曲的时候，诗歌也会被扭曲，不管这种扭曲来自西方后工业文明还是来自中国的造神运动。俗话说，一方水土养一方人，依我看，一样的痛苦也孕育一样的诗。大体如此。

# "中山大学英语语言文学博士文库"总序

这套丛书的作者全部都是中山大学外语学院的在职青年教师。丛书中的每一册都是在他们的博士学位论文基础上修订充实而成的专著。可以说,摆在我面前的每一部专著都浓缩了一个人至少三年的生命,储存了一个人至少三年的记忆,其中除了学术记忆之外还有这一段人生中品味到的酸甜苦辣。古人说,"文章千古事,得失寸心知。"所知的恐怕有不少是文章以外的东西。

如果从文风学养来看,这些专著中的一部分尚略嫌稚嫩,但可贵的是都有一得之见。就才、学、识这三种做学问必具的素质而言,有识见是最重要的。

中山大学的英语语言文学博士点是我国第一批博士点之一;中山大学已故戴镏龄先生是我国英语语言文学专业第一批九位博士导师中的一位。戴镏龄先生最欣赏的一副集句联是:"旧书不厌百回读,明月自照千家墀。"多年来,这里的学人在学术前辈这种胸襟气度的熏陶下,摒弃浮躁,默默耕耘。桃李不言,至于是否能下自成蹊就留待后人评说吧。不过,有一点现在就使我感到欣慰,那就是在批评理论、文学、语言学、翻译理论以及其他领域里都有咱们的新人在努力开拓。假以时日,他们中间一定会涌现出非常优秀的学者。

(2007 年 5 月 31 日)

# 《好易学英语》总序

"好易学"是英语"How easy"的音译，意思是"多么容易"。

有人会问："学习还有容易的吗？"其实，易和难是相对的。首先，学习目的不同会决定学习的难易。就拿学英语来说吧，为了研究英语而学习英语就比为了交际而学英语要难得多，因为前者需要透彻了解许多理论问题。再者，如果教材是高头讲章，学起来自然要比实用型的教材难得多。另外，枯燥无味的教材引不起学习者的兴趣，又会比生动有趣的教材难学。

"好易学英语丛书"（第一辑）就是从交际的目的出发编写的可读性强的实用型教材。编书的宗旨是五句话：选题材注重实用，谈理论简明扼要，讲规则实而不华，举例证典型有趣，运文笔雅致生动。编书人努力贯彻这一方针，至于是否达到了目标，就要由读者来评判了。不过，中国古语道："取法乎上，得乎其中。"希望再不济也能做到"虽不中，亦不远矣"。

英语如今已经成为一门国际语言，尤其是在信息高速公路上，已经确立了不可替代的地位，无论讲其他语言的人感情上能否接受，这是事实。我们应该顺其自然，努力掌握它，使之为我所用，这才是最务实的态度。

但是，大部分需要学英语、用英语的人都不再有条件接受老师面对面的指导，这是十分遗憾但又必须接受的另一个事实。其实，不管想学什么，都存在这种情形。学校里的老师仅仅是领进门的师傅，"修行"还在离开学校之后的个人。于是，出现了读者"自助读书"的风气。"好易学英语丛书"就是专为自学英语者准备的"自助餐"。

中国的哲人孔丘说过："食不厌精，脍不厌细。"但愿这份英语自助餐够得上"精细"二字，使读者朋友食而化之，有所补益。

（1999年9月9日）

# 点评 "A Passport in the Global Village"

英语写作，尤其是英语论说文写作，有一定的规范。

从全篇结构来看，先要有引子或破题，然后进入文章的主要部分，即发展部分，最后要有结论。

获奖文章"A Passport in the Global Village"（以下简称"Passport"）以一个小故事作为引子，是常见的手法之一。除此之外，有时可以用一条引语，有时可以直接提出论题。引子之后，文章展开，论述掌握外国语的重要性。最后，得出结论：外国语是我们在地球村来往的通行证。（在这里"passport"不能理解为"护照"。）其实，中国人写文章所讲究的"起、承、转、合"与上面所说的英语写作的篇章结构的规范基本类似。就拿"Passport"来说吧。第一段起，提出语言障碍问题；第二段承，讲的是当今世界变小了，但人们仍然有语言障碍。可惜的是，作者把"转"的内容，即为了克服这个障碍就要学好外语，也放在第二段，这样显得脉络不够清楚。到最后一段是合，强调掌握外国语的重要性。这篇文章的思路大体上是清晰的。

具体到每一个自然段，除了过渡性的段落之外，英语论说文一般在段落开头都要有一个标题句（topic sentence），这个句子就是这一段的中心内容。"Passport"一文的自然段基本上都有形式上类似标题句的句子。最贴切的是第三段的标题句"First of all, foreign languages help to improve our economic development."因为这一段的全部内容都围绕着这个句子展开。其他段落的开头虽然有类似标题句的句子，但都有一个毛病，就是不能概括整段的内容。比如第二段，上文讲篇章结构时提到，作者把"承"和"转"的内容都放在这段里，显然这一段的标题句就无法涵盖这两个重要内容。所以，分段十分重要，要做到一段一个中心，中心就是标题句。

文章发展过程中，思路会有转折或延伸，这就需要过渡成分。"Passport"在这方面做得好。第一段讲古老的传说，第二段开头用"After thousands of years"来从过去过渡到现在。第二段结尾讲"this passport is particularly important to the developing China"，第三段开头的标题句里用"development"来呼应第二段结尾的"developing"。第三段将近结尾时提到"From 1979 to 1998"，第四段开头用"In recent years"来呼应。第四段结尾提到"China's opening to the outside world"，第五段用"a bridge in cultural exchange"来延伸思路。正因为过渡得比较好，所以分段分得不干脆利索的不足之处得到弥补。

至于行文的风格，讲究通篇一致。"Passport"用的基本上是严肃、正式的文体。但是，到结尾冒出一句"my friend"，好像很哥们似的，显得不够沉稳，与全文风格不协调。

总的来看，"Passport"一文的写作技巧还算中规中矩，但其内容则缺乏创意。

# 徐特辉译文点评

获一等奖的译文（以下简称"获奖译文"）能基本准确地译出原文难点 90% 左右，文字通顺流畅，最大的弱点是标题译得不理想。下面具体分析：

1. 原文主旨是说明翻译过程中本来就存在一个恰当的方向，这从第 3 自然段开头的一句话可以看出，译者顺着这个方向去翻译就能顺理成章。获奖译文把标题"Translating in the Right Direction"译成"翻译要有特定的方向"，"特定"这个词显不出褒贬，而原文的"Right"是有褒义的。多数来稿把"Right"译为"正确的"，这也不妥，因为有正确就有错误，而原文并没有说不把母语作为目的语就是错误的方向。译得比较贴切的是"译有其向"。这种译法洒脱，既突出了"翻译存在一个恰当的方向"的意思，又可以理解为"搞翻译时应当顺着恰当的方向"。在文内其他地方出现的"right direction"有时可根据上下文酌情译成"最佳方向"。

2. "Fine! But what does it mean?"这一句和一般的文章开头不同，它的语气紧接着标题，实际上是文章的第 2 句。"Fine"的肯定意思非常明显，但要注意，并非肯定标题的观点，因为后面接着问："这是什么意思？"连意思都不清楚怎么能表态肯定呢？其实，"Fine"只是肯定提出这一观点这个事实本身，可以译成"说得好"，其功能类似语气词。

3. 第 2 段第 1 句的难点是"work from"和"work into"。获奖译文把它们分别译为"翻译"和"翻译成"是合适的。这样对比就显出了"from"和"into"的区别。前者是指源语，后者是指目的语。

4. 同一句中"dominant language"直译是"占优势的语言"，可是谁对谁占优势呢？应该是某种语言对其他语言占优势。译成"最精通的语言"不错。

5. 下一句中"native language"如译成"本国语"则不如"本族语"或"母语"准确。获奖译文选择了"母语"。

6. 第 2 段第 3 句中"'adopted' country"译为"移居国"很精彩。多数来稿把这个词组译为"收养国"或"归化国"，或者干脆回避。

7. 同一句中"their strongest language"获奖译文译成"掌握得最好的语言"略嫌拖沓，改为"最擅长的"更简练。

8. 第 3 段第 3 句"True bilingualism"是个抽象名词，指两种语言运用得同样熟练的现象，获奖译文用具体名词置换抽象名词，译成"真正精通两种语言的人"，很聪明。有些来稿是生硬地译成"双语主义"的。

9. 同一段第 4 句"highly skilled linguists"中的"linguists"不是"语言学家"，是指"有语言天分的人"或"学语言的高手"。获奖译文不应该回避这个词。

10. 同一段第 4 句"looking like a native wrote it"里的"like"如果严格遵循语法应该用"as if"，但是原文的风格比较口语化，比如第 1 段有用"But"引起的句子，所以也无关紧要了。获奖译文把这个短语译为"如同出自操本族语的人之手一样地道"，添加了"地道"

二字，使赞赏的意思溢于言表，是加得好的例子。

11. 下一句中"it should not be assumed"获奖译文译为"我们却不能由此而推断"，"不能"似宜改为"不应"。不少来稿漏译这部分，致使文意相反。"却"字改为"也"会更流畅。

12. 同一句中用"炉火纯青"译"superb"，用"得心应手"译"proficient"均是神来之笔。但"churns out"却没有译出，它有"大量生产"之意。拟改译为"即使一名译者能够译出炉火纯青的法译英鸿篇巨制，我们也不应由此推断他在做英译法时同样得心应手"。

13. 第4段第1句中的"rule"（规律）非常重要，它与第3段第1句的"there is"呼应，说明翻译过程中存在最佳方向是一条规律。获奖译文译为"事情"，太笼统。

14. 第4段第2句中的"language combinations"可以说是整篇文章中最难理解的地方。不少来稿直译为"语言组合"，可是什么语言和什么语言组合到一起呢？上文提到过"语言组合"吗？其实，"combination"是指"交流"、"交谊"，英国剑桥大学的教授休息室就叫作"combination room"，教授们可以在此互相交流思想，联络感情。在本文里"combination"指用语言进行交流，因为全文谈的是翻译，所以"language combinations"是指语言之间的互译，获奖译文没有译对。

15. 同一句中"languages of limited diffusion"如果译成"传播范围不广的小语种"会更明白易懂。

16. 紧接着的"a native speaker or the equivalent"应为"以此为本族语或水平相当的人"，获奖译文只说"操本族语（的人）"，不够准确。

17. 文章最后一句"It's the right thing to do"获奖译文译为"这是翻译的正道"，言重了。试改为"译有其向，顺之得当"，不知以为然否？

(*Guangzhou Morning Post*, November 14, 1997)

# 关于汉诗英译书稿《华夏情怀》的复审意见

《华夏情怀》所选的诗、词、曲大多为中国人所熟知，可以看得出选材以中国传统的"兴、观、群、怨"为指导思想，所以入选的大部分是反映历史和社会现实的作品。

《华夏情怀》的英译用词古雅。比如书稿61页（以下提到的页码都指书稿的页码）"Mine earnest heart"用"mine"代替"my"、69页用"intonation"译"咏"字（一般中国的英语学习者只知道这个词意为"语调"）、338页用"denouement"译"尾"（连责任编辑都误以为这是个拼写错误）等，都表明译者对英语诗歌用语相当了解，英语词汇量颇大。

译者对汉诗原文的理解有相当的深度，这是以汉语为母语的译者的优势，一些英语国家的翻译家是做不到的。如《陌上桑》提到的"鹿卢剑"，英国白安娜博士（Dr. Anne Birrell）在她翻译的《玉台新咏》中译为"dagger（匕首）"，但卓振英准确地译为"sword（剑）"，因为传说荆轲刺秦王时秦王佩的就是鹿卢剑，剑身太长，一时无法拔出，后经琴师提醒，背负而出剑，遂杀荆轲。又如屈原《九章·涉江》中的"驾青虬兮骖白螭"，卓以"dragon（龙）"统译"虬"和"螭"，这是正确的，而英国汉学家David Hawks所译《楚辞》中却把"螭"错译为"serpent（大蛇）"。

总的来看，我认为这本书是有出版价值的。

然而，《华夏情怀》亦有不足之处，分述如下：

1. 译者采取押韵的方式把汉诗译成英语（rhymed translation），这种译法的主要弱点是常常为了凑韵而使语言拖沓，在《华夏情怀》书稿中有几种表现。首先，为了把合韵的动词放在行末，便在该动词前加助动词"does"，然后用动词的原形。如16页"And worst of all my heart *does* burst"，25页"My phoenix carriage and four draught dragons *does* sail"，33页"Howe'er, reluctant to advance my windowed boat *does* seem, / And 'midst the whirling pools little headway *does* it achieve"……这一类例子在书稿中俯拾皆是。其次，为了凑韵而使用分离不定式（split infinitive）。这本来无可非议，因为在日常书面语言中偶尔也用分离不定式，但分离不定式的"to"和动词原形之间一般用副词，而《华夏情怀》书稿里的分离不定式却常用名词或介词短语放在副词的位置，显得非常别扭。如32页"The oars of Wu applied in chorus so as *to waves cleave*"，61页"Th' pent-up thought refuses *to with me part*"，305页"E'en the grandson, who is too young *to actual work know*"。第三，同样为了凑韵把原本可以用单个的词做定语来表达的意思改用定语从句表达，显得累赘。如193页"When they disturb me in my dream *that's sweet*"。同样的例子可以找出不少。即使是目前在中国大陆的翻译界运用这种译法最娴熟的许渊冲先生也不能避免这一类毛病。杨宪益夫妇当年以格律诗的形式翻译《九歌》，David Hawks开玩笑地说他们的译诗像"复活节蛋（Easter egg）"，意为缺乏活力，因为复活节蛋是用巧克力做的。

2. 滥用省音手段，导致产生许多人为的拗口的辅音组合。如译诗中的规则动词过去式和过去分词的"-ed"词尾几乎全部变成"-'d"，定冠词"the"常常改为"th'"。于是就有这样的诗句："For their late blooming th' flowers in th' wilderness he'll not blame"（269 页）。其实，传统英诗中省音只是偶一为之，而且目的非常明确，纯为合律。《华夏情怀》的英译，正如上文所说，只是押韵的译法（rhymed translation），而不是入律的译法（metrical translation），译诗并无严格的格律可言，所以并不需要通过省音去调节音步（foot）的数目。何况过去式和过去分词的"-ed"词尾仅在辅音 /t/ 和 /d/ 之后才发 /id/ 的音并成为音节，在其他场合都只是发单个的辅音 /t/ 或 /d/，并不成为音节，不会影响诗行的音节数，因此没有必要统统把它们改为"-'d"。有时这样一改会使读者很困惑，要猜测单词的意思，如 47 页"By lifting hats to get their hair *reti'd*"，303 页"As thou hast ne'er *vi'd* with the favour'd in spring"。另外，行首的定冠词"The"如果改为"Th'"，如 261 页"Th' frontier in autumn does present a scenery of its own"，反而使重读音节放在了行首，不合英诗的抑扬格（iambic）习惯。

3. 注释的指导思想不明确。注释是为读者而设，应该想读者之所想，急读者之所急。《华夏情怀》是汉诗英译，对象似乎主要应是海外以英语为母语的读者。但目前的注释除了应有的诗歌作者、典故和背景知识的介绍之外，还包括许多对译诗行文的解释和改写（paraphrase）。这后一种内容是不必要的。假如爱好诗歌的以英语为母语的读者还要经常通过这些注释来理解译诗，这译诗如果不是太过古僻奇奥就是不够地道的。事实上加这种注释的地方往往是译得比较牵强的。与此相反，有时很浅显的语言也加注，如 78 页注 3 连"get the upper hand"这一常见的短语都做了解释，一些很普通的倒装语序也要在注释中还原为正常语序等，仿佛译者心中对于什么该注什么不必注缺少一个统一的尺度。译者还喜欢在评论中指出诗歌的主题思想、介绍修辞手段、阐发象征和比喻的意义。其实这只是一家之言，即使真的准确无误，说了出来，也会减弱读者欣赏诗歌的兴趣，因为自己去发现美比欣赏别人展示出来的美更有韵味。况且对于习惯保持独立人格的西方读者来说，译者这样做似有教诲（didactic）、强加于人（imposing）和高高在上（patronizing）之嫌。此外，在介绍修辞手段时，引进了一些源于拉丁语的专门术语，于是越注越复杂。普通读者在读注释时还得求助于工具书，注释的"释"的作用打了折扣。

4. 对一些英诗的专门术语理解不透彻。如：

（1）23 页，《楚辞》译为 *The Verse of Chu*。"verse"是"韵文"，强调的是押韵这种形式，与"prose"相对，至于诗意浓淡是不理会的。《华夏情怀》"Preface"中引用到许渊冲的 *On Chinese Verse in English Rhyme*，就是在形式上研究汉诗英译的书。许渊冲对于"verse"的理解是正确的。David Hawks 把《楚辞》译为 *The Songs of the South*，可供参考。

（2）134 页注 2，"In Chinese prosody, this is called an antithetical or parallel couplet..." "对仗"在某种意义上是"antithetical"，但绝不是"parallel"。英语的"parallelism"是"平行结构"，其组成部分可以不止两个，且反复申述一个中心主题或意念。但"antithesis"只由两部分组成，将两个相反的事物对照比较，这从前缀"anti-"便可看出。中山大学戴镏龄教授把"antithesis"译为"对语"。法国巴黎第三大学程抱一教授和美国普林斯顿大学蒲安迪教授曾论述过中国文人使用"antithesis"的问题。

（3）357 页，《树旗谣》的"谣"译为"ballad"，不确。"ballad"是指叙事民谣，其他抒情性的民歌不算"ballad"。我在《概念困惑，不可译性及弥补手段》（《中国翻译》1992 年第 4 期）一文中谈过这个问题。

（4）369 页，《石灰吟》的"吟"译为"ode"，不确。仅有 4 行的诗不能称为"ode"，因为"ode"一般必须具有形式复杂的诗节（complexity of stanza forms）。

5. 与汉语拼音有关的一些问题。

（1）英文中杂有的用汉语拼音拼写的词语按惯例要用斜体字。如：

*se, sheng*（瑟、笙），61页；

*li*（里），69、121页；

*jin*（斤），217页；

*mu*（亩），288页；

*ci*（词），257、258、278、282、286、295、330、331页。

（2）容易引起误读的音节要用分音符号（'）。如：

Jianan（建安）——Jian'an，58、63、67页；

Xian（西安）——Xi'an，232页；

Changan（长安）——Chang'an，211、307、309页；

Linan（临安）——Lin'an，291、320、321页。

注：不用分音符号则表示按一般的声母加韵母的方式组成音节，如Jinan（济南）就不必用分音符。

（3）汉诗的一些专门术语第一次出现时可以直接用拼音拼写，再加以解释，以后再出现时就可以只用拼音了。如"乐府"可直接用"*Yuefu*"，不必每次都用"Music-Institute"。其实外国读者不一定知道"Music-Institute"的确切意思。

6. 英文行文中的词牌和诗歌标题要放入引号当中，就像汉语行文中要放入书名号内一样。

7. 一些具体的问题：

（1）41页倒数第5行，在英文诗句中插入由两个拉丁语单词组成的植物学名"*malva verticillata*"，风格不统一，读起来也拗口。不如沿用上文用过的"wild herb"来译"葵"字。

（2）59页，用"phonetics"译"音韵学"不如用"phonology"，因为前者不研究语音的流变，但后者研究语音流变，而"音韵学"的研究内容之一正是语音流变。

（3）62页，"山不厌高，海不厌深"译为"For their love of earth mounts attain their height;/Th' seas deep and vast ne'er of water make light"，这里"their"指上文出现过的"they"，即"crows and magpies（乌鹊）"，我认为这种理解不正确，如果说鸟儿喜欢往高山上飞，还说得过去，但喜欢深海就令人费解了。我理解这两句是比喻一种宽广的胸怀和容人的雅量，与后面两句"周公吐哺，天下归心"一气呵成。

（4）47页第2节，"桂枝"译为"laurel wood"。这个"桂"字如何译法经常引起中国翻译家的争论。对于毛泽东词《蝶恋花·游仙·答李淑一》中的"吴刚捧出桂花酒"就有不同译法。许渊冲译王安石《桂枝香》词，也用"laurel branch"。可是英国白安娜译《陌上桑》则用"cassia"译"桂枝"。我赞同她的译法，因为"laurel"原产地中海一带，而"cassia"原产中国，用来译中国诗歌的"桂枝"比较贴切，而且"cassia"（肉桂）的香味浓郁，女子用之顺理成章。

（5）《陌上桑》和《木兰诗》原来不分节，译诗也不必分Canto。

（6）《木兰诗》和《卖炭翁》是叙事诗，似乎用过去时比用现在时贴切些。

（7）135页引用济慈的《夜莺颂》（Ode to a Nightingale），连诗的题目都搞错，把"a"

写成"the"。引用了 20 行诗,竟有 10 处错误,诗行的排列也完全不按原样。我已改正。(我核对过两种选本,都证明这 10 处是错的。也许译者根据的是另一种版本。)建议译者把原诗复印后剪贴到书稿中,这样准确一点。

(8) 179 页把"春潮带雨晚来急"的"春潮"直译为"spring tide",容易引起误读,因为"spring tide"可以指每月朔望之日出现的特别高的潮水。而且这里的"春潮"其实是指桃花汛。许渊冲把这一句译为"With spring showers at dusk the river overflows"是贴切的。

(9) 译者有两个习惯性的拼写错误:junior 错拼成 jenior;vigorous 错拼成 vigourous。后者并无英美习惯之分,不同于 favourable 和 favorable。

(10) 324 页"红杏"译为"apricot flowers",用"blossoms"恐怕比"flowers"要合适,因为英语中果树一类的花一般都用"blossom",如"peach blossom"(桃花)、"plum blossom"(梅花)、"cherry blossom"(樱花)等。

(11) 338 页"unfriedable"应为"unfriable",从"fry"派生而出。这是一个自造词,与上一行的"unsteamable"和"uncookable"对应。

(12) 423 页"虎门"译为"Tiger Gate",其实英美学者所撰与鸦片战争有关的著作倾向于称"虎门"为"the Boque"。这里可以加注说明。

(13) 424 页把琦善称为"traitor",似乎称他为"capitulationist"更恰当。

(1996 年 6 月)

# 关于《揭开美神的面纱》的评审意见

## 一、作者的思路并不新颖

《揭开美神的面纱》（以下简称《面纱》）认为：客观世界不存在美，美没有客观标准，美其实就是美感，美感就是快感，审美共性就是共同的快感，审美个性就是不同的快感，美学的研究对象宜选视觉美。

客观世界不存在美，美就是美感，即美只存在于人的感觉之中，美没有客观标准的这一思路，是西方后现代主义关于"自然化"（naturalization）和"去自然化"（denaturalization）理论的翻版。罗兰·巴特在《写作零度》（*Writing Degree Zero*）和《神话学》（*Mythologies*）中都批判了把经验"自然化"和"标准化"的行为。詹明信（Fredric Jameson）则把这种行为称为"习俗化的活动"。说白了，后现代主义者认为不存在普遍性，所有规律都是人总结出来的，所有标准都是人按照自己的经验定出来的，绝不是客观存在。如果把这些人为的东西看作是客观存在的东西，就是把它们"自然化"了。意大利符号学家埃科（Umberto Eco）在《符号学理论》（*A Theory of Semiotics*, Indiana University Press, 1979）中对美学功能进行符号学分析，也认为存在着一种"美学的个人习语"。《面纱》的作者对"黄金分割律"以及"对称""均衡"这些所谓美的"客观标准"的颠覆，其实就是后现代主义者的"去自然化"（denaturalization）。在这里我们不评论这种理论的得失，我们只想指出，《美神》作者的思路不是独创的。（中国禅宗六祖惠能对风吹幡动的"心动说"解释与此也有相似之处。不过《美神》的作者把"美在于心"解释为巴甫洛夫的刺激—反应机制及其积累罢了。）

至于"美感即快感"，也是自古希腊以来就有的一派美学学说，称为 Hedonism（快感主义），克罗齐在《作为表现的科学和一般语言学的美学的历史》一书第十九章第四节做过介绍，他在《美学原理》第十章还对这一理论做过批判，他说"快感主义把一切心灵的形式都简化成一种，而这一种形式也就因此没有特性，变成一种暧昧的神秘的东西，如同'一切牛在深夜里都显得是乌黑的'。"（《美学原理·美学纲要》，朱光潜、韩邦凯、罗芃译，外国文学出版社，1983年版，第85—86页）如果《美神》的作者参考过克罗齐的这两本书，他应该如实声明，并辨析他的"美感即快感"说与西方的快感主义的异同，但是他没有这样做。我们在这里并不准备与《美神》作者就"美感即快感"说进行商榷，我们只想指出他的"美感即快感"说的渊源，从而说明这一提法并非《美神》的作者创造出来的。

至于"美是自传体式的"，"由于每个人的阅历不同，高级美感（即由思维觉引起的美感）就必有差异甚至相反之处"这一观点，则与接受理论的"期待视野"（horizon of expectations）相似。

## 二、《美神》有以下缺点

1. 自相矛盾。比如该书上篇第三章认为"美学的研究对象宜选视觉美",但在下篇"解释种种审美现象"时却把朱自清的《荷塘月色》和莎士比亚的《罗密欧与朱丽叶》中的"文学修辞"(《美神》第145页)和绍兴人"吃霉咽臭"(同上书,147页)作为研究对象。如果说前者涉及的是以文学语言创造出的视觉美,还可以说得过去的话,(其实书中也没有提出这一点),那么"吃霉咽臭"就纯粹是味觉和嗅觉而不是视觉的范畴了,为什么也把它们列入"种种审美现象"之中呢?

2. 论述有失误。如《美神》第105页认为人以对称、均衡为美是因为人的两眼是左右对称而不是上下对称,所以看左右对称的图形较"省劲",即产生视觉快感。照此推理,人看上下对称的图形就不能产生美感了。这显然是不符事实的。又,《美神》第147页说上帝"同时"创造出亚当和夏娃,这与《圣经》的说法不符。《创世纪》第二章说,上帝用泥土做了男人,给了他生命之后,把他安顿在伊甸园里,后来上帝觉得男人太孤单,就取他的一根肋骨做成女人。在做女人之前上帝还做了许多动物。所以亚当和夏娃不是同时创造出来的。另外,《美神》第120—129页论述异性人体美的产生是因为勾起了性欲,照此推理,同性人体除了对同性恋者之外是不能引起美感的,于是,占压倒多数的女人不能说别的女人美,占压倒多数的男人不能说别的男人美,说了就是同性恋。这显然是不合情理的。事实是许多女读者照样喜欢买印有漂亮性感女郎封面的杂志。

3. 不符合研究规范。按国际惯例,研究论文或专著要遵循 MLA 或 Ibid 格式,可是《美神》全书没有一条注释,没有按格式列出过一本参考书,大多数引文没有详细出处,不能不令人怀疑引文的准确性。(事实上已经发现像"上帝同时创造了亚当和夏娃"这样的引述错误了。)想以此书"为国争光"但又不按国际惯例办事,恐怕难矣。

## 三、结论

综上所述,我们认为《美神》一书不符合评奖标准,不予推荐。

好在《美神》的作者认为不存在"客观标准",审美判断的差异也仅仅是差异而已,不存在孰对孰错的问题(该书第74页)。他的这一观点已经延伸到价值判断领域。他说一片面包对健康的饥饿的正常人来说才有营养价值,对于不需要面包的人来说就没有营养价值。所以即使我们和他对《美神》的价值判断有差异,他也不会认为不推荐这本书是错了的,因为"不存在孰对孰错的问题"。

# 关于《生日信札》汉译本的推荐意见

古语云：一言兴邦，一言丧邦。这或许带有夸张的色彩。但一本书能够改变文学史上的一种既定观点，倒是千真万确的。手头这本特德·休斯（Ted Hughes）的诗集《生日信札》（*Birthday Letters*）就是一个例证。

休斯自从妻子自白派诗人西尔维娅·普拉斯（Sylvia Plath）于1963年自杀身亡之后，一直遭到舆论界和文学批评界抨击，被描写为一个男性沙文主义者、负心汉。休斯则一直以沉默作答。但35年后，当他知道自己不久于人世时，就出版了这部诗集。不过，他拒绝传媒的采访，希望由广大读者独立地了解真相，做出判断。该诗集出版后，对休斯的责备逐渐平息，因为人们从书中深深体会到他的痛苦。

能把这样一部在英美文学史上有重要价值的书翻译并介绍给中国读者，无论是译者还是出版社都是非常有眼光的。

《生日信札》汉译本不但译笔准确流畅，而且还有一个连英文原著都不具备的优点，那就是数目众多、准确到位的注释。大凡好的翻译，都建立在对原著的深入研究之上。看看赵萝蕤先生翻译惠特曼的《草叶集》和田德望先生翻译但丁的《神曲》，就可以明白这个道理。注释就是研究成果的重要表现形式之一。

更令人惊喜的是，《生日信札》汉译本的大量注释是译者与国外学者以及原作者休斯的姐姐奥尔温紧密合作的成果，在对史实的认定和对诗歌的阐释方面都具有权威性。

《生日信札》汉译本的"附录"和收入书中的有关休斯的照片更增加了该书的历史感。这是一般的外国诗歌汉译本所缺少的。

全书印刷精美但不花哨，校对工作做得很好。我细读了全书，正文部分看不出什么差错。注释部分倒有几处误植和一些小问题：

1. "译序"第8页注①和第9页注②"…To Reexamine The Sylvia Tragedy"中的"To"应为"to"，"The"应为"the"。
2. 同上第11页注①"Gurdian"应为"Guardian"。
3. 正文第3页注①"泰晤士"应为"泰晤士河"。
4. 第75页注①"卡姆河"通译为"剑河"。
5. 第267页注①"Cacdmon"应为"Caedmon"。

如果还有什么地方需要改进的话，我觉得：

1. 正文的页码与"译序"的页码最好用不同的版式或字体。
2. 注释部分尚可适当增加学术性。比如第28页注①关于蟾蜍石可以参考杨宪益著《译余偶拾》；诗集中频繁出现的月亮意象的注释可以参考 Brewer's Dictionary of Phrase and Fable，指出传说中月亮有令人神经错乱的作用，lunatic 这个词就是从月亮的词根派生出来的。

总而言之，瑕不掩瑜，《生日信札》汉译本不足之处很少，但无论欣赏价值、史学价值和学术价值都很高。

（2003年5月18日）

# 关于《西方翻译理论》书稿的评审意见

该书稿旨在介绍西方翻译理论,属于综述型,且极少作评价,无甚创见。

介绍传统翻译理论时,不如已出版的一些同类书籍——如谭载喜的《西方翻译简史》——全面准确。介绍现当代翻译理论时倒是有些新材料。最大的缺陷是被介绍的理论家和本书编者都以第一人称"我"出现,令读者很难分清哪些话是理论家说的,哪些是编者说的。

除了学术水平不高之外,这部书稿严格来说还不是定稿,不符合交稿要"齐、清、定"的出版行规。表现在:

1. 缺了第16和第21两章(只有这两章的标题在目录里出现)。行文中甚至突然出现空白或半截未完成的句子,如第50和60页。

2. 体例不统一。小节标题、注释、参考文献都有不统一之处。

3. 译名不统一。这一类失误极多,甚至出现一页之内同一书名的汉译前后不相符的情况,如第3页("西塞罗")中的"奥德塞"与"奥德赛"。

4. 目录中有许多章的标题与内文的标题不符。

5. 文字不通顺处甚多,翻译腔颇浓。

6. 错漏极多。

与以上6条有关的失误之处,凡我在阅稿时发现的,都用铅笔做了修正,几乎每页都有。

综上所述,我认为《西方翻译理论》不符合出版基金的资助条件,不宜给予资助。

(1998年10月27日)

# 关于《〈资本论〉与莎剧本》一文的抄袭问题

1. 这篇文章完全根据孟宪强著《马克思恩格斯著作中的文学典故》（吉林人民出版社1981年版）一书以及柏拉威尔著《马克思和世界文学》（三联书店1980年版）中的第12章"资本论"写成，毫无新的立意。

2. 更严重的是，作者大段大段地抄袭（注意，不是引用！）孟宪强的著作。现将该书的有关部分复印附后，以便与这篇文章的行文做一比较。

3. 举一隅可以三隅反，由这篇文章看出，作者的"治学"态度是极不诚实的。

4. 我坚决不同意发表此文。至于评分则请有关部门酌情考虑。

(1993年5月10日)

# 《中华才俊与庞德——亦师亦友》
# 申报国家社科后期资助项目推荐意见

《中华才俊与庞德——亦师亦友》是一部具有很高学术价值的书稿。

首先，书稿摆脱以往庞德研究的"文本中心"定式，转向"人本中心"，重点考察作家与他周围的人的思想交集，梳理出庞德在与中国的文化精英交往中认识、了解中国文化的脉络。

其次，书稿一改以往庞德研究的纯文学取向，转向中美文化交流史研究，更有力地阐明美国新诗运动是如何接受中国文化影响的。

这样的研究方式需要细致地搜寻历史资料，包括书信、档案，爬梳考订，是一项劳心劳力的工作。所幸书稿著者具有高度的学术嗅觉和缜密的分析推理能力，很好地完成了这项研究。

这部书稿还有很强的可读性，谈学术而又不是高头讲章，抽丝剥茧，娓娓道来，颇有"描写性历史"的味道。

更加可贵的是这部书稿给了文学研究者一点启发，就是文学研究必须是动态的。这种"动态研究"除了要关注一位作家不同时期的创作思想和手法之外，还要关注他/她与同时代人的思想交流。作家和其他行业的从业者一样，首先是社会的人。他/她不可能生活在真空里。他/她肯定会和别人，特别是别的文化人有交往，包括思想上的认同或冲突。这些经历会影响其创作，是动态的文学研究所不可忽视的内容。

综上所述，我强烈推荐《中华才俊与庞德——亦师亦友》书稿申报国家社科后期资助项目。

（这部书稿目前仍需作一些技术性润饰，比如各章的注释和参考文献的体例要统一等。）

（2013 年 3 月 15 日）

# 蒲龄恩其人其诗（《蒲龄恩诗选》代序）

经过近三年的努力，中山大学外国语学院英诗研究所同仁（the Epsians）终于编辑了蒲龄恩诗选并完成了汉译。此前中国的《世界文学》和《星星》诗刊都刊登过蒲龄恩的个别诗篇的汉译本，但成书并且比较有分量的当推我面前这一部书稿。

蒲龄恩是英国当代诗人 J. H. Prynne 的汉语名字，这个名字是他指导的第一位在剑桥大学获得英国文学博士学位的中国学生谢明给他起的，他十分喜欢，认为和中国文学有很深的渊源，因为"蒲龄恩"有两个字和《聊斋志异》的作者蒲松龄相同。

蒲龄恩是剑桥诗人群体中的领军人物，他的诗集译成法语、德语在欧洲出版。以他为题材的研究专著和博士论文也越来越多。具有文学史性质的介绍20世纪英国诗歌的著作几乎都要给蒲龄恩一定的篇幅，甚至有学者写出标题为 From Pound to Prynne 的书，把蒲龄恩和庞德相提并论。

坦率地说，蒲龄恩的诗十分难懂。他认为现代诗歌的一个特点就是"难"，诗人把制造阅读理解的困难作为一种技巧。2008年4月蒲龄恩参加了在石家庄举行的第一届全国英语诗歌研讨会，宣读的论文就是关于现代诗歌中的"难"及翻译这些"难"的难度。这一点本书各位译者深有体会！

蒲龄恩对英美诗歌的发展有自己的独特的、一贯的看问题的角度——纯艺术的角度。他认为一部诗歌发展史就是诗人们在艺术上不断推陈出新的历史。比如托·史·艾略特的《荒原》有许多"碎片"（fragmentalism）和"不确定"（indeterminacy），许多学者认为那是第一次世界大战后的欧洲的象征性写照。蒲龄恩却认为艾略特那样做只不过是在表现技巧上想摆脱浪漫主义的桎梏，也就是中国文化人常说的"避熟求变"，和政治与意识形态没有必然关系。艾略特的非个人化（impersonality）是针对浪漫主义的"自我中心"（egoism）的，其他现代派诗人都一样。比如叶芝之所以提出"mask"和庞德提出"persona"，都是认为浪漫主义的"egoism"无论题材和感情的表现空间都太狭窄，不利于诗人的想象。

蒲龄恩自己也身体力行，在诗歌创作上不断求新。特别是在语言方面，他很重视词语本身的特质，这一点和美国的"语言诗派"异曲同工，都认为以往的诗歌创作或评论的焦点在诗篇，现在应该把注意力转到构成诗篇的更小的单位——语词。就好比过去看重的是房子，忽略了房子的建筑材料——砖瓦，现在须要反拨。有时他在创作中甚至让语言带着自己走，颇有中国宋代诗人杨万里的"不是老夫寻诗句，诗句自来寻老夫"的境界。

生活中的蒲龄恩洒脱不羁，和他在诗歌创作上的大胆探索互相呼应。他在剑桥大学教了30多年诗歌，带出了许多博士，但他自己的头衔一直只是"Mister"，连"Doctor"都不是，因为他不喜欢写学术论文，只喜欢写诗，按照剑桥大学的规定无法晋升。有关部门多次做他的工作，劝他写些论文发表，蒲龄恩偏偏我行我素。其实他只要把英国文化委员会（British Council）请他去做的那些讲座的稿子整理出来就是很好的学术论文。两年前他要退休了，剑桥大学终于授予他"Reader"的职称。他说："They gave in at last."没有教授的名头他毫不在乎，李约瑟不也只是个 Reader 嘛。

蒲龄恩还有点仗义疏财的侠气。有一位剑桥诗人身体不好，经济状况也不好，蒲龄恩经常接济他。中山大学外国语学院英诗研究所自 2002 年成立以来，蒲龄恩已经向研究所捐献了将近 500 册原版专业书，都是他以图书馆长的眼光，结合研究所的博士生的研究方向挑选并购买的。赠书还在继续，老蒲（我们给他的昵称）说这是他的另一个图书馆。他曾在广州大学任教半年，回英国前他留下人民币近 30000 元供举办珠江国际诗会用。对自己的家人也一样。他和姐姐继承了父亲留下的遗产，没过多久他就把自己得到的那一份的一半给了小女儿。

我和蒲龄恩相识纯属偶然。1988 年国家教委派我去英国做博士后，接受英国文化委员会的资助。英国文化委员会介绍蒲龄恩作我的导师。了解到他是诗人，我就欣然同意了，于是开始了长达 20 年的交往。从那时候起，我指导的研究英诗的博士生一个接一个去到剑桥接受蒲龄恩的辅导，蒲龄恩也二度来中国任教，这也许就是缘分吧。蒲龄恩和研究中国科学技术史的李约瑟博士是好朋友，对中国文化非常熟悉，两人是剑桥大学甘维尔－基思学院的同事。李约瑟当过院长，蒲龄恩是图书馆长。他在学院里有两间办公室，其中一间专门用来存放和中国有关的书籍以及中国的书画作品和其他艺术品。蒲龄恩对吴门画派尤为熟悉。

蒲龄恩还是一位无神论者。

写到这里，我忽然觉得这篇短文的题目应该读作《蒲龄恩奇人奇诗》才对。

(2008 年 12 月 16 日于康乐园味闲堂)

# 某代表作鉴定意见

送审代表作中《中国古典诗歌对英美现代主义诗歌的影响》一文其实只涉及以庞德为代表的美国意象派诗歌。文章先提出"英美现代派诗歌滥觞于英美意象派诗歌"这一命题,然后用"英美意象派诗歌"偷换了论文题目所说的"英美现代主义诗歌"这一研究范畴。众所周知,"滥觞"并不能代表整体。这篇文章并没有研究整体的英美现代主义诗歌。这也是意料之中的,因为一篇论文根本不能承担这么庞大的选题。这至少是一部专著的任务。又,英国现代主义诗歌(注意!不是美国现代主义诗歌)如叶芝的诗作是否"滥觞"于意象派还需要更有力的论证。

退一步来说,即使是从研究中国古典诗歌对意象派诗歌的影响这一角度来看,这篇文章也没有新意,更像一篇综述,而且是很皮毛的综述,连颇有影响的钟玲的《美国诗与中国梦》和朱徽的《中美诗缘》的有关观点都没有提及。

文中与周桂君商榷的文字有些道理,但仍有可以再商榷之处。周桂君认为庞德的意象主义"本质上扎根于西方文化土壤"是一语中的的。正如送审文章的题目所指出的那样,中国古典诗歌只是对英美现代主义诗歌产生了影响。即使这种影响很重要,也仅仅是影响,是外因而已。对于接受方来说,接受什么,不接受什么,接受之后如何吸收转化,有无改变接受来的东西,这一切都由接受方的文化的根来决定。该文多次引用赵毅衡在《远游的诗神》中表达的观点,即认为是中国古典诗歌造就了美国诗人斯奈德,后来赵毅衡在《诗神远游》中不再这样说了,但他说斯奈德本人亲口向他承认在五六十年代中国对斯奈德的影响占"百分之八十"。"百分之八十"似乎很多,但不要忘记这只是所受影响中的"百分之八十"。斯奈德在另外的场合举出了许多欧美文化传统对他的熏陶,他委婉地否认是中国古典诗歌造就了他。(见《加里·斯奈德面面观》,《外国文学评论》,1994年第1期)还可以看看"五四"后的中国新文学,它受西方文学的影响很深,连新诗、话剧、长篇小说等文学样式都是从欧美引进的,但是我们的新文学难道不是仍然扎根于中国文化的土壤吗?

送审的第二篇代表作《也谈比较文学的学科危机及其出路》发表于2005年9月的《郑州大学学报(哲学社会科学版)》,距今已经8年。文中指出的比较文学学科的危机早就在比较文学界讨论得沸沸扬扬,至于文章提出的"出路",也算一家之言,但论证薄弱。

送审的第三种代表作是一部文集,其中有申报人的硕士论文,有单篇的诗歌研究论文,有申报人的诗歌创作体会,也有一些短篇的诗歌赏析。因为题材太多样化了,终有力所不逮之处。

比如《十四行诗体简论》一篇(p.297),对于英国人为何改造,如何改造意大利十四行诗的格律语焉不详。其实在 Oxford Companion to English Literature 的 Essay 部分就有一篇专论英诗形式演变的文章,指出这种改造最主要的原因是因为英语的同韵词比意大利语的同韵词少得多。文中又说"莎士比亚十四行诗每个诗行由五个音步组成,因为英语是重音体,就使诗体形成五个抑扬格音步,这就是五步抑扬格"。且不说"英语是重音体"没有得到解释，就是逻辑也有问题。如果说分重读音节和非重读音节的语言就是"重音体"，请问哪一种拉丁语系、斯拉夫语系的语言不是这样？按照这种推理，主要西方语言的诗歌除了抑扬格就没有别的格律了，事实并非如此。还有，文章谈到中国诗人对十四行诗的移植时，只字不提为探索中国新诗格律鞠躬尽瘁，并且身体力行，创作汉语十四行诗的邹绛先生。邹绛先生早在1942—1947年间就创作了以《温暖的泥土》《一个先死者的歌》《希望之歌》《给缪斯眷顾的人们》《最后的歌》《一颗星》《祝贺》《一封燃烧着的信——致上官弗》等为代表的汉语十四行诗。送审的这篇文章写于西南师大中国新诗研究所，而邹绛先生正是该研究所的奠基人之一啊！

书名为《中外诗歌共享的诗歌理论研究》，但其中对外国方面的了解尚需加强。书中有一篇《诗的灵感谈片》，开篇就指出"古希腊哲学家德谟克利特最早使用了'灵感'（Inspiration）这一重要的艺术概念"（p. 75），然后指出"诗的灵感是诗人对于外在世界的体验性感应"（p. 79）。殊不知西方诗人的灵感来自神，在作诗前西方诗人往往会祈求诗神缪斯赐予灵感，这不同于中国诗歌的"灵感"，后者的确是"诗人对于外在世界的体验性感应"，近似《毛诗序》所总结的"赋、比、兴"之中的"兴"。（奇怪的是，在谈论诗歌的养生功能时，作者倒知道西方诗人的灵感来自缪斯。P. 146）在同一篇文章里，作者认为"诗、小说、戏剧的灵感的本质各不相同……小说、戏剧的灵感虽然也受情感的驱遣，然而情感氛围中是人物和事件，而不是纯粹的情感状态"（p. 79）。殊不知西方叙事文学的源头是史诗（Epic），西方诗歌很重要的组成部分是叙事诗，都包含了人物和事件。在《诗的想象谈片》一篇，作者把刘勰在《文心雕龙》里提出的"神思"与浪漫主义提出的"想象"（Imagination）相提并论，还特别引用了柯勒律治的话以作佐证（p. 84）。殊不知"神思"的"思"包含了"思考"的意思，这是浪漫主义的 Imagination 没有的含义。学者黄兆杰（Siu-kit Wong）编译、大卫·霍克斯（David Hawkes）作序的《中国古代文学批评》（*Early Chinese Literary Criticism*）一书虽然把《文心雕龙·神思》篇译为"On Imagination"，但黄兆杰加了一条注释："I suggest we put Coleridge and other Romantics aside and concentrate on what Liu Xie has to say." （见 *Early Chinese Literary Criticism*, Joint Publishing Company, Hong Kong, 1983, p. 121）他好像有预见一样，特别提醒读者不要把"神思"和柯勒律治等浪漫主义者提出的"Imagination"混为一谈。

申报人在论文《也谈比较文学的学科危机及其出路》中强调要研究不同文学的同一性和差异性，可是上面列举的几个例子表明，申报人的文化底蕴和学术敏感与洞察差异性的需要仍有一定距离。

《中外诗歌共享的诗歌理论研究》还有一些硬伤和不合适的地方，略举数例：

1. p. 194，"杨雄在《解嘲》中说……"。读过汉赋的人应该知道《解嘲》的作者是"扬雄"而非"杨雄"。同样，在 p. 191 也把"扬雄"误作"杨雄"。

2. p. 181，"月上柳稍头"应为"柳梢头"。

3. p. 182，"勇敢的蜀川军民把这个娇憨的蒙哥也打死了。"煞神一样的蒙哥怎么会"娇憨"呢？以上几条假设是手民之误，那定稿前作者的审校也未免太粗疏了！

4. p. 182，作者在一个小镇的墙上看到"双手推开窗前月，一石击破水底天"两句诗，"觉得异常惊奇和新鲜"。其实这两句诗并不合律，脱胎于《今古奇观》中"苏小妹三难新郎"一篇。洞房之夜苏小妹出题考新郎秦观，最后一道题就是对对子，所出上联是"闭门推出窗前月"，秦观百思不得下联。在暗处的苏轼为助秦观往花园中的水缸扔了一块石头，秦观得到启发，对出下联"投石冲开水底天"。

5. p. 26 引用梁宗岱先生的《诗与真》的序："真是诗底惟一深固的根基……"据外国文学出版社（北京）1984年版的《诗与真·诗与真二集》，"根基"应为"始基"。"始基"（arche）是古希腊哲学的重要概念，又译为"本原"。虽然对于"本原"这一译法和释义有不同意见，但其意义都远远重于"根基"。

6. p. 18 "中国诗歌先是长于言志、缘情，后来长于叙事、写景……"不知道中国诗歌长于叙事有何凭证？

7. 刘献彪先生为该书作序，署名为"中国当代比较文学元老刘献彪"。（p. 3）什么样人品的人会在正式发表的作品中署名自称是某个学术领域的"元老"呢？我斗胆推理，这并非刘献彪先生自己的意思，而是作者所为。本意是表达对刘先生的尊重，可是反倒有点陷刘先生于不义了。

综上所述，我认为送审代表作只能基本上达到所申报的专业技术资格任职水平。

# 《今文选·译作卷》序言

《圣经》里有一个"巴别塔"的故事，说的是上帝一夜之间使人类的语言互不相通。可是上帝没料到会有翻译来架起人类理解的桥梁。译者可以说是敢于挑战上帝权威的人。

为此，他们曾付出血的代价。比如英国的廷德尔，就因为他把拉丁文《圣经》译成英语，使广大的英国普通信众可以读懂，从而"直接与上帝对话"，削弱了教会的权威，罗马教廷处之以火刑。

的确，一本书的翻译发行，可以帮助推动一项政策。英王亨利八世为了摆脱罗马教廷的控制，实行政教分离，于是大量印刷英文《圣经》取代拉丁文《圣经》并发放到英国的各个教区，从教士手中夺取了阐释《圣经》的专利。

一本书的翻译发行，可以成为一件强大的思想武器。在中国晚清时期，翻译起了"开启民智，促进共和"的作用。梁启超写《译印政治小说序》，指出西方政治小说的重要作用——"往往每一书出，则全国议论为之一变"。所以他在中国提倡译印政治小说。到了20世纪，翻译更是引进了许多异质文化的元素，包括《共产党宣言》，使中国得八面来风，高瞻远瞩，为革命和改革开放提供了精神养分。

一本书的翻译发行，可以塑造几代人。曾经生活在20世纪五六十年代的中国人，恐怕不会忘记《牛虻》和《钢铁是怎样炼成的》的汉译本是如何激励他们的革命斗志。

最重要的是，一本书的翻译发行，还可以促进不同文化的交流融合。佛经的汉译就是突出的例子。我们通过翻译了解异质文化的过去和现在，我们通过翻译设计本土文化的未来。人类文化的积累其实在一定程度上要靠翻译。

既然翻译那么重要，有时候翻译出错会带来严重后果。比如第二次鸦片战争前的"广州入城危机"，就是因为英方的汉文正使（即译员）此前把发给中方的照会里关于入城争论"搁置起来"（英文）的说法误译为"永不讨论"（汉语），致使清政府误以为这个外交争端已经解决，朝廷还为此褒奖了时任两广总督徐广缙和广东巡抚叶名琛。后来英国人再提入城，清政府大为不满，认为英国政府出尔反尔。于是形势恶化，加上其他原因，导致后来英法联军攻入广州城。

尽管翻译工作那么重要，多年来翻译却不被重视。以前许多译作的封面都不出现译者的名字。就连译者本人有时也认为翻译不是安身立命的事。当年康有为称赞林纾和严复翻译做得好。他说："译才并世数严林。"林纾听了很不高兴，认为康有为实际上贬低了他，因为他觉得自己的古文功力深厚，那才是亮点。

到了20世纪，文学批评理论逐渐成功地摆脱了对作品和哲学理论的依附，独立成为一个学科，并把"文学"这顶帽子摘掉，称为"批评理论"，进而影响到人文和社会科学的研究基础。翻译也不例外，这个时期的翻译很大程度受到后现代批评理论的影响。

这种影响最突出的表现是翻译的重心转移。

传统的翻译理论，无论是美国翻译理论家尤金·奈达的"功能等值"理论还是中国严复提出的"信、达、雅"，其核心精神就是忠于原文。后现代翻译理论则秉承"解构"的精神，致力于模糊甚至颠覆传统的"作者——译者"、"原文——译文"的主从关系。比如女性主义的翻译理论认为原文好比男人，译文好比女人，以前译文忠于原文，就好像女人依附男人，现在不同了，要把这种主从关系颠倒过来，以译文为主，原文为从。后殖民的翻译理论认为殖民就由翻译始。宗主国通过他们的翻译大规模推销他们的思想文化给殖民地，却只让他们的小部分"精英"通过翻译了解殖民地的文化，从而造成信息不对称，形成文化扩张，所以第三世界要有自己的翻译队伍，并且要通过翻译宣传自己的思想文化。

翻译的重心转移引起具体的翻译策略的改变。原文的权威被消解，出现了所谓的"操控理论"，即译者可以在他或她认为必要时按照自己的需要阐释原文并根据这种阐释去进行翻译。翻译可以是"重写"。于是原先不入主流的"译者逆也"这一观点现在得到有力的支持。

其实，即使在翻译的重心未转移之前，翻译史上就有非常典型的译者"操控"原文的例子。比如严复，他于1894年开始翻译Thomas Henry Huxley（1825—1895）的《进化论与伦理学》（*Evolution and Ethnics*，1893），初稿译成后取名《天演论》，1895年，修改稿在《国闻报》陆续发表。严复翻译《天演论》的方法很独特。他只选取原书的"序论"和"本论"两篇，即仅介绍进化论而不提伦理学。另外，严复在译文中加了29条按语，通过按语分析、补充、阐发、引申原书的观点。严复提倡翻译的"信、达、雅"，但是翻译《天演论》时却不"信"。当然，严复这样做的目的是强调进化论的普遍意义，把它从生物科学的理论提高为自然界和人类社会的普遍规律来介绍给中国人，希望国人不要成为"弱肉"而被西方列强所食。

当然，在严复的时代这种在翻译过程中"操控"原文的情况只是很少的个案，但是当"操控"变成了一种理论，它的双刃剑性质就凸显出来。那些有思想、有抱负而又文采斐然的译者可以使原文为他们所用。最有名的就是庞德翻译古汉诗，尽管他甚至不通汉语，（就像林纾不通英语也能翻译一样，）他在费诺罗萨留下的笔记以及日本汉学家的著作的帮助下译出的《神州集》至今仍是翻译的精品。反之，对于那些靠逐字逐句查双语词典来做"翻译"的半吊子译者，"操控理论"则成了他们在翻译中规避难点、蒙混过关的幌子。

我个人则认为，翻译还是要尽量忠实传达原文的意思，尽管有时确实很难百分之百做到，也要努力去争取。须知"一名之立，旬月踟蹰"，有了认真的态度，"虽不中亦不远矣"。当然，适量的、合理的操控原文也可以接受。

无论原文还是译文，都由语言来表达。从原语（原文使用的语言）转换到目的语（译文使用的语言）要经过三个步骤：破解原语语码——转换——重构目的语语码。至于如何重构则有不同的观点。比如鲁迅主张"硬译"，尽量保留原语的特色；钱钟书却主张"化境"，要使译文不像译文而像用目的语写作的文本。用现代翻译理论的术语来表示就是"异化"与"归化"两种倾向。在促进语言发展变化的意义上"异化"比"归化"有更积极的作用。当年欧洲国家把古希腊罗马的经典译成本民族语言，除了想汲取其中的思想文化之外，还希望以此来丰富本民族的语言。中国"五四"新文化运动通过翻译引进了西方的"民主"和"科学"思想，并且接受了西方文学中许多与中国传统文学截然不同的文学样式，如不同于章回小说的现代长篇小说、不同于古典戏曲的话剧、不同于格律诗的新诗等，在这一过程中，汉语也就逐渐演变成我们今天使用的现代汉语。这一点只要对比一下胡适著《白话文学史》所指的"白话"和现代汉语就很清楚了。就连现代汉语的语法都和多数欧洲语言的语法一样，以古拉丁语的语法为基础，《马氏文通》就是典型。可以说，翻译对于现代汉语的形成功不可没。

还有一个翻译界争论不休的问题——翻译到底是艺术还是科学？我总觉得这个问题不是问题。身体力行去转换语码的是艺术，研究转换语码的法则的就是科学。好比音乐，演唱、演奏和创作是艺术，研究其中的法则如和声、对位等就是科学。

翻译是艺术，这一观点体现在这个选本中。

我们除了考虑所选原文的社会意义之外，也重视译笔的精彩，这个"精彩"包括"归化"和"异化"。在介绍外国文化的同时，又尽量搜寻一些与中国文化有关的外文汉译，力图让读者了解外国人对中国的态度和认识程度。因为要与全书的编撰指导思想一致，所以文学作品不选。

最后，需要说明的是，由于语种各别，在本卷编撰评点的过程中，还特别邀请了郭丽娜、雷艳妮、凌曦、刘翠香、刘玉宇和谢崇宁（按姓氏拼音顺序）诸君共襄其事。他们的劳动，已在各篇中加以标明，在此一并表示感谢！

# 《思华年》编者的话

2014年是中山大学建校90周年，同时是中山大学外语学科建立90周年。为此，中山大学外国语学院决定出版两本书以资纪念。其中一本属于正史性质，主要依据档案文件来编撰；这一本则是记录亲历亲闻的文集，有点口述实录的意思，故题名《思华年——中山大学外语人的故事》。

本书绝大部分文章由校友撰写，小部分是采访所得，还有一小部分收录自以往出版的文字。

根据叙事角度，本书大致分为"叙述篇""自述篇"和"采访篇"。严格来说，"自述"也是叙述的一种，只不过用第一人称，讲自己的事。本书将"自述"独立成篇，与"叙述"并列，不过是为了大致区分自己的故事和他人的故事而已。当然，就中不可能有明确的分野。其实，我中有他/她，他/她中亦有我，所以只能"大致区分"。

"叙述篇"和"自述篇"按作者在中山大学外语学科入学年度顺序排列；"采访篇"则按被采访对象与中山大学外语学科产生交集的年代先后来排序。

所收文稿不做作者介绍，无论他们获得荣誉大小，拥有财富多寡，在本书出现的作者只有一个共同身份——中山大学外语人。

来稿长短不一，文风各异。编者尽量保留原稿风貌。表面看来全书风格不够划一，但从另一角度来看则是努力做到多角度、多层次地思华年，忆百态。

至于文章偶尔涉及的内容互相略有出入之处，编者不作订正，以尊重作者各自的记忆。

文中出现如"中大"、"外院"之类不太规范但又十分亲切的简称，亦不置换为正式名称；偶尔出现方言词语如"单车"之类也保留。让此书略略带上"微信群"的弱弱的亲昵。

坦率地说，如果以文学作品的标准来衡量，本书确实欠缺文采，但唯以一"真"字博得存在——真诚的态度、真挚的感情、真实的故事！

最后——

感谢各位赐稿的和接受采访的中大外语人，没有你们，编这本书就是无米之炊；

感谢中山大学外国语学院领导为此书所做的组织策划工作；

感谢中山大学外国语学院校友会为此书所做的联络协调工作；

感谢彭冬敏、陈琼芝老师为此书所做的全面深入、细致具体的文字和技术处理工作；

感谢同是中大外语人的本书责任编辑熊锡源为此书所做的、既争分夺秒又认真严谨的书稿编辑工作！

（2014年中秋之夜于康乐园）

# 《本土意识：文学的跨文化研究》
# "引言"与"结语"

## 引　言

当今的世界越来越小了！

——500多年前，印加王国的版图由秘鲁北部向南伸延到阿根廷西北部，南北直线距离约2400公里，印加人没有文字，只好靠善跑的信使接力奔跑来传递消息，他们每人只跑1.6公里左右，总计一天可跑240公里，这在当时已经是很快的速度了。

——1969年7月20日，美国东部夏令时间晚上10时56分，美国宇航员尼尔·阿·阿姆斯特朗离开阿波罗11号登月器，用左脚印下了来到月球的第一个地球人的足迹。在这具有历史意义的时刻，他的心跳达到每分钟156次，而平常他的心跳每分钟只有77次。他讲话了："这是一个人迈出的小小一步，但却是人类迈出的一大步。"他的话和他的心跳数据随即传回了地面中心。

二者相比，夫复何言？

人们生活在信息传递极为迅速、信息储存高度集中的这样一个世界里，同外国文化的接触势必与日俱增，作为外国文化之一部分的外国文学的研究、翻译和教学工作也随之蓬勃发展，作家在创作中对外国文学的借鉴也增加了比重。以印刷业并不特别发达的中国为例，据国家出版事业管理局版本图书馆的统计，1949—1979年中国各出版社共翻译出版了五大洲47个国家276位作家的1250种外国古典文学作品（包括不同译本和版本）。自1978年起，外国现代和当代文学作品纷纷引入中国，并且引起了一场关于西方现代派文学问题的论争，据何望贤编《西方现代派文学问题论争集》所附索引，仅1978—1982年中国发表的这一方面的介绍和研究文章就有377篇之多。1978年开始筹备出版的一套旨在翻译介绍外国文学流派、文艺理论和外国作家和作品评论的大型《外国文学研究资料丛书》计划要出150种，现已出了《莎士比亚评论汇编》等30多种。外国文学作品和文艺理论纷至沓来，在中国作家中间引起了相当强烈的反响。不少作家加入了关于西方现代派文学问题的论争，在文学创作上出现了以"朦胧诗"为发端的"崛起的诗群"、王蒙的"东方意识流"技法、莫言的唯感觉小说，甚至产生了被李泽厚称为他读到的中国第一部真正的现代派小说——《你别无选择》，[1] 其作者刘索拉声称不爱读中国现在的文学作品，不但对广州，而且对北京的文学创作现状也不熟悉。[2] 中外文学的交流也为比较文学研究提供了适宜的气候，在"五四"时期就兴起的中国比较文学研究得到复兴和发展。据不完全统计，到1986年为止，中国已

---

[1] 见李洁非、张陵：《一九八五年中国小说思潮》，载《当代文艺思潮》，1986年第3期。
[2] 何厚础、沈欣：《她就是刘索拉》，《羊城晚报》，1986年11月5日。

发表比较文学研究文章 2000 多篇，出版著作 60 多种。① 关于"世界文学"的议论也多起来了。有人推断，将来民族文学要消亡，人类文学将发展成为无限多样化的、一体化的世界文学。②

面对着像魔术师变戏法一样频频抛出的文学主张和万花筒般的文学现象，我思考——

任何一国文学对于他国文学而言都是外国文学。人们研究、翻译、借鉴外国文学难道没有共同的规律吗？如果有，这规律又是什么？它是怎样起作用的？在理论上如何去解释它？

这本书记录下我的思考轨迹。

为了叙述方便，我想在书的开头就把我的一些结论告诉读者。我认为——

外国文学的研究、翻译和借鉴都受到本土意识的影响。我把"本土意识"这个概念用英语表达为"Sense of Nativeness"。本土意识的核心是民族文化意识，在不同的时期和不同的个人身上又会表现为不同的时代意识和个体意识，包括体现在个体意识（特殊）中的阶级意识（一般）。人们在研究、翻译、借鉴和教授外国文学时会自觉或不自觉地将本民族文化的特点作为参照项，或者作为接受外国文学影响的中介，或者作为一个选择器以决定取舍。本土意识是变化的。当作为核心的民族文化意识同时代的发展不合拍，或者束缚了外国文学研究者、翻译者、借鉴者或教师的个体意识时，本土意识的内部平衡就会被打破。这时外国文学对于本国文学的影响表现为批判性的，有时还是对抗性的，用比较文学的术语来表达就是所谓"负影响"（Negative Influence）。但是即使是负影响也改变不了民族文化意识作为本土意识核心的地位，因为要批判就得有批判的对象，不把批判对象研究透彻怎么可能深入地批判它呢？更何况经过合理的批判之后民族文化意识也会被改造，于是本土意识也发生变化，达到新的平衡。这不是自我封闭，而是在交流中发展。

我毫不讳言，民族文化意识是传统的一部分。传统可以改造，可以突破，但你不可能同传统彻底决裂，因为它是多因素的、历时的，试问谁能割断历史呢？况且你今天认为是十分反传统的观念和意识，焉知将来不会被你的子孙们认为是传统？我们今天不也把当时十分反传统的"五四"新文学称为"传统"了吗？所以传统本身实在是一个货真价实的开放性体系，遗憾的是要彻底抛开传统的勇士和死守传统的先生们都把它看成封闭的了。

至于所谓"无限多样化的、一体化的世界文学"，实在只是一种空想。持此论者认为，"人类的审美群体的不断分化和重新组合，将以审美个体化在世界范围内的实现为其终结"，"人类未来的世界文学，则也唯有以审美个体化的人为基本单元，才可以完成其一体化结构"。③ 换言之，民族作为审美群体将要消亡，未来的审美活动都是个体化的，世界文学就建筑在审美个体化的基础上。然而，任何审美活动难道不是社会性的活动吗？即使一个人独处一室，面对着一部文学作品去进行审美活动，他也是一个社会的人，"在他身上具有不同程度和性质的社会关系与历史文化遗传的影响"。④ 何况作为审美客体的文学作品也是社会性的存在，如果作家不创作出作品，何来审美客体？社会性在某种意义上就是群体性。很难想象在世界文学时代人类竟然分裂成一个个自我封闭、互不认同的审美个体，而在此之前整个人类文学的大趋势却是交流。

---

① 《比较文学蓬勃发展》，载《文学报》，1986 年 3 月 12 日。
② 曾小逸：《论世界文学时代》，载《走向世界文学》，湖南人民出版社，1985 年版第 3－72 页。
③ 同上，第 68－69 页。
④ 朱光潜：《"见物不见人"的美学》，《朱光潜美学文集》第 3 卷第 116 页。

其实，应该把世界文学看作是一种格局，而不是一个实体。离开了组成这个格局的互相联系、互相影响的民族文学（也许在某个时期是地域性文学），就无世界文学可言。人们常常引用的马克思那段关于世界文学的话正是从"关系"的角度去阐明世界文学的特点的。他说："资产阶级，由于开拓了世界市场，使一切国家的生产和消费都成为世界性的了……过去那种地方的和民族的自给自足和闭关自守状态，被各民族的各方面的互相往来和各方面的互相依赖所代替了。物质的生产是如此，精神的生产也是如此。各民族的精神产品成了公共的财产。民族的片面性和局限性日益成为不可能，于是由许多民族的和地方的文学形成了一种世界的文学。"① 这里说的是"互相往来"和"互相依赖"，显然是指一种关系。其实他根本没有提倡抹杀民族文学特点的世界文学，他明明说"各民族的精神产品成了公共的财产"。产品还是各民族的，不过其他民族也可以享用罢了。

当我们承认本土意识的作用是研究、翻译、借鉴外国文学的共同规律之后，不但可以防止民族文化虚无主义的错误倾向，而且会对那些把中国文学作为外国文学来研究、翻译或借鉴的外国人的思想有更深刻的理解，对于他们的研究成果、翻译的中国文学作品以及在创作中所受中国文学的影响就会有更冷静、更中肯的分析评价，不会犯盲目的文化沙文主义错误，因为我们时刻注意到，外国人也有他们的本土意识。

我已经性急地把本书的一些结论提前摆到了读者诸君面前。也许有人看过之后会说："哦，你原来是个外国文学和比较文学研究领域里的'寻根派'。"我说："你算说对了。不过，我可不是只在长江黄河、戈壁昆仑中间寻根，我是要到五大洲四大洋去寻根的。这种寻根很不容易，但具有挑战性。"

## 结　语

任何一国文学对于他国文学而言都是外国文学，因此本书提及的"外国文学"具有广泛的意义，并无专门同中国文学对比的含义。

任何一位外国文学研究者都是生活在特定时空之中、属于特定民族的个人，他们的研究或多或少反映出时代意识、他们自己能动的主体意识以及民族文化意识。本书提出的"本土意识"这个概念就是上述三方面内容的有机统一。

正像一棵树的年轮可以反映它生长之处的不同季节的气候变化一样，外国文学的研究也会保留时代风雨的痕迹。例如袁可嘉先生在 1963 年第 10 期《文艺报》上发表过题为《腐朽的"文明"，糜烂的"诗歌"——略谈美国"垮掉派""放射派"诗歌》的文章，对"垮掉派"诗歌持强烈的贬抑态度。但到了 1980 年，他却认为："流行于五六十年代的美国'垮掉的一代'以否定一切的无政府主义态度对美国资产阶级的价值观念和风尚习俗提出了挑战，具有很大的破坏性。他们（如金斯堡 Allen Ginsberg，1926—　）反对垄断资本统治，抵制对外侵略，同时咒骂共产主义，提倡同性爱和吸毒，企求在海洛因的强刺激下进入禅宗的胜境。他们在诗歌朗诵方面进行了试验，强调口语和总体效果，突破了经院诗歌的许多清规戒律。"② 这显然不再是彻底否定的评价。与其说是袁先生个人的学术观点起了变化，不如说是 70 年代末 80 年代初中国的文学观念更新以及政治气氛趋于开放使袁先生有可能较为

---

① 马克思、恩格斯：《共产党宣言》，《马克思恩格斯选集》第 1 卷，人民出版社 1972 年版第 254－255 页。
② 袁可嘉：《欧美现代派文学概述》，载《西方现代派文学问题论争集》上册，人民文学出版社，1984，第 9 页。

实事求是地进行外国文学研究。又过了4年，袁可嘉先生论及西方现代派文学却不谈"垮掉的一代"诗歌。他认为，"垮掉的一代主要代表战后美国青年反体制的一种无政府主义的生活态度，不曾形成特殊的文学风格"。① 袁先生的这一次观点改变，并不是由于时代的原因，而是因为他的主体意识起了变化，他更加着重从文学自身的特征的角度去研究外国文学了。

时代意识与主体意识有时难以截然分开，因为时间总是固执地要给空间和人打上它的烙印。朱光潜先生85高龄之时对于自己的外国文学理论研究历程作过自觉而且坦率的解剖。他在《悲剧心理学》"中译本序"里写道："为什么我从一九三三年回国后，除发表在《文学杂志》的《看戏和演戏：两种人生观》那篇不长的论文以外，就少谈叔本华和尼采呢？这是由于我有顾忌，胆怯，不诚实。读过拙著《西方美学史》的朋友们往往责怪我竟忘了叔本华和尼采这样两位影响深远的美学家，这种责怪是罪有应得的。"从这段话我们确实很难弄清楚朱光潜先生多年来少谈叔本华和尼采到底是出于时代的原因还是主体的原因，也许是二者兼有之吧。

其实，能够承认过去不诚实，这本身就是诚实的表现。可惜的是，像朱先生这样有勇气检讨自己的学者并不多。而我们过去虽说一直举起反对实证主义的旗帜，但在文学评论中实际上还是从作品看作家，从学术著作看研究者居多。这恰恰具有讽刺意味地符合了实证主义批评家丹纳提出的一部作品像是一块化石的比喻——考古学家研究化石是为了了解这块化石所代表的动物，评论家研究作品是为了了解作品后面的作家。何况，我们过去的所谓"了解作家（研究者）"在很大程度上是给他们贴上阶级的标签。由于大胆地暴露自己的主体意识的学者不多，又因为过去习惯了走从作品到作家的研究路子，所以一旦我们反过来想从作家或研究者入手，比如考察他们的个性、气质、知识结构、私生活等方面，去讨论他们的作品或研究成果时，就发现材料不足。

超越时代意识和主体意识，但又渗透在二者之中的是民族文化意识。关于文化的定义有许多种，本文取文化结构三层面说②之中的"心"的层面，即文化心理状态，包括价值观念、思维方式、审美趣味、道德情操、宗教情绪、民族性格等，所以是狭义的文化。

民族文化意识在外国文学研究中几乎无处不在，时隐时显。就拿上面提到的朱光潜先生的《悲剧心理学》来说吧，在这部副标题为"各种悲剧快感理论的批判研究"的著作中，朱光潜先生在第12章用了整整一节来论述中国文学为什么在其他方面都灿烂丰富，唯独在悲剧这种形式上显得十分贫乏的问题。可见，他在欧洲研究西方悲剧快感理论时，仍然流露出自己的民族文化意识，并以中国文学作为参照项之一。这是显的例子。至于隐的例子，让我们先回顾一下历史。自五四运动至抗日战争胜利的30年间，除了福尔摩斯探案之外，中国没有翻译出版过其他外国侦探小说，中国作家也没有写过一部侦探小说。老舍先生1946年应邀去美国讲学时特别向美国听众指出这一点，并为中国作家（许多人同时又是翻译家）在创作和翻译中的严肃态度感到极大欣慰。③ 然而，70年代末以来，大量外国侦探、惊险小说被译成汉语在中国大陆出版，印数还相当多。之所以产生这种一百八十度的转变，固然有

---

① 袁可嘉：《西方现代派文学的边界线》，《读书》，1984年第10期。
② 这种观点认为文化结构的外层是物的部分；中层是心物结合的部分，包括自然和社会的理论、社会组织制度等；核心层是心的部分，即文化心理状态。见庞朴：《文化结构与近代中国》，《中国社会科学》，1986年第5期，第81页。
③ 老舍：《现代中国小说》。这是老舍先生的一篇英文轶文，由笔者在《学术建国丛刊》第7卷第1期（1946年7月）觅得并译成汉语，刊登在《中国现代文学研究丛刊》，1986年第3期第273页。

时代的原因。抗日战争胜利前的 30 年，中国一直处于动乱之中。"思想深刻的中国作家认为他的作品不是供人们消遣和娱乐的，相反，他把自己的作品看成是唤起人民对于生活的各方面以及现代世界的各种问题进行严肃思考的手段。"① 而在 80 年代，经过"文化大革命"的浩劫之后，随着国家的元气逐渐恢复，人民生活趋于稳定，长期绷紧的思想之弦极需放松一下，于是，消遣性、娱乐性的文学作品应运而起。然而，在时代因素的掩盖下，还有民族文化意识在起作用。这就是中国小说传统的"讲故事"的叙事方式同这些翻译过来的侦探、惊险小说的叙事方式是吻合的。美国畅销小说家西德尼·谢尔登接受《书摘》杂志编辑马丁·尔·葛罗斯采访时就不无得意地说："我认为读者向来都喜欢精彩的故事，遗憾的是讲故事的行家太少了。"② 正因为翻译的侦探、惊险小说适合中国读者的欣赏习惯，所以才会如此畅销。

从上面三个例子可以看出，时代是凝固在一定空间中的时间，主体是存在于一定时间和空间中的特定的人，而民族文化则是潜藏于人"心"中的观念形态。因此，考察外国文学研究中的本土意识，需要一种将时间、空间和人统一起来的多维的思维方式。

---

① 同上。
② *Book Digest*, August, 1978.

第 5 编

# 诗歌小说

# 火　祭[①]

## 引　子

道光二十九年八月初一（1849年9月17日），香山县郊野，坟地边。

夜气如磐，只有几点火光在黑乎乎的树影后跳动。火光映出两个年轻人悲戚的面孔。他们正对着刚刚撮起的一堆虚土烧纸叩拜。通常放祭品的地方铺了一块蓝土布，上面赫然摆着一个满面血污、金发高鼻的洋人头颅和两只齐腕剁下的毛茸茸的手。

突然，一条黑影从树上跃下。两个年轻人中身材健硕者霍然起立，抢前一步，把同伴挡在身后。

"郭亚定，你不必护住哥哥。我孤身一人在这里等你们多时，不是为了与你交手。哑协镇被杀一案已发，洋人逼得很紧，一定要捉拿凶手，归还哑协镇的首级和残肢。你们还是跟我回去结案方为上策，如果想跑，跑了和尚跑不了庙，你们的家小可要吃苦了。"

在郭亚定身后的年轻人慢步上前，未开口先咳嗽了好一阵。

"原来是戴捕头，幸会幸会。俗话说好汉做事好汉当，我今天一定给你一个面子。不过，话得说清楚。洋人要在这里修墓地，坏了本村风水。说好不动中国人的坟墓，不建围墙，只种竹树为界，为何又平了我家祖坟？是血性男儿，哪能咽下这口气？你说对吗？"

"郭亚安，你不必多讲。我心中有数。但哑协镇是澳门总督，如今英国人又出头索要凶手，官命难违，我身为捕头，总得有所交待。你读过几年书，应该明白事理。"

郭亚定在一旁早已按捺不住。"戴观宝，我不信官大压死人，今天就要斗你一斗！"

"亚定，不得无礼。戴捕头，你也曾不理洋人禁令，直闯香港办案，结果吃了官司。我佩服你的骨气，绝不令你为难。老实说，打从杀了哑协镇，我就预备了今天。我们兄弟二人跟你回去一个，你看怎样？"

戴观宝迟疑了一阵，终于点了点头。郭亚定还要说话，被哥哥拉过一边。郭亚安低声说了一番话。郭亚定先是执意不肯，后来便向哥哥跪了下去，哽咽着拜了一拜，站起来高声对戴观宝说："戴捕头，不是我怕你，是我听哥哥的话。我走了！"几个箭步投入了黑暗之中。

戴观宝提上包了哑协镇首级和残肢的包袱，傍着郭亚安上了大路。

"郭亚安，你对弟弟都讲了什么，把个死牛一边颈的人也哄走了？"

郭亚安笑而不答，吭吭地咳嗽着向前走去。

英国国家档案馆藏外交部文件 F. O. 682/1982/47 号两广总督徐广缙致香港总督文翰照会附了郭亚安供词：为报哑协镇（Amaral）平祖坟之仇将其杀死。

---

[①]　原载《羊城晚报》1996年12月31日，获"东方之珠三部曲迎香港回归祖国"征文一等奖。

F. O. 682/1979/87 号港督德庇时致耆英照会：强烈抗议入侵香港，要求将戴观宝问罪。

## 包令夫人

清咸丰七年十月二十五（1857 年 12 月 10 日），香港总督府邸。

白墙、白窗、白床单……砒霜似的白色。他们为什么放那么多砒霜呢？腹部开始痉挛了，浑身像被火烤，吃下毒面包的感觉又来了。那面包行叫什么来着？……My head is swimming……是"裕升"店，老板姓张。审了 5 天，投毒罪名不成立。陪审团投票 5 比 1。那大概是年初的事了吧？圣诞卡刚刚收起没几天。面包是耶稣基督的肉，怎么会不洁净呢？阿彩说，砒霜是毒，鸦片更毒，以毒攻毒，以牙还牙……an eye for an eye……阿彩，那个大脚中国女人，怎么会懂《圣经》里的话？可《圣经》又说，别人打你的左脸，你把右脸也转过来给他打。到底哪一个对呢？阿彩走了！中国仆人都走了，回家了！只有印度仆人还在。他们的家乡就是鸦片的家乡。约翰说，东印度公司垄断印度的鸦片生产，但不垄断对中国的鸦片输出。中国政府焚毁鸦片，等于减少英属印度的收入，而英国财政赤字要靠印度的收入来弥补。仗是一定要打的。美国总统亚当斯却说战争的起因是磕头，不知他是帮英国说话还是无知！约翰总是那么自信。

仗都打赢了，现在干吗还要重提进入广州城？该死的正翻译官，把"The discussion of it cannot, at present, be further prosecuted"错译成"永不辩论"。难怪中国人说我们出尔反尔，都答应永远不谈入城问题了，怎么又提要求？为了"亚罗号"事件，约翰操的心可不小！中国人也够厉害的，香港现在到处是绑架、暗杀和纵火。中国人开的铺子都关了门，听说新安县还组织对香港禁运。好多英国人都把家属疏散到澳门。日子真难熬！难道是上帝惩罚我们？约翰的姑姑来信，希望能看到我们一家平安返回英国。幸好额尔金勋爵来当驻华全权公使，我们终于可以离开这个活地狱了。可我这个身子，还行吗？My days are numbered……

天黑了。上帝说要有光，于是就有了光。可是，现在没有光了。明天还会有光吗？

《拉伦英文手稿》第 1230 种 211 号，雷恩（包令的姑母）致约翰·包令函："收到你最近的信，真是谢天谢地。我深切同情你的困境……我唯有祈求上帝继续保佑你，使你免受一切伤害。倘我天年未尽，能看到你们一家平安返里，那就太感谢上帝的恩典了。"

英国外交部文件 F. O. 682/1990/6 号两广总督叶名琛致包令照会：已收到包令 1857 年 12 月 10 日通知叶名琛英国驻华全权公使额尔金勋爵到任的信。

《拉伦英文手稿》第 1230 种 262 号，包令爵士传记草稿：包令夫人自中毒后体质越来越差，返英后不久去世。

## 郭亚定

清咸丰七年二月十五（1857 年 3 月 10 日），香港"裕升"面包店后院伙计屋。

自从老板张亚霖和 49 名来自内地的工人因毒面包案被驱逐出境之后，这里就成了一座废宅。可是，今天夜里，却有一扇窗户透出微光。

一灯如豆，一男一女面对面坐在一张八仙桌的两边。桌上摆着一碟南乳花生肉、一碟切成薄片的老德心扎蹄和一瓶九江双蒸酒。

"亚定哥，你已经被番鬼递解出香港，又拼死偷偷回来找我，我在你心里真有那么重的分量？"

"阿彩，自从我们相识之后，一直兄妹相称。你就同我的亲妹妹一样。"

"亚定哥，我可是把这兄妹看作是我们咸水歌里唱的哥哥妹妹的。"

郭亚定如今已是个满脸络腮胡子的壮汉，本来就不善言辞的他在这个少妇直率的表白面前一下子不知道该怎样回答，只好给自己斟了一杯酒，一口一口呷着。

"亚定哥，你是个通缉犯，我是个死过一次的人。我们找个密实地方躲起来，我陪你过后半辈子不好吗？"

"阿彩，你知道我是成了家的人，我逃出乡下时家里的已经有身孕。哥哥被捉走前对我说，郭家一点香火全靠我了，因为他没有儿子，又有肺痨病，活不长。我总有一天要回去找我老婆的。"

"那我跟你回去，名分我不在乎。四年前要不是你在黄埔将我救起，我早已成了水流柴、咸鱼干，说不定死后还要被番鬼佬开膛破肚，挖出心肝来泡在药里，早晚看着取乐呢！包令夫人说过，她的两个朋友就从河里捞起过一个死人，女的，把两只脚一砍，箱子一装，运回英吉利去，说是要认真看看中国女人的小脚是怎么弄出来的。那鸡肠字新闻纸上写着哩，好怕人啊！亚定哥，我的命是你给的，我的身子也是你的了。"

"阿彩，别这样。我虽然读书不多，但记得哥哥常说'施恩莫望报'，如果我救了你，却占了你的身子，这就是不义。我万万不能这样。"

阿彩不作声，自斟自饮好几杯。突然指着头上的发髻大声说："你是不是嫌弃我这个寡妇？"

郭亚定一愣，"你家亚彰想放火烧洋人的船，也是条汉子，如今只是不知下落，未必就遭了毒手。你怎能算寡妇？"

"自从被洋人一刀劈在背上推下水，人人都以为我死了。那个没良心的还会记挂住我吗？不是寡妇也守活寡了！"

"阿彩，我不能对不起曾亚彰，更不能对不起我的老婆孩子。我和你流落香港，一路上能卖苦力挣钱就卖苦力挣钱，实在没办法就去酒楼饭店乞些水菜烩来塞肚子，始终对你规规矩矩，就是有仁义两个字在心里。"

阿彩冷冷一笑，"我也没读过书，但看过大戏，你就像那千里送京娘的赵匡胤。"

"我不是赵匡胤，我是齐天大圣。"

这回轮到阿彩莫名其妙。"亚定哥，你不是让我气糊涂了吧？几时变成齐天大圣了？"

"当初杀了哑协镇之后，我哥哥领来一个道士给我看相，说我是齐天大圣下凡，专降红毛番鬼，日后要做惊天动地的事。他说我出世时家里供案上齐天大圣像旁边的琉璃瓶不停地乒乓响，还知道我身上的暗记。"

"什么暗记？亚定哥，告诉我吧。"阿彩的好奇心上来了，硬缠着郭亚定，要知道他的秘密。

"好了，好了，我算服了你。我当你是亲妹妹，告诉你吧，我的两边屁股上各有一块红色胎记。他说那就是齐天大圣的记号。"

"可是你哥哥也知道你的暗记吧？"

"从小一块玩水,当然知道。不过他不会告诉看相人的。"

"那不一定,他心眼多,早想独自一人去顶罪。不给你留点想头,你会那么容易听他摆布?"

郭亚定不言语,思前想后,觉得阿彩讲得有道理,可是现在后悔也来不及了,心里烦躁起来。天边传来阵阵沉雷,俗话说"二月二,龙抬头"。今年惊蛰前后的雷却古怪,特别猛烈,而且不时会有夏天才响的炸雷。

"亚定哥,我还要问你,你嫌我是疍家女,不能和你们陆上人成亲?"

"阿彩,"郭亚定粗声粗气地说。"你怎么这样得人憎?任你怎么说,今天我都不会答应你的!"

阿彩没想到郭亚定会这么决绝,委屈地低下头抽泣起来。然后一杯一杯地喝闷酒。郭亚定看她喝到人都软了,就扶她去床上睡下,自己抄起靠在门边的竹杠,抬手去开门。忽然听见那边阿彩甜甜地低声叫"亚定哥",他抬起的手就想放下,但立刻一咬牙,开门走了出去。

为了避开英军巡逻队,郭亚定一路尽量沿横街窄巷摸黑往下环赶。那雷好像就在他的前面打转,给他引路。突然,他的脚步慢了,轻了,可以看见教堂漆黑的尖顶印在铁灰色的天幕上,都爹利商店就在教堂旁边,香港英军大部分的食物都在这里订购。

郭亚定在都爹利商店斜对面的街角停住脚步,这是最危险的地带,必须过了这条毫无遮挡的宽阔街道才能贴近商店的围墙。他把竹杠交到右手倒提着,探出头去,没发现商店附近有什么动静,就露出身形,想往前纵。突然,一道闪电把四周照得雪亮,只一瞥,郭亚定已经看见平日守门的印度白头人换成了英国水兵,对方也看到一个中国人提着棍棒之类的东西在街对面靠墙站着。枪声和雷声几乎同时响起,郭亚定感到右臂被猛撞一下,竹杠先脱了手,然后才觉得痛。

只要打不死我,还要回来收拾你们。郭亚定用左手捂住伤口,转身就跑。听到枪声的英军巡逻队飞速赶来,朝着他的背影乱枪射去。郭亚定右背部中弹,血流进气管里,呛得他直咳嗽。他折转身,跌跌撞撞地向海边移动。英军也不追赶,把竹杠拿去破开一看,竹节已经打通,里面藏的全是硫黄火药。

郭亚定坐在海滩的石堆里,软软地靠着一块怪石,离他不远是黑沉沉的海,海过去是尖沙咀,他的家却在更远的内地。

她生的不知是男是女?不能回去顾家了,郭家的后代,一定要活下去。阿彩,你说我哥哥要心眼不让我去死,我也耍了心眼不让你跟来放火。嘻嘻,我郭亚定粗中有细,临死还用了一回计。

下雨了,雨水把伤口流出的血冲进大海。郭亚定觉得自己的身体越来越轻,毫不费力就站了起来,踏进海里连脚脖子都不湿,就这样仿佛施展登萍渡水的功夫向着对面陆地冉冉而行。忽然,有人拍他的肩膀,回头一看,却是哥哥郭亚安。

"哥哥,你的肺痨病好些了吧?"

"我如今什么病都没有了。"

"哥哥,你懂得多,为什么那些砒霜毒不死洋人?"

"我们的先贤说了,'过犹不及'。"

"哥哥,那个相士的话是真的假的?"

郭亚安笑而不答,郭亚定也报以一笑,二人携手跨海望乡而去。

第二天，香港海面泛起赤潮。

英国外交部文件 F. O. 682/1986/18 号 1853 年 10 月 21 日港督文翰致叶名琛照会：曾亚彰企图火焚英国副领事座船，该船系副领事在黄埔的官邸。中国方面如不将其迅速捉获，万一因曾亚彰而使副领事座船蒙受损害，则中国政府必须赔偿。

英国外交部文件 F. O. 682/1986/20 号 1853 年 11 月 10 日叶名琛致文翰照会：有人劝曾亚彰之妻往见英国副领事，收取英国水手所欠膳宿费。后来发现阿彩之死尸浮出河面，背上带伤。必须先破此谋杀案然后再调查所谓曾亚彰纵火案。

《英国议会文书：中国，第 24 卷，1846—1860 年有关香港事务文件》第 185—186 页：香港总督包令与 1857 年 1 月 6 日颁布《维持地方治安法例》，规定由总差役官颁发"夜纸"，每晚 8 时至次日黎明前任何华人在住宅外而未携带"夜纸"者，将受到太平绅士即决惩处，或罚款 1 至 50 元，或拘留服役 1 至 14 日，或当众鞭笞 20 鞭以上或戴枷示众两小时以上。任何人若被怀疑为密探、煽动者、海盗、对英国政府不忠者或其他危险分子，太平绅士有权将其逮捕，总督及行政局有权将其驱逐到中国任何地方。晚 8 时至次日黎明前，值勤哨兵或巡逻兵在室外发现任何华人，若有理由怀疑其图谋不轨，该人又对盘查不加理会或拒绝回答，有权将其击毙。

## 阿　彩

七天后（1857 年 3 月 17 日）。香港下环都爹利商店外。

深夜，一团红光在空中飘动，隐约看得出是有人提着灯笼走路。到了郭亚定第一次被枪伤的地方，红光升起，值勤的两名英国水兵枪口指处，现出阿彩美艳的脸庞。

"喊衰妹（咸水妹），老举（妓女）！"他们兴奋得叫了起来，赶紧把枪垂下，迎上前去。

阿彩的发髻已经打散，编了一根大辫子，左手提着红灯笼，右手拿着还是在港督府当仆人时领的"夜纸"，沿着都爹利商店对过的走道迈着不慌不忙的步子。两名英国水兵拦住她。不等他们来拉，阿彩径直横过街道向都爹利商店门口走去。

"No, no..."英兵不让她走近正门。阿彩有点紧张，但当英兵带她绕到后门时，她又恢复了镇静。开门穿过厨房走进饭厅后，两个英兵就往她身边靠，想把手伸进她宽大的袖子里，好去摸她的胸脯。看样子他们值勤时在饭厅里干这种事已经不是一两回了。

"Wait a minute,"阿彩在包令夫人家当仆人时学会一些英语，现在派上了用场。她把灯笼挂在挂钩上，红光给她的脸打上胭脂。"One by one,"她斩钉截铁地说，就像戏班里名角指挥排练。

一阵叽里咕噜的对话之后，一个英兵极不情愿地出去了。剩下的英兵扑上来就撕阿彩的衣服。

"Wait a minute，我自己脱，"阿彩不让番鬼碰她，边说边向餐桌走去。铺了白桌布的长餐桌——洋人喝葡萄酒吃面包，分享耶稣的鲜血和身体的地方，如今成了祭坛，灯笼就是圣火，洁白无瑕的祭品在等待着劫难之后的升华……

强烈的体臭山一样压下来，四年前在英国副领事的座船上也闻过同样难闻的气味。令人窒息的风暴来了！一叶小舟被浪涛无情地挤压，野蛮地撞击，一会儿抛到浪尖，一会儿跌进浪谷，最后卷入漩涡，头晕目眩地沉下去，沉下去，沉入深渊。

阿彩四肢僵硬，赤裸的身体在发抖。"Whisky！"她一边扯过白桌布当斗篷裹住自己，一边高叫。

英兵给她倒了一小杯酒，她夺过酒瓶，喝了几大口，并不急着穿衣服，却说："Dance！"英兵展开双臂就要搂她。阿彩似乎有了醉意，推开他。"I…dance…you…look…"

她一手在胸前揪紧遮挡身体的白布，一手握住酒瓶轻轻摇晃，双脚蹚水似的在地板上滑动。凄凉的歌声响起：

　　鸡公仔，尾弯弯，
　　做人新妇甚艰难，
　　早早起身都话晏，
　　眼泪凄凄入下间……

她呜咽着甩掉白布，露出丰满的胴体，由慢到快旋转起来。英兵从未见过这么气度不凡的咸水妹，只觉得她像尊希腊女神，看得呆了。

阿彩的辫子早已散开，黑发飘扬。她高举右手，把酒浇下来，也不觉得冷，像在沐浴，要洗净浑身的污垢，从饭厅舞进厨房，直舞到通下地窖的台阶，又舞回饭厅，酒柜里的酒都让她用完了。舞步过处，酒液流成小溪。

"No, no…"英兵嫌阿彩把地方弄得乌烟瘴气，还感到形势有点不对。

突然，阿彩像飞蛾一样向灯笼扑去，摘下烛火，先把身上点着，然后把火种扔进厨房。火苗乱窜，英国兵惊叫着夺门而出，都爹利商店转眼变成火海。

阿彩摸到餐桌旁边，依然躺下，心里默默地说："亚定哥，我把一个清清白白的身子还给你了！"

《英国议会文书》1857年第43卷第2辑，第2223号第8页：都爹利商店（Duddell's Store）被焚时存有面粉1000余担、烈酒约30桶，还有饼干和其他消费品。为了救火，英军拆毁了商店邻近的教堂。

尾　声

毒面包案和都爹利商店纵火案发生后，一位洋人智者写道："我们不要像骑士般的英国报纸那样去斥责中国人可怕的残暴行为，最好承认这是保卫社稷和家园的战争，这是保存中华民族的人民战争。"（恩格斯：《波斯与中国》，《马克思恩格斯选集》第2卷第20页，1972年人民出版社出版）

110年后，一个黑头发黄皮肤的澳大利亚籍华人学者应英国国家档案馆的聘请在馆内一个小房间里整理鸦片战争时代的中英外交文件，并把文件提要编成书由牛津大学出版社出版。一个黑头发黄皮肤的中国人把这本书翻译成汉语，并在香港回归前半年根据其中某些档案材料演义成这篇不像小说的小说。

# 旧体诗词

### 满江红
1976年

雪岭初晴,
风轻暖,冰花易折。
春隐约,未登枝上,
心头先歇。
弹指八年浮断梗,
仰天一笑招明月。
却奈何,
夜夜抚吴钩,
思家切。

鲲鹏志,
磨难灭。
江河水,
焉能绝。
望云催雁阵,
气豪心热。
莫等亡羊牢再补,
拼将白发成新说。
信明朝,
一曲凯旋歌,
南归悦。

### 神女
1988年1月

河湖一脉水之灵,
动静无端化万形。
西子洛神原是梦,
人间天上自关情。

## 峰瀑
1988 年 1 月

湘灵遗玉佩，
山鬼掩云衣。
所恨平生事，
难逢共说诗。

## 夜宿山庄
1988 年

书卷闲抛去，溪山小憩同。无风松瑟瑟，有月石朦朦。
数响叶敲径，一声鱼跃空。心从万籁静，何必入云中。

## 剑桥即景①
1989 年 4 月

细草垂杨绿未深，
剑河风露压衣沉。
客愁侵眼春光冷，
最怯英伦杜宇吟。

## 重入王屋②
1990 年

晓寒催客起，不教梦离情。雾染相思白，泉溶旧泪清。
病猿伤堑阔，孤树厌虫鸣。恍惚当年路，难寻笑语声。

## 赴京参加全国中译英学术研讨会下榻清和敬公主府偶感
1991 年

铁马西风急，朱檐久不修。疏枝依朽槛，朔气薄新裘。
院冷鸦迟宿，墙高日早收。宫门多怨女，何处觅芳丘？

## 春日晤安居主人于南海九江
1994 年

漫品梅轩酒，乡情入盏浓。柳牵莲出水，花映石留红。
日月闲中易，人天自在融。安居无所欲，吟遍故园风。

---

① 原载《诗词报》1990 年第 22 期
② 原载《诗词报》1990 年第 22 期

# 楹　联

清酒微醺香茶玉漱餐餐博尝美味
高朋满座佳客云来日日雅论华章
　　——博雅居酒楼开业志庆

寻诗踏月
得意乘风
　　——题英诗研究所《涂鸦集》

倚海临珠海登倚海楼遥知海上生明月
区家住唐家卧区家屋不觉家中入惠风
　　——为珠海别宅撰联林亚杰书

盛世葱茏千岁树
清辉皎洁一池莲
　　——贺雷洁琼百岁寿辰，与林亚杰合撰此联并书赠雷老

每从旧调翻新曲
但开风气不为师
　　——贺王宗炎先生九十寿辰并请陈永正书赠王先生

东江剑气港地文章今日衣冠虽化土
正道高风仁心厚泽千秋名德不为尘
　　——为广东省政协撰梁威林挽联

纳须弥于芥子
观自在至圆融
　　——博客心情

半片懒云无边秋水
三分仙气一点素心
　　——癸巳年重阳撰

绚烂皆缘桃李盛
繁华岂在绮罗香
　　——乙未自撰春联

# 新　　诗

诗的私生子
（1982年6月5日）

奥林匹亚进行神口普查，外祖父宙斯甩给我一张登记表，这可让我犯了愁——

不知哪位缪斯
不甘帕那萨斯山的寂寞
于是世界上便有了我
血统为 X 的小子

说我是龙的传人
眼珠却是浅褐
里边闪着冰的虹彩
映得赋比兴变了颜色

说我是亚当的子孙
又满身汨罗江的水腥
忽明忽灭地还跟着
李长吉的牛鬼蛇神怪影

我不喝 Coca Cola
也不吃灵丹仙草
赖以生存的
是哭　是笑　是梦　是云南白药

永生的众神嘲笑我
我却可怜他们不如必死的人
人还懂得骡子的好处
比毛驴孔武　比马坚忍

车前草与大地
(1982 年 5 月 13 日)

车轮锃亮
越来越亮
彬彬有礼的刽子手
一步一步　不声不响
我吼出同样无声的呐喊
振一振绿色的臂膀

它可以碾碎无根的落花
却不能伤你半根毛发
快把你的躯体紧贴我的躯体
我的胸膛会替你承受重压
这压力本是我所赐予
又岂能把我摧垮
你的种子倒可学扒车的知青
让绿色的生命闯荡天涯


阴影
(1982 年 5 月 14 日)

光明与我本是孪生兄弟
人们非要厚彼薄此
恨只恨我来迟一秒
不　应该是一秒的
十的 N 次方分之一

阴影越想越气
猛地抹了脖子
宇宙顿时消失
不留任何实体

恋歌
（1982 年 4 月 29 日）

你为什么不抬头
怕星星偷看去满面羞
你为什么不开口
我爱你——巧克力般的嗓音
甜得沙哑　浓得像酒

……

啊　你的眼睛　我怀里的星星
多么实在　多么温馨
不　那是泪星
你为什么不开口
啊　别说　我要爆炸　我看见火星
我妈妈调阅了你爸爸的档案


昨天我死了
（1982 年 6 月 5 日）

头顶的塑料花圈不知用过多少回
棺材还是铁的
我很清楚　这是不要浪费

开这么大的追悼会
相识的人却寥寥无几
我不清楚　这是不是浪费

有的人想着我伤心哭泣
也有人想着我批条子的笔
还有人想的是　搓麻将不能三缺一

聪明的人们塞给我最后一次
安排他人命运的小小机会
死去的我不得不万分感激

### 太阳灶诗

拆散——
　　　　一把碎镜片
聚焦——
　　　　使思想燃烧


### 宾馆窗前

灿烂的冰凉的阳光
粉红的没有芳香的玫瑰
紧身衣似的空气
一堵透明的墙


### 欧几里得几何

你和我
　两点间直线最短

　是的　不过我们
　走在平行线上


### 木棉

花是爱的火把
仅仅照亮
光秃的枝桠

叶是温柔的情书
刚刚写好
花儿已经坠落　干枯

风发出旋涡的喘息
假如我有上帝的权力
定把你们俩调到一起

## 中秋

书上常道　月儿是明镜
静静地望着它吧
也许会迎上
我思念的目光

人们常说　风儿能传信
赶快去追踪它吧
也许能拾起
我失落的叹息

不　还是咱们相约
一齐做梦
挣脱时空
在另一世界重逢

## 盆景

一颗被扭曲的灵魂
连同几寸天地
却卖了大价钱
还是外币

你可知道
在白云缭绕的故里
砍倒了一棵大树
他曾与你相偎相依

长眠　带着微笑
就在生命结束之际
捧出一部
散发着芬芳的诗
一行行写得分明——
我是自然之子

## 家务事

丈夫打妻子
　　　　家务事
夜色沉了
欲火上了
来吧
别记恨我呀

父亲打儿子
　　　　家务事
儿子大了
父亲老了
听话
别离开我啊

## 海珠广场草坪

晨曦
剪下绵绵太极拳影

月色
洗得情侣的心分外纯净

生命与爱的气息
滋养你郁郁青青

## 致补鞋匠

把皱纹抚平
把裂口缝好
磨损的后跟
也垫得高高
谢谢你了　朋友
世界原来这样小
我不再留意身后的路标
一心为追逐地平线奔跑

独句诗四首

**夜**
漆黑的交响画

**梦**
五光十色的歌

**蜗牛**
气煞房老虎

**现代身材**
连猪也是瘦肉型的好

# 即 兴

2004年8月25日于乌鲁木齐新疆维吾尔族自治区政协送别宴会上即席朗诵

刚刚沐浴过南国的晨风,
马上又拥抱西疆的骄阳。
伊犁河水流光溢彩,
达瓦昆沙漠热情激荡。
库尔班大叔扶我骑上大红马,
心中涌起追风的豪放。
阿娜尔罕姑娘给我一个羞涩的微笑,
捧上来的无花果格外甜香。
《福乐智慧》使我增长智慧,
《十二木卡姆》令人心驰神往。
纵然有地震、风沙和冰雹,
也摧不垮生命力旺盛的红柳白杨。
明天,当我离开的时候,
为了终生的念想,
要用眼睛作镜头,
把心当成记忆棒,
轻轻地按下快门,
带走白云几片,碧水一汪。

# 风　　影
（2005 年 6 月 15 日）

我很想寻找风的影，
不知为什么，就在那一天——
云团里只摸到你揉进的湿润，
沙丘上我踩着你印下的蹒跚。
树梢摇摆了你的喘息，
鸟翅共振过你的缠绵。
舔舔指头竖起，就知道你从何而来，
望望涟漪展开，能猜出你心底悲欢。
可是去哪里寻找风的影？
"就在你痛苦的眼睛里！"
一颗细砂给了我最终的答案。

# 动不动

（2007年1月20日）

当叶摇动
　　根
不动

当浪翻动
　　礁
不动

当风暴滚动
　　眼
不动

当目光移动
　　云
不动

当躯体旋动
　　轴
不动

当情涌动
　　心
动不动

# 知　　足
（2007年2月2日）

给一缕阳光
　我就灿烂

给一捧冰雪
　你就聪明

给一阵惠风
　他就和畅

得到一点情意
知足者就缠绵

## 雨
（2007年5月19日）

柔软了泥土
发酵了空气
酿出　微腥

伞
花花了眼
牵来香奈儿香
酿出　微醺

雨——
伞——
微腥……
微醺……

奔驰贴身驰过
雨突然变向
伞落后了节奏
——半身湿透

醒！
腥——
醺？
晕……

# 这 样

(2007年6月17日写于第二届珠三角英语专业研究生论坛闭幕晚宴)

那是行星运动的碰撞
那是岁月轨迹的交叉

心跳在瞬间共振
呼吸却仍然平稳

"我已经四十年没有这样！"
"你的'这样'是那样返璞归真。"


**附录：**

《这样》的典故
(2007年6月22日)

一个70多岁的女人在有70多人参加的宴会上当众吻了一个比她年纪小得多的男人的面颊。这就是《这样》的典故。

活动是Casio公司赞助的，宴会中间有抽奖。她是一等奖的抽奖嘉宾。奖品是一部价值2500元的Casio电子词典。我说你肯定能抽中自己。她说如果抽中自己就当场给我一个big kiss。结果就给了我一个big kiss。至于抽中她自己了没有，那已经不重要了。"已经四十年没有这样"是原话。

David Lodge写参加Conference的人的故事。我写诗。曾经问过朵朵的泡泡猫：是不是觉得写诗比写小说沉重？她说：是。

这次抽奖挺神的。我是二等奖的抽奖嘉宾，抽中的那个人就是当天上午刚刚选了我做"千百十"人才培养项目指导老师的人。

# 山　城

（2007年11月1日）

一痕秋水一缕风
小酒三杯庆重逢

一抹青山一片云
话儿虽多说不成

一根棒棒一根绳
挑不动亲情加友情

一盘麻辣一团火
赶不走酸涩在心窝

一声珍重一挥手
相聚就唱成了信天游

# 文房四宝
(2008年4月25日)

一

几丝阴柔
粘住
阳刚半尺
催命符
与——
风情万种
同在
一握之中

二

滴一滴
轻烟的节奏
我贪看你
在清水里

三

捶磨蒸煮
脱胎换骨
昨日卑下
今朝洁雅
蝶变蝉蜕
天道在化

## 四

跻身书斋庙堂
难忘山风水云
舍无用之大用
为有用而献身
多少回挫皮蚀骨
滋养国魂

# Dialogue

You will.
      I shan't.

You can.
      I can't.

You should.
      I don't.

You must.
      I won't.

...

You are.
      I am.

# 长沙音想
(2013年12月4日)

  声母和韵母
  交错
  摩擦出
  金属的聒噪

  忽然一声
  嗯诺——
    清凉了喉咙
    润滑了耳膜
    温柔
    直让心窝甜糯
  嗯诺——

# 架起人类理解的桥梁（合唱）

1=D 2/4 稍慢、宽广　　　　　　区锷 词曲

```
‖: 37 65 | 35 12 | 35 633 | 56 5. |
```
（男领）绿色的 康乐园 有一个宽敞的 窗口，
（女领）杜鹃花 倾听着 姑娘们早读的声音，

```
56 i | 65 3 | 57 615 | 2 — |
```
透过它 望得见 四海五 洲。
赛过那 百灵鸟 婉转的歌 喉。

```
333 23 | 1. 3 | 237 6155 | 66. |
```
自由的南国风 鼓起求知的 征帆，
珠江水伴着 小伙子深沉的 思绪，

```
12 36 | 53 21 | 633 216 | 5 — | 5. 56 |
```
去 探索 东西方 文明的源 头。（合）啊，
用 各种 语言去作 信息交 流。（合）啊，

```
1. 2 1 i | 77 | 65 6.6 | 54 | 3 — |
```
年青的 朋友，咱们携起 手，
年青的 朋友，咱们撑起 舟，
```

— 1 —
```

```
2.1 23 | 5 — | 5.4 32 | 3 — | 5.3 56 |
凭窗远 眺，  逐浪飞 舟。 凭窗远
刻苦学 习， 开拓奋 斗。 刻苦学

1 — | 5.4 32 | 1 — :‖ 2. (11 | 1234) |   中速，坚定地
眺，  逐浪飞 舟。
习，  开拓奋    斗。

5 5 | 5 56 | 5 4 | 3 1 | 2 12 | 3 3 | 3 — |
今天  我们 架起 人类 理解的 桥 梁，

2 2 | 2.2 22 | 4 2 | 3 1 | 2 5 | 5 — |
明天  人类要 沟通 整个 宇 宙。

1 1 | 1 12 | 1 3 | 1 27 | 1 66 | #56 | 6 — |
今天  我们 架起 人类 理解的 桥 梁，
                                    渐慢
4 4 | 4.4 32 | 3 5 | 3 1 | 2 — | 1 — | 1 55 |
明天  人类要 沟通 整个 宇  宙。     沟通

5 — | 6 — | 7 — | 5 — | 1 — ‖
整  个  宇  宙。
```

＊为中山大学系歌创作表演赛而作，获一等奖。

# 康乐园的紫荆花
## （女声小组唱）

1=F 2/4　　　　　　　　　　　　　　区铁 编曲

‖: 35 61 | 5 5 | 356 5 | 16 1 2 | 35 32 | 3.2 |
紫　荆　花哎　紫荆花，康乐园的　紫荆　花像

1 2 65 | 35 23 | 5 65 0 61 | 5 — | 1 12 65 |
天上　飘落的　彩　霞。　　　　　上课的路上
　　　　　　　　　　　　　　　彩霞总有

1 12 65 | 1 12 65 | 1.6 12 35 | 2.3 2 |
走过你身旁，你朝我　点头笑，笑得多潇洒。
消散的时候，花儿　会憔悴，随风飘下。 2 2
　　　　　　　　　　　　　　　　　　 但

3 35 21 | 3 35 21 | 3 35 231 | 6 05 35 61 |
黄昏　散步　经过你身边，你轻轻抚摸抚摸我的头
大学的　经历是青春的彩笔，描下了人生一幅美丽图

5 — ‖: 35 61 5 | 356 5 | 16 1 2 | 35 32 3 | 1 2 65 35 23 |
发。　　紫荆花,紫荆花,心中的紫荆花伴我走天
画。

5 65 61 | 1.5 — ‖ 2.5 — | 1 2 65 | 35 23 | 5 65 61 | 5 — ‖
涯,走天　涯。　　　涯。　伴我走天涯,走天涯.

＊为某届毕业晚会而作。

# 月儿娇

1=F 4/4　　（写给孙女还罗月的催眠曲）　　还铣 词曲

$\|$: $\underline{5.\dot{6}}$ 3 - - | $\underline{3.5}$ 3 - - | $\underline{5.\dot{6}}$ 2 - - | $\underline{3.\dot{6}}$ 2 - - |

月儿弯，　挂天边。　月儿圆，　上云端。

月儿娇，　酒窝小。　月儿俏，　$\underline{3\overset{\frown}{5\dot{6}}}$ 挑。
　　　　　　　　　　　　　　　眉　眼

$\underline{5\dot{6}}$ $\underline{1.2}$ $\underline{3.\dot{6}}$ | 5 - - - | $\underline{65}$ $\underline{3.1}$ $\underline{63}$ | 2 - - - |

天上月儿飘呀飘，　月光轻轻落窗前，

我家月儿笑一笑，　再苦再累不烦恼，

$\underline{5\dot{6}}$ $1.2$ $\underline{3.\dot{5}}$ | 6 - - - | $\underline{65}$ $3.\dot{5}$ $\underline{6\overset{\frown}{5}2}$ | 1 - - :$\|$

天上月儿飘呀飘，　月光轻轻落窗前。

我家月儿笑一笑，　再苦再累不烦恼。

渐慢

$\underline{5\dot{6}}$ $1.2$ $\underline{3\dot{5}}$ | 6 - - - | $6\dot{5}$·$3\dot{5}$· | $\underline{6\overset{\frown}{5}2}$ 1 - - $\|$

我家月儿笑一笑，　再苦再累 不烦恼。

# 第6编 政协提案

# 政协第十届全国委员会第一次会议提案：关于逐步建立与社会主义市场经济相适应的教育体制的建议

第一提案人姓名　　区　鉷　　　　界别　　教育
联名提案人姓名　　　　　　　　　界别
提案人姓名　　　　　　　　　　　界别
提案人姓名　　　　　　　　　　　界别
提案人姓名　　　　　　　　　　　界别

第一提案人联系电话：XXXXXXXX

案由：关于逐步建立与社会主义市场经济相适应的教育体制的建议

内容：

1993年八届全国人大第一次会议通过了第7条宪法修正案，规定"国家实行社会主义市场经济"。1999年九届全国人大第二次会议又通过宪法修正案，在宪法序言中增写了"发展社会主义市场经济"的文字。

既然发展社会主义市场经济已经列入国家的根本任务，那么教育作为上层建筑的一部分也应当从计划经济下的运作模式向适应社会主义市场经济的机制转变。遗憾的是，目前我国的教育体制大体上仍然停留在计划经济阶段，具体表现为政府的教育职能部门统得太死，管得太细。

为了改变这种状况，特建议：

一、逐步淡化并最终取消统一的高考，让各大学自行择日举行入学考试，让考生多些参加考试和择校入学的机会。

二、逐步取消分配招生名额的制度，让各学校按市场规律和自身的能力自主招生。

三、打破目前"九年义务教育"的教材的供应、选择、出版、发行等各个环节的垄断，让教材市场化。

四、降低民办教育的准入门槛，让目前尚处于初级阶段的民办教育分担基础教育（特别是流动人口子女的教育）和大学扩招的压力。然后逐渐促进民办教育的发展，最终让民办教育真正成为"社会主义教育事业的组成部分"，同公办教育一道成为发展我国教育事业的两条腿。

五、政府的教育职能部门除了负责向公办学校合理分配资源之外，对各教育机构只起监督、指导和服务的作用。

希望办理的承办单位（供参考）：教育部

是否同意公开发表：是

提案日期：2003 年 3 月 3 日

# 政协第十届全国委员会第一次会议提案

第一提案人姓名　区　鉥　　　界别　　教育
联名提案人姓名　　　　　　　界别
提案人姓名　　　　　　　　　界别
提案人姓名　　　　　　　　　界别
提案人姓名　　　　　　　　　界别
提案人姓名　　　　　　　　　界别

第一提案人联系电话：XXXXXXXX

案由：迅速制定切实可行的《民办教育促进法实施细则》，为发展民办教育创造有利条件

内容：

2002年12月28日全国人大常委会通过的《民办教育促进法》是关于民办教育的特别法。它是我国民办教育事业发展史上的一个里程碑。

然而，《民办教育促进法》涉及的只是民办教育的带根本性和普遍性的问题，其可操作性还需具体的实施细则去规定。比如，《民办教育促进法》说："取得合理回报的具体办法由国务院规定。"这就需要有具体的实施细则。又比如纳税问题，《民办教育促进法》把民办学校界定为"公益事业"，是"社会主义教育事业的组成部分"。又规定"民办学校与公办学校具有同等的法律地位"。《民办非企业登记条例》则把民办学校界定为"从事非营利性社会服务活动的社会组织"。而我国《税法》明确规定，"凡民办非企业单位都要向国家缴纳税款"。作为特别法的《民办教育促进法》是否应该高于作为普通法的《税法》？民办学校到底是否需要纳税，假如要纳税，纳什么形式的税，恐怕都要有具体的规定。再者，民办学校可否调用其资金进行其他投资活动，向产业集团转型等问题都有待《民办教育促进法实施细则》来规定。

为此，建议迅速制定切实可行的《民办教育促进法实施细则》，为发展民办教育创造有利条件。对于现有的一些不利于民办教育发展的规定，比如过高的办学条件要求，要加以整改。

希望办理的承办单位（供参考）：教育部、国务院其他有关部门
是否同意公开发表：是
提案日期：2003年3月3日

# 政协第十届全国委员会第二次会议提案

案由　关于农村中小学教师工资由省统一发放的建议

第一提案人：区　鉷　　　　　　　　界别：教育

日常联系电话：XXXXXXXX

内容

当前我国农村中小学教师工资由县级财政承担。近几年来，这种做法给欠发达地区的县的财政造成了很大的压力。据调查，一个年财政收入为5000万元的县，如果有3000名中小学老师，以每位老师年薪1万元估算，就要拨出五分之三的财政收入来支付老师的工资，再加上其他教育方面的投入，如改造薄弱学校等，不少县的本级财政收入仅够支付该县的教育投入。

目前解决这个问题的办法主要有三种：一是转移财政支付；二是请求发达地区搞教育扶贫；三是寻求捐赠。这些办法虽有一定的效果，但总是治标不治本。

我们认为，要从根本上解决这个问题，最终还是要从机制入手，其中最重要的就是农村中小学教师工资由省统一发放。理由如下：

一、实行教育强国，搞好中小学教育是基础。各级党委、政府和社会各界都应该清醒地认识到，搞好中小学教育是全国的事情，不是某个县的事情。在目前国家对教育投入不足的情况下，农村中小学教师的工资暂时还不能由国家统一发放，但是，考虑到县级财政的困难，就应该由省级财政来承担。

二、改革开放以来，欠发达地区人力资源流失十分严重。首先是大量人才从这些地区调出；其次是从这些地区考出来的大学生毕业后不回家乡工作；第三是这些地区受过中小学教育的青年纷纷外出到发达地区打工。这实际上是欠发达地区为发达地区义务培养了大量人力资源，间接为发达地区的发展贡献了力量。而欠发达地区却要从本地财政收入中拨出很大一部分来支付培养这些人力资源的农村中小学教师的工资，这对欠发达地区显然是不公平的。农村中小学教师的工资由省统一发放是对欠发达地区的补偿。

三、经过多年的改革开放，各省的综合实力明显增强，已经有足够的财政实力来实现农村中小学教师工资的统一发放。对于个别实在有困难的省份，中央要拨款帮助解决。

在这里需要做一点说明。农村中小学教师工资由省统一发放并不等于全省各地中小学教师工资大拉平，而是由省里根据教师的不同职级确定全省统一的基数，并由省统筹资金确保这一基数的发放。各地则可根据本地财政实力和生活水准给予一定的补贴。这样可以防止一些经济发达的县的教师收入因为工资由省统一发放而降低。

提案日期：2004年3月4日

# 政协第十届全国委员会第三次会议提案

案由　关于建立和完善大学生心理危机干预机制的建议

第一提案人：区　鉷　　　　　　　　界别：教育
日常联系电话：XXXXXXXX

内容

前不久，世界卫生组织发布的卫生报告称，全球每4人中就有2人在其一生的某个阶段产生某种精神障碍。美国的研究结果显示，自杀是美国15—24岁人数的第三位死亡原因。在我国，自杀是全国人口的第五位死因，同时又是15—34岁人群的首位死因。专家指出，大学生正好处于高自杀的年龄段，自杀已经演化成一个严重公共卫生问题和社会问题。近三年来有不少的高校都发生过大学生自杀或他杀的事件，且呈不断增多的趋势。

他们为什么会做出如此过激的行为呢？其中很重要的一个原因就是心理问题长久以来被忽视。据广东省教育厅和高校有关专家透露，目前25%的广东大学生存在不同程度的心理困惑和轻度心理障碍。教育部一份对全国12.6万大学生抽样调查报告表明，中国大学生心理疾患率为20.33%。据北京16所高校统计，共有293位因精神疾病休学退学者，分别占总休学、退学人数的37.9%和64.4%。

仅以广东高校为例，近年来自杀和他杀的人数不少：部队院校的学生把刀子刺向所谓的"情敌"；在校读书十一年的"老学生"终于悄悄地结束了自己的生命；有大学生因种种解不开的困惑纵身跳下28层楼等等。江西省某大学还有一个多月就要大学毕业的薛荣华在学校附近用一把水果刀刺向了7个不相识的人，造成2人死亡，5人重伤；带着"心理上无尽的痛苦和烦恼"，北京大学医学部的一个大二女生从宿舍楼九层一跃而下结束了年轻的生命。而在此前不到半年的时间里，北京、武汉（中部地区大城市）、深圳三地高校至少共有14名大学生也由于解不开心理上的"结"而轻生。武汉地区有高等学校36所，在校学生40万人，2003年春季开学不到3个月就发生12起自杀事件，10人死亡。马加爵是人类心理健康教育的一面反光镜，"黑熊事件"是精神健康的危险信号，并且告诉我们："精神障碍症候群"就潜伏在我们的身边。如今，存在心理障碍的大学生在中国高校中普遍存在。中国疾病控制中心精神卫生中心提供的数字表明，据保守估计，目前中国（不包括港澳台）大学生中，16%～25%的人有心理障碍，以焦虑不安、恐惧、神经衰弱、强迫症状和抑郁情绪为主。

产生心理障碍的原因有很多：

大学阶段是种种人生压力相对集中的阶段。由于角色转换与适应的障碍，致使任性、自私、不善交际、缺乏集体合作精神等不良习性，还有心理障碍、生理疾患、学习和就业压力、情感挫折、经济压力、家庭变故以及周边生活环境等诸多因素成为学生自杀的直接原因，特别是在人才竞争、学习竞争、就业竞争激烈的高校，心理问题犹如是一颗地雷，在缺少正常的心理疏通与教育、远离家人的关怀的情况下，那些心理脆弱的大学生很容易产生自杀的念头。

我国政府已把关注大学生心理的问题提到相关议程上来。2004年秋，教育部在全国1000多所高校中采用系统分层取样的方法由全国各大高校权威专家组成的教育部课题组综合全国各高校测试数据，进行统一的分析建模，于2004年10月末至11月初，在教育部直属试点高校2004级本科新生中进行。测评后所有数据将由试点高校组织整理、分析、建案、存档，并为学生大学期间心理健康教育建立管理档案。这次由教育部统一制订的心理测评量表，是完全根据中国大学生的心理健康实际情况制订的，也是第一次全国规模的大学生心理测评。这是中国心理教育史上的里程碑。

从2004年开始，5月25日被确定为"中国大中学生心理健康节"。政府通过这个特殊的手段来唤起社会各界高度重视大学生心理健康这个日益显得迫切的问题。同时正式开通中国大中学生心理健康网，为大学生了解心理知识，接受心理咨询、治疗提供了一个渠道。

虽然政府和各级部门已关注到这个问题，也采取了一些措施，但上述的数字和现实对比，就显出我们的精神卫生建设严重滞后。不正视这个"反差"，我们就难免一再遭遇类似"马加爵"事件和"黑熊事件"的巨大震惊。不解决这个"反差"，我们的正常社会秩序就难以得到保证。大学校园里虽然经常开展品德教育，但对精神健康的关注却是非常缺乏的，杨叔子院士称，智商越高，假如情商出了问题，对社会的危害越大。下面是我们对部分高校的调查：

1. 首先是对大学生的心理健康教育开展严重不足。广东省无一家高校开设公共心理必修课，只是具有心理学专业的高校才在本专业里开设心理必修课。

2. 大学生心理健康教育的情况令人担忧，高校的心理咨询机构不健全，有的高校根本没有心理咨询机构。在电话采访过的高校中，一些学校还把心理咨询机构看作思想政治工作，由一些政工干部坐堂。有的则干脆将心理咨询的牌子挂在诸如团委或学生处等机构门口。

3. 严重缺少高素质心理咨询从业人员。许多学校的心理咨询多由专职学生辅导员、团委干部担任。

4. 近几年，中国政府、教育部门、高校和全社会都在关注和帮助贫困生，但关注和帮助主要在经济层面，较少注意到贫困生的心灵慰藉。其实像薛荣华、马加爵这样的高校贫困生，普遍存在心理自卑和不同程度的抑郁状态或抑郁倾向。

建议：

1. 形成心理问题筛查、干预、跟踪、控制一体化的工作机制。把建立完整的心理健康档案作为高校学生管理工作的一项基础工作，学校每年新生入学都要做一次心理健康筛选，建立学生心理危机预警对象库，对于进入库里的学生或突发心理危机的学生，学校根据其心理危机程度实施心理危机干预。

2. 把心理健康教育作为教育体系的一部分。为帮助大学生走出心理阴影，应把心理素质教育纳入学校教育体系中，出台一套辅导计划帮助学生进行自我调适和自我救援。学校应设立心理健康课程，大学生都应选修心理健康课程，学会调整自己，适应环境，不能过于以自我为中心。

3. 建立和完善学生心理健康教育与咨询工作体系。建立和健全由主管校领导任组长的大学生心理健康教育工作领导小组，对各有关资源统一领导、建设和管理；建立和完善课程、咨询、活动、网络等大学生心理健康教育工作载体，组织心理健康教育联络员和专职心理咨询员队伍，形成高校心理健康教育的工作网络。

4. 建立一个宿舍、年级、学校、家庭和社会的网络管理体系。学校、家庭、社会各方都应关注大学生的心理健康，加大大学生心理健康教育的力度。做到对学生心理问题的早期发现、及时干预和有效控制，提高干预和控制工作的科学性和针对性。

5. 建立学生心理互助机制。调动学生自我教育的能动性，如帮助学生建立心理健康协会等学生社团，支持学生开设心理互助热线等。营造良好的心理健康教育环境，开展多种形式的心理咨询服务，倡导学生的自我保健教育是解决大学生心理问题的关键。要让老师和大学生都了解心理健康方面的知识。

6. 强化政府职能部门心理健康教育的业务工作。把心理健康的工作纳入常规工作体系，与政治思想工作相辅导相成。为了开展相关的工作，如培训、咨询、教育、宣传资料印刷等工作，建议财政部门把相关的费用纳入年度预算，专款专用。

7. 声势浩大地开展5·25"中国大中学生心理健康节"活动。利用咨询、讲座、文娱、宣传资料等多种形式，普及心理卫生知识，宣传健康的心态，教育学生勇于面对和善待心理问题。

提案日期：2005年3月4日

# 政协第十届全国委员会第四次会议提案：关于大力发展我国民办高等教育的几点建议

## 一、问题和困难

我国民办高教事业是从90年代初发展起来的，然而，这一事业仍处在成长期，离成熟期尚远，还存在不少的问题和困难，主要有：

1. 社会对发展我国民办高等教育的认识尚待深化。

据我们在民办高等教育相对较发达的广东的了解，目前，广东全省有独立建制的民办高等学校12所，占普通高校的16%，民办二级学院有12所，以挂靠普通学校的形式存在。两者合计在校学生有44501人，占高职、高专的在校学生的18.26%。此外，还有53所专修学院，在校学生为34015人，其中学历文凭在校生人数为12917人，占在校生总数的3%。这与哥伦比亚、日本、菲律宾、比利时、巴西、孟加拉、荷兰等国家私立大学或院校就读学生均达50%的情形，无法相比。这主要是因为，一是不了解民办高等教育的办学成本，总觉得收费高，二是政府部门对民办高教认识不足，受传统观念影响较大，把民办高等教育看成为只能是"补充""配角"。在征地、基建、税收等方面、扶持的力度不大；三是教育部门设置的门槛过高，表现在：（1）公办与民办高校的设置、审批并非一视同仁；（2）招生录取时，人为地划定框框，将民校一律置后，致使人们普遍认为"民办高校就是最差的高校"。民办高校教师职称评定困难，工资待遇偏低，造成中青年骨干教师队伍不稳定。

2. 民办高校的产权不清、合理回报不明。

民办高校的产权不明晰，是制约民办高校发展的重要原因。这主要表现在举办者投入民办高校启动的资金与举办者财产分离后是归学校所有，还是归举办者所有；举办者与学校管理者分离的民办高等学校存续期间举办者与校长谁有权支配学校财产；国有资产投入到民办高校中，产权归政府还是学校等。产权不明，限制了社会资金的投入，不能有效地保障投入者和民办学校的利益。

目前没有明确民办高校回报率又是制约民办高校发展的另一个原因。例如没有确定学校在还本付息期间，收入的多少用来还本付息，多少用于学校的正常运作。还本付息结束后，非企业法人学校的收支盈余，多少转入事业基金，多少用于教育事业发展及后备基金，多少用于集体福利和奖励职工，多少用于举办者的回报；企业法人的税后利润应当提取多少为法定公积金，多少为法定基金和多少作为事业发展及后备基金，多少为举办者的回报等。由于这些不明确影响了民办高等教育健康稳定正常发展。

3. 对民办高等教育缺乏有效的管理和协调。

一是缺少战略性的规划。民办高等教育作为实现我国高等教育大众化的措施之一，对其目前发展数量的分析、今后发展的思路和目标、布局以及培育、监督体系建设等一系列宏观性、战略性的问题,至今仍未提到议事日程上来。二是机构缺位。目前未有统一的机构来处理和协调民办高等教育的事务。三是管理不力。对虚假广告、恶性招生、损害民办高等教育利益的不法行为没有给予及时有效的打击。

4. 真假民办不清。

例如,在我国除了独立建制的民办高校、挂靠普通高校的民办二级学院外,还有普通高校举办的新机制学校。民校的发展从无到有,从小到大经历了艰难的成长发展期。二级学院借腹生子、挂名获利。新机制院校更是横空出世。本来多种形式的办学机制更可繁荣我国高等教育市场,但由于一些传统观念上的误导,或经济利益的原因,却形成了互相猜忌、互相拆台的局面。同时,二级学院与其挂靠的公校之间亦存在着管理费、招生数额、管理权限、师资质量、教材使用等一系列的问题。

## 二、具体建议

1. 营造一个有利于民办高教发展的舆论环境。

大力宣传发展民办高等教育事业的重要性和必要性,使整个社会特别是各级领导干部明白,我国民办高等教育发展是改革开放的产物,是我国高等教育事业的重要的组成部分,大力发展民办高等教育对于全面推进小康社会,加速社会主义现代化建设具有重要意义。

2. 营造一个有利于民办高等教育发展的法制、政务环境。

要搞好民办高等教育事业,首先就要尽快研究制定适合我国实际情况的扶持民办高校发展的法规以及出台各项可行性政策措施。根据国家《高等教育法》和《民办教育促进法》,尽快出台我国的民办教育实施细则,以利加强依法办事,规范市场,规范办学与实施管理。其次,成立有关民办高等教育管理机构,将其纳入高等教育管理范畴,设置若干准入条件和监督机制,负责评估和指导民办高校的各项事务,处理各校出现的突发事件,直接解决各类存在的问题。第三是明确各级部门的管理权限,简化手续、合并窗口,提高办事效率。第四是建立扶持机制,对一些办学条件较好的民办高校,进行扶持和奖励,在其遇到某些暂时性困难时,帮助它渡过难关。第五是规范办学条件,切实加强管理。(1)严格设立准入制度。(2)淡化公立、私立、新机制和二级学院称谓,一视同仁,够条件的批准设立,不够条件的撤并取消。消除"真假"民办高校的争拗,防止互相攀比、互相无序竞争以及相互拆台的现象发生。(3)建立台阶,尽快推动优质民办高校上本科,上研究生方向办学和招生。推动专修学院的改制,够条件的成立职业技术学院,不够条件的改制成成人大专或撤销。(4)健全民办高校的法人治理机构,确立两级管理模式,取缔家族式办学管理机制。规范财务管理制度,健全各项财务报表,明确产权以及合理回报额度;健全规范各类监督机制等。(5)放宽民校自主办学权力,在学科设置、课程课时安排和实习机制上提供指导性意见或建议,不要硬性安排和搭配。可参照国内公校和外国相关专业要求,进行弹性教学方法,以利学生对记忆性知识和操作性能力的学习和理解。

3. 营造一个有利于民办高教发展的市场环境。

要真正实现高等教育大发展,还是应该发扬勇于创新、敢为人先、敢于冒险的精神,在观念更新方面有所突破。一是资金投入多元化。建议在民办高校中,允许公有制成分占一定比例。因为,高等教育既然是非义务教育,就决定了它应当处在一个公办、民办真正并重的地位。十六届三中全会提出多种经济成分的股份制形式是公有制的主要实现形式,我们的高等院校，也应吸收其他股份，并且实行国有民办的形式去促进民办高等教育的大发展。另一方面，也应该逐步放开民间资本进入高教市场的管制。我国目前有许多基金会，如老干部联谊会、海外联谊会等，应允许这种基金会与一些慈善机构办学。同时建议采用国外"教育券"的作法，就是政府对所有接受本专科教育的投入按照学生数量均摊到每个学生头上，学生手持"教育券"到高校报到后，国家按报到后的招生计划指标将资金投入到位。"教育券"既解决了享受高等教育的公平权利问题，也解决了民办高校与公立高校不对称的资金投入方式的问题，有助于促进公办与民办教育的协调发展。建立起一视同仁的市场环境，在用地、报建、水电、消防、贷款以及招生、评先、参赛、奖励、参加会议、文件阅读、党团组织建设等方面享受公办学校一样的待遇。建议给民办高校自筹编制，或成立教育系统人才交流服务中心，实行人事代理，为教师在公办高校和民办高校之间流动创造条件。民办高校教师参加继续教育、学位提升、培训、职称评定、本人和家属入户、退休、医疗与公办高校教师同等对待。民办高校的学生在就业、助学贷款、户口、乘车等方面与公办高校的学生享受同等待遇，以创造一个公正、公平竞争的市场环境。

# 政协第十届全国委员会第四次会议提案：关于尽快制定《义务教育法实施细则》的建议

中央政府决定从2006年起用两年时间全部免除农村义务教育阶段学生学杂费。温家宝总理在第十届全国人大会议上所做的政府工作报告中宣布："将农村义务教育全面纳入国家财政保障范围，逐步建立中央和地方分担的农村义务教育经费保障机制。"报告又说："要解决城市低收入家庭和农民工子女义务教育阶段上学困难问题，让每个孩子都有平等接受教育的机会。"

然而，从2005年国家级贫困县实行"两免一补"的情况看来，贯彻这些好政策的过程中还会出现不好的现象。比如教育拨款和财政转移支付被市、县政府挪用；省财政给各学校的"两免一补"拨款不足以充抵"一费制"的全部收费，缺口部分市、县财政无法补上；欠发达地区教师严重缺编等。

另外，农民工子女如何享受免费义务教育、民办初中和小学如何可以和公办初中和小学平等地享受免费义务教育的待遇、中央和地方如何按照比例分担义务教育经费等问题也急需寻找合理的途径来解决。

凡此种种，都需要立法来解决。为此，我们建议在充分调研的基础上制定《义务教育法实施细则》，以具体细致的法规来保障免费义务教育顺利进行。

# 政协第十届全国委员会第五次会议提案：进一步完善财政保障机制，积极解决农村地区实施免费义务教育后存在的问题

农村免费义务教育刚刚起步，工作量大，牵涉面广，各地情况十分复杂，所以难免存在不足之处。广东省从2006年秋季起全面实行农村免费义务教育，在我们的调查中发现如下几个有代表性的问题，在这里写成提案，希望对改善其他地区的农村免费义务教育工作有所帮助。

1. 免费义务教育资金不能及时足额到位的情况依然存在，给基层学校开展教学活动带来许多困难。原来学校可以直接向学生收取的学杂费改由财政负担后，多了几个环节才能到学校。学期初应该到位的资金，有的到了期末仍未到位，或者是仅到位一部分，学校要自己先找米下锅。

2. 免费义务教育资金尚不能保证专款专用。按照规定，教育资金应用在水电费、教师办公经费、校舍简单维护、实验经费公用经费四个方面，但目前有的地方教师补助资金还要从学杂费中抽取。由于教育欠债，改造学校危房支出等原因，一些教育资金也被用于学校还账，这都有可能导致教育资金被挪用。不少地方教师的"两保金"和培训经费等没有专项经费，要在学杂费中开支。有限的学杂费挪作他用，减少了对教学的投入，也降低了义务教育的质量。

3. 近年来失地农民的子女变成了城镇人口，享受不到农村免费义务教育。

几点建议：

1. 建立科学合理的转移支付制度，在明确资金分担比例的基础上，省财政应承担的补助经费通过专项转移支付下达，对于分担经费没有落实到位的，省财政相应扣减地级市（县、区）其他教育专项经费，直接"戴帽"给农村义务教育。同时，进一步完善财政保障机制，要求各地必须将农村中小学各项经费纳入县级财政预算管理，每年新学期开学前，财政部门采取预拨资金的办法，确保农村中小学不因资金到位不及时而影响正常运转。应专门制定具体的农村义务教育经费管理办法，要求各地级市、县（市、区）教育行政部门设立资金专户，对农村义务教育资金实行封闭运行，专款专用。同时，省各级财政部门还应对自身资金拨付程序进行严格规定，如对教育部门提出的用款计划，财政部门应在5个工作日内完成核批；对教育部门报送的直接支付申请，财政部门应在3个工作日内完成支付。贫困生多的学校，学校运作往往也十分困难。如果下拨的助学款、办学经费不能及时到位，学校就会减少教学投入，从而影响教学质量。因此，有关部门应制定切实可行的资金拨付机制，使专项资金能通过"直通车"形式，直达学校，以防止资金因逐级转发而出现的截留、缓拨现象。建议省有关部门指导各地建立地级市（区、县）政府义务教育经费保障状况的定期公告制度，向社会公开教育经费有关情况，积极争取社会监督。在条件成熟的时候改由中央财政支付农村免费义务教育经费。

2. 审计部门要加强定期审计资金的落实、使用和管理情况，保证义务教育资金到位，用好。

3. 逐渐调整义务教育资金补助金额，提高农村义务教育的水平。一些贫困地区的校长反映，现在财政补贴的标准，比原来的"一费制"收费标准低不少，但这个差额却不能向学生收取，这样会造成另一种教育经费不足和教育事业发展不均衡，需要根据实际情况在政策上予以调整。

4. 增加专项资金，加快危房改造步伐。

5. 增加生活费补助。目前，由于许多地方财力有限，寄宿生的生活费补助标准较低，导致一些受资助的贫困学生家长产生"补助过少，补与不补差不多"的认识，贫困学生的生活水平并没有得到明显改善。按照广东省的规定，对贫困学生每人每学期住宿费补贴为100元，但有的学校反映，100元的生活补贴可谓杯水车薪，学校还得为每个学生多付100元。因此，建议财政部门尽可能多安排"一补"专项资金，适当提高生活费补助标准，改善贫困中小学生的生活。

6. 对于由于撤村并镇或其他原因产生的失地农民的子女，要有专门的政策，解决他们的免费义务教育待遇。

提案日期：2007年3月3日

# 政协第十届全国委员会第五次会议提案：
# 关于在清明、端午、中秋、除夕等
# 传统节日放假的建议

  传统节日具有深厚的民族文化底蕴，可以看作是一笔无价的非物质文化遗产，需要一代一代传承。在众多的汉族传统节日中，清明、端午、中秋和除夕是文化负载最浓重、群众基础最广泛的。在中国的文学史和艺术史上都有许多出色的作品与这些节日有关，民间也有许多民俗与这些节日有关。清明是悼亡的节日，和西方的复活节差不多同时。端午弘扬了知识分子的爱国精神和高尚气节。中秋是团圆的日子。今天，在全球化的背景下，通过在传统节日放假的办法可以帮助广大人民群众，特别是青年人加强文化自觉。

  此外，除夕是春节长假的前一天，据调查，目前许多单位在这一天实际上已经处在半放假状态，因为盼着全家团聚吃年夜饭的时刻到来，所以也提出把除夕纳入原有的春节长假。

  为此建议：

1. 清明、端午、中秋各放假一日。
2. 除夕放假一天，然后接上春节长假，具体操作可以是 1+6。
3. 三、"五一"和国庆长假各减少一天，分配给清明和端午，至于中秋的假期就从工作日中扣除。
4. 传播与这些节日有关的民族文化因素，加强人民群众的文化认同。
5. 征求不同的兄弟民族的意见，制订不同民族的节日假期。

提案日期：2007 年 3 月 6 日

# 政协第十届全国委员会第五次会议提案：
# 关于民办学校应依法享受税收优惠的建议

2004年2月5日财政部和国家税务总局联合发布的《关于教育税收政策的通知》（财税［2004］39号，以下简称《通知》）成为对民办学校征收企业所得税的依据。但这一部门规章与2004年3月17日国务院颁布、4月1日开始实施的《中华人民共和国民办教育促进法实施条例》（以下简称《实施条例》）第38条明显矛盾。第38条规定"不要求取得合理回报的民办学校，依法享受与公办学校同等的税收及其他优惠政策"。

按照司法解释，《通知》发布在前，《实施条例》颁布在后，如有冲突，要按后颁发的执行。又，《通知》是部门规章，《实施条例》是国务院颁布的法规。《通知》既是《税法》的下承，又是教育法规《实施条例》的下承。当上下位法规相抵触时，不论颁布时间先后，一律按上位法执行，即按《实施条例》执行。

综上所述，不要求取得合理回报的民办学校，依法应享受与公办学校同等的税收优惠，免征其企业所得税。

至于合理取得回报的民办学校，按《中华人民共和国民办教育促进法》第3条规定："民办教育事业属公益性事业"，也应该享受税收优惠。按《实施条例》第37条规定，"出资人要求取得合理回报的民办学校应当从年度净收益中，按不低于年度净资产增加额或者净收益25%的比例提取发展基金，用于学校的建设、维护和教学设备的添置、更新等"。第44条又规定，办学结余"是指民办学校扣除办学成本等形成的年度净收益，扣除社会捐助、国家资助的资产，并依照本条例的规定预留发展基金以及按照国家有关规定提取其他必须的费用后的余额"。可见，这一"结余"是在比企业获得利润严格得多的规定之下取得的，已经具备了完成国家特别规定的义务之后取得的公益性特点。至于如何享受税收优惠，可以在广泛调研的基础上做出相关规定。

企业所得税征收的范围是"营利事业取得的所得"，民办教育如上所述，是公益性事业，不是营利事业。其实，根据《教育法》第25条，"任何组织和个人都不得以营利为目的举办学校及其他教育机构"，经过各级教育主管部门依法批准举办的民办学校自然不是以营利为目的的教育机构。

综上所述，特建议将民办学校列入免征企业所得税的范围。

提案日期：2007年3月7日

# 政协第十一届全国委员会第一次会议提案：
# 关于加快解决执行难的建议

执行难源自上世纪 90 年代。1999 年党中央专门下发了〔1999〕11 号文件部署解决；中纪委、中央政法委等国家机关下发了中纪发〔1999〕17 号、中纪发〔2006〕16 号、政法〔2005〕52 号、政法〔2007〕37 号等文件支持解决。2002 年党的十六大报告明确提出"切实解决执行难问题"。2006 年《中共中央关于构建和谐社会若干重大问题的决定》进一步要求"完善执行工作机制，加强和改进执行工作"。但直到 2007 年底，肖扬院长在全国法院工作会议上，仍然指出执行难尚未从根本上解决。执行难真正成为中国的"跨世纪"难题。

执行难的原因在于立法不到位，司法缺权威，执行有顾忌，体制不顺畅。

1. 立法不到位。

法治发达国家都有完备的强制执行法律。不少国家强制执行法从民事诉讼法中分离。如日本 1979 年在全面修改 1890 年《民事诉讼法》第六编强制执行程序的基础上颁布了独立的单行法《民事执行法》；1989 年又颁布了独立于民事诉讼法典和民事执行法的单行法《民事保全法》。韩国 2002 年把《民事诉讼法》第七编的强制执行拍卖程序和实现担保权及民法商法规定的拍卖程序统一起来，制定了统一的民事执行单行法律《民事执行法》。法国 1991 年和 1992 年先后颁布《民事执行程序法》和《民事执行程序法实施法令》将强制执行程序从《民事诉讼法》中独立。我国既无单独的《强制执行法》，《民事诉讼法》执行程序编的条文也少得可怜（1991 年《民事诉讼法》30 条；2007 年《民事诉讼法》34 条），强制执行无法可依情况严重。

已有的立法存在内容缺陷。如《外国人入境出境管理法》第 23 条规定："有下列情形之一的外国人，不准出境：……人民法院通知有未了结民事案件不能离境的……。"目前比较多的是外国人在中国投资企业而以企业的名义欠债。应该将不准出境的范围扩大到外资企业的法定代表人和实际负责人。

一些司法文件、部门规章违反法律，搞部门保护。如最高人民法院执行办公室《对甘肃高院〈关于能否强制执行金昌市东区管委会有关财产的请示〉的复函》（〔2001〕执他字第 10 号）规定"预算内资金和预算外资金均属国家财政性资金，不能用来承担连带经济责任"。财政部条法司 2000 年 3 月 31 日《关于对党政机关、军队、武警部队在所属公司撤并中承担连带经济责任有关问题的意见的函》（财法函字〔2000〕8 号函）规定"党政机关、军队、武警部队在经济纠纷中，只能以上述资金（各级国库库款、党政机关的预算内资金、存入各级'财政专户'由各级政府财政部门负责管理的预算外资金，以及各级政府所属部门代政府收取应缴未缴的预算外资金）以外的其他资金和财产为限承担连带经济责任"。

2. 司法缺权威。

人民法院执行机构缺乏应有的权威，导致强制执行程序缺乏足够的强制力，因而"被执行人难找、可执行财产难寻、协助执行人难求、应执行财产难动"。对于暴力阻碍法院执行、拒不执行判决裁定、非法转移法院已经查封的财产等需要追究刑事责任的，以及纠集多人在法院门口静坐、"闹访"甚至封堵法院大门等需要紧急处置的,如果涉及其他有关国家机关,法院往往无力协调,导致该紧急处理的处理不了,该追究责任的追究不了。

　　3. 执行有顾忌。

　　强制执行程序被添加了太多与实现债权无关的功能,其结果,"实现债权"的任务被其他"更重要的"任务淹没。当强制执行有可能影响到社会稳定或地方经济发展时,法官只能牺牲强制执行。目前"讲大局""维护稳定"已经被一些人用作阻碍法院执行的借口。一些地方政府往往以维护稳定为由要求法院放弃执行。一些案件出现申请人或被执行人雇请人员"闹访",以制造不稳定因素为由阻碍法院执行。

　　4. 体制不顺畅。

　　依照宪法,人民法院为国家审判机关。在世界各国,法院的职能都是裁断纠纷,具有被动、中立的特点。执行除了范围和审判不尽相同外,其性质也和审判截然不同。由人民法院负责执行事务一不符合宪法的规定,二是容易导致公众怀疑司法公正,三是由于难以解决执行难,最终影响裁判的权威。

　　建议:

　　1. 全国人大作为国家立法机关,要将《强制执行法》列入国家立法规划,力争2010年颁布施行,使2010年基本形成的市场经济法律体系中有《强制执行法》的一席之地。与此同时,有立法权的各国家机关要抓紧清理、完善相关法律、行政法规、司法解释、地方性法规和各种规章,为加快解决执行难提供强有力的法律武器。

　　2. 检察机关、公安机关要重视对与法院执行工作有关的违法犯罪行为的查处,不能对法院移送的材料置之不理,也不能将侦查的责任推给法院,要求法院将证据收集齐全才给法院办理有关手续。各有权机关要正确行使监督权,防止给执行工作施加不正当的影响,不能向人民法院出具没有法律根据的暂缓执行建议书、纠正执行行为通知书、个案监督决定书等。

　　3. 人大、政府等为法院执行工作减负,使法院执行程序首先服务于实现生效法律文书,维护法律权威,防止将法律效果和社会效果割裂甚至对立。各级政府加强社会保障,通过建立特困当事人执行救助基金等形式,对特困执行当事人进行救济,防止因强制执行影响社会稳定。

　　4. 研究将执行工作从人民法院分离、人民法院只行使审判权的方案和措施。

　　提案日期:

# 政协第十一届全国委员会第一次会议提案：
# 关于建立社保全国转移制度，
# 切实保障农民工合法权益的建议

《国务院关于解决农民工问题的若干意见》提出，对农民工要"优先解决工伤保险和大病医疗保障问题"，"逐步解决"养老保障。并要求要适应农民工流动性大的特点，做到"保险关系和待遇能够转移接续"。据统计，我国现有2.1亿农民工。他们为我国经济社会发展做出了巨大贡献。但是，农民工频繁流动又是我国目下不可忽视的社会现实。按照国家有关规定，企业应为农民工购买工伤、失业、大病医疗、养老等相关保险。这是对农民工合法权益最基本的保障，但是，由于体制和政策之间的不相适应，农民工一旦发生流动，各种保险却不能随之转移，致使他们有限的基本保障也将随之丧失。据测算，一名月工资为800元的农民工，企业每年为他缴纳的养老保险就将近1000元。当农民工离开企业时，只能领回数额有限的个人缴交部分，其余的都不能转移。面对这种境况，不少农民工只有无奈地选择"不买"或"退保"，以至于一些地方农民工退保形成风潮。而退保就意味着退保人把原本应属于他的保障金"贡献"给了当地社保！因此，不少地方的政府部门，对农民工退保表现出颇高的"热情"。

不难看出，我国现行的对农民工的社保制度，对农民工是不公平的，完全不适应农民工频繁流动的现实。造成农民工社保权益得不到公平合理保障的主要原因是体制性（现行户籍制度和社保地方统筹政策）的障碍而不是技术性的困难。为此建议：

尽快落实《国务院关于解决农民工问题的若干意见》，为农民工建立可全国"通兑"的个人专用社保账户，农民工需要流动时，就到当地社保部门结算并记录。与此同时，建立中央和省（市）级核算中心和财政转移支付机制，使农民工退休时可在定居地根据他的社保记录，享受相应的社保待遇。

提案日期：

# 政协第十一届全国委员会第二次会议提案：
# 完善与教育有关的法律法规，
# 保障教育事业健康有序发展

据了解，今年全国政协会议期间，77 名政协委员联名提交提案，建议暂时停止在教师队伍中进行事业单位养老保险制度改革。这一改革应该与将来的公务员退休养老制度改革同步进行。提案指出，"根据《教师法》，教师收入应当不低于公务员，这也应该包括退休收入不低于公务员"。而今年 1 月 28 日国家人力资源和社会保障部正式下发的全国《事业单位养老保险制度改革方案》的重要内容是将事业单位养老保险下调至与企业一致，这就与《教师法》产生冲突。其实，早在 2008 年 12 月中旬，作为 5 个改革试点之一的广东省的劳动和社会保障厅就出台了一份主要内容和今年 1 月 28 日国家人力资源和社会保障部正式下发的全国《事业单位养老保险制度改革方案》一致的《征求意见稿》，明确规定，2008 年 12 月 31 日前办理退休手续的高校教师可以享受现行的由国家退休基金统筹解决的退休工资，而在 2009 年 1 月 1 日以后办理退休手续的则交给社保。《征求意见稿》引起广东高校教师的思想波动，许多老师要求马上办理退休。在解释《征求意见稿》时，发言人甚至明确表示，义务教育阶段的教师可以比照公务员，非义务教育阶段的教师不可以比照公务员。这样就对《教师法》中的"教师"作了解释，但是这种行为是越权的，因为只有全国人大才有对《教师法》的解释权。

这种与教育有关的法律法规方面的混乱在民办教育领域就更加突出。

2004 年 2 月 5 日财政部和国家税务总局联合发布的《关于教育税收政策的通知》（财税 [2004] 39 号，以下简称《通知》）成为对民办学校征收企业所得税的依据。但这一部门规章与 2004 年 3 月 17 日国务院颁布、4 月 1 日开始实施的《〈中华人民共和国民办教育促进法〉实施条例》（以下简称《实施条例》）第 38 条明显矛盾。第 38 条规定"不要求取得合理回报的民办学校，依法享受与公办学校同等的税收及其他优惠政策"。

按照司法解释，《通知》发布在前，《实施条例》颁布在后，如有冲突，要按后颁发的执行。又，《通知》是部门规章，《实施条例》是国务院颁布的法规。《通知》既是《税法》的下承，又是教育法规《实施条例》的下承。当上下位法规相抵触时，不论颁布时间先后，一律按上位法执行，即按《实施条例》执行。

综上所述，不要求取得合理回报的民办学校，依法应享受与公办学校同等的税收优惠，免征其企业所得税。

至于合理取得回报的民办学校，按《中华人民共和国民办教育促进法》第 3 条规定："民办教育事业属公益性事业"，也应该享受税收优惠。按《民办教育促进法》第 37 条规定，"出资人要求取得合理回报的民办学校应当从年度净收益中按不低于年度净资产增加额或者净收益 25% 的比例提取发展基金，用于学校的建设、维护和教学设备的添置、更新等"。第 44 条又规定，办学结余"是指民办学校扣除办学成本等形成的年度净收益，扣除社会捐助、国家资助的资产，并依照本条例的规定预留发展基金以及按照国家有关规定提取其他必须的费用后的余额"。可见，这一"结余"是在比企业获得利润严格得多的规定之下取得的，已经具备了完成国家特别规定的义务之后取得的公益性特点。至于如何享受税收优惠，可以在广泛调研的基础上做出相关规定。

企业所得税征收的范围是"营利事业取得的所得"，民办教育如上所述，是公益性事业，不是营利事业。其实，根据《教育法》第25条，"任何组织和个人都不得以营利为目的举办学校及其他教育机构"，经过各级教育主管部门依法批准举办的民办学校自然不是以营利为目的的教育机构。遗憾的是，民办学校至今仍未能依法享受税收优惠。

同样，目前民办学校缴纳社保也要按企业单位的标准执行。

但是，当《物权法》规定学校、医院等公益性机构的资产不能用于抵押的时候，民办学校就又成了公益性单位了。

其实，即使是直接为教育制订的法规自身也有不完善之处。

就以《民办教育促进法》而言，这部法对民办学校的产权归属的阐释是不明晰的。主要表现在举办者投入民办学校启动的资金与举办者财产分离后是归学校所有，还是归举办者所有；举办者与学校管理者分离的民办学校存续期间举办者与校长谁有权支配学校财产。产权不明，限制了社会资金的投入，不能有效地保障投入者和民办学校的利益。

《民办教育促进法》也没有明确民办学校回报率。例如没有确定非企业法人学校的收支盈余，多少转入事业基金，多少用于教育事业发展及后备基金，多少用于集体福利和奖励职工，多少用于举办者的回报；企业法人的税后利润应当提取多少为法定公积金，多少为法定基金和多少作为事业发展及后备基金，多少为举办者的回报等。这些不完善之处影响了民办教育健康稳定正常发展。

综上所述，建议教育部提请全国人大采取措施，完善与教育有关的法律法规，保障教育事业健康有序发展。

提案日期：2009年3月7日

# 政协第十一届全国委员会第三次会议提案：关于制定汽车内有害气体指标的建议

目前我国已制定住宅内有害物质（主要是甲醛）浓度的指标，这对环境保护和人民身体健康在法律上起了保护作用。

随着我国汽车工业的发展和汽车销售量的增加，车内有害气体问题已经逐渐凸显出来。因为车内甲醛浓度太高而影响正常驾驶的案例越来越多。但是，当购车人获得权威部门对车内有害气体的鉴定数据后投诉汽车销售商和生产商时，后者往往不予理睬，因为没有法律法规规定的专门针对汽车内有害气体浓度的指标。

为此，建议有关部门制定汽车内有害气体浓度限制指标，列入汽车主要技术参数，在汽车下线时进行测量，不符合指标的汽车坚决不能出厂，售出的不符合指标的汽车要召回。

附录

# Chinese Dance[①]

诗，言其志也；歌，咏其声也；舞，动其容也。三者本于心，然后乐器从之。是故情深而文明，气盛而化神，和顺积中，而英华发外，惟乐不可以为伪。

—《乐记·乐象篇》

*To achieve the greatest effect with the least effort—that is the most graceful movement.*

—— Plato

## I. Classification of Dances

A. Recreational dance

B. Educational dance

C. Ritual dance

D. Theatrical dance

No demarcation line between them.

## II. Chinese Theatrical Dance

A. Classical dance

B. Folk dance

## III. Chinese Classical Dance: History and Classification

A. History

1. Origins of dance

a. Witchcraft and dance

b. Martial arts and dance

c. Other daily activities and dance ("Tasting Dance")

2. History of Chinese dance

a. Prior to the Qin Dynasty

(1) "Arm-in-arm trotting while singing" (连臂踏歌) —the oldest image of Chinese dance painted on the pottery bowl unearthed in Da Tong (大通) County, Qinghai, in 1973.

(2) Theories on music and dance in the Period of "A Hundred Schools Contend"

a) Confucian idea of music and dance (See the quotation on top of this text): Based on the understanding of the important influence of music and dance on man's thoughts and feelings,

---

[①] This is originally the outline of a lecture I gave to the students of Oriental Studies at Cambridge University in 1989, and now I have made it more detailed for the M. A. students of English Literature at Sun Yat-sen University, Guangzhou.

Confucianism considers music and dance as an effective means of education, which can help to consolidate the ruling of the state. (礼乐刑政, 其极一也。)

b) Mo Zi's negative attitude towards music and dance (*Anti-music*, or 《非乐》三篇: Only the first chapter exists. ): Unlike the Confucians, Mo Zi holds that music and dance are of little importance to politics and to the administration of the state. He is so radical that he denies the social function of music and dance, saying that "the more music, the less efficiency in administration." (其乐逾繁者, 其治逾寡。) Mo Zi regards music and dance as being of no use to national construction and the improvement of the people's living standards. He even goes further as to point out the harms done by music and dance: First, the rulers' indulgence in music and dance increases the expenditure, and the common people have to be more heavily taxed. Second, the rulers' indulgence in music and dance takes away part of the labor force, thus weakening production. Third, the indulgence in music and dance, on the part of the rulers, will divert their attention from the administration of the state, and on the part of the laborers, will affect their work.

c) The Taoist view of music and dance: "The five colors blind one's eyes; the five musical notes deafen one's ears." (五色令人目盲, 五音令人耳聋。——老子《道德经》) Taoism defies music and dance essentially, maintaining that they damage man's nature and arouse man's passion.

d) The Legalists also oppose music and dance, simply because they are against the Confucian idea of ruling by rites, to which music and dance are considered very helpful.

b. The Han Dynasty

*Bai Xi* flourishes, which contains acrobatics, magic, martial arts, comic performance, music and dance. Zhao Feiyan dances on palms.

c. The Tang Dynasty

Institutions of music and dance such as *Jiao Fang*, *Li Yuan* and *Tai Chang Si* are established and attached to the court. The Tang music and dance are as prosperous as the Tang poetry. (*Qin Wang Po Zhen Yue* and *Ni Shang Yu Yi Qu*)

d. The Song and Yuan Dynasties

Chinese opera gradually replaces dance as the dominant form of performing art, and dance has been integrated into the performance of the Yuan drama.

B. *Classification*

1. *Ruan Wu* (软舞), or Gentle Dance, e.g. *Liang Zhu* (梁祝), *Chun Jiang Hua Yue Ye* (春江花月夜) (Moonlit Spring Night with Flowers by the River)

2. *Jian Wu* (健舞), or Vigorous Dance, e.g. *Xiao Dao Hui* (小刀会) (The Dagger Society), *Qin Wang Po Zhen Yue* (秦王破阵乐) (Prince Qin Shatters the Enemy's Battle Array)

Again no demarcation line between them.

IV. Principles of Chinese Classical Dance, Compared with Ballet

**Chinese classical dance**     **Ballet**

  A. Close-in     Turned-out

  B. Centripetal     Centrifugal

  C. Circling movement     Straight-lined movement

  Straight-lined posture   Round posture
D. Movements as symbols  Movements as signs

(Demonstration of the basic movements of Chinese classical dance and ballet.)

### V. Metaphysics of Chinese Classical Dance

A. The Golden Mean

B. *Tao*

### VI. Development of Chinese Classical Dance

A. Assimilation of elements of ballet, e. g. *Weaving Fishnets*

B. Revival of ancient style, e. g. *Flowers on the Silk Route*

### VII. Chinese Folk Dance, with Demonstrations

A. Mongolian dance

B. The Uygur dance

C. Tibetan dance

D. Korean dance

E. Dai dance, e. g. *Peacock Dance*

F. Li dance, e. g. *Straw Hat Dance*

G. Han dance, e. g. *Yang Ge*

### VIII. Development of Western Dance

A. Rudolf Laban's philosophy:

1. The significance of movements in the life of man
2. Harmony in nature and in man
3. Natural rhythm
4. Movement as a visible creative influence
5. Movement as a creative art
6. Movement, effort, expression and communication
7. Conflict

B. Isadora Duncan: Greek ideology, freedom

C. Ruth St. Denis: Oriental movement

(B. and C. brought into being the American modern dance.)

### IX. The Way of Dance

A. "*Wu Zhi Dao*" (The Way of Dance)

B. Dances Compared to the Three Philosophical Schools in China by Hong Kong Choreographer

1. Ballet to Confucianism (舞细艺, or dance as the six delicate arts)
2. Modern dance to Buddhism (舞偈, or dance as Buddhist hymn)
3. Natural kinetic rhythm to Taoism (舞道理, or dance as *Tao*)

# 已故戴镏龄先生
# 谈外国文学和外语教育的一封信[①]

8月12日，89年

区鉷：

  两次来信，先后收到，迟复为歉。蒲龄恩先生（J. H. Prynne）去年来信，我亦尚未复。将来复信时，拟便寄英语论文一篇，请其指正，系关于文论的，总待心境闲逸才写得出。请代问候他，并乞其恕疏懒之罪。"惯迟作答爱书来"乃诗人吴梅村的借口，我亦有此癖，然此恐非西方人所能理解。曾由中大外事处出面，约 Dr. Gray 及张氏姐妹来讲学三天，他们未来。五六月间气氛似不便他们来的，香港闹得沸反盈天。如见到他们，请代致意。

  来信所云 Herbert Allen Giles 为剑桥第一任汉文教授，按此公乃 Sir Thomas Francis Wade 的继任者，则第一任当属 Wade。剑桥到过中国的名流学者很多，有的人今日在双方都为人遗忘了，如 Goldsworthy Lowes Dickinson（曾任剑桥王家学院导师），七十七年前访华，写的 *Letters from John Chinaman*，旧时中国大学一年级英文课本有不少向其中取材的，又他的 *The Greek View of Life* 一度是畅销通俗名著（北大英语教授俞大缜的丈夫彭基相译，商务发行，惜为时代所限，译笔不佳），今天过时了。徐志摩称 Dickinson 为"狄老"，他帮助徐不少。

  的确，多住一个时期，大可多接触，从而多了解。蒲龄恩先生劝你各处走走，极有道理。

  接老友程千帆教授信，他91年所指导的博士生毕业，决定退休。我可能92年告退，工作告一结束。回忆数十年来，衣食奔走，运动疲劳，谈不上做学问，但热心外语教育，始终如一。50年代初因讨论武大外文系英语专业前途事触怒徐懋庸，50年代末因坚持中大俄语专业要保留，与马肖云争辩至不欢而散，而问题亦未得妥善处理。唯50年代中在中南区首倡办德、法语专业，迄今康乐园中及白云山下此两语种骨干大都从此时培养出，此点堪以告慰。60年代初极力赞助广州外国语学校创办，其后（1965）又关怀广州外院的成立，前者毁于"文革"，后者则在"文革"中并去了中大的教师及图书，不能不令人遗憾。今后政治清明，国家安定，学术繁荣可望倍于以前，一批杰出的中青年人大可有作为了。你来信说我教学50年云云，那实在是一部无善足述的失败史。

  你大概知道了，目前国内加强政治思想工作的领导，书刊文章审查极严。你那篇发言的文字整洁，写得有趣味，我颇为欣赏。但问题也是有的，（有的问题这儿看得严重，无从辩解，）如"brainwashing"，我们不用。"the herd instinct" 在我们看来也不是好话，以前有一个西方作者称我们的领袖是 "The king of the blue ants"，把人民群众及广大干部说成是 ants，blue 指蓝中山装，就是以 the herd instinct 为出发点。如指野兽及牲口的动作，不涉及政治，这个词无可非议，用在人群，总有政治色彩。关于苏联专家，说法欠准确。有高教部长的顾问，总管方针政策，不问具体个别专业，那是一些专家（无顾问头衔，更非部长顾问）的

---

[①] 原载《中山大学学报》（社科版），1999年第4期下册。

事。这些专家一般在某校兼课，如人大、北大。苏联从未派英国文学专家来华，曾派一个名叫"卡普斯亭"的来，此人乃卫国战争中残废军人，懂俄罗斯文学，据以指导英国文学教学计划，四年制。他对旧中国教学、中国学生英语水平不清楚。我和此人开过几次会。当时参加者朱光潜、初大告、全增嘏、陈嘉等老人都死了。北大参加的除朱外，尚有俞大纲、吴兴华，后二人也在"文革"中迫害死了。至于文艺理论则北大、北师大先后有苏联专家开的讲座。我们去北大的为钟日新副教授、廖世健同志，去北师大的为李根洲同志。你文章（p.3）"a whole generation"一语似夸大了。59年左右已故周扬同志（他主管高校文科教材）已提出要结合中国实际，自编有中国特色的教材。59年反右倾，64年文艺整风，故此期间编的"欧洲文学史"枯燥无味，教条严重，虽然周扬听取编写汇报。总之，中间有反复。80年代初出版的英国文学读物是70年代中叶以后开始编制的，已收入 Jane Austen 等，并且我发现不曾用积极、消极浪漫主义标签。苏联影响在我国文学教学领域大概不超过二十年，高峰时期不出十年。

关于 Hermia 答话中解释 rain 这个词，不知是谢文通先生或我做出的哪一论点。我看可以从论文中删去这段。我倾向于同意该论点，但不必堂上讲。讲了也未必就成为"把文学课引入歧途"。如此则闻一多对《诗经》的一些解释，可能是始作俑者，应受到责难。赵元任对王力呈交的论文有"说有易，道无难"的评语，确是通人之见。Hermia 从小泼辣，以急性子著称，在爱情苦恼失意中，过于措辞强烈，与较温顺羞怯的 Helena 正成一鲜明的对照。记得曾向本师 J. Dover Wilson 提出此处"rain"一词的言外之意，他说"或有此解"，其时 H. B. Charton 师适在座，亦含笑首肯。此半世纪以上往事。不过你说此词在汉语中象征 man's life force，似欠确。这儿牵涉的问题太多，几句话说不清，故我认为全段可割爱。关于莎剧著者，Kadhafi（=Khadafy）近出新论，十分离奇，付之一笑可矣，不只是你说的归在 Marlowe 名下了。对偶出现于骈文及律诗中只是一个现象，其根源甚深，非几句话能说清楚。你的发言自有其精彩之处，不过目前不宜发表。将来如发表，也须认真修改。尊意如何？

你出外大半年以上了。从 Lockerbie 飞机坠毁（去年十二月一日）起，世界各地不幸的事，时有发生。我个人死去不少亲戚，老友中逝世的，包括谢文炳及张月超等，令人不快，故各地开会，谢绝参加，也半因用费飞腾，旅途不便。不久前桂林开 Hemingway 诞生90周年纪念讨论会，我幸而未去，闻应邀者50多人，只到十余人，主办单位大亏其本。斯文寂寞一至于此，太煞风景了。

话又说回来了，你拟延长事，去年李鹏总理在美国有谈话（不记日期），对这类请求表示同情支持。今年高校减少招生名额，中大外语系比往年少收40名新生。教工编制有看紧趋势，但如你能及时回来，我看是很受欢迎的人，新任务新担子势必压头，须有思想准备。闲话谈不完，暂此搁笔，不要因为我懒于作答而不来信。握手。

龄 8.14. 大暑，汗如雨

又，political dependence…（p.2）含义于我们或不适用，我们从来强调"独立自主"，The teaching as well as the learning gain …（p.7），是否以作 gains 为佳？许多作家似乎不用此结构作主语，以回避动词用单数或复数问题。总之，as well as 不等于 and，这可能是我的条条框框。

# 区鉷简介[①]

## 一、小传

区鉷（Ou Hong），男，汉族，祖籍广东南海，中国民主促进会会员，英语语言文学教授，1946年1月10日生于广州，长于佛山，中学阶段受业于佛山市第一中学的老师，1967年毕业于中山大学外语系英语专业，1982年获文学硕士学位并留校任教，1984年通过入学考试当在职博士研究生，师从戴镏龄教授，攻读英诗与诗论并进行比较文学研究。1988年在中山大学外语系获文学博士，学位论文题目是《加里·斯奈德与中国文化》，这是国内外第一部系统研究中国文化对美国当代诗人加里·斯奈德的影响的论著。同年赴英国剑桥大学甘维尔与基斯学院（Gonville & Caius College）做博士后研究，专攻20世纪英国诗歌，导师为剑桥大学英文系研究生部主任、英国当代诗人蒲龄恩教授（J. H. Prynne）。1990年回国继续在母校任教至今，除指导博士研究生和硕士生外，还给本科生和硕士生开过英语写作、语言与文化、英美文学原著阅读、高级翻译、西方现代文学理论、中国文化与西方汉学、英美诗歌研究、数码文化导论等课程。除教学、科研外，兴趣甚广，但其本人的自我评价是"都不过尔尔"。比如写旧体诗，认为是佳作且已发表的只得3首；打乒乓球只能达到中山大学和剑桥大学校代表队水平；走中国象棋虽能闭目应战，但据专家鉴定，功力仅相当于丙组棋手；于音乐则会用简谱作曲，但作品只能在校内获奖；于舞蹈则初中毕业时几乎成了广东舞蹈学校的首批学员，大学毕业后在太行山之阳的焦作煤城某煤矿文工团当过四年职业编导，不过至今连交谊舞都不会跳；倒是读武侠小说颇有心得，在朋友怂恿下正思忖着要不要写一部名为《武侠天地》的专著，揭示武侠小说丰富的文化内涵。

## 二、主要学术观点和学术贡献

其治学尚博，走中国传统学术熔文史哲于一炉的路子，主要研究领域为英美诗歌，旁及其他，如语言学方面曾参加国家教委"七五"重点科研项目《英汉应用语言学词典》（湖南教育出版社，1988年12月）的编写工作，任副主编，阅改全稿并负责撰写语音学方面的词条；又与人合著《英语语法入门》（商务印书馆，北京，1991年1月）及《英语动词》（商务印书馆，北京，1990年1月）；文体学方面曾发表论文《好奇——离格与文艺欣赏》（《广东社会科学》，1986年第2期）；翻译学方面发表论文《概念困惑，不可译性及弥补手段》（《中国翻译》，1992年第4期）；中国现当代文学研究方面发表论文《从〈现代中国小说〉（英文）看老舍文艺观的发展》（《中国现代文学研究丛刊》，1986年第3期）以及评论王安忆、张贤亮的文章；中国近代史研究方面则翻译出版了《两广总督叶名琛》（中华书局，北京，1984年8月）和《有志竟成：孙中山伦敦蒙难及影响》（与人合译，国际展望

---

[①] 本文载《中国100所高等学校中青年教授概览》，1992年9月。

出版社，香港，1991年8月）两部著作和《三位流亡的理想主义者——容闳、康有为及孙中山》《在印垄断与在华开放》等论文（均在中国社会科学院近代史研究所编的《国外中国近代史研究》杂志上刊登），并且时常想从文化学的角度研究太平天国失败的原因——孔夫子战胜了上帝。

在作为专业的外国文学方面，则主张从"本土意识"出发对文学作跨文化研究，认为任何一国文学对于他国文学而言都是外国文学，外国文学的研究、翻译、借鉴和教学都受到本土意识的影响。本土意识的核心是民族文化意识，在不同的时期和不同的个人身上又会表现为不同的时代意识和个体意识，包括体现在个体意识（特殊）中的阶级意识（一般）。人们在研究、翻译、借鉴和教授外国文学时会自觉或不自觉地将本民族文化的特点作为参照项，或者作为接受外国文学影响的中介，或者作为一个选择器以决定取舍。本土意识是变化的。当作为核心的民族文化意识同时代的发展不合拍，或者束缚了外国文学研究者、翻译者、借鉴者或教师的个体意识时，本土意识的内部平衡就会被打破。这时外国文学对于本国文学的影响表现为批判性的，有时还是对抗性的，用比较文学的术语来表达就是所谓"负影响"。但是即使是负影响也改变不了民族文化意识作为本土意识核心的地位，因为要批判就得有批判的对象，不把批判对象研究透彻怎么可能深入地批判它呢？更何况经过合理的批判之后民族文化意识也会被改造，于是本土意识发生了变化，达到新的平衡。这不是自我封闭，而是在交流中发展。

毋庸讳言，民族文化意识是传统的一部分。传统可以改造，可以突破，但你不可能同传统彻底决裂，因为它是多因素的、历时的，试问谁能割断历史呢？况且你今天认为是十分反传统的观念和意识，焉知将来不会被你的子孙们认为是传统？我们今天不也把当时十分反传统的"五四"新文学称为"传统"了吗？所以传统本身实在是一个货真价实的开放性体系，遗憾的是要彻底抛开传统的勇士和死守传统的先生们都把它看成封闭的了。

至于所谓"一体化的世界文学"，实在只是一种空想。持此论者认为，人类未来的世界文学是以审美个体化的人为基本单元来完成其一体化结构。换言之，民族作为审美群体将要消亡，未来的审美活动都是个体化的，世界文学就建筑在审美个体化的基础上。然而，任何审美活动难道不是社会性的活动吗？即使一个人独处一室，面对着一部文学作品去进行审美活动，他也是一个社会的人，在他身上具有不同程度和性质的社会关系与历史文化遗传的影响。何况作为审美客体的文学作品也是社会性的存在，如果作家不创作出作品，何来审美客体？社会性在某种意义上就是群体性。

其实，应该把世界文学看作是一种格局，而不是一个实体。离开了组成这个格局的互相联系、互相影响的民族文学（也许在某个时期是地域性文学），就无世界文学可言。人们常常引用的马克思那段关于世界文学的话正是从"关系"的角度去阐明世界文学的特点的。他说："资产阶级，由于开拓了世界市场，使一切国家的生产和消费都成为世界性的了……过去那种地方的和民族的自给自足和闭关自守状态，被各民族的各方面的互相往来和各方面的互相依赖所代替了。物质的生产是如此，精神的生产也是如此。各民族的精神产品成了公共的财产。民族的片面性和局限性日益成为不可能，于是由许多民族的和地方的文学形成了一种世界的文学。"（马克思、恩格斯：《共产党宣言》，《马克思恩格斯选集》第1卷，人民出版社1972年版第254-255页）这里说的是"互相往来"和"互相依赖"，显然是指一种关系。其实他根本没有提倡抹杀民族文学特点的世界文学，他明明说"各民族的精神产品成了公共的财产"。产品还是各民族的，不过其他民族也可以享用罢了。

当我们承认本土意识的作用是研究、翻译、借鉴外国文学的共同规律之后，不但可以防止民族文化虚无主义的错误倾向，而且会对那些把中国文学作为外国文学来研究、翻译或借鉴的外国人的思想有更深刻的理解，对于他们的研究成果、翻译的中国文学作品以及在创作中所受中国文学的影响就会有更冷静、更中肯的分析评价，不会犯盲目的文化沙文主义错误，因为我们时刻注意到，外国人也有他们的本土意识。

上述学术观点在研究成果中得到充分反映。比如博士学位论文就不同意是东方诗，尤其是中国诗歌的影响使得斯奈德在垮掉派诗人中一枝独秀的看法，而从"本土意识论"出发，追根溯源，发现斯奈德所接受的中国文化影响都可以在美国文化传统（包括印第安文化传统）中找到相似的或者对应的因子，绝不是中国文化造就了斯奈德这位美国诗人。斯奈德本人读了论文后也十分同意这一论断。同样，在中国诗人接受外国影响的过程中本土意识也起很重要的作用。论文《庄子：惠特曼对郭沫若的影响中介》（《外国文学评论》，1988年第2期）指出，郭沫若接受美国诗人惠特曼的泛神论影响是通过庄子这一中介。文章的副标题就是"兼谈借鉴外国文学过程中的本土意识"。又在1989年4月于英国牛津大学举行的"海外英国文学教学研讨会"上以唯一被邀请的中国代表的身份宣读了题为《海外英国文学教学：一个有文化负载的过程》的论文，提倡外国文学教学中的本国特色，与"欧洲中心"倾向展开激烈论争，得到多数代表支持，会后还应英国文化协会之约为会议写了评论。

目前正在撰写专著《本土意识论》。该书第一部分"外国文学研究中的本土意识"包含三章。第1章："欧洲文艺理论：大合唱中的不同音色"，约略分析自古希腊罗马到20世纪欧洲文论各流派在不同国家里由于本土意识的作用而表现出的不同特点。第2章："说不尽的莎士比亚"，以一位作家为例说明不同国家或民族的评论家对同一作家的不同评价会受本土意识的制约。第3章："没有不带观点的历史"，从法国、苏联和中国学者编写的几部英国文学史的特点看本土意识对外国文学史的渗透。第二部分"翻译外国文学过程中的本土意识"包含两章。第1章辨析主要的翻译理论的本土意识。第2章以庞德、符佑之、阿瑟·韦利、加里·斯奈德和柏丽尔等人翻译的汉诗为例阐述翻译实践中的本土意识的作用。第三部分"借鉴外国文学过程中的本土意识"包含四章，着重研究中外文学交流和相互影响中的本土意识作用。第1章考察中国现代文学所接受的外国文学影响。学术界认为没有外国文学的影响就没有中国现代文学，在某种意义上这一论点是正确的，如话剧这种文学体裁和现代汉语的标点符号就是传统中国文学没有而从外国传入的，许多中国作家也承认受过外国文学的影响。但是，这种影响的机制如何，就有待深入研究。为什么同一位外国诗人对不同的中国诗人产生的影响就不同？如惠特曼的《草叶集》对郭沫若的影响很深，但对徐志摩则几乎不产生影响，尽管后者也读过并且翻译过惠特曼的诗。为什么同一位中国诗人在不同创作阶段会接受不同的外国诗人的影响？如艾青的《大堰河——我的保姆》明显地有惠特曼的影响，而他后来的诗作的风格显然主要是象征主义的。这些问题要在这一章里探讨。第2章研究中国古典诗歌对美国新诗运动的影响，重点探寻美国诗人都吸收了中国古典诗歌里的什么东西，是怎样吸收的，美国文化传统在这个过程中起了什么作用。第3和第4章是个案研究，分别以郭沫若与惠特曼、加里·斯奈德与中国文化为题具体研究一个诗人是如何借鉴外国文学进行创作的。第四部分"多视角下的本土意识论"以四章篇幅分别从社会—历史、语言学、心理学和接受美学的角度阐释"本土意识论"的原则。

今后的研究方向拟分两方面：一为教学服务。如把教了九年的"英语写作"课的心得总结成书，撰写《英诗概述及欣赏》教材等。二要努力填补国内英美文学研究的空白。比如惠特曼的《草叶集》虽然已全部由北京大学赵萝蕤教授译出，但详细反映惠特曼的思想和诗歌创作原则的《草叶集》的五篇序言仍未有中译，赵萝蕤教授曾面嘱区鉷做这项工作，以成完璧。

### 三、治学道路、方法和经验

区鉷两岁丧母，由受过大学中文系教育、一辈子独身的姑姑抚养大，并且从她那里首先得到中国传统文化的熏陶。由于家境贫寒，好读书而无力买书，只好在中学时代每天下午上学前和放学后去新华书店看不掏钱的书。对于一个营养不良的孩子来说，在书架跟前站上一个小时可真不容易，为了节省体力，就要提高看书速度，逐渐摒弃默读，形成用眼睛看书，让文字直接印进脑子里的习惯，而且每页书不是每一行都看，所看的每一行也不是从头到尾看，边看边动脑筋，尽量贴近作者的思路。在书店里看书几乎不可能做笔记，只能凭脑子，但又不可能记住所有读过的东西，于是就要边看边归纳要点来记，离开书店后还要过过电影，复习一下刚才记下的要点。天长日久，强记的能力就培养出来了。书店里书多得很，哪些值得读，哪些要细读，为了解决这个问题，就要先读序、前言、跋、后记，名之曰"读书先读'皮'"。区鉷把这种在特殊环境里形成的读书方法称为"野狐禅"，只适合泛读。到十六岁进了高等学府，有了优越的读书条件，就可以精读了。后来进行文学研究时，为了纠正早年形成的博而欠精的偏向，他特别强调进行语言分析、定量分析和比较分析。硕士和博士学位论文都属于比较研究范畴，都有章节分析作品的语言，都附有列成表格的统计资料。由于装备了个人电脑，他已经具备了利用计算机进行文体学定量分析的基本条件。

### 四、社会评价

获奖情况：

1. 论文《〈女神〉与〈草叶集〉的平行结构》获 1985—86 年广东省优秀社会科学研究成果三等奖。
2. 散文《在老舍故居喝豆汁儿》获 1986 年《羊城晚报》"花地"佳作奖。
3. 1986—87 年度广东省社会科学学会先进工作者。
4. 1991 年于中山大学获"做出突出贡献的中国博士学位获得者"称号。

### 五、著作情况

已独立完成或与人合作出版著、译 6 种。除上文提到过的之外，尚有《美国现代诗》一种，与人合著，花城出版社，1988 年 2 月。有代表性的论文 13 篇，除已提到过的之外，还有：

1. 《〈女神〉与〈草叶集〉的平行结构》（《外国语》，上海，1985 年第 3 期）。
2. 《中国近代史人名地名的翻译》（《中国翻译》，北京，1986 年第 2 期）。
3. 《〈女神〉与〈草叶集〉主题的平行结构》（《外国文学》，北京，1986 年第 3 期）。
4. 《加里·斯奈德面面观》（《中外诗歌交流与研究》，重庆，1992 年第 4 期）。